基于
SPSS 的商务数据分析方法

樊重俊 朱小栋 杨云鹏 / 编著

立信会计 出版社
LIXIN ACCOUNTING PUBLISHING HOUSE

图书在版编目(CIP)数据

基于SPSS的商务数据分析方法/樊重俊,朱小栋,杨云鹏编著.—上海:立信会计出版社,2018.6
ISBN 978-7-5429-5776-4

Ⅰ.①基… Ⅱ.①樊…②朱…③杨… Ⅲ.①商业统计—统计数据—统计分析—软件包 Ⅳ.①F712.3

中国版本图书馆CIP数据核字(2018)第113915号

策划编辑　黄成艮
责任编辑　黄成艮
封面设计　南房间

基于SPSS的商务数据分析方法

出版发行	立信会计出版社		
地　　址	上海市中山西路2230号	邮政编码	200235
电　　话	(021)64411389	传　真	(021)64411325
网　　址	www.lixinaph.com	电子邮箱	lxaph@sh163.net
网上书店	www.shlx.net	电　话	(021)64411071
经　　销	各地新华书店		
印　　刷	常熟市梅李印刷有限公司		
开　　本	787毫米×1092毫米　1/16		
印　　张	27.25	插　页	1
字　　数	658千字		
版　　次	2018年6月第1版		
印　　次	2018年6月第1次		
印　　数	1—2100		
书　　号	ISBN 978-7-5429-5776-4/F		
定　　价	65.00元		

如有印订差错,请与本社联系调换

基于 SPSS 的商务数据分析方法
编写组

主　编　樊重俊
副主编　朱小栋　杨云鹏
编　写　李君昌　王　来　郭皓月　冀　和
　　　　杨梦达　袁光辉　浦东平　吴海春

内容简介

随着大数据时代的到来，商务数据分析方法与技术日益获得人们的重视。IBM 集团的 SPSS 作为国际上最有影响力的数据分析软件之一，集数据获取、数据管理、数据分析、数据展示四大功能于一身，同时也有着操作简单、界面友好、编程可扩展等优点。本书基于 SPSS 24.0 工具系统讲解商务数据的分析方法，内容包括：SPSS 24.0 概述、商务数据文件的建立与管理、数据预处理与基本统计分析、假设检验、方差分析、相关分析、回归分析、时间序列分析、主成分分析、因子分析、聚类分析、判别分析、对应分析、典型相关分析、对数线性模型、神经网络、可视化等。另外对 SPSS Modeler、SPSS Collaboration and Deployment Services、SPSS Data Collection、SPSS Decision Management、SPSS Analytic Server 功能模块也做了简单介绍。

本书具有方法全面、步骤详尽、案例精选、配套练习等特点。全书从基本的数据清洗方法出发，详细介绍了商务数据分析整个过程不同层次的常用方法，并配备了对应的 SPSS 关键步骤截图。在讲解每个分析方法后，都给出了对应的精挑细选的具有代表性和针对性的分析案例，而且每一章结束后都配备有典型的理论和实操练习题，旨在加深读者对该章知识的理解。另外，本书作者为教师及读者免费提供配套电子资料。

本书面向商务数据分析从业者，也可以作为高等院校相关专业高年级本科生、研究生课程的教材。

作者简介

樊重俊，上海理工大学管理学院教授、博士生导师、智慧工程研究中心主任、信息管理与信息系统专业负责人。目前专注于商务数据分析方法的研究与企业服务。在复旦大学应用数学专业获学士学位、在武汉大学概率统计专业获硕士学位、在西安交通大学系统工程研究所获博士学位、在上海交通大学系统工程研究所从事商务智能与决策支持系统领域博士后研究。

曾任多家咨询公司高级管理职务与专家顾问，这些公司及职务有：万达信息股份有限公司(300168)副总工程师，上海延华智能科技股份有限公司(002178)副总经理，汉普管理咨询(中国)有限公司专家顾问团队成员、协同商务事业部总经理，上海汉得信息技术股份有限公司(300170)专家顾问、管理咨询总监。

曾获中国机械工业科学技术奖、上海市教学成果奖等多项省部级奖项，负责国家自然科学基金、上海市教育委员会重点科研项目等多项国家级、省部级项目。有 80 余项企业项目经验，发表论文 200 余篇，出版《大数据分析与应用》等著作近 10 部。

前　言

以互联网为代表的新兴科学技术正在改变着人们的生活环境、工作方式，也深刻地影响着商业的内外环境。为了适应时代发展，各大企业不断构建和完善自己的数据中心与信息化系统，以期提升信息化、数据化和智能化水平，从而实现企业的转型升级，并形成新的商务发展增长点。在这样的情形下，企业的日常运营、管理中充斥着来自内部系统和外部环境的海量数据，如何运用这些商务数据拓展业务、精准营销、优化服务、提升企业核心竞争力，是当下商业在数据分析领域关注的重点。而 SPSS 作为国际上最有影响力的数据分析软件之一，集数据管理、数据分析和数据展示等功能于一身，同时也有着操作简单、界面友好和编程可扩展等优点。因此，系统讲解商务数据的分析方法，并详细介绍对应的 SPSS 操作，无论是对商务数据分析从业者，还是对数据分析感兴趣的广大师生都有着重要的借鉴意义和参考价值。

本书以商务数据分析的流程为逻辑主线，介绍 SPSS Statistics 24.0 功能模块和操作基础，共分为 20 章。"工欲善其事，必先利其器"，第 1 章系统、宏观地介绍了商务数据分析所需的工具。"兵马未动，粮草先行"，第 2、第 3 章介绍了商务数据分析前的数据准备工作，包括数据的收集、数据的管理、数据的清洗和数据的预处理等。"合抱之木，生于毫末；九尺高台，起于累土"，第 4~8 章讲解了常见的商务数据基础分析方法，包括原理、思想，及对应的操作。"横看成岭侧成峰，远近高低各不同"，第 9~16 章介绍了几种从不同角度分析商务数据的方法，通过这些多元分析方法能够挖掘出商务数据深层的信息与价值。"君子生非异也，善假于物也"，商务数据及分析的结果可以通过各种可视化的形式，更为生动、直观地为人们了解，从而更好地为商务决策服务，本书在第 17 章中介绍了 SPSS 的一些数据可视化形式。"会当凌绝顶，一览众山小"，在说明 SPSS 的数据分析功能后，第 18~20 章简要介绍了 SPSS 的其他功能模块和第 25 版 SPSS 数据分析的更新，旨在使读者更系统、全面地了解 SPSS 产品体系。

为了使广大读者能够快速、熟练地掌握商务数据分析方法和应用操作，编者结合在管理变革与企业信息化咨询领域多年的项目经验，并考虑一些企业高层管理人员对商务数据分析的诉求，以凝练的语言由浅到深地编排内容。同时本书还具有四大特色：一是方法全面，步骤详尽，从基本的数据清洗方法到简单的数据分析方法，再到复杂的分析方法，本书基本上介绍了商务数据分析整个过程的常见方法，并且配备了详细的对应 SPSS 关键步骤截图，力求达到图文并茂的效果。二是版本最新，内容丰富，本书中的所有操作截图、功能界面和分析结果都是基于 SPSS Statistics 24.0 版所给出的，避免了低版本的局限，与此同时系统地介绍了 SPSS 产品家族和 SPSS Statistics 25.0 版。三是案例精选，配套练习，书中在讲解每个分析方法后，都给出了对应的案例分析，这些案例都是编者精挑细选的，具有代表性和针对性，而且每一章结束后都配备有典型的理论和实操练习题，旨在加深读者对该章知识的理解，以及提升读者的知识迁移能力。四是精炼电子课件，本书作者为教师及读者通过邮箱：

fan.chongjun@163.com 免费提供配套电子资料，包括每章案例及习题的数据、每章内容的精炼课件等服务，教师及读者也可以通过电子邮件索取资料。因此，本书是集数据分析方法讲解与SPSS家族产品介绍于一体的系统性教材或参考书。

全书由樊重俊、朱小栋、杨云鹏、李君昌、王来、袁光辉策划、组织、统稿与审校。本书第2、第5、第14章由郭皓月、樊重俊撰写。第9章由郭皓月、朱小栋、樊重俊撰写。第13章由郭皓月、杨云鹏、樊重俊撰写。第3、第4、第7、第16、第18章由冀和、樊重俊撰写。第1、第6、第12、第20章由杨梦达、樊重俊撰写。第8章由杨梦达、杨云鹏、樊重俊撰写。第10章由吴海春、樊重俊撰写。第11章由浦东平、袁光辉、樊重俊撰写。第15章由王来、樊重俊撰写。第17章由李君昌、杨云鹏、樊重俊撰写。第19章由李君昌、王来、郭皓月、樊重俊撰写。王来对第9~15章等7章进行了修改。李君昌对第1~6章和16章等7章进行了修改。第7、第8章和第17~20章等6章由吴海春、浦东平、郭皓月、冀和、杨梦达进行了交叉修改。申瑞娜、王雅琼也在本书的撰写过程中做了一些工作。撰写团队多次进行书稿的讨论与提炼，本书能顺利成稿是我们团队成员共同努力的结果。在此向团队成员致以谢意！此外，本书在编写过程中借鉴、吸收了前辈的研究成果，在此一并表示感谢！感谢立信会计出版社黄成艮等老师为本书出版所做的工作。本书的研究与出版获得上海市一流学科建设项目（S1201YLXK）的支持！

笔者曾师从著名统计学家张尧庭教授进行多元统计与时间序列研究，从此进入商务数据分析的领域。后又进行商务智能与决策支持系统、大数据分析等研究与企业服务。谨以此书纪念我的导师、著名统计学家张尧庭教授！

中国管理科学与工程学会副理事长、中国系统工程学会常务理事、上海交通大学产业组织与技术创新研究中心主任、《系统管理学报》杂志主编、上海市政协常委陈宏民教授，全国高等学校计算机教育研究会常务理事、中国计算机学会教育专业委员会常委、复旦大学计算机科学技术学院赵一鸣副院长，上海机场（集团）有限公司技术中心总经理冉祥来博士，中国电子商务协会唐生副理事长，重庆中小企业局副局长张勇军博士，中驰车福董事长兼CEO张后启博士，东方钢铁电子商务有限公司张春前总经理，人民大学博士生导师何晓群教授，同济大学博士生导师王洪伟教授，华东理工大学博士生导师李英教授，北京思威泰克科技有限责任公司郭家骊总经理均对本书不同程度地给予了一些有益的建议。在此一并致谢。

IBM大中华区大学合作部周恩昌总经理，IBM云计算与大数据事业部赖华伦一直关心、支持本书的撰写，在此致谢！

本书在编写的过程中，参考了一些专家学者已公开发表的论文与著作，多数标注了参考文献，但由于疏漏未标明的论文与著作，还请作者谅解。

本书不足之处，欢迎读者指正，可通过邮箱（fan.chongjun@163.com）随时与我们交流。

樊重俊

于上海理工大学

2018年6月

目　　录

第1章　SPSS Statistics 24.0 概况 ……………………………………………… 1
1.1　SPSS Statistics 24.0 概述 ………………………………………………… 1
1.1.1　SPSS 概况 …………………………………………………………… 1
1.1.2　SPSS Statistics 24.0 特点 …………………………………………… 2
1.1.3　SPSS Statistics 24.0 新增功能 ……………………………………… 3
1.1.4　SPSS Statistics 24.0 包含模块 ……………………………………… 4
1.2　SPSS Statistics 24.0 的安装、卸载及环境要求 …………………………… 6
1.2.1　SPSS Statistics 24.0 的安装与卸载 ………………………………… 6
1.2.2　SPSS Statistics 24.0 的环境要求 …………………………………… 11
1.3　SPSS Statistics 24.0 相关设置 …………………………………………… 11
1.3.1　常规功能设置 ……………………………………………………… 11
1.3.2　语言功能设置 ……………………………………………………… 12
1.3.3　查看功能设置 ……………………………………………………… 12
1.3.4　设置有关数据的参数 ……………………………………………… 14
1.3.5　货币设置 …………………………………………………………… 15
1.3.6　设置输出标签的参数 ……………………………………………… 16
1.3.7　设置图表的参数 …………………………………………………… 17
1.3.8　透视表设置 ………………………………………………………… 19
1.3.9　设置文件位置的参数 ……………………………………………… 20
1.3.10　设置脚本的参数 …………………………………………………… 21
1.3.11　设置多重插补 ……………………………………………………… 22
1.3.12　设置语法编辑器窗口的参数 ……………………………………… 22
1.4　小结 ………………………………………………………………………… 24
思考题 …………………………………………………………………………… 24
参考文献 ………………………………………………………………………… 24

第2章　商务数据文件的建立与管理 …………………………………………… 25
2.1　商务数据 …………………………………………………………………… 25
2.1.1　商务数据概述 ……………………………………………………… 25
2.1.2　商务数据的计量尺度 ……………………………………………… 27
2.2　变量的设置及操作 ………………………………………………………… 28
2.2.1　变量名 ……………………………………………………………… 28
2.2.2　变量类型的定义及操作 …………………………………………… 28

2.2.3　变量标签 ··· 32
　　2.2.4　变量缺失值 ·· 34
2.3　数据文件的编辑 ·· 34
　　2.3.1　数据的收集 ··· 34
　　2.3.2　SPSS数据编辑功能 ··· 36
　　2.3.3　数据的录入与导入 ··· 38
　　2.3.4　数据文件的打开与保存 ·· 41
2.4　数据文件的基本管理 ·· 42
　　2.4.1　SPSS数据的定位 ··· 42
　　2.4.2　数据的插入与删除 ··· 43
　　2.4.3　数据的剪切、复制和粘贴 ··· 45
　　2.4.4　数据排序 ·· 46
　　2.4.5　数据文件的转置 ··· 46
　　2.4.6　数据文件的拆分与合并 ·· 47
　　2.4.7　其他操作 ·· 50
2.5　小结 ··· 50
思考题 ··· 51
参考文献 ··· 51

第3章　数据预处理与基本统计分析 ·· 52
3.1　数据预处理 ··· 52
　　3.1.1　数据排序 ·· 52
　　3.1.2　数据选取 ·· 52
　　3.1.3　数据汇总 ·· 55
3.2　基本统计量与统计分析 ·· 57
　　3.2.1　基本统计量 ··· 57
　　3.2.2　基本统计分析及步骤 ·· 59
3.3　案例分析 ··· 73
　　3.3.1　频数分析案例演示 ··· 73
　　3.3.2　描述分析案例演示 ··· 76
　　3.3.3　探索性分析案例演示 ·· 77
　　3.3.4　交叉表分析案例演示 ·· 81
　　3.3.5　比率分析案例演示 ··· 84
3.4　小结 ··· 84
思考题 ··· 85
参考文献 ··· 85

第4章　假设检验 ·· 86
4.1　假设检验概述 ··· 86

4.2 参数检验 ... 87
4.2.1 平均值分析过程 ... 88
4.2.2 单样本 T 检验 ... 89
4.2.3 独立样本 T 检验 ... 90
4.2.4 成对样本 T 检验 ... 92
4.3 非参数检验 ... 92
4.3.1 卡方检验 ... 93
4.3.2 二项分布检验 ... 94
4.3.3 游程检验 ... 95
4.3.4 单样本 K-S 检验 ... 96
4.3.5 独立样本检验 ... 98
4.3.6 相关样本检验 ... 101
4.4 案例分析 ... 104
4.4.1 参数检验案例分析 ... 104
4.4.2 非参数检验案例分析 ... 107
4.5 小结 ... 113
思考题 ... 113
参考文献 ... 113

第 5 章 方差分析 ... 115
5.1 方差分析概述 ... 115
5.2 单因素方差分析 ... 116
5.2.1 单因素方差分析概述 ... 116
5.2.2 单因素方差分析的 SPSS 操作 ... 117
5.3 多因素方差分析 ... 120
5.3.1 多因素分析方差分析概述 ... 120
5.3.2 多因素方差分析的 SPSS 操作 ... 121
5.4 案例分析 ... 124
5.4.1 单因素方差分析案例 ... 124
5.4.2 多因素方差分析案例 ... 127
5.5 小结 ... 130
思考题 ... 130
参考文献 ... 131

第 6 章 相关分析 ... 132
6.1 相关分析概念 ... 132
6.1.1 相关分析概述 ... 132
6.1.2 相关系数计算 ... 134
6.1.3 双变量相关分析的操作 ... 136

6.2 偏相关分析 ··· 137
6.2.1 偏相关分析概述 ··· 137
6.2.2 偏相关分析的操作 ··· 139
6.3 距离分析 ··· 139
6.3.1 距离分析概述 ··· 140
6.3.2 距离分析的操作 ··· 141
6.4 案例分析 ··· 144
6.4.1 双变量相关分析案例 ··· 144
6.4.2 偏相关分析案例 ··· 145
6.4.3 距离分析案例 ··· 148
6.5 小结 ··· 149
思考题 ··· 150
参考文献 ··· 150

第7章 回归分析 ··· 152
7.1 线性回归 ··· 152
7.1.1 线性回归分析的原理 ··· 152
7.1.2 线性回归模型 ··· 152
7.1.3 线性回归的SPSS操作 ··· 153
7.2 非线性回归 ··· 157
7.2.1 非线性回归的原理 ··· 157
7.2.2 非线性回归模型 ··· 158
7.2.3 非线性回归的SPSS操作 ··· 159
7.3 Logistic回归 ··· 162
7.3.1 二项Logistic回归 ··· 163
7.3.2 多分变量Logistic回归 ··· 167
7.3.3 有序变量Logistic回归 ··· 170
7.4 案例分析 ··· 174
7.4.1 线性回归案例分析 ··· 174
7.4.2 非线性回归案例分析 ··· 177
7.4.3 Logistic回归案例分析 ··· 179
7.5 小结 ··· 180
思考题 ··· 180
参考文献 ··· 180

第8章 时间序列分析 ··· 181
8.1 时间序列概述 ··· 181
8.1.1 时间序列的组成部分 ··· 181
8.1.2 时间序列的数学模型 ··· 182

  8.1.3 时间序列的分析步骤 ………………………………………………… 183
  8.1.4 SPSS 时间序列分析功能 ……………………………………………… 183
 8.2 时间序列数据的预处理 ……………………………………………………… 191
  8.2.1 缺失值替换 ……………………………………………………………… 191
  8.2.2 定义时间变量 …………………………………………………………… 192
  8.2.3 时间序列的平稳化 ……………………………………………………… 192
 8.3 指数平滑模型过程 …………………………………………………………… 193
  8.3.1 指数平滑的基本原理 …………………………………………………… 193
  8.3.2 指数平滑模型的参数设置 ……………………………………………… 195
 8.4 ARIMA 模型 …………………………………………………………………… 196
  8.4.1 ARIMA 模型的基本原理 ……………………………………………… 196
  8.4.2 ARIMA 模型的参数设置 ……………………………………………… 199
 8.5 季节分解模型过程 …………………………………………………………… 201
  8.5.1 季节分解的基本原理 …………………………………………………… 201
  8.5.2 季节分解模型的参数设置 ……………………………………………… 202
 8.6 案例分析 ……………………………………………………………………… 203
  8.6.1 指数平滑模型案例分析 ………………………………………………… 203
  8.6.2 季节分解模型案例分析 ………………………………………………… 205
  8.6.3 ARIMA 模型案例分析 ………………………………………………… 209
 8.7 小结 …………………………………………………………………………… 212
思考题 ………………………………………………………………………………… 212
参考文献 ……………………………………………………………………………… 212

第 9 章 主成分分析 ……………………………………………………………… 213
 9.1 主成分分析概述 ……………………………………………………………… 213
  9.1.1 主成分分析的基本思想 ………………………………………………… 213
  9.1.2 主成分分析的基本原理 ………………………………………………… 214
  9.1.3 主成分分析的几何意义 ………………………………………………… 214
 9.2 主成分的推导及性质 ………………………………………………………… 215
  9.2.1 总体主成分及其性质 …………………………………………………… 215
  9.2.2 样本主成分及其性质 …………………………………………………… 219
 9.3 主成分分析的基本步骤 ……………………………………………………… 220
 9.4 主成分分析的 SPSS 操作 …………………………………………………… 221
 9.5 案例分析 ……………………………………………………………………… 225
 9.6 小结 …………………………………………………………………………… 228
思考题 ………………………………………………………………………………… 229
参考文献 ……………………………………………………………………………… 230

第10章　因子分析 ··· 231
10.1　因子分析概述 ·· 231
10.1.1　因子分析概念和原理 ·· 231
10.1.2　因子分析基本步骤 ·· 233
10.2　因子分析的 SPSS 操作 ··· 235
10.3　案例分析 ·· 239
10.4　小结 ·· 245
思考题 ··· 245
参考文献 ·· 246

第11章　聚类分析 ··· 248
11.1　聚类分析概述 ·· 248
11.1.1　聚类分析简介 ·· 248
11.1.2　数据结构及数据标准化 ·· 249
11.1.3　相似性度量 ··· 250
11.2　系统聚类 ·· 252
11.2.1　系统聚类基本思想 ·· 252
11.2.2　系统聚类常用方法 ·· 252
11.2.3　系统聚类分析步骤 ·· 254
11.3　K-means 聚类 ·· 255
11.3.1　K-means 聚类基本思想 ·· 255
11.3.2　算法分析过程 ·· 255
11.3.3　K-means 算法优缺点分析 ······································· 256
11.4　聚类分析的 SPSS 操作 ··· 257
11.4.1　系统聚类法操作步骤 ··· 257
11.4.2　K-means 聚类法操作步骤 ······································· 260
11.5　案例分析 ·· 262
11.6　小结 ·· 265
思考题 ··· 266
参考文献 ·· 267

第12章　判别分析 ··· 268
12.1　判别分析概述 ·· 268
12.1.1　判别分析基本原理 ·· 268
12.1.2　常用判别分析方法 ·· 269
12.1.3　判别分析基本步骤 ·· 274
12.2　判别分析的 SPSS 操作 ··· 274
12.3　案例分析 ·· 281
12.4　小结 ·· 287

思考题 ··· 287
参考文献 ··· 287

第13章 对应分析 ·· 288
13.1 对应分析概述 ·· 288
13.1.1 对应分析基本思想 ······································ 288
13.1.2 列联表及列联表分析 ···································· 289
13.1.3 对应分析基本理论 ······································ 292
13.1.4 对应分析的步骤 ·· 297
13.2 对应分析的SPSS操作 ·· 298
13.2.1 简单对应分析的SPSS操作 ······························· 298
13.2.2 多重对应分析的SPSS步骤 ······························· 302
13.3 案例分析 ·· 308
13.4 小结 ··· 313
思考题 ··· 313
参考文献 ··· 314

第14章 典型相关分析 ·· 315
14.1 典型相关分析基本理论 ·· 315
14.1.1 典型相关分析的概念 ···································· 315
14.1.2 总体典型相关分析 ······································ 316
14.1.3 样本典型相关分析 ······································ 320
14.1.4 典型相关系数的显著性检验 ······························ 321
14.2 典型相关分析的SPSS操作 ······································ 322
14.3 案例分析 ·· 324
14.4 小结 ··· 326
思考题 ··· 327
参考文献 ··· 327

第15章 对数线性模型 ·· 328
15.1 对数线性模型概述 ·· 328
15.1.1 对数线性模型的基本概念 ································ 328
15.1.2 对数线性模型理论与方法 ································ 329
15.2 对数线性模型的SPSS操作步骤 ·································· 331
15.2.1 模型选择对数线性分析 ·································· 331
15.2.2 常规对数线性分析 ······································ 333
15.2.3 Logit对数线性分析 ····································· 336
15.3 案例分析 ·· 336
15.4 小结 ··· 341

思考题 341
参考文献 342

第16章 神经网络 343
16.1 神经网络概述 343
16.1.1 神经网络历史及现状 343
16.1.2 神经网络特征与功能 344
16.1.3 神经网络模型 345
16.2 SPSS神经网络模型的设置 347
16.2.1 多层感知器(MLP)的设置 347
16.2.2 径向基函数(RBF)的设置 353
16.3 案例分析 355
16.4 小结 363
思考题 363
参考文献 363

第17章 数据可视化 364
17.1 数据可视化概述 364
17.2 SPSS 24.0可视化工具 364
17.3 可视化案例分析 374
17.4 小结 377
思考题 377
参考文献 378

第18章 SPSS Modeler简介 379
18.1 SPSS Modeler介绍 379
18.2 SPSS Modeler特点 380
18.3 SPSS Modeler功能 383
18.4 SPSS Modeler数据挖掘流程 388
18.5 小结 392
思考题 392
参考文献 392

第19章 SPSS其他产品系列简介 393
19.1 SPSS Collaboration and Deployment Services简介 393
19.2 SPSS Data Collection简介 396
19.3 SPSS Decision Management简介 398
19.4 SPSS Analytic Server简介 400
19.5 小结 408

思考题 ··· 409
　　参考文献 ·· 409

第20章　SPSS 25.0 简介 ·· 410
　20.1　SPSS 25.0 的版本与功能 ·· 410
　20.2　SPSS 25.0 的新增功能 ·· 412
　20.3　小结 ·· 415
　　思考题 ··· 415
　　参考文献 ·· 415

第 1 章

SPSS Statistics 24.0 概况

近年来,我国政府部门、医疗卫生、体育、经济等领域的工作者已广泛应用 SPSS 进行信息管理和决策分析工作。特别是对于商业而言,在我国信息化水平不断提升的环境下,商业在运营和管理中积累了大量的商业数据,并且这些数据呈现爆炸式增长。同时,随着应用领域的不断扩大,SPSS 已由原来的 Statistical Package for Social Science 改为 Statistics Product and Service Solution,即由单纯的社会学统计软件演进到统计产品与服务解决方案。针对我国商业模式的转变和创新问题,SPSS 这一款商业数据分析通用软件能有效协助用户充分释放商业数据价值,实现商业驱动力向数据转变。

本章以 SPSS 24.0 概述为主,从 SPSS 24.0 概述的基本概况出发,重点介绍数据分析产品 SPSS 24.0 概述的安装、卸载和相关设置等基本操作,旨在使读者初步了解 SPSS 数据分析软件,以便于后续使用。

1.1 SPSS Statistics 24.0 概述

SPSS 是在 SPSS/PC+基础上发展起来的通用商业数据分析软件包。目前,SPSS 已发展成为一种集成化的计算机处理和商务数据分析通用软件,被广泛应用于自然科学和社会科学的各个领域。SPSS 软件之所以深受各领域人士的青睐,与其操作简单、界面友好等特点是分不开的。

本章节主要介绍 SPSS 24.0 概述,它在以往版本的基础上增加了一些新功能,使得 SPSS 24.0 概述软件的操作更为简便、快捷,功能更加强大,能更好地适应不同用户的需求。

1.1.1 SPSS 概况

1. SPSS 的发展历程

SPSS 统计软件从 1968 年开发至今,已经经历了多次改版。SPSS 公司于 20 世纪 90 年代推出了以交互式对话为主要特征的第 7 版,并且自第 7 版以后的版本统称为 SPSS for Windows 版。接下来介绍 SPSS 的发展历程。

20 世纪 60 年代末,美国斯坦福大学的三位研究生研制、开发了最早的统计分析软件 SPSS,并于 1975 年在芝加哥成立了专门研发和经营 SPSS 软件的 SPSS 公司。此时的 SPSS 软件主要在中小型计算机上运行,统称为 SPSSx 版,主要面向企事业单位的用户。

20 世纪 80 年代初,随着微型计算机的出现,SPSS 公司凭借着敏锐的市场洞察力和雄厚的技术实力,于 1984 年推出了运行在 DOS 操作系统上的第 1 版 SPSS 微机。随后 SPSS 公司又相继推出了第 2 版、第 3 版等,统称为 SPSS/PC+版,并确立了微机个人用户市场第一的地位。

90 年代中后期,为适应用户在 Windows 操作系统环境下的工作习惯,并迎合 Internet 的广泛使用,SPSS 的第 7 版至第 15 版又相继诞生。

1994 年至 1998 年期间,SPSS 公司陆续并购了 SYSTAT、BMDP 和 Quantime 等公司,使其主打产品与 SPSS 软件有效结合,拓宽了 SPSS 的适用范围。从而使 SPSS 由原来单一的统计分析软件向为企业、教育科研、政府机构等提供统计决策服务的综合性产品发展。因此,SPSS 公司将原英文名称更改为 Statistical Product and Service Solutions,即统计产品与服务解决方案。

2009 年,IBM 公司成功收购 SPSS 软件公司,相继推出了 IBM SPSS 18.0 版和 19.0 版,并将其更名为 PASW Statistics,不久又更名为 IBM SPSS Statistics。

目前 SPSS 的最新版本是 25.0 版,由于 SPSS 25.0 仍然处于测试阶段,有些功能和模块有待进一步完善,所以本书以介绍成熟版本 SPSS 24.0 为主。IBM SPSS Statistics 24.0 除了保持以往 SPSS 各版本的优点外,其编制高质量报告的能力、统计分析功能和编程扩展能力都得到了很大的加强。另外,中文字符的兼容性问题得到了彻底的解决。

2. IBM SPSS 产品系列

IBM SPSS 家族下的产品种类繁多,主要包括 IBM SPSS Modeler、IBM SPSS Statistics、IBM SPSS Analytic Server、IBM SPSS Collaboration and Deployment Services、IBM Data Collection 和 IBM Decision Management 等。SPSS Modeler(12.0 以前叫 Clementine)是一个业界领先的数据挖掘平台,拥有直观的操作界面、自动化的数据准备和成熟的预测分析模型。通过不断增强数据源连接、数据处理、建模分析等功能,SPSS Modeler 改进和完善了数据可视化和算法可视化方面,从而有利于协助数据挖掘工作者进行数据探索和模型的优化。SPSS Analytic Server 是大数据分析的解决方案,它提供了一个易于实现的框架,能够在分布式文件系统上执行大数据分析。同时 SPSS Analytic Server 将 IBM SPSS 现有的商业分析技术与大数据技术相结合,使得用户能够使用复杂的分析算法以高度可伸缩的方式来解决基于大数据的分析问题。SPSS Collaboration and Deployment Services 可以帮助用户管理和分析资产,实现过程自动化,并以高效、广泛、安全的方式共享结果。

1.1.2 SPSS Statistics 24.0 特点

SPSS 软件风靡世界,与 SAS、SYSTAT 一起成为世界上公认的三大数据分析软件,而 SPSS 却为各个领域的广大科研工作者及其他用户所钟爱,其原因在于它具有以下特性。

1. 具有多种实用分析方法

SPSS Statistics 24.0 提供了多种实用分析方法,涵括了从基本的统计特征描述到诸如非参数检验、生存分析等各种高层次的分析方法。除此之外,SPSS 还具有强大的绘制图形和编辑图形的可视化能力。

2. 易于学习、操作简单

对 SPSS Statistics 24.0 而言,除了数据输入工作要使用键盘之外,其他大部分操作均可以使用菜单、对话框来完成。同时 SPSS 还保留了命令行方式的优点,采用菜单式操作与语法程序运行的完美结合,使熟悉 SPSS 语言的用户可以直接在语句窗口中输入 SPSS 命令,提交系统执行。用户还可以通过单击对话框中的粘贴按钮,自动生成语言代码,提交系统运行以实现指定功能,并且结果可以以文件的形式保存,从而减少了用户的工作量。这样用户不必记忆大量的命令,简单的操作流程也使 SPSS 软件变得更加易学、易用。

3. 兼容性强

SPSS Statistics 24.0 能够兼容多种数据文件格式,具有强大的图表功能。SPSS 软件可以与很多其他软件进行数据传输,同时 DAT、SLK、DBF 等多种文件格式都可以在 SPSS 软件中打开。SPSS 软件还具有强大的图表功能,基于该软件分析的结果可以生成、保存为不同格式的图形。

4. 可以自选模块

用户不仅可以根据自身需要,选择所需的模块,而且也能根据机器的配置情况,自由选择安装模块。

5. 内置 SaxBasic 语言

SPSS 软件内置了 SaxBasic 语言,用该语言与语法命令语言混合编程,可以提高效率,便于高级用户使用。

1.1.3 SPSS Statistics 24.0 新增功能

1. 自定义对话框构建程序

SPSS Statistics 24.0 自定义对话框构建程序的新增功能如下。

(1) 用户可以指定将定制的对话框安装到创建的新子菜单中,也可以指定将定制对话框安装到所有窗口类型,如"数据编辑器""语法"和"查看器",或者是仅安装到特定窗口类型。

(2) SPSS Statistics 24.0 版本支持各种控件,包括:字段选择器、数据集选择器、日期控件、安全文本控件、颜色选取器、表控件和选项卡控件。

(3) 该版本可以根据其他控件的状态启用或禁用控件。

(4) 该版本不但可以指定目标列表的最小或最大字段数,还可以指定多选列表框的最小或最大所选项数。

(5) 该版本可以指定组合框控件的可编辑性。当控件可编辑时,其在运行时能输入定制值。

(6) 该版本可以将标签放置在组合框、文本控件、数字控件和文件浏览器等控件的左侧。

(7) 针对生成项列表的控件,该版本可在生成的语法中各项之间指定定界符,此属性适用于目标列表、字段选择器、表控件和列表框控件。

(8) 该版本可以指定文件控件、数字控件和安全文本控件等类型空间文本区域的宽度。

(9) 该版本可将控件画布的功能列数增加到四列,而之前的版本仅支持三个功能列。

(10) 该版本可以将文本控件的内容指定为数据集名称,并在运行时进行验证。

(11) 该版本可以指定如何处理带单引号或双引号的值中的内部引号,此属性适用的控件类型有:文本控件、表控件、组合框和列表框。

2. 可编程性增强功能

SPSS Statistics 24.0 的可编程性增强功能表现如下。

(1) 轻松查找和下载新扩展项;获取现有扩展的更新;移除安装的扩展;查看从新"扩展

中心"安装的扩展的属性。

（2）该版本可以支持使用 Python 2 或 Python 3 处理器运行 Python 代码。同时，在缺省情况下，Python 代码默认使用 Python 2 处理器。

3. 读取和写入 Excel 文件更加便捷

SPSS Statistics 24.0 读取和写入 Excel 文件的新增功能如下。

（1）根据具有相同格式的值，可指定百分比确定列的数据格式。在之前版本中，如果列中所有值不具有相同格式，那么只为字符串格式分配列。但是 24.0 版本可以指定用于确定格式的值的百分比，且缺省设置为 95%。

（2）该版本能够忽略隐藏的行和列。

（3）该版本可以从字符串值中移除前导空格和尾部空格。

（4）该版本支持写入 Excel 数据文件时指定工作表名称。

（5）该版本可以将命名工作表追加到现有 Excel 工作表。

（6）对于 SPSS Statistics 24.0 版，在读取和写入 Excel 文件时，将变量标签而不是变量名称写入 Excel 文件。

4. 读取和编辑多属性文本数据文件

SPSS Statistics 24.0 读取文本数据文件的新增功能如下。

（1）用于读取 CSV 数据文件的界面简单且灵活。

（2）该版本可更灵活地读取文本数据文件，包括自动检测数据格式、更好地处理日期和时间值。

5. 生成多属性定制表

SPSS Statistics 24.0 "定制表"选项包含的多个新功能如下。

（1）该版本可以显示列均值和列比例检验的显著性值。

（2）该版本将显著性检验结果合并到主表。

（3）"定制表"能够提供：多数汇总统计的置信区间和标准误差。

（4）"定制表"可以展示基于有效基数抽样权重变量加权的结果。

6. 日期/时间格式显示方式增多

SPSS Statistics 24.0 日期/时间格式的新特点如下。

（1）该版本可以使用新 YMDHMS 格式读取和显示格式为 yyyy-mm-ddhh:mm:ss 的日期、时间值，还可使用新 MTIME 格式读取和显示格式为 mm:ss 的持续时间。

（2）该版本能够忽略输入值中 DATE、ADATE、EDATE、SDATE 和 TIME 格式的定界符，这些定界符具有一定的限制。

1.1.4 SPSS Statistics 24.0 包含模块

SPSS Statistics 24.0 的基本功能包括数据管理、统计分析、图表分析和输出管理等，这些功能分属不同的模块。SPSS Statistics 24.0 的主要模块如下。

1. Adbanced Statistics 模块

该模块的功能包括：GLM 多变量分析、GLM 重复测量、方差成分分析、线性混合模型、广义线性模型、广义估计方程、广义线性混合模型、模型选择对数线性分析、常规对数线性分析、Logit 对数线性分析、寿命表、Kaplan-Meier 生存分析、Cox 回归分析、计算依时协变量、分类变量编码方案和协方差结构。

2. Bootstrapping 模块

该模块支持 Bootstrap 的过程和命令附加功能。

3. Categories 模块

该模块的功能包括：分类数据的最优刻度过程、分类回归、分类主成分分析、非线性正态协变量分析、对应分析、多重对应分析、多维刻度和多维展开。

4. Complex 模块

该模块的功能包括：复杂样本过程、复杂设计抽样、准备复杂样本、复杂样本计划、复杂样本频率、复杂样本描述、复杂样本交叉表、复杂样本比率、复杂样本一般线性模型、复杂样本 Logistic 回归、复杂样本序数回归和复杂样本 Cox 回归。

5. Conjoint 模块

该模块的功能包括：联合分析、生成正交设计、显示设计和运行联合分析。

6. Custom Tables 模块

该模块的功能包括：表构建器界面、分类变量的简单表、对分类变量使用堆积嵌套和层、分类变量的总和和小计、分类变量的已计算类别、具有共享类别的变量的表、汇总统计、刻度变量摘要、置信区间、检验统计、多响应集、缺失值、设置表格式和定制表和样本文件。

7. Data Preparation 模块

该模块的功能包括：数据准备、验证规则、验证数据、自动数据准备、标识异常个案和最优分箱化。

8. Decision Trees 模块

该模块的功能包括：创建决策树和树编辑器。

9. Direct Marketing 模块

该模块的功能包括：直销、RFM 分类、聚类分析、潜在客户概要文件、邮政编码响应率、购买倾向和控制包装检验。

10. Forecasting 模块

该模块的功能包括：时间序列简介、时间序列建模器、应用时间序列模型、周期性分解、谱图、时间因果模型、应用时间因果模型、拟合优度测量、离群值类型和 ACF/PACF 图指南。

11. Missing Values 模块

该模块的功能包括：缺失值简介、缺失值分析和多重插补。

12. Neural Network 模块

该模块的功能包括：Neural Network 简介、多层感知器和径向基函数。

13. Regression 模块

该模块的功能包括：二元 Logistic 回归选择过程、Logistic 回归、多项 Logistic 回归、Probit 分析、非线性回归、权重估计、二阶最小平方回归和分类变量编码方案。

14. Statistics Base 模块

该模块的功能包括：码本、频率、描述性、探索、交叉表、摘要、平均值、OLAP 多维数据集、t 检验、单因素 ANOVA、GLM 单变量分析、双变量相关性、偏相关、距离、线性模型、线性回归、序数回归、曲线估计、部分最小二次方回归、最近邻元素分析、判别分析、因子分析、选择聚类过程、二阶聚类分析、系统聚类分析、K 平均值聚类分析、非参数检验、多重响应分析、报告结果、可靠性分析、多维刻度、比率统计、ROC 曲线、模拟和地理空间建模。

15. Statistics Brief Guide 模块

该模块的功能包括：读取数据、使用数据编辑器、检查单个变量的汇总统计、创建和编辑图表、使用输出、使用语法、修改数据值、排序和选择数据和样本文件。

16. Core System User Guide 模块

该模块的功能包括：概述、获得帮助、数据文件、分布式分析模式、数据编辑器、使用多数据源、数据准备、数据转换、文件处理和文件转换、使用输出、透视表、模型、自动输出修改、使用命令语法、图表工具的概述、使用数据模型对数据评分、实用程序、选项、定制菜单和工具栏、扩展、生产作业、输出管理系统、脚本编写工具、TABLES 和 IGRAPH 命令语法转换器、对数据文件输出文档和语法文件进行加密。

1.2　SPSS Statistics 24.0 的安装、卸载及环境要求

SPSS Statistics 24.0 的安装与卸载、启动与退出和一般的 Windows 应用软件基本一样，具有快捷、简便的特点。

1.2.1　SPSS Statistics 24.0 的安装与卸载

1. SPSS Statistics 24.0 的安装

SPSS Statistics 24.0 的安装流程如下。

(1) 启动电脑至 Windows 桌面，找到并执行"setup.exe"文件。SPSS Statistics 24.0 的准备安装界面，如图 1-2-1 所示。

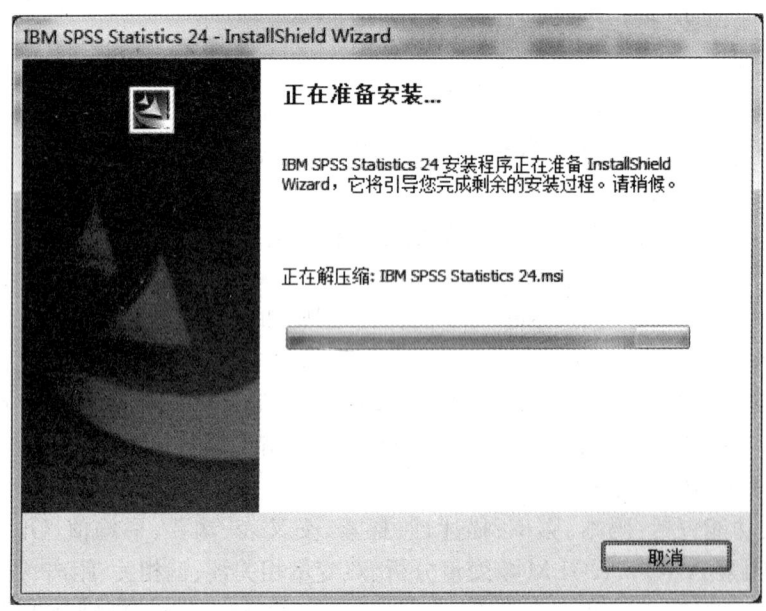

图 1-2-1　准备安装界面

(2) 当出现 IBM 公司的 SPSS Statistics 软件简介时，单击【下一步】按钮。软件简介界面，如图 1-2-2 所示。

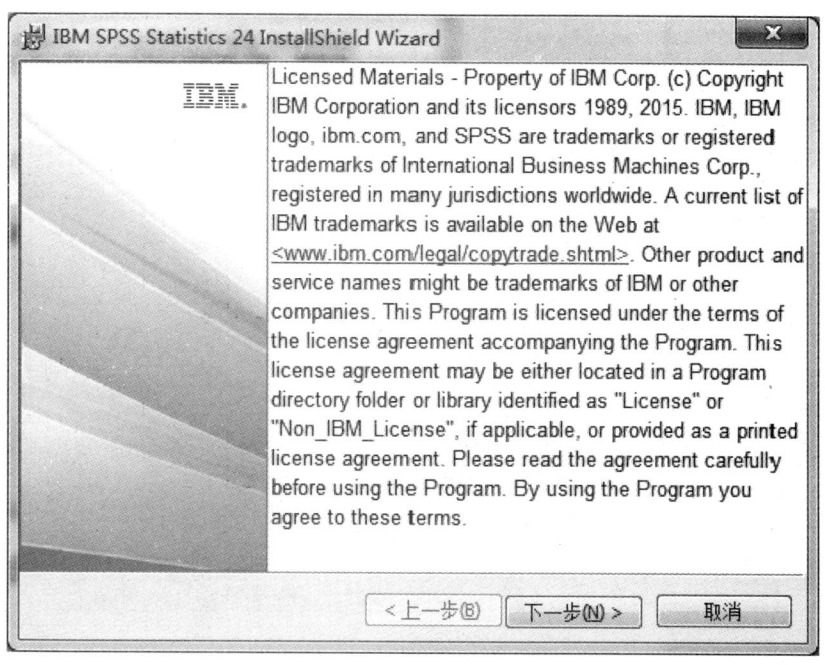

图 1-2-2　软件简介界面

(3) 在安装 SPSS Statistics 时，厂商都会与用户签订软件许可协议。选择【我接受许可协议中的全部条款】单选按钮，然后单击【下一步】。软件许可协议界面，如图 1-2-3 所示。

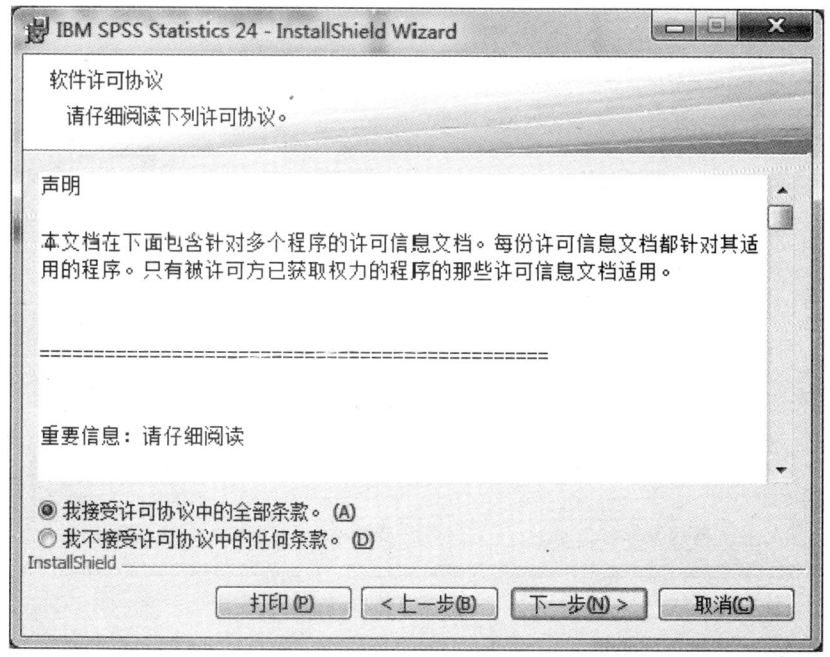

图 1-2-3　软件许可协议界面

(4)用户根据自己的需要,选择是否支持与 Python 软件的对接。是否支持与 Python 软件对接的界面,如图 1-2-4 所示。

图 1-2-4　是否支持与 Python 软件对接的界面

(5)选择安装目的地文件夹,单击【下一步】。选择安装目的地界面,如图 1-2-5 所示。

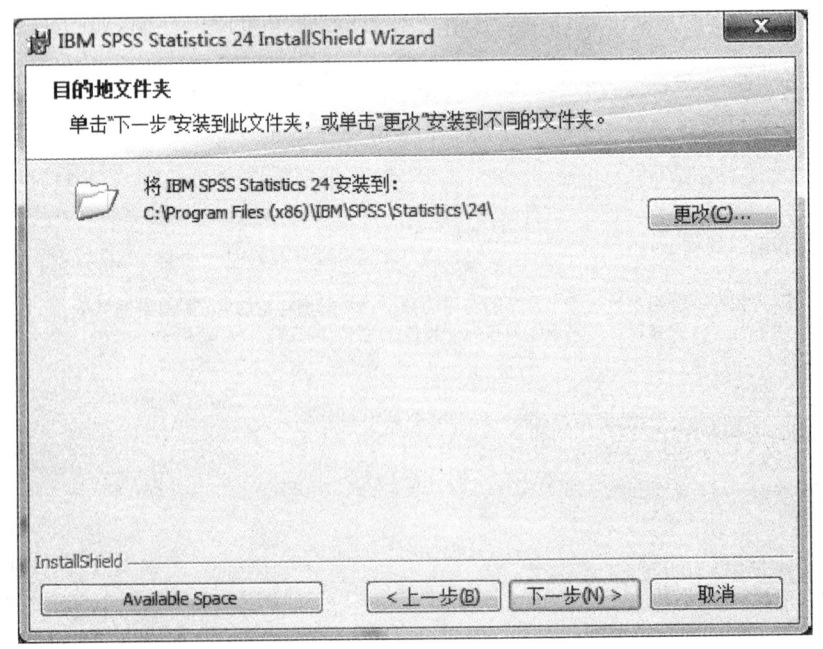

图 1-2-5　选择安装目的地界面

(6)根据提示步骤点击【安装】按钮,显示开始安装。开始安装界面,如图 1-2-6 所示;

正在安装界面，如图 1-2-7 所示。

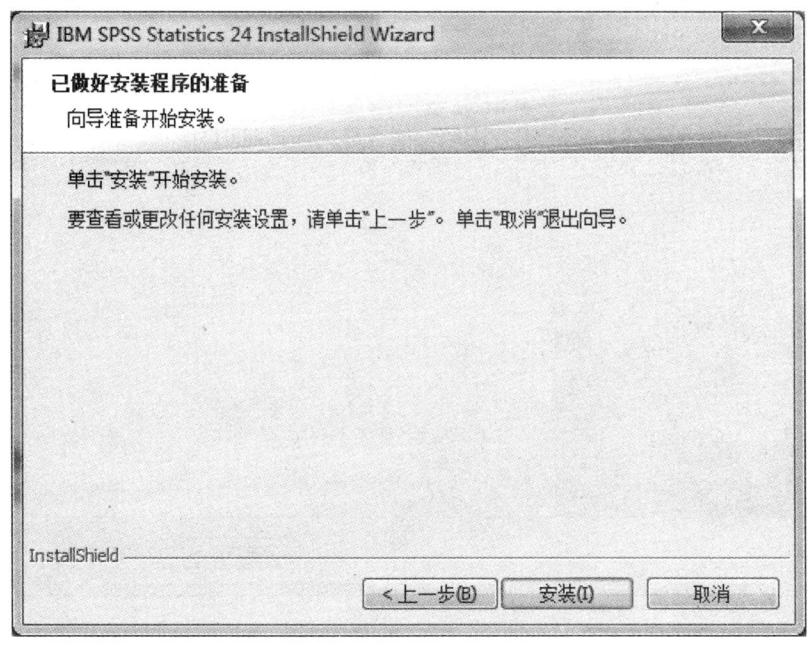

图 1-2-6　开始安装界面

图 1-2-7　正在安装界面

（7）点击【完成】。安装完成界面，如图 1-2-8 所示。

（8）运行授权许可向导，在输入栏中输入许可证代码。授权许可界面，如图 1-2-9 所示。

图 1-2-8 安装完成界面

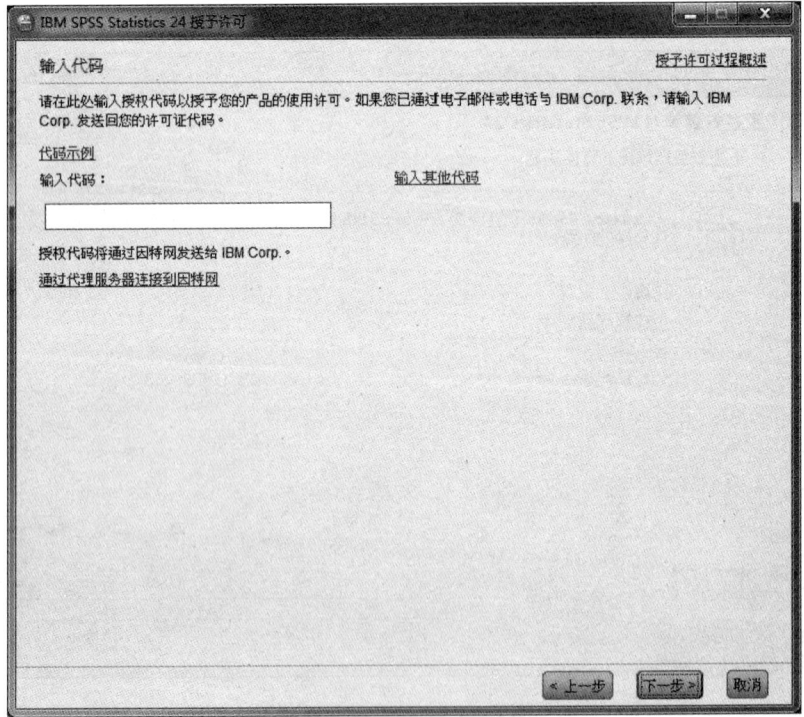

图 1-2-9 授权许可界面

(9)授权成功后,授权许可完成,下次启动产品时许可将生效。

2. SPSS Statistics 24.0 的卸载

SPSS Statistics 24.0 的卸载和其他 Windows 应用软件的卸载完全一样,卸载的步骤为:打开电脑【控制面板】界面,单击【卸载或更改程序】按钮,在菜单中选中 IBM SPSS Statistics 24,右键单击,选择【卸载】按钮,即可删除 SPSS 软件。

1.2.2 SPSS Statistics 24.0 的环境要求

运行 SPSS Statistics 24.0 对计算机的要求并不高,具有一般的硬件配置即可。若 SPSS 的运算涉及大量数据,则需要用户配置较大的内存。对于较大的数据处理和复杂的统计运算,计算机至少需要 256 M 内存。SPSS Statistics 24.0 对计算机硬件的基本要求如下。

(1) 以 1 000 兆赫兹(GHz)或更高频率运行的 Intel 或 AMD 处理器。

(2) 最低 1 GB 的 RAM(Random Access Memory,随机存储器)。

(3) 至少 800 MB 内存。注意若安装一种以上的帮助语言,每多一种语言需要增加 150~170 MB 的磁盘空间。

(4) DVD/CD 光盘驱动器。DVD/CD 光盘驱动器用于安装 SPSS Statistics 24.0 软件。若用户通过网络安装软件,则无须配置此项。

(5) XGA(1024×768)或更高分辨率的显示器。

(6) 运行 TCP/IP 网络协议的网络适配器。用于访问 IBM SPSS 公司的网站以获得相应的技术支持和软件升级。

(7) SPSS Statistics 24.0 对操作系统的最低要求为:Microsoft Windows XP(32 位版本)、Windows Vista(32 位和 64 位版本)或 Windows7(32 位和 64 位版本)。

1.3 SPSS Statistics 24.0 相关设置

在结束 SPSS Statistics 24.0 的安装过程之后,先要通过【选项】对话框设置系统的默认值和初始状态。从【编辑】菜单中选择【选项】菜单,然后进入【选项】对话框。该对话框共有 12 个参数选项卡,分别为:常规、语言、查看器、数据、货币、输出、图表、透视表、文件位置、脚本、多重插补和语法编辑器。

1.3.1 常规功能设置

【常规】选项卡中列出了一般性选项,在【常规】页面上可以设置相关的功能参数。【常规】设置界面,如图 1-3-1 所示。

1.【变量列表】项

通过选定【变量列表】区域的相关参数,可以设置变量在变量列表中的显示方式和显示顺序。

1) 变量的显示方式

(1)【显示标签】选项:表示变量标签显示在前,这也是系统默认方式。

(2)【显示名称】选项:表示显示变量名,选择此项,则在变量列表中只显示变量名。

2) 变量的显示顺序

(1)【字母顺序】选项:表示按变量名的字母顺序排列。

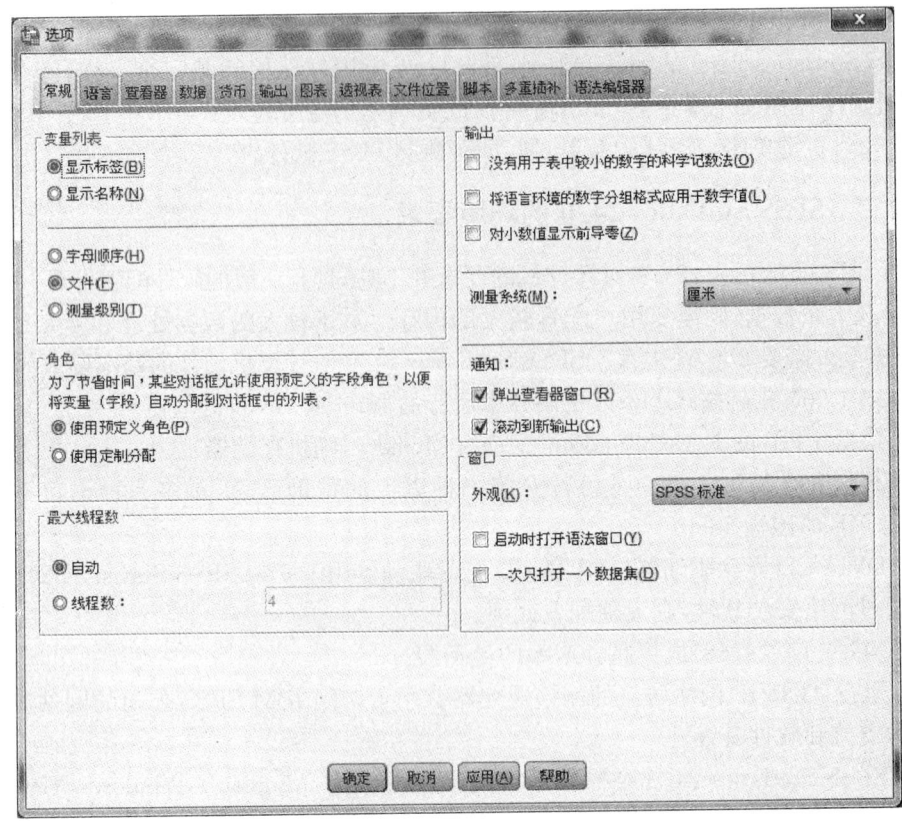

图 1-3-1 【常规】界面

（2）【文件】选项：表示按变量在数据文件中出现的先后顺序排列，这也是系统的默认选项。

选择变量显示顺序后，会在下一次打开数据文件时起作用。

2.【角色】项

【角色】项意味着用户拥有自己的文件夹，以不同的角色登录会有不同的对话框列表。

1.3.2 语言功能设置

在语言设置栏可以设置输出时及用户使用时的语言类型。【语言】设置界面，如图 1-3-2 所示。

1.3.3 查看功能设置

【查看器】选项卡提供了输出标签窗口显示时的信息、图标、字体等选项的设定功能，方便用户根据自己需求定义输出窗口，充分展现了 SPSS Statistics 24.0 软件的人性化设计。【查看器】设置界面，如图 1-3-3 所示。

1.【初始输出状态】设置项

在【初始输出状态】区域下面的【项图标】栏，可以设置各种输出的状态。

（1）【项】参数框：此参数框用来选定要控制的输出项，如日志、警告、附注、标题、页面标题、枢轴表、图表、文本输出、树模型和模型浏览器。

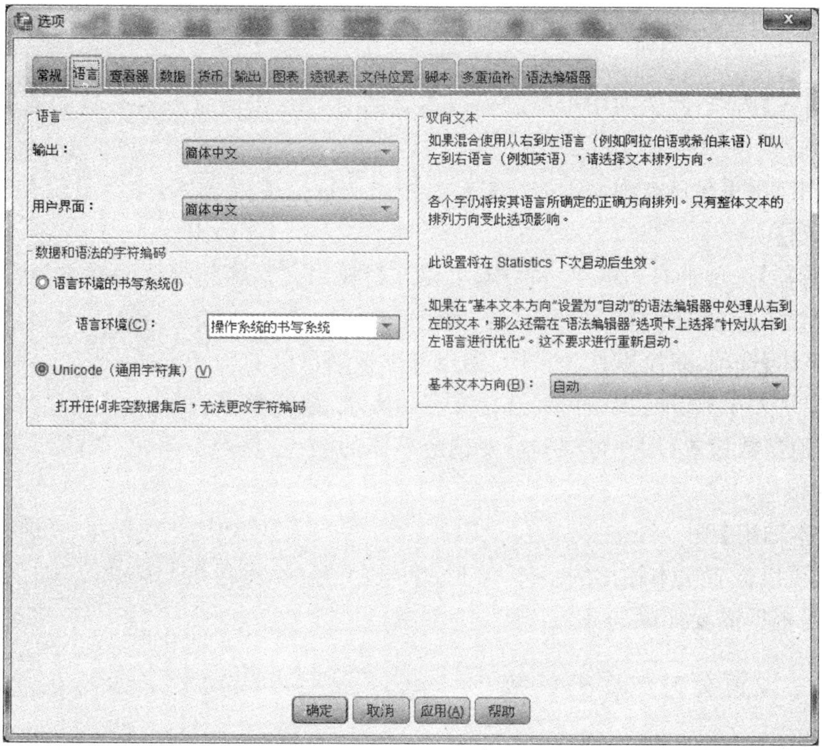

图 1-3-2 【语言】设置界面

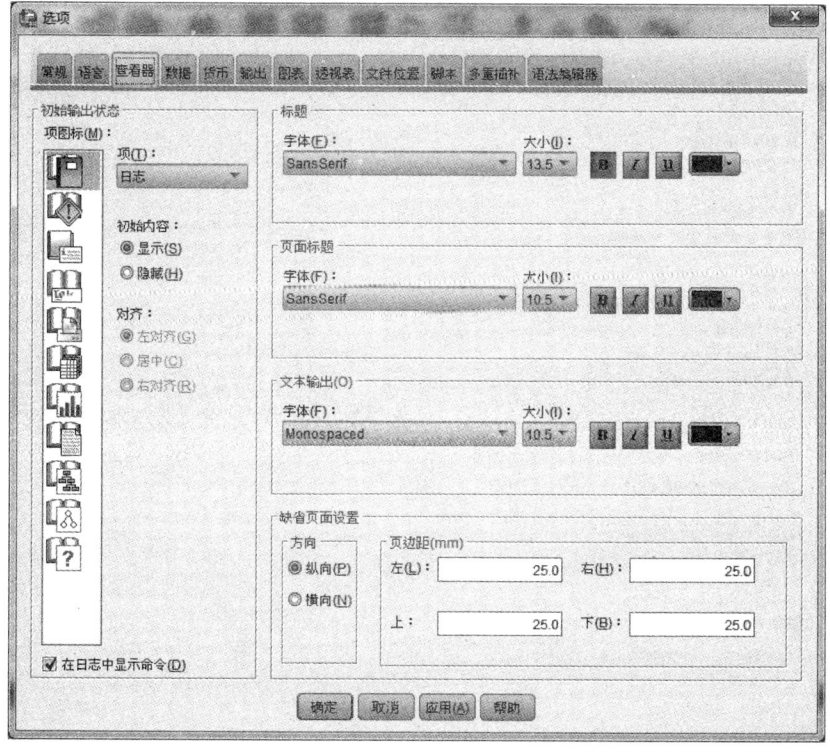

图 1-3-3 【查看器】设置界面

(2)【初始内容】选项:此选项是对项中选定的输出参数的控制,有【显示】和【隐藏】两个选项。

(3)【对齐】选项:此选项用于控制输出内容的对齐方式,有【左对齐】【中对齐】和【右对齐】三个选项。

(4)最下面的【在日志中显示命令】选项,可以选择是否把 SPSS 命令显示在日志中。

2.【标题】项

在【查看器】选项卡右边的第一栏中,可以选择输出文本标题或页面标题,并且能够通过下面的选项设置标题的字体、字形、字号、颜色等。

(1)【字体】选项:系统默认为宋体,用户可以根据自己的喜好选择字体。

(2)【文字大小】选项:根据需要选定文字的大小,系统默认为 13.5。

(3)其他参数设置:用户可根据需要选定字体的颜色、是否加粗、是否倾斜等,字体颜色系统默认为黑色。

3.【文本输出】项

该选项可以设置文本输出的字体、字形、字号、颜色等,其设置与输出文本标题时的设置类似,用户可根据需要加以选择。

1.3.4 设置有关数据的参数

打开【选项】对话框的【数据】选项卡,在此可以设置数据的各种参数。【数据】设置界面,如图 1-3-4 所示。

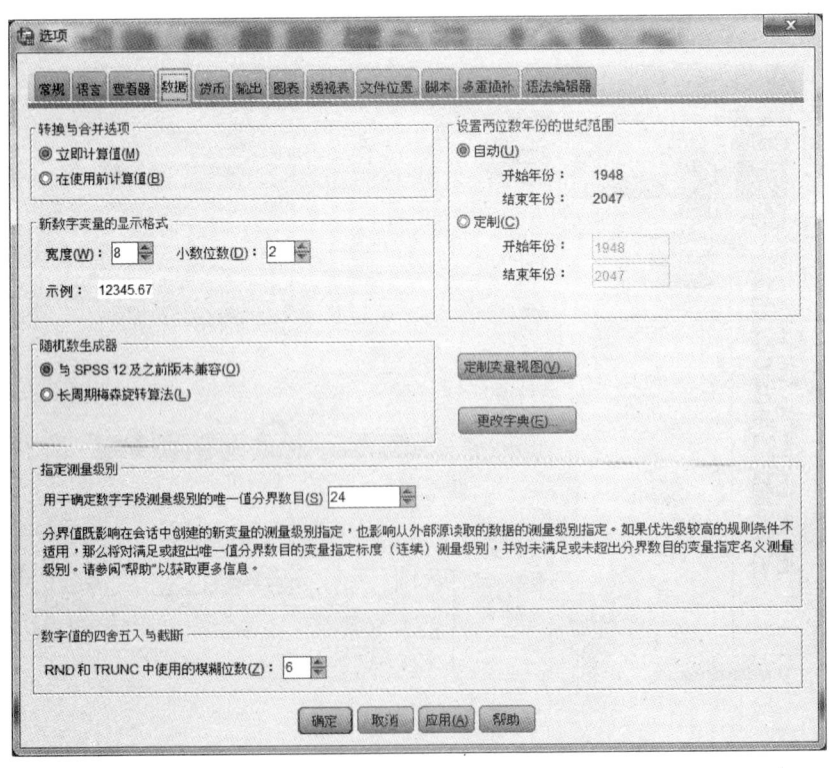

图 1-3-4 【数据】设置界面

1. 【转换与合并】项

(1) 【立即计算值】选项：选择此项，就会立刻执行要求的转换，同时读取数据文件。此项为系统默认选项。如果数据文件很大，而且要运行多项转换，这种转换可能要花费很长时间。

(2) 【在使用前计算值】选项：选择此项，就会延迟转换，只有在遇到命令时，才执行转换和合并。如果数据文件很大，这种方式能明显地节约处理时间。但是，暂时挂起转换将限制在数据编辑器中要做的其他工作。

2. 【新数字变量的显示格式】项

(1) 【宽度】微调框，在其中可输入显示的数值总宽度。

(2) 【小数位数】微调框，在其中可输入要显示的数值的小数位数。

3. 【随机数生成器】项

随机数字生成器有两个选项，即【与 SPSS 12 和先前版本兼容】和【长周期梅森旋转算法】。

4. 【设置两位数年份的世纪范围】项

以 99 年为间隔设置年限，在数据编辑中定义日期型格式的变量时，使用日期型变量的定义用到两位数表示年的形式，如 18/03/06。

(1) 【自动】选项：选择此项，则自动设置年限范围。系统指定为向前 69 年，向后 30 年，如当前年份为 2018 年，选用此项时，年份的变动范围为区间 1949 年到 2048 年。

(2) 【定制】选项：选择此项，用户可以自定义年份的变动范围。

1.3.5 货币设置

【货币】选项卡用于自定义数值型变量格式，基于此，用户可以设置数值型变量的输出格式的各种参数。【货币】设置界面，如图 1-3-5 所示。

1. 【定制输出格式】栏

在此栏中可以设置 5 种自定义字符格式，支持先设定后再命名。这 5 种格式分别为 CCA、CCB、CCC、CCD、和 CCE。同时，在图 1-3-5 右侧的样本输出栏内显示变量格式的预览。

2. 【所有值】项

(1) 【前缀】框：在此框内输入数值的首字符，这个字符将成为在所有值前面都显示的前缀，系统默认值为空格。

(2) 【后缀】框：在此框内输入的值将成为在所有值后面都显示的后缀，系统默认值为空格。

3. 【负值】项

(1) 【前缀】框：在此框内输入在所有负值前面显示的前缀，系统默认值为"—"。

(2) 【后缀】框：在此框内输入的值将成为在所有负值后面都显示的后缀，系统默认值为空格。

4. 【十进制分隔符】项

(1) 【句号】选项：选择此选项，在以后显示输出值中的小数点时就会采用圆点为小数点，系统默认值为"."。

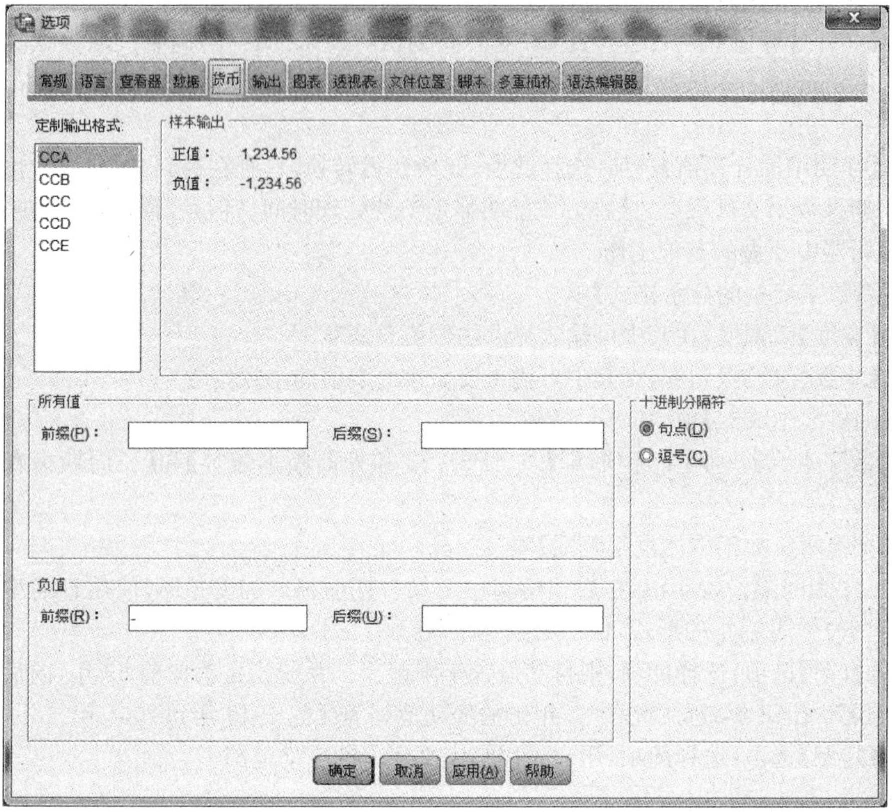

图 1-3-5 【货币】设置界面

(2)【逗号】选项：选择此项，小数点为逗号。

用户进行所有的设置之后，其样本会显示在 Sample 输出标签栏。

1.3.6 设置输出标签的参数

通过【输出】选项卡，用户可以设定一些参数，使在输出结果与要点表时，变量值与变量标签能一起输出。【输出】设置界面，如图 1-3-6 所示。

1. 【大纲标注】项

用来设定在输出大纲中所选用的标签形式。

1)【项标签中的变量显示为】下拉菜单

该菜单控制在输出大纲摘要中的变量显示形式，已经输出的要点表不受影响。系统默认的显示方式为仅显示标签。

(1)【标签】项：选择此项，则使用变量标签来识别每个变量。

(2)【名称】项：选择此项，则使用变量名来标识每个变量。

(3)【名称和标签】项：选择此项，则将变量名和变量标签都可用于标识每个变量。

2)【项标签中的变量值显示为】下拉菜单

该菜单控制在输出大纲摘要中的变量值和值标签的显示方式，已经输出的要点表不受影响。系统默认的显示方式为显示值标签。

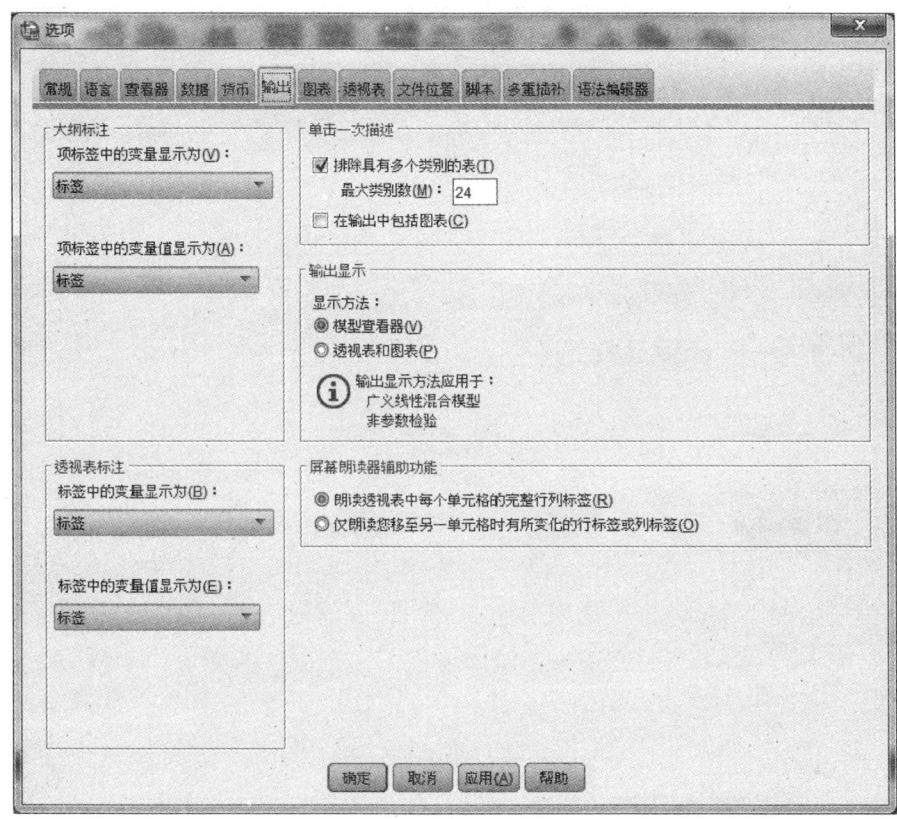

图 1-3-6 【输出】设置界面

(1)【标签】项:选择此项,则使用变量标签值来识别每个变量值。
(2)【值】项:选择此项,则使用变量值来标识每个变量值。
(3)【值和标签】项:选择此项,则将变量值和变量值标签都可用来标识每个变量值。
2.【透视表标注】项

该选项组的两个选项分别为【标签中的变量显示为】和【标签中的变量值显示为】,用于控制输出的枢轴表格中的变量和变量值的显示方式,其设置和上述的大纲标签选项组一样。读者可以参照上文中的讲述进行学习和使用。

1.3.7 设置图表的参数

【图表】选项卡用于设置图形输出格式,在该选项卡页面上可以设置图表输出时的各种参数。【图表】设置界面,如图 1-3-7 所示。

1.【图表模板】项
(1)【使用当前设置】选项:选择此项,则对新的图形属性采用当前设置。
(2)【使用图表模板文件】选项:选择此项,则使用一个图表模板来确定图形的属性。

用户可以单击【浏览】按钮来选择一个图表模板文件,图表文件必须是用户事先保存好的。如果想生成一个图表模板文件,只需要生成一个带有用户所希望的属性的图形,然后保存起来即可,图表模板文件的扩展名为*.sct。

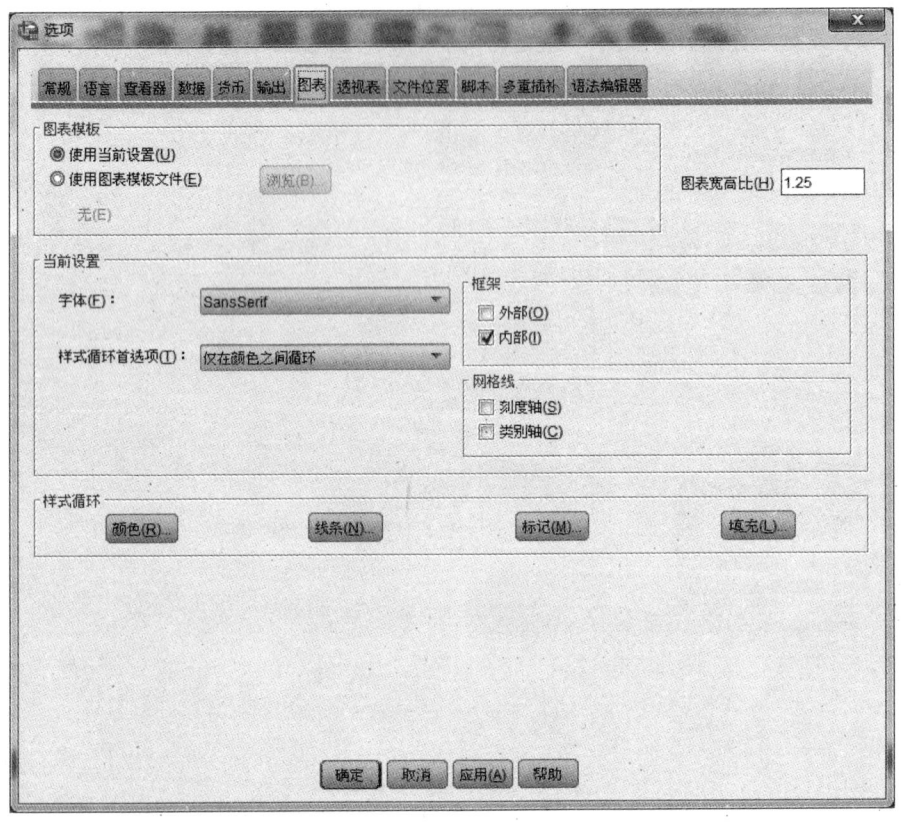

图 1-3-7 【图表】设置界面

2.【当前设置】项

(1)【字体】栏:在此栏内可以选择输出图形所采用的字体,系统默认设置为 SansSerif。

(2)【样式循环首选项】栏:在此栏内可以选择仅在颜色之间循环和仅在模式之间循环。

3.【样式循环】项

在此栏中可以选择填充图形和线条样式,下拉列表中提供了设置图案填充颜色及线条的选项。

4.【图表宽高比】项

在该项后的文本框中输入希望的宽高比数值,系统默认的宽高比为 1.25,即纵:横=1:1.25。

5.【框架】项

(1)【外部】选项:选择此项,就会为整个图形画出一个更大的外边框,将图形全部框于其中,包括标题和图例。

(2)【内部】选项:选择此项,则输出的图形部分画出边框。

6.【网格线】项

(1)【刻度轴】选项:选择此项,则会在输出图形中显示纵轴上的刻度和水平网格线。

(2)【类别轴】选项:选择此项,则会在输出图形中显示横轴上的刻度及垂直网格线。

1.3.8 透视表设置

【透视表】选项卡用于设置输出表格的格式,可以设置新的表格输出外观。SPSS Statistics 24.0 提供了多种形式的透视表样板,在此选定一种透视表样板,以后生成的一切表格都将以此种格式输出。【透视表】设置界面,如图 1-3-8 所示。

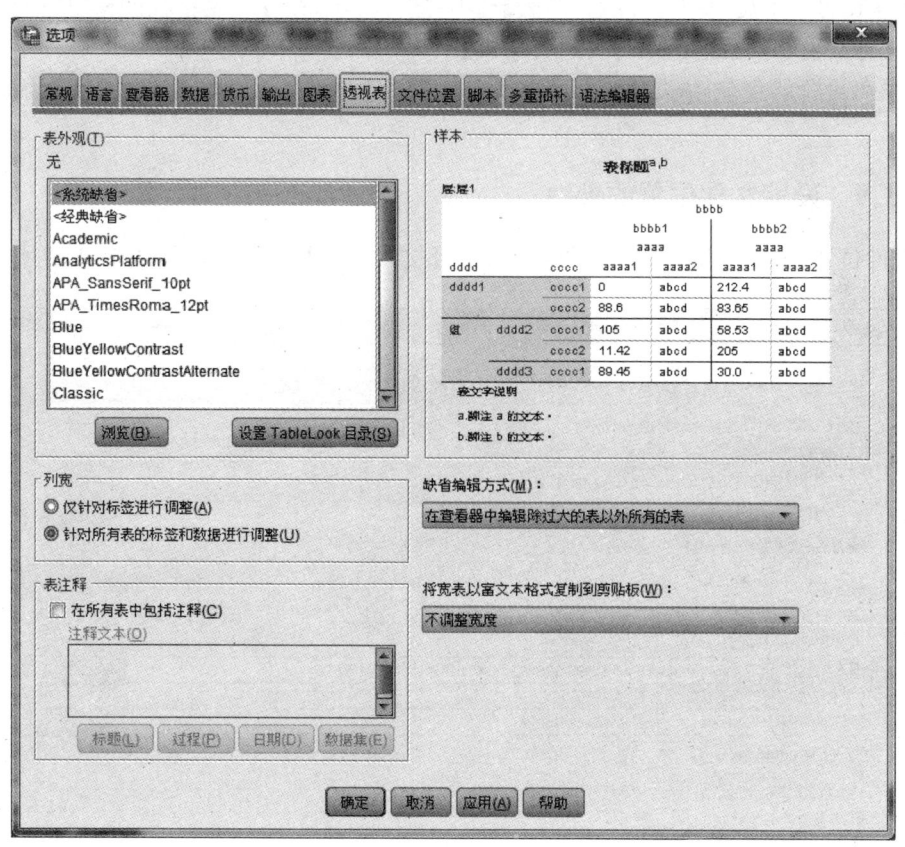

图 1-3-8 【透视表】设置界面

1. 【表外观】项

在此栏下面的列表框内可以选择系统提供的表格输出时的外观样式以及储存路径。用户可以单击【浏览】按钮来选择样式所在的目录,再根据目录下的外观样式,选定所需要的样式文件。图 1-3-8 右边的【样本】栏里能显示所选择的表格的样式草图预览。

2. 【列宽】项

在此栏内可以设置透视表的列宽。

(1)【仅针对标签进行调整】选项:选择此项,就会按变量标签来调整列宽。这样做会使要点表看起来显得紧凑,但比标签宽的数据值则不会显示(星号表示数据值不能被显示)。

(2)【针对所有表的标签和数据进行调整】选项:选择此项,用户可根据具体需要手动调整的内容或表框的列宽,使表格美观、大方。

3. 【缺省编辑方式】项

(1)【在查看器中编辑所有的表】选项:选择此项,能够控制观察窗口的要点表或一个单独窗口的激活。根据默认,双击要点表能激活观察窗口的表。用户可以在一个单独的表中激活要点表,或者选择一个大小设置,在观察窗口中打开小的要点表,以及在一个单独的窗口中打开大的要点表。

(2)【在查看器中编辑除过大的表以外所有的表】选项:选择此项,则在观察窗口中仅能编辑较小的要点表。

(3)【在另一个窗口中打开所有的表】选项:选择此项,则在一个单独的窗口中打开表。

4.【将宽表以富文本格式复制到剪贴板】项

该项可设置的复制方式分为【不调整宽度】【将宽度缩小到合适大小】和【将表换行】三种。

1.3.9 设置文件位置的参数

【文件位置】选项卡用于选择文件的位置。【文件位置】设置界面,如图1-3-9所示。

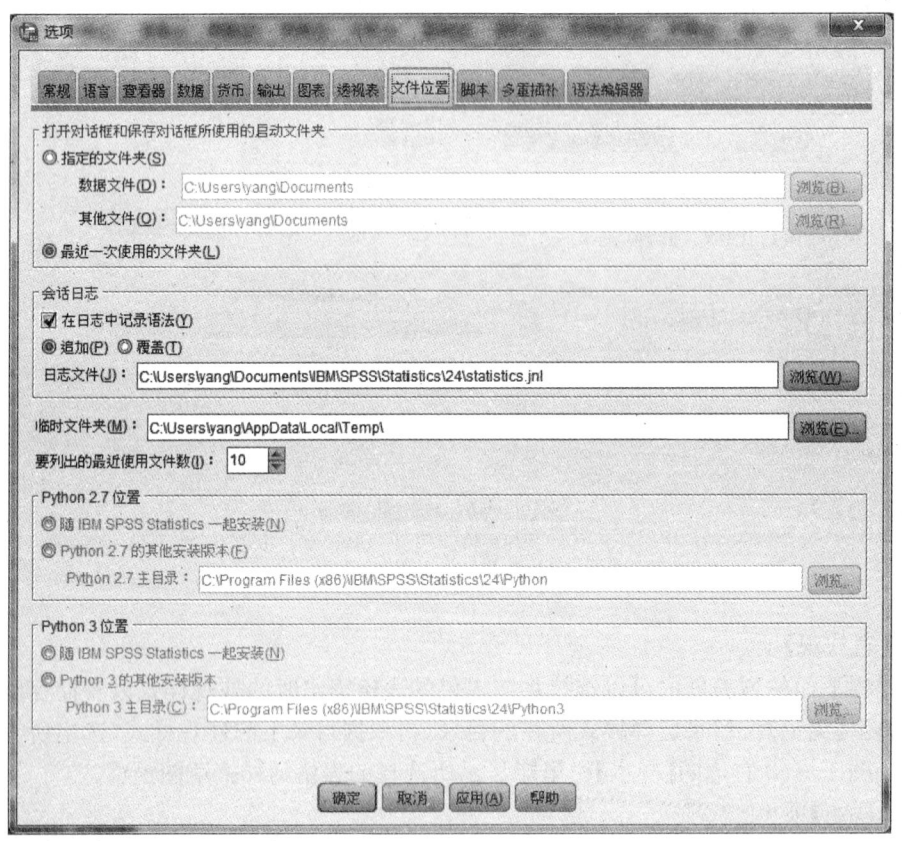

图1-3-9 【文件位置】设置界面

1.【打开对话框和保存对话框所使用的启动文件夹】项

(1)【指定的文件夹】选项:数据文件夹的选择,系统默认的文件路径为 C 盘,单击【浏览】按钮,可以修改路径,以便将文件保存到用户指定的文件夹中。

(2)【最近一次使用的文件夹】选项:指用户最后使用的文件夹,系统会自动保存到那里。

2.【会话日志】项

选择该项后,系统会自动记录日志中使用的语法,分为有附加和覆盖两种模式,并将这些日志自动保存到日志文件夹中。

3.【临时文件夹】项

选择该项后,用户可以设置临时文件的保存路径,以及设置临时文件记录显示的数量,即最近使用的文件数量。

1.3.10 设置脚本的参数

【脚本】选项卡用于设置启动 SPSS 用到的脚本程序文件的各种参数。【脚本】设置界面,如图 1-3-10 所示。

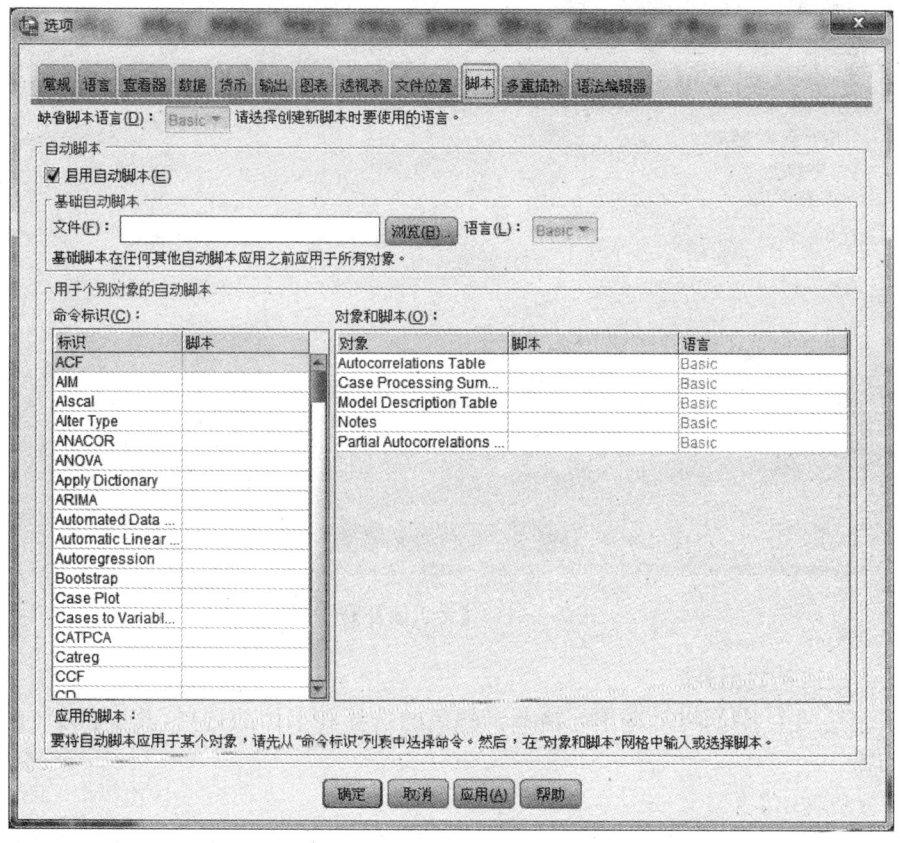

图 1-3-10 【脚本】设置界面

1.【自动脚本】项

设置 SPSS 的整体脚本过程文件,该文件由软件内置。在安装 SPSS 软件时自动予以设置,包含其他脚本文件要呼叫的子过程和函数。一般情况下,请用户切勿进行任何改动,否则可能导致一些脚本文件无法正常运行。

2.【用于个别对象的自动脚本】项

要将自动脚本应用于某个对象,可从【命令标识】列表中选择命令,然后在【对象和脚本】网格中输入或选择脚本。

1.3.11 设置多重插补

【多重插补】选项卡包括【标记插补数据】和【分析输出】两个区域。【多重插补】设置界面，如图1-3-11所示。

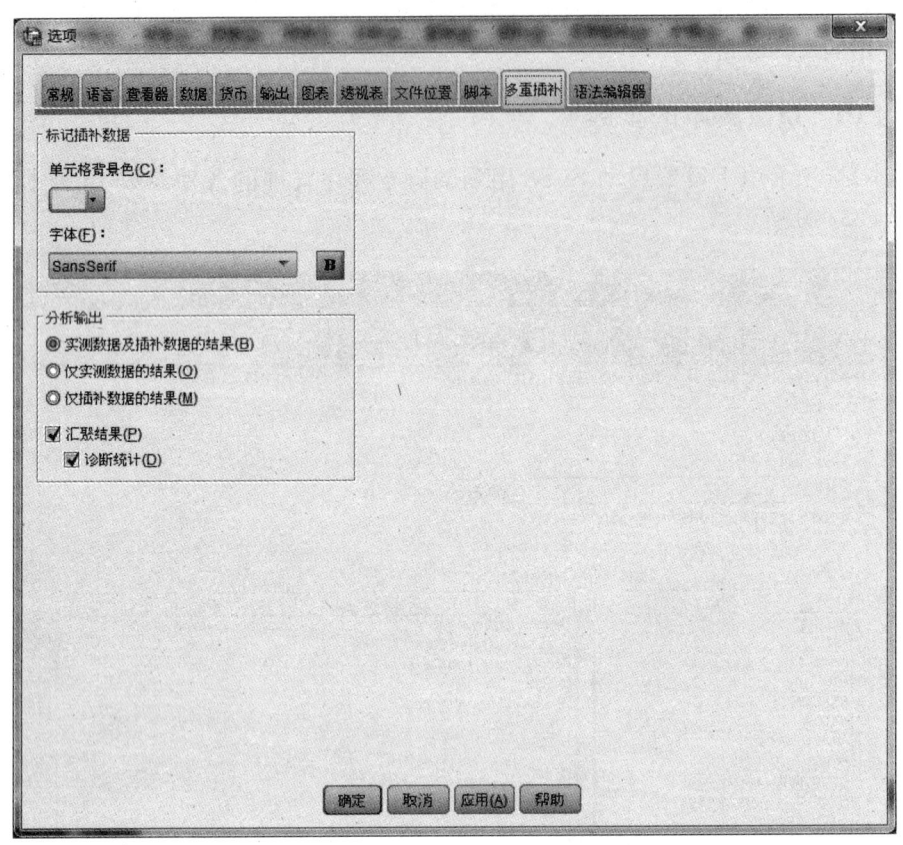

图1-3-11 【多重插补】界面

1.【标记插补数据】项

该项包括两个下拉菜单，即单元格背景颜色的选择和字体的选择，其中【B】按钮用于设置是否加粗。

2.【分析输出】项

【分析输出】选项框包括实测数据及插补数据的结果、仅实测数据的结果、仅插补数据的结果以及汇聚结果等选项。

1.3.12 设置语法编辑器窗口的参数

【语法编辑器】选项卡主要是对系统的语法、命令语言的字体颜色等做修改，以期达到清楚、明显的效果。【语法编辑器】设置界面，如图1-3-12所示。

1.【语法颜色编码】项

该项设置是否显示语法颜色编码，选中【显示语法颜色编码】复选框，将会在工作过程中显示命令、子命令、关键字、值、注释和引号的状态，包括【B】(是否加粗)、【I】(是否倾斜)、

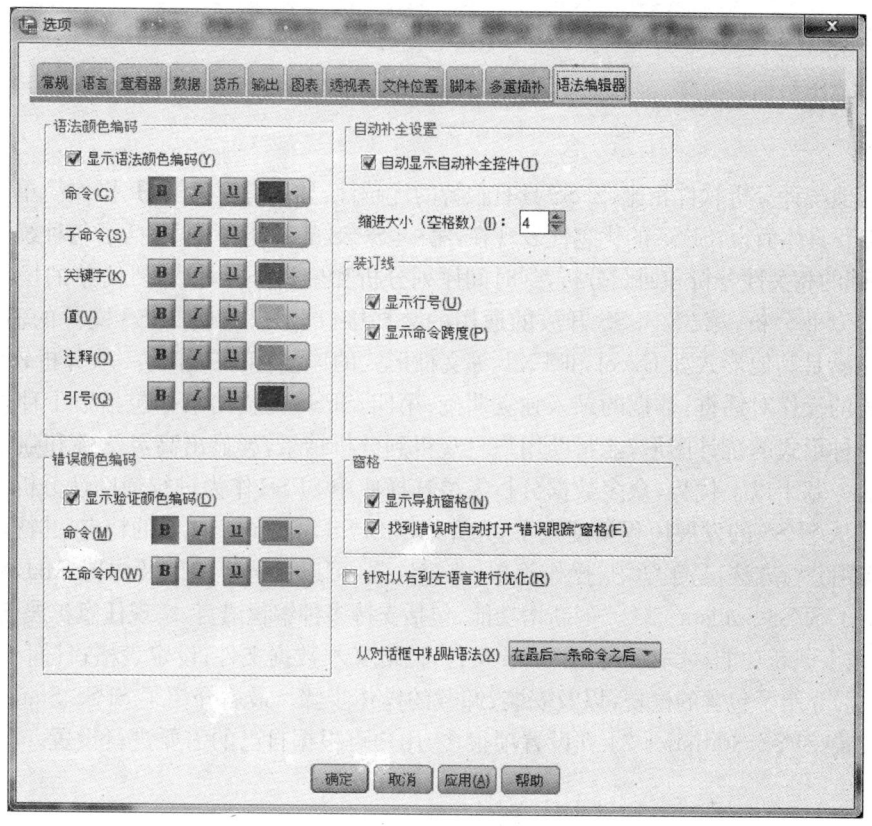

图 1-3-12 【语法编辑器】设置界面

【U】(是否加下划线)以及字体颜色。

2.【错误颜色编码】项

该项设置是否选择【显示验证颜色编码】复选框,包括命令、在命令内的字体设置,这些设置可以让用户更敏感地感觉到系统给出的提示,避免编程犯错。

3.【自动补全设置】项

选择该项后,系统会自动完成显示设置。

4.【缩进大小】项

选择该项后,语法缩进设置,突出重点。

5.【装订线】项

该项设置是否显示行号以及命令显示的跨度。

6.【窗格】项

该项设置是否显示导航窗格。选择该项后,用户将以更加方便、快捷操作软件,进而帮助用户有效地完成工作。当然,在用户熟练掌握命令后不必开启。找到错误时,自动打开错误跟踪窗格,可以帮助用户及时地找到错误,让用户用最短的时间改正错误。

7.【针对从右到左语言进行优化】项

该项对命令的语法进行从右到左的对齐和优化。

8.【从对话框中粘贴语法】项

该项能快速进行语法命令的粘贴调用。

1.4 小　　结

　　与其他统计分析软件相比，SPSS具有独特的优越性，如具有容易学习、操作简单和普遍性强等特点。具体而言，SPSS的优越性表现在：第一，SPSS的功能齐全，囊括了各种统计分析方法，从基础的相关性分析和回归分析，到时间序列分析和聚类分析，仅需要简单的操作便可实现数据的专业分析；第二，SPSS开放的通用的数据接口，不仅方便SPSS文件的输入输出，同时也能满足其他形式如Excel和TXT等文件形式的连接；第三，作为一款分析软件，SPSS具有精美的操作对话框，数据的录入独立明确；第四，SPSS的输出结果包括数十种规范的统计表和各种形式的统计图形，能帮助用户直观得到分析结果，彰显出高灵活性和强大的编辑分析功能。基于以上优势，众多数据分析人员选择使用SPSS作为进行辅助性分析的助手。

　　本章从SPSS的发展历程角度入手，先介绍了SPSS Statistics 24.0的特点，其特点包括具有多种实用分析方法，易于学习、操作简单、兼容性强，可以自选模块以及内置SaxBasic语言。接着介绍了SPSS Statistics 24.0的新增功能，包括支持多种编程语言，实现任意扩展；通过扩展中心，自由下载新功能；读取和写入Excel文件；读取文本数据文件；设定表格；日期/时间格式修改。然后介绍了包含的模块，以及安装、卸载的操作步骤。最后介绍了SPSS Statistics 24.0的相关设置，SPSS Statistics 24.0设置项很多，用户可根据自己的需要进行设置。

思　考　题

1. 简述SPSS Statistics 24.0的新增功能。
2. 简述SPSS软件发展历程。
3. 想将SPSS Statistics 24.0输出语言设置为英文，该如何进行操作？

参　考　文　献

　　[1]　李合龙，李妍，郑雪仪. SPSS统计学实验教程[M]. 北京：清华大学出版社，2015.

　　[2]　时立文. SPSS19.0统计分析从入门到精通[M]. 北京：清华大学出版社，2012.

　　[3]　陈胜可. SPSS统计分析从入门到精通（第2版）[M]. 北京：清华大学出版社，2013.

　　[4]　倪雪梅. 精通SPSS统计分析[M]. 北京：清华大学出版社. 2010.

　　[5]　曹慧. 统计学基于SPSS的应用[M]. 北京：北京大学出版社. 2015.

　　[6]　何晓群. 多元统计分析（第四版）[M]. 北京：中国人民大学出版社. 2015.

　　[7]　谢龙汉，尚涛. SPSS统计分析与数据挖掘[M]. 北京：电子工业出版社. 2012.

　　[8]　人大经济论坛SPSS论坛版. 基于SPSS 24.0最新版功能讲解[EB/OL](2016-7-21)[2017-10-20]. http://bbs.pinggu.org/forum.php?mod=viewthread&tid=4709570&page=1.

第 2 章

商务数据文件的建立与管理

在以互联网为代表的新一轮技术革命的作用下,企业所处的社会、经济、文化以及生态环境出现了新的特点,企业整体的信息化水平持续提升,各大企业纷纷开展和完善内、外部信息化,如构建数据中心、搭建信息化系统等。因此,企业的日常运营中充斥着来自内部系统和外部环境的海量数据。如何在这些海量数据中挖掘出对自身有价值的信息?是寻找商业新增长点的热门研究问题。SPSS Statistics 24.0 软件具备完善的数据定义、简洁的操作管理、开放的数据接口,以及统计图表制作灵活而美观等特点,是商务数据分析的高效软件之一。

本章在介绍商务数据特点的基础上,重点说明了商务数据的准备、预处理工作,包括数据文件的导入、导出操作,这也是整个商务数据分析工作的基础阶段。

2.1 商 务 数 据

数据分析要与大量的数据打交道,涉及繁杂的计算和图表绘制,现代的商务数据分析工作如果离开数据分析软件几乎是无法正常开展的。读者在掌握 SPSS Statistics 24.0 对商务数据文件的管理方式之前,有必要了解商务数据的基本概念,以便更好地掌握分析技巧。

2.1.1 商务数据概述

1. 商务数据的定义

商务数据是对企业客观商务现象进行计量的结果,即企业商务活动数据的总和。本书把商务数据分成三类,即企业信息化数据、产业互联网数据,以及外部跨界数据。其中,企业信息化和产业互联网中商务活动的记录数据是商务数据的主要来源。商务数据是商业寻找新的增长点和产业升级的核心,其本质是通过促进数据的自动流动去解决管理和业务问题,减少决策过程所带来的不确定性,并尽量克服人工决策的缺点。

首先,企业信息系统存储了高价值、高密度的核心业务数据。20 世纪 60 年代以来信息技术被加速应用于商业领域,形成了企业资源规划(ERP)、产品生命周期管理(PLM)、供应链管理(SCM)和客户关系管理(CRM)等企业信息系统。这些系统中大多积累了产品数据、交易数据以及客户服务数据,这些数据都可以采用 SPSS Statistics 24.0 软件进行分析。

其次,近年来一些业务性质相似或者有关系的企业聚集在一起形成具有规模效应和竞争力的产业联盟,在这个产业联盟中,各企业间通过产业互联网实现信息共享和数据流通,产业互联网成为商务数据新型的、增长最快的来源之一。

另外，以互联网为代表的技术促进了商业与经济社会各个领域的深度融合。人们开始关注气候变化、生态约束、政治事件、自然灾害、市场变化等因素对企业经营产生的影响。于是，外部跨界数据成为商务数据不可忽视的一部分。

2. 商务数据的来源

人和机器是产生商务数据的主体。人生产的数据是指由人输入到计算机中的数据，如设计数据、业务数据、产品评论、新闻事件、法律法规等。商务数据的一般来源途径有国家统计局、商务部、企业官方网站、内部数据库、市场调研等。

3. 商务数据的类型

从数据类型看，商务数据可分为结构化数据、半结构化数据和非结构化数据。结构化数据即关系数据，存储在数据库里，可以用二维表结构来表达实体及其联系。不方便用二维表结构来表达的数据即称为非结构化数据，包括办公文档、文本、图片、各类报表、图像、音频、视频等。所谓半结构化数据，就是以 XML 数据为代表的自描述数据，它介于结构化数据和非结构化数据之间。

20 世纪 60 年代，计算机在企业管理中得到应用，经历了层次、网状等模型后，统一为关系模型，形成了以结构化数据为基础的 ERP/MES 管理软件体系。70 年代，随着计算机图形学和辅助设计技术的发展，CAD/CAE/CAM 等工具软件生成了三维模型、工程仿真、加工代码等复杂结构文件，形成了以非结构化数据为基础的 PDM 技术软件体系。21 世纪，互联网和物联网为企业提供大量的文本、图像、视音频、时序、空间等非结构化数据，进而引发商业数据中结构化数据与非结构化数据的规模比例发生了质的变化。

本书基于 SPSS Statistics 24.0 分析的商务数据主要是结构化数据。结构化商务数据是对存储在数据库中的描述客观商务活动的记录。从是否随时间变化的角度，结构化商务数据分为常量和变量两种。

1) 常量

结构化商务数据常量分为 3 种：数值型、字符型和日期型。其中，数值型常量表现为一个数值；字符型常量表现为括在单引号或双引号中的字符串，而日期型常量则表现为按日期格式表示的日期、时间和日期时间。

(1) 数值型常量。数值型常量有两种书写方式：一种为如 25、1 643.5 的普通书写方式；另一种书写方式为科学计数法，这种计数法采用指数来表示数值。后者主要用来表示特别大或特别小的数值。例如，$1.34 \times E11$ 表示 1.34×10^{11}，$2.54E-2$ 表示 2.54×10^{-2}。用户可以根据需要选取书写方式，但是最好书写方式统一，以便发生错误。

(2) 字符型常量。字符型常量是由单引号或双引号括起来的一串字符，如果字符串中带有"'"字符，则此字符变量应由双引号包含起来，如字符串"It's life"。

(3) 日期型常量。日期型常量常用于记录商务活动发生时间，它有着特殊的格式。

2) 变量

结构化商务数据变量同样有 3 种类型：数值型、字符型和日期型。变量与数学中的定义类似，均指值可变的量。结构化商务数据变量常见的属性包括：变量类型(type)、变量标签和值标签(标签)、缺省值定义(missing 值)、计量尺度(measure)以及数据的显示属性(显示宽度、列宽度和对齐方式)等。

2.1.2 商务数据的计量尺度

观测数据是指在自然的未被控制的条件下观测到的数据,如社会商品零售额、消费价格指数、汽车销售额等。通过抽样调查,从研究对象全体中选取一部分个体组成样本,对样本的观测所得到的数据则是试验数据。按照对事物计量的精确程度,可将所采用的计量尺度由低级向高级分为:名义尺度、定序尺度和间隔尺度。

1. 名义尺度(Nominal)

1) 名义尺度的定义

名义尺度即定类尺度,它仅仅是一种标志,用于区分变量的不同值和类别,数据之间没有次序关系。它是按照事物的某种属性对其进行的分类和分组。例如,人的性别、商品名称、身份证号、商店类型等。

2) 名义尺度的特点

名义尺度的特点是其值测量了事物之间的类别差,而对各类之间的其他差别却无法从中得知,即所有类的地位相等,可以随意排序。另外,其计量结果可以且只能计算每一类别中各元素出现的频率。使用名义尺度定义变量时,必须符合穷尽和互斥的原则,对同级别的数据,可以用字符表示,也可以用字母来表示。满足名义尺度要求的变量称为定类变量。

2. 定序尺度(Ordinal)

1) 定序尺度的定义

定序尺度是对事物之间等级或顺序差别的一种测度。例如,考试成绩(优、良、中或差)、质量排序(甲等、乙等)、学历等级(博士、硕士、学士、高中、初中和小学)等。

2) 定序尺度的特点

定序尺度不仅可以测度类别差,而且还能测度次序差,但是定序尺度却无法测出数据之间的准确差值,所以其计量结果只能排序,不能进行算术四则运算。满足定序尺度要求的变量称为定类变量。

3. 间隔尺度(Scale)

间隔尺度是指变量的取值是连续的区间,可以分为定距尺度和定比尺度。

1) 定距尺度

定距尺度是对事物类别或次序之间间距的测度。例如,100 分制考试的成绩、公制的测量、重量、温度等。这种尺度的特点是其不仅能将事物区分为不同类型并进行排序,而且可以准确指出类别之间的差距。另外,定距尺度通常以自然或物理单位为计量尺度,因此测量结果往往表现为数值,可以进行加减运算。满足定距尺度要求的变量称为定类变量。

2) 定比尺度

定比尺度是指能够测算两个测度值之间比值的一种计量尺度。例如,员工的月收入、企业产值等。这种尺度的特点是其区间尺度属于同一阶层,计量结果也表现为数值。该尺度除了具有其他 3 种测量尺度的所有优点之外,还具有可计算两个测量值之间比值的特色。其与定距尺度的主区别在于,它有一个固定的绝对零点,而定距尺度没有,因此满足定比尺度的数据可以进行加、减、乘、除及其他延伸运算。满足定比尺度要求的变量称为定类变量。

4. SPSS 24.0 默认变量的计量尺度

在建立新的变量或者读取外部数据文件，以及打开 SPSS Statistics 24.0 或更早版本创建的数据文件时，SPSS Statistics 24.0 默认变量的计量尺度类型规则如下。

(1) 字符型变量默认为定类型变量。

(2) 具有变量值标签的数值型变量默认为定序型变量。

(3) 不含值标签且变量值小于 24 的数值型变量默认为定类型变量。

(4) 不含值标签且变量值大于 24 的数值型变量默认为定距型变量。

2.2 变量的设置及操作

一个完整的 SPSS Statistics 24.0 数据结构包括变量名、变量类型、变量名标签、变量值标签、缺失值的定义、计量尺度以及数据的显示等 10 个属性。在 SPSS Statistics 24.0 数据编辑窗口中单击【变量视窗】标签，进入变量视窗界面即可对变量的各个属性进行设置。接下来将介绍 SPSS Statistics 24.0 变量属性的定义和对应的设置。

2.2.1 变量名

变量名(Name)是变量参与分析的唯一标志，定义变量结构时首先应给出每个变量的变量名，否则系统默认为 VAR00001、VAR00002、VAR0003 等。定义变量命名要遵循如下规则。

(1) 首字符必须是字母或汉字，后面可以是任意字母、数字、句点或除感叹号"！"、问号"？"和雪花号"＊"外的任意字母或数字。

(2) SPSS Statistics 24.0 变量的变量名长度应少于 64 个字符(32 个汉字)。

(3) 不能用下划线"－"、句号"．"和圆点"．"作为变量名的最后一个字符。

(4) SPSS Statistics 24.0 的变量名不能和 SPSS Statistics 24.0 的保留字相同。SPSS 常见的保留字有 ALL、AND、BY、EQ、GE、GT、LE、LT、NE、NOT、OR、TO 和 WITH 等。

(5) SPSS Statistics 24.0 系统中变量名是唯一的，并且不区分大小写和变量名，即将 FAN 与 fan 看作同一个变量。

2.2.2 变量类型的定义及操作

SPSS Statistics 24.0 的变量类型(Type)共有 3 种：数值型、字符型和日期型。每种类型的变量都由系统给出默认宽度、小数位和列宽度。宽度即指该变量的显示宽度，也就是该变量所占的字节长度，变量的总长度应包含小数点和其他分界符。列宽度是数值编辑窗口每列显示的字符位数。如果列宽度小于变量的宽度，则相应列中的数据显示采用需要列宽较小的科学计数法，或者显示为若干个＊号。系统的默认变量长度可以通过【编辑】菜单中的【选项】来重新设置。

用户单击【变量视图】中的【类型】栏下面按钮，出现【变量类型】对话框，如图 2-2-1 所示。

下面具体介绍变量类型的定义和分类方法。

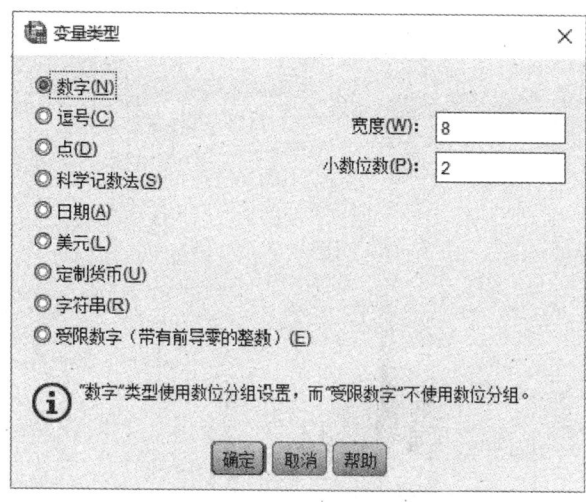

图 2-2-1 变量类型对话框

1. 数值型变量

数值型变量(Numeric)是 SPSS Statistics 24.0 中最常用的变量类型,一般由数字和其他特殊字符(如圆点、逗号、美元符号等)构成。SPSS Statistics 24.0 数值型变量按不同的显示要求主要分为标准型、逗号型、点型、科学计数法、美元型、定制货币型等 6 类。对于数值型变量 SPSS 软件默认为标准数值型变量,默认宽度为 8 位,小数为 2 位。

(1) 数值型(N)。数值型变量的小数点用圆点表示。同时,数值型变量的值既可以用标准数值格式输入,也能用科学计数法输入。

(2) 逗号型(C)。逗号型数值型变量的值在显示时,整数部分自右向左每 3 位用一个逗号作分隔符,用小圆点作小数部分和整数部分的分隔符。逗号型数据的输入不必以逗号隔开,SPSS Statistics 24.0 显示时会自动在相应位置添加逗号。

(3) 圆点型(D)。圆点型变量值的显示方式和逗号型相反,即整数部分从个位开始每隔 3 位以一个圆点分隔,用逗号作为整数和小数部分的分隔号。例如,1.2345 显示为 1,234500,实际表示的是 12345E—4。定义带圆点的数值可以输入带圆点的数值,也可以输入不带圆点的数值,还可以用科学计数法输入。

(4) 科学计数法型(S)。科学计数法型变量的值采用科学技术法来表示,该类型变量适合于显示数值很大或数值很小的变量。

(5) 美元型(L)。美元型变量是在逗号型变量前加上美元符号 $ 的数值型变量。在美元型定义预览框中,给出多种定义格式,用户可以根据需要选择定义格式。例如,1234.56 美元,用户可选择 $###,### 格式。另外,用户可以根据需要修改参数选项【宽度】的值,以改变变量宽度。

(6) 定制货币型(U)。SPSS 提供 5 种定制货币数值变量的类型,分别为 CCA、CCB、CCC、CCD 和 CCE 型,这些定制货币型变量的显示方式默认为逗号数值型。

定制货币型数值变量还能够通过 SPSS 的【编辑】功能进行定义和设定。选择菜单【编辑】下面的【选项】命令,打开【选项】对话框。切换到【货币】选项卡,如图 2-2-2 所示。

以自定义 CCA 为例,从【设定输入格式】列表框中单击 CCA,然后在【所有值】选项组中

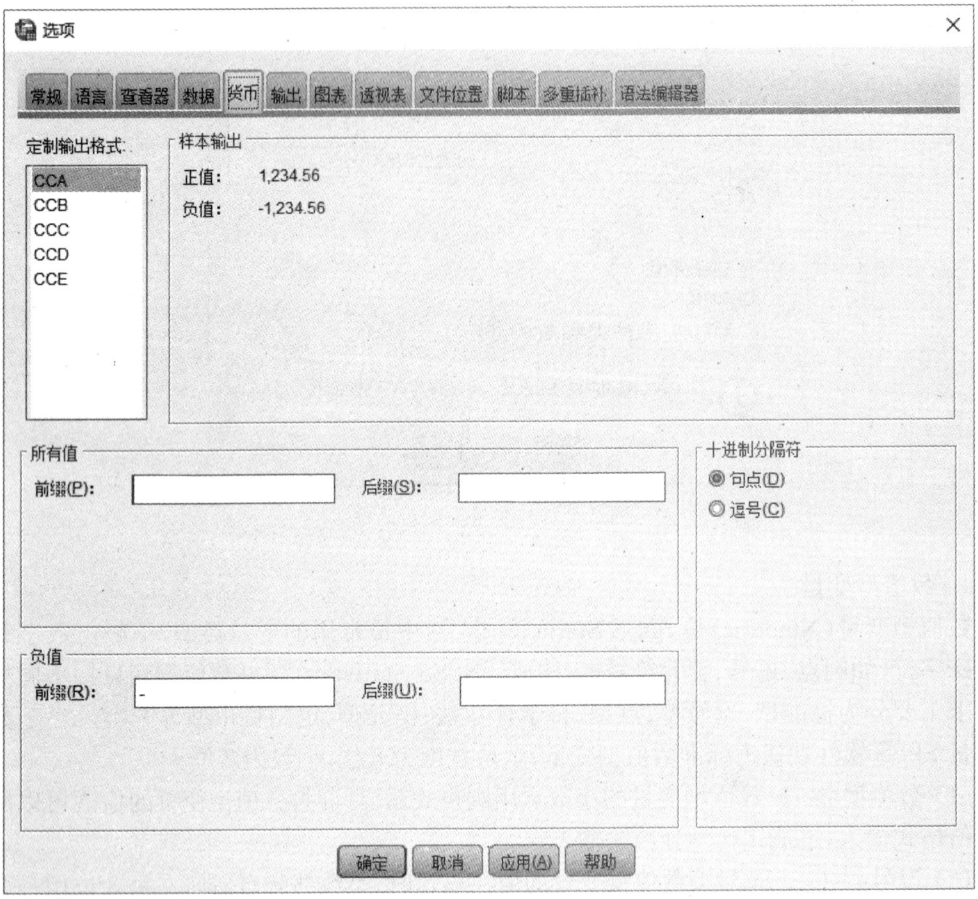

图 2-2-2 【货币】选项卡

选择前后缀,包括【前缀】和【后缀】两项。在【前缀】文本框中输入数据开始字符,在【后缀】文本框中输入数据结束字符。例如,要定义人民币的输入格式,则在【前缀】中输入"￥",在【后缀】中输入"元",则在数据编辑窗口输入 1234,数据显示为"￥1234 元"。定义完所有值后,再在【负值】选项组中定义负数的输出格式,同样包括【前缀】和【后缀】两项。在【前缀】文本框中输入负数数据开始字符,在【后缀】文本框中输入负数数据结束字符。在【小数分隔符】选项组中定义数值的整数和小数的分隔符,其中【句点】表示采用圆点作为分隔符,【逗号】表示采用逗号作为分隔符。在【样本输出】选项组中可以预览设置格式的显示样式。设置完毕后,依次单击【应用】和【确定】的按钮,设置即可生效。

CCB、CCC、CCD 和 CCE 四种类型数据的设置与 CCA 的设置方式相同,用户只需根据自己的需要定义所有值、负值以及分隔符即可。

2. 字符型变量

字符型变量(String)类型是非数值型变量类型,其值由字符串组成。字符型变量的定义对话框,如图 2-2-3 所示。

该对话框中只有一个【字符数】文本框,表示输入变量字符的最大个数,系统默认为 8,用户可以根据需要进行修改。字符型变量有长短之分,字符数超过 8 个字符的字符型变量将

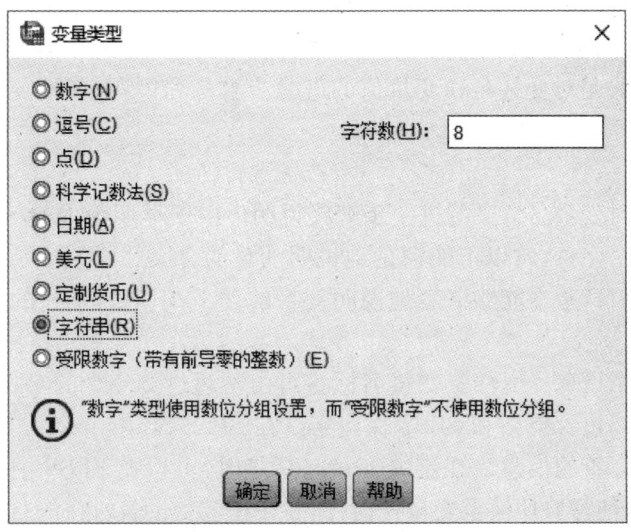

图 2-2-3　字符型变量定义

被视为长字符型变量,不大于 8 个字符的称为短字符型变量。另外,字符型变量不能参与运算,而且字符型变量中的大小写字母是有区别的,SPSS 将同一字母的大写与小写认为是两个不同的字符。

3. 日期型变量

日期型变量(Date)是用于表示日期和时间的数量类型。SPSS Statistics 24.0 以菜单的方式提供了多达 29 种日期型变量的格式供用户选择,如图 2-2-4 所示。

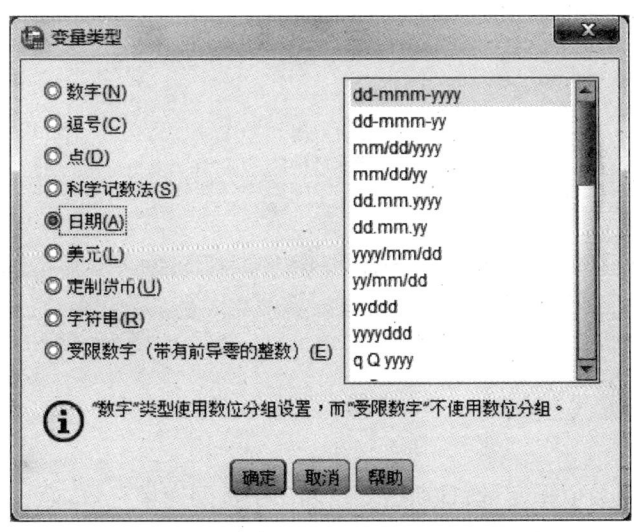

图 2-2-4　日期型变量定义

日期的格式有多种,常见的日期格式有:dd-mm-yyyy 和 yyyy/mm/dd。日期型变量的值是按规定的格式输入和显示的,它也不能直接参与运算。如果需要日期型变量参与运算,必须先用日期函数将其进行转换。

2.2.3 变量标签

变量标签(label)是对变量名和变量值的进一步解释和说明,包括变量名标签和变量值标签。

1) 变量名标签

变量名标签是对变量名含义的进一步解释说明。由于早期版本的 SPSS 软件中的变量名长度被限制为 8 个字符,所以不能清楚地说明变量的含义。SPSS Statistics 24.0 中的变量名可定义 64 个字符,基本能够清楚地说明变量的含义,但对特别长的变量名进行说明仍需借助变量名标签。

变量标签是一个可选择属性。变量名标签可由不超过 256 个的字符(或 128 个以内的汉字)组成,并且可以包含空格和 SPSS 保留字。在 SPSS Statistics 24.0 数据分析结果中,一般不显示变量名标签的信息。在定义变量名标签时,可以在 SPSS 主窗口中单击左下角的【变量视图】按钮,使窗口切换至变量视窗,然后在相应变量名所在的行中的【标签】列添加变量名标签的内容,如图 2-2-5 所示。

图 2-2-5 变量名标签设定

2) 变量值标签

变量值标签只对数值型变量、日期型变量和短字符型变量有效,而长字符型变量则没有变量名标签和变量值标签属性。

变量值标签是对数值型变量各个取值的含义进行解释和说明,对于在数据文件中用数值型变量表示非数值型变量时尤其有用,标签内容最多可以有 120 个字符得到的。

定义变量值标签时,可以在【变量视图】视区单击【值】列中的按钮,弹出定义变量值标签的对话框,如图 2-2-6 所示。数值型变量值的标签取值为 0 或 1,其中变量值 0 表示"不重要",1表示"重要"。

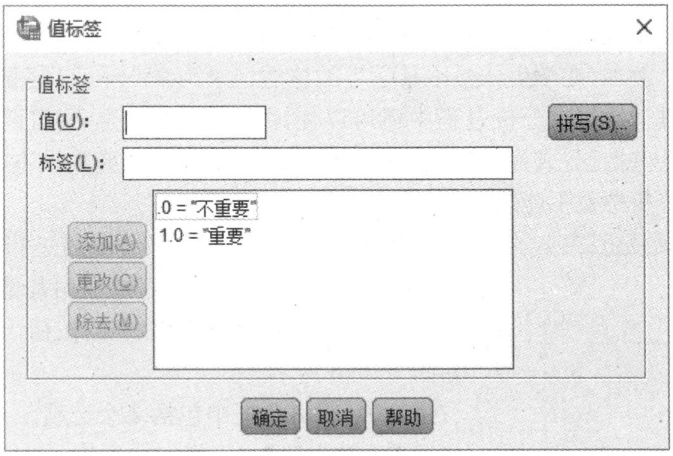

图 2-2-6 【值标签】对话框

在【值】文本框中输入变量值,在【标签】文本框中输入变量值所代表的含义,即变量值标签。单击【添加】按钮,则右侧列表框中会显示所输入的变量值及其标签。输入完所有变量值标签后单击【确定】按钮,使对变量值标签的设置有效。如果输入有误,可单击列表框中显示的错误标签项,然后单击【更改】按钮,修改已经输入的标签。单击【删除】按钮,则删除不需要的标签。定义完变量值标签后,在 SPSS 主窗口中选择【查看】→【值标签】,菜单命令,如图 2-2-7 所示,则在 SPSS Statistics 24.0 主窗口中经过变量值标签可以定义变量值。

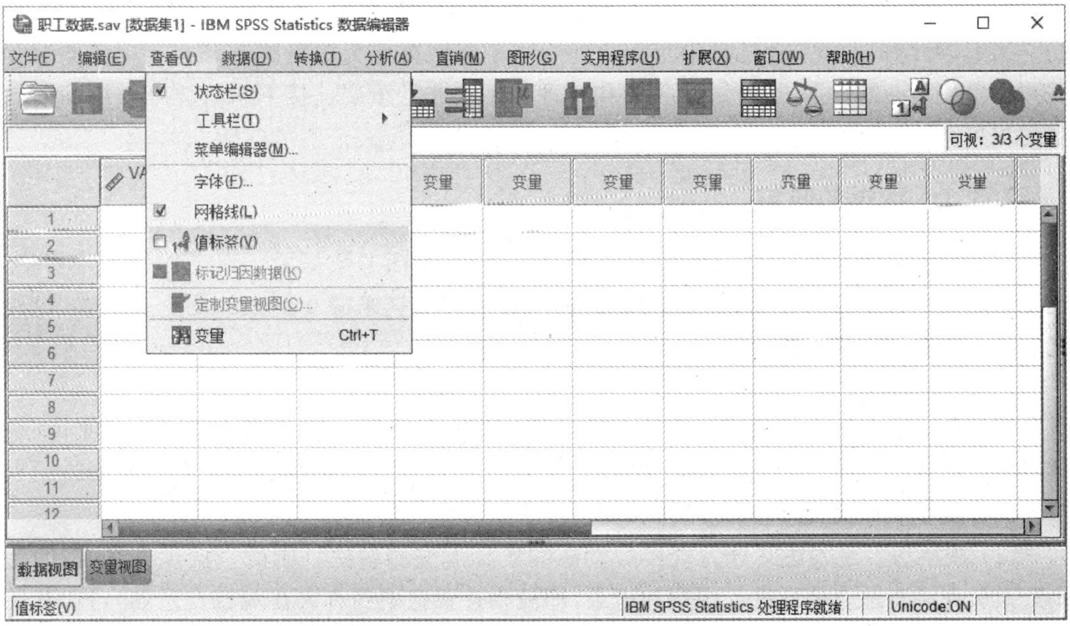

图 2-2-7 在主窗口中显示变量值

2.2.4 变量缺失值

在数据分析的数据收集过程中,有时会因为某些原因会出现记录的数据失真,或者没有记录等异常情况。例如,在学生体检中某学生的体重记录为250千克,这显然是一个失真数据,不能使用,但其他数据在分析过程中还可以使用。在调查问卷中,被调查者没有填写调查表要求填写的某些数据,成为缺失值。这些情况称为数据缺失或数据不完全,缺失或不完全的数据在统计分析中是不能使用的。

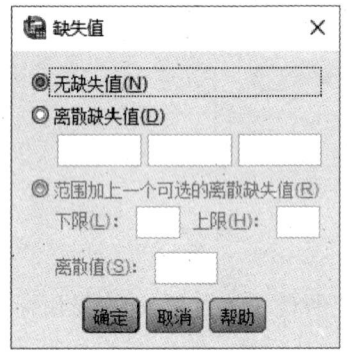

图 2-2-8 【缺失值】对话框

SPSS Statistics 24.0 软件可以通过指定缺失值的方式来定义缺失数据,这样可以更好地利用其他的有效数据。在【变量视图】视区,单击【缺失】栏中的按钮出现【缺失值】对话框,如图 2-2-8 所示。

在【缺失值】对话框中包括3个选项。

(1)【无缺失值】。不指定缺失值。

(2)【离散缺失值】。对于数值型或字符型变量,可以指定缺失值为1~3个特定的离散值。

(3)【范围加上一个可选离散缺失值】。把数值型变量的缺失值定义在一个连续的闭区间和一个区间以外的离散值。【上限】和【下限】分别表示连续区间的左右端点,并在【离散值】文本框中输入区间以外的一个确定值。

2.3 数据文件的编辑

当下,无论是大型企业还是中小型企业青睐于将数据作为决策的基础与支撑。面对互联网中纷繁复杂的数据,如何做好收集和整理的工作非常重要。接下来将详细介绍商务数据的收集、编辑和录入,打开与保存过程。

2.3.1 数据的收集

商务数据的收集渠道主要有两种:一是直接收集,即商务数据源于自己的调查或实验,也称之为一手数据或直接数据;二是间接收集,即商务数据来源于别人的调查或实验,也称之为二手数据或间接数据。

1. 直接收集

统计调查是获取直接数据的主要方法,也是复杂、繁重的数据收集方式。一般来说,统计调查工作难度大、费用高、时间长、数据收集的方式和方法都对数据质量有直接影响。直接收集方式主要包括观察法、询问法和实验法三类。

(1)观察法。观察法又分为直接观察法和实际痕迹测量法。所谓直接观察法,指的是调查人员在调查地点公开进行观察和记录,即被调查者意识到有人在观察自己的言行,其最大的特点是:在自然条件下进行,所得材料真实生动,但也会因为所观察的对象的特殊性而使观察结果稍显片面。实际痕迹测量法是通过一些途径来了解被观察对象的行为留下的痕迹。例如,国外有一家饮料公司曾根据垃圾站饮料瓶回收状况,来分析消费者口味偏好。

(2) 询问法。询问调查法是将所要了解的事项以当面、书面或电话的方式,向被调查者提出询问,以获得所需资料的一种方法。该法可分为面谈调查、电话调查、问卷调查三种。面谈调查能直接听取对方意见,灵活性高,但成本也高,调查结果容易受调查人员技术水平的影响。电话调查速度快、成本低,随着电话的普及,电话调查的应用越来越广,但电话调查的问题不宜过多,否则会被拒访。问卷调查是由调查人员交给被访者问卷,说明方法后由其自行填写,再由调查人员收回,是目前最常用的数据收集方法。随着互联网的普及,问卷调查也可以在网上进行。

(3) 实验法。实验法是一种特殊的观察调查法,它是在设定的特殊场所、特殊状态下,对调查对象进行实验以获得所需资料的一种方法。实验法常用来调查某种因素对市场销售量的影响。例如,某一商品在改变品种、品质、包装、设计、价格、广告、陈列方法等因素时,可以在一定条件下进行小规模实验,通过观察用户的反应来做出是否推广的决策。

2. 间接收集

数据的间接收集是指获取和利用现成的数据资料。采用间接收集方式的优点是:成本低、速度快、资料来源丰富、信息涉及面广、容易较快地进入新的研究领域等。但是通过间接方式收集到的间接数据也有一些缺点:时效性差、精确性低、可靠性低、可比性差、范围和细节模糊等。对企业来说,企业的间接数据包括如下几项。

(1) 国家主管部门发布的官方资料。

(2) 研究所、市场调查机构、大学等发布的资料。

(3) 其他公司发表的专业资料,如营业报告、公司期刊、产品目录等。

(4) 经济协会和行业组织发布的资料。

(5) 图书、专业杂志、报纸和互联网等其他公开发行的刊物中发布的资料。

(6) 国际机构的统计资料,如联合国、欧共体、世界银行等发布的统计报告。

3. 数据收集形式

统计调查商务数据的形式包括普查、统计报表和抽样调查。

1) 普查

普查是专门组织的一次性全面调查,目的是掌握有关行业、行情等的基本统计数据。由于普查涉及面广、耗时耗力,所以普查开展的难度大,执行的周期长,如我国经济普查每隔五年,年份的末尾数字逢3和8进行一次;人口普查和农业普查每隔十年,年份的末尾数字分别逢0和6进行一次。

2) 统计报表

统计报表是按国家有关法规的规定,自上而下统一布置,自下而上逐级提供统计资料的一种统计调查方式。统计报表可以分为国家统计报表、部门统计报表和地方统计报表等类型。以企业统计报表为例,其包括采购、生产、销售等方面的最基本统计资料,企业每年的统计报告可以反映全企业基本情况。

3) 抽样调查

统计学的主要思想之一是估计推断,即用样本估计推断总体。当总体无限、很大或检测过程具有一定破坏性时,通常不直接研究总体,而是从总体中抽取一个样本,根据样本去估计推断总体的情况,这就是抽样调查。与普查相比,抽样调查具有成本低、时效性强、适应面广和准确性高等优点。

2.3.2 SPSS 数据编辑功能

在收集到商务数据之后,接下来的工作就是将已经收集的数据录入 SPSS 中形成数据文件,以便进行商务数据分析。在录入数据文件时,首先要定义数据结构,然后再输入数据,这样才能形成一个完整的数据文件。下面对基于 SPSS 商务数据的编辑过程进行简单介绍。

1. 数据编辑器界面

SPSS Statistics 24.0 数据文件的录入方式和 Excel 基本类似,都是以电子表格的方式录入。启动 SPSS 24.0 之后,数据编辑器窗口,如图 2-3-1 所示,用户可以在此窗口中建立数据文件。单击左下角的【数据视图】按钮,将数据编辑窗口切换至【数据视图】视区,在空白的二维表格中即可输入数据。另外,在【变量视图】视区能够定义数据文件的变量及其属性。

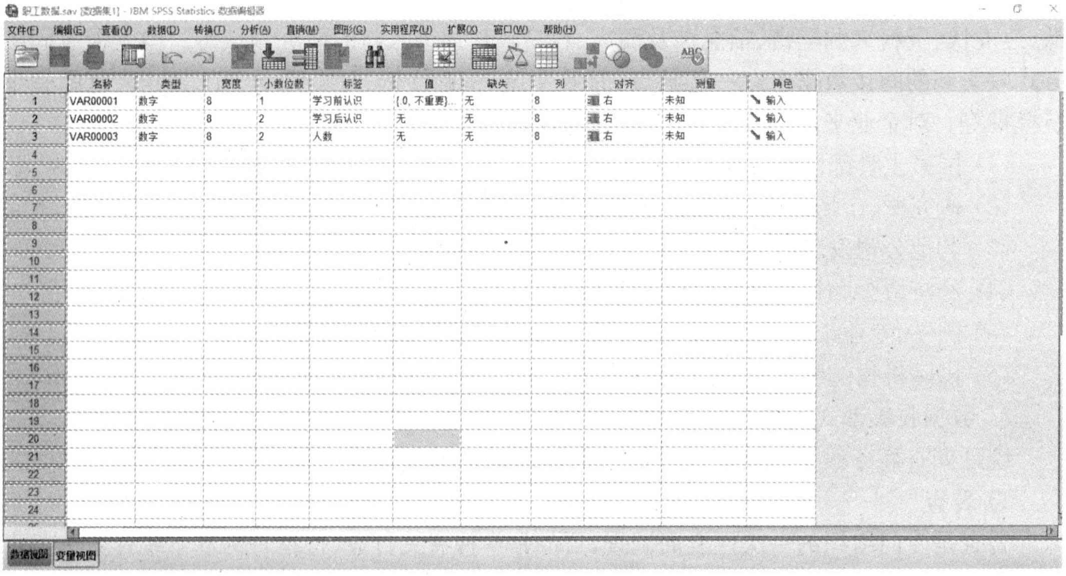

图 2-3-1 【数据编辑】窗口

2. 数据编辑器的构成

数据编辑器主要由四部分构成:标题栏、当前数据栏、输入数据栏和数据显示区。

(1) 标题栏。当数据显示区为一个已保存过的数据文件时,标题栏将显示此文件的名字。如果数据显示区显示的是一个新建文件,则标题栏显示的为【未标题1〔数据集0〕IBM SPSS Statistics 数据编辑器】,如图 2-3-1 所示。

(2) 当前数据栏。在标题栏、菜单栏及图标工具栏之下的两栏中,处于左边的即为当前数据栏。当前数据栏中用分号分开了两个数字(或字符串),前一个为当前光标所在处的记录号,后一个为其变量名。

(3) 输入数据栏。在标题栏、菜单栏及图标工具栏之下的两栏中,处于右边的一栏即为数据输入栏,此处显示光标所在处的数据值。

(4) 数据显示区。处于 SPSS 界面的底端,如图 2-3-1 所示。它类似于 Excel 表格,在表格头(横轴方向)显示变量名,而在纵轴方向的最左端则为序号。如同在 Excel 表格中选定单元格一样,在 SPSS 数据显示区选定单元格也呈现为加黑的单元格,选定单元格中的数据值将显示于数据输入栏中。

3. 数据编辑器的功能

数据编辑器的主要功能有编辑和观测变量的数据,及定义系统参数。【数据】菜单可实现编辑变量与观测量功能。用【编辑】菜单中的命令可实现数据的编辑功能,包括剪切、复制、粘贴、清除、插入变量、插入观测量、查找等功能。通过【编辑】菜单中的【选项】命令可定义系统参数。在数据录入工作结束以后,并不能保证录入的所有数据都准确无误,此时需要对 SPSS 数据进行修改、删除、插入等操作。SPSS Statistics 24.0 提供了强大的数据编辑功能,数据编辑在【数据视图】视区中【编辑】窗口进行。

1) 查看变量信息

在数据编辑器窗口中切换到【变量视图】视区浏览变量信息,也可以通过 SPSS 菜单【实用程序】→【变量】命令来查看变量信息,后一种方法相对复杂。

选择【实用程序】菜单下的【变量】命令,打开【变量】对话框。在该对话框的左边是变量列表,其中列出了数据编辑器中的所有变量名。右边是变量信息窗口,其中显示了左边变量列表中加亮变量的信息,【变量信息】对话框,如图 2-3-2 所示。

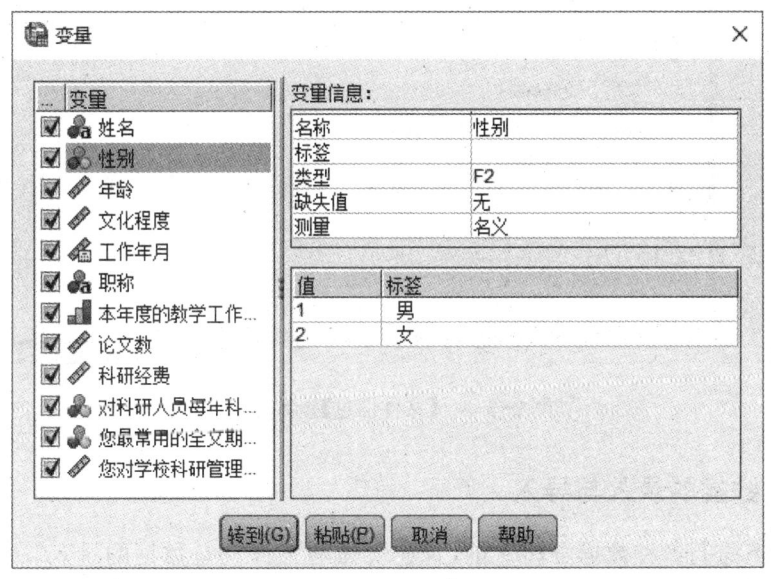

图 2-3-2 【变量信息】对话框

在图 2-3-2 中,【变量信息】栏内显示的是变量的信息。其中,第一行代表变量名;第二行【标签】代表变量的标签;第三行代表变量类型,图中为 F2,即为 2 个字符长、0 位小数点的数值型变量;第四行【缺失值】代表变量的缺失值定义,图中为无,即表示没有缺失值;第五行【测量】代表变量的测度类型,图中为【名义】,在空一行之后为变量标签值。单击【取消】按钮可返回数据编辑窗口。单击【粘贴】按钮,则将选中的变量语法窗口。单击【帮助】按钮,可以查看帮助信息。

2) 查看文件信息

在定义完变量之后,用户可以查看数据文件的详细信息。后期版本与 SPSS Statistics 24.0 及更早版本相比,查看文件信息的方式有所不同。在早期版本中,查看文件信息是通过【实用程序】菜单下的【文件信息】实现的,而在最新的版本中,则是通过【文件】菜单下的【显示数据文件信息】下的有关命令来实现的。通过后者,打开 SPSS 24.0 输出窗口,在此窗口内可查看当前数据框中所有已定义变量的信息。这些信息包含变量在数据框中的位置、变量名、变量标签、变量标签值、变量显示格式、变量的默认值等,SPSS Statistics 24.0【文件信息】查看窗口,如图 2-3-3 所示。

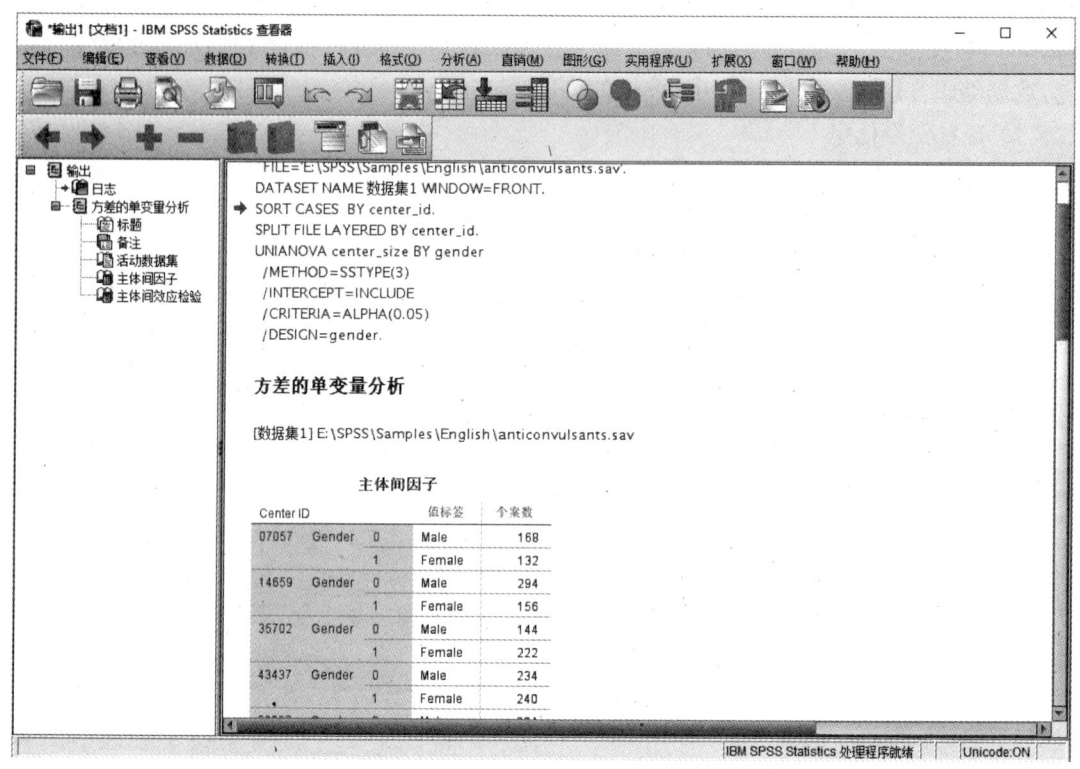

图 2-3-3 【文件信息】查看窗口

2.3.3 数据的录入与导入

在用 SPSS 进行各种数据分析之前,首先要做的工作就是数据的录入。在 SPSS 24.0 录入数据一般有两种方式:一是在 SPSS 软件中直接录入数据;二是从 Excel 中导入数据。

1. 直接录入数据

当要分析的数据量较少,并且在没有事先统计整理好的情况下,直接在 SPSS 里面输入便可。用户可以通过【文件】菜单中的【新建】命令来建立一个数据文件,也可以在启动 SPSS 时选择【输入数据】选项输入新的数据文件。通过选择【文件】→【新建】→【数据】命令也能够清除原有的数据。如果数据窗口中的数据在最后一次保存后改动过,那么执行【数据】命令之后,不会出现是否保存数据编辑窗口的对话框,而是保持原数据编辑窗口,直接新建一个数据编辑窗口。创建 SPSS 数据文件需要完成两个主要步骤:一是在【变量视图】视区定义变量及其属性;二是在【数据视图】视区录入数据文件的具体内容。

首先是打开 SPSS Statistics 24.0 主界面,然后点击【文件】→【新建】→【数据】。点击【变量视图】按钮,进入变量编辑界面就可以编辑、设置所需要的变量。首先在第一列确定变量名,然后依次设定变量类型、宽度、小数位等属性。对设置好的单元格单击右键,可以进行复制或者清除设置。变量编辑界面,如图 2-3-4 所示。

图 2-3-4 【变量编辑】界面

执行完以上操作,可以在数据视图状态下录入对应变量的值。这样直接输入的数据在运用的时候就会不容易混乱。在数据编辑窗口录入数据可以有很多方法,下面介绍几种主要的录入方法。

1) 按单元格输入数据

用户要输入某个观测量的变量值,可以将光标移动到相应的单元格,单击激活该单元格,使之成为当前单元格。也可以用键盘将光标移动至该单元格,然后输入数据。录入完毕,只需移动光标到下一个单元格,此时前一个单元格中自动显示刚才录入的数据。

2) 按变量录入数据

选择某个变量所在的单元格为当前单元格,在该位置录入一个数据后按 Enter 键,此时之前单元格下方的单元格自动成为当前单元格,可以继续录入相应数据。按此方式录入的数据均为同一变量的值,也称为按列录入方式。

3) 按观测量录入数据

选择某一个变量所在的单元格为当前单元格,在该位置录入数据后按 Tab 键,此时之前单元格所在位置的右边单元格成为当前单元格,可以继续录入相应数据。若要移动光标至当前单元格左边的单元格,则应按 Shift+Tab 组合键。按此方式录入的数据均为同一观测量的值,也称为按行录入方式。

点击【视图标签】里面的【值标签】后,变量值标签可以显示如图 2-3-5 所示。

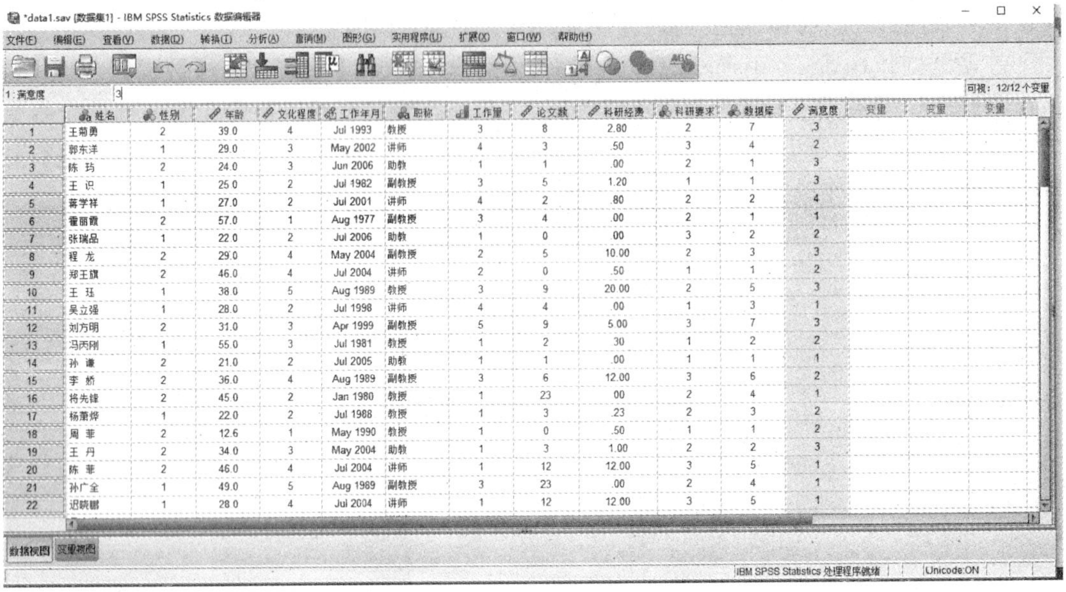

图 2-3-5 带有变量值标签的数据

在【值标签】打开的情况下,虽然在数据编辑器窗口中显示的是变量的值标签,但是在数据文件中储存的依然是变量值。

2. 从 Excel 中导入数据

Excel 中的数据也可以方便地导入到 SPSS 软件中。在 Excel 文件中,第一行的内容在导入 SPSS 后被默认设置成变量,第一行之后的内容被默认成变量的值。导入后的数据文件往往不太规范,可以在数据导入后再重新对变量的属性进行定义。

在 SPSS 数据编辑窗口点击【文件】→【打开】→【数据】,弹出【打开数据】对话框,如图 2-3-6 所示。在文件类型中选择 Excel（*.xls,* xlsx,* xlm）,并选定要导入的文件。最后单击【打开】按钮,弹出【读取 Excel 文件】源窗口,如图 2-3-6 所示。点击【确定】按钮,就将 Excel 中的文件导入到 SPSS Statistics 24.0 中。

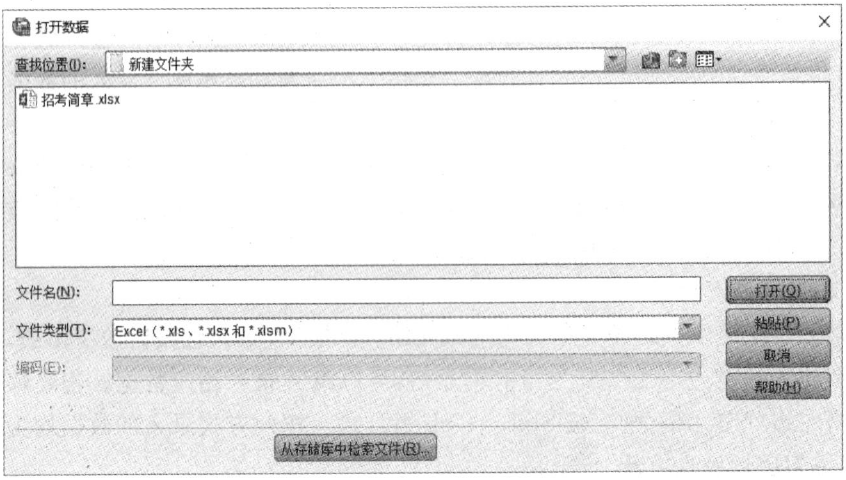

图 2-3-6 【打开数据】界面

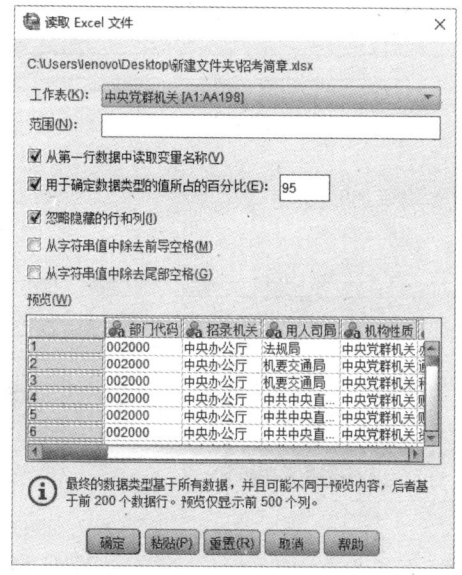

图 2-3-7 读取 Excel 文件图

2.3.4 数据文件的打开与保存

许多数据文件在操作时保存在一些其他格式的数据库中，如 dBase、FoxBase、FoxPro、Oracle 等数据库管理系统所建立的文件。SPSS 可以读取的数据库文件类型主要有 dBase 和 SAS 格式文件。要分析不同格式的数据文件，首先应将此类数据文件转换为 SPSS 能够读取的文件。SPSS Statistics 24.0 提供了对多种不同格式数据文件的读取和保存方式，甚至可以从不同格式的文本文件中方便地读取数据。另外，经 SPSS 处理的数据也可以保存为其他格式的数据文件。

1. 打开数据文件

打开数据文件的具体步骤如下。

(1) 选择菜单【文件】→【打开】命令或者在工具栏上单击【打开数据】图标里，打开图 2-3-8 所示的对话框。

(2) 找到需要打开的数据文件。在 SPSS 中可以打开的数据文件主要有 SAV、SYS、XLS 和 DBF 等几种形式。需要注意的是，并不是所有文件都可以用 SPSS 软件直接打开，有些文件需要转换后才能打开。

(3) 找到需要打开的数据文件后，双击文件名即可打开文件，也可以选中文件，然后单击【打开】按钮。SPSS Statistics 24.0 与以往版本相比，一个新的特色就是可以同时打开多个数据文件，即在打开新的数据文件时，已经打开的数据文件不会被关闭或覆盖，方便用户在不同的数据文件中进行数据操作。

2. 保存数据文件

将 SPSS 文件保存到磁盘中，可以保存为 SPSS Statistics 数据文件，也可以保存为其他格式的数据文件。保存数据文件可以使用【文件】菜单中的【保存】和【另存为】命令，也可以单击工具栏上的保存图标来完成。SPSS 可选择的文件类型主要有 SPSS 文件、固定格式的

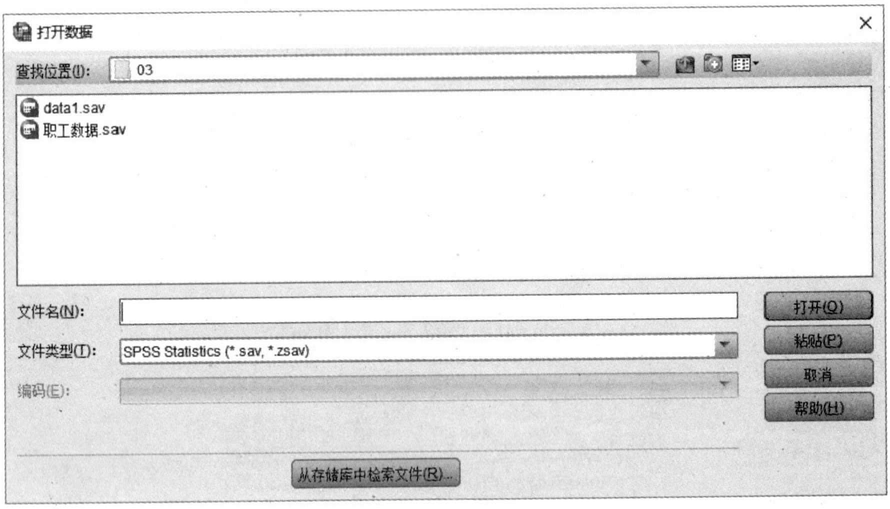

图 2-3-8 【打开数据】对话框

ASCII 文件、自由格式的 ASCII 文件、Excel 文件、dBASE 数据库文件、SAS 文件和 Stata 文件。需要注意的是,数据文件格式的选择对不同版本有不同的选择项,即使是同一种文件类型,不同版本之间也存在着兼容性问题,可能发生保存文件在其他软件中无法打开或者丢失信息的情况。

2.4 数据文件的基本管理

当把数据文件输入到数据编辑器中以后,可以用 SPSS Statistics 24.0 软件进行分析。但有时可能由于没有按照要求取样,或者需要对全部数据进行重新分类以后再处理,这样就需要对原数据文件进行编辑和转换。数据文件的管理在数据分析中有着举足轻重的地位,这些数据文件的实际预处理能使用户在分析数据时更加准确、高效。数据文件的编辑主要使用主菜单中的【数据】和【转换】命令。商务数据文件的正确操作对于商务数据挖掘有着有重要的意义。本节将介绍数据文件建立的相关操作。在定义完变量以后,用户可以通过【文件】菜单下的【显示数据文件信息】功能来查看数据文件的详细信息。

2.4.1 SPSS 数据的定位

如果输入到数据编辑框里面的数据出现错误,并且用户知道哪个数据有错误,可以直接在数据所在的单元格中修改,即采用人工定位、修改的方法。具体的操作步骤是:首先激活要修改的单元格,然后输入正确的数值或字符串。人工定位、修改方法只适用于数据量较少的情况。

当要从大量数据中寻找一些有错误的数据时,SPSS Statistics 24.0 系统提供了一些操作更简单、迅速的方法,即自动定位。自动定位指 SPSS Statistics 24.0 按照用户给出的定位条件自动寻找满足条件的第一个单元格,并将其设置为当前单元格,这种方法适合于数据量较大的情况。定位条件可以是一个个案的号码,也可以是某个变量的变量值。

1. 按个案序号自动定位

通过指定任意个案的序号,将当前数据单元格定位到指定个案的单元格,使指定的单元格变成当前单元格。具体操作步骤为:选择【编辑】菜单下的【转至个案】命令,出现图 2-4-1 所示的【转到】对话框。在【转向个案数】文本框内输入需要定位的个案序号,单击【转向】按钮后,当前单元格自动移动到指定的个案序号相应的单元格。如果输入的个案序号超过文件个案数量的最大值,系统自动将当前数据单元序号定义为最后一个个案所在行。

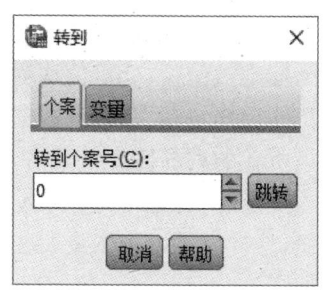

图 2-4-1 【转到】对话框

2. 按变量值自动定位

在当前数据单元格所在的列中,向下搜索满足指定条件的第一个个案,并将其设为当前数据单元格。具体操作步骤为:选择【编辑】菜单下的【查找】命令,出现图 2-4-2 所示的【查找和替换—数据视图】(从变量值中寻找数据)对话框。在【查找】下拉列表框中输入需要搜索的变量值,单击【查找下一个】按钮后,系统将自动向下搜索满足指定变量值的第一个个案。

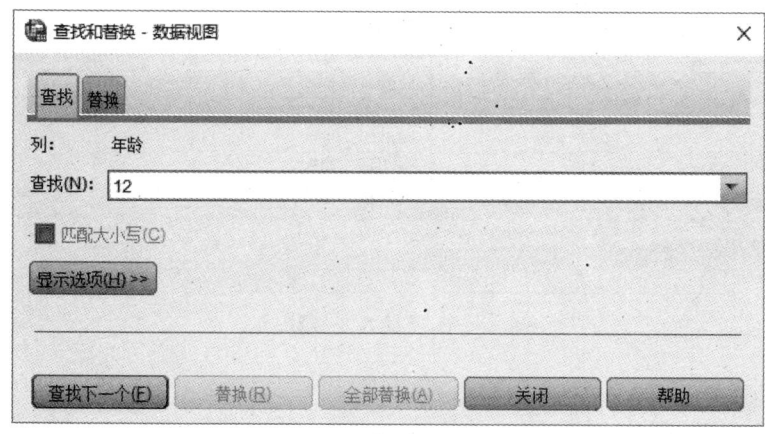

图 2-4-2 【查找和替换】对话框

如果所要查找的变量值为定义了小数部分的数值,在【查找】下拉列表框中输入整数值,系统在当前列变量中查找不到对应的单元格,这是因为显示格式为带有小数部分的数值。在进行查找的过程中,如果想停止查找,单击【关闭】按钮即可中止。

2.4.2 数据的插入与删除

按照操作对象分类,数据的插入与删除可分为对变量和对观测量的插入、删除。

1. 变量的插入与删除

1) 变量的插入

插入变量即在已有的变量基础上,在某个变量前增加一个新的变量。用户可以通过数据编辑器窗口中有关的菜单命令插入变量,也可以通过鼠标右键插入变量,还可以通过工具菜单插入变量。插入后,在该变量列的上方产生一个名为 VAR000n 的变量,其中 n 为一个正整数,具体数值与数据文件的原变量名和插入变量的个数有关。系统默认插入的变量为标准数值型,变量值均为系统缺失值,用户可以根据实际需要修改变量属性和录入数据。具体操作步骤为:通过数据编辑器窗口中有关的菜单命令插入变量时,首先将光标移动到变量所在的列的任意单元格,然后选择【编辑】菜单下的【插入变量】命令即可;使用鼠标右键插入变量时,首先将光标移动到数据编辑窗口的相应变量名上,然后单击该变量名,选择此变量,这样就可以将变量所在列的全部单元格选中,最后从右键菜单中选择【插入变量】命令,如图2-4-3所示。

图2-4-3 【插入变量】操作

2) 变量的删除

删除一个变量也就是在数据编辑窗口删除某个变量所在列及该变量的全部数据。删除变量可以通过鼠标右键和【编辑】菜单命令两种方式来完成。通过【编辑】菜单删除变量的操作与插入变量基本类似,只是选择的命令应该是【剪切】而不是【插入变量】。利用鼠标右键删除变量的操作方法与上述插入变量的方法类似,只是从右键菜单中选择【剪切】而不是【插入变量】命令。操作完毕后,待删除的变量和所有变量值被删除,其右侧的变量自动依次左移一列。

2. 观测量的插入与删除

1) 观测量的插入

插入一个观测 t 就是在数据编辑窗口的某个个案前插入一个新的个案。插入后,原来选定的观测值下移一行,新增观测值的序号将代替原来选定个案的序号。与插入变量的操作类似,同样可以通过鼠标右键和【编辑】菜单两种方式来插入观测值。通过【编辑】菜单命令插入观测值时,先将光标移动到某选定的个案序号上,也可以直接选定某个案所在行的任意一个单元格,然后选择【编辑】菜单下的【插入个案】命令,这样就可以插入一个新的观测量。通过鼠标右键插入新的观测量时,先将该个案所在行全选,接着从右键菜单中选择【插入个案】命令,如图 2-4-4 所示。操作完毕后,SPSS 自动在当前个案之前插入一个空行,之后用户可以在该空行里录入新的观测量。

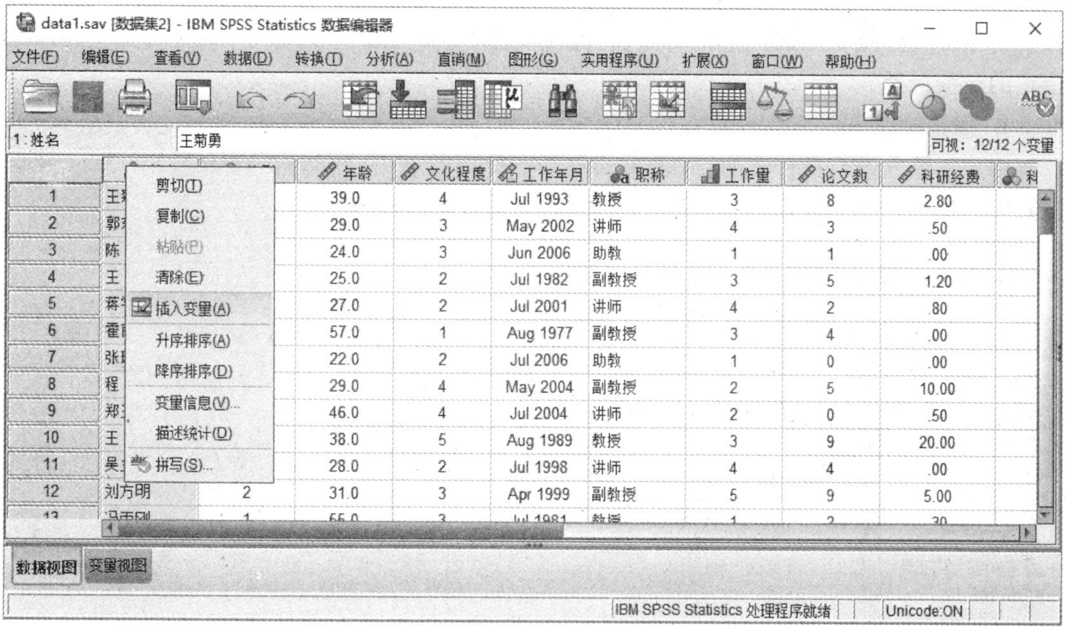

图 2-4-4 【插入个案】操作

2) 观测量的删除

删除一个观测量也就是删除一个个案的所有数据,其方法与上述删除一个变量的方法基本类似,同样可以通过【编辑】菜单和鼠标右键来完成。不同的是,删除变量时是将变量所在列全选,而删除观测量时应该将观测量所在行全选,其他操作均类似。

2.4.3 数据的剪切、复制和粘贴

下面介绍数据的剪切、复制与粘贴操作。执行该命令的方式有两种:一是单击鼠标右键,然后用右键菜单命令进行操作;二是使用【编辑】菜单中的相应命令。

1. 选择操作对象

首选选择观测量,将光标放在所选择的观测量上。然后单击,该观测量所在行会被全选。选择变量,将光标置于所选择的变量名上,然后单击,该变量所在列会被全选。连续选择一些单元格,可以采用鼠标键来完成。例如,选择某个观测员的第二到第十个值,可先用鼠标单击第一个单元格,然后按住鼠标左键,拖动到另外一端,即可选定目标。还可以使用键盘来操作,在某个端点单元格上,按住 Shift 键然后使用方向键来选定目标。这些操作与 Excel 中的操作基本相同。

2. 数据的剪切、复制和粘贴操作

在选定所要删除的对象后,可以右击鼠标,然后选择对应的命令,或者从【编辑】菜单下选择对应的命令,均可完成剪切、复制和粘贴操作。

3. 复制选定内容到指定位置

(1) 复制一个观测量:首先选定要复制的观测量并复制它,然后用单击观测量要插入的

位置,再右击鼠标,选择【粘贴】命令,也可以选择【编辑】菜单下的【粘贴】命令,均可将观测量插入到指定的空观测量处。

(2)复制一个变量:首先选定要复制的变量并复制它,然后用单击变量要插入的位置,再右击鼠标,选择【粘贴】命令;也可以选择【编辑】菜单下的【粘贴】命令,均可将变量插入到指定的空变量处。

4. 撤销操作

用户对数据进行操作之后,如果想恢复到操作前的状态,可以选择【编辑】菜单下的【撤销】命令,也可以在图标栏上单击【撤销】图标。

2.4.4 数据排序

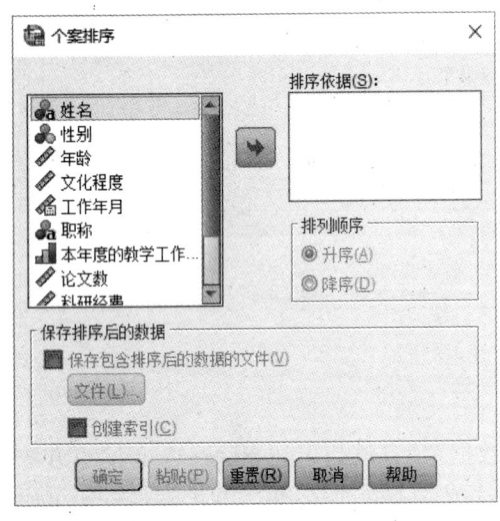

图 2-4-5 【个案排序】对话框

数据排序对于分析数据是非常重要的步骤,在 SPSS Statistics 24.0 中可以对一个变量或几个变量进行排序。对数据排序可以通过【数据】菜单下的【排序个案】命令来实现,具体步骤如下。

(1)选择【数据】菜单下的【个案排序】命令,打开图 2-4-5 所示的【个案排序】对话框。

(2)单击要排序的变量,该变量即被放入【排序依据】列表框。当有多个排序变量时,排序方法类似于字典排序,可以把【排序依据】列表框内的第一个变量看作字母 a,而把第二个变量看作字母 b 等。当第一排序变量大小相同时,比较第二变量,而当第二变量相同时,将比较第三变量,依次类推。

(3)完成上一步骤后,单击【取消】按钮可取消已选定的排序变量。单击【粘贴】按钮可以生成操作的语法语句,单击【重置】按钮可取消所有已选定的排序变量,重新设置排序变量。单击【帮助】按钮可获得该操作的帮助文档。

(4)在【排列顺序】选项组内有两种排序的方式,其中【升序】选项即按所选定的排序变量的升序来排序,【降序】选项则按所选定的排序变量的降序来排序。

(5)单击【确定】按钮,即可进行排序工作。

2.4.5 数据文件的转置

数据的转置(Transpose)可将数据文件的行(个案)与列(变量)互换,类似于矩阵转置。选择【数据】菜单下的【转置】命令,打开图 2-4-6 所示的对话框。

从左侧列表框中将要转置的变量选入右侧的【变量】列表框中,未被选入的变量将不会出现在新的数据文件中。如果左侧列表框中存在变量,这个

图 2-4-6 【转置】对话框

变量的每一个值都互不相同,那么就可以作为名称变量,名称变量的值会被转置为新变量的名称。那么系统会自动给转置后的变量赋变量名。单击【确定】按钮,即可完成此操作。如果不存在满足要求的变量,则可以进行转置工作。

数据文件转置后,行与列互换,新数据文件的第一列为字符型变量,变量名为CASE-LBL该列的变量值为原数据文件的所有变量名。原数据文件中的个案经转置后,变成新数据文件中的变量,变量名由 SPSS Statistics 24.0 重新指定,形成 VAR000。但是,用户可以通过【转置】对话框中的【名称参数】来重新命名转置后所形成的新变量名。

2.4.6 数据文件的拆分与合并

1. 数据的拆分

在分析数据文件的时候,根据用户需要可以对文件进行拆分。所谓文件分解,并不是要把文件分成几个,而是根据实际情况,依据一个或几个变量按照一定顺序把原有数据重新排列,即把与所选定的一个或几个变量相关的数据在数据编辑器中集合在一起,以便集中操作和对比。数据分解可通过【数据】菜单下的【拆分文件】命令来实现。选择菜单【数据】→【拆分文件】命令,出现如图 2-4-7 所示的【拆分文件】对话框。

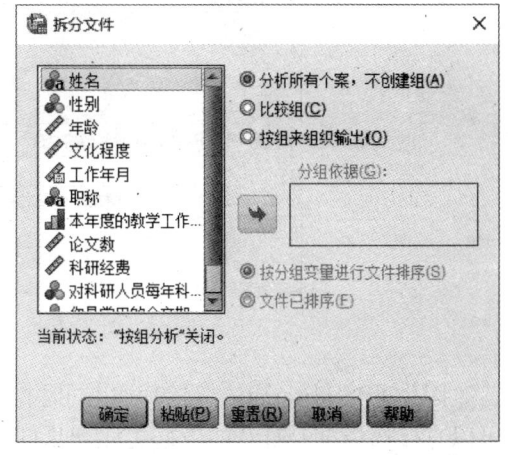

图 2-4-7 【拆分文件】对话框

在【拆分文件】对话框中有以下选项。

(1)【分析所有个案,不创建组】:即对所有数据进行分析,不进行分组。这是系统的默认选项。在此状态下,有关分组的次一级菜单呈灰色显示,不可用。

(2)【比较组】:选择此项则表示将分组后的分析结果放在一起查看。在进行了分组后,分组变量将安置在同一个表格中比较输出。

(3)【按组来组织输出】:选择此项则表示对每一组分组分析结果单独显示,即按每个分组变量单独输出结果。

分组的操作步骤如下:

如果需要对文件进行分组,则选择【比较组】或【按组来组织输出】选项,然后从左侧的变量框中选择需要进行分组的变量名,单击此按钮将输入到右侧的【分组方式】列表框中。若选择了多个变量,分组变量的输入顺序对分组结果有影响。在【分组方式】列表框下面有两个选项,其中,【按分组变量排序文件】选项表示要求对数据文件按所选择的变量进行排序,而【文件已排序】选项则表示数据文件已经按所选择的变量进行排序。设置完分组变量后,单击【确定】按钮,即可对数据文件进行分组。拆分后的文件将显示在数据编辑窗口中以代替原文件。

2. 数据的合并

有时分析数据文件会需要将几个数据文件合并在一起进行分析,数据文件共有两种合并方式:横向合并和纵向合并。其中,横向合并是指从外部文件中增加变量到当前数据文件,而纵向合并则是指从外部数据文件中增加观测量到当前数据文件中。

1) 增加变量

增加变量有两种方式：一是从外部数据文件中获取一些变量数据加入前数据文件中；二是按照关键变量合并。使用这种方法时两个数据文件中一定要有一个共同的关键变量，而且还要求这两个数据文件的关键变量之中还有一定数量的相同值的观测量。例如，同一个公司内的员工的工龄和工资分别在两个数据文件之中，两个数据文件有着同样的变量名称，合并之后，新的数据文件中有公司员工的年龄和工资。增加变量的具体步骤为：选择菜单【数据】→【合并文件】→【添加变量】命令，这时会打开如图2-4-8所示的对话框。

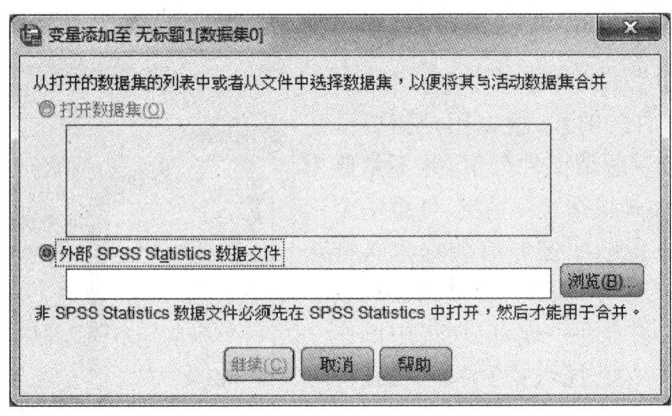

图2-4-8 【添加变量】对话框

因为SPSS Statistics 24.0可以同时打开几个不同的数据文件，所以在合并数据文件时，可以直接选择已经打开的数据文件，即【打开的数据集】列表框。在【外部SPSS Statistics数据文件】文本框右侧，单击【浏览】按钮可以从已经保存的SPSS数据文件中选择需要合并的文件。单击【继续】按钮进入下一步，打开图2-4-9所示的对话框。

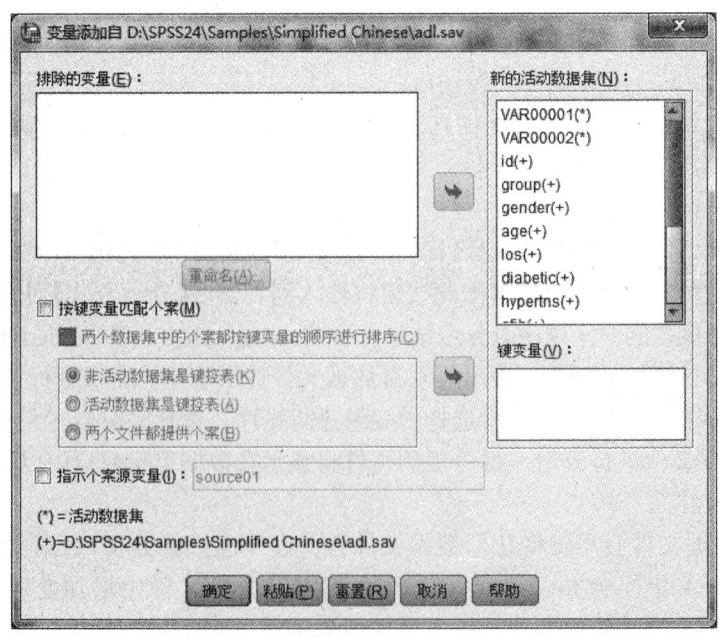

图2-4-9 【添加变量】操作界面

在添加变量对话框中,【排除的变量】列表框中显示了新合并的数据文件中不包含的变量,包括外部数据文件和工作数据文件中重名的变量列表。变量名旁标有【*】号的变量表示当前工作数据文件中的变量,带有【+】号的表示外部数据文件的变量。只有【排除的变量】列表框中重名的变量才可以作为【键变量】,两个数据文件中关键变量相等的变量值是识别并且正确合并数据文件的重要依据。

如果要将【排除的变量】列表框中的同名变量引入合并的数据文件,可以选择变量,然后单击【重命名】按钮,对变量重命名,然后选择此变量,单击按钮将其移动到【新的活动数据集】列表框中。

如果两个数据文件具有相同的个案数,并且排列顺序一致,则不需要指定关键变量,只需要单击【确定】按钮即可,否则需要选定【键变量】,然后按照关键变量相同的排序方式重新对两个数据文件进行排序。【按照排序文件中的关键变量匹配个案】表示按照已排序文件的关键变量匹配个案。选择该项,同时激活3个选项。

(1)【两个文件都提供个案】表示对两个数据文件的全部个案进行合并。

(2)【非活动数据集为基于关键字的表】表示非活动数据文件为关键表,即将外部数据文件的变量值与活动数据集中对应变量的值相等的个案合并到活动数据集中。

(3)【活动数据集为基于关键字的表】表示活动数据集为关键表,正好与上一选项相反。

选择完合并变量后,单击【确定】按钮即可完成合并操作并在当前数据编辑窗口中显示合并后的数据文件。

2) 增加观测量

增加观测量即个案合并,也称纵向合并,是指在两个具有相同变量的数据文件中,将其中一个数据文件的个案追加到当前数据文件的个案中,形成新的数据文件。与上述增加变量的操作类似,增加观测量应从菜单中选择【数据】→【合并文件】→【添加个案】命令,打开如图 2-4-10 所示的对话框。

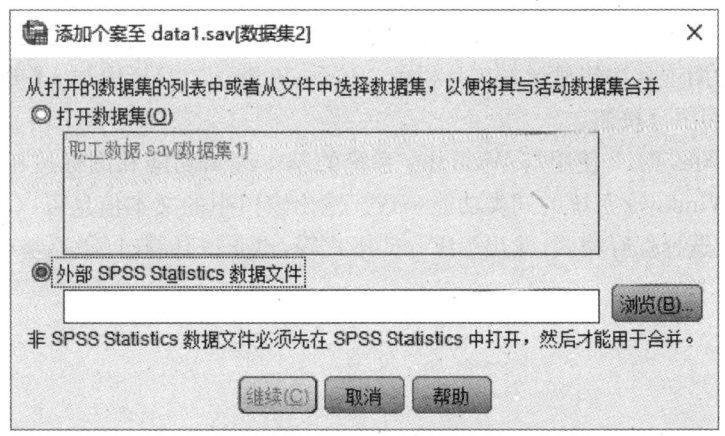

图 2-4-10 【添加个案】对话框

与添加变量相似,可以直接选择一个已经打开的数据文件,也可以从已保存的数据文件中选择。选定数据文件之后,会打开增加观测量对话框,如图 2-4-11 所示。

该对话框左侧的【非成对变量】列表中列出的是未匹配的变量,右侧的【新的活动数据集

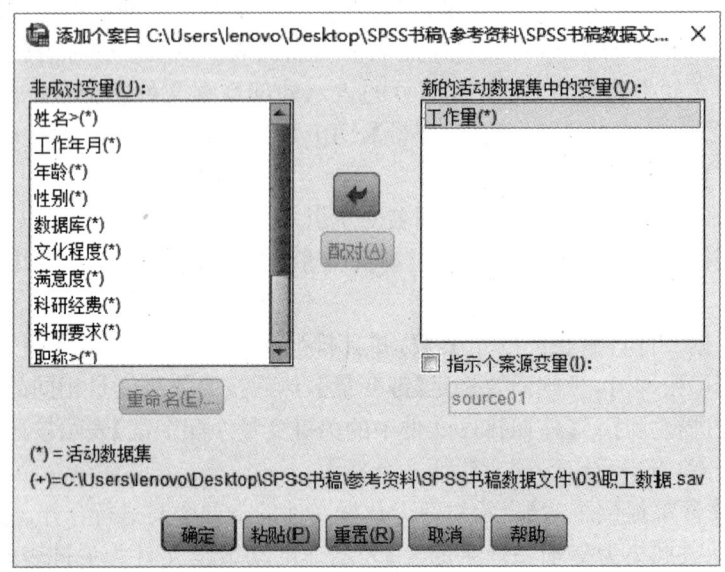

图 2-4-11 【增加观测量】操作界面

中的变量】列表框中的变量是两个数据文件中的文件名相同、类型相同的变量。若在【非成对变量】列表中含有本来两个数据文件中变量名不同,但数据的含义和属性都相同的变量,则可以通过【配对】命令匹配两个变量。

下方的【指示个案源变量】表示为变量选项在合并的数据文件中增加一个变量名为 0 或 1 的变量。变量值为 0 时,表示该个案来自工作数据文件;变量为 1 时,表示该个案来自外部数据文件。与增加变量一样,选择完合并变量后,单击【确定】按钮即可完成合并操作。

2.4.7 其他操作

如果输出窗口中默认的常用工具不全,操作不方便,最好使用【视图】菜单里面的【工具栏】,其功能将常用工具按钮显示在工具栏中。例如,在默认工具栏中加入【剪切】【复制】【粘贴】【删除】等常用图标按钮。

SPSS Statistics 24.0 使用与 Windows 系统的基本编辑功能和图标按钮相同,查找、替换的操作也与 Windows 系统的同类功能一致。输出窗口中的文本信息可以浏览,编辑与保存。也可以通过选择保存格式,输出为 Excel 格式等,也支持复制、打印等基本操作。

2.5 小　　结

随着互联网技术的高速发展,在商务领域,商务数据正在以指数级飞速增长,这些数据蕴含着极大的商业价值。如何从海量的商务数据中释放数据潜在的价值就显得尤为重要。例如,从企业的交易数据中可以挖掘用户消费习惯、特征和需求,帮助企业在激烈的商业竞争中把握市场先机,增强企业的核心竞争力。

本章首先从商务数据的定义入手,介绍了商务数据的来源和类型。从统计学的角度来看,商务数据的计量尺度主要有三类,分别是名义尺度、定序尺度和间隔尺度,其中间隔尺度包括定距尺度和定比尺度。在此基础上介绍了 SPSS Statistics 24.0 默认变量的计量尺度。然后,说明了商务数据变量的设置及相应操作,包括变量名、变量类型和变量缺失值等基本方面。接着,从商务数据的产生过程出发,介绍了商务数据的收集、编辑、录入,以及商务数据文件的打开与保存环节。在形成商务数据文件后需要对其进行管理,包括数据的定位、插入、删除、剪切等基本操作。

思 考 题

1. 简述商务数据的基本概念和来源。
2. 试述商务数据的计量尺度及各自的特点。
3. 简述商务数据变量的基本属性。
4. 简述基于 SPSS 的商务数据的录入步骤。
5. 商务数据文件的基本管理有哪些?请结合 SPSS Statistics 24.0 自带数据包,实现这些基本管理操作。

参 考 文 献

[1] 薛薇. SPSS 统计分析方法及应用[M]. 北京:电子工业出版社,2013.
[2] 时立文. SPSS 19.0 统计分析从入门到精通[M]. 北京:清华大学出版社,2015.
[3] 杜强. SPSS 统计分析从入门到精通[M]. 北京:人民邮电出版社,2011.
[4] 何晓群. 应用多元统计分析[M]. 北京:中国统计出版社,2015.
[5] 何晓群. 多元统计分析[M]. 北京:中国人民大学出版社,2012.
[6] 陈胜可. SPSS 统计分析从入门到精通[M]. 北京:清华大学出版社,2015.
[7] 卢纹岱. SPSS 统计分析[M]. 北京:电子工业出版社,2015.
[8] 叶周芹. 中小型电子商务企业的云计算战略[D]. 上海交通大学. 2012.
[9] 李合龙,李妍,郑雪仪. SPSS 统计学实验教程[M]. 北京:清华大学出版社,2015.
[10] 曹慧. 统计学基于 SPSS 的应用[M]. 北京:北京大学出版社. 2015.
[11] 何晓群. 多元统计分析(第四版)[M]. 北京:中国人民大学出版社. 2015.
[12] 王在翔,崔庆霞,吕军城,等. SPSS 软件与应用[M]. 北京:科学出版社. 2015.
[13] 陈方樱,沈思. 数据分析方法及 SPSS 应用[M]. 北京:科学出版社. 2016.
[14] 谢龙汉,尚涛. SPSS 统计分析与数据挖掘[M]. 北京:电子工业出版社. 2012.

第 3 章
数据预处理与基本统计分析

数据预处理与基本统计分析通常是从基本统计量的计算和描述开始,通过计算均值、方差、标准差等重要的基本统计量,不仅能够把握数据的基本特征和整体分布形态,还可以进行正态性检验、独立性检验等检验单变量的特征和多变量之间的关系。

该章对数据的基本统计分析进行介绍,主要包括频数统计、描述性统计、探索性统计、交叉表统计及比率分析统计等。并通过案例进一步学习 SPSS Statistics 24.0 数据预处理的操作步骤。

3.1 数据预处理

在对数据进行统计分析之前,需要先对杂乱的原始数据进行适当的处理,以便数据更适用于接下来的分析。本节介绍 SPSS Statistics 24.0 中对数据进行一般操作处理的几种方式。

3.1.1 数据排序

1. 数据排序定义

数据排序,顾名思义就是对原始给定的一列数据按照数值的大小重新排列,以便数据有利于观察。操作者可以根据自己的需求,通过对数据进行排序得到更加直观的结果,便于做出分析决策。数据排序可以使用户更加直观地进行数据的浏览、了解数据的取值状况、查看缺失值数量等,也可以帮助用户更加快捷地找到最大值、最小值、异常值等特殊值。

2. 数据排序操作演示

录入原始数据,如图 3-1-1 所示。

依次单击【数据】→【个案排序】,出现【个案排序】对话框,如图 3-1-2 所示。

将左边列表框中的"语文成绩"作为排序依据,拉入右边【排序依据】列表框中,选择【降序】的排列方式,最后单击【确定】,即各位同学的成绩将按照语文成绩降序排列,生成如图 3-1-3 所示的数据视图。

3.1.2 数据选取

1. 数据选取定义

在数据分析中用户常常需要对数据的一个子集进行分析,这时需要首先从数据集中选出符合条件的数据。数据选取就是在已收集到的数据中选取符合要求的数据,这样既可以提高数据的分析效率,也有利于满足之后的分析需要。

第 3 章 数据预处理与基本统计分析

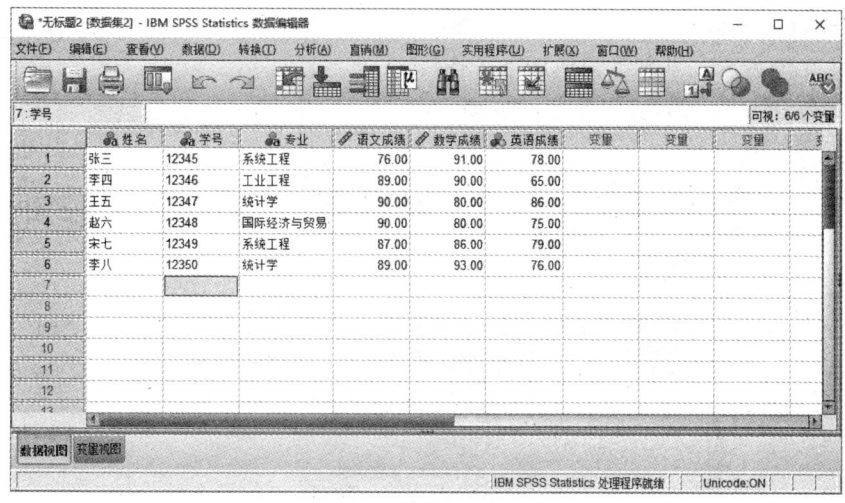

图 3-1-1 原始数据录入界面

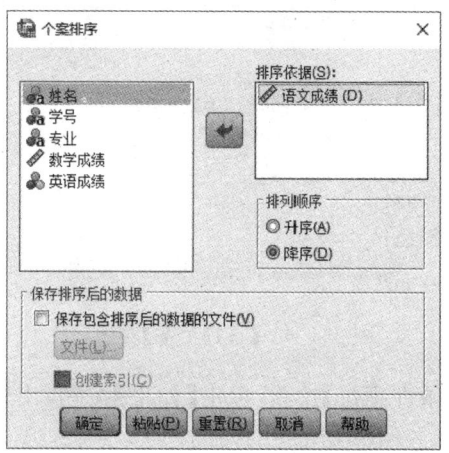

图 3-1-2 【个案排序】对话框

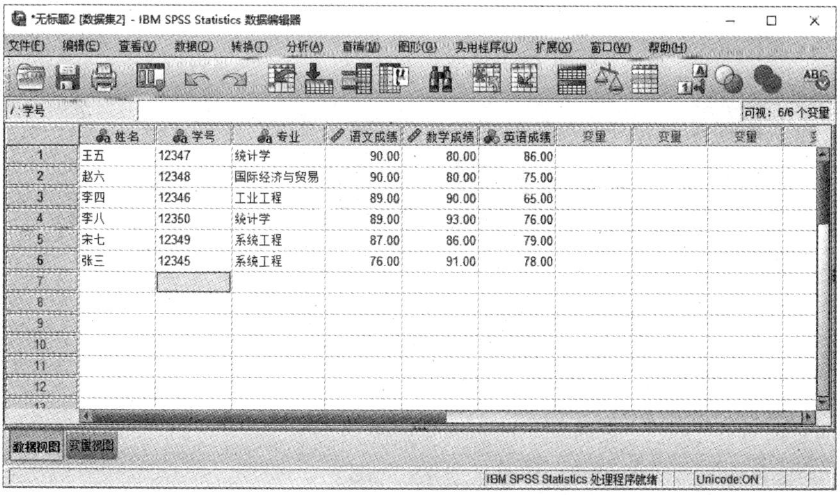

图 3-1-3 排序完成后数据视图

2. 数据选取演示

在 3.1.1 的数据表基础上完成如下工作。

(1) 筛选出数学成绩达优(即数学成绩≥85)的学生。

操作步骤如下。

单击【数据】→【选择个案】,出现【选择个案】对话框,如图 3-1-4 所示。

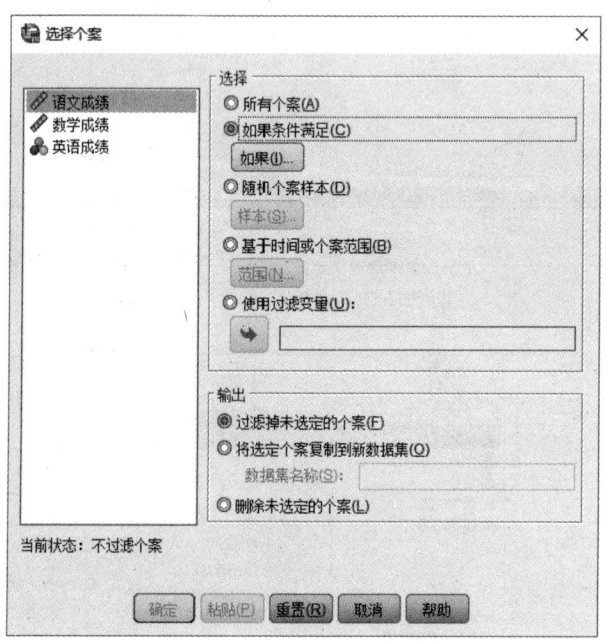

图 3-1-4 【选择个案】对话框

单击【选择】中的【如果条件满足】选项,单击【如果】按钮,出现【选择个案:if】对话框,如图 3-1-5 所示。

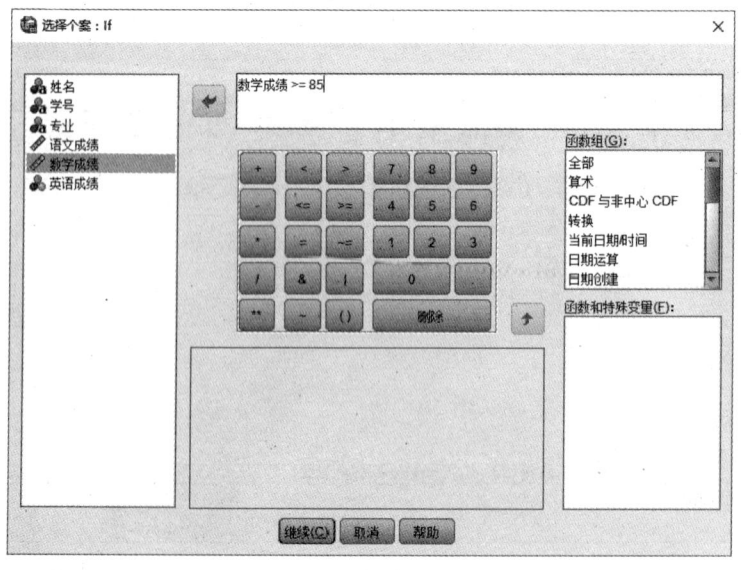

图 3-1-5 【选择个案:if】对话框

在【选择个案:if】对话框的左侧列表栏选中【数学成绩】变量,将其拉入右侧计算框中,在数字键盘中输入"≥85",单击【继续】按钮,返回上一级主对话框。单击【确定】按钮完成操作,数据选取结果,如图3-1-6所示。

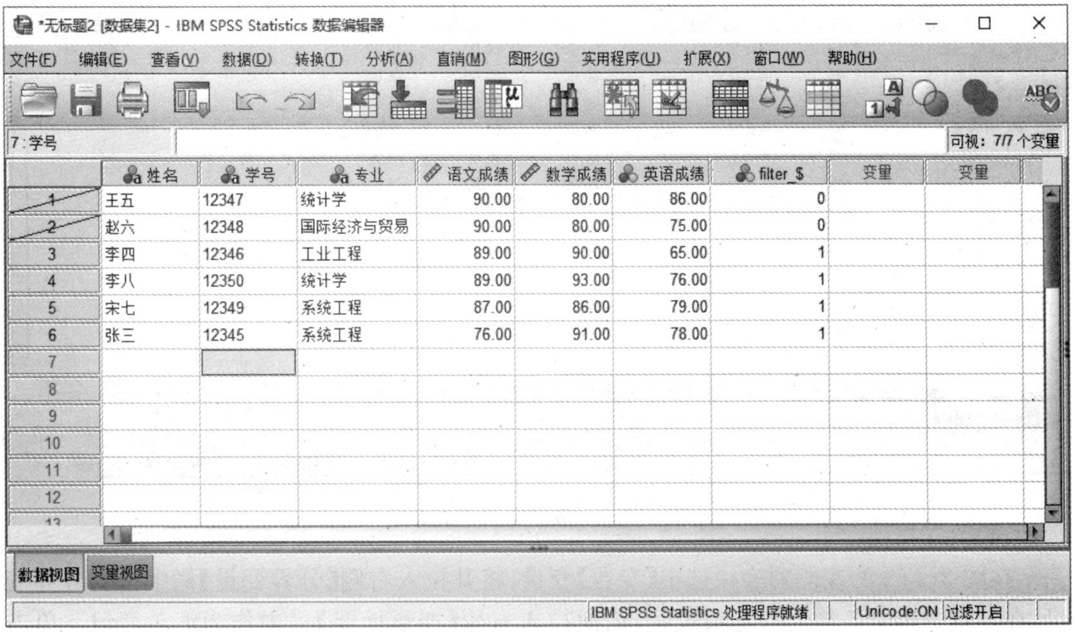

图3-1-6 数据选取完成界面

(2) 随机筛选出三个学生的信息。

随机筛选出三个学号,在图3-1-4中【选择】栏点击【随机个案样本】,再单击【样本】按钮,出现数据筛选设置对话框,如图3-1-7所示。

接着单击【正好为】选项,依次输入"3"和"6",表示在6个学生中随机选择3个。最后,单击【继续】按钮,完成筛选操作,数据筛选结果,如图3-1-8所示。

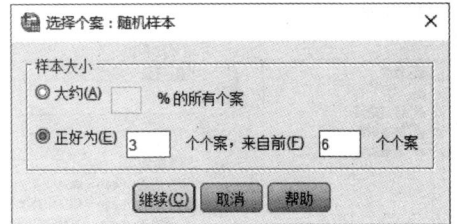

图3-1-7 数据筛选设置

3.1.3 数据汇总

1. 数据汇总定义

将数据进行汇总,就是按照分类变量对观测值进行重新分组,并对每组观测值进行描述性统计操作,然后进行各组内的均值和方差等的计算。

2. 数据汇总演示

在上述3.1.1的数据中,现要求:了解不同专业之间的差别,并求得各个专业的描述性统计量。

SPSS Statistics 24.0 操作如下。

依次单击【数据】→【汇总】,出现【汇总数据】主对话框,如图3-1-9所示。

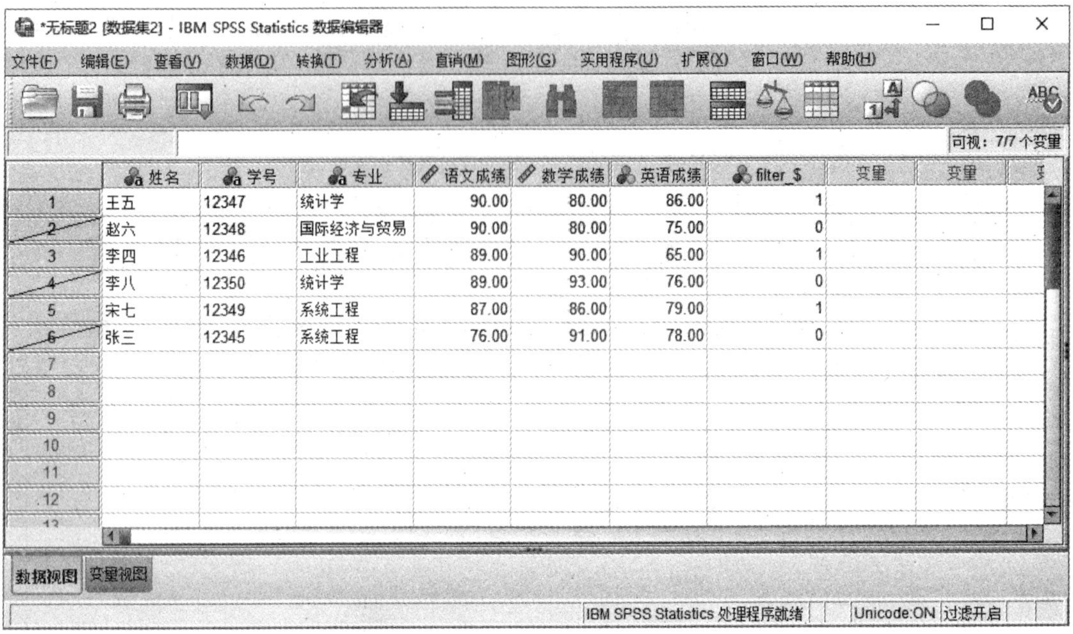

图 3-1-8 数据筛选完成界面

在图 3-1-9 的左侧列表栏选中【专业】变量,将其拉入右侧【分界变量】栏中作为分界变量,在左侧中选中各学生的三项成绩,依次拉入右侧【变量摘要】栏中作为汇总变量。单击【个案数】复选框,将生成一个变量来显示每个类别中的观察值个数,默认名为 N_BREAK。

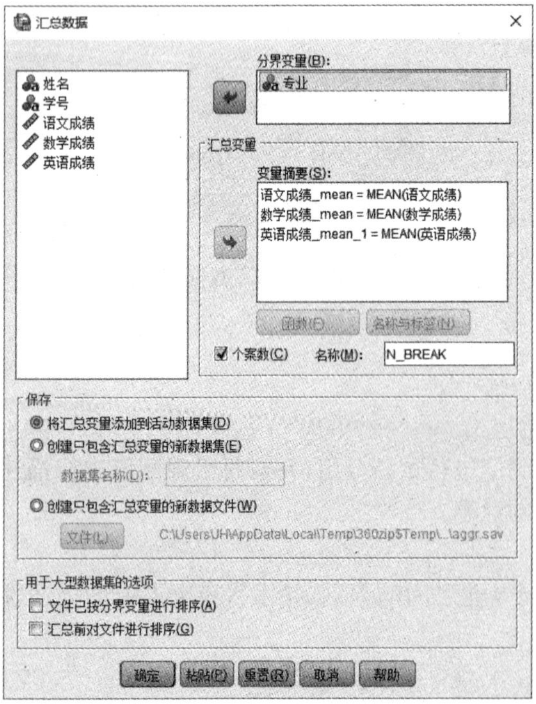

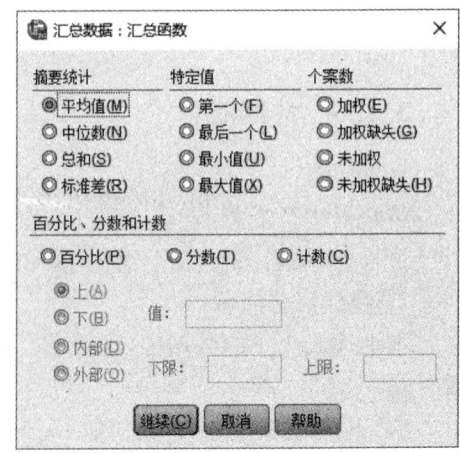

图 3-1-9 【汇总数据】对话框   图 3-1-10 【汇总数据:汇总函数】对话框

单击【变量摘要】中的任何一个变量,【函数】按钮被激活,单击【函数】按钮,出现【汇总数据:汇总函数】对话框,如图 3-1-10 所示。

单击【继续】返回上一级主对话框。单击【名称】与【标签】可进行汇总结果变量名称的设定,如图 3-1-11 所示。

在【保存】栏有三种保存方式,可进行自定义,系统默认为第一种【将汇总变量添加到活动数据集】。

单击【确定】按钮,完成 SPSS Statistics 24.0 汇总操作,SPSS 数据视图显示如图 3-1-12 所示,新的变量列按专业分组的各组数据的均值显示。

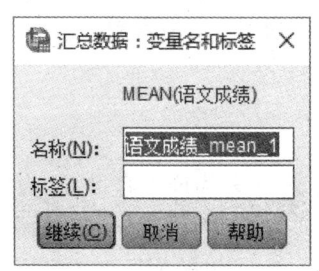

图 3-1-11 【汇总数据:变量名和标签】对话框

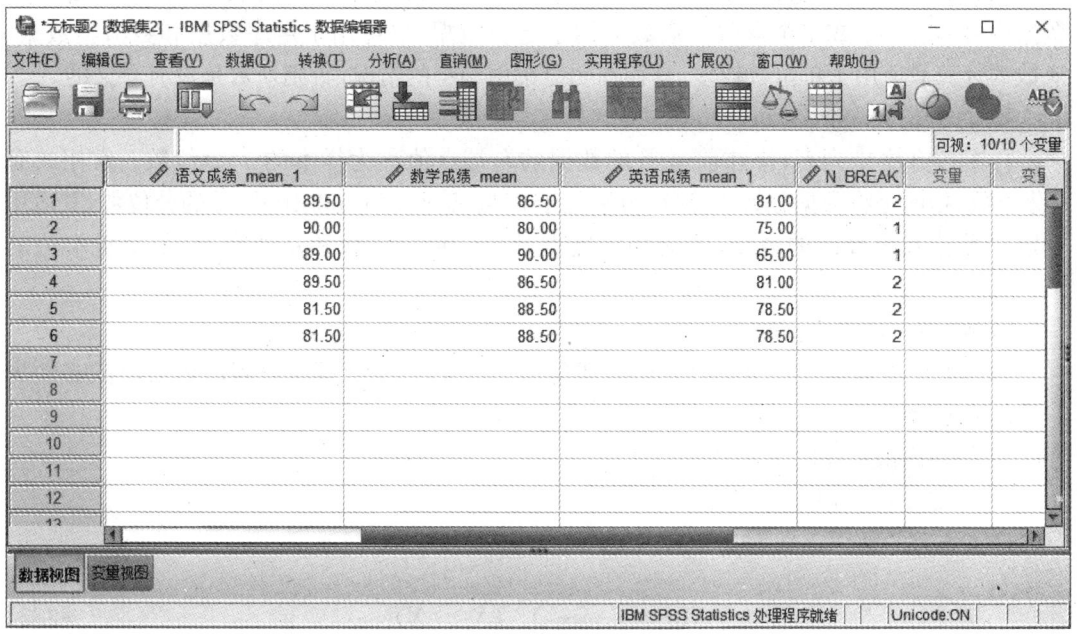

图 3-1-12 汇总完成界面

3.2 基本统计量与统计分析

基本统计分析指的是分析菜单下的报告分析(报告)和描述性统计分析(描述统计)两项功能,这两项功能是 SPSS 窗口分析的重要功能,也是统计工作的出发点。

3.2.1 基本统计量

1. 描述集中趋势的统计量

1) 均值(mean)

均值又称算数平均值,指一组数据的平均数,样本均值反映了变量取值的集中趋势或平

均水平,是最常用的基本统计量,适用于数值型数据,但易受极端值的影响。其数学定义为:

$$\bar{X} = \frac{1}{n}\sum_{i=1}^{n} X_i \tag{3.1}$$

其中,n 为样本容量,X_i 为样本点的数值。

2) 中位数(median)

一组数据样本按升序或降序排列后,若样本数量为奇数,则取中间位置的数值作为中位数;若为偶数,则取中间两个数据的平均值作为中位数。中位数受数据变化影响比均值大,但不受极端值的影响。

3) 众数(mode)

众数是样本中出现次数最多的数值,其不受极端值的影响。众数具有非唯一性,在一组数据中可能有一个或多个众数。众数多用于定类数据,也可用于定序数据和数值型数据。众数的计算只适用于单位数较多,且存在明显集中趋势的情况,否则众数是没有意义的。

4) 百分位数(percentile value)

样本按升序排列后,排在前 $p\%$ 的数据的右端点值称为样本的 p 分位数。常用的有 4 分位数,指的是将数据分为 4 等分,分别位于 25%、50%、75% 和 100% 处的分位数,其适用于定序数据及更高级的数据,不能用于定类数据。百分位数和众数相同,不受极端值的影响。

5) 割点(division point)

割点就是将数据平均分为设定的相等等分,在 SPSS 参数框所设置的数值范围必须为 2~100 间的整数。

2. 描述离散程序的统计量

1) 样本方差(variance)

样本方差的数学定义为:

$$Var = \frac{1}{n-1}\sum_{i=1}^{n}(X_i - \bar{X})^2 \tag{3.2}$$

其中:n 为样本容量,X_i 为样本点的数值。

样本方差是刻画样本数据关于均值的平均偏差平方的一个量。样本方差越大,表明整体样本值偏离平均值就越大。

2) 样本标准差(standard deviation)

样本标准差是样本方差开方后得到的和样本值相同量纲的统计量,其数学定义为:

$$SD = \sqrt{Var} = \sqrt{\frac{1}{n-1}\sum_{i=1}^{n}(X_i - \bar{X})^2} \tag{3.3}$$

3) 均值标准误差(standard error of mean)

均值标准误差是样本均值的标准差,是描述样本均值和总体均值平均偏差程度的统计量。其数学定义为:

$$SE = SD/\sqrt{n} \tag{3.4}$$

4) 极差(range)

极差,在 SPSS Statistics 24.0 中也叫范围,是指样本数据中最大值与最小值之差,其数学定义为:

$$R = \text{Max}(X_1, \cdots, X_n) - \text{Min}(X_1, \cdots, X_n) \quad (3.5)$$

显然,极差易受样本最大值和最小值的影响,没有体现中间值的信息,稳定性较差。

5) 离散系数

离散系数也叫标准差系数,即标准差与相应均值之比,其数学定义为:

$$\sqrt{Var}/\bar{X} = SD/\bar{X} \quad (3.6)$$

离散系数消除了数据水平高低和计量单位的影响,主要用于描述数据的相对离散程度。

6) 四分位差(interquart range)

四分位差是指第三四分位数(75%)与第一四分位数(25%)之差,也叫内距或四分间距,用 Q_d 表示。四分位差反映了中间 50% 数据的离散程度,其数值越大,说明有 50% 的数据远离中位数,中位数的代表性越差,反之亦然。四分位差主要用于测量定序数据的离散趋势,也可用于数值型数据,但不能用于定类数据的测量。其数学定义为:

$$Q_d = Q_U - Q_L \quad (3.7)$$

其中,Q_U 表示第三四分位数,Q_L 表示第一四分位数。

3. 描述分布形态的统计量

1) 偏度(skewness)

偏度是描述取值分布形态对称性的统计量。偏度是由样本的 3 阶中心矩与样本方差的 3/2 次方的比值得到的。偏度的绝对值越大,表示数据分布的偏斜程度越高。

偏度系数=0,正态分布。

偏度系数>0,右偏分布,表明较低的数值占多数。

偏度系数<0,左偏分布,表明较高的数值占多数。

2) 峰度(kutosis)

峰度是描述取值分布形态扁平程度的统计量。峰度是由样本的 4 阶中心矩与样本方差的 2 次方的比值得到的。但在 SPSS Statistics 24.0 中,峰度是由上述计算得到的值再减去 3 得到的值。

峰度系数=0,正态分布。峰度系数>0,尖峰分布。峰度系数<0,扁平分布。

3.2.2 基本统计分析及步骤

1. 频数分析

频数,也叫频率,是一个变量在各个变量值上取值的个案数。利用 SPSS Statistics 24.0 中的频数分析可以方便地产生详细的频数分布表,对数据进行归类整理,形成各变量的不同水平的频数分布表和常用的图形,以便对各变量的数据特征和分布状况有一个概括的认识。

频数分析的操作步骤如下。

建立或打开数据文件后,进行频数分析。从主菜单中单击【分析】→【描述统计】→【频率】,打开频率对话框,如图 3-2-1 所示。

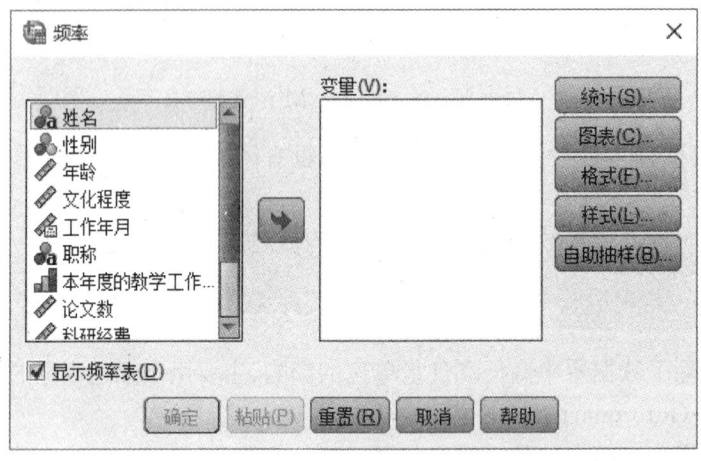

图 3-2-1 【频率】对话框

从【频率】对话框的左侧选择一个或多个变量,将其拉入右侧【变量】列表框中,作为频数分析的变量。

在频数分析对话框的下方有一个【显示频率表】复选框,系统默认选中此项。

(1) 统计。

单击【统计】按钮,打开【频率:统计】对话框,如图 3-2-2。

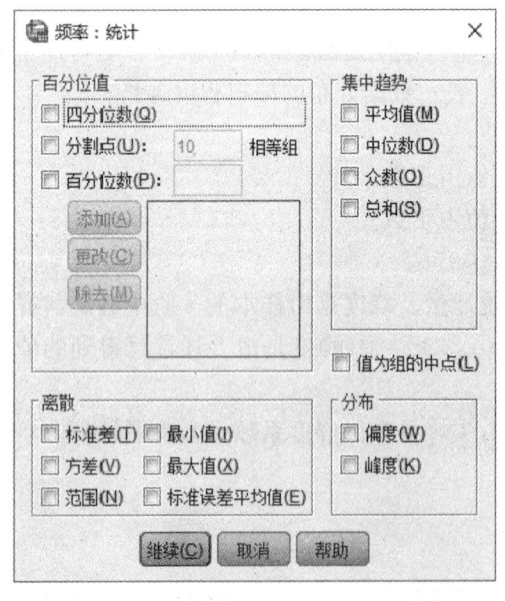

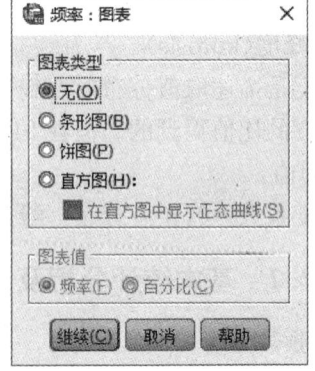

图 3-2-2 【频率:统计】对话框   图 3-2-3 【频率:图表】对话框

该对话框主要用于各个统计量的输出,在 3.2.1 基本统计量中已介绍,因此不再解释。

(2) 图表。

单击【图表】按钮,打开【频率:图表】对话框,如图 3-2-3 所示。

在该对话框中可以设置图形的类型及坐标轴等。

【图表类型】区域中,有四种频数图形输出方式。

① 【无】是系统默认状态,表示不会有任何图形输出。

② 【条形图】表示输出条形图。

③ 【饼图】表示输出显示饼状图。

在选择了【条形图】或【饼图】选项后,【图标值】区域就可以选择 SPSS Statistics 24.0 图形取值的计算方式:【频率】(系统默认该选项)、【百分比】。

④ 【直方图】表示输出显示直方图,此图只适用于区间型数值变量。

选择【直方图】选项后,下方的【在直方图中显示正态曲线】复选框被激活,该选项可以在直方图中添加正态曲线图。

设置完成后,单击【继续】按钮返回上一级对话框。

(3) 格式。

单击【格式】按钮,打开【频率:格式】对话框,如图 3-2-4。

在该对话框中可以设置输出的频数分析表的格式。

【排序方式】区域,包含两组单选按钮。【按值的升序/降序排序】表示按变量升序或降序排列;【按计数的升序/降序排】表示按变量各种取值出现的频数的升序或降序排列。但若设置了直方图或百分位数输出,无论用户如何设置,频数表都将按变量值升序排列。

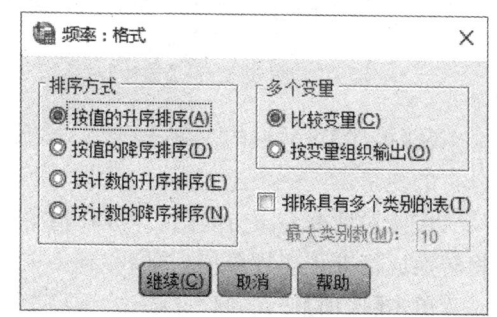

图 3-2-4 【频率:格式】对话框

【多个变量】区域中,包括两个选项。【比较变量】是系统默认项,表示不同变量的统计输出会显示在一张列表中;而【按变量组织输出】则将不同变量的统计输出显示在不同的表格中。

选择【排除具有多个类别的表】复选框时,该选项下的【最大类别数】文本框被激活,输入最大的显示分类变量,即输出的组数不能大于窗口中输入的数值,系统默认值为 10。

设置完成后,单击【继续】按钮,返回上一级对话框。所有选择完成后,单击【确定】按钮即可进行频数分析。

2. 描述分析

描述分析是对连续变量进行统计描述时最常用的过程,可对变量进行描述性统计分析,并计算出一系列相应的指标,还可将原始数据进行标准化以变量的形式存入当前数据集中供以后分析。

SPSS Statistics 24.0 的描述性分析可大致分为三类:刻画集中趋势的描述性统计量、刻画离散程度的描述性统计量、刻画分布形态的描述性统计量。

描述分析的操作步骤如下:

建立或打开数据文件后,进行频数分析。从主菜单中单击【分析】→【描述统计】→【描述】,打开【描述】对话框,如图 3-2-5 所示。

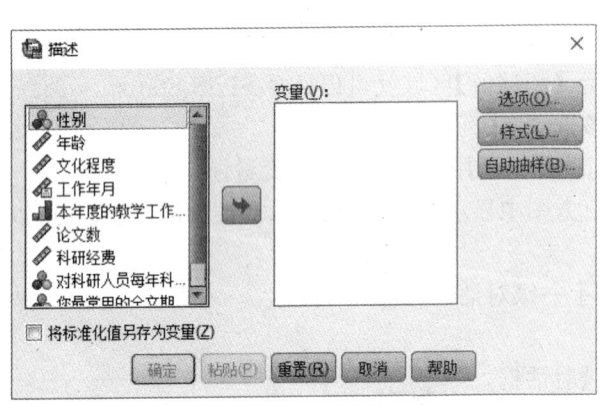

图 3-2-5 【描述】对话框

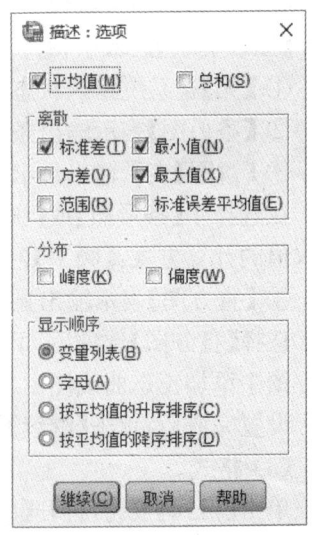

图 3-2-6 【描述:选项】对话框

从【描述】对话框的左侧选择一个或多个变量,将其拉入右侧【变量】列表框中,作为描述分析的变量。

在该对话框左下方有【将标准化值另存为变量】复选框,选择该复选框,分析变量的数据将转换成标准正态评分值,并储存到一个新的变量中。

单击【选项】按钮,打开【描述:选项】对话框,如图 3-2-6 所示。

该对话框主要用于各个统计量的输出,在 3.2.1 基本统计量中已介绍,因此不再解释。

与前面不同之处在于,该描述选项对话框中增加了【显示顺序】区域,用于设置输出顺序。当【变量】列表框中有多个变量时,该栏确定其输出顺序。若选择【变量列表】则按变量列表的排列顺序输出;若选择【字母】项则表示按各变量的首字母顺序输出;若选择【按平均值的升序/降序排列】项则表示按变量的均值的升序/降序排列。

单击【继续】按钮返回上一级主对话框。全部设置好之后,单击【确定】按钮,输出描述统计结果。

3. 探索性分析

探索性分析主要用于当对数据的性质、分布特点等完全不了解时,检验数据是否有错误,获得数据的基本特征,及对数据规律做初步观察。

与描述分析相比,探索性分析增加了有关数据详细分布特征的文字与图形描述,如茎叶图、箱形图等。它既可以对观测值进行整体分析,也可分组分析。探索性分析不仅可以对数据进行筛选,如异常值、极端值和数据缺口的检测,还能对非正态分布数据进行变换。

探索性分析的操作步骤如下:

和前面的步骤一致,建立或打开一个数据文件后,从主菜单选择【分析】→【描述统计】→【探索性分析】,打开【探索】对话框,如图 3-2-7 所示。

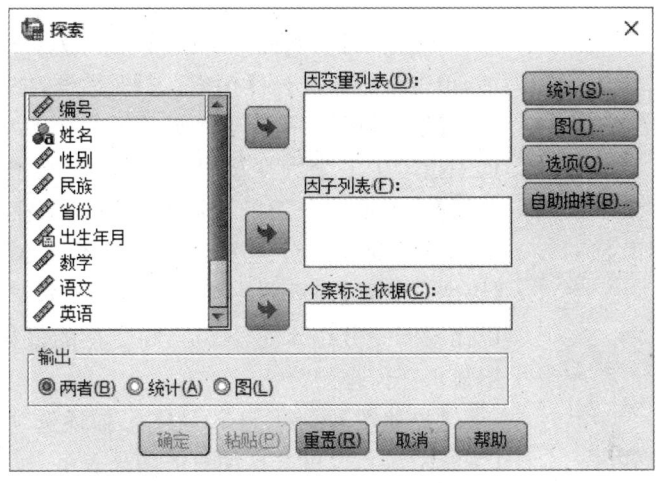

图 3-2-7 【探索】对话框

在该对话框中,因变量列表属于摘要变量,摘要变量也称解释变量,它必须是数值型变量。从探索框左侧的变量列表框中选择一个或多个变量拉入右侧的【因变量列表】列表框,作为因变量。而因子列表属于分组变量,分组变量实际就是因变量,该列表框中可以是字符型变量。个案标注依据,即标签变量,该文本框中的变量作为标识符,在输出诸如异常值时,用该变量进行标识。如果该项缺选,系统自动寻找 ip 变量作为标签变量,一般只允许有一个标识符。

在该对话框左下方的【输出】区域,其中有三个选项:选择【两者】选项,【统计】和【图】按钮都变亮,表示可以同时输出基本统计量和图形;选择【统计】选项,只有【统计】按钮变亮,表示只能输出基本统计量;选择【图】选项,只有【图】按钮变亮,表示只能输出图形。

(1) 统计。

在【输出】区域选择【两者】或【统计】选项时,【统计】按钮被激活,单击该按钮,出现【探索:统计】对话框,如图 3-2-8 所示。

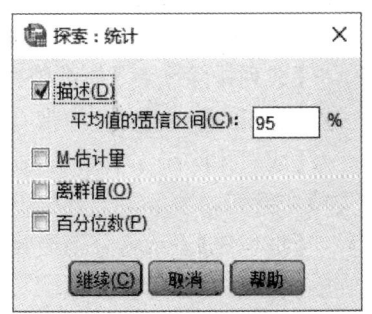

【描述】选项为系统默认选项,要求输出基本的统计量,包括均值、中位数、5%的调整均值、标准误差、极差、最大值、最小值、范围、四分位数、峰度和偏度及其标准误差等。选择该项,要在其下方的【平均值的置信区间】输入 1%~99%的任意值,SPSS Statistics 24.0 会根据该值算出置信区间的上下限,系统默认值为 95%。

图 3-2-8 【探索:统计】对话框

【M-估计量】表示进行 M 估计,可以输出 4 种稳健极大似然估计值:稳健估计量(huber)、非降稳健估计量(hample)、波估计量(andrew)和复权重估计量(turkey),这四种估计量与样本值的权重有关。

【离群值】表示用于输出数据的界外点,包含 5 个最大值和 5 个最小值,并在输出窗口中加以说明。

【百分位数】用于输出包括 5%、10%、25%、30%、75%、90%和 95%的百分位数。

(2) 图。

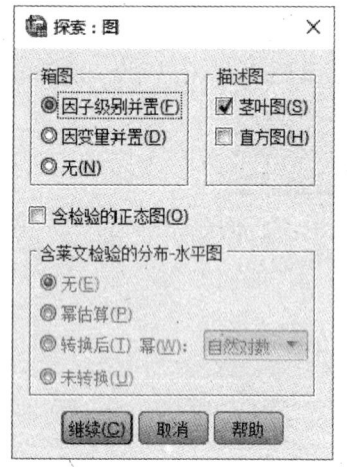

图 3-2-9 【探索:图】对话框

在【输出】区域选择【两者】或【图】选项时,【图】按钮被激活,单击该按钮,出现【探索:图】对话框,如图 3-2-9 所示。

【箱图】区域用于设置所显示的箱图参数。只有主对话框中指定了多个因变量时,【箱图】区域才生效。【因子级别并置】表示不同分组的相同因变量显示在同一个箱图中,以比较同一变量在分组变量值处于不同水平上的分布情况。【因变量并置】表示同一组的不同因变量显示在一个箱图中,以比较同一分组水平下的不同变量的值得分布。【无】表示不显示任何箱图。

【描述图】区域用于设置图形描述选项,可以选择茎叶图(系统默认),也可选择用直方图来表示。

【含检验的正太图】表示输出正态概率和离散正态概率图,并同时输出 K-S 统计量中的 Liliefors 显著水平检验。若观测数目<20,则用 W-S 统计量代替 K-S 统计量。

【含莱文检验的分布——水平图】只有在指定分组变量的条件下生效,用于数据转换的分布-水平图的设置。选中【无】选项表示不输出分布——水平图。选中【幂估算】选项表示对每一组数据产生一个中位数范围的自然对数与四分位范围的自然对数的散点图,并在满足每组数据方差相等的条件下对数据进行幂变换的估计。选中【转换后幂】表示根据用户在因子列表框中指定的变换对原始数据进行变换,可以选择的变换有自然对数、1/平方根、倒数、平方根、立方。选中【未转换】表示不对数据进行转换,输出原始数据的散点图。

(3) 选项。

在【探索】对话框中单击【选项】按钮,弹出【探索:选项】,如图 3-2-10 所示。

该对话框中只有【缺失值】区域,用于对缺失值进行设置。

【成列排除个案】是系统默认选项,表示在所有分析中,去除因变量或分组变量中带有缺失值的观测量。

【成对排除个案】表示在分析过程中去除当前分析的缺失值个案。

【报告值】表示将分组变量中的缺失值单独分为一组,并在输出频数时标出缺失组。

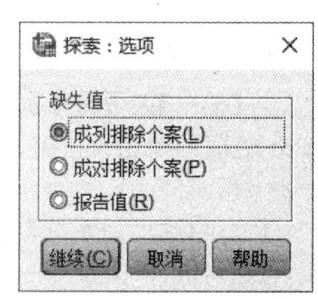

图 3-2-10 【探索:选项】对话框

4. 交叉表分析

交叉表,也叫列联表,是指将观察值按照两个或多个分组变量进行分类的频数表,常用卡方检验来检验行变量和列变量之间的关系。

交叉表分析的操作步骤如下。

和上述的描述统计及探索性分析一样,在主菜单中选择【分析】→【描述统计】→【交叉表】,打开【交叉表】对话框,如图 3-2-11 所示。

在【交叉表】对话框右侧有【行】【列】列表框,这两个列表框中的变量必须是数值型或字符型等分类变量。

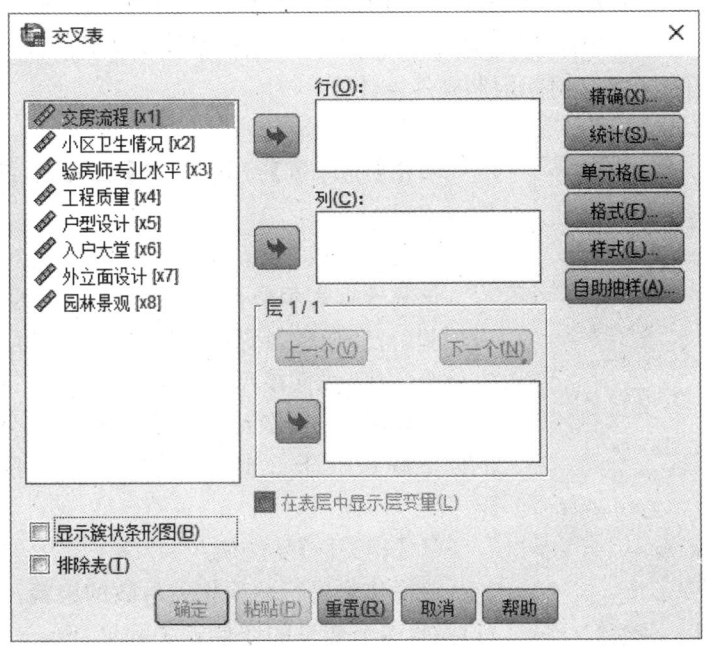

图 3-2-11 【交叉表】对话框

【层 1/1】栏中的变量作为控制变量,决定频数分布表中的层。若要增加一个新的控制变量,先从左侧列表框中拉入【层 1/1】中的文本框,单击【下一个】按钮即可;若要修改已选入的变量,则单击【上一个】按钮即可。

在【交叉表】下方有两个复选框:【显示簇状条形图】表示显示每组中各变量的分类条形图;【排除表】表示只输出统计量,不输出多维列联表。

(1) 精确。

单击【精确】按钮,弹出【精确检验】对话框,如图 3-2-12 所示。

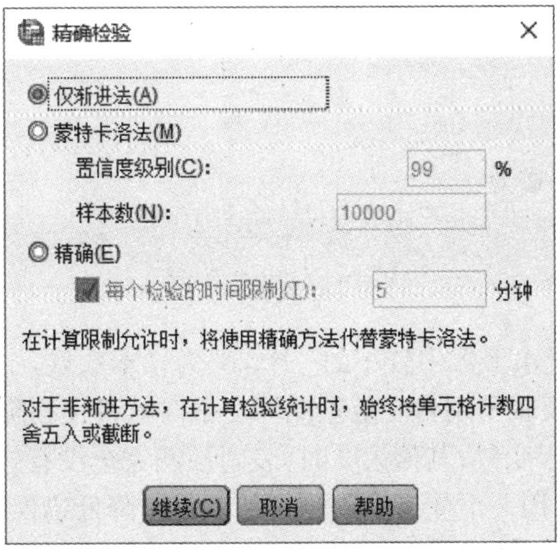

图 3-2-12 【精确检验】对话框

该对话框用于定义确切概率的计算。【仅渐进法】表示指计算近似概率;蒙特卡洛法表示计算精确概率,可自行设置置信度级别(置信水平)和样本数;【精确】表示在给定的时间内计算精确概率的值,若超出时间限制则停止计算。

(2) 统计量。

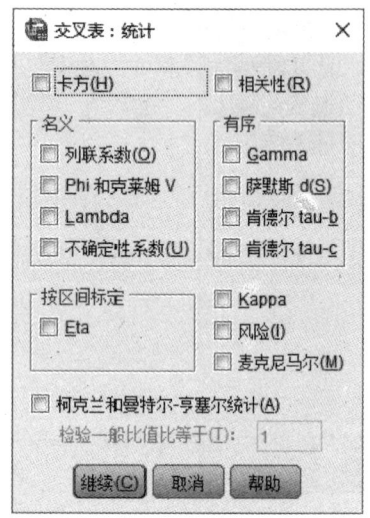

图 3-2-13 【交叉表:统计】对话框

单击【统计量】按钮,打开【交叉表:统计】对话框,如图 3-2-13。

① 【卡方】复选框。

该复选框表示是否进行卡方检验,通常显示皮尔逊卡方检验(行变量和列变量的独立性假设检验)、近似量比卡方检验(对数线性模型检验)、线性相关卡方检验、耶茨校正卡方检验(样本数大于或等于 40,至少有一个单元格中的期望频数大于 3 时)及费歇精确检验(其他)的检验结果。

② 【相关性】复选框。

该操作将进行两项相关系数的检验:皮尔逊相关系数(r)检验两个变量的线性相关程度;Spearman 相关系数检验秩序之间的关联程度。其值都在 −1~1 之间,−1 表示完全负相关,0 表示不相关,1 表示完全正相关。

③ 【名义】区域。

【列联系数】表示基于卡方检验基础上对相关性的检验,值属于[0,1]。计算公式为:

$$C = \sqrt{\frac{\chi^2}{\chi^2 + N}} \qquad (3.8)$$

其中,N 为样本数量,χ^2 为卡方值。C 值越接近于 1,变量间相关性越强。

【Phi 和克莱姆】是用来刻画相关性的,Phi 系数也是基于卡方检验基础上的,其计算公式为:

$$P = \sqrt{\frac{\chi^2}{N}} \qquad (3.9)$$

克莱姆系数的计算公式为:

$$V = \sqrt{\frac{\chi^2}{N(k-1)}} \qquad (3.10)$$

其中,k 为行变量与列变量水平数中较小的一个,N 为样本数量,χ^2 为卡方值。

【Lambda】系数用于反映当用自变量预测因变量时这种预测降低错误的比率。其值为 1 时,表明自变量完全预测因变量;其值为 0 时,表明预测完全没有效果。

【不确定性系数】表示用一个变量来预测其他变量时降低错误的比率。

④ 【有序】区域。

【Gamma】复选框表示两个有序变量之间的相关性,其值在[−1,1]之间。Gamma 系数的绝对值越接近 1,两个变量的相关性就越强;Gamma 值靠近 0,两个变量几乎没有相关性。

【萨默斯 d】复选框是 Gamma 检验的非对称推广,区别在于根据自变量配对时成对数据的数目情况。和 Gamma 一样,其值的绝对值越靠近 1,相关性越强;值越接近 0,变量之间相关性越小。

【肯德尔 tau-b】复选框表示对有序变量或无序变量相关性的非参数检验。其值也在 [−1, 1] 之间,且绝对值越大,相关性越大;绝对值越小,相关性越小。在方阵型的列联表中才有可能取到 −1 和 1 两个值。

【肯德尔 tau-c】在检验时将相同的观测值从计算中剔除,这是【肯德尔 tau-c】与【肯德尔 tau-b】的唯一区别。

⑤【按区间标定】区域。

该区域只有【Eta】复选框,也是用来检验相关性的,其值在 [0, 1] 之间,0 表示无相关性,越靠近 1 相关性越强。该检验适用于因变量为区间变量,而自变量是取有限分类值的相关性分析。

⑥【Kappa】复选框。

Kappa 系数是用来检验内部一致性的,其值在 [0, 1] 之间,1 表明两种评估完全一致,0 则两种评估没有共同点,所以该检验只适用于两种变量使用同一个分类变量且分类值相等的情况。

⑦【风险】复选框用于检验事件发生和其因子之间的关系。

⑧【麦克尼玛尔】复选框表示对两个相关的二值变量进行非参数检验,该检验只有在行列数相等时生效。一般认为显著水平小于 0.03 即为十分有效。

⑨【柯克兰和曼特尔-亨塞尔统计】复选框表示对一个二值因素变量和一个二值相应变量进行独立性检验和齐次性检验。在该检验文本框中只能输入正数,系统默认值为 1。

(3)单元格。

单击【单元格】按钮,弹出【交叉表:单元格显示】对话框,如图 3-2-14 所示。

①【计数】区域。

【实测】复选框表示输出观测值的实际数量。

【期望】复选框,若行和列变量是独立的或不相关的,则输出期望的观测值数量。

【隐藏较小的计数】表示可以设置将小于某数的计数隐藏,不予显示。

②【z-检验】区域。

【比较列比例】复选框表示可以调整文件列的比例。

③【百分比】区域。

【行】表示输出观测量的数目占整行全部观测量数目的百分比。

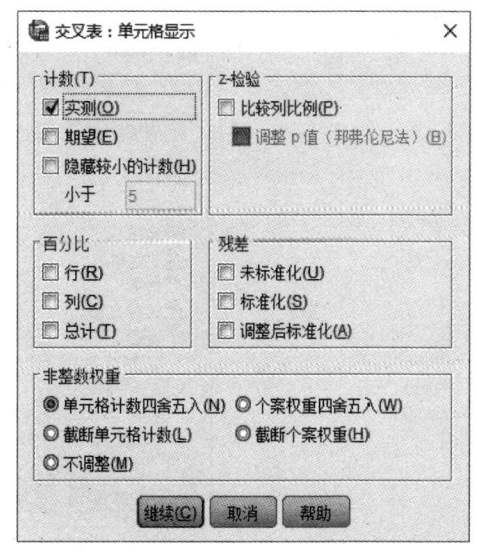

图 3-2-14 【交叉表:单元格显示】对话框

【列】表示输出观测量的数目占整列全部观测量数目的百分比。

【总计】表示输出观测量的数目占全部观测量数目的百分比。

④【残差】区域。

【未标准化】表示计算非标准化残差。残差是观测值与期望值之差,所以,正的残差说明行和列变量相互独立。

【标准化】表示计算标准化残差,即上述残差/标准差。

【调整后标准化】表示计算调整后的残差。

⑤【非整数权重】区域。

当频数因加权而变成小数时,选择该区域对频数进行取整。

【单元格计数四舍五入】表示对频数进行四舍五入取整。

【个案权重四舍五入】表示对加权样本在使用前进行四舍五入。

【截断单元格计数】表示对频数进行舍位取整。

【截断个案权重】表示对加权样本在使用前进行舍位取整。

【不调整】表示对频数不做处理。

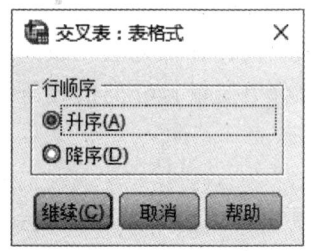

图 3-2-15 【交叉表:表格式】对话框

(4) 格式。

单击【格式】按钮,弹出【交叉表:表格式】对话框,如图 3-2-15 所示。

【升序/降序】表示按各行变量值按升序/降序排列。

5. 比率分析

比率分析是描述两个刻度变量间比率的汇总统计,例如房屋的估价与售价之间是否存在一致性,该类分析适用于数值型变量。比率分析的操作步骤如下:

在主菜单中选择【分析】→【描述分析】→【比率】,打开【比率统计】对话框,如图 3-2-16 所示。

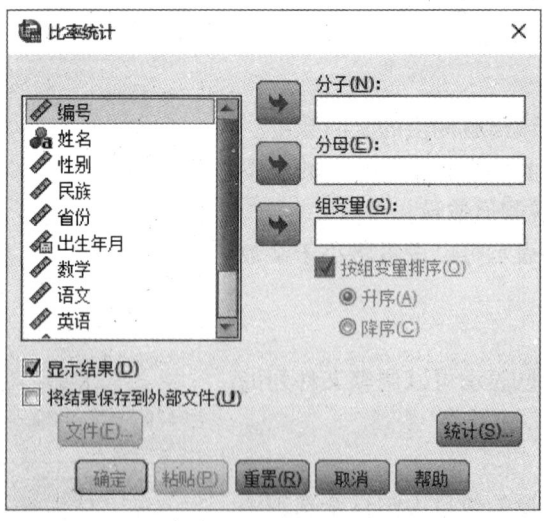

图 3-2-16 【比率统计】对话框

在【比率统计】对话框右侧有【分子】【分母】【组变量】列表框,该三个列表框中分别只能选中一个变量,【组变量】表示可以按分组变量的值升序或降序输出排序。

在【比率统计】对话框下方有两个复选框:【显示结果】表示直接输出比率统计的结果;【将结果保存到外部文件】表示可以将输出结果保存到外部文件中。

单击【统计】按钮,弹出【比率统计:统计】对话框,如图 3-2-17 所示。

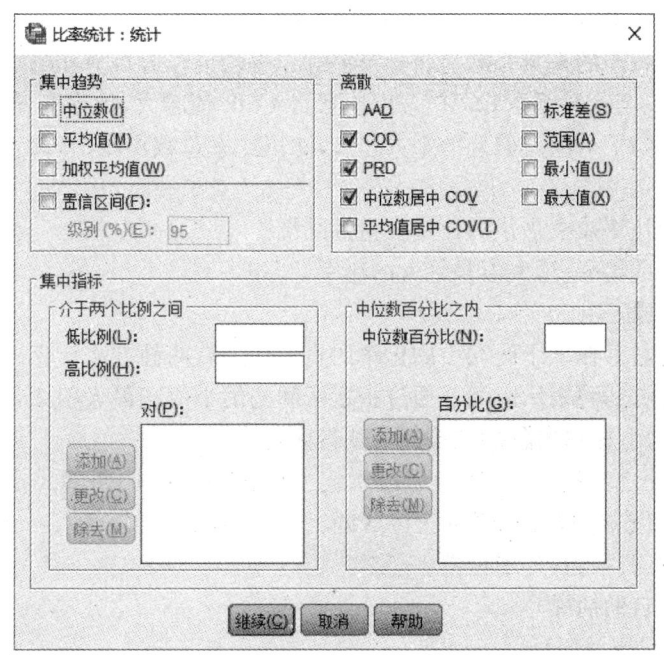

图 3-2-17 【比率统计:统计】对话框

(1)【集中趋势】区域。

中位数为小于该值的比率数与大于该值的比率数相等的比率。

平均值是比率的总和除以比率的总数所得到的结果。

加权平均值是分子的平均值除以分母的平均值所得到的结果。

置信区间表示显示平均值、中位数和加权平均值(如果要求)的置信区间,可指定大于等于 0 且小于 100 的值作为置信区间。

(2)【离差】区域。

平均绝对偏差(AAD)是中位数比率的绝对离差求和,并用结果除以比率总数所得的结果。计算公式为:

$$AAD = (\sum |R_i - M|)/N \tag{3.11}$$

其中,R_i 是比率变量值,M 是比率变量的中位数,N 为样本数。

离差系数(COD)是将平均绝对偏差表示为中位数的百分比的结果。计算公式为:

$$COD = \sum |R_i - M|/NM \tag{3.12}$$

其中,各个字母表示的含义同式(3.10)。其值越大,说明比率离散程度越大。

价格相关差(PRD),也称为递减指数,是平均值除以加权平均值得出的结果。

中位数居中(COV)的差异系数是将与中位数偏差的均方根表示为中位数百分比的结

果。其计算公式为:

$$COV = \left(\sqrt{\frac{\sum (R_i - M)^2}{N}}\right)/M \tag{3.13}$$

平均值居中(COV)的差异系数是将标准差除以平均值作为百分比的结果。

离散系数 COD 与变异系数 COV 呈正比,因此 COV 值越大,比率变异也越大。

标准差是比率与平均值间偏差的平方之和,除以比率总数再减一,取正的平方根所得到结果。

范围是最大的比率减去最小的比率所得的结果。

最小值是最小的比率;最大值是最大的比率。

(3)【集中指数】区域。

集中系数是度量落在某个区间中的比率的百分比。有两种方法计算该值:

【介于两个比例之间】表示区间是通过指定区间的最小值和最大值而显示定义的。通过输入低比例和高比例,并单击【添加】按钮可获得区间。

【中位数百分比之内】表示区间是通过指定中位数的百分比而隐式定义的。输入 0 到 100 之间的值并单击【添加】按钮即可获得区间。该区间的下界等于(1−0.01×值)×中位数,上界等于(1+0.01×值)×中位数。

6. Bootstrap(自助抽样)

1) Bootstrap 思想及原理

在原始数据范围内做有放回的抽样,其样本量为 n,原始数据中每个数据被抽到的概率均为 $1/n$,由此抽样得到的样本为 Bootstrap 样本。Bootstrap 方法是非参数统计中一种重要的估计统计量方差进而进行区间估计的统计方法,通常利用少量试验数据的样本信息及计算机仿真去模拟未知分布并获得所感兴趣的未知分布的某一特征。这种方法不需要对未知分布做任何假设,只需利用计算机对已知数据进行再抽样来模拟未知分布,进而估计所求未知变量,可以大大节约成本。其具体步骤如下。

(1) 采用重抽样技术从原始样本中抽取一定数量(自己给定)的样本,此过程允许重复抽样。

(2) 根据抽出的样本计算给定的统计量 T。

(3) 重复上述 N 次(一般大于 1 000),得到 N 个统计量 T。

(4) 计算上述 N 个统计量 T 的样本方差,得到统计量的方差。

2) Bootstrap 方法介绍

假定随机变量 X 对应的分布函数、密度函数分别为 F 和 f,$X = \{X_1, \cdots, X_n\}$ 表示所有数据集合,如果 $\hat{F}$ 是观测数据的经验分布函数,也常记为 $\hat{F}_n$,函数 $\theta = T(F)$ 是我们感兴趣的关于 F 的数字特征,比如 θ 是一元总体 X 的均值,则估计

$$\hat{\theta} = T(\hat{F}) = \int z d\hat{F}(z) = \frac{1}{n}\sum_{i=1}^{n} X_i = \bar{X}$$

我们往往需要根据 $T(\hat{F})$ 和 $R(X, F)$ 解决统计推断问题,但由于 $R(X, F)$ 依赖数据集 X 和未知分布 F,这就导致 $R(X, F)$ 的分布往往很难处理或未知,而 Bootstrap 方法是由观

测数据的经验分布函数 $\hat{F}$ 给出了 $R(X,F)$ 的一种近似,不需要进行参数假设,因此可为那些不太可能得到解析方案的问题得到数值解,并且得到的结果比传统参数理论更加精确。令 $X^* = \{X_1^*,\cdots,X_n^*\}$ 表示伪数据 Bootstrap 样本,则 X^* 的元素属于经验分布函数 $\hat{F}$,Bootstrap 方法就是在 R 中使用 X^* 所得到的分布,即视 $R(X^*,\hat{F})$ 和 $R(X,F)$ 是等价的。在某些特殊情况下,我们可估计 $R(X^*,\hat{F})$ 或解析推导,但需要使用随机模拟方法。通常对于样本容量为 n 的实际问题,潜在的伪数据集十分多,将所对应的概率一一列举是不现实的,作为替代,我们可从观测数据的经验分布函数中随机抽取 N 个独立的伪数据集 $X_i^* = \{X_{i1}^*,\cdots,X_{in}^*\}$ $i=1,\cdots,N$,利用 $R(X_i^*,\hat{F})$ 的经验分布函数近似 $R(X,F)$ 的分布,进而进行统计推断。这样可避免完全列举伪数据集,但会产生误差,不过可以通过增大 N 使得误差降到任意小,通常根据具体情况在 1 000～10 000 间选择再抽样样本 N。

3)支持 Bootstrap 的过程如下。

(1)频率。

统计表中平均值、标准差、方差、中位数、偏度、峰度和百分位数的 Bootstrap 估计。

频率表中百分比的 Bootstrap 估计。

(2)描述:描述统计表中平均值、标准差、方差、偏度和峰度的 Bootstrap 估计。

(3)浏览。

描述表中平均值、5%切尾平均值、标准差、方差、中位数、偏度、峰度和四分位距的 Bootstrap 估计。

M 估计表中 Huber 的 M 估计、Tukey 的双权重、Hampel 的 M 估计和 Andrew 的 Wave 的 Bootstrap 估计。

百分位数表中百分位数的 Bootstrap 估计。

(4)交叉表。

定向测量表中 Lambda、Goodman 和 Kruskal Tau、不确定性系数和 Somers 的 d 的 Bootstrap 估计。

对称测量表中 Phi、Cramer V、列联系数、Kendall 的 tau-b、Kendall 的 tau-c、伽马、Spearman 相关性和 Pearson 的 R 的 Bootstrap 估计。

风险评估表中几率比的 Bootstrap 估计。

Mantel-Haenszel 一般几率比表中 ln(Estimate)的 Bootstrap 估计和显著性检验。

(5)平均值:报告表中平均值、中位数、组内中位数、标准差、方差、峰度、偏度、调和平均值和几何平均值的 Bootstrap 估计。

(6)单样本 T 检验。

统计表中平均值和标准差的 Bootstrap 估计。

检验表中平均值差值的 Bootstrap 估计和显著性检验。

(7)独立样本 T 检验。

组统计表中平均值和标准差的 Bootstrap 估计。

检验表中平均值差值的 Bootstrap 估计和显著性检验。

(8)配对样本 T 检验。

统计表中平均值和标准差的 Bootstrap 估计。

相关表中相关性的 Bootstrap 估计。

检验表中平均值的 Bootstrap 估计。

(9) 单因素 ANOVA。

描述统计表中平均值和标准差的 Bootstrap 估计。

多重比较表中平均值差值的 Bootstrap 估计。

对比检验表中对比值的 Bootstrap 估计和显著性检验。

(10) GLM 单变量。

描述统计表中平均值和标准差的 Bootstrap 估计。

参数估计值表中系数、B 的 Bootstrap 估计和显著性检验。

对比结果表中差值的 Bootstrap 估计和显著性检验。

估计的边际均值:估计表中平均值的 Bootstrap 估计。

估计的边际均值:成对比较表中平均值差值的 Bootstrap 估计。

事后检验:多重比较表中平均值差值的 Bootstrap 估计。

(11) 双变量相关性。

描述统计表中平均值和标准差的 Bootstrap 估计。

相关表中相关性的 Bootstrap 估计和显著性检验。

(12) 偏相关。

描述统计表中平均值和标准差的 Bootstrap 估计。

相关表中相关性的 Bootstrap 估计。

(13) 线性回归。

描述统计表中平均值和标准差的 Bootstrap 估计。

相关表中相关性的 Bootstrap 估计。

模型摘要表中 Durbin-Watson 的 Bootstrap 估计。

系数表中系数、B 的 Bootstrap 估计和显著性检验。

相关系数表中相关性的 Bootstrap 估计。

残差统计表中平均值和标准差的 Bootstrap 估计。

(14) 序数回归:参数估计值表中系数、B 的 Bootstrap 估计和显著性检验。

(15) 判别分析。

标准化典则判别函数系数表中标准化系数的 Bootstrap 估计。

典则判别函数系数表中非标准化系数的 Bootstrap 估计。

分类函数系数表中系数的 Bootstrap 估计。

(16) GLM 多变量:参数估计值表中系数、B 的 Bootstrap 估计和显著性检验。

(17) 线性混合模型。

固定效应估计值表支持估计值的 Bootstrap 估计和显著性检验。

协方差参数估计值表中估计值的 Bootstrap 估计和显著性检验。

(18) 广义线性模型:参数估计值表中系数、B 的 Bootstrap 估计和显著性检验。

(19) Cox 回归:方程中的变量表中系数、B 的 Bootstrap 估计和显著性检验。

(20) 二元 Logistic 回归:方程中的变量表中系数、B 的 Bootstrap 估计和显著性检验。

(21) 多项 Logistic 回归:参数估计值表中系数、B 的 Bootstrap 估计和显著性检验。

单击任何一个过程的【Bootstrap】按钮,弹出【自助抽样】对话框,如图 3-2-18 所示。

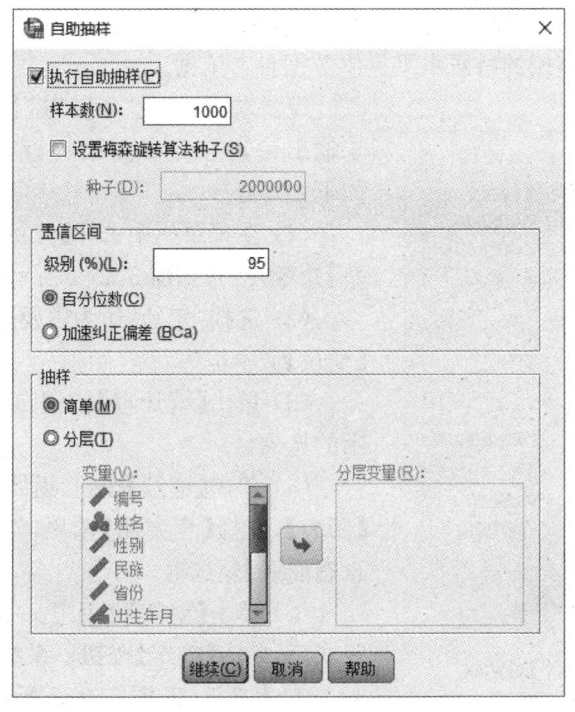

图 3-2-18 【自助抽样】对话框

只有选中复选框【执行自助抽样】,其下面的各类选项才能被激活。

【样本数】表示对于生成的百分位数和加速纠正偏差区间,使用 Bootstrap 样本的个数,建议使用至少 1 000 个。

【设置梅森旋转算法种子】类似于将【梅森扭曲器】设为活动生成器并在【随机数生成器】对话框中指定固定起始点,两者的重大差别在于:在此对话框中设置种子会保留随机数生成器的当前状态并在分析完成后恢复该状态。

【置信区间】区域:【百分位数】是指使用对应于置信区间百分位数的有序 Bootstrap 值;【加速纠正偏差】是区间的调整,它使抽样结果更加准确,但需要更长的计算时间。

【抽样】区域:【简单】抽样表示通过放回方式从原始数据集中进行个案重新取样;【分层】抽样表示在层次变量的交叉分类定义层内通过放回方式从原始数据集中进行个案重新取样。若层中的单元格相对均一,且不同层间的单元格相差较大,则分层 Bootstrap 抽样有用。

3.3 案 例 分 析

3.3.1 频数分析案例演示

1. 案例描述及 SPSS 操作步骤

以数据文件"教师信息.sav"为例,该案例包含了某高校近百名老师的基本信息,并且对老师本年度的教学工作量、论文数及科研经费进行了较为详细的记录。并且通过询问记录了老师关于对科研人员每年科研成果要求的合理性、最常用的全文期刊数据库以及对学校科研管理部门的满意程度,以此来分析目前高校的科研是否跟随着时代的进步及为目前应该如何采取措施提高该校的科研水平提供数据参考依据。

现要求:对变量"年龄"进行简单的频数分析,要求输出带正态分布曲线的直方图。具体操作步骤如下:

(1) 在菜单栏中选择【分析】→【描述统计】→【频率】命令,打开如图 3-2-1 所示的对话框。

(2) 选择"年龄"作为需要分析的变量,将其拉入【变量】文本框内。

(3) 单击【统计量】按钮,选择如图 3-3-1 中所示的选项。

(4) 单击【继续】按钮,返回上一级对话框。单击【图表】,选择【直方图】选项,勾选【在直方图中显示正态曲线】复选框。

(5) 单击【继续】返回上一级对话框。所有设置完成后,单击【确定】按钮。系统经过分析后,得到表3-3-1、表 3-3-2、图 3-3-2 所示的结果。

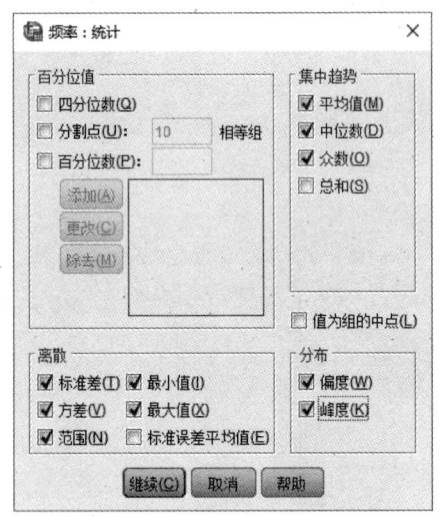

图 3-3-1 【频率:统计】对话框

2. SPSS 分析结果

表 3-3-1 年龄统计分析表

个案数	有效	82	方差	88.519
	缺失	0	偏度	0.243
平均值		35.000	峰度	-0.973
中位数		34.000	范围	36.0
众数		46.0	最小值	21.0
标准差		9.408 4	最大值	57.0

从表 3-3-1 中可以看出,该案例中共有 82 名老师的相关信息,他们的平均年龄在 35 岁,其中人数最多的是年龄为 46 岁的教师,年龄最大的是 57 岁,最小的 21 岁。

表 3-3-2 年龄频数分析表

年龄					
		频率	百分比	有效百分比	累计百分比
有效	21.0	1	1.2	1.2	1.2
	22.0	13	15.9	15.9	17.1
	24.0	1	1.2	1.2	18.3
	25.0	1	1.2	1.2	19.5
	27.0	5	6.1	6.1	25.6

(续表)

		年龄			
		频率	百分比	有效百分比	累计百分比
有效	28.0	2	2.4	2.4	28.0
	29.0	2	2.4	2.4	30.5
有效	31.0	1	1.2	1.2	31.7
	32.0	7	8.5	8.5	40.2
	33.0	4	4.9	4.9	45.1
	34.0	16	19.5	19.5	64.6
	36.0	1	1.2	1.2	65.9
	38.0	1	1.2	1.2	67.1
	39.0	1	1.2	1.2	68.3
	45.0	4	4.9	4.9	73.2
	46.0	17	20.7	20.7	93.9
	49.0	3	3.7	3.7	97.6
	55.0	1	1.2	1.2	98.8
	57.0	1	1.2	1.2	100.0
	总计	82	100.0	100.0	

从表 3-2-2 可以看出,占百分比最多的是 46 岁的教师,约占总数的 20.7%,其次是 34 岁的教师,约占 19.5%,46 岁以上的教师为数不多,这说明该校招募老师比较偏向于中年但又不缺乏活力的教师。

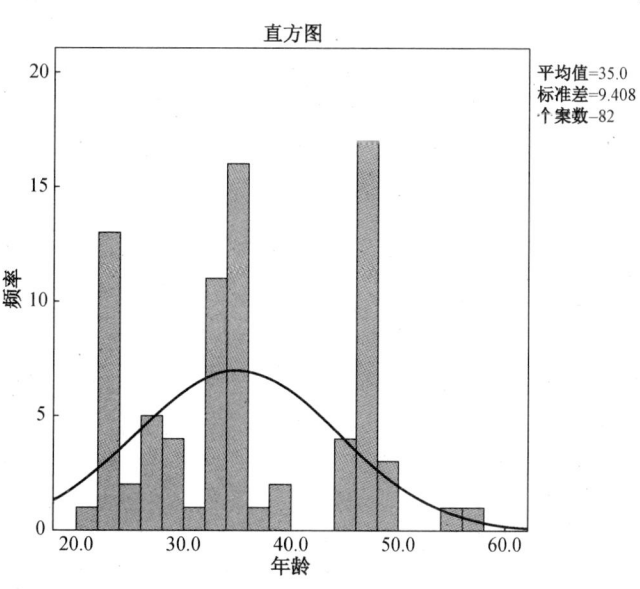

图 3-3-2 频数分析直方图

图 3-3-2 是带正态曲线的直方图,从图 3-3-2 中可以看到数据的分布近似于标准正态分布,但较大值的比例还是较低,这与表 3-3-2 的结果一致。

3.3.2 描述分析案例演示

1. 案例描述及 SPSS 操作步骤

为了让读者更好地理解描述分析过程,我们以"学生成绩表.sav"数据文件为例,该案例是对学生在校成绩及奖项获得情况的记录,包括语文、数学、英语、综合成绩和奖项获得次数及在校不良记录。通过对这些数据的分析,可以基本掌握不同性别、不同省份(西部和非西部)的学生之间的成绩差异。

现要求:对某高校 20 名同学的成绩数据进行描述性分析,以民族为单位列表计算语文、数学、英语的统计量,要求包括极差、最小值、最大值、均值、标准差和方差。具体操作步骤如下。

(1) 打开数据文件,在菜单栏中选择【数据→拆分文件】命令,打开【拆分文件】对话框。选择【比较组】单选按钮,然后将"民族"变量选入【分组依据】列表框。单击【确定】按钮,完成分组。

(2) 打开图 3-2-5 所示的【描述】对话框,从变量框中选择数学、语文、英语变量,依次拉入右侧【变量】文本框,并选择【将标准化值另存为变量】复选框。

(3) 选择完变量后,单击【选项】按钮,进入如图 3-2-6 所示的【描述:选项】对话框,进行范围、最小值、最大值、均值、标准差、方差统计量的选择。单击【继续】按钮,返回上一级对话框。

(4) 设置完成,单击【确定】按钮,生成如表 3-3-3 所示的结果。

2. SPSS 分析结果

表 3-3-3 描述性统计分析结果

民族		个案数	范围	最小值	最大值	平均值	标准误差	标准差	方差
汉	数学	13	82	60	142	100.23	6.95	25.05	627.36
	语文	13	62	67	129	94.46	5.32	19.18	367.94
	英语	13	37	59	96	79.69	3.26	11.74	137.90
	有效个案数(成列)	13							
回	数学	3	30	90	120	104.67	8.67	15.01	225.33
	语文	3	19	90	109	97.00	6.03	10.44	109.00
	英语	3	27	67	94	79.67	7.84	13.58	184.33
	有效个案数(成列)	3							
蒙古	数学	1	0	130	130	130.00	.	.	.
	语文	1	0	78	78	78.00	.	.	.
	英语	1	0	65	65	65.00	.	.	.
	有效个案数(成列)	1							

(续表)

民族		个案数	范围	最小值	最大值	平均值	标准误差	标准差	方差
维吾尔	数学	2	53	67	120	93.50	26.50	37.48	1 404.50
	语文	2	58	78	136	107.00	29.00	41.01	1 682.00
	英语	2	11	58	69	63.50	5.50	7.78	60.50
	有效个案数(成列)	2							
其他	数学	1	0	70	70	70.00	.	.	.
	语文	1	0	120	120	120.00	.	.	.
	英语	1	0	131	131	131.00	.	.	.
	有效个案数(成列)	1							

从表 3-3-3 中可以看到各统计量的值,包括观测个数、最大值、最小值、均值、标准差、方差。表中 5 个民族的相应统计量,可以看出不管哪个民族,数学的分数普遍较高,但与其他成绩相比,学生之间的数学成绩差异比较明显。

3.3.3 探索性分析案例演示

1. 案例描述及 SPSS 操作步骤

该小节仍以"学生成绩表.sav"为例,利用探索过程进行数据分析。具体操作步骤如下:

(1) 选择【分析】→【描述统计】→【探索】命令,打开如图 3-2-7 所示对话框。

(2) 将"英语"变量拉入【因变量列表】框作为摘要变量;将"省份"变量拉入【因子列表】框作为分组变量。

(3) 单击【统计量】按钮,打开如图 3-2-8 所示的对话框。选择【描述】【M-估计量】【离群值】和【百分位数】复选框,单击【继续】按钮,返回上一级对话框。

(4) 单击【图】按钮,打开如图 3-2-9 所示的【探索:图】对话框。选择【箱图】区域的【因子级别并置】项,即将分组结果显示在一张图上;选择【描述图】区域的【茎叶图】复选框,输出茎叶图,同时勾选【含检验的正太图】,进行正态检验;选择【含莱文检验的分布水平图】区域的【幂估算】,估计幂次使组间方差齐次。单击【继续】按钮,返回上一级对话框。

(5) 单击【探索】对话框下的【确定】按钮,执行探索性分析。输出结果如下所示。

2. SPSS 分析结果

表 3-3-4 个案摘要表

	省份	个案					
		有效		缺失		总计	
		个案数	百分比	个案数	百分比	个案数	百分比
英语	非西部	12	100.0%	0	0.0%	12	100.0%
	西部	8	100.0%	0	0.0%	8	100.0%

表 3-3-5　英语成绩的分组描述性统计量

省份				统计	标准误差
英语	非西部	平均值		79.33	3.19
		平均值的 95% 置信区间	下限	72.31	
			上限	86.35	
		中位数		79.00	
		方差		122.06	
		标准差		11.05	
		最小值		59.00	
		最大值		96.00	
		全距		37.00	
		四分位距		20.50	
		偏度		-0.36	0.64
		峰度		-0.58	1.23
	西部	平均值		80.75	8.56
		平均值的 95% 置信区间	下限	60.51	
			上限	100.99	
		中位数		74.50	
		方差		586.21	
		标准差		24.21	
		最小值		58.00	
		最大值		131.00	
		全距		73.00	
		四分位距		31.50	
		偏度		1.39	0.75
		峰度		2.03	1.48

本案例中每组有效数据各 20 列,表 3-3-4 显示了数据的基本情况,无缺失数据。表 3-3-5 利用变量"省份"将数据分成两组,所以统计结果也分为两组输出,并以系统默认的 95% 置信度表示。

表 3-3-6　M-估计量

	省份	休伯 M 估计量[a]	图基双权[b]	汉佩尔 M 估计量[c]	安德鲁波[d]
英语	非西部	79.688 6	79.711 3	79.633 2	79.710 5
	西部	76.340 4	74.202 9	76.838 8	73.933 6

a. 加权常量为 1.339。
b. 加权常量为 4.685。
c. 加权常量为 1.700、3.400 和 8.500。
d. 加权常量为 1.340 * pi。

表 3-3-6 输出了 M 均值估计。前面提到,在 SPSS 中根据权重系数的不同,提供了 4 种估计方法,所以该表给出了 4 种方法的权重系数。若计算出的均值与 M 均值存在较大差异,则在数据中存在异常值。比较表 3-3-5 的均值和表 3-3-5 的 M 估计值,西部的英语成绩不存在异常值,非西部的英语成绩可能存在异常值。

表 3-3-7 百分位数

		省份	百分位数						
			5	10	25	50	75	90	95
加权平均	英语	非西部	59	61.4	69	79	89.5	94.2	
		西部	58	58	61.25	74.5	92.75		
图基枢纽	英语	非西部			71	79	89		
		西部			62.5	74.5	91.5		

表 3-3-8 极值表

	省份			个案号	值
英语	非西部	最高	1	4	96
			2	2	90
			3	5	90
			4	6	88
			5	12	84
		最低	1	9	59
			2	14	67
			3	8	67
			4	7	75
			5	16	78.00[a]
	西部	最高	1	20	131
			2	15	94
			3	1	89
			4	11	80
		最低	1	18	58
			2	13	60
			3	17	65
			4	19	69

a. 在较小极值的表中,仅显示了不完整的个案列表(这些个案的值为 78.00)。

表 3-3-7 给出了英语成绩在西部和非西部的分位点信息。其中图基双权重表示的是绘

制箱图时所用的分位点数据,其计算方法与一般的百分位数略有不同。表3-3-8给出了两组数据的极值,可帮助快速查找异常值。并且结合图3-3-2可以看出,数据较好地服从了正态分布,和表3-3-8所得出的结论吻合。

表3-3-9 正态检验表

省份		柯尔莫戈洛夫-斯米诺夫[a]			夏皮洛-威尔克		
		统计	自由度	显著性	统计	自由度	显著性
英语	非西部	0.119	12	0.200*	0.964	12	0.841
	西部	0.186	8	0.200*	0.87	8	0.151

*. 这是显著性的下限。
a. 里利氏显著性修正。

表3-3-10 方差齐性检验

		莱文统计	自由度1	自由度2	显著性
英语	基于平均值	3.768	1	18	0.068
	基于中位数	3.049	1	18	0.098
	基于中位数并具有调整后自由度	3.049	1	10.294	0.111
	基于剪除后平均值	3.488	1	18	0.078

表3-3-9分别利用K-S和S-W检验两种方法来确定变量是否服从正态分布。在表3-3-9中,显著性检验值都大于0.05,因此接受变量服从正态分布的假设。表3-3-10从上至下依次是基于平均值、中位数、调整自由度的中位数和剪除极值后的平均值的检验结果。因显著性检验值都大于0.05可认为方差是齐次的。

英语 茎叶图:	
省份=非西部	
频率　　Stem & 叶	
1.00	5.9
2.00	6.77
3.00	7.588
3.00	8.048
3.00	9.006
主干宽度:	10.00
每个叶:	1个案

英语 茎叶图:	
省份=西部	
频率　　Stem & 叶	
7.00	0.566 688 9
1.00	1.3
主干宽度:	100.00
每个叶:	1个案

图3-3-3 西部和非西部省份的英语成绩茎叶图

图3-3-3包括频率、茎、叶三部分,茎是整数部分,叶是小数部分。主干宽度表示茎宽,

每行的茎和叶组成的数字再乘以茎宽,可得到实际数据的近似值。

图 3-3-4 中,方箱是箱图的主要部分,上下边为四分位数,中间粗线为中位数,变量的 50% 观测值落在该区域中;方箱上下两条纵向直线是触须线,触须线外的两端线是本体的最大值和最小值,本体是除离群值外的变量值,本列中无离群值。若有离群值,将会用"。"表示。

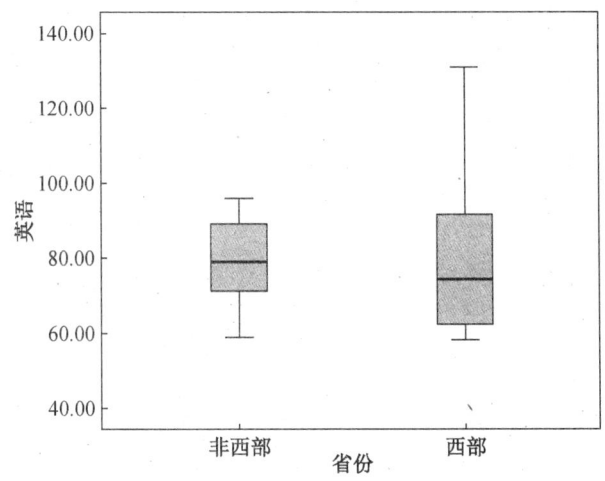

图 3-3-4 两省份英语成绩的箱图

3.3.4 交叉表分析案例演示

1. 案例描述及 SPSS 操作步骤

该节以"房屋满意因素.sav"为例,该案例通过问卷调查方式记录了交房流程、小区卫生状况、验房师专业水平、工程质量、户型设计、入户大堂、外立面设计、园林景观这 8 个因素的满意程度,以此来分析顾客在购房时对房屋满意程度的影响因素,进而为房地产公司做出相应的决策提供依据。

现要求:进行"园林景观"和"小区卫生情况"之间的列联表分析,研究"园林景观"对"小区卫生情况"是否产生显著影响。具体操作步骤如下。

(1) 打开"房屋满意因素.sav"数据表,依次单击【分析】→【描述统计】→【交叉表】,打开如图 3-2-11 所示的【交叉表】对话框。将左侧列表框里的"园林景观"拉入右侧的【行】列表作为行变量,将"小区卫生情况"拉入【列】列表作为列变量,并选择左下方的【显示簇状条形图】。

(2) 单击【精确】按钮,弹出如图 3-2-12 所示对话框,在该对话框中选择【仅渐进法】作为计算检验统计量的相关参数。单击【继续】按钮返回上一级对话框。

(3) 单击【统计】按钮,弹出如图 3-2-13 所示对话框,选择【卡方】选项,单击【继续】按钮返回上一级对话框。

(4) 单击【单元格】按钮,弹出如图 3-2-14 所示对话框,在该对话框中选择【实测】【行】【列】【总计】四项统计量。单击【继续】按钮返回上一级对话框。

(5) 单击【格式】按钮,系统默认按升序排列。单击【继续】返回上一级对话框。

(6) 全部设置完成,单击【确定】按钮,输出如下结果。

2. SPSS 分析结果

表 3-3-11 给出了分析中有效观察值个数及其比例,该案例中共分析了 722 个数据,结果表明所有的观察值均有效。

表 3-3-11　个案处理摘要

	个案					
	有效		缺失		总计	
	N	百分比	N	百分比	N	百分比
园林景观 * 小区卫生	722	100.00%	0	0.00%	722	100.00%

表 3-3-12 给出了园林景观与小区卫生情况之间的交叉表,包括频数和行列的百分比数。从该结果中可以得到随着园林景观等级的提高,相应的小区卫生情况中等级较高的比例也有所提高,这表明两者存在一定的相关关系。

表 3-3-12　园林景观与小区卫生情况交叉表

			小区卫生情况					总计
			1	2	3	4	5	
园林景观	1	计数	1	0	3	3	0	7
		占园林景观的百分比	14.3%	0.0%	42.9%	42.9%	0.0%	100.0%
		占小区卫生情况的百分比	16.7%	0.0%	6.1%	1.1%	0.0%	1.0%
		占总计的百分比	0.1%	0.0%	0.4%	0.4%	0.0%	1.0%
	2	计数	1	0	0	3	2	6
		占园林景观的百分比	16.7%	0.0%	0.0%	50.0%	33.3%	100.0%
		占小区卫生情况的百分比	16.7%	0.0%	0.0%	1.1%	0.5%	0.8%
		占总计的百分比	0.1%	0.0%	0.0%	0.4%	0.3%	0.8%
	3	计数	1	2	29	57	19	108
		占园林景观的百分比	0.9%	1.9%	26.9%	52.8%	17.6%	100.0%
		占小区卫生情况的百分比	16.7%	100.0%	59.2%	20.6%	4.9%	15.0%
		占总计的百分比	0.1%	0.3%	4.0%	7.9%	2.6%	15.0%
	4	计数	3	0	14	180	103	300
		占园林景观的百分比	1.0%	0.0%	4.7%	60.0%	34.3%	100.0%
		占小区卫生情况的百分比	50.0%	0.0%	28.6%	65.0%	26.5%	41.6%
		占总计的百分比	0.4%	0.0%	1.9%	24.9%	14.3%	41.6%

(续表)

			小区卫生情况					总计
			1	2	3	4	5	
园林景观	5	计数	0	0	3	34	264	301
		占园林景观的百分比	0.0%	0.0%	1.0%	11.3%	87.7%	100.0%
		占小区卫生情况的百分比	0.0%	0.0%	6.1%	12.3%	68.0%	41.7%
		占总计的百分比	0.0%	0.0%	0.4%	4.7%	36.6%	41.7%
总计		计数	6	2	49	277	388	722
		占园林景观的百分比	0.8%	0.3%	6.8%	38.4%	53.7%	100.0%
		占小区卫生情况的百分比	100.0%	100.0%	100.0%	100.0%	100.0%	100.0%
		占总计的百分比	0.8%	0.3%	6.8%	38.4%	53.7%	100.0%

表 3-3-13 卡方检验

	值	自由度	渐进显著性(双侧)
皮尔逊卡方	358.413[a]	16	0.000
似然比(L)	327.901	16	0.000
线性关联	225.684	1	0.000
有效个案数	722		

a. 16 个单元格 (64.0%) 的期望计数小于 5。最小期望计数为 0.02。

表 3-3-13 卡方检验结果显示的皮尔逊值为 0.000 远低于 0.1,因此拒绝原假设(不同级别的园林景观对小区卫生情况无显著差异),并还可以分析得出两者存在一定的线性关系。从图 3-3-6 给出的园林景观与小区卫生情况之间的复式条形图,也能够直观地看出随着园林景观级别的不断提高,小区卫生情况也越来越好,呈一定的线性趋势。

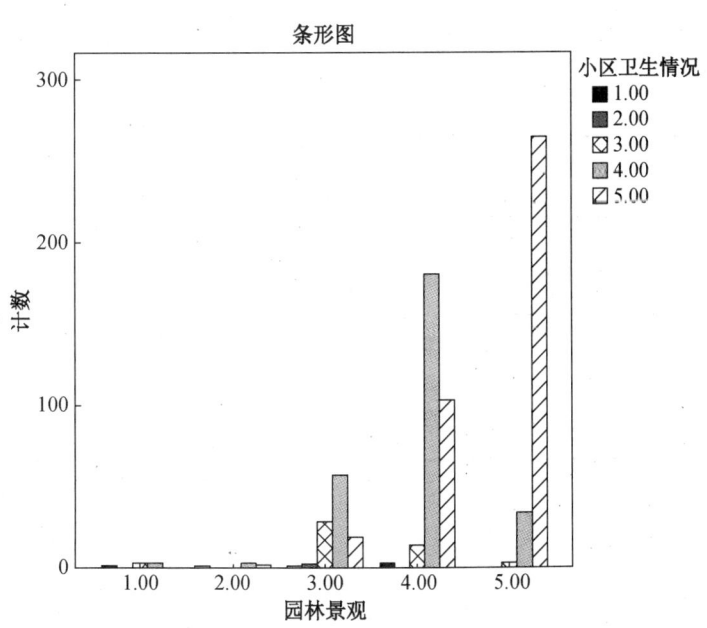

图 3-3-6 复式条形图

3.3.5 比率分析案例演示

1. 案例描述及SPSS操作步骤

该节仍以"学生成绩表.sav"为例,分析男生与女生之间英语成绩与语文成绩是否存在一定的区别。具体操作步骤如下:

(1) 打开数据文件"学生成绩表.sav",依次单击【分析】→【描述分析】→【比率】,打开如图3-2-16所示的【比率统计】对话框。将语文成绩拉入【分子】列表框,英语成绩拉入【分母】列表框,性别作为【组变量】中的变量,并选择按升序进行排列。系统默认选择【显示结果】,即在查看器中输出结果。

(2) 单击【统计】按钮,弹出如图3-2-17所示的对话框,在该对话库中勾选【集中趋势】区域的【中位数】【平均值】复选框及【离散】区域的 AAD(平均绝对偏差)、COD(离差)、PRD(价格相关差)、中位数居中COV、标准差、范围、最小值、最大值。勾选完成后,单击【继续】按钮,返回上一级对话框。

(3) 确认无误后,单击【确定】按钮,输出如下结果。

2. SPSS分析结果

从表3-3-14中可以看到该统计总数为28人,其中男生15人,女生13人,比例基本接近于1∶1。从表3-3-15中可以看出,相对来说女生总体的语文与英语成绩比率较男生趋于稳定,差异较小,而男生成绩的各项系数也大于总体的系数,成绩有高有低,这也从侧面说明了女生较偏文。

表3-3-14 【个案处理摘要】表

性别		计数	百分比
性别	男	15	53.6%
	女	13	46.4%
总体		28	100%
总计		28	

表3-3-15 【语文成绩/英语成绩的比率统计】表

组	平均值	中位数	最小值	最大值	标准差	全距	平均绝对偏差	离差系数	差异系数 中位数居中
男	1.19	1.13	0.85	2.35	0.38	1.49	0.24	0.21	33.7%
女	1.15	1.15	0.79	1.52	0.24	0.73	0.19	0.17	20.8%
总体	1.17	1.14	0.79	2.35	0.32	1.55	0.22	0.19	27.8%

3.4 小 结

随着社会的不断发展,数据变得越来越多,也越来越复杂。因此,对数据进行简单的预处理与相应的基本统计分析显得愈发重要。数据处理可以便于数据的浏览,了解数据的取值状况、缺失值数量等,也可以帮助快捷地找到最大值、最小值、异常值等特殊值。而数据基本统计分析可以对数据进行归类整理,形成各变量的不同水平的分布表和常用的图形,以便对各变量的数据特征和分布状况有一个概括的认识。此外,数据基本统计分析还能对数据进行筛选,如异常值、极端值和数据缺口的检测,以及均值、中位数、众数等统计量的计算。

该章主要介绍了 SPSS 统计分析的数据预处理、基本统计量与基本的统计分析。数据预处理主要是对数据的排序、选取和汇总。基本统计量主要包括三类:描述集中趋势的统计量——均值、中位数、众数、百分位数、割点;描述离散趋势的统计量——样本方差、样本标准差、均值标准误差、极差(range)、离散系数、四分位差;描述分布形态的统计量——偏度、峰度。基本统计分析主要包括:频数分析即产生详细的频数分布表、描述分析即对连续变量进行统计描述、探索性分析即检验数据是否有错误并获得数据的基本特征、交叉表分析即将观察值按照两个或多个分组变量进行分类的频数表、比率分析是描述两个刻度变量间比率的汇总统计。最后还对 Bootstrap 做了简单的介绍,Bootstrap 也称为自助抽样法,是非参数统计中一种重要的估计统计量方差进而进行区间估计的统计方法。

思 考 题

1. 简述描述集中趋势、离散趋势、分布形态的统计量。
2. 简述偏度与峰度的含义及其如何分类。
3. 某班共有 25 名学生,期末统计学课程的考试分数分别为:68,73,66,76,86,74,61,89,65,90,69,67,76,62,81,63,68,81,70,73,60,87,75,64,56,该求班考试分数的下四分位数和上四分位数以及该班级学生成绩的离散系数和标准误差。
4. 简述 Bootstrap 的定义及基本步骤。

参 考 文 献

[1] 李合龙,李妍,等. SPSS 统计学实验教程[M]. 北京:清华大学出版社,2015.

[2] 时立文. SPSS19.0 统计分析——从入门到精通[M]. 北京:清华大学出版社,2014.

[3] 曹慧. 统计学——基于 SPSS 的应用[M]. 北京:北京大学出版社,2015.

[4] 王丙参,魏艳华,戴宁. Bootstrap 方法与 Bays Bootstrap 方法的比较[J]. 统计与决策,2015.

第 4 章

假 设 检 验

假设检验分为总体分布已知的参数检验和总体分布未知由样本推断总体的非参数检验。在已知总体分布的具体函数形式的前提下,求解其中若干个参数分布,这就是参数检验问题。但在实际问题中,人们往往不知道总体分布的类型,或者知之甚少,这时就需要根据样本提供的信息对假设的总体分布进行检验,这种和变量总体分布无关的检验称之为非参数假设检验。本章重点介绍常见的参数检验和非参数检验方法,并通过具体的案例分析,展示基于 SPSS Statistics 24.0 的假设检验操作步骤。

4.1 假设检验概述

1. 假设检验思想

假设检验又称显著性检验,是一种判断样本与样本、样本与总体之间的差异是由抽样误差引起的还是由本质差别造成的统计推断方法。假设检验的基本思想可以用最小概率原理解释,即:若原假设为真,则不支持或不利于该假设的事件在一次试验中几乎不可能发生;若不支持事件发生了,则有理由怀疑该假设的真实性,并拒绝原假设。在假设检验中存在两类基本错误。

(1) 弃真错误,也叫第Ⅰ类错误,即原假设正确,却做出拒绝原假设的判断。

(2) 取伪错误,也叫第Ⅱ类错误,即原假设错误,却做出接受原假设的判断。

2. 假设检验步骤

假设检验的基本步骤如下。

(1) 依据问题提出原假设 H_0 和备选假设 H_1。

(2) 根据数据类型和特点,选择合适的检验统计量。一般构造的检验统计量应服从或近似服从常用的已知分布,如 t 分布、F 分布等。

(3) 计算检验统计量的值,确定假设检验成立的概率 P 值的大小。概率 P 值是在原假设 H_0 成立时检验统计量观测值发生的概率。该概率间接地给出了样本值在原假设成立下的发生概率,并可以依据一定的标准来判定其发生的概率是否为小概率。

(4) 根据显著性水平,做出统计决策。

通常情况下,控制犯第Ⅰ类错误的概率,使之不大于 α 值。α 值即弃真概率,一般选取0.01或 0.05。这种只考虑犯第Ⅰ类错误的概率并加以控制,而不考虑犯第Ⅱ类错误的概率的检验称为显著性检验。当检验统计量的概率 P 值小于显著性水平时,拒绝原假设;反之接受原假设。

在利用 SPSS Statistics 24.0 进行假设检验时,在明确第(1)步原假设的基础上,结合 SPSS 自动完成的第(2)、(3)步,由人工判断并完成第(4)步,即是否接受原假设。

4.2 参数检验

参数检验是在总体已知的情况下,对总体分布包含的参数进行推断的过程。参数检验不仅可以针对一个总体进行检验,也可对两个或多个总体进行比较。因此参数检验一般可以分为一个总体参数检验和两个总体参数比较检验。其中,一个总体参数的假设检验包括总体平均数、总体比例和总体方差的检验,一个总体参数检验的分类,如图4-2-1所示。

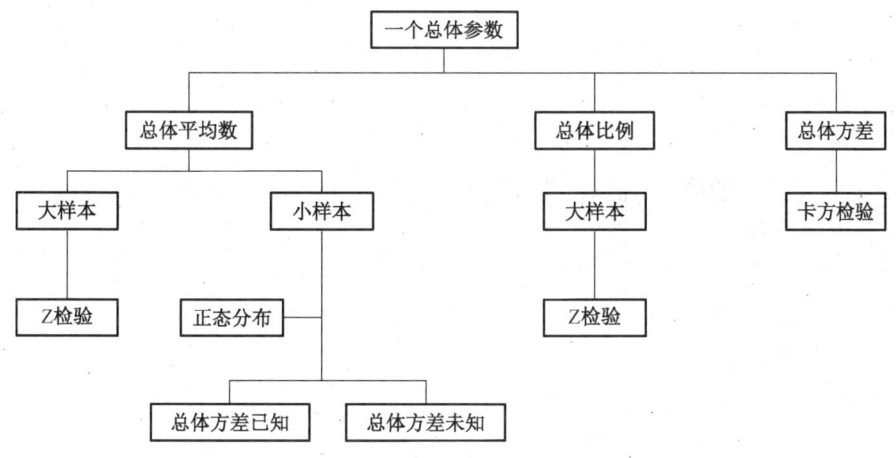

图 4-2-1　一个总体参数检验的分类

两个总体参数比较检验包括两个总体平均数之差、两个总体比例之差和两个总体方差比的检验,两个总体参数检验的方法,如图4-2-2所示。

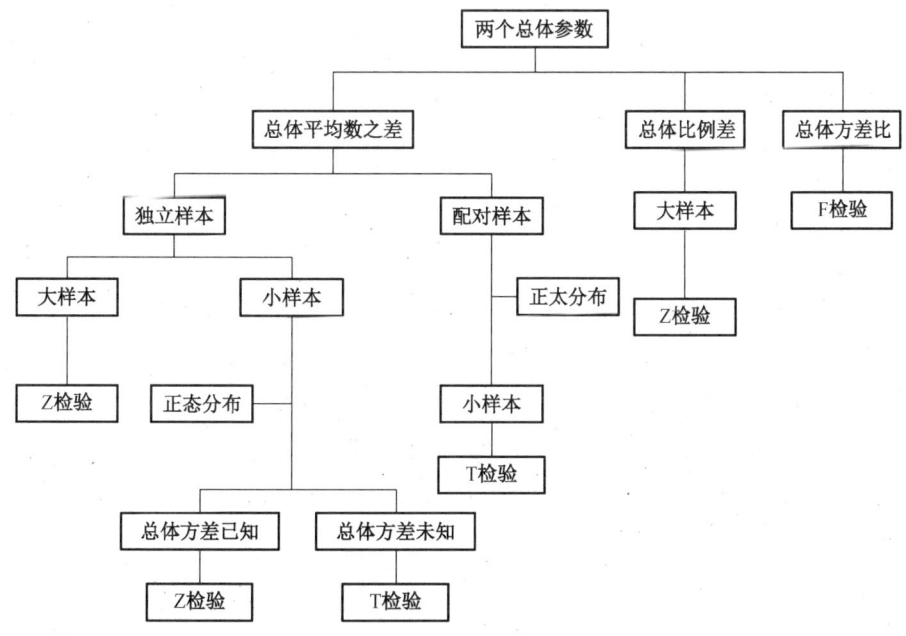

图 4-2-2　两个总体参数检验的方法

在参数检验中,平均数的比较和检验使用频率最高。在 SPSS Statistics 24.0 中,平均数比较和 T 检验主要包括平均数分析过程、单样本 T 检验、独立样本 T 检验和配对样本 T 检验四种方法。

4.2.1 平均值分析过程

平均值分析过程就是按定类或定序变量进行分组,计算每一组的平均数、标准差、总和、方差等统计量,进而比较组与组之间的差异。平均值分析可选择的统计量主要有:总和和加权总和、分组中位数、几何平均值和调和平均数。

(1) 总和与加权总和。

总和与加权总和公式分别为:

$$Sum = \sum_{i=1}^{n} x_i \quad Sum = \sum_{i=1}^{n} x_i w_i \tag{4.1}$$

其中 x_i 为变量 x 的第 i 个值;w_i 为第 i 个变量的权重值;n 为非缺失观测数。

(2) 分组中位数。

每组变量值按大小排序,若 n 为奇数,则分组中位数为中值。若 n 为偶数,则分组中位数是两个中值的平均值。

(3) 几何平均值。

几何平均数主要用于变量值之间呈倍数关系的偏态分布,其公式为:

$$G = \lg^{-1}\left(\sum \lg x_i / n\right) \tag{4.2}$$

(4) 调和平均数。

调和平均数主要用于求平均率、平均速度和平均存活时间等统计量,其公式为:

$$H = n / \left(\sum \frac{1}{x_i}\right) \tag{4.3}$$

其他一些统计量在第三章中已介绍,这里不再赘述。SPSS Statistics 24.0 提供了【平均值】分析功能,具体操作步骤如下:

(1) 打开平均值分析对话框。依次单击【分析】→【比较平均值】→【平均值】,打开【平均值】对话框,如图 4-2-3。

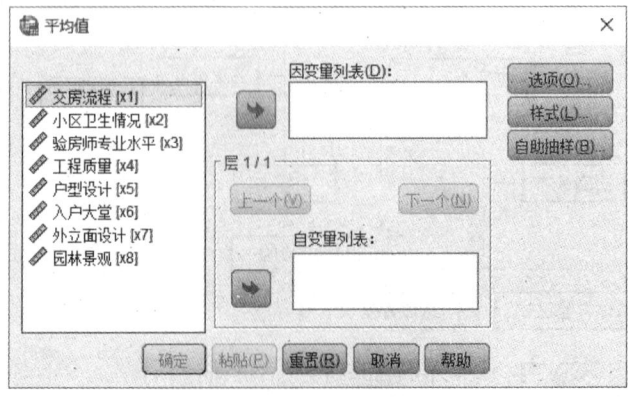

图 4-2-3 【平均值】对话框

(2) 选择分析变量。将要分析的变量从左侧列表框转入右侧【因变量列表】列表框中。

(3) 确定分组变量。在左侧列表框中选择定类或定序变量转入右侧【自变量列表】框中,同时【下一个】按钮被激活,并可通过【下一个】和【上一个】进行分层分析。

(4) 选择输出统计量。单击【选项】按钮,打开【平均值:选项】对话框,如图 4-2-4。

该对话框包括【统计】【单元格统计】和【第一层的统计】三个区域:

① 【统计】区域罗列了可供输出的各种统计量,如中位数、方差、峰值等。

② 【单元格统计】区域列出了要输出的统计量,系统默认的输出选项有平均值、个案数和标准差。

③ 【第一层的统计】区域包括 Anova 表和 Eta、线性相关度检验两个选项卡,前者表示对分组变量进行单因素方差分析,后者表示对分组变量进行线性相关检验。

(5) 全部完成后,单击【继续】按钮返回上一级对话框,最后单击【确定】按钮输出结果。

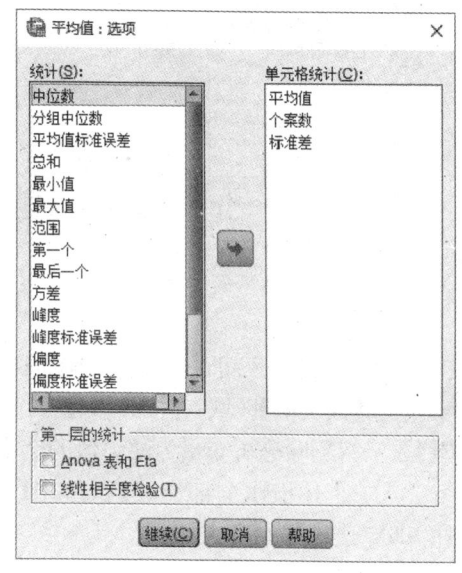

图 4-2-4 【平均值:选项】对话框

4.2.2 单样本 T 检验

1. 单样本 T 检验的原理

单样本 T 检验是通过计算出的样本平均数来估计总体平均数是否为某个确定的值,即检验样本平均数是否能推断总体平均数,或者用来检验某个变量的平均值与给定的平均数是否有显著差异。例如,在已知总体均值的前提下,进行样本均值与总体均值之间的差异显著性检验。

令 $\bar{x}$ 为变量 x 的 n 个样本均值,u_0 总体均值,s 是样本标准差。则单样本 T 检验的原假设为:

$$H_0: \bar{x} = u_0$$

其检验统计量 t 为:

$$t = (\bar{x} - u_0)/S_{\bar{x}} \tag{4.4}$$

式(4.4)中,$S_{\bar{x}} = s/\sqrt{n}$ 是均值的标准误差。

2. 单样本 T 检验的操作

在 SPSS 中,单样本 T 检验的操作步骤如下。

(1) 打开单样本 T 检验对话框。依次单击【分析】→【比较平均值】→【单样本 T 检验】,弹出【单样本 T 检验】对话框,如图 4-2-5。

(2) 选择分析变量。将要分析的变量转入右侧的【检验变量】列表框。

(3) 确定待检验参数值。在【检验值】后的文本框中输入检验值。

(4) 确定置信水平和缺失值的处理方法。单击【选项】按钮,打开【单样本 T 检验:选项】对话框,如图 4-2-6。该对话框包括【置信区间百分比】和【缺失值】两个区域。

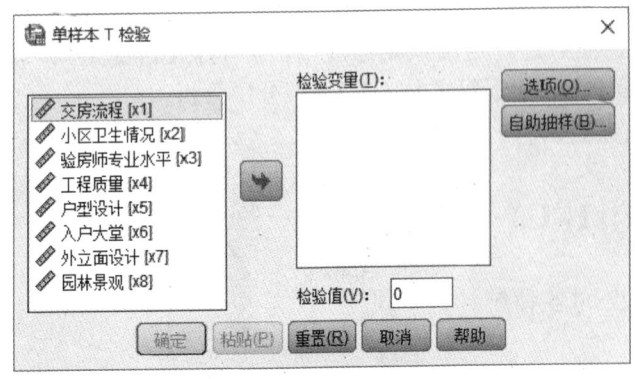

图 4-2-5 【单样本 T 检验】对话框

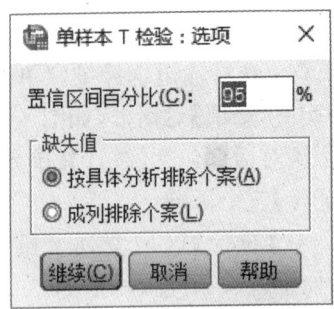

图 4-2-6 【单样本 T 检验:选项】对话框

① 在【置信区间百分比】文本框中可输入置信水平。

② 【缺失值】区域有【按具体分析排除个案】和【成列排除个案】选项。【按具体分析排除个案】表示只剔除分析变量为缺失值的个案。【成列排除个案】表示剔除任何含有缺失值的个案。

(5) 上述操作全部完成后,单击【继续】按钮,返回上一级对话框。最后单击【确定】按钮,即完成单样本 T 检验。

4.2.3 独立样本 T 检验

1. 独立样本 T 检验原理

独立样本 T 检验是通过比较两个独立样本平均数的大小来检验两个总体平均数是否有显著差异的方法。两个样本的方差相等与不相等时使用的检验统计量也不同,因此要先对方差进行齐性检验。令 σ_1^2 和 σ_2^2 分别为两个变量的总体方差,u_1 和 u_2 分别为两个总体的均值,S_1^2 和 S_2^2 分别表示两个变量的样本方差,$\bar{x}_1$ 和 $\bar{x}_2$ 分别为两个样本的均值,n_1 和 n_2 分别对应为两个变量的样本数。

(1) 两总体方差未知但相等,即 $\sigma_1 = \sigma_2$。

采用合并方差 S_p^2 作为两个变量总体方差的估计:

$$S_p^2 = \frac{(n_1-1)S_1^2 + (n_2-1)S_2^2}{n_1+n_2-2} \tag{4.5}$$

两样本均值差的抽样分布的方差 σ_{12} 为:

$$\sigma_{12} = \frac{S_p^2}{n_1} + \frac{S_p^2}{n_2} \tag{4.6}$$

在这种情形下,两个样本均值差经标准化后服从自由度为 n_1+n_2-2 的 t 分布,即:

$$t = \frac{(\bar{x}_1 - \bar{x}_2) - (u_1 - u_2)}{S_p\sqrt{\frac{1}{n_1}+\frac{1}{n_2}}} \tag{4.7}$$

(2) 两总体方差未知且不相等,即 $\sigma_1 \neq \sigma_2$。

两样本均值差的抽样分布的方差 σ_{12} 为:

$$\sigma_{12} = \frac{S_1^2}{n_1} + \frac{S_2^2}{n_2} \tag{4.8}$$

在这种情形下，两个样本均值差经标准化后近似服从自由度为 f 的 t 分布，即：

$$t = \frac{\overline{x}_1 - \overline{x}_2 - (u_1 - u_2)}{\sqrt{\sigma_{12}^2}} \tag{4.9}$$

对应的自由度 f 的计算公式为：

$$f = \left[\left(\frac{S_1^2}{n_1} + \frac{S_2^2}{n_2} \right)^2 \right] \bigg/ \left[\frac{\left(\frac{S_1^2}{n_1}\right)^2}{n_1 - 1} + \frac{\left(\frac{S_2^2}{n_2}\right)^2}{n_2 - 1} \right] \tag{4.10}$$

2. 独立样本 T 检验操作

独立样本 T 检验在 SPSS 中的操作步骤如下：

(1) 打开独立样本 T 对话框。依次单击【分析】→【比较平均值】→【独立样本 T 检验】，打开【独立样本 T 检验】对话框，如图 4-2-7。

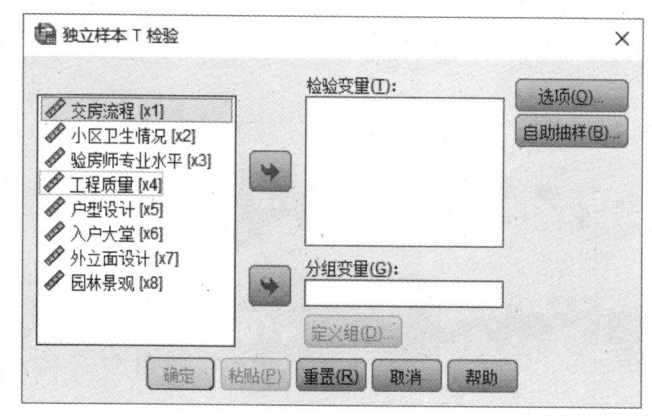
图 4-2-7 【独立样本 T 检验】对话框

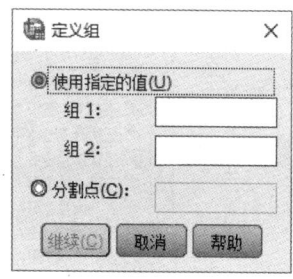
图 4-2-8 【定义组】对话框

(2) 选择分析变量。将要分析的数值型变量转入右侧【检验变量】列表框。

(3) 确定分组变量。将要分析的定类或定序变量转入右侧【分组变量】文本框，【定义组】按钮被激活。

(4) 确定分组变量的取值。单击【定义组】按钮，弹出【定义组】对话框，如图 4-2-8。该对话框提供了【使用指定的值】和【分割点】两种分组变量取值方式。

①【使用指定的值】取值方式。在【组 1】和【组 2】文本框中输入定类或定序变量的两个值，表示根据两个值确定的两个样本进行 T 检验。

②【分割点】取值方式。在其文本框中输入一个值作为分界点，根据分界点将样本分为两个组，再对这两组进行 T 检验。

(5) 这里确定置信水平和缺失值的处理方法，与单样本 T 检验的操作一致。

(6) 全部操作完成后，单击【继续】按钮，返回上一级对话框，最后单击【确定】完成独立样本 T 检验操作。

4.2.4 成对样本 T 检验

1. 成对样本 T 检验原理

成对样本 T 检验是通过比较两个配对样本平均数的大小来检验两个总体平均数是否有显著差异的方法。成对样本 T 检验实际上是先求出每组观测量的差值,再对差值变量求均值,检验成对变量均值是否存在差异,其实质是检验差值变量的均值与零均值之间差异的显著性。若差值均值与零均值无显著差异,则说明成对变量均值之间无显著差异。

如果差值变量为 x,样本观测数为 n,差值变量的均值为 $\overline{x}_d$,差值变量的标准差为 S,差值变量的均值标准误差为 $S_{\overline{x}_d}$,则成对样本 T 检验的检验统计量为 t:

$$t = \frac{\overline{x}_d - 0}{S_{\overline{x}_d}} \tag{4.11}$$

其中 $S_{\overline{x}_d} = \frac{S}{\sqrt{n}}$。

2. 成对样本 T 检验操作

成对样本 T 检验的 SPSS 操作步骤如下。

(1) 打开配对样本 T 检验。依次单击【分析】→【比较平均值】→【成对样本 T 检验】,弹出【成对样本 T 检验】对话框,如图 4-2-9。

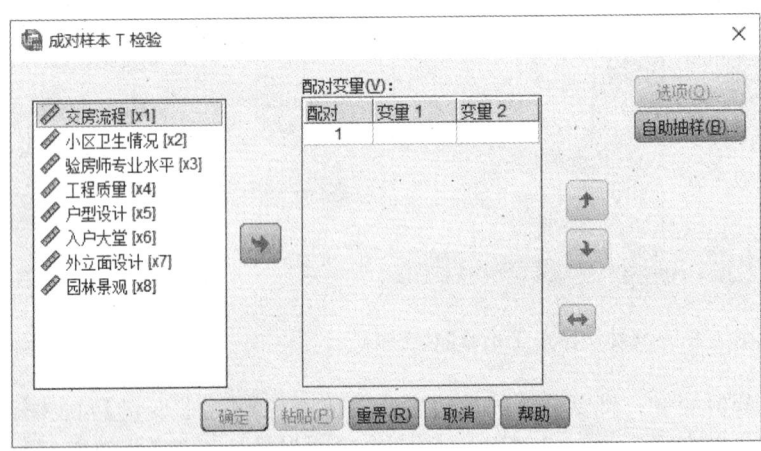

图 4-2-9 【成对样本 T 检验】对话框

(2) 选择分析变量。将要分析的两个成对变量转入右侧【配对变量】窗口。
(3) 确定置信水平和缺失值的处理方法,与单样本 T 检验一致。
(4) 所有操作完成后,单击【继续】按钮返回上一级对话框,最后单击【确定按钮】,完成成对样本 T 检验。

4.3 非参数检验

非参数检验,是一种与分布无关的检验,也称自由分布法。当总体分布未知时,非参数检验就是根据样本推断总体的分布类型和参数值大小的过程。非参数检验既不要求总体的分布形态,如正态分布,也不需要估计总体参数。非参数检验可以分析定类数据、定序数据和数值型数据,且易于理解,计算简便。

4.3.1 卡方检验

1. 卡方检验原理

卡方检验,也称为卡方拟合优度检验,是一种极为典型的对总体分布进行检验的非参数检验方法,用于检验样本数据是否与某种概率分布的理论数字吻合,进而推断样本数据是否来自该分布的问题。通常,卡方检验可以用来对分类变量是二项或多项分布的总体作分布的一致性检验。卡方检验的目的是根据样本所在母体分布是否与已知母体分布相同,是一种单样本检验。

在卡方检验中,所做的原假设为:

H_0:类 A_i 出现的比例为 $p_i = p_{i0}(i=1,2,\cdots,K)$,其中,$p_{i0}$ 是第 i 类理论上出现的概率。

卡方检验的检验统计量为:

$$\chi^2 = \sum_{i=1}^{K} \frac{(f_0 - f_e)^2}{f_e} \tag{4.12}$$

式(4.12)中,K 是类别数;f_0 是每个类别实际出现的频数,即观察数;f_e 是根据期望分布或理论分布计算出的每个类别的频数,即期望数 $f_e = np_{i0}$,n 为总的观察次数。此时,χ^2 服从自由度为 $(K-1)$ 的 χ^2 分布。

2. 卡方检验步骤

在提出原假设 H_0 和备选假设 H_1 的基础上,在 SPSS 中进行卡方检验,操作步骤如下:

(1) 打开卡方检验对话框。依次单击【分析】→【非参数检验】→【旧对话框】→【卡方】,弹出【卡方检验】对话框,如图 4-3-1。

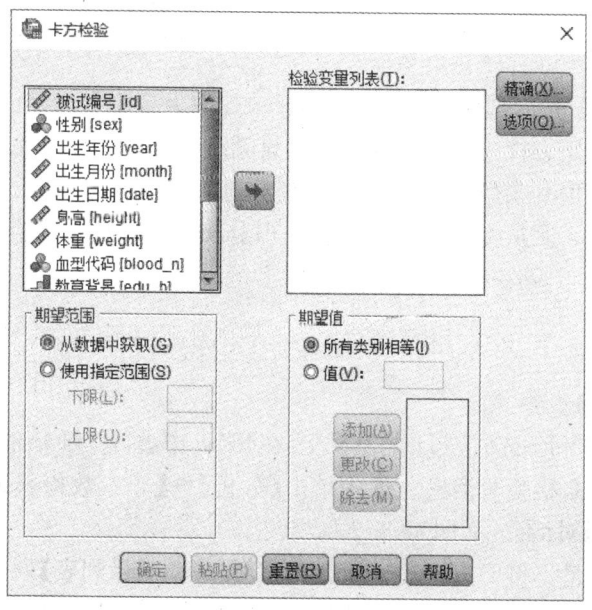

图 4-3-1 【卡方检验】对话框

(2) 选择分析变量。将要分析的变量转入右侧【检验变量列表】列表框。

(3) 确定期望分布范围。【期望范围】区域用于设置参与检验分析的观测值的范围。它包含【从数据中获取】和【使用指定范围】两个选项。

① 【从数据中获取】表示检验范围是从原始数据最小值到最大值,即所有观察数据都参与分析。

② 【使用指定范围】表示只在取值范围内的观察数据才参与分析。

(4) 确定期望值。【期望值】区域是用来设置检验变量的各个类别的期望值的取值。它包括【所有类别相等】和【值】两个选项。

① 【所有类别相等】表示所有类别取值的期望频数都相等,即总体服从均匀分布。

② 【值】表示各个类别的期望频数不相等时,确定每个类别的期望频数。

(5) 输出统计量和缺失值的处理。单击【选项】按钮,弹出【卡方检验:选项】对话框,如图4-3-2。该对话框有【统计】区域和【缺失值】区域。

① 在【统计】区域里可以勾选描述性的统计量,如均值和方差等,还可以勾选四分位数统计量。

② 【缺失值】区域提供了【按检验排除个案】和【成列排除个案】两种处理缺失值的方式。前者表示对每一个变量个别排除缺失值,后者表示凡有缺失值的观测量全部从分析中排除。

(6) 上述全部操作完成后,单击【继续】按钮,返回上一级对话框,最后单击【确定】按钮,完成卡方检验操作。

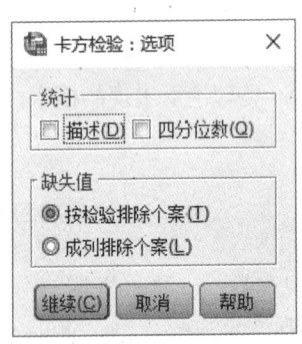

图4-3-2 【卡方检验:选项】对话框

4.3.2 二项分布检验

1. 二项分布检验原理

若随机变量 X 的分布如下:

$$P\{X=k\} = C_n^k p^k q^{n-k} (k=0,1,2,\cdots,n)(0<p<1, q=1-p) \quad (4.13)$$

则称 X 服从二项分布,或记为 $X \sim B(n,p)$,其中 p 为事件发生的概率。

二项分布检验是用来检验样本数据是否来自某个特定的二项分布总体。通过观察二分变量每个类别中观测值的频数与特定二项分布下的期望频数之间是否存在显著差异,来判断来自样本的总体是否服从指定概率为 p 的二项分布。二项分布检验适用于二分变量的总体分布分析。二项分布检验一般需要构造 Z 检验统计量,其数学表达式为:

$$Z = (x \pm 0.5 - np)/\left[\sqrt{np(1-p)}\right] \quad (4.14)$$

2. 二项分布检验步骤

在提出原假设 H_0 和备选假设 H_1 的基础上,在SPSS中进行二项分布检验,操作步骤如下。

(1) 打开二项分布检验对话框。依次单击【分析】→【非参数检验】→【旧对话框】→【二项】,弹出【二项检验】对话框,如图4-3-3。

(2) 选择分析变量。将要分析的变量转入右侧【检验变量列表】列表框中。

(3) 确定二分值。【定义二分法】区域包括【从数据中获取】和【分割点】两个选项。

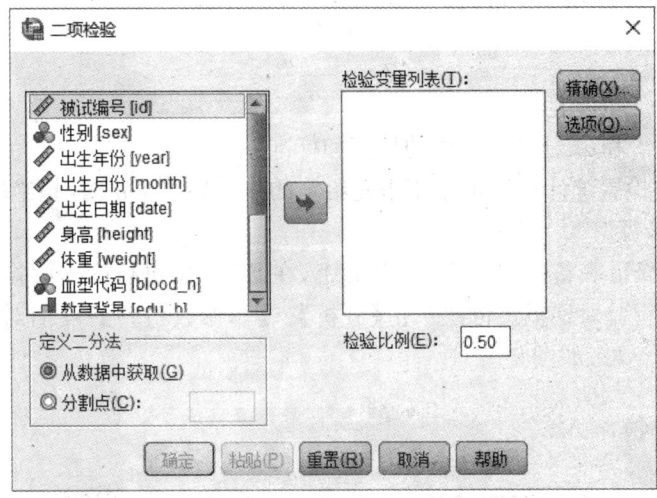

图 4-3-3 【二项检验】对话框

①【从数据中获取】表示二分值的定义直接根据数据本身来确定。

②【分割点】表示若检验变量不是二分变量,可在【分割点】文本框内输入具体数值作为分界点,将变量转变为二分变量,并根据该二分变量分为两组。

(4) 确定检验概率的值。【检验比例】文本框用来设置二项分布的检验概率值,系统默认为 0.5,即服从二项分布。

(5) 输出统计量和缺失值的处理,与卡方检验操作一致。

(6) 上述操作全部完成后,单击【继续】按钮,返回上一级对话框,再最后单击【确定】按钮,完成二项分布检验。

4.3.3 游程检验

1. 游程检验原理

游程检验,也叫变量值随机性检验或连贯检验,目的是检验取值为二分类且按时间或某种顺序排列的数列资料是否真正随机出现。游程检验就是根据游程数所做的两分变量的随机性检验。其基本原理是:若序列属于随机分布,则游程总数不会太少或太多,比较适中;若游程总数极少,表明样本缺乏独立性,内部存在一定的趋势和结构;若游程总数很多,则可能系统的短周期波动影响了观察结果。游程检验的原假设为:

H_0:二分变量有随机性。

在原假设成立的前提下,当样本容量很大,即当 $m/n \to \gamma$ 时

$$Z = \left(r - \frac{2m}{1+\gamma}\right) \Big/ \left(\sqrt{\frac{4\gamma m}{(1+\gamma)^3}}\right) \to N(0,1) \quad (4.15)$$

其中,r 为游程数,n 和 m 分别为二分变量出现的次数。在给定显著水平 α 后(α 一般取 0.05),可用下面的近似公式得到临界值:

$$c_1 = \frac{2mn}{m+n}\left[1 + \frac{Z_{\frac{\alpha}{2}}}{\sqrt{m+n}}\right] \quad c_2 = \frac{2mn}{m+n}\left[1 - \frac{Z_{\frac{\alpha}{2}}}{\sqrt{m+n}}\right] \quad (4.16)$$

其简化之后的 Z 检验统计量为：

$$Z = \frac{r - u_r}{\sigma_r} \tag{4.17}$$

式(4.17)中，u_r 和 σ_r 分别为游程的均值和标准差。

当计算得到的检验统计量 p 值小于事先给定的显著性水平 α 时，拒绝原假设。

2. 游程检验步骤

在提出原假设 H_0 和备选假设 H_1 的基础上，在 SPSS 中进行游程检验，操作步骤如下。

（1）打开游程检验对话框。依次单击【分析】→【非参数检验】→【旧对话框】→【游程】，打开【游程检验】对话框，如图 4-3-4。

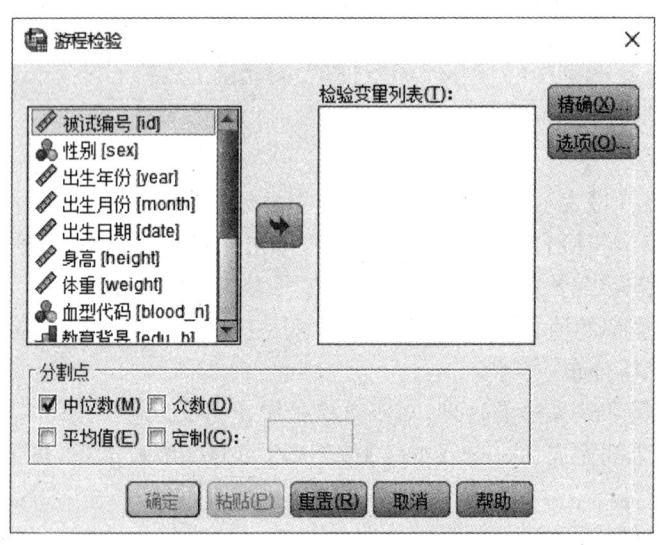

图 4-3-4 【游程检验】对话框

（2）选择分析变量。将要分析的变量转入右侧【检验变量列表】列表框。

（3）指定分割点。通过分割点可以将变量转化为二分变量，在【游程检验】对话框的【分割点】区域提供【中位数】【众数】【平均值】和【定制】四类分割点。

①【中位数/众数/平均值】表示将中位数/众数/平均值作为分割点，中位数为系统默认选项。

②【定制】表示可自行设置分割点，在文本框中输入数值即可。

（4）输出统计量和缺失值的处理，与卡方检验一致。

（5）上述操作完成后，单击【继续】按钮，返回上一级对话框，最后再单击【确定】按钮，完成游程检验操作。

4.3.4 单样本 K-S 检验

1. 单样本 K-S 检验原理

单样本 K-S 检验，是一种拟合优度检验方法，也叫单个样本分布特征的检验。通过对单个样本进行分析来推断总体与某一理论分布是否存在差异，适用于探索连续性随机变量的分布。K-S 检验方法通过构造 K-S 检验统计量，将某一变量的累积分布函数与特定的分布函数进行比较。通常情况下，它是用来检验样本来自正态分布、均匀分布或泊松分布总体的假设。令 $F(x)$ 是总体的累积分布函数，$S(x)$ 是各样本观测值的实际累积概率，n 为样本数。K-S 检验的原假设和备选假设，如下：

H_0：对所有的 x 值 $F(x) = F(x_0)$ 成立；

H_1：至少有一个 x 值使 $F(x) \neq F(x_0)$ 成立。

K-S 检验统计量的数学表达式为：

$$D = \text{Max}(|S(x_i) - F(x_i)|) \tag{4.18}$$

由于实际累积概率为离散值，通常做以下修正：

$$D = \text{Max}_{1 \leq i \leq n} \{\text{Max}[(|S(x_i) - F(x_i)|), (|S(x_{i-1}) - F(x_{i-1})|)]\} \tag{4.19}$$

构造分布函数 $K(x)$，如下：

$$K(x) = \begin{cases} 0, x < 0 \\ \sum_{j=-\infty}^{\infty} (-1)^j \exp(-2j^2 x^2), x > 0 \end{cases} \tag{4.20}$$

当 $n \to \infty$ 时，大样本的渐进公式为：

$$P(\sqrt{n} D_n < x) \to K(x) \tag{4.21}$$

因此，当样本容量较小时，D 服从 K-S 分布。当样本容量较大时，用正态分布近似 K-S 分布，且 z 检验统计量为 $z = \sqrt{n} D$。

2. 单样本 K-S 检验操作

在提出原假设 H_0 和备选假设 H_1 的基础上，在 SPSS 中进行单样本 K-S 检验，操作步骤如下。

(1) 打开单样本 K-S 检验对话框。依次单击【分析】→【非假设检验】→【旧对话框】→【单样本 K-S】，弹出【单样本 K-S 检验】对话框，如图 4-3-5。

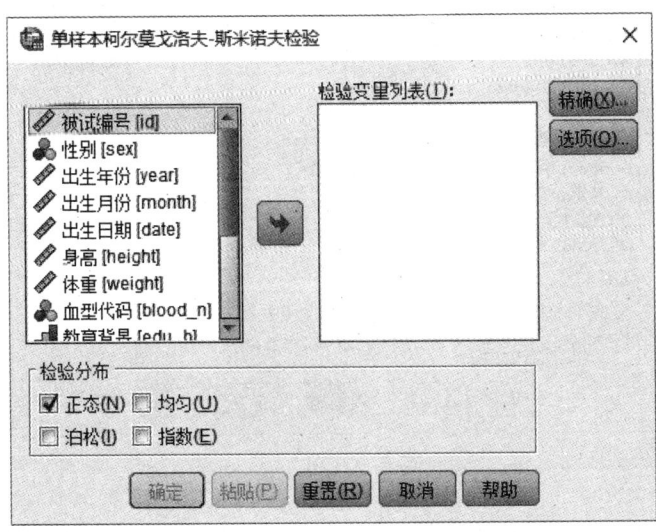

图 4-3-5 【单样本 K-S 检验】对话框

(2) 选择分析变量。将要分析的变量转入右侧【检验变量列表】列表框。

(3) 确定检验的分布。【检验分布】区域有【正态】【均匀】【泊松】和【指数】四种分布可供选择。

① 【正态】表示检验总体是否服从正态分布，为系统默认项。

② 【均匀】表示检验总体是否服从均匀分布。

③ 【泊松】表示检验总体是否服从泊松分布。

④ 【指数】表示检验总体是否服从指数分布。

(4) 输出统计量和缺失值的处理，与卡方检验相同。

(5) 上述操作完成后，单击【继续】按钮，返回上一级对话框，最后单击【确定】按钮，完成单样本 K-S 检验。

4.3.5 独立样本检验

1. 两个独立样本检验

两个独立样本检验是检验两个独立样本所属总体的分布是否存在显著差异。该检验适用于两种情形：①总体分布未知，通过对两个独立样本分析来推断来自的两个总体的分布是否存在显著差异。②按一定标准将一个样本分为两个类别，检验两个类别之间是否存在差异。

对于两个独立样本检验，SPSS Statistics 24.0 中提供了四种方法，分别为曼-惠特尼 U 检验(Mann-Whitney U)、柯尔莫戈洛夫-斯米诺夫 Z 检验(K-S 检验)、莫斯(Moses)极端反应检验和瓦尔德沃尔福威茨游程检验(W-W 游程检验)。在提出原假设 H_0 和备选假设 H_1 的基础上，在 SPSS 中进行两个独立样本检验，操作步骤如下。

(1) 打开 2 个独立样本检验对话框。依次单击【分析】→【非假设检验】→【旧对话框】→【2 个独立样本】，弹出【双独立样本检验】对话框，如图 4-3-6。

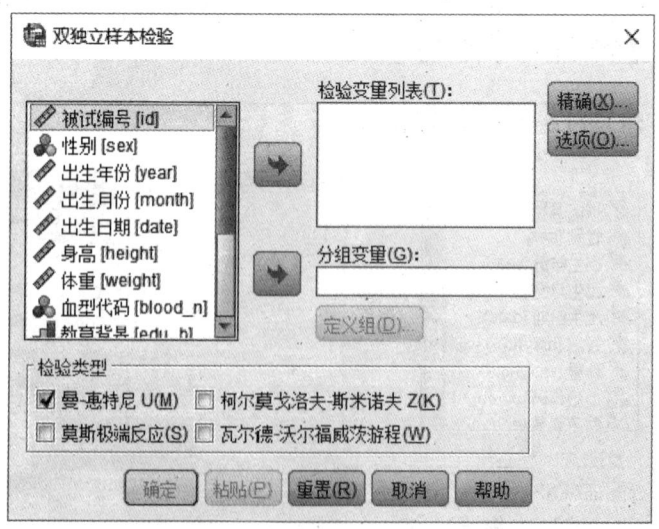

图 4-3-6 【双独立样本检验】对话框

(2) 选择分析变量。将要分析的变量转入右侧【检验变量列表】列表框。

(3) 确定分组变量。选择一个定类或定序变量转入【分组变量】文本框,【定义组】按钮被激活。

(4) 确定分组标志。单击【定义组】按钮,弹出【双独立样本:定义组】对话框,如图 4-3-7。

(5) 确定检验类型。在【双独立样本检验】对话框的【检验类型】区域中,选择一种检验方式。【曼-惠特尼U】检验为系统默认项。

(6) 输出统计量和缺失值的处理,与卡方检验操作一致。

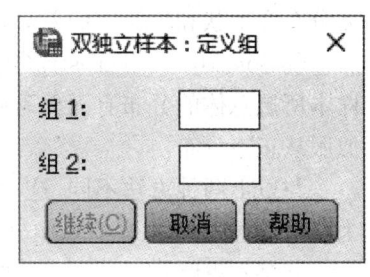

图 4-3-7 【双独立样本:定义组】对话框

(7) 上述操作完成后,单击【继续】按钮,返回上一级对话框,最后单击【确定】按钮,完成独立样本检验操作。

2. k 个独立样本检验

(1) 常见 k 个独立样本检验方法。

设有 k 个连续型随机变量总体 $X_1, X_2, \cdots, X_k$,$x_{i1}, x_{i2}, \cdots, x_{in_i}$ 是来自第 i 个总体 X_i 的样本,其样本量为 n_i,$i = 1, 2, \cdots, k$,则总的样本容量为 $N = \sum_{i=1}^{k} n_i$。所有 N 个样本单元是相互独立的。k 个独立样本的检验是通过分析多个独立样本,推断样本所属的总体的中位数或分布是否存在显著差异。多个独立样本是按独立抽样方式获得的多组样本。其通常使用的检验方法有:Kruskal-Wallis(克鲁斯卡尔-沃利斯)H 检验、中位数检验和 Jonckheere-Terpstra(约克海尔塔博斯特拉)检验。

① Kruskal-Wallis H 检验。在介绍 Kruskal-Wallis H 检验前,说明样本秩与秩和的概念。设 X 为一总体,将容量为 n 的样本观察值按自小到大的次序编号排列成 $x(1) < x(2) < \cdots < x(n)$,称 $x(i)$ 的足标 i 为 $x(i)$ 的秩,$i = 1, 2, \cdots, n$。现设从 X_1,X_2 两总体分别抽取容量为 n_1,n_2 的样本,且设两样本独立。这里总假定 $n_1 \neq n_2$。我们将这 $n_1 + n_2$ 个观察值放在一起,按自小到大的次序排列,求出每个观察值的秩,然后将属于 X_1 总体的样本观察值的秩相加,其和记为 R_1,称为 X_1 样本的秩和,其余观察值的秩的总和记作 R_2,称为 X_2 样本的秩和。显然,R_1 和 R_2 是离散型随机变量,且有 $R_1 + R_2 = \frac{1}{2}(n_1 + n_2)(n_1 + n_2 + 1)$。

Kruskal-Wallis H 检验的目的是检验多个独立样本所属总体的分布是否存在差异,它所检验的问题是无方向检验问题。这类检验问题的原假设为:

H_0:k 个独立样本所属的总体分布无显著差异。

H 检验统计量为:

$$H = \frac{12}{N(N+1)} \sum_{i=1}^{k} R_i^2 / n_i - 3(N+1) \tag{4.22}$$

R_i 为第 i 个样本的秩和,n_i 为第 i 个样本的样本量。

当 H_0 为真时,统计量 H 近似服从 $(k-1)$ 的 χ^2 分布。

② 中位数检验。该检验的目的是检验多个独立样本所属总体的中位数是否存在差异,它所检验的问题也是无方向检验问题。原假设 H_0:多个独立样本来自的多个独立主体的中位数无显著差异。

其基本思路是：若多个样本的中位数无显著差异，则这些中位数应在各样本中均处于中间位置，那么对于每个样本中大于或小于该中位数的样本量应大致相同。这种方法研究总体分布在形状和位置上的差异，效率相对较低。

③ Jonckheere-Terpstra（约克海尔-塔博斯特拉）检验。该检验的目的是检验多个独立样本所属总体的分布有无显著差异。在小样本下，一般选择 J-T 检验；大样本下，J-T 检验近似服从正态分布。

与以上两种方法不同，这种方法在处理总体有先验的顺序排序时更为有效。原假设 H_0 为：k 个独立样本来自的总体分布无显著差异。

其基本思路是：计算一个样本的观测值小于其他样本的观测值的个数，用 $W_{ij} = ^*\{(x_{ir}, x_{js}) : x_{ir} < x_{js}, r = 1, 2, \cdots n_i; s = 1, 2, \cdots n_j\}$ 表示第 i 个样本观测值小于第 j 个样本观测值的个数，则 Jonckheere-Terpstra（约克海尔-塔博斯特拉）检验的统计量 J 为：

$$J = \sum_{1 \leqslant i < j \leqslant k}^{k} W_{ij} \tag{4.23}$$

(2) k 个独立样本检验操作。

在提出原假设 H_0 和备选假设 H_1 的基础上，在 SPSS 中进行 k 个独立样本检验，操作步骤如下。

① 打开 k 个独立样本检验对话框。依次单击【分析】→【非参数检验】→【旧对话框】→【K 个独立样本】，打开【针对多个独立样本的检验】对话框，如图 4-3-8。

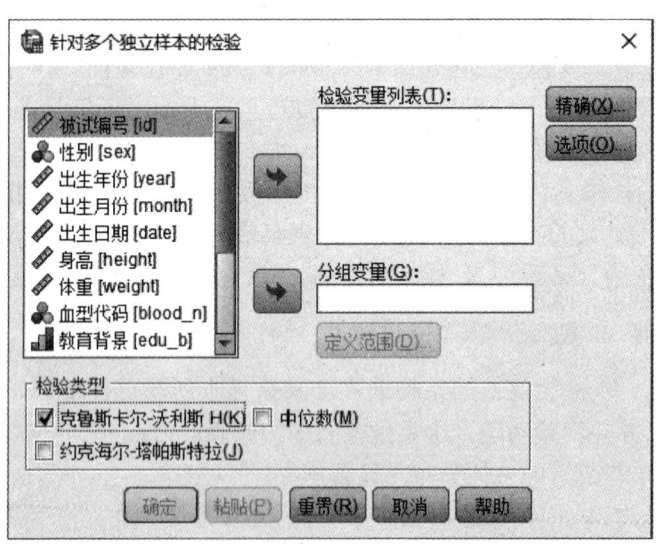

图 4-3-8 【针对多个独立样本的检验】对话框

② 选择分析变量。将要分析的变量转入右侧【检验变量列表】列表框。

③ 确定分组变量。将一个定类或定序变量转入【分组变量】文本框，【定义范围】按钮被激活。

④ 确定分组变量的取值范围。单击【定义范围】按钮，弹出【多个独立样本：定义范围】对话框，如图 4-3-9。将分组变量的最小值和最大值填入对应的文本框。完成后，单击【继

续】按钮返回上一级对话框。

⑤ 确定检验类型。在图 4-3-8 的【检验类型】区域中选择一种检验方法。系统默认为克鲁斯卡尔-沃利斯检验。

⑥ 输出统计量和缺失值的处理,与卡方检验操作相同。

⑦ 上述操作完成后,单击【继续】按钮返回上一级对话框,最后单击【确定】按钮,完成 k 个独立样本检验操作。

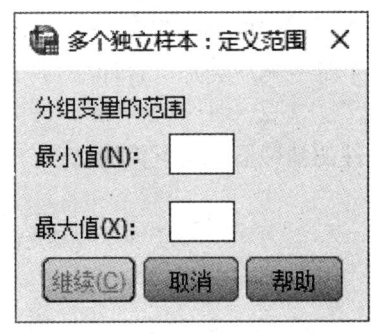

图 4-3-9 【多个独立样本:定义范围】对话框

4.3.6 相关样本检验

1. 两个相关样本的检验

1) 两个相关样本检验的原理

两个相关样本的检验是检验两个配对样本之间是否存在显著差异或两个配对样本是否来自相同的总体。SPSS Statistics 24.0 提供了 Wilcoxon(威尔科克森)、Sign(符号)、McNemar(麦克尼玛尔)和 Marginal Homogeneity(边际齐性)四种检验方式。

(1) Wilcoxon(威尔科克森)检验。

该检验也叫符号秩检验,它不但考虑两个符号数目上的差异,而且还考虑成对样品数值之间差异幅度的因素。这类检验问题的原假设为:

H_0:两组相关样本来自的两个总体的分布无显著差异。

在原假设为真,大样本下的检验统计量 Z 为:

$$Z = \frac{\text{Min}(S_p, S_n) - [n(n+1)/4]}{\sqrt{n(n+1)(2n+1)/24 - \sum_{j=1}^{l}(t_j^3 - t_j)/48}} \xrightarrow{L} N(0,1) \quad (4.24)$$

式(4.24)中,n 为非零差异样品的数量,l 为结的数量,t_j 为第 j 个结的长度,S_p 和 S_n 分别为正差异和负差异的秩和。

(2) Sign(符号)检验。

该检验是对所有样品计算两个变量值间的差值,并将差值分为正、负或结(相等)3 类。令 n_p 和 n_n 分别为正差异和负差异的个数。这类检验问题的原假设为:

H_0:两组相关样本来自的两个总体的分布无显著差异。

若 $n_p + n_n \leq 25$、$p = 0.5$、$r = \text{Min}(n_p, n_n)$,则在 $n_p + n_n$ 次试验中,r 或少数"成功"事件的精确概率用下面的二项分布公式递推计算:

$$P(X \leq r) = \sum_{i=0}^{r} \binom{n_p + n_n}{i}(0.5)^{(n_p + n_n)} \quad (4.25)$$

若 $n_p + n_n > 25$,则显著性水平可有检验统计量 Z_c 正态近似值计算得到。

$$Z_c = \frac{\text{Max}(n_p, n_n) - 0.5(n_p + n_n) - 0.5}{0.5\sqrt{n_p + n_n}} \xrightarrow{L} N(0,1) \quad (4.26)$$

(3) McNemar(麦克尼玛尔)检验。

该检验也叫二分变量数据分析,其目的是为了确定初始的响应率是否等于最终响应率,主要用于检验在前后设计对比中,由试验干预引起的响应变化。被研究的数据值限定为两个唯一响应类别。合计 $X_i < Y_i$ 的样品数 n_1 或 $X_i > Y_i$ 的样品数 n_2。

若 $n_p + n_n \leqslant 25$、$p = 0.5$、$r = \mathrm{Min}(n_p, n_n)$,则在 $n_p + n_n$ 次试验中,r 或少数"成功"事件的精确概率用下面的二项分布公式递推计算:

$$P(X \leqslant r) = \sum_{i=0}^{r} \binom{n_p + n_n}{i} (0.5)^{(n_p + n_n)} \tag{4.27}$$

若 $n_p + n_n > 25$,则使用连续性修正的 χ^2 近似值:

$$\chi^2 = \frac{(|n_1 - n_2| - 1)^2}{n_1 + n_2} \sim \chi^2(1) \tag{4.28}$$

(4) Marginal Homogeneity(边际齐性)检验。

对于 SPSS,该检验只有在安装了【精确检验】附件时才有效,故不做详细介绍。

2) 两个相关样本检验的操作

在提出原假设 H_0 和备选假设 H_1 的基础上,在 SPSS 中进行两个相关样本检验,操作步骤如下。

(1) 打开 2 个相关样本检验对话框。依次单击【分析】→【非参数检验】→【旧对话框】→【2 个相关样本】,打开【双关联样本检验】对话框,如图 4-3-10。

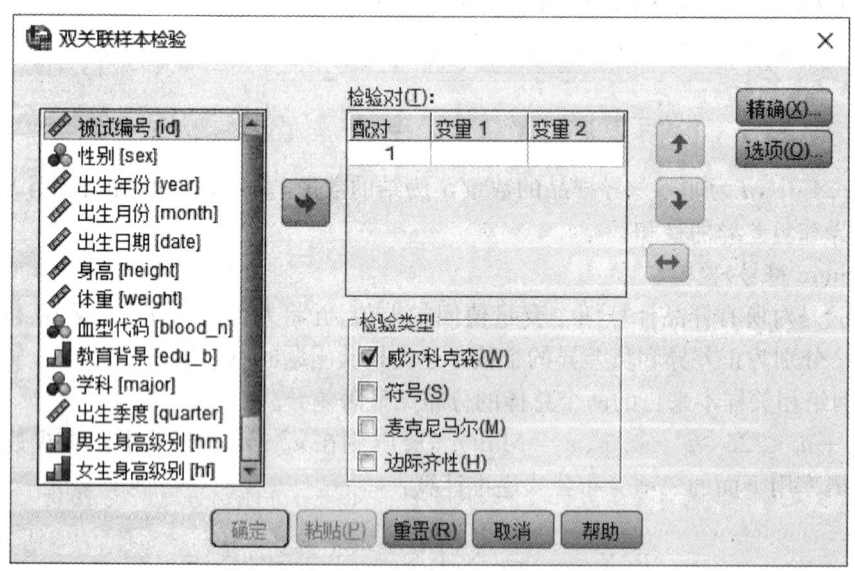

图 4-3-10 【双关联样本检验】对话框

(2) 选择分析变量。将要分析的变量转入右侧【检验对】窗口。

(3) 确定检验类型。在图 4-3-10 的【检验类型】区域中选择一种检验方法。系统默认采用威尔科克森检验。

(4) 输出统计量和缺失值的处理,同卡方检验操作一致。

(5) 上述操作完成后,单击【继续】按钮返回上一级对话框,最后单击【确定】按钮,完成相关样本的检验操作。

2. k 个相关样本检验

1) k 个相关样本检验的方法

k 个相关样本的检验是通过分析多组配对样本数据,推断样本来自的多个总体的中位数或分布是否存在显著差异。SPSS Statistics 24.0 中提供三种检验方法。

(1) Friedman(博莱得曼)检验。

用于检验多个相关样本所属总体的分布是否存在显著差异。这类检验问题的原假设为:

H_0:k 个相关的变量来自同一个总体。

对应的检验统计量 χ^2 为:

$$\chi^2 = \frac{[12/Nk(k+1)]\sum_{l=1}^{k}C_l^2 - 3N(k+1)}{1 - \sum T/[Nk(k^2-1)]} \qquad (4.29)$$

$$\sum T = \sum_{i=1}^{N}\sum_{l=1}^{k}(t^3 - t)$$

其中 t 是变量结的长度,N 为样品数,k 为变量个数,C_l 表示样品的秩和。在原假设为真时,上面的检验统计量 χ^2 服从自由度为 $k-1$ 的卡方分布。

(2) Kendall's(肯德尔)W 检验。

肯德尔检验是标准化的 Friedman 统计量,也可以看作调和系数。该检验与第一种检验相结合,适用于检验评价者的评价标准是否一致,即比率一致性的测度。Kendall's W 在 $0 \sim 1$ 之间取值。这类检验问题的原假设 H_0 为:评判者的评判标准不一致。

调和系数 W 用以下公式计算:

$$W = \frac{F}{N(k-1)} \frac{N^2k(k^2-1)/12}{N^2k(k^2-1)/12 - N\sum T/12}$$

$$\sum T = \sum_{i=1}^{N}\sum_{l=1}^{k}(t^3 - t) \qquad (4.30)$$

式(4.30)中,F 是 Friedman(博莱得曼)检验中的 χ^2 检验统计量。t、N、k 和 l 的含义同 Fricdman(博莱得曼)检验。

另外在原假设为真时,检验统计量 $N(k-1)W$ 服从自由度为 $k-1$ 的卡方分布。

(3) Cochran's(柯克兰)Q 检验。

该检验只适用于对二分变量的分析,检验多个相关样本所属总体的分布是否存在显著差异。这类检验问题的原假设为:

H_0:几个相关的两分变量有相同的均值。

对应检验统计量 Q 的表达式为:

$$Q = \frac{(k-1)\left[k\sum_{l=1}^{k}C_l^2 - \left(\sum_{l=1}^{k}C_l\right)^2\right]}{k\sum_{l=1}^{k}C_l - \sum_{i=1}^{N}R_i^2} \qquad (4.31)$$

式(4.31)中,N 为样本个数,k 为两分变量的个数,R_i 表示样品 i "成功"的数量,C_l 表示变量 l 的总的"成功"数量。当原假设为真时,$Q \sim \chi^2(k-1)$。

2) k 个相关样本检验的操作

在提出原假设 H_0 和备选假设 H_1 的基础上,在 SPSS 中进行 k 个相关样本检验,操作步骤如下:

(1) 打开 k 个相关样本检验对话框。依次单击【分析】→【非参数检验】→【旧对话框】→【K 个相关样本】,打开【针对多个相关样本的检验】对话框,如图 4-3-11。

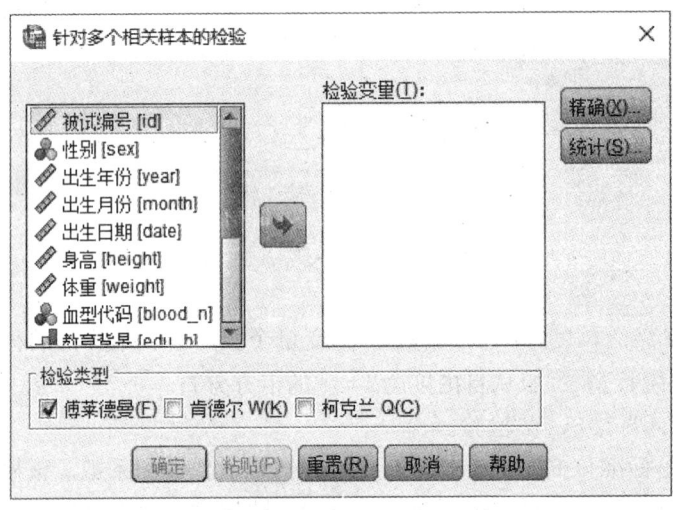

图 4-3-11 【针对多个相关样本的检验】对话框

(2) 选择分析变量。将要分析的变量转入右侧【检验变量】列表框。

(3) 确定检验类型。在图 4-3-11 的【检验类型】区域中选择一种检验方法。傅莱德曼是系统默认为的检验方法。

(4) 输出统计量和缺失值的处理,同卡方检验操作一致。

(5) 上述操作完成后,单击【继续】按钮返回上一级对话框,最后单击【确定】按钮,完成 k 个相关样本检验操作。

4.4 案 例 分 析

4.4.1 参数检验案例分析

1. 平均值分析过程实例

以 SPSS Statistics 24.0 自带的数据包"student.sav"为测试数据,进行平均值分析。该数据集是关于学生信息的记录,包括学生身高、体重和出生日期等属性。现要求计算以下项目。

(1) 不同性别和血型学生的身高平均值。

具体操作步骤如下:

① 依次单击【分析】→【比较平均值】→【平均值】,打开如图 4-2-3 所示的对话框。
② 从左侧变量中将"身高"转入右侧【因变量列表】框中。
③ 将"性别"和"血型"变量转入右侧【层 2/2】列表框中。
④ 单击【选项】按钮,选择【平均值】和【个案数】,单击【继续】按钮返回上一级对话框。单击【确定】按钮,执行平均值分析操作,不同性别和血型学生的身高平均值分别如表 4-4-1、表 4-4-2 所示。

表 4-4-1 不同性别的学生身高平均值

性别	身高	
	平均值	个案数
男	174.71	69
女	162.88	146
总计	166.67	215

表 4-4-2 不同血型的学生身高平均值

血型	身高	
	平均值	个案数
A	164.76	66
AB	167.10	30
B	167.38	34
O	167.73	85
总计	166.67	215

从表 4-4-1 和表 4-4-2 中分析得到:该案例中共分析了 215 位同学的身高,其中男生的平均身高为 174.7 cm,女生的平均身高为 162.8 cm,男生平均身高比女生高 10 cm 左右。而不同血型之间的身高在 166±2 cm 之间,说明不同血型的身高无明显差异。

(2)血型一样不同性别的学生身高平均值。

重复上述①、②步,然后在③步操作中将"血型"变量转入【层 2/2】列表框,单击【下一个】按钮,再将变量"性别"拉入【层 2/2】列表框中。单击【确定】按钮,得出血型相同,不同性别的学生身高平均值,如表 4-4-3 所示。

表 4-4-3 血型相同、不同性别的学生身高平均值

血型	性别	平均值	个案数
A	男	171.88	16
	女	162.48	50
	总计	164.76	66
AB	男	175.00	8
	女	164.23	22
	总计	167.10	30
B	男	174.86	14
	女	162.15	20
	总计	167.38	34

(续表)

血型	性别	平均值	个案数
O	男	176.03	31
	女	162.96	54
	总计	167.73	85
总计	男	174.71	69
	女	162.88	146
	总计	166.67	215

从表 4-4-3 中可以看出血型相同时,男性的平均身高比女性高 10 cm 左右,这与表 4-4-1 得出的结论一致。另外不同血型的男性平均身高处于 175±2 cm 范围内,女性平均身高在 163±2 cm 之内。

2. 单样本 T 检验实例

该检验仍以"student.sav"数据集为例,现要求:检验所有学生的平均身高是否与估计值 168.4 cm 一致。具体操作如下。

提出原假设和备选假设:

$H_0: u = 168.4$;

$H_1: u \neq 168.4$。

① 依次单击【分析】→【比较平均值】→【单样本 T 检验】,打开如图 4-2-5 所示的对话框。

② 将变量"身高"转入右侧【检验变量】列表框。

③ 在【检验值】文本框中输入 168.4。单击【确定】按钮,单样本统计量和单样本检验输出,如表 4-4-4 和表 4-4-5 所示。

表 4-4-4 单样本统计量

	个案数	平均值	标准差	标准误差平均值
身高	215	166.67	7.668	0.523

表 4-4-5 单样本检验

	检验值=168.4				
	t	自由度	显著性（双尾）	平均值差值	差值95%置信区间
					下限	上限
身高	-3.300	214	0.001	-1.726	-2.76	-0.69

假定给定的显著性水平 α 是 0.05,从表 4-4-4 和 4-4-5 中可以看出,t 值为 -3.3,215 名学生的平均身高为 166.67 cm。因为 P 值=0.001<0.05,所以拒绝原假设,并有足够的理由认为学生的身高均值与 168.4 cm 存在显著差异。

3. 独立样本 T 检验实例

该检验仍以"student.sav"数据集为例。现要求:检验出生月份为 1 月和 6 月的学生身高是否有显著差异。具体操作如下。

提出原假设和备选假设：

$H_0: u_1 = u_2$（出生月份为1月和6月的学生身高无显著差异）；

$H_1: u_1 \neq u_2$（出生月份为1月和6月的学生身高有显著差异）。

① 依次单击【分析】→【比较平均值】→【独立样本T检验】，打开如图4-2-7所示的对话框。

② 将变量"身高"转入右侧【检验变量】列表框。

③ 将变量"出生月份"转入右侧【分组变量】文本框。

④ 单击【定义组】按钮，选择【使用指定的值】方式，在【组1】和【组2】文本框中分别输入1和6，单击【继续】返回上一级对话框。单击【确定】按钮，执行独立样本T检验操作，组统计量和独立样本T检验如表4-4-6和表4-4-7所示。

表4-4-6 组统计量

	出生月份	个案数	平均值	标准差	标准误差平均值
身高	1	16	166.00	6.663	1.666
	6	14	167.14	5.362	1.433

表4-4-6列出了所有统计人数中1月份和6月份出生的身高的平均值、标准差和标准误差平均值，通过比较这三组数据，基本可以判断出1月和6月出生的学生的身高并不存在明显差异，但仍有待检验。

表4-4-7 独立样本T检验

		莱文方差等同性检验		平均值等同性t检验						
		F	显著性	t	自由度	显著性（双尾）	平均值差值	标准误差差值	差值95%置信区间	
									下限	上限
身高	假定等方差	0.549	0.465	−0.512	28	0.612	−1.143	2.230	−5.711	3.425
	不假定等方差			−0.520	27.830	0.607	−1.143	2.197	−5.645	3.359

4.4.2 非参数检验案例分析

1. 卡方检验实例

通过SPSS Statistics 24.0打开数据文件"学生成绩表.sav"，该数据文件的背景及属性在第3章中已介绍。现要求分析：学生获得奖项的多少是否存在差异。具体操作步骤如下。

提出原假设和备选假设：

$H_0: u_1 = 0$（学生获得奖项的多少不存在差异）；

$H_1: u_2 = 1$（学生获得奖项的多少存在差异）。

① 依次单击【分析】→【非参数检验】→【旧对话框】→【卡方】，弹出如图4-3-1所示的对话框。

② 将"奖项"变量转入右侧【检验变量列表】框。剩余选项均为系统默认选项。

③ 单击【确定】按钮,运行卡方检验操作操作,奖项频数分布和检验统计量,如表4-4-8、表4-4-9所示。

表 4-4-8　奖项频数分布表

	实测个案数	期望个案数	残差
0	10	4.0	6.0
1	2	4.0	-2.0
2	2	4.0	-2.0
3	3	4.0	-1.0
4	3	4.0	-1.0
总计	20		

表 4-4-9　检验统计量

	奖项
卡方	11.500[a]
自由度	4
渐近显著性	0.021

a. 5 个单元格(100.0%)的期望频率低于5。期望的最低单元格频率为4.0。

在表4-4-8中,实测个案数是原始数据的频数,而期望个案数是将所有个案数进行平均分配,残差是实测与期望个案数的差值。从这些数据可以看出,学生得奖是存在一定差别的。

在表4-4-9中: χ^2 值=11.5,自由度为4,假定显著性水平 $\alpha=0.05$。因为 $P=0.021<\alpha$,因此拒绝原假设,有充足的理由认为学生得奖多少存在明显差异。

2. 二项分布检验实例

该检验仍以"student.sav"数据集为例。现要求:分析这些学生中男女比例是否均衡。

操作步骤如下。

提出原假设和备选假设:

$H_0: u_1=0$(学生中男女比例均衡);

$H_1: u_2=1$(学生中男女比例不均衡)。

① 依次单击【分析】→【非参数检验】→【旧对话框】→【二项】,弹出如图4-3-3所示的对话框。

② 将分析变量"性别"转入右侧【检验变量列表】列表框中。

③ 定义二分变量。因数据本身是二分变量,选择系统默认项即可。

④ 检验男女比例是否均衡,即检验比例为0.5。单击【确定】按钮,执行二项分布检验操作,二项分布检验结果,如表4-4-10所示。

表 4-4-10　二项检验结果

		类别	个案数	实测比例	检验比例	精确显著性(双尾)
性别	组1	女	147	0.67	0.50	0.000
	组2	男	72	0.33		
	总计		219	1.00		

从表4-4-3中可以看出:219名学生,其中男生72名,约占1/3;女生147名,约占2/3。

检验比例为 0.5。假定显著性检验水平 $\alpha=0.05$，P 值接近于 0。由于 $P<\alpha$，因此拒绝原假设，有充分的把握认为这些学生中男女比例不均衡。

3. 游程检验实例

该检验仍以"student.sav"数据集为例，现要求分析：这些学生中男生与女生的体重是否存在差异。

操作步骤如下。

提出原假设和备选假设：

$H_0: u_1=0$（男生与女生的体重不存在差异）；

$H_1: u_2=1$（男生与女生的体重存在差异）。

① 将个案按照【体重】变量排序。依次单击【数据】→【个案排序】。打开个案排序对话框，将【体重】变量转入【排序依据】列表，单击【确定】，运行操作。

② 依次单击【分析】→【非参数检验】→【旧对话框】→【游程】，弹出如图 4-3-4 所示的对话框。

③ 将要分析的变量"性别"转入右侧【检验变量列表】框中。

④ 定义分割点。选择【设定】选项，并在文本框中填入数字 2，表示男生为一组，女生为一组。单击【确定】按钮，执行游程检验操作，游程检验结果，如表 4-4-11 所示。

表 4-4-11 游程检验结果

	性别
检验值[a]	2.00
总个案数	219
游程数	46
Z	−7.932
渐近显著性（双尾）	0.000

a. 由用户指定。

从表 4-4-11 中可以看出：检验值为 2，个案总数是 219，游程数为 46，Z 检验统计量为 −7.932。假定显著性水平 $\alpha=0.05$，P 值接近于 0，则 $P<\alpha$。因此拒绝原假设，有充足的理由认为男生与女生的体重存在差异。

4. 单样本 K-S 检验实例

该检验仍以"student.sav"数据集为例。现要求分析：215 名学生的体重是否服从正态分布。

操作步骤如下。

提出原假设和备选假设：

$H_0: u_1=0$（学生的体重服从正态分布）；

$H_1: u_2=1$（学生的体重不服从正态分布）。

① 依次单击【分析】→【非参数检验】→【旧对话框】→【单样本 K-S】，弹出如图 4-3-5 所示的对话框。

② 将要分析的变量"体重"转入右侧【检验变量列表】框中。

③ 确定检验的分布。选择【正态】选项。单击【确定】按钮，完成单样本 K-S 检验操作。单样本 K-S 检验结果，如表 4-4-12 所示。

从表 4-4-12 中可以看出，K-S 检验统计量是 0.144，假定显著性水平 $\alpha=0.05$，则 $P<\alpha$。因此拒绝原假设，认为学生的体重不服从正态分布。

5. 两个独立样本的检验实例

该检验以"学生成绩表.sav"数据集为例，现要求分析：西部和非西部地区英语和综合成绩是否存在较大差异。

操作步骤如下。

提出原假设和备选假设：

$H_0: u_1 = u_2$（西部和非西部地区英语和综合成绩不存在差异）；

$H_1: u_1 \neq u_2$（西部和非西部地区英语和综合成绩存在差异）。

① 依次单击【分析】→【非参数检验】→【旧对话框】→【2个独立样本】，弹出如图4-3-6所示的对话框。

② 将要分析的变量"英语"和"综合"转入右侧【检验变量列表】框中。

③ 确定分组变量。将"省份"变量转入右侧【分组变量】文本框内，单击【定义组】按钮，在【组1】和【组2】后分别输入0和1，单击【继续】按钮，返回上一级对话框。

表 4-4-12　单样本 K-S 检验结果

		体重
个案数		215
正态参数[a,b]	平均值	56.48
	标准差	9.332
最极端差值	绝对	0.144
	正	0.144
	负	−0.061
检验统计		0.144
渐近显著性（双尾）		0.000[c]

a. 检验分布为正态分布。　　b. 根据数据计算。
c. 里利氏显著性修正。

④ 在【检验类型】区域选择第一种检验方法，即系统默认的【曼-惠特尼 U】检验。单击【确定】按钮，完成单两个独立样本检验操作。秩分析和检验统计结果分别如表4-4-13、表4-4-14所示。

表 4-4-13　秩分析表

	省份	个案数	秩平均值	秩的总和
英语	非西部	12	10.88	130.50
	西部	8	9.94	79.50
	总计	20		
综合	非西部	12	10.58	127.00
	西部	8	10.38	83.00
	总计	20		

从表4-4-13中可以看出，非西部和西部的英语成绩的秩平均数为10.88和9.94，秩总和为130.50和79.50。非西部和西部的综合成绩的秩平均数为10.58和10.38，秩总和为127和83。由于秩平均值差异较小，因此大体上认为西部和非西部的英语和综合成绩均不存在较大的差异。

从表4-4-14中可以看出，英语成绩和综合成绩的曼-惠特尼 U 值分别为43.5和47，P 值分别为0.734和0.97，假定显著性水平 $\alpha = 0.05$，则 $P > \alpha$。因此均接受原假设，有充足的理由认为西部和非西部地区的英语和综合成绩不存在较大差异。

表 4-4-14　检验统计结果

	英语	综合
曼——惠特尼 U	43.500	47.000
威尔科克森 W	79.500	83.000
Z	−.348	−.077
渐近显著性(双尾)	0.728	0.938
精确显著性[2*(单尾显著性)]	0.734[b]	0.970[b]

a. 分组变量:省份
b. 未针对绑定值进行修正。

6. k 个独立样本的检验案例

该检验以"教师信息.sav"数据集为例,该数据文件在第 3 章中已介绍。现要求分析:不同文化程度的教师的科研经费是否存在差异。

操作步骤如下。

提出原假设和备选假设:

$H_0: u_1 = u_2$(不同文化程度的教师的科研经费不存在差异);

$H_1: u_1 \neq u_2$(不同文化程度的教师的科研经费存在差异)。

① 依次单击【分析】→【非参数检验】→【旧对话框】→【k 个独立样本】,弹出如图 4-3-8 所示的对话框。

② 将要分析的变量"科研经费"拉入右侧【检验变量列表】框中。

③ 确定分组变量。将"文化程度"变量拉入右侧【分组变量】文本框内,单击【定义范围】按钮,在【最小值】和【最大值】后分别输入 1 和 5,单击【继续】按钮,返回上一级对话框。

④ 在【检验类型】区域选择第一种检验方法,即系统默认的【克鲁斯卡尔-沃利斯】检验。单击【确定】按钮,完成 k 个独立样本操作。秩分析和检验结果分别如表 4-4-15、表 4-4-16 所示。

表 4-4-15　秩分析表

	文化程度	个案数	秩平均值
科研经费	专科	17	52.00
	本科	25	47.56
	硕士	20	42.53
	博士	21	59.26
	博士后	15	45.53
	总计	98	

表 4-4-16　检验结果

	科研经费
卡方	4.399
自由度	4
渐近显著性	0.355

a. 克鲁斯卡尔-沃利斯检验
b. 分组变量:文化程度

从表 4-4-15 中可以看出,四种文化程度教师对应的科研经费秩平均值分别为

52.00、47.56、42.53、59.26、45.53,文化程度为博士的教师科研经费秩平均值最大。

从表 4-4-16 中可以看出,χ^2 统计量为 4.399,假定显著性水平 $\alpha=0.05$,则 P 值=0.355>α。因此接受原假设,有充分的把握认为不同文化程度的教师科研经费无显著差异。

7. K 个相关样本的检验实例。

表 4-4-17 是某次运动会,四名裁判对某项运动 7 名选手的打分表,现要求分析:这 4 位裁判的评判标准是否一致?

表 4-4-17 四位裁判对 7 名选手的打分

裁判\选手	1	2	3	4	5	6	7
1	8.5	7.0	7.0	7.5	7.5	7.0	7.5
2	8.0	7.5	8.0	7.5	8.0	6.5	7.0
3	8.5	7.0	7.5	7.5	6.0	4.5	5.5
4	8.5	7.5	7.0	7.5	6.5	5.0	6.5

操作步骤如下:

H_0: $u_1 = u_2$(四位裁判的评分不存在差异);

H_1: $u_1 \neq u_2$(四位裁判的评分存在差异)。

① 数据录入,将上述数据录入 SPSS 中。

② 依次单击【分析】→【非参数检验】→【旧对话框】→【K 个相关样本】,弹出如图 4-3-11 所示的对话框。

③ 将要分析的变量"V1、V2、V3、V4、V5、V6、V7"依次转入右侧【检验对】窗口。

④ 选择【傅莱德曼】和【肯德尔 W】检验,单击【确定】按钮,完成 k 个相关样本的检验操作,秩分析、傅莱德曼和肯德尔检验分别如表 4-4-17、表 4-4-18、表 4-4-19 所示。

从表 4-4-17 中可以看出,7 名选手的秩平均值分别为 6.75、3.75、4.38、4.88、4.13、1.25、2.88。通过对比后,可以发现 1 号选手与其他 6 位选手的秩平均值差异很大,这表明 1 号很可能是体育专业的选手。

从表 4-4-18 中可以看出,傅莱德曼统计量 $\chi^2=16.038$,$P=0.014$,假定显著性水平 $\alpha=0.05$,则 $P<\alpha$。因此拒绝原假设,认为 4 名裁判的评分存在差异,即 7 名选手的平均秩存在差异,可认为裁判的评分标准是一致的。

表 4-4-17 秩分析表

	秩平均值		秩平均值
V1	6.75	V5	4.13
V2	3.75	V6	1.25
V3	4.38	V7	2.88
V4	4.88		

在表 4-4-19 中可以看出,肯德尔系数=0.668,接近于 1,有充分的把握可认为 7 名选手的评分存在较大差异,即裁判的评分标准一致。

表 4-4-18　傅莱德曼检验结果

个案数	4
卡方	16.038
自由度	6
渐近显著性	0.014

a. 傅莱德曼检验

表 4-4-19　肯德尔检验结果

个案数	4
肯德尔 W^a	0.668
卡方	16.038
自由度	6
渐近显著性	0.014

a. 肯德尔协同系数

4.5　小　　结

假设检验又称显著性检验,是一种判断样本与样本、样本与总体之间的差异是由抽样误差引起的还是本质差别造成的统计推断方法。假设检验一般包括总体已知的参数检验和总体分布未知由样本推断总体的非参数检验。假设检验的思想已经被广泛地应用于生产、经济、医学等方面。

本章从假设检验的思想和基本步骤出发,分别介绍了参数检验、非参数检验常见的方法,及 SPSS 中的实现步骤。在参数检验中,关于平均数的比较和检验是使用频率最高的统计分析方法,参数检验常见的方法还有单样本 T 检验、独立样本 T 检验和配对样本 T 检验。非参数检验不依赖于总体分布,可以分析定类数据、定序数据和数值型数据,非参数检验常见的方法包括卡方检验、二项分布检验、游程检验、单样本 K-S 检验、独立样本检验和相关样本检验。在本章的最后,针对所介绍的检验方法,结合相应案例,运用 SPSS Statistics 24.0 展示了操作步骤。

思　考　题

1. 简述假设检验的基本步骤。
2. 什么是参数检验和非参数检验,阐述它们的区别。
3. 结合 SPSS 自带数据集"roc.sav"(100 个学生的期中和期末综合成绩),自己动手操作检验:学生的期中和期末成绩是否有显著差异,并写出必要操作步骤。

参 考 文 献

[1] 李合龙,李妍,等. SPSS 统计学实验教程[M]. 北京:清华大学出版社,2015.
[2] 时立文. SPSS19.0 统计分析——从入门到精通[M]. 北京:清华大学出版社,2014.

［3］ 曹慧.统计学——基于SPSS的应用［M］.北京:北京大学出版社,2015.
［4］ 卢纹岱,朱红兵,等.SPSS统计分析(第五版)［M］.北京:电子工业出版社,2015.
［5］ 陈胜可.SPSS统计分析——从入门到精通［M］.北京清华大学出版社,2010.

第 5 章

方 差 分 析

方差分析在经济学、管理学、医学、心理学和生物学等方面具有广泛的应用,SPSS Statistics 24.0 也具有相应的方差分析功能。在商务数据分析中,方差分析是常用的方法之一。方差分析的目的是通过数据分析找出对事物有显著影响的因素和各因素之间的交互作用,以及显著影响因素的最佳水平等,方差分析可同时对多于两个的总体平均数有无显著性差异做出检验。根据控制变量(又称自变量)个数的不同,方差分析分为单因素方差分析和多因素方差分析。本章在介绍单因素方差、多因素方差分析基本原理和一般步骤的基础上,结合解决商务数据分析案例,展示这两大类方差分析在 SPSS Statistics 24.0 软件中的操作,旨在使读者能快速掌握 SPSS Statistics 24.0 方差分析工具。

5.1 方差分析概述

在科学试验中,常常要探讨不同试验条件或处理方法对试验结果的影响,通常是比较不同试验条件下样本均值间差异,这种比较过程就是方差分析。例如,医学界研究几种药物对某种疾病的疗效;体育科研中研究训练目标、方法和不同运动量等因素对提高某项运动成绩的效果;农业研究土壤、施肥量、日照时间等因素对某种农作物产量的影响,不同饲料对牲畜体重增长的效果等问题,都需要找出影响目标的主要因素。因此,方差分析(Analysis of Variance, ANOVA)是一种检验多个样本均值间是否存在差异的统计方法。

英国统计学家 R. A. Fisher 于 1923 年提出方差分析,方差分析是一种利用试验获取数据并进行分析的统计方法,常用于研究不同效应对指定试验的影响是否显著问题。通过对试验进行精心的设计,能够在有限的投入条件下,从尽可能少的试验中获取数据,并最大限度地包含有用信息。方差分析就是从相应的试验数据中提取这种信息的观测分析方法。在方差分析过程中,有三个重要的基本概念:一是因素,方差分析中,所要检验的对象称为因素,如行业是因素。二是水平,因素的不同表现称为水平。三是观测值,每个因素得到的样本数据称为观测值。

从控制变量个数和类型来看,可以将方差分析分成单因素方差分析、多因素方差分析和协方差分析,按照分析指标的个数,可分为一元方差分析(即 ANOVOA)和多元方差分析(即 MANOVOA)。多控制变量或多观测变量的方差分析可简单称为多元方差分析。本章将重点介绍单因素方差分析与多因素方差分析。一般方差分析要求样本满足以下条件。

(1) 可比性。样本中各组均值本身必须具有可比性,这也是方差分析的前提。若资料中各组均数本身不具可比性则不适用方差分析。

(2) 正态性。方差分析要求样本来源于正态分布总体,偏态分布样本不适用方差分析。对来源于偏态分布的数据应考虑用对数变换、平方根变换、倒数变换、平方根反正弦变换等变量变换方法转化为正态或接近正态后再进行方差分析。

(3) 方差齐性。方差分析要求各组间具有相同的方差,即满足方差齐性。即若组间方差不齐则不适用方差分析。

5.2 单因素方差分析

由于各种因素的影响,研究所得的数据呈现波动状,影响数据波动的因素可分成两大类,一类是施加对结果造成影响的可控因素,另一类是不可控的随机因素。他们在研究中分别引起系统偏差和随机误差。其中,系统偏差(Systematic Deviation),又称为系统误差,是在重复性条件下对同一被测量进行无限多次测量结果的平均值与被测量真值间的差距,系统偏差是固定不变或按一定规律变化的误差,同时系统误差以相同的方式影响所有测量值,将它们推向同一个方向。随机误差(Random Error)是无法控制的误差,会使测量值产生随机分布的误差,它服从统计学上所谓的"正态分布"或称"高斯分布",同时随机误差是不可消除的,它随着不同次的测量而变化,有时候向上或向下。在这个意义上,测量对象的真值是永远不可知的,只能通过多次测量获得的均值尽量逼近。

5.2.1 单因素方差分析概述

1. 基本原理

单因素方差分析用于分析单个控制因素取不同水平时因变量的均值是否存在显著差异。单因素方差分析是检验由单一因素影响的多组样本中某因变量的均值是否有显著性差异。单因素方差分析将所有的方差划分为可以由控制因素解释的系统性偏差部分和无法由系统性偏差解释的随机性偏差的部分。如果系统性偏差显著地超过随机性偏差,则认为当控制因素取不同水平时,因变量的均值存在显著差异。

2. 基本计算步骤

单因素方差分析的基本步骤如下。

(1) 明确观测变量和控制变量。单因素方差分析的首要任务就是明确观测变量和控制变量。观测变量是受控制变量和随机变量影响的变量,也称为因变量,如商品利润、工资收入等。控制变量也就是自变量,如施肥量、学历等。

(2) 观测变量方差的分解。将观测变量总的离差平方和(SST)分解为两部分:组间离差平方和(SSA)和组内离差平方和(SSE)。其中,组间离差平方和是由控制变量不同取值水平造成的观测变量的变差(同一被测变量所指示的两个结果之间的偏差)。组内平方和是由抽样误差引起的观测变量的变差。SST、SSA 和 SSE 表达式如下:

$$SST = SSA + SSE \tag{5.1}$$

其中,

$$SST = \sum_{i=1}^{k}\sum_{j=1}^{n_i}(x_{ij}-\overline{x})^2 \tag{5.2}$$

$$SSA = \sum_{i=1}^{k}\sum_{j=1}^{n_i}(\overline{x_i}-\overline{x})^2 = \sum_{i=1}^{k}n_i(\overline{x_i}-\overline{x})^2 \tag{5.3}$$

$$SSE = \sum_{i=1}^{k}\sum_{j=1}^{n_i}(x_{ij}-\overline{x_i})^2 \tag{5.4}$$

其中,x 表示观测变量,$\overline{x}$ 表示观测变量 x 所有观测值的均值,$\overline{x_i}$ 表示第 i 组观测变量观测值的均值,x_{ij} 表示第 i 组观测变量观测值的 j 个观测值 k 表示对某一观测变量共观测的组数,n_i 表示第 i 组观测变量观测值的个数。

(3) 比较观测变量总离差平方和各部分的比例。这里用 F 统计量表示观测变量总离差平方和中 SSA 和 SSE 的比值,如果组间离差平方和所占比例较大,对应的 F 值就比较大,且显著大于 1,则说明观测变量的变动主要由控制变量引起的,即观测变量可以由控制变量来解释,或者说控制变量给观测变量带来了显著影响。反之,如果控制变量的不同水平(不同值)对观测变量没有造成显著影响,那么观测变量总变差中组间离差平方和所占的比例较小,则 F 值就比较小,且接近于 1。F 统计量的表达式如下:

$$F = \frac{SSA/(k-1)}{SSE/(n-k)} = \frac{MSA}{MSE} \sim F(k-1,n-k) \tag{5.5}$$

根据单因素方差分析的基本计算步骤,可以得出单因素方差分析的操作步骤。
① 提出原假设,即控制变量在不同水平下观测变量的总体均值无显著差异。
② 通过(式 5.5)可计算检验统计量 F 和假设成立的概率 P 值。
③ 给定显著性水平与 P 值做比较。如果 P 值小于显著性水平,即认为控制变量不同水平下观测变量的总体均值存在显著差异;反之,则不能拒绝原假设,即认为控制变量不同水平下观测变量的总体均值没有显著差异。

5.2.2 单因素方差分析的 SPSS 操作

从菜单了选【分析】→【比较平均值】→【单因素 ANOVA】命令,打开【单因素方差分析】对话框,如图 5-2-1 所示。

从左边源变量列表框中选取要分析的变量转入右侧的【因变量列表】框,作为单因素方差分析的因变量。同时,从分从左边源变量列表框中选取变量转入右下侧的【因子】框中,作为单因素方差分析的分组变量。在【单因素 ANOVA 分析】对话框的最右侧有 4 个按钮:【对比】【事后比较】【选项】和【自助抽样】,他们用于设置单因素方差分析的关键过程。

1. 【对比】按钮

在单因素检验话框中单击【对比】按钮,打开【单因素 ANOVA 检验:对比】(单因素方差分析:对照)对话框,如图 5-2-2 所示。

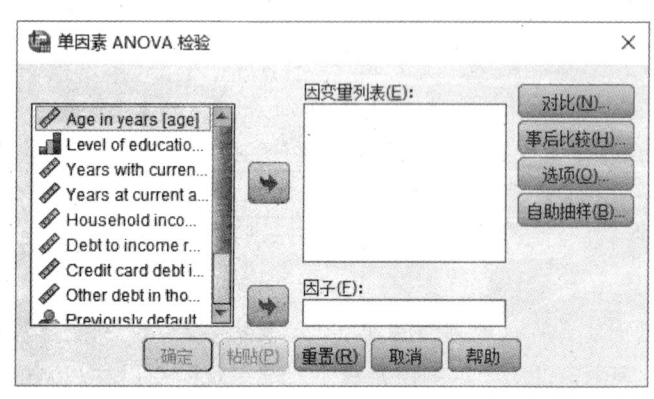
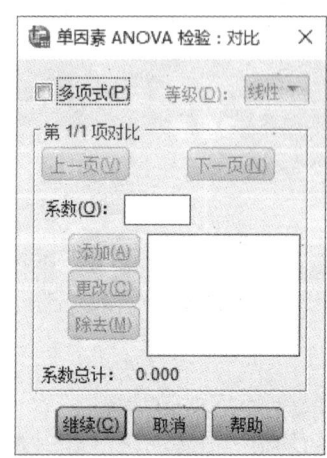

图 5-2-1　单因素检验对话框　　　　图 5-2-2　【单因素 ANOVA：对比】对话框

该对话框有两个用途，一是对平均数的变动趋势进行趋势检验，二是根据研究目的需要对某些精确参数做两两比较。【单因素 ANOVA 检验:对比】对话框包括【多项式】选项、【等级】下拉列表、【上一页/下一页对比】按钮、【系数】框。

1）【多项式】选项

勾选【多项式】选项可在单因素方差分析中进行趋势检验，即将组间离差平方和划分为趋势成分，并对因变量按因子变量中的水平次序进行趋势检验。

2）【等级】下拉列表

【等级】下拉列表和【多项式】配合，用于设定多项式的次数。【等级】下拉列表框中有【线性】【二次】【三次】【四次】和【五次】选项，其中【线性】表示线性多项式，为系统默认选项。如果选择了高次方线性，则系统会给出所有相应各低次方等级的拟合优度检验结果，以供选择。

3）【系数】框

【系数】框用于精确定义某些组间平均值的比较。一般按照分组变量升序给每组一个系数值，但所有系数值之和为 0。列表中第一个系数对应于分类变量的最小值，最后一个系数对应于最大值。该框的输入方法是在【系数】文本框中输入一个系数，单击【添加】按钮，使之进入下面的列表框中。依次输入各组均值的系数，在列表框中形成一列数值。

【单因素 ANOVA 检验:对比】支持同时建立多个多项式，一个多项式需要一组系数输入，单击【下一张】按钮，输入下一组数据。如果要修改以前的系数，可以单击【上一张】按钮，回到前一组系数，找到要修改的系数后，该系数显示在【系数】框中，可以在此进行修改，修改后单击【更改】按钮，在下面的系数列表框中就出现了正确的系数值，也可以删除选中的系数后，单击【删除】按钮即可。

2.【事后比较】按钮

在单因素检验话框中，单击【事后比较】按钮，进入【单因素 ANOVA 检验:事后多重比较】(单因素方差分析:多重比较)对话框，如图 5-2-3 所示。

在该对话框中可以选择多重比较方法，包括【假定等方差】栏和【不假定等方差】栏。

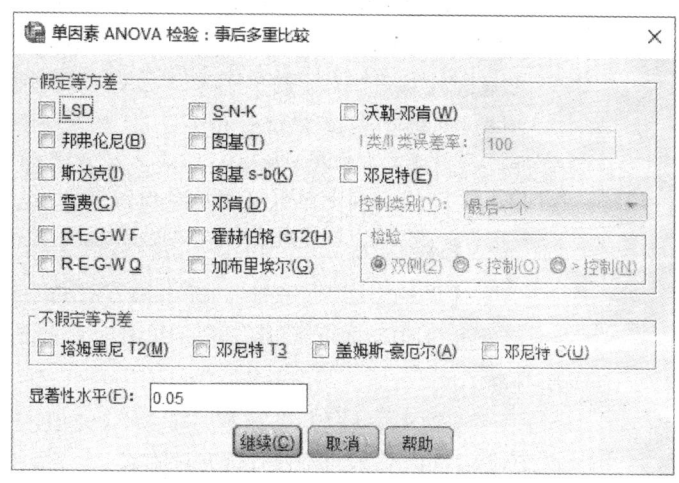

图 5-2-3　事后多重比较对话框

1)【假定等方差】栏

该栏给出观测变量不同水平的方差相等时,确定多重比较(指推断因素效应对比之间有无显著差异的一类检验方法)的各类方法选项。

(1) LSD(Least-Significant Difference)选项。LSD 即最小显著性差异法,采用 T 检验完成组间成对均值的比较,且检验的敏感度较高,即使各个控制水平下观测变量的均值存在细微差别也可能被检验出来,但此方法对第一类弃真错误不进行控制和调整。

(2) 邦弗伦尼(Bonferroni LSDMOD)选项。Bonferroni 即修正最小显著性差异法,采用 T 检验完成组间成对均值的比较,即通过设置每个检验的误差率来控制整个误差率,通过此方法看到的显著值是多重比较完成后的调整值。

(3) 斯达克(Sidak)选项。Sidak 采用 T 统计量完成多重配对比较后,为多重比较调整显著值,所给出的显著值比 Bonferroni 方法的界限要小。

2)【不假定等方差】栏

该栏给出当观测变量不同水平的方差不相等时,多重比较的 4 种检验方法。

(1) 塔姆黑尼(Tamhane's T2)选项。选中该框,表示用 T 检验进行配对比较检验。

(2) 邓尼特(Dunnett's T3)选项。选中该框,指用 T 检验大系数进行配对比较检验。

(3) 盖姆斯-豪厄尔(Games-Howell)选项。这种方法有时比较自由,指方差不齐时的配对比较检验。

(4) 邓尼特(Dunnett's C)选项。选中该框,表示用 Student-Range 极差统计量进行配对比较检验。

一般认为 Games-Howell 方法更好一些,推荐使用。但由于这方面的统计学尚无定论。建议读者最好在方差不齐时直接使用非参数检验的方法,具体的事后比较方法会在本章节后面的案例分析中进行详细讲述。

3)【显著性水平】栏

用户在该栏中可以设定显著性水平。和前面的各种检验一样,系统默认的显著性水平为 0.05 所有选择结束后,单击【继续】按钮确认,返回主对话框。

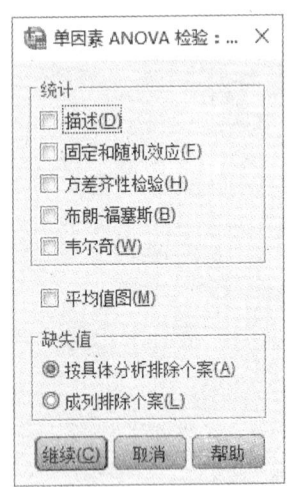

图 5-2-4　选项对话框

3.【选项】按钮

在主对话框中单击【选项】按钮,打开图 5-2-4 所示的【单因素 ANOVA 检验:选项】(单因素方差分析:选项)对话框。

该对话框用于规定输出的统计量、检验和缺失值的处理方法等,选项对话框主要包括【统计】栏、【缺失值】栏和【平均值图】复选框。

(1)【统计】栏。在该栏中可以选择需要输出的统计众量。

(2)【平均值图】复选框。选中该复选框,表示输出均值分布图,即根据各组平均值作图,同时可辅助对平均值之间的趋势做出判断。

(3)【缺失值】栏。在该栏中选择缺失值的处置方式,有两个选项:【按具体分析排除个案】表示在检验变量中含有缺失值的观测将不被计算。【成列排除个案】表示在任何一个变量中含有缺失值的观测都将不被计算。

5.3　多因素方差分析

5.3.1　多因素分析方差分析概述

1. 基本原理

多因素方差分析用来研究两个及两个以上控制变量是否对观测变量产生显著影响。它不仅能分析多个控制因素对观测变量的独立影响,也能够分析多个控制因素的交互作用能否对观测变量的分布产生显著影响,进而找到有利于观测变量取值的最优控制变量组合。

2. 基本计算步骤

同单因素方差分析的基本步骤,多因素方差分析在明确观测变量和控制变量的基础上,进行如下计算。

(1) 观测变量方差的分解。令 SST 为观测变量的总离差平方和,SSA、SSB 分别为控制变量 A、B 独立作用引起的变差,$SSAB$ 为控制变量 A、B 两两交互作用引起的变差,SSE 为随机因素引起的变差,则观测变量总的离差平方和可分解为:

$$SST = SSA + SSB + SSAB + SSE \tag{5.6}$$

其中,

$$SST = \sum_{i=1}^{K} \sum_{j=1}^{R} \sum_{k=1}^{n_{ij}} (x_{ijk} - \overline{x})^2 \tag{5.7}$$

$$SSA = \sum_{i=1}^{K} \sum_{j=1}^{R} n_{ij} (\overline{x}_i^A - \overline{x})^2 \tag{5.8}$$

$$SSB = \sum_{i=1}^{R} \sum_{j=1}^{K} n_{ij} (\overline{x}_i^B - \overline{x})^2 \tag{5.9}$$

$$SSE = \sum_{i=1}^{K}\sum_{j=1}^{R}\sum_{k=1}^{n_{ij}}(x_{ijk}-\overline{x}_{ij}^{AB})^2 \qquad (5.10)$$

其中,x 表示观测变量,$\overline{x}$ 表示观测变量 x 所有观测值的均值,$\overline{x}_i^A$ 表示对于控制变量 A 第 i 组观测变量观测值的均值,$\overline{x}_i^B$ 表示对于控制变量 B 第 i 组观测变量观测值的均值,$\overline{x}_{ij}^{AB}$ 表示第 i 组控制变量 A 和第 j 组控制变量 B 对应的观测变量观测值的均值,x_{ijk} 表示 A 因素单独控制下第 i 个、B 因素单独控制下第 j 个和 A、B 因素共同控制下第 k 个观测变量的观测值,K 表示 A 因素单独控制下观测变量观测值的组数,R 表示 B 因素单独控制作用下观测变量观测值的组数,n_{ij} 表示 A、B 因素共同控制下观测变量观测值的个数。

(2) 比较观测变量总离差平方和各部分的比例。对于观测变量总离差平方和而言,如果 SSA 所占比例较大,则说明控制变量 A 是引起观测变量的变动主要因素之一,观测变量的变动可部分的由控制变量 A 来解释,即控制变量 A 给观测变量带来了显著影响。对 SSB、SSAB 同理,不再赘述。对于控制变量 A、控制变量 B 和 A、B 交互作用对应的 F 检验统计量,分别如下:

$$F_A = \frac{SSA/(k-1)}{SSE/kr(l-1)} = \frac{MSA}{MSE} \sim F(k-1,kr(l-1)) \qquad (5.11)$$

$$F_B = \frac{SSB/(r-1)}{SSE/kr(l-1)} = \frac{MSB}{MSE} \sim F(r-1,kr(l-1)) \qquad (5.12)$$

$$F_{AB} = \frac{SSAB/(k-1)(R-1)}{SSE/kr(l-1)} = \frac{MSAB}{MSE} \sim F((k-1)(r-1),kr(l-1)) \qquad (5.13)$$

其中,F_A、F_B 和 F_{AB} 的自由度分别为 $k-1$、$r-1$ 和 $kr(l-1)$。

与单因素方差分析类似,根据多因素方差分析的基本计算步骤,可以得出多因素方差分析的操作步骤:

① 提出原假设,即各控制变量不同水平下观测变量总体的均值无显著差异,控制变量交互作用对观测变量无显著影响。

② 计算检验统计量 F 和概率 P。

③ 给定显著性水平与 P 值做比较。如果 P 值小于显著性水平,则应该拒绝原假设,反之就不能拒绝原假设。

5.3.2 多因素方差分析的 SPSS 操作

多因素方差分析可以完全通过窗口管理来实现其功能,这对用户来说是非常方便的。从菜单栏中选择【分析】→【一般线性模型】→【单变量】命令,打开【单变量】(单变量方差分析)对话框,如图 5-3-1 所示。

协变量是数值型可预测变量,可以使用协变量和因变量决定一个回归模型。权重变量必须是数值型变量,如果权重是零、负数或缺失,则变量不计入模型。如果一个变量在模型中用过,就不能再作为权重变量。在【单变量】对话框的右侧有【因变量】框、【固定因子】框、【随机因子】框、【协变量】和【WLS 权重】框。从左边源变量列表框中选取对应变量转入【因变量】框、【固定因子】框、【随机因子】框中,其中【因变量】框只能选入一个变量。【协变量】框中可输入协变量。【WLS 权重】框为权重变量框,在该框中给出加权最小二乘分析法的权重

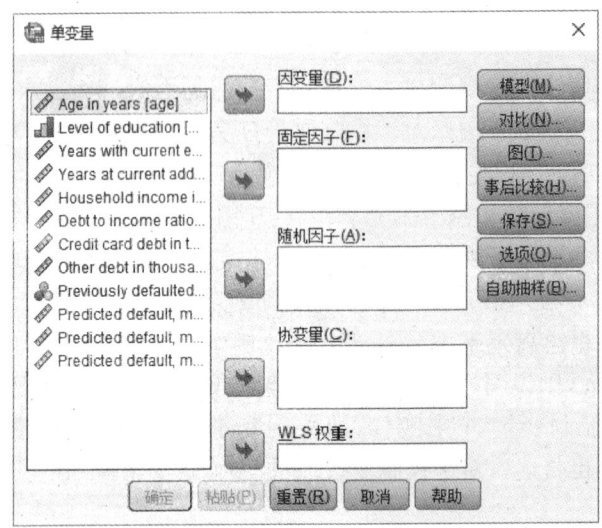

图 5-3-1 【单变量】主对话框

变量。另外,在【单变量】,对话框中有一系列扩展按钮,如【模型】按钮、【对比】按钮、【图】按钮、【事后比较】按钮、【保存】按钮、【选项】按钮和【自助抽样】按钮。

1. 【模型】按钮

在主对话框中单击【模型】按钮,打开如图 5-3-2 所示的【单变量:模型】对话框。

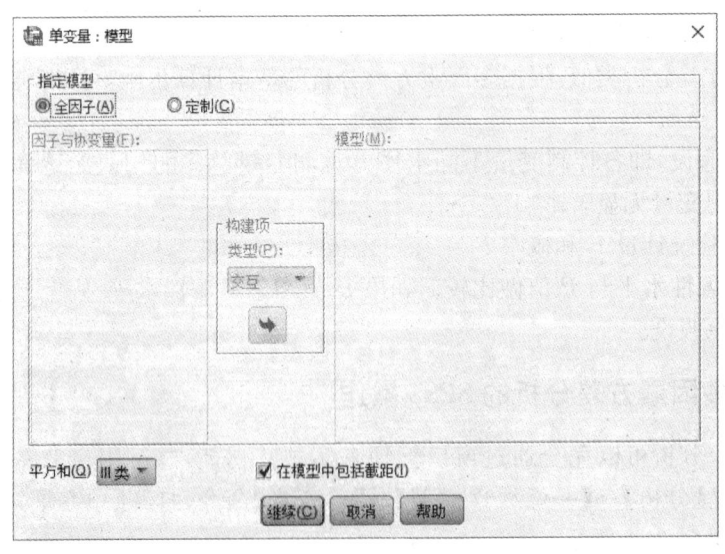

图 5-3-2 【单变量:模型】对话框

【单变量:模型】对话框中可以定义模型的类型和选择一种分解平方和的方法,该对话框包括【指定模型】栏、【构建项】栏和【平方和】下拉列表。

(1)【指定模型】栏。

用户在该栏中可指定模型类型,即【全因子】型和【定制】型。

(2)【构建项】栏。

该栏用于建立模型。单击【构建项】(创建项目)下面的【类型】的下拉箭头,可选择的构建项目有如下几个。

① 交互(Interaction)项表示交互效应(交互作用),可以建立所有被选变量最高水平的交互效应项目,也是系统默认选项。

② 主效应(Main effects)项表示指定主效应,可以建立每个被选变量的主效应。

③ 所有二阶(All 2-way)项表示指定所有二维交互效应。所有三阶(All 3-way)、所有四阶(All 4-way)、所有五阶(All-way)与所有二阶(All 2-way)项相似,只不过指定的维度不一样。

(3)【平方和】下拉列表。

该拉列表为用户提供了 4 种分解平方和的方法,这些方法将在案例分析部分说明。

2.【对比】按钮

在主对话框中单击【对比】按钮,打开【单变量:对比】对话框,如图 5-3-3 所示,该对话框中有【因子】框和【更改对比】栏。

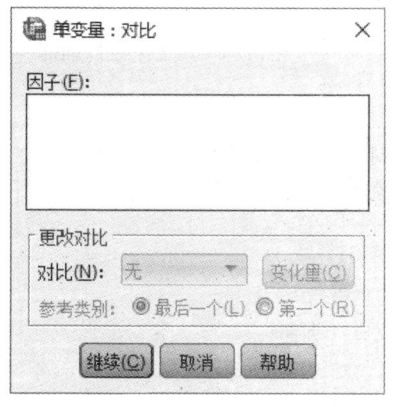
图 5-3-3 【单因素:对比】对话框

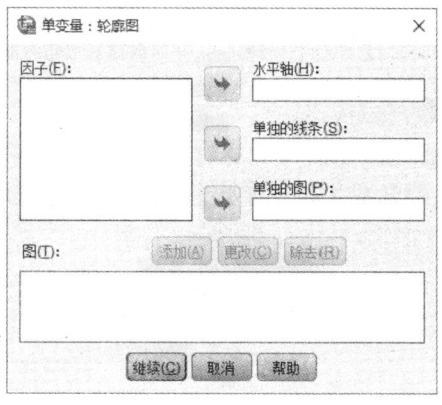
图 5-3-4 【单变量:轮廓图】对话框

3.【图】按钮

在主对话框中单击【图】按钮,打开【单变量:轮廓图】对话框,如图 5-3-4 所示。

用户基于【单变量:轮廓图】对话框在可以绘制一个或多个因素变量为参考的因变量均值的分布图。当只有一个因素水平时,输出图为因变量估计边缘均值的线图;当有两个以上因素水平时,则在输出图中可绘制分离线。【单变量:轮廓图】对话框的左侧是【因子】框,它展示从主对话框中所选因素的变量名。对话框右侧的有 3 个单变量框,分别为【水平轴】框、【单独的线条】框和【单独的图】框。【水平轴】为横坐标框,该框中的变量将作为在均值分布图中的横坐标;【单独的线条】框中的变量表示均值分布分离线依照的变量;【单独的图】为散点图框。【单变量:轮廓图】对话框的在下方有【添加】、【更改】和【删除】3 个按钮。当【因子】列表框中的变量移动到相应的坐标轴窗口后,【添加】按钮被激活,单击该按钮,所选的因素便出现在【图】列表框中。单击【更改】按钮,可以修改已经选择的因素变量。【删除】按钮则可移出所选因素变量。

4.【事后多重比较】按钮

在主对话框中单击【事后比较】按钮,出现如图 5-3-5 所示的【单变量:实测平均值的事后多重比较】对话框。同单因素方差分析一样,在该对话框中用户可以选择多重比较方法。

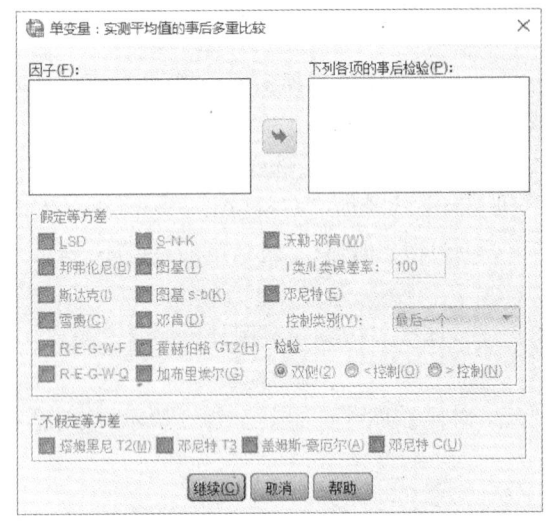

图 5-3-5 【实测平均值的事后多重比较】对话框

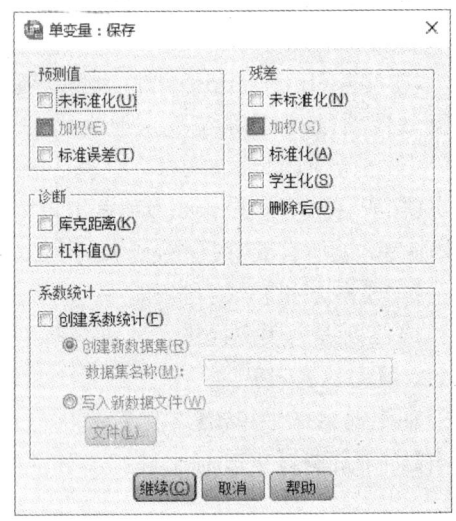

图 5-3-6 【保存】对话框

5.【保存】按钮

在主对话框中单击【保存】按钮,打开【单变量:保存】对话框,如图 5-3-6 所示。在该对话框中,用户可以根据需要选择【预测值】【残差】和【诊断】栏下的统计量,将这些统计量作为结果呈现出来,并保存到指定文件里。

5.4 案例分析

5.4.1 单因素方差分析案例

在利用 SPSS 进行单因素方差分析时,要注意数据的组织形式,要求定义两个变量分别存放观测变量值和控制变量的水平值。下面以商品广告投放策略为例,采用 SPSS Statistics 24.0 进行单因素方差分析,并粗略地解读分析结果。

某企业在制定某商品的广告策略时,收集了该商品在不同地区采用不同广告形式促销后的销售额数据。市场总监希望知道广告形式是否对商品销售额产生显著影响。案例数据存放在数据文件 district and sale.sav 中。

1. SPSS 操作

针对这个案例,现令商品销售额为观测变量,广告形式为控制变量,并提出原假设:不同广告形式没有对商品销售额产生显著影响(不同广告形式对销售额的效应同时为 0)。单因素方差分析的 SPSS 操作如下。

(1) 在数据管理窗口中打开 district and sale.sav 数据文件,部分数据如图 5-4-1 所示。

(2) 从主菜单栏中选择【分析】→【比较均值】→【单因素 ANOVA 检验】命令,打开图 5-2-1 所示的【单因素方差分析】对话框。

(3) 将"销售额"作为观测变量选入【因变量】框。

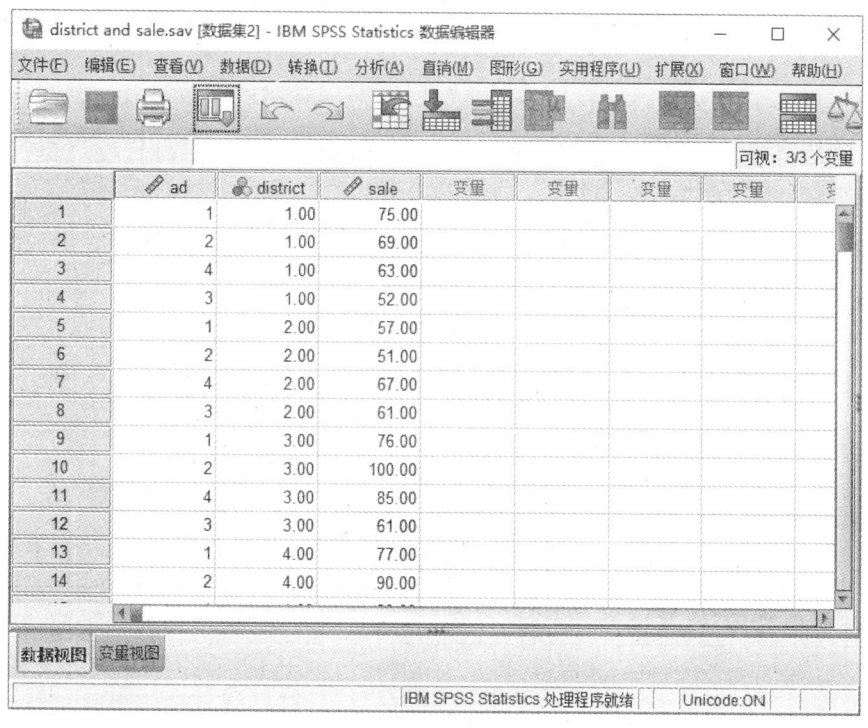

图 5-4-1　district and sale 的部分数据文件

(4) 将【广告形式】作为控制变量选入【因子】文本框。

(5) 单击【对比】按钮,然后从打开的对比对话框中的【等级】下拉列表框中选择【线性】选项。单击【继续】按钮确认,返回主对话框。

(6) 在图 5-2-3 所示的【单因素 ANOVA:事后多重比较】对话框中,选择 LSD 方法进行两两比较。单击【继续】按钮确认,返回主对话框。

(7) 在图 5-2-4 所示的【选项】对话框中,选择【描述】项输出描述性统计量和【平均值图】输出频数图。单击【继续】按钮确认,返回主对话框。

(8) 单击【确定】按钮完成设置,执行单因素方差分析。SPSS Statistics 24.0 将自动分解观测变量的变差,计算组间方差、组内方差、F 统计量以及对应的概率 P 值,完成单因素方差分析的相关分析,并将计算结果输出到结果输出窗口中。

2. 输出结果及分析

按照上面的操作步骤进行单因素方差分析,对各变量描述统计如表 5-4-1 所示,分析结果见表 5-4-2。在描述性统计中输出了样本个数、平均值、标准差、标准误差、95% 置信区间、最小值和最大值。

从表 5-4-2 中可以看出,观测变量的离差平方和为 26 169.306,趋势检验更进一步将组内方差分解为可被地区线性解释的变差(其值为 2 101.250)和不可被地区线性解释的变差(其值为 3 764.833)。可被地区解释的变差实质是观测变量(销售额)为被解释变量、控制变量(地区)为解释变量的一元线性回归分析中的回归平方和部分,体现了解释变量对被解释变量的线性贡献程度。对应第五列的 F 值(14.489)是回归平方和的均方(145.023)的结果。这里均方指的是一组数的平方和的平均值,在统计学中,表示离差平方和与自由度之比。

表 5-4-1　描述性统计量

	描述							
	销售额							
	个案数	平均值	标准差	标准误差	平均值的95%置信区间		最小值	最大值
					下限	上限		
报纸	36	73.222 2	9.733 92	1.622 32	69.928 7	76.515 7	54.00	94.00
广播	36	70.888 9	12.967 60	2.161 27	66.501 3	75.276 5	33.00	100.00
宣传品	36	56.555 6	11.618 81	1.936 47	52.624 3	60.486 8	33.00	86.00
体验	36	66.611 1	13.497 68	2.249 61	62.044 2	71.178 1	37.00	87.00
总计	144	66.819 4	13.527 83	1.127 32	64.591 1	69.047 8	33.00	100.00

表 5-4-2　单因素方差分析

			销售额				
			平方和	自由度	均方	F	显著性
组间	（组合）		5 866.083	3	1 955.361	13.483	0.000
	线性项	对比	2 101.250	1	2 101.250	14.489	0.000
		偏差	3 764.833	2	1 882.417	12.980	0.000
组内			20 303.222	140	145.023		
总计			26 169.306	143			

如果只考虑广告形式这一单个因素的影响，则在销售额总变差中，不同广告形式可解释的变差为 5 866.083，抽样调查引起的变差为 20 303.222，它们的方差分别为 1 955.361 和 145.023。相应所得的 F 统计量为 13.483，对应的概率 P 值近似为 0。系统默认的显著性水平为 0.05，所以 P 值小于显著性水平 α。因此有理由拒绝原假设，认为不同的广告形式对销售额产生了显著影响，不同广告形式对销售额的影响效应不全为 0。

表 5-4-3 为广告形式的两两比较分析结果，表中星号"∗"的含义是在显著水平为 α 为 0.05（默认的）的情况下，概率 P 值小于 α，相应两组均值存在显著差异，在本案例中代表不同的广告形式之间存在显著性差异。从两两比较的结果可知，在 4 种广告形式中，报纸与宣传品、报纸与体验、广播与宣传品、体验与宣传品之间的差异是显著的，即不同的广告形式对销售额的影响具有显著性差异。

这里就该例的单因素方差分析操作做了简单介绍，主要涉及趋势检验和 LSD 法两两比较。读者可以根据前面的讲解作操作：以地区为控制变量分析其对销售额的影响，在单因素方差分析中加入方差齐性检验，多重比较检验（S-N-K，Scheffe，Bonferroni 等方法），以及描述对比检验。

表 5-4-3　两两比较分析

多重比较

因变量:销售额

LSD

(I) 广告形式	(J) 广告形式	平均值差值 (I−J)	标准误差	显著性	95%置信区间 下限	95%置信区间 上限
报纸	广播	2.333 33	2.838 46	0.412	−3.278 4	7.945 1
报纸	宣传品	16.666 67*	2.838 46	0.000	11.054 9	22.278 4
报纸	体验	6.611 11*	2.838 46	0.021	0.999 3	12.222 9
广播	报纸	−2.333 33	2.838 46	0.412	−7.945 1	3.278 4
广播	宣传品	14.333 33*	2.838 46	0.000	8.721 6	19.945 1
广播	体验	4.277 78	2.838 46	0.134	−1.334 0	9.889 6
宣传品	报纸	−16.666 67*	2.838 46	0.00 0	−22.278 4	−11.054 9
宣传品	广播	−14.333 33*	2.838 46	0.000	−19.945 1	−8.721 6
宣传品	体验	−10.055 56*	2.838 46	0.001	−15.667 3	−4.443 8
体验	报纸	−6.611 11*	2.838 46	0.021	−12.222 9	−0.999 3
体验	广播	−4.277 78	2.838 46	0.134	−9.889 6	1.334 0
体验	宣传品	10.055 56*	2.838 46	0.00 1	4.443 8	15.667 3

* 平均值差值的显著性水平为 0.05。

5.4.2　多因素方差分析案例

为了方便读者更加直观地掌握多因素方差分析过程,下面以某教学实验中的教改成绩数据为例,展示多因素方差分析的SPSS操作步骤。

在某教学实验中,采用不同的教学方法和不同的教材进行教学实验,获得一系列数据。现在采用 SPSS Statistics 24.0 分析不同教法和不同教材对教改成绩的影响,数据如表 5-4-1 所示。

1. SPSS 操作

(1) 首先提出原假设,不同教法和不同教材对教改成绩有显著影响。

(1) 根据表 5-4-1 建立数据文件"教改成绩.sav",然后在新建的数据文件中定义变量和录入数据。

(2) 从菜单栏中选择【分析】→【一般线性模型】→【单变量】命令,打开图 5-3-1 所示的【单变量】对话框。

(3) 将"教改成绩"作为自变量选入【因变量】文本框中,将"教法"和"教材"作为固定变量选入【固定因子】列表框中。

(4) 单击【选项】按钮,打开选项对话框。在【输出】栏选择【描述统计】和【方差齐性检验】复选框,然后单击【继续】按钮【确认】并返回。

(5) 单击【事后比较】按钮,打开【事后比较】对话框,选择变量"教法"进入,然后在【假定等方差】栏下选择 LSD 和 Tukey 项。

(6) 单击【确定】按钮,执行上述操作。

2. 输出结果及分析

采用 SPSS Statistics 24.0 执行上述操作后,在输出窗口中呈现对因变量的 F 检验,如表 5-4-4 所示。由表可知 $F(5,18)=1.490, Sig=0.242$,这说明各个组样本总体方差是齐性的,满足方差检验的前提条件。

表 5-4-4 方差齐次性检验结果

因变量:教改成绩			
F	自由度 1	自由度 2	显著性(Sig)
1.490	5	18	0.242

备注:检验"各个组中的因变量误差方差相等"这一原假设。
a. 设计:截距+教材+教法+教材 * 教法。

不同教材和教法组合下教改成绩的基本统计量,包括平均值、标准偏差和个案数,如表 5-4-5 所示。总体来看,无论采用什么教材,第 3 种教法的均值最高,而教材 1 和教法 3 的搭配是所有搭配中均值最高的,那么教材 1 和教法 3 是否为最好的搭配,还需进一步做检验。

表 5-4-5 基本统计量

因变量:教改成绩				
教材	教法	平均值	标准偏差	个案数
1	1	90.00	8.165	4
	2	100.00	18.257	4
	3	155.00	17.321	4
	总计	115.00	32.891	12
2	1	105.00	12.910	4
	2	120.00	8.165	4
	3	135.00	12.910	4
	总计	120.00	16.514	12
总计	1	97.50	12.817	8
	2	110.00	16.903	8
	3	145.00	17.728	8
	总计	117.50	25.580	24

该案例的多因素方差分析结果,如表 5-4-6 所示。方差分析的模型(校正模型)检验为 $F=12.818, Sig=0.000<0.05$,即自变量和因变量之间存在线性关系,说明所用的模型有

统计学意义。从表5-4-7可以看出,教法对教改成绩具有显著影响($F=26.455$ $Sig=0.000<0.05$),而自变量教材对教改成绩没有显著影响(Sig 为 0.378,大于 0.05)。但是教材和教法的交互作用对教改成绩具有显著影响($F=5.182$, $Sig=0.017<0.05$)。这说明不同的教法和不同的教材的交互作用对教改成绩产生了极显著的影响。采用 LSD 和 Tukey 两种方法检验的结果是一致的。教法1与教法3(均值差异为 47.50,$Sig=0.000<0.05$)教法2与教法3(均值差异为 35.00,$Sig=0.000<0.05$)存在显著性差异。

表 5-4-6 多因素方差分析

主体间效应检验

因变量:教改成绩

源	类平方和	自由度	均方	F	显著性
修正模型	11750.000[a]	5	2350.000	12.818	0.000
截距	331350.000	1	331350.000	1807.364	0.000
教材	150.000	1	150.000	0.818	0.378
教法	9700.000	2	4850.000	26.455	0.000
教材 * 教法	1900.000	2	950.000	5.182	0.017
误差	3300.000	18	183.333		
总计	346400.000	24			
修正后总计	15050.000	23			

备注:a. R方=0.781(调整后 R 方=0.720)。

另外,通过多重比较也可以看出,在3种教法中,平均值差值均为正数,且相对较大。这说明教法3对教改成绩的影响明显优于教法1和教法2对教改成绩的影响,如表5-4-7所示。

表 5-4-7 多重比较结果

多重比较

因变量:教改成绩

	(I) 教法	(J) 教法	平均值差值 (I-J)	标准误差	显著性	95%置信区间	
						下限	上限
图基 HSD	1	2	-12.50	6.770	0.183	-29.78	4.78
		3	-47.50*	6.770	0.000	-64.78	-30.22
	2	1	12.50	6.770	0.183	-4.78	29.78
		3	-35.00*	6.770	0.000	-52.28	-17.72
	3	1	47.50*	6.770	0.000	30.22	64.78
		2	35.00*	6.770	0.000	17.72	52.28

(续表)

(I) 教法		(J) 教法	平均值差值 (I−J)	标准误差	显著性	95%置信区间	
						下限	上限
LSD	1	2	−12.50	6.770	0.081	−26.72	1.72
		3	−47.50*	6.770	0.000	−61.72	−33.28
	2	1	12.50	6.770	0.081	−1.72	26.72
		3	−35.00*	6.770	0.000	−49.22	−20.78
	3	1	47.50*	6.770	0.000	33.28	61.72
		2	35.00*	6.770	0.000	20.78	49.22

备注：基于实测平均值。
误差项是均方（误差）＝183.333。
*. 平均值差值的显著性水平为0.05。

5.5 小　　结

　　方差分析是检验多个样本均值的差异是否具有现实统计意义的一种方法。随着信息技术的迅猛发展和各种统计软件的出现，方差分析在许多领域都有重要的应用，所以了解基本的方差分析方法和对应的 SPSS 操作具有重要的现实意义。

　　本章在阐述方差分析基本理论的基础上，分别介绍了单因素方差分析和多因素方差分析的各个方面，包括：基本思想、计算步骤和 SPSS 操作步骤。为了加深读者对这两种方差分析方法的理解和熟练运用 SPSS 实现操作，在案例分析部分，分别以广告投放策略和教改成绩影响因素为例，展示了这两种方差分析的 SPSS Statistics 24.0 的操作流程，并对结果进行了解释。针对方差分析的关键步骤，本章给出了截图，使读者能清晰地实现 SPSS 方差分析操作。

思　考　题

1. 简述方差分析的基本概念。
2. 试述单因素分析的基本原理。
3. 简要说明单因素方差分析与多因素方差分析的一般步骤。
4. 从5名工人操作的三种机器中分别抽取多个不同时段的产量，观测到的产量如下表5-6-1所示。试运用 SPSS Statistics 24.0 分析产量是否依赖于机器类型和工人。

表 5-6-1　三台机器五名工人的产量数据

	机器1	机器2	机器3	工人均值
工人1	53	61	51	55
工人2	47	55	51	51

(续表)

	机器1	机器2	机器3	工人均值
工人3	46	52	49	49
工人4	50	58	54	54
工人5	49	54	50	51
机器均值	49	56	51	52

参 考 文 献

［1］ 时立文.SPSS 19.0统计分析从入门到精通[M].北京:清华大学出版社,2015.

［2］ 何晓群.应用多元统计分析[M].北京:中国统计出版社,2015.

［3］ 陈胜可.SPSS统计分析从入门到精通[M].北京:清华大学出版社,2015.

［4］ 卢纹岱.SPSS统计分析[M].北京:电子工业出版社,2015.

［5］ 李合龙,李妍,郑雪仪.SPSS统计学实验教程[M].北京:清华大学出版社,2015.

［6］ 曹慧.统计学基于SPSS的应用[M].北京:北京大学出版社.2015.

［7］ 何晓群.多元统计分析(第四版)[M].北京:中国人民大学出版社,2015.

［8］ 王在翔,崔庆霞,吕军城,等.SPSS软件与应用[M].北京:科学出版社,2015.

［9］ 陈方樱,沈思.数据分析方法及SPSS应用[M].北京:科学出版社,2016.

第 6 章 相 关 分 析

自然界和人类社会中的各种事物或现象都是在相互联系、相互依赖、相互制约中存在和发展的。事物或现象间的关系可分为确定性关系、不确定性关系和不相关三大类,确定性关系即通常所说的函数关系,不确定性关系即相关关系。相关分析正是研究相关关系的方法。本章从相关分析的基本概念和原理入手,重点介绍了三类相关系数的计算方法,然后分别介绍了双变量相关分析、偏相关分析和距离分析的原理与 SPSS 的实现步骤,最后通过案例分析展示三种相关分析方法的 SPSS Statistics 24.0 操作。

6.1 相关分析概念

相关分析(correlation analysis)是研究变量之间关系紧密程度的一种统计方法,也是基础的数据分析方法之一。在数据分析中,常利用相关系数定量地描述两个变量之间线性关系的紧密程度。

6.1.1 相关分析概述

相关分析反映的是当控制了其中一个变量的取值后,另一个变量的变异程度。其显著特点是变量不分主次,被置于同等的地位。相关分析的主要目的是研究变量之间关系的密切程度,以及根据样本资料推断总体是否相关等。例如,家庭收入和支出、子女的身高和父母身高之间的关系。回归方程的确定系数在一定程度上也能反映两个变量间关系的紧密程度,并且确定系数的平方根就是相关系数。通常情况下,通过拟合回归方程,可计算出确定系数。但是如果两个变量之间的关系并不紧密,那么拟合回归方程也就没有意义。因此针对商务数据分析,相关分析往往在回归分析之前进行。

1) 相关关系

变量间的相关关系可分为直线相关和曲线相关两种。

① 直线相关(线性相关)。直线相关也称线性相关。如果两个变量线性相关,那么两个变量呈线性共同增大,或者一增一减的变化态势。直线相关要求两个变量服从联合的双变量正态分布,如果不服从,则应考虑变量交换,或采用等级相关或权限相关来分析。

② 曲线相关(非线性相关)。曲线相关也称非线性相关,两个变量存在相关趋势,但并非线性关系,而是呈现各种可能的曲线趋势。此时如果直接进行直线相关分析,有可能出现不相关性的结论。

2) 相关关系分类

① 按相关程度划分。按相关程度划分,可分为完全相关、不相关和不完全相关三类。当一个现象的变化完全由另一个现象的变化所决定时,称这两种现象间的关系为完全相关。当两个现象的变化完全孤立时,则为不相关。介于二者之间的关系称为不完全相关。

② 按相关的方向划分。按相关的方向划分,可分为正相关和负相关。如果 A 变量增加时 B 变量也增加,则称为正相关。反之,A 变量增加时 B 变量减少,则称为负相关。

③ 按影响因素的多少划分。按影响因素的多少划分,可划分为单相关、复相关和偏相关。单相关是指仅有两个变量间的关系,也称简相关。复相关是指三个或三个以上变量之间的关系,即一个因变量对两个或两个以上自变量的相关关系,又称多元相关。偏相关是指某一变量与多个变量相关时,假定其他变量不变,其中两个变量之间的相关关系。

3) 相关分析方法

常见的相关分析方法有双变量相关分析、偏相关分析和距离分析。

① 双变量相关分析。双变量相关分析是确定两个变量之间的相关程度的分析方法,常用的相关系数有皮尔逊相关系数、斯皮尔曼等级相关系数和 Kendall 相关系数。

② 偏相关分析。偏相关分析也称净相关分析,是指当两个变量同时与第三个变量(控制变量)相关时,将第三个变量的影响剔除,只分析另外两个变量之间相关程度的过程。控制变量的个数为零时,偏相关系数称为零阶偏相关,也就是相关系数。控制变量个数为一时,偏相关系数称为一阶偏相关系数。控制变量个数为二时,偏相关系数称为二阶相关系数。

③ 距离分析。距离分析通过计算一对变量之间或一对观测量之间的广义的距离,测量观测量之间或变量之间相似或不相似的程度。它也是其他数据分析方法的基础,例如聚类分析、因子分析等。

4) 相关分析与回归直线

对于相关分析,假设两个变量 X、Y 都是随机变量,如果要拟合回归直线,就有两条直线可以拟合。若是通过 X 去估计 Y(即 X 为自变量,Y 为因变量),则应使 Y 的各点到直线的距离最短,即 $\sum (Y_i - Y_c)^2$ 最小。若是通过 Y 去估计 X(即 Y 为自变量,X 为因变量),则应使 X 的各点到直线的距离最短,即 $\sum (X_i - X_c)^2$ 达到最小。一般情况下,这两条直线是不一致的,但是从相关的角度看,两者关系的紧密程度是一致的。

5) 相关分析的前提条件

当相关分析要对总体进行推断时,除了所要分析的变量都是随机变量的假设外,还必须满足:当 X 取任意值时,Y 的条件分布为正态分布;当 Y 取任意值时,X 的条件分布为正态分布;X 与 Y 的联合分布是一个二维的正态分布。

6) 总体相关分析的步骤

由于存在抽样的随机性和样本数量较少等原因,通常样本相关系数不能直接用来说明样本源的两总体是否具有显著的线性相关性,而需要通过假设检验的方式对样本源的总体是否存在显著的线性相关关系进行统计推断。基本步骤如下。

① 提出原假设,即两个总体无显著的线性关系。

② 构造检验统计量。由于不同的相关系数采用不同的检验统计量,因此在做相关分析

时,不同的过程需要构造不同的检验统计量,具体的内容将在下文详细讲解。

③ 计算检验统计量的观测值及对应的概率 p 值。

④ 根据计算结果,得出结论。如果检验统计量的概率 p 值小于给定的显著性水平 α,应拒绝原假设,认为两个总体之间存在显著的线性关系。反之,如果检验统计量的概率 p 值大于给定的显著性水平 α,则应接受原假设,认为两个总体之间无显著性的线性关系。

6.1.2 相关系数计算

反映两个变量之间密切程度的指标称为相关系数。通常用 r 来表示相关系数,$\hat{r}$ 表示样本相关系数。此处主要用到样本相关系数,所以我们用 R 来表示总体相关系数。相关系数的取值在 -1 和 $+1$ 之间。相关系数以数值的方式精确地反映了两个变量之间线性相关的强弱程度。当数值越接近 -1 或 $+1$ 时,说明关系越紧密。接近于 0 时,说明关系不紧密。但是相关系数常常是根据样本数据计算的,要确定两个变量总体是否相关与样本的规模有一定关系,样本太小时推断结果可能出现较大的误差。

相关系数能够用于度量两个变量之间的线性关系,但它并不是度量非线性关系的有效工具。在相关分析中,常用的相关系数主要有皮尔逊相关系数、斯皮尔曼等级相关系数和 Kendall 相关系数。其中,皮尔逊简单相关系数适用于等间隔测度,而斯皮尔曼秩相关系数和 Kendall 秩相关系数都是非参测度。下面就各相关系数的计算方法作简单介绍。

1. 皮尔逊(Pearson)相关系数

皮尔逊相关系数也称为简单相关系数,用来度量定距型变量间的线性相关性。皮尔逊相关系数常用来量化两个变量间的线性相关关系,例如在测度收入和储蓄、身高和体重、工龄和收入等。皮尔逊相关系数可以直接运用变量的观察值进行计算,其公式恰好是矩阵乘积形式,所以也称为积矩相关系数。

$$r = \frac{n\sum X_i Y_i - \sum X_i \sum Y_i}{\sqrt{n\sum X_i^2 - (\sum X_i)^2}\sqrt{n\sum Y_i^2 - (\sum Y_i)^2}} \quad (6.1)$$

式(6.1)中 n 为样本数,X_i 和 Y_i 分别为两个变量的变量值。上式可以进行演变,从而得到简单相关系数,即:

$$r = \frac{\sum_{i=1}^{n}(X_i - \bar{X})(Y_i - \bar{Y})}{\sqrt{\sum_{i=1}^{n}(X_i - \bar{X})^2}\sqrt{\sum_{i=1}^{n}(Y_i - \bar{Y})^2}} \quad (6.2)$$

式(6.2)说明简单相关关系是 n 个 X_i 和 Y_i 分别标准化后的积的平均数。从上面两个式子可知,简单相关系数有的特点是:X 与 Y 的相关系数和 Y 与 X 的相关系数是等价的。对 X 和 Y 作线性变换后可能会改变它们之间相关系数的符号(相关的方向),但是不会改变相关系数的值。根据 r 绝对值的大小,描述 X 与 Y 间的线性相关程度:

当 $r=0$ 时表示不存在线性相关,但不意味着 Y 与 X 无任何关系;当 $0 \leq |r| \leq 0.3$ 时,

为微弱相关;当 $0.3 < |r| \leqslant 0.5$ 时,为低度相关;当 $0.5 < |r| \leqslant 0.8$ 时,为显著相关;当 $0.8 < |r| < 1$ 时,为高度相关;当 $|r| = 1$ 时,为完全线性相关。

皮尔逊简单相关系数的检验统计量为 T 统计量,T 统计量的定义为:

$$T = \frac{r\sqrt{n-2}}{\sqrt{1-r^2}} \qquad (6.3)$$

式(6.3)中,T 统计量服从自由度为 $n-2$ 的 T 分布。

在 SPSS Statistics 24.0 中,将自动计算皮尔逊简单相关系数、T 检验统计量的观测值和对应的概率 p 值。

2. 斯皮尔曼(Spearman)等级相关系数

斯皮尔曼等级相关系数用于度量定序变量之间的线性相关关系。例如,军队教员的军衔与职称、产品质量的等级与返修次数等变量之间的线性相关关系等。斯皮尔曼等级相关系数的设计思想与皮尔逊简单相关系数完全相同,唯一区别在于,在计算斯皮尔曼等级相关系数时,由于数据是非定距的,因此无法直接采用原始数据 (X_i, Y_i),而是利用数据的秩,即两个变量的秩 (U_i, V_i) 代替 (X_i, Y_i) 进行计算。关于秩的概念已在非参数检验中指出解。斯皮尔曼等级相关系数的计算方式为:

$$r = 1 - \frac{6\sum_{i=1}^{n} D_i^2}{n(n^2-1)} \qquad (6.4)$$

式(6.4)中,$\sum_{i=1}^{n} D_i^2 = \sum_{i=1}^{n}(U_i - V_i)^2$。

在小样本条件下,当原假设成立时,斯皮尔曼等级相关系数服从斯皮尔曼分布;在大样本条件下,斯皮尔曼等级相关系数的检验统计量为 U,即:

$$U = r\sqrt{n-1} \qquad (6.5)$$

式(6.5)中,U 统计量服从标准正态分布。

3. 肯德尔(Kendall)相关系数

肯德尔相关系数比较难理解,它采用非参数检验方法来度量定序变量之间的线性相关关系。Kendall 相关系数利用变量的秩计算一致对数目 U 和非一致对数目 V。当一致对数目较大,非一致对数目较小时,两个变量之间呈较强的正相关;当一致对数目较小,非一致对数目较大时,两个变量呈较强的负相关;当一致对数目和非一致对数目接近时,两个变量呈较弱的相关关系。在小样本条件下,Kendall 相关系数的 τ 定义为:

$$\tau = (U - V)\frac{2}{n(n-1)} \qquad (6.6)$$

小样本条件下,τ 服从 Kendall 分布,且取值在 -1 和 $+1$ 之间。在大样本条件下,采用的检验统计量 z 为:

$$z = \tau \sqrt{\frac{9n(n-1)}{2(2n+5)}} \tag{6.7}$$

式(6.7)中，z 统计量近似服从标准正态分布。

SPSS Statistics 24.0 可以自动计算 Kendall 相关系数，使 z 检验统计量能够得到观测值和对应的概率 p 值。Kendall 相关系数虽然其计算显得麻烦一些，但是其在原假设上的频率分布较简单，而且能推广到偏相关。

6.1.3 双变量相关分析的操作

依次点击 SPSS Statistics 24.0 中的【分析】→【相关】菜单下的【双变量】选项，该选项提供的双变量分析包括相关分析和非参数相关分析过程。打开【双变量相关性】对话框，如图 6-1-1 所示。该对话框中包括【变量】列表框、【相关系数】栏、【显著性检验】栏、【标记显著性相关性】选项，以及【选项】【样式】【自助抽样】按钮。

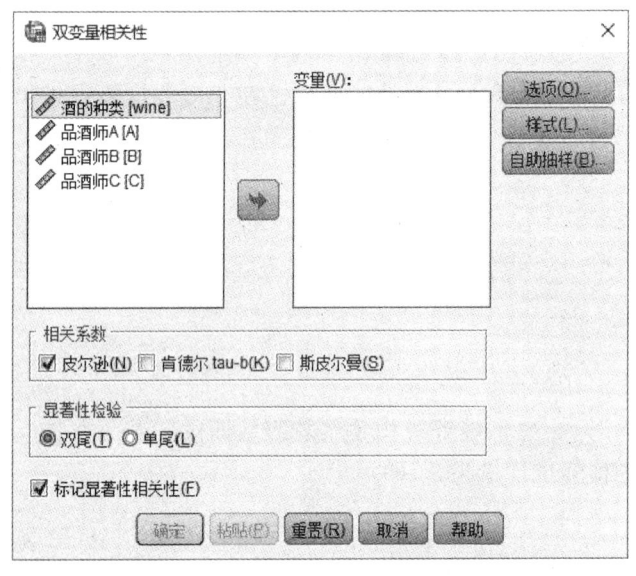
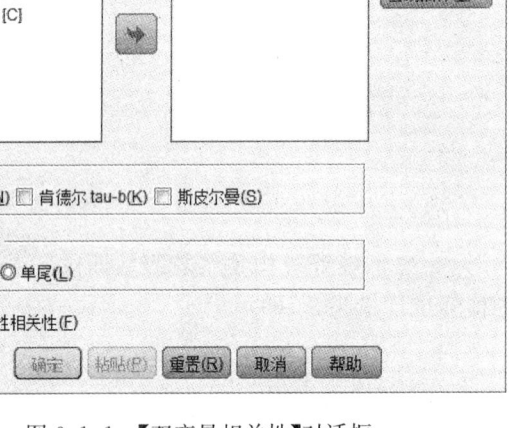

图 6-1-1 【双变量相关性】对话框　　图1-2 【双变量相关性：选项】对话框

1)【变量】列表框

该框用于选入需要进行分析的变量，至少需要选入两个变量，如果选入了多个变量，则分析结果会以矩阵的形式给出两条直线相关分析的结果。

2)【相关系数】栏

该栏提供了 3 种相关系数选项，即【皮尔逊简单相关系数】、【斯皮尔曼等级相关系数】和【Kendall 相关系数】。

①【皮尔逊】选项。该选项会计算皮尔逊相关系数，即积矩相关系数。只有变量是连续型变量(又称间隔测度变量)才能选用此项。这也是系统的默认选项。

②【肯德尔 tau-b】选项。该选项会计算 Kendall 相关系数，反映定序变量的一致性，适合于有序变量或不满足正态分布假设的等间隔数据。

③【斯皮尔曼】选项。该选项会采用非参数检验方法计算斯皮尔曼相关系数，也适合于

有序变量或不满足正态分布假设的等间隔数据。

3)【显著性检验】栏

该栏中有单尾检验和双尾检验可供选择。

①【双尾】选项。该选项表示进行双尾检验,当不清楚变量之间是正相关还是负相关时,应选择此选项。同时该选项为系统默认选项。

②【单尾】选项。该选项表示进行单尾检验,如果了解变量之间的相关关系是正的还是负的,则应选择此选项。

4)【标记显著性相关性】选项

选择此项,则在输出结果中标出有显著意义的相关系数。如果相关系数的右上角有"＊"号,则代表显著性水平为 0.05;如果相关系数的右上角有"＊＊"号,则代表显著性水平为 0.01。

5)【选项】按钮

单击【选项】按钮,弹出图 6-1-2 所示的【双变量相关性:选项】对话框,在该对话框中,可以选择统计量的计算和缺失值的处理方式,包括【统计】和【缺失值】两个选项栏。

①【统计】栏。从该栏中可以选择复选框:【平均值和标准差】和【叉积偏差和协方差】。前者表示计算均值与标准差,即对每一个变量输出均值、标准差和无缺省值的观测数。后者表示对每一对变量输出叉积离差矩阵和协方差矩阵,其中叉积离差矩阵等于均值校正变量的积的总和,即皮尔逊相关系数的分子。

②【缺失值】栏。【缺失值】栏用于选择处理默认值的方法有成对排除个案和成列排除个案。【成对排除个案】选项表示在计算某个统计量时,从变量中排除有缺省值的观测,它为系统默认选项。【成列排除个案】选项表示对于任何分析,剔除所有含缺省值的观测个案。

所有设置结束后,单击【确定】按钮,开始进行相关分析过程。

6.2 偏相关分析

偏相关分析也称净相关分析,它是在控制其他变量的线性影响下分析两变量间的线性相关关系。运用偏相关分析可以有效地揭示变量之间的真实关系,从而识别干扰变量并寻找隐含的相关性。

6.2.1 偏相关分析概述

1. 偏相关分析基本思想

多个变量之间的相关关系是错综复杂的,这种相关关系中夹杂了其他变量所带来的影响。有时因为第三个变量的存在,相关系数不能真实地反映两个变量之间的线性相关程度,此时二元变量相关分析不能精确地反映相关关系。例如,研究农作物产量与雨量、气温的关系。假设高温多雨有利于产量,而气温与雨量之间为负相关。在这种情况下,高温虽然对产量有利,但高温往往伴随着少雨而对产量不利,所以气温与产量之间的简单相关实际不能确切反映两者的真正关系。为了正确反映气温与产量之间的相关关系,必须将雨量固定,消除雨量带来的影响。而运用偏相关分析可以有效地揭示变量之间的真实关系。

偏相关系数可以用来反映各个不同的自变量在解释因变量的离差上所起的相对作用。由于偏相关系数是固定其他因素而计算出某两个因素之间的相关系数,因此偏相关系数可以解释为当固定其他自变量的影响后,某一自变量与因变量之间的关系。

2. 偏相关分析基本步骤

采用偏相关系数进行变量间净相关分析的基本步骤如下。

1) 计算样本的偏相关系数

利用样本数据计算样本的偏相关系数,可以反映两个变量之间净相关的强弱程度。偏相关系数的取值范围、大小的含义与相关系数相同。这里重点介绍一阶偏相关系数、二阶偏相关系数和 p 阶偏相关系数。

(1) 一阶偏相关系数。假设变量 x_1, x_2 和 y 间相互影响,在分析变量 x_1 和 y 之间的偏相关程度时,控制 x_2 的线性关系,则 x_1 和 y 之间的一阶偏相关系数 r_{yx_1,x_2} 定义为:

$$r_{yx_1,x_2} = \frac{r_{yx_1} - r_{yx_2} r_{x_1 x_2}}{\sqrt{(1-r_{yx_2}^2)(1-r_{x_1 x_2}^2)}} \quad (6.8)$$

式(6.8)中 r_{yx_1} 表示 y 和 x_1 间的相关系数,r_{yx_2} 表示 y 和 x_2 间的相关系数,$r_{x_1 x_2}$ 表示 x_1 和 x_2 间相关系数。

(2) 二阶偏相关系数。在一阶偏相关系数的基础上,增加变量 x_3,且 x_3 与 y,x_1 和 x_2 均有影响,则 x_1 和 y 之间的二阶偏相关系数 $r_{yx_1,x_2 x_3}$ 定义为:

$$r_{yx_1,x_2 x_3} = \frac{r_{yx_2} - r_{yx_3,x_2} r_{x_1 x_3,x_2}}{\sqrt{1-r_{yx_3,x_2}^2}\sqrt{1-r_{x_3,x_2}^2}} \quad (6.9)$$

(3) p 阶偏相关系数。在 x_1 和 y 之间新增 p 个变量 $x_2, x_3, \cdots, x_{p+1}$,所有的变量间相互影响,则 x_i 和 y 之间的二阶偏相关系数 $r_{yx_i, x_1 x_2 \cdots x_{i-1} x_{i+1} \cdots x_{p+1}}$ 定义为:

$$r_{yx_i,x_1 x_2 \cdots x_{i-1} x_{i+1} \cdots x_{p+1}} = \frac{r_{yx_i, x_1 x_2 \cdots x_{i-1} x_{i+1} \cdots x_p} - r_{yx_{p+1}, x_1 x_2 \cdots x_p} r_{x_i x_{p+1}, x_1 x_2 \cdots x_{i-1} x_{i+1} \cdots x_p}}{\sqrt{1-r_{yx_{p+1}, x_1 x_2 \cdots x_p}^2}\sqrt{1-r_{x_i x_{p+1}, x_1 x_2 \cdots x_{i-1} x_{i+1} \cdots x_p}^2}} \quad (6.10)$$

2) 提出原假设

偏相关分析的原假设为:两个样本源总体的偏相关系数与零无显著差异。

3) 构造检验统计量

偏相关分析采用 T 统计量作为检验统计量,其数学定义为:

$$T = r\sqrt{\frac{n-q-2}{1-r^2}} \quad (6.11)$$

式(6.11)中,r 为偏相关系数,n 为样本数,q 为阶数。T 统计量服从自由度为 $n-q-2$ 的 T 分布。

4) 计算检验统计量的观测值及对应的概率 p 值

5) 得出结论

如果检验统计量的概率 p 值小于给定的显著性水平 α,则应拒绝原假设,认为两个总体的偏相关系数与零有显著差异,即两变量偏相关。反之,如果检验统计量的概率 p 值大于给定的显著性水平 α,则应接受原假设,认为两个总体的偏相关系数与零无显著性差异。

6.2.2 偏相关分析的操作

从菜单栏中选择【分析】→【相关】→【偏相关】命令,打开如图 6-2-1 所示的【偏相关性】对话框,该话框的功能区和按钮与【双变量相关】对话框基本一样,唯一不同的功能区域是【控制】。

1)【变量】列表框

从左侧的变量列表中选中选择变量,将需要偏相关分析的变量转入该列表框,至少需要选入两个变量。如果选入了多个变量,则给出两两偏相关分析的结果。

2)【控制】列表框

该列表框用于输入控制变量,其方法与选择相关变量一样。如果不选入控制变量,则进行简单相关分析。

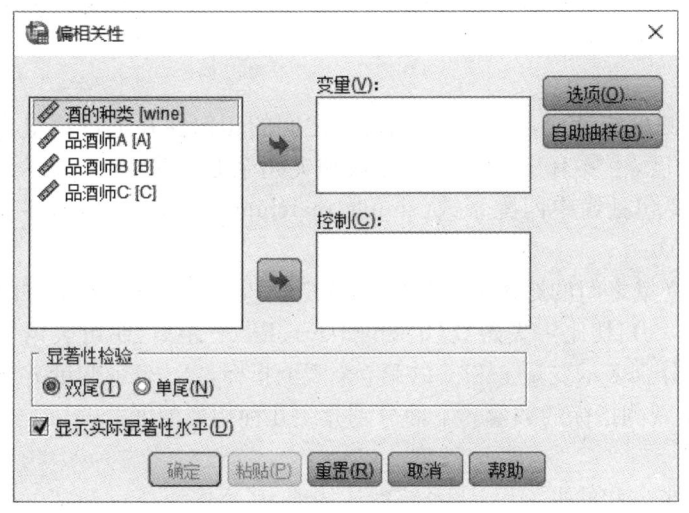

图 6-2-1 【偏相关】对话框

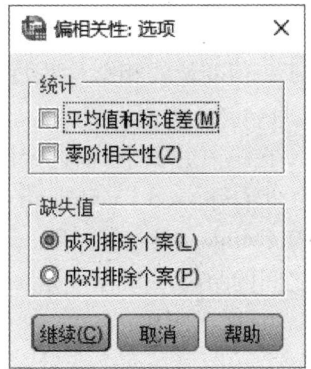

图 6-2-2 【偏相关性:选项】对话框

3)【选项】按钮

单击【选项】按钮,打开图 6-2-2 所示的【偏相关性:选项】对话框。该对话框与简单相关分析的选项对话框基本相同,只是在【统计】栏下的【叉积偏差和协方差】复选框改变为【零阶相关性】复选框。【零阶相关性】复选框表示给出协变量在内所有变量的相关矩阵,即零阶相关矩阵,也称皮尔逊相关矩阵。

所有设置结束后,单击【确定】按钮,开始进行偏相关分析过程。

6.3 距离分析

距离分析可以按照各种测量指标来计算各个变量(或记录)之间的相似性程度,从而为后续更进一步的数据分析提供依据。

6.3.1 距离分析概述

1. 距离分析基本思想

在实际问题中经常需要分类。例如,在古生物研究中,通过挖掘出来的一些骨骼的形状和大小将它们进行科学的分类;又如,在地质勘探中,根据矿石标本的物探、化探指标要将标本进行分类。为了将样本(或指标)进行分类,就需要研究样本之间的关系,一种方法是用相似系数,性质越接近的样品,它们的相似系数就越接近于 1 或(-1),而彼此无关的样品它们的相似系数则越接近于 0。比较相似的样品归为一类,相似性不高的样品归于不同的类。另一种方法是将每一个样品看作空间上的一个点,并在空间定义距离,距离较近的点归为一类,距离较远的点应属于不同的类。后者也称作距离分析,通过计算一对变量之间的广义的距离,距离分析可测度观测量之间相似或不相似的程度,可应用于聚类分析、因子分析等数据分析。在距离分析过程中,主要利用变量之间的相似性测度(similarities)和不相似性测度(dissimilarities)来度量两者之间的相关关系。

2. 相似性测度

两变量之间可以定义相似性测度统计量,用来统计两变量之间的相似性并进行数量化描述。针对定距型变量相似性测度,主要有皮尔逊相关系数和夹角余弦距离(Cosine)等。对于二值变量的相似性程度,主要包括简单匹配系数(simple matching)、Jaccard 相似性指数、Hamann 相似性测度等 20 余种。

在距离分析中,描述定距型变量之间的距离有:欧式距离(Euclidean distance)、平方欧式距离(Squared Eucilidean distance)、切比雪夫距离(Chebychev)、Block 距离、明可夫斯基距离(Minkowski)等。用 x_i,y_i 分别表示变量 x 和 y 的第 i 个观测指标,d_{xy} 表示变量 x 与 y 之间的距离,n 表示变量 x 和 y 观测指标的数量。下面分别介绍几种相似测度

1) 欧氏距离

欧氏距离是两个变量之差的平方和的平方根,为系统默认选项,其公式为:

$$d_{xy} = \sqrt{\sum_{i=1}^{n}(x_i - y_i)^2} \qquad (6.12)$$

2) 平方欧氏距离

使用欧氏距离的平方来表示距离,即两个变量之差的平方和,其公式为:

$$d_{xy} = \sum_{i=1}^{n}(x_i - y_i)^2 \qquad (6.13)$$

3) 切比雪夫距离

切比雪夫距离的公式为:

$$d_{xy} = \max_{1 \leqslant i \leqslant n} \sqrt{x_i - y_i} \qquad (6.14)$$

4) 块距离

块距离即区间距离,为变量的两个值之间差的绝对值之和,其公式为:

$$d_{xy} = \sum_{i=1}^{n}|x_i - y_i| \qquad (6.15)$$

5) 明可夫斯基距离

明可夫斯基距离是两变量之差的 p 次幂绝对值之和的 p 次方根,其公式为:

$$d_{xy} = \sqrt[p]{\sum_{i=1}^{n} |(x_i - y_i)^p|} \tag{6.16}$$

3. 不相似性测度

对定序变量之间距离的描述,主要有卡方不相似测度(Chi-Square measure)和 Phi 方不相似度(Phi-Square measure)。对二值(只有两种取值)变量之间的距离描述,主要有欧氏距离(Euclidean distance)、平方欧氏距离(Squared Euclidean distance)、Lane and Williams 不相似性测试等。

6.3.2 距离分析的操作

在数据编辑器窗口的主菜单栏中,选择【分析】→【相关】→【距离】命令,打开图 6-3-1 所示的【距离】对话框,该对话框包括【变量】列表框、【个案标注依据】列表框、【计算距离】栏和【测量】栏。

图 6-3-1 【距离】对话框

图 6-3-2 【距离:非相似性测量】对话框

1)【变量】列表框

【变量】列表框用于选入进行距离分析的变量。

2)【个案标注依据】列表框

【个案标注依据】列表框用于选入个案标识变量,以增加结果的可读性。

3)【计算距离】栏

【计算距离】栏中提供两种计算距离的对象:【个案间】选项表示计算每一对个案之间的距离;【变量间】选项表示计算每一对变量之间的距离。

4)【测量】栏

【测量】栏中提供计算距离测度的类型包括:【非相似性】【相似性】和【测量】。

(1)【非相似性】。选择此项,则会计算不相似性矩阵,数值越大表示距离越远。系统默认为【不相似性】选项。

(2)【相似性】。选择此项,则会计算相似性矩阵,数值越大表示距离越远。

(3)【测量】。【测量】按钮是【距离】对话框中最重要的一个按钮,选择【非相似性】和【相似性】项,会分别弹出两个不同的对话框。

① 非相似性测量。如果在【测量】栏下选择了【非相似性】选项,单击【测量】按钮,打开【距离:非相似性测量】对话框,如图 6-3-2 所示。该对话框包括【测量】栏、【转换值】栏和【转换测量】栏。

【测量】栏可以选择使用各种测量类型,该栏包括【区间】【计数】和【二元】三个单选按钮。

【区间】按钮用于测量的变量类型为间隔测度类型。选择此项后,可供用户选择的测量类型有:【欧氏距离】【平方欧氏距离】【切比雪夫距离】【块】【明可夫斯基】和【定制】。

【计数】按钮表示选择计数变量的选项,用于测量有序变量。选择此项后,为用户提供两种测量类型。一种是【卡方测量】选项,其表示进行卡方检验,即基于两组频数相等的卡方检验,测度的数量级取决于两个变量或个案近似计算的总频数。另一种是【Phi 平方测量】选项,该选项表示进行 Phi 方测度,即通过把不相似性的卡方检验除以联合频数平方根,使其正规化。

【二元】选项表示测量的变量类型为二值变量,选择此项后,可供用户选择的测量类型有七种。选择【欧氏距离】,则使用欧氏距离来表示距离,根据四格表计算 $SQRT(b+c)$,此处的 b 和 c 是在一项中出现,而在另一项中不出现的对角元素。其最小距离为 0,最大距离为无穷大。选择【平方欧氏距离】,则使用二元欧氏距离的平方来计算不一致的个案数。其最小距离为 0,最大距离为无穷大。选择【大小差】,则使用大小不同的测度来表示距离,范围为 $(0,1)$ 的不对称指数。选项【模式差】,则模式差异测量是一个从 0~1 之间的不相似性测量,根据四格表计算 $bc/(n^{**}2)$。其中,b 和 c 是在一项中出现、而在另一项中不出现的对角元素,n 为观测个数。选择【方差】,则表示以方差来表示距离。该测量范围为 0~1,从四格表中计算 $bc/4n$,其中,b 和 c 是在一项中出现、而在另一项中不出现的对角元素,n 为观测个数。选项【形状】进行形状测量,在 0~1 范围内测量距离。选择【兰斯-威廉姆斯】,则使用 Bray-Curtis 非等距系数来测量距离,它的值界于 0~1 之间。根据四格表计算 $(b+c)/(2a+b+c)$。其中 a 是在两项中均出现的观测相对应的元素,b 和 c 是在一项中出现、而在另一项中不出现的对角元素。另外,用户可以在【存在】和【不存在】文本框中输入改变特性出现或不出现的值,系统默认为 0。

【转换值】栏允许用户在近似计算之前,设置数值转换的方式,但对二元数据不能进行标准化。对变量或观测量进行标准化,该栏提供的方法有七种:选择【无】选项,则对观测值或变量不进行标准化。除【无】选项外,其他选项都可指定标准化对象:【按变量】表示对变量进行标准化,【按个案】表示对观测量进行标准化。选择【Z 得分】选项,则对观测值或变量标准化到 Z 分数,标准化后,其均值为 0,方差为 1。选择【范围-1 到 1】选项,则对观测值或变量标准化到 -1~1 之间。标准化方法是使用要标准化的观测值或变量除以观测值或变量值的范围。选择【范围 0 到 1】,则对观测值或变量标准化到 0~1 之间。标准化方法是使用要标准化的观测值或变量减去最小的观测值或变量,然后除以观测值或变量值的范围。选择【最大量级为 1】,则对观测量或变量都除以观测量或变量的最大值。如果最大值为 0,则将所有变量或观测量取它们本身的负值。选择【平均值为1】,则观测量或变量都除以观测量或变量的均值。如果均值为0,则将所有的数值都加1。选择【标准差为1】,则观测量或变量都除以标准差。如果标准差为0,其值保持不变。

【转换测量】栏允许对距离测量的结果进行转换。该栏共有3种转换方法:【绝对值】复选框表示对距离取绝对值。如果仅对相关的数值感兴趣么可以使用这种转换。【变化量符号】复选框表示转变符号,把相似性测度值转换成不相似性测度值或相反。【重新标度到0～1范围】复选框,选择此项则先剪去最小值,然后除以范围差值,使距离标准化,对具有一定含义的标准化的测度一般不使用此方法进行转换。

② 相似性测量。如果在【测量】主对话框中选择了【相似性】选项,单击【测量】按钮,则会打开【距离:相似性测量】对话框,如图6-3-3所示。该对话框包括【测量】栏、【转换值】栏和【转换测量】栏。

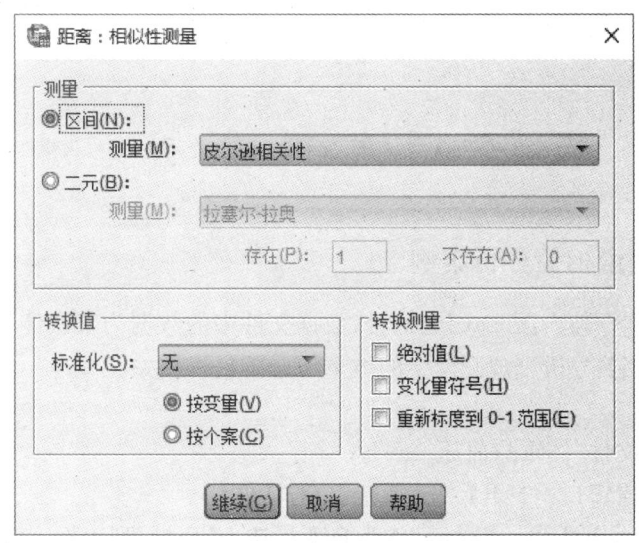

图6-3-3 【距离:相似性度量】对话框

【测量】栏可以使用各种测量类型,该栏包括【区间】和【二元】二个单选按钮。

【区间】选项用于度量间隔测度类型的变量。选择此项后,可供用户选择的相似性测度方式有两种:一种是【皮尔逊相关性】,表示使用皮尔逊相关系数,其取值在-1～1之间,该项为系统默认选项。另一种是【余弦】,表示使用夹角余弦来度量相似性。

【二元】选项用于度量的变量为二值数据。该选项下有20种二值数据相似性测度。选择【拉塞尔-拉奥】,则使用二分点乘积为配对系数,且系统默认该选项。选择【简单匹配】,则以配对数与总对数的比例为配对系数。选择【杰卡德】,则将分子与分母中的配对数与非配对数给予相同的权重。选择【掷骰】,则使用掷骰配对系数,分子与分母中的配对数给予加倍的权重。选择【罗杰斯-塔尼莫特】,则使用罗杰斯-塔尼莫特配对系数,分母为配对数,分子为非配对数,并且非配对数给予加倍的权重。选择【索卡尔-施尼斯1】,则使用索卡尔-施尼斯1型配对系数,分母为配对数,分子为非配对数,配对数给予加倍的权重。选择【索卡尔-施尼斯2】,则使用索卡尔-施尼斯2型配对系数,分子与分母均为非配对数,但分子给予加倍的权重。选择【索卡尔-施尼斯 3】,则使用索卡尔-施尼斯 3 型配对系数,分母为配对数,分子为非配对数,分子与分母的权重相同。选择【切卡诺夫斯基 1】,则使用切卡诺夫斯基 1 型配对系数,分母为总数与配对数之差,分子为非配对数,分子与分母的权重相同。选择【切卡诺夫斯基 2】,则使用切卡诺夫斯基平均条件概率。选择【索卡尔-施尼斯 4】,则使用索卡尔-施尼斯条件概率。选择【哈曼】,则使用哈曼概率。选择【Lambda】,则使用 Goodman-Kruskai 相似测量的 λ 值。选择【安德伯格 D】,则以一个变量状态预测另一个变量状态。选择【尤尔 Y】,则使用尤尔综合系数,属于 2×2 四格表的列联比例函数。选择【尤尔 Q】,则使用 Goodman-Kruskal γ 值,属于 2×2 四格表的列联比例函数。选择【落合】,则使用落合二分余弦测量。选择【索卡尔-施尼斯 5】,则使用索卡尔-施尼斯 5 型相似测量。选择【Phi4 点相关】,则使用皮尔逊相关系数的平方值。选择【离散】,则使用离散相似性测量。用户可以在【存在】和【不存在】文本框中输入改变某特性出现或不出现的值,系统默认为 0。

【转换值】栏和【转换测量】栏的功能同相似性测量。设置结束后,单击【确定】按钮,即可执行距离分析。

6.4 案 例 分 析

6.4.1 双变量相关分析案例

以数据文件"体重与血压.sav"为例,该数据文件中的数据为某次体检中 12 名学生的体重和血压,现通过相关分析来观测学生的体重与血压是否相关。

1. 操作步骤

(1) 打开数据文件"体重与血压.sav"。

(2) 在数据编辑窗口中打开【双变量相关】对话框。

(3) 将变量"weight"和"pressure"作为自变量选入【变量】列表框,其他采用默认选择。

(4) 单击【选项】按钮,打开【双变量相关性:选项】对话框。选择【平均值和标准差】和【叉积偏差和协方差】复选框,但后单击【继续】按钮确认并返回主对话框。

(5) 单击【确定】按钮执行上述操作,开始相关分析。

2. 结果解读

执行相关分析后,在输出窗口中得到结果表格,如表 6-4-1 所示和表 6-4-2。表 6-4-1 为描述性统计量的输出表格,包括平均值、标准差和个案数。从"weight"变量和"pressure"变量来看,他们对应的个案数均为 12,与原样本整体规模相等。这说明样本数据中没有缺失值。

表 6-4-1 描述性统计量

	平均值	标准差	个案数
Weight	63.833 3	10.142 92	12
Pressure	118.333 3	24.739 86	12

表 6-4-2 为相关分析结果表,从表中可以看出,体重(weight)和血压(pressure)之间的皮尔逊相关系数为 -0.112,表示两个变量是微弱相关的,而且两者之间不相关的双尾检验值为 0.728,进一步否定了二者不相关的假设。因此,可以得出结论:学生的体重与血压之间存在微弱的负相关关系。

表 6-4-2 相关分析结果

		weight	pressure
weight	皮尔逊相关性	1	−0.112
	显著性(双尾)		0.728
	平方和与叉积	1 131.667	−310.333
	协方差	102.879	−28.212
	个案数	12	12
pressure	皮尔逊相关性	−0.112	1
	显著性(双尾)	0.728	
	平方和与叉积	−310.333	6 732.667
	协方差	−28.212	612.061
	个案数	12	12

6.4.2 偏相关分析案例

由于第三个变量的存在,在计算两个相互独立、没有联系的变量之间的相关系数时,有时会得出相关系数显著不为 0 的结论。在统计学中,这种现象称为伪相关。在社会经济统计分析中,经常出现类似问题,会影响所要分析的变量,得出错误的结论。

下面以一个社会经济统计中的实例来讲解偏相关分析过程及对伪相关的鉴别。表 6-4-3 为我国 1985—1999 年居民收入与支出的相关数据,分析城镇居民家庭人均消费、城镇居民家庭人均可支配收入以及农村居民家庭人均纯收入三者之间的相关关系(数据来源于中国统计年鉴)。

表 6-4-3 居民收入与支出数据

年份 Year	城镇居民家庭人均消费 X_1	城镇居民家庭人均可支配收入 X_2	农村居民家庭人均纯收入 X_3
1985	673.2	739.1	397.6
1986	799.0	899.6	423.8
1987	884.4	1 002.2	462.6
1988	1 104.0	1 181.4	544.9
1989	1 211.0	1 375.7	601.5

(续表)

年份 Year	城镇居民家庭人均消费 X_1	城镇居民家庭人均可支配收入 X_2	农村居民家庭人均纯收入 X_3
1990	1 278.9	1 510.2	686.3
1991	1 453.8	1 700.6	708.6
1992	1 671.7	2 026.6	784.0
1993	2 110.0	2 577.4	921.6
1994	2 851.3	3 496.2	1 221.0
1995	3 537.6	4 283.0	1 557.7
1996	3 919.5	4 838.9	1 926.1
1997	4 185.6	5 160.3	2 090.1
1998	4 331.6	5 425.1	2 162.0
1999	4 615.9	5 854.0	2 210.3

1. 操作步骤

在 SPSS Statistics 24.0 中进行偏相关分析和伪相关的检验,其基本操作步骤如下。

(1) 根据表 6-4-3 所示的数据建立 SPSS 数据文件"居民收入与支出.sav",城镇居民家庭人均消费作为变量 X_1,城镇居民家庭人均可支配收入作为变量 X_2,农村居民家庭人均纯收入作为变量 X_3,年份作为变量 year。

(2) 进行简单相关分析。执行【分析】→【相关】→【双变量】命令,打开【双变量相关】对话框。

(3) 将变量 X_1、X_2、X_3 同时选入【变量】列表框中,其他设置采用默认选项。

(4) 单击【确定】按钮,运行简单相关分析。

(5) 进行偏相关分析。执行【相关】→【偏相关】命令,打开【偏相关】对话框。

(6) 选择 X_1、X_3 作为相关变量进入【变量】列表框,X_2 作为控制变量进入【控制】列表框,并在选项对话框中选择输出描述性统计量。

(7) 交换相关变量与控制变量,即以 X_2、X_3 作为相关变量,X_1 作为控制变量;以 X_1、X_2 作为相关变量,X_3 作为控制变量。

(8) 单击【确定】按钮,执行上述操作。

2. 结果解读

简单相关分析的结果和,如表 6-4-4 所示。从中可以看出,农村居民家庭人均纯收入与城镇居民家庭人均消费、城镇居民家庭人均可支配收入之间存在显著的线性相关关系。城镇居民家庭人均消费与城镇居民家庭人均可支配收入之间完全相关(相关系数为 1.00)。从经济学上讲,城镇居民家庭人均消费与城镇居民家庭人均可支配收入之间完全相关是合理的,具有经济意义,但农村居民家庭人均纯收入与城镇居民家庭人均消费之间存在显著的线性相关关系却是无法解释的,因为城镇居民与农村居民时两个不同的群体,相互之间的收入水平与消费水平不存在相关关系,因此这是一种伪相关关系。

表 6-4-4 简单相关分析

		农村居民家庭人均纯收入	城镇居民家庭人均消费	城镇居民家庭人均可支配收入
农村居民家庭人均纯收入	皮尔逊相关性	1	0.994**	0.994**
	显著性(双尾)		0.000	0.000
	个案数	15	15	15
城镇居民家庭人均消费	皮尔逊相关性	0.994**	1	1.000**
	显著性(双尾)	0.000		0.000
	个案数	15	15	15
城镇居民家庭人均可支配收入	皮尔逊相关性	0.994**	1.000**	1
	显著性(双尾)	0.000	0.000	
	个案数	15	15	15

**.在0.01级别(双尾),相关性显著。

表 6-4-5 为描述性统计量的输出表格,包括均值、标准差和观测量个数。从中可以看出,所给的样本数据中没有缺失值,同时城镇居民家庭人均可支配收入的均值和标准差均最大。

表 6-4-5 描述性统计量

	平均值	标准差	个案数
农村居民家庭人均纯收入	1 113.207	687.356 1	15
城镇居民家庭人均消费	2 308.500	1 444.518 2	15
城镇居民家庭人均可支配收入	2 804.687	1 849.502 3	15

表 6-4-6 至 6-4-8 分别为变量 X_1、X_2 和 X_3 之间交叉进行偏相关分析的结果。下面结合这 3 张表给出最后的分析结论。

表 6-4-6 X_1 与 X_3 的偏相关分析

控制变量			城镇居民家庭人均消费	农村居民家庭人均纯收入
城镇居民家庭人均可支配收入	城镇居民家庭人均消费	相关性	1.000	0.022
		显著性(双尾)	0.000	0.939
		自由度	0	12
	农村居民家庭人均纯收入	相关性	0.022	1.000
		显著性(双尾)	0.939	0.000
		自由度	12	0

表 6-4-7　X_1 与 X_2 的偏相关分析

控制变量			城镇居民家庭人均消费	城镇居民家庭人均可支配收入
农村居民家庭人均纯收入	城镇居民家庭人均消费	相关性	1.000	0.970
		显著性（双尾）	0.00	0.000
		自由度	0	12
	城镇居民家庭人均可支配收入	相关性	0.970	1.000
		显著性（双尾）	0.000	0.000
		自由度	12	0

表 6-4-8　X_2 与 X_3 的偏相关分析

控制变量			城镇居民家庭人均可支配收入	农村居民家庭人均纯收入
城镇居民家庭人均消费	城镇居民家庭人均可支配收入	相关性	1.000	0.22 2
		显著性（双尾）	0.000	0.447
		自由度	0	12
	农村居民家庭人均纯收入	相关性	0.222	1.000
		显著性（双尾）	0.447	0.000
		自由度	12	0

从 3 个表格可以看出：当控制变量为 X_2（城镇居民家庭人均可支配收入），对 X_1（城镇居民家庭人均消费）与 X_3（农村居民家庭人均纯收入）进行偏相关分析时，X_1 与 X_3 的偏相关系数为 0.022，几乎为 0，说明二者之间没有相关关系。当控制变量为 X_1 时，X_2 与 X_3 之间的相关系数为 0.022 2，但是根据前面的分析可知，这种高度相关是一种伪相关。当控制变量为 X_3 时，X_1 与 X_2 之间的相关系数为 0.970，说明两者之间高度相关，即城镇居民家庭人均可支配收入与城镇居民家庭人均消费之间存在显著的相关关系。

6.4.3　距离分析案例

为了对 20 种酒进行测评，现有 3 名品酒师分别品尝，并给出等级 0~10。根据所得的数据建立数据文件"wine.sav"，计算 3 名品酒师 A、B、C 所给分数的距离，以判断品酒师在品尝酒的口味之间的相似性。

1. 操作步骤

（1）打开数据文件"wine.sav"，依次选择【分析】→【相关】→【距离】命令，打开图 6-3-1 所示的【距离】对话框。

（2）从左边的源变量框中选择进行距离分析的变量 A、B 和 C 进入【变量】列表框中。

（3）从【计算距离】栏内选择【变量间】选项，计算每一对变量之间的距离。

（4）从【测量】栏内选择【相似性】选项，分析变量之间的相似性，系统默认使用皮尔逊相关系数来分析。

(5) 单击【确定】按钮,进行统计分析过程。

2. 结果解读

表 6-4-9 为个案处理摘要表,从中可以看出,有效的观测量共有 20 个,而带缺失值的观测量为 0 个,共有 20 个观测量。

表 6-4-9 个案处理摘要

有效		缺失		总计	
个案数	百分比	个案数	百分比	个案数	百分比
20	100.0%	0	0.0%	20	100.0%

表 6-4-10 为近似值矩阵,也就是皮尔逊相关系数矩阵。从中可以看出,在 3 个品酒师中,品酒师 A 与品酒师 B 之间的皮尔逊相关系数最大,为 0.670,体现两者之间的口味比较相似。相比较而言,品酒师 A 与品酒师 C 之间的皮尔逊相关系数最小,为 0.347,两者之间口味的相似性测度也最小。因此,品酒师 A 与品酒师 B 的评判标准和口味比较相似。

表 6-4-10 近似值矩阵

	值的向量之间的相关性		
	品酒师 A	品酒师 B	品酒师 C
品酒师 A	1.000	0.670	0.347
品酒师 B	0.670	1.000	0.414
品酒师 C	0.347	0.414	1.000

6.5 小 结

相关分析研究现象之间是否存在某种依存关系,并对具有依存关系的现象探讨其相关方向以及相关程度,是研究随机变量之间的相关关系的一种统计方法。相关分析只研究分析变量之间的相关关系而不考虑变量之间的因果关系。对于相关关系,当一个或几个相互联系的变量取一定数值时,与之相对应的另一变量值也相应发生变化,但其关系值不是固定的,往往按照某种规律在一定的范围内变化。在商务数据分析中,常采用相关系数定量地描述两个变量之间的线性关系的紧密程度,采用偏相关系数反映两个变量之间净相关的强弱程度。

本章在讲解了相关分析思想和基本概况的基础上,分别详细介绍了双变量相关分析、偏相关分析和距离分析的思想、原理和 SPSS Statistics 24.0 的操作步骤。其中双变量相关分析涉及的常见的简单相关系数的计算,包括皮尔逊相关系数、斯皮尔曼等级相关系数和 Kendall 相关系数。针对多变量相互影响下的相关关系,在偏相关中说明了一阶偏相关系数、二阶偏相关系数和 p 阶偏相关系数的计算。对于两变量在空间中的距离,可以采用不同方法进行度量,从而确定两变量间的相似度,例如欧式距离、平方欧式距离、切比雪夫距离等。最后通过3个相关分析的实际操作案例分析加深读者的理解和掌握,使读者可以更熟练地进行 SPSS Statistics 24.0 相关分析操作。

思 考 题

1. 简述相关分析的思想及分类。
2. 简述偏相关分析的思想及二阶偏相关关系的计算公式。
3. 在距离分析过程中主要用哪些方法来度量变量之间的距离?
4. 测得30名13岁男童的身高(cm)、体重(kg)、肺活量(ml)的数据,对该资料进行身高与肺活量的相关分析,其中体重作为控制变量。数据如表6-6-1所示。

表6-6-1 13岁男童身高、体重、肺活量数据

编号	身高(cm)	体重(kg)	肺活量(ml)	编号	身高(cm)	体重(kg)	肺活量(ml)
1	135.1	32.0	1 750	16	153.0	47.2	1 750
2	139.9	30.4	2 000	17	147.6	40.5	2 000
3	163.6	46.2	2 750	18	157.5	43.3	2 250
4	146.5	33.5	2 500	19	155.1	44.7	2 750
5	156.2	37.1	2 750	20	160.5	37.5	2 000
6	156.4	35.5	2 000	21	143.0	31.5	1 750
7	167.8	41.5	2 750	22	149.4	33.9	2 250
8	149.7	31.0	1 500	23	160.8	40.4	2 750
9	145.0	33.0	2 500	24	159.0	38.5	2 500
10	148.5	37.2	2 250	25	158.2	37.5	2 000
11	165.5	49.5	3 000	26	150.0	36.0	1 750
12	135.0	27.6	1 250	27	144.5	34.7	2 250
13	153.3	41.0	2 750	28	154.6	39.5	2 500
14	152.0	32.0	1 750	29	156.5	32.0	1 750
15	160.5	47.2	2 250	30	139.0	30.9	2 050

参 考 文 献

[1] 罗花容.SPSS 24 统计分析基础与案例应用教程[M].北京:北京希望电子出版社.2017.

[2] 李合龙,李妍,郑雪仪.SPSS统计学实验教程[M].北京:清华大学出版社,2015.

［3］ 曹慧.统计学基于SPSS的应用[M].北京:北京大学出版社.2015.
［4］ 何晓群.多元统计分析(第四版)[M].北京:中国人民大学出版社.2015.
［5］ 王在翔,崔庆霞,吕军城,等.SPSS软件与应用[M].北京:科学出版社.2015.
［6］ 时立文.SPSS19.0统计分析从入门到精通[M].北京:清华大学出版社,2012.
［7］ 谢龙汉,尚涛.SPSS统计分析与数据挖掘[M].北京:电子工业出版社.2012.

第 7 章

回 归 分 析

回归分析是研究一个因变量与一个自变量或多个自变量之间是否存在某种线性关系或非线性关系的一种分析方法。回归分析在金融、经济、医学等领域都有广泛的应用。在回归分析中,通常以回归方程的形式描述和反映变量间的线性规律。基于回归分析,人们能准确把握变量受其他一个或几个变量影响的程度,进而科学地做出决策。本章重点介绍了一元和多元的线性回归模型、非线性回归模型以及二项、多分变量、有序变量的 Logistic 回归模型,并运用 SPSS Statistics 24.0 对商务数据进行简单的回归分析,以帮助读者理解。

7.1 线 性 回 归

自变量与因变量之间呈线性关系时,可以构造线性回归方程。线性回归方程包括一元线性回归和多元线性回归。若自变量只有一个,就是一元线性回归;若参与回归分析的有多个变量,则是多元线性回归分析。

7.1.1 线性回归分析的原理

线性回归在商务、工业数据分析等领域中有着广泛的应用。其前提是:根据给定的数据来建立回归方程,即利用最小二乘法可以得到参数的无偏估计。由于参数的估计值是根据样本值得到的,所以由此得到的数值只是参数真值的估计值。

回归分析的一般步骤可以概括为以下 5 个操作。

(1) 确定回归方程中的解释变量和被解释变量。

(2) 确定回归模型。

(3) 建立回归方程。

(4) 对回归方程进行各种检验。

(5) 利用回归方程进行分析与预测。

在利用 SPSS Statistics 24.0 做回归分析时,应重点关注上述的第一步和最后一步,至于中间步骤,SPSS Statistics 24.0 会自动进行计算并给出模型。

7.1.2 线性回归模型

1. 一元线性回归模型

假设已收集到 n 对数据 $(x_i, y_i)(i=1,2,\cdots,n)$,这里的 x_i 可认为是来自随机变量 x 的一个样本值,y_i 认为是来自另一个因变量 y 的一个样本值。当讨论 y 和 x 之间是否存在统计意义下的相互关系时，x 和 y 又称为解释变量和被解释变量。

一元线性回归的数学模型为：

$$y = \beta_0 + \beta_1 x + \varepsilon \tag{7.1}$$

该数学表达式表明，被解释变量 y 的变化可由两部分来解释：①由解释变量 x 的变化引起 y 的线性部分，即 $y = \beta_0 + \beta_1 x$；②由其他因素引起 y 的变化部分，即 ε。

由此可见，一元线性回归模型是解释变量和被解释变量之间非一一对应的统计关系的良好诠释，即当 x 给定后 y 的值并非唯一，但他们之间可以通过 β_0 和 β_1 保持密切的线性相关关系。由此，一元线性回归方程也可表示为：

$$E(y) = \beta_0 + \beta_1 x \tag{7.2}$$

上式表明 x 和 y 之间的统计关系是在平均意义上表述的，它表示解释变量 x 变化时引起的被解释变量 y 的变化的估计值。

2. 多元线性回归模型

多元线性回归的数学模型为：

$$y = \beta_0 + \beta_1 x_1 + \beta_2 x_2 + \cdots + \beta_p x_p + \varepsilon \tag{7.3}$$

式(7.3)表示一个 p 元回归模型，其中有 p 个解释变量，$\beta_0, \beta_1, \beta_2, \cdots, \beta_p$ 是模型中的未知参数，分别为回归常数和回归系数。它表明被解释变量 y 也由两部分组成。

(1) 由 p 个解释变量 x 的变化引起的被解释变量 y 的线性变化部分，即

$$y = \beta_0 + \beta_1 x_1 + \beta_2 x_2 + \cdots + \beta_p x_p$$

(2) 有其他因素引起 y 的变化部分，即 ε，是随机变量。

因此，多元线性回归方程也可表示为：

$$E(y) = \beta_0 + \beta_1 x_1 + \beta_2 x_2 + \cdots + \beta_p x_p \tag{7.4}$$

从几何意义上说，多元线性回归方程是 p 维空间上的一个超平面，即回归平面。

7.1.3 线性回归的 SPSS 操作

SPSS 中一元线性回归分析和多元线性回归分析的功能是集成在一起的，都是通过【回归】子菜单下的【线性】命令来实现的。其基本操作如下：

建立或打开数据文件。依次点击【分析】→【回归】→【线性】，弹出【线性回归】对话框，如图 7-1-1。

(1)【因变量】区域是读者所熟悉的参数框，在前面的章节中已有介绍，不再阐述，但有所不同之处是该因变量与自变量必须都是数值型变量。在该区域内右下方，【方法】表示可以采用不同的回归方法；【输入】表示让所有的自变量都进入回归模型；【步进】表示当 F 统计量小时，考虑所有不在回归方程中的自变量，使方程具有最小的 F 统计量的变量加入该方程；若 F 统计量较大，则将回归方程中刚加入的变量删除，直到没有变量可以加入为止。【除去】表示根据设定的条件删除自变量；【后退】表示先让所有的自变量进入回归方程，然后逐一执行并删除；【前进】与【向后】方法相反，表示逐一让自变量进入回归方程。

(2)【选择变量】区域表示该变量会用作指定分析个案的选择规则。单击【规则】按钮，

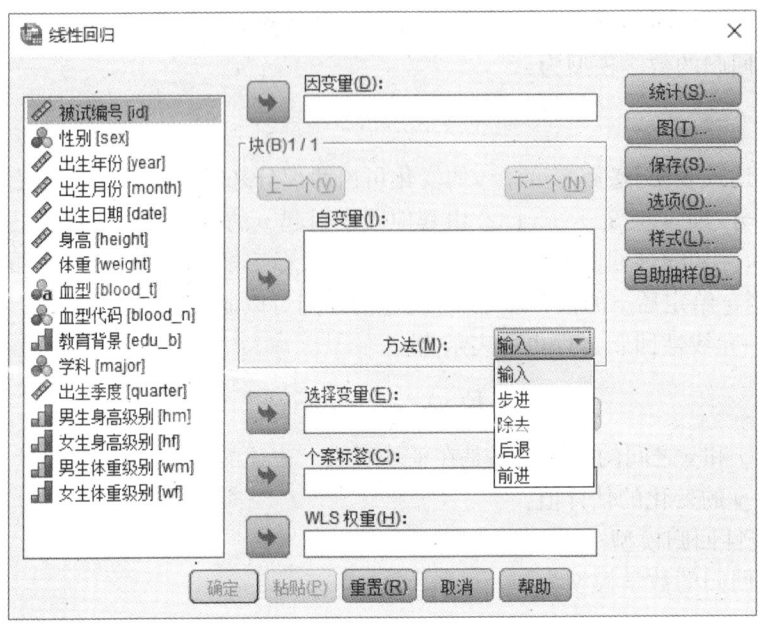

图 7-1-1 【线性回归】对话框

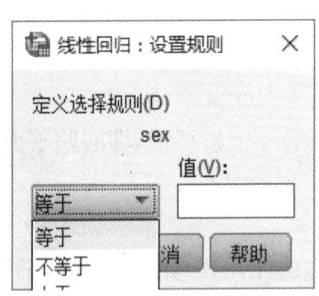

图 7-1-2 【线性回归:设置规则】对话框

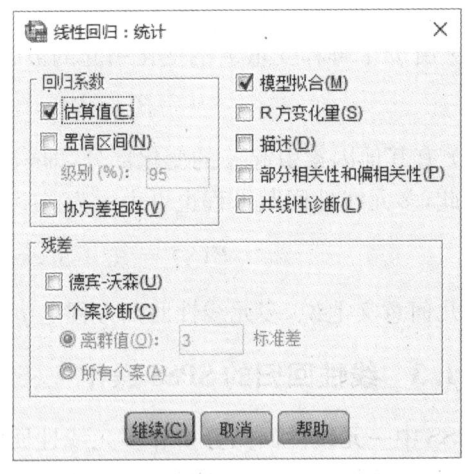

图 7-1-3 【线性回归:统计】对话框

弹出【线性回归:设置规则】对话框,如图 7-1-2。

在【线性回归:设置规则】对话框中,可以选择等于、不等于、小于、小于或等于、大于、大于或等于临界值八种规则。

(3)【个案标签】区域表示选入个案标签。

(4)【WLS 权重】表示加权最小二乘,该选项只有在备选变量为权变量时才可使用。

(5)单击【统计】按钮,打开【线性回归:统计】对话框,如图 7-1-3。

①【回归系数】区域

【估算值】表示输出有关回归系数及其相关测量。

【置信区间】表示输出回归系数的置信区间。

【协方差矩阵】表示输出协方差和相关矩阵。

② 【残差】区域

【德宾-沃森】表示输出残差的德宾-沃森统计量、残差和预测值的统计量。

【个案诊断】表示输出满足选择条件(条件设置在【离群值】)的观测量诊断表;【离群值】用来设置奇异值的判断条件;【所有个案】可输出所有观测量的残差值。

③ 右上角区域

【模型拟合】表示输出复相关系数 R、复相关系数的平方 R^2、修正的复相关系数的平方及其标准差、ANOVA 表。

【R 方变量】表示提供从模型中删除或添加自变量时复相关系数 R 的平方的变动大小。

【描述】表示输出描述性统计量,包括均值、标准差和单侧检验水平显著性矩阵。

【部分相关性和偏相关性】表示输出零阶相关系数、部分相关系数和偏相关系数。

【共线性诊断】表示输出每个变量的容限及诊断共线性统计。

(6) 单击【图】按钮,弹出【线性回归:图】对话框,如图 7-1-4。

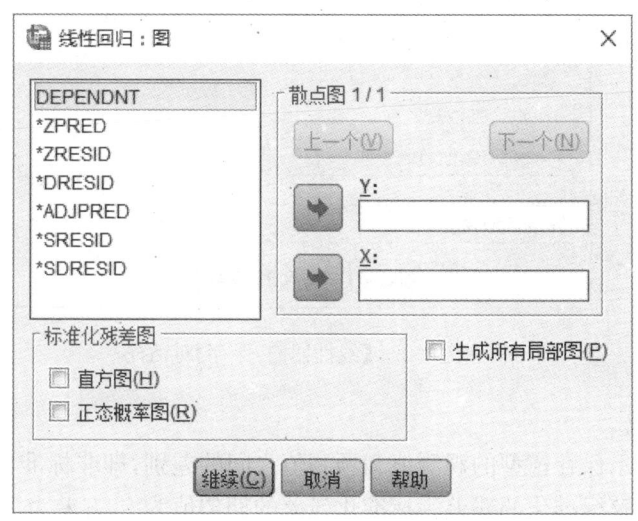

图 7-1-4 【线性回归:图】对话框

该对话框左侧的列表框包括选择绘制散点图的坐标轴变量,用户可以将变量拉入右侧作为 X(横轴变量)和 Y(纵轴变量),还可单击【下一个】按钮重复操作,以获得更多图形。其中,ZPRED 表示标准化的预测值;ZRESID 表示标准化的残差;DRESID 表示删除残差;ADJPRED 表示修正后的预测值;SRESID 表示用户化的残差;SDRESID 表示用户化的删除残差。

在该对话框下方【标准化残差图】区域有两个选项:①【直方图】表示输出带有正态曲线的标准化残差直方图;②【正态概率图】表示输出残差标准化的正态概率图,用来检验残差的概率性。

(7) 单击【保存】按钮,打开【线性回归:保存】对话框,如图 7-1-5。

① 【预测值】区域

【未标准化】表示非标准化的预测值;【标准化】表示保存标准化的预测值。【调整后】表示调整预测值;【平均值预测标准误差】表示保存预测值的标准误差。

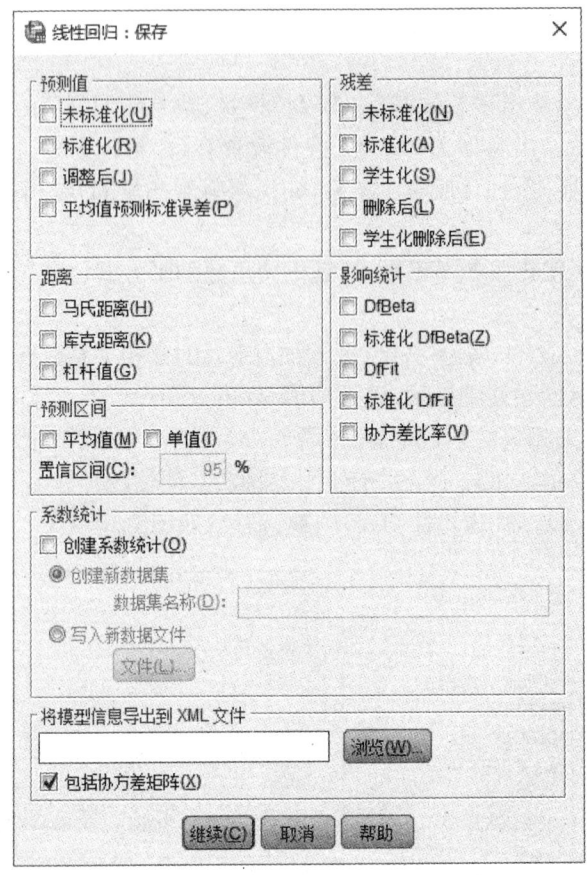

图 7-1-5 【线性回归:保存】对话框

② 【残差】区域

【未标准化】表示保存模型的观测值和预测值之间的差别,即非标准化的残差。

【标准化】即保存标准化的残差。标准化残差的期望值为 0,方差为 1。

【学生化】即保存用户的残差,该值是用残差除以残差的方差的预测值获得的。

【删除后】表示保存被排除进入相关系数计算的观测量的残差,即因变量与预测值之间的差值。

【学生化删除后】表示被删除的观测值的残差除以残差的方差的值。

③ 【距离】区域

【马氏距离】是计算自变量的一个观测量与所有观测量的均值的偏差的一种测度方式。

【库克距离】是当从回归中排除一个观测量时,对所有进入模型的观测值的残差变动进行测度。

【杠杆值】是测量一个点对回归直线的影响。

④ 【预测区间】区域

【平均值】表示保存对平均值响应的预测区间的上下界。

【单值】表示保存一个观测量的预测区间的上下界。

系统默认的置信区间为 95%。

⑤【影响统计】区域

【DfBeta】表示因消除一个观测量而引起的相关系数的变化。

【标准化 DfBeta(Z)】表示相关系数变化值的标准化。

【DfFit】表示因消除一个观测量而引起的预测值的变化。

【标准化 DfFit】表示预测值变化的标准化。

【协方差比率】表示消除一个观测量后的协方差矩阵的模与未消除之前的协方差矩阵的模之比。

⑥【系统统计】区域

【创建系统统计】可将回归系数的结果存到指定文件中。

(8) 单击【选项】按钮,弹出【线性回归:选项】对话框,如图 7-1-6。

在【步进法条件】区域给出了利用逐步回归方法时进入值和删除值的标准,其中【使用 F 的概率】表示如果一个变量的 F 统计量的 p 值小于进入值,则变量进入模型;若大于删除值,则删除该变量。进入值必须小于删除值,且都为正。【使用 F 值】表示如果一个变量的 F 统计量的值小于进入值,则变量进入模型;若大于删除值,则删除该变量。进入值必须小于删除值,且都为正。

【在方程中包括常量】表示不显示常数项。

【缺失值】区域用来选择处理缺失值的方式,其中有 3 个选项:【成列排除个案】表示在任何分析中都排除那些有缺失值的观测量;【成对排除个案】表示在变量配对计算这些变量时,排除那些有缺失值的观测量;【替换为平均值】表示用变量均值替换缺失值。

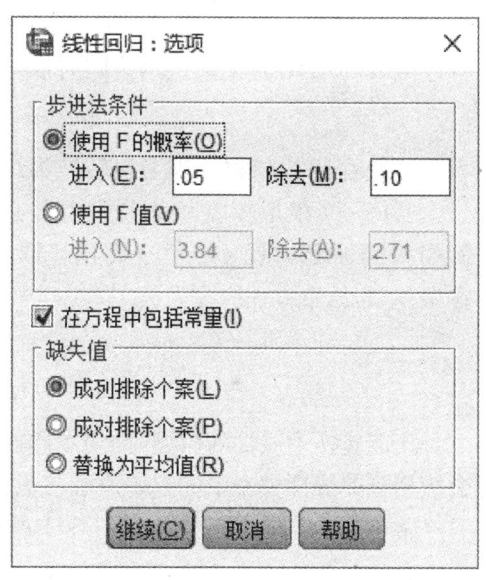

图 7-1-6 【线性回归:选项】对话框

7.2 非线性回归

非线性回归方程(Nonlinear)用于拟合非线性回归,非线性回归是发现因变量和自变量之间的非线性关系的一种方法。

7.2.1 非线性回归的原理

非线性回归能够在因变量和自变量之间构造任意的模型,这个过程是通过迭代估测运算来完成的。非线性回归问题大多数可以转化为线性回归问题来求解,也就是运用非线性回归模型进行适当的变换,使其变为线性模型来求解。其一般步骤如下。

(1) 根据经验或绘制散点图,选择非线性回归方程。

(2) 运用变量代换,把非线性回归方程转化为线性回归方程。

(3) 运用线性回归方程中的方法,确定各回归系数的值。

(4) 对各系数进行显著性检验。

非线性回归过程是专用的非线性回归模型拟合过程，在 SPSS Statistic 24.0 中，非线性回归采用迭代方法对用户设置的各种复杂曲线模型进行拟合，同时将残差的定义从最小二乘法向外扩展，为用户提供了极为强大的分析能力，不仅能够拟合回归菜单中提供的全部模型，还可拟合文件回归、多项式回归、百分位数回归等各种复杂的模型。

7.2.2 非线性回归模型

常用的非线性回归模型有双曲线模型、幂函数模型、指数函数模型、对数函数模型、多项式模型。

此处以指数函数模型为例：

$$y = e^{b_0 + b_1 x_1 + b_2 x_2 + e} \tag{7.5}$$

式(7.5)所表达的模型两边同时取自然对数，就可以写为：

$$\mathrm{Ln}\, y = b_0 + b_1 x_1 + b_2 x_2 + e \tag{7.6}$$

这种看起来非线性，但可以转换为线性模型，称为本质线性模型。

当把一个模型转换为线性模型后，必须确保转换后的误差项也要满足所需的假设条件。例如，对于原始方程 $y = e^{bx} + e$，由于取对数后失去误差项 e，为了保证在转换后的模型也存在误差项，原始方程应写为：

$$y = e^{bx+e} = e^{bx} e^e \tag{7.7}$$
$$y = b_0 + e^{b_1 x_1} + e^{b_2 x_2} + e^{b_3 x_3} + e$$

不能转换为线性的模型，称为本质非线性模型。在非线性回归过程中，必须首先估算将会应用到非线性模型中的起始值和参数值的范围，目的是要将残差平方和减少到最小。

常用到的非线性模型如表 7-2-1 所示。

表 7-2-1 常用非线性模型

模型名称	非线性回归方程	变量交换后的线性方程
双曲线模型	$1/y = \beta_0 + \beta_1 (1/x)$	$y' = \beta_0 + \beta_1 x'\ (y' = 1/y, x' = 1/x)$
幂函数模型	$y = \beta_0 x_1^{\beta_1} x_2^{\beta_2} \cdots x_k^{\beta_k}$	$y' = \beta_0' + \beta_1 x_1' + \beta_2 x_2' + \cdots + \beta_k x_k'$ $(y' = \ln y, \beta_0' = \ln \beta_0, x_1' = \ln x_1, \cdots, x_k' = \ln x_k)$
指数函数模型	$y = \beta_0 e^{\beta_1 x}$	$y' = \beta_0' + \beta_1 x'$ $(y' = \ln y, \beta_0' = \ln \beta_0, x' = x)$
对数函数模型	$y = \beta_0 + \beta_1 \ln x$	$y' = \beta_0 + \beta_1 x'\ (y' = y, x' = \ln x)$
多项式模型	$y = \beta_0 + \beta_1 x_1 + \cdots + \beta_k x_k^k$	$y' = \beta_0 + \beta_1 x_1' + \beta_2 x_2' + \cdots + \beta_k x_k'$ $(y' = y,\ x_1' = x_1, \cdots x_k' = x_k^k)$ 利用最小二乘法确定 $\beta_0, \beta_1, \beta_2, \cdots, \beta_k$ 的值代入原式即可。

在 SPSS Statistics 24.0 中进行非线性回归分析时，可以在【模型表达式】中直接输入上述公式，并给与相关参数的初始值，也可以先将变量转化线性关系，再利用线性回归的方法

进行分析。

7.2.3 非线性回归的 SPSS 操作

建立或打开数据文件，依次单击【分析】→【回归】→【非线性】按钮，弹出【非线性回归】对话框，如图 7-2-1。

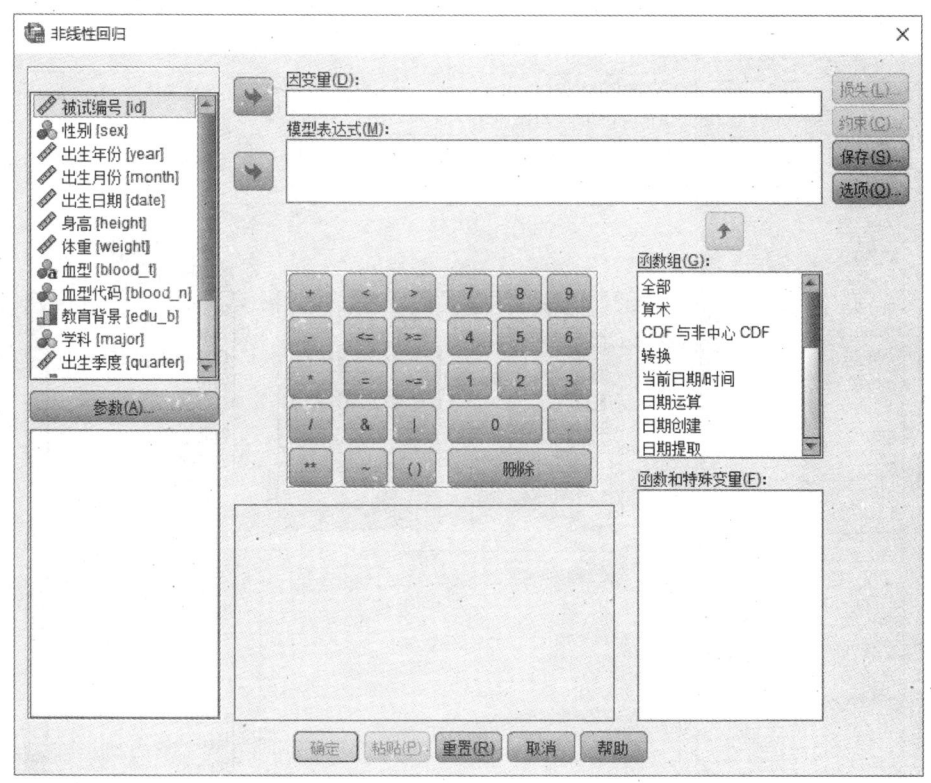

图 7-2-1 【非线性回归】对话框

【因变量】文本框：用户可以将想要分析的变量拉入该文本框内作为因变量。

【模型表达式】列表框：用户可以写入模型方程，方程中可以使用变量名称、添加参数以及 SPSS 函数。

1)【参数】按钮

单击变量列表框下方的【参数】按钮，弹出【非线性回归：参数】对话框，如图 7-2-2。

在【非线性回归：参数】对话框中，可设置参数的起始值。【名称】文本框用于设置参数名称，此处的名称应当与模型表达式中的名称一致。【开始值】用于设置相应参数的起始值，在该框中输入数值，然后单击【添加】按钮，可以添加变量；【更改】按钮用于更改已设置的起始参数值；【除去】按钮用于删除已设置的参数起始值。

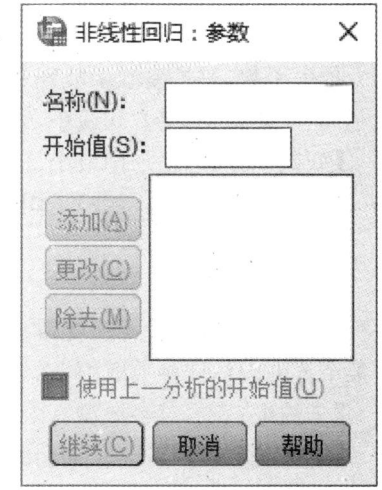

图 7-2-2 【非线性回归：参数】对话框

该对话框下有【使用上一分析的开始值】表示在连续使用非线性回归方法进行分析时，选择该复选框，在下次分析时将直接以上次分析的参数拟合值为起始值。

2)【损失】按钮

定义了参数的起始值之后，【约束】和【损失】按钮被激活。单击【损失】按钮，弹出【非线性回归：损失函数】对话框，如图7-2-3。

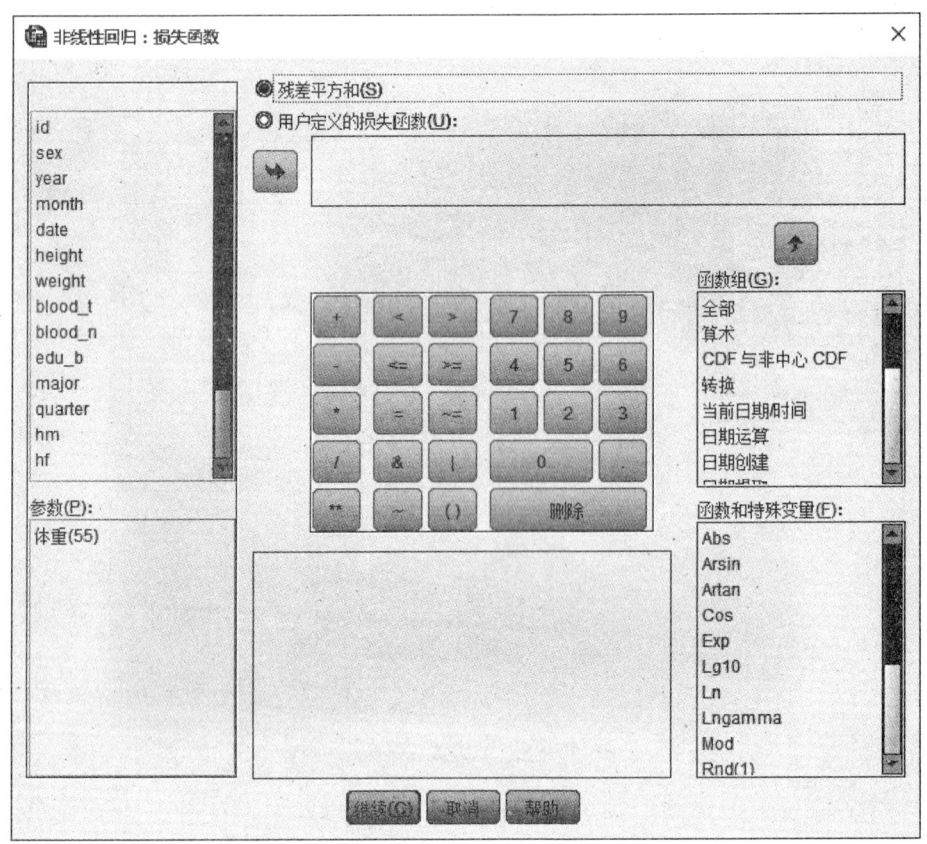

图7-2-3　【非线性回归：损失函数】对话框

损失函数，是指模型函数残差的计算公式，如最小二乘法，是使各观测点和预测值的直线距离（即残差）的平方和最小，它的损失函数就是残差的平方和。

【残差平方和】是采用最小二乘法使残差的平方和最小化，这是系统默认选项。

【用户定义的损失函数】是用户可以自己设置损失函数。

3)【约束】按钮

单击主对话框中的【约束】按钮，弹出【非线性回归：参数约束】对话框，如图7-2-4。当方程比较复杂时，迭代可能变得比较困难，此时可以对方程中的参数做一些限制，让迭代只在某个范围内估计参数取值，以保证得到正确的拟合效果。

【未约束】表示对参数没有限制，是系统默认项。

【定义参数约束】选项，则会激活该对话框的其他部分来进行设置。

4)【保存】按钮

单击主对话框的【保存】按钮，弹出【非线性回归：保存新变量】对话框，如图7-2-5。

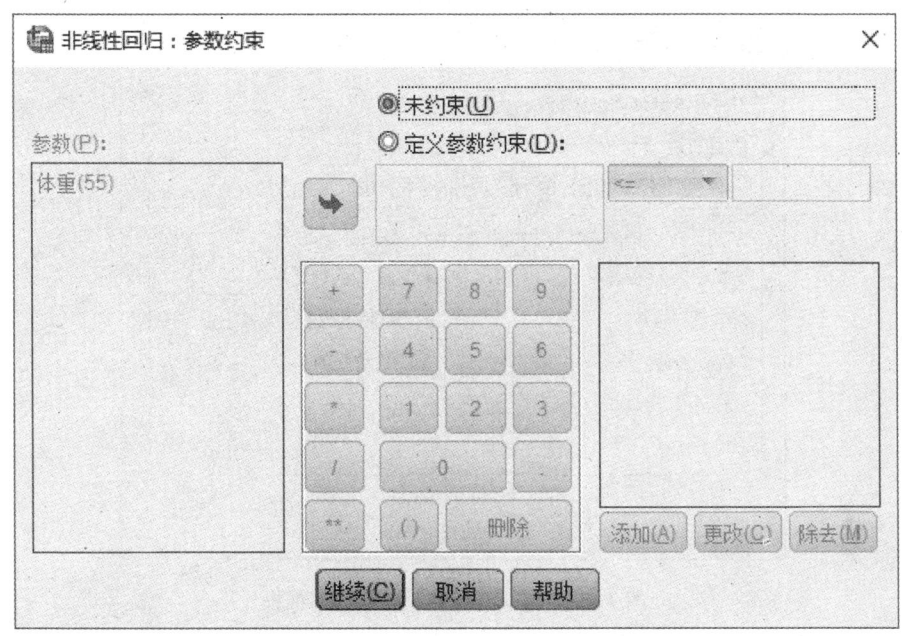

图 7-2-4 【非线性回归:参数约束】对话框

【预测值】表示会使用变量名 pre_ 来保存预测值。

【残差】表示会使用变量名 resid 来保存残差。

【倒数】表示会对每一个模型参数保存倒数,所使用的变量名为该参数名的前 6 个字符前加上前缀 d。

【损失函数】复选框由用户自定义时才会被激活,表示保存损失函数值。

5)【选项】按钮

单击主菜单下的【选项】按钮,弹出【非线性回归:选项】对话框,如图 7-2-6。

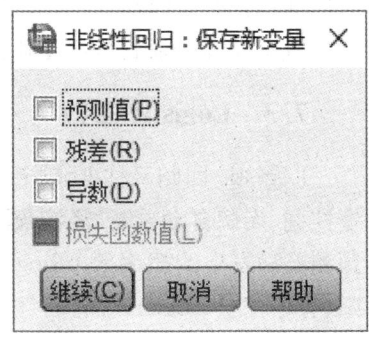

图 7-2-5 【非线性回归:保存新变量】对话框

【标准误差的自助抽样估算】表示使用原样本数据来估计统计的标准差。

【估算方法】区域包括两个选项:

①【序列二次规划】对限制和无限制的模型都适合。选择该项,下方的【序列二次规划】栏会被激活。在该栏中,【最大迭代次数】用于输入迭代的最大次数,超过此限制,迭代自动停止;【步骤限制】用于规定参数矢量许可的最大变化值,若超此限,则认为模型不收敛;【最优性容差】用于定义损失函数的精确度,即计算时保留几位小数;【函数精度】用于设定所拟合的方程的精确度;【无限步长】用于设定参数允许的最大变化值,如果在一次迭代中某个参数的变化大于该设定值,则认为模型不收敛,迭代终止。

②【利文贝格-马夸特】是对无限制模型的默认算法,只适用于无限制模型。选中该选项,下方的【利文贝格-马夸特】栏被激活,用于进行相关设置:【最大迭代次数】用于设置迭代的最大步数,超过此限,迭代终止;【平方和收敛】用于设置方差改变收敛标准值,若在迭代过

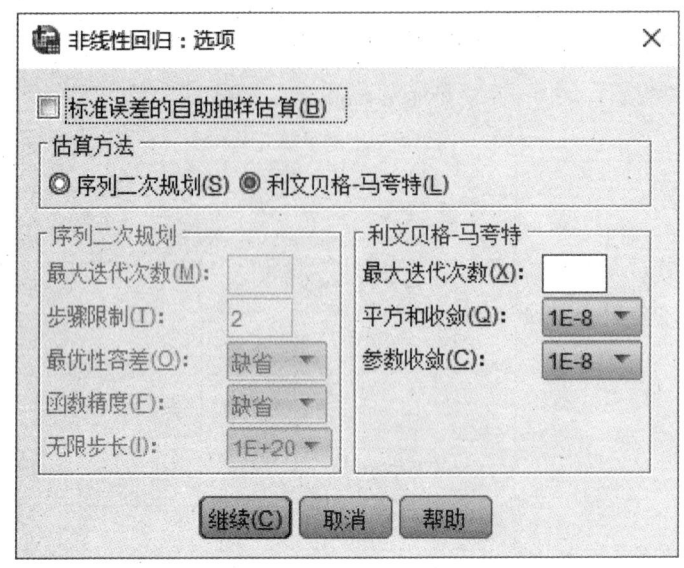

图 7-2-6 【非线性回归:选项】对话框

程中,方差改变值小于该设定值,则认为该模型收敛,迭代终止;【参数收敛】用来设置参数收敛标准,若所有参数的改变值小于该标准值,则认为模型收敛,迭代终止。

所有设置结束后,单击【确定】按钮,开始进行分析过程。

7.3 Logistic 回归

Logistic 回归又称 Logistic 回归分析,是一种广义的线性回归分析模型,常用于商务数据挖掘、疾病自动诊断、经济预测等领域。例如,探讨引发疾病的危险因素,并根据危险因素预测疾病发生的概率等。Logistic 回归常用的有二项 Logistic 回归、多分变量 Logistic 回归、有序变量 Logistic 回归。Logistic 回归的逻辑框图如图 7-3-1 所示。

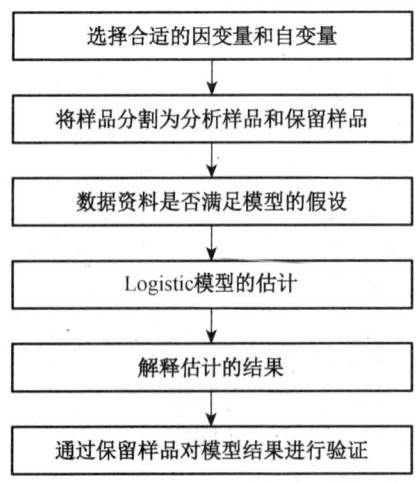

图 7-3-1 Logistic 回归逻辑框图

7.3.1 二项 Logistic 回归

在现实世界中,经常需要判断一些事情是否将要发生,如某个候选人是否当选等。这类问题的特点是因变量只有两个值:发生(是)或不发生(不是),这就可以采用用来预测具有二分特点的因变量概率二项 Logistic 回归模型来求解。

1. 二项 Logistic 回归模型

在 Logistic 回归中可以直接预测观测量相对于某一事件的发生概率,如果只有一个自变量,该事件发生的概率 $Prob(event)$ 为:

$$Prob(event) = \frac{e^{b_0+b_1x}}{1+e^{b_0+b_1x}} = \frac{1}{1+e^{-(b_0+b_1x)}} \tag{7.8}$$

式(7.8)中,b_1 和 b_0 分别为自变量 x 的系数和常数;e 为自然常数。若包含一个以上自变量 $Prob(event)$ 的表达式为:

$$Prob(event) = \frac{e^z}{1+e^z} = \frac{1}{1+e^{-z}} \tag{7.9}$$

式(7.9)中,$z = b_0 + b_1x_1 + b_2x_2 + \cdots b_px_p$($p$ 为自变量的数量)。

某一件事情不发生的概率为:

$$Prob(no\ event) = 1 - Prob(event) \tag{7.10}$$

可使用最大似然法和迭代方法建立 Logistic 模型。

因此,二项 Logistic 回归模型有两个前提条件:

(1) 因变量具有二分特点,自变量可以是分类变量或等间隔测度的变量;

(2) 自变量数据服从多元正态分布,因为自变量之间的共线性会导致估计偏差。

为了理解 Logistic 回归系数的含义,可以先把 Logistic 方程写作几率的对数,命名为 Logit:

$$\text{Log}\frac{Prob(event)}{Prob(no\ event)} = b_0 + b_1x_1 + \cdots + b_px_p \tag{7.11}$$

可以看出,Logistic 方程的回归系数可以解释为一个单位的自变量的变化所引起的几率的对数的改变值。当第 i 个变量发生一个单位的变化时,几率的变化值为 $e^{(b_i)}$,Logistic 方程式可写为:

$$\frac{Prob(event)}{Prob(no\ event)} = e^{b_0+b_1x_1+\cdots+b_px_p} \tag{7.12}$$

2. 二项 Logistic 回归 SPSS 操作

建立或打开数据文件,依次单击【分析】→【回归】→【二元 Logistic】,弹出【Logistic 回归】对话框,如图 7-3-2。

将具有二分属性的变量作为因变量拉入右侧【因变量】框中。

选择一个或多个变量作为协助变量拉入右侧【协变量】列表框。

在【方法】框中可确定一种自变量进入模式的方法:

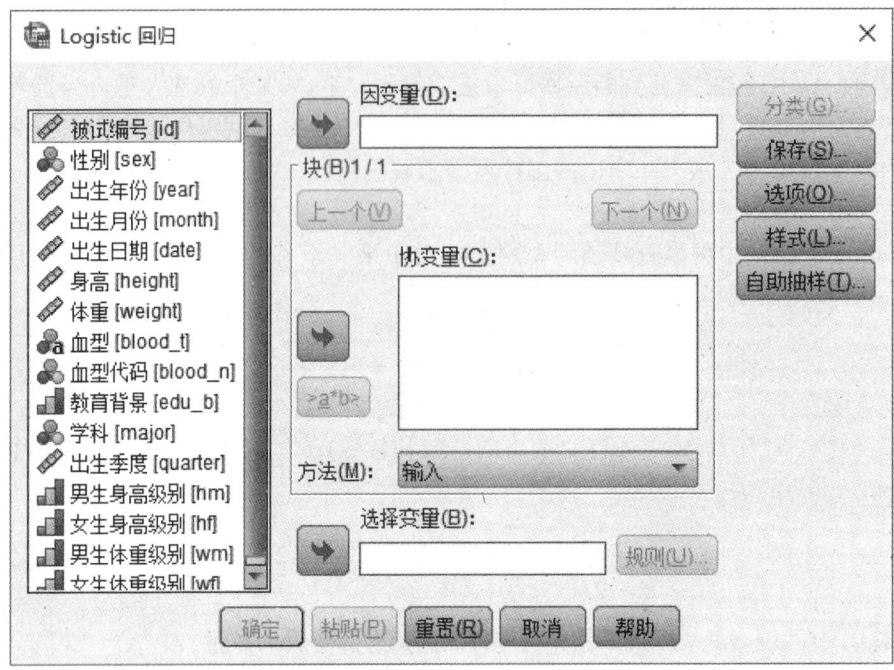

图 7-3-2 【Logistic 回归】对话框

(1)【输入】表示自变量全部输入模型。

(2)【向前/向后：有条件】表示依据条件参数估计的似然比统计量的概率值，向前/后逐步选择变量。

(3)【向前/向后：LR】依据最大似然估计所得的似然比统计量的概率值，向前/后逐步选择变量。

(4)【向前/向后：瓦尔德】依据瓦尔德统计量的概率值，向前/后逐步选择变量。

【选择变量】是根据指定变量的取值范围，确定参与分析的观测值。选择一个变量拉入右侧【选择变量】文本框后，【规则】按钮被激活。单击该按钮，打开【Logistic 回归：设置规则】对话框，如图 7-3-3。

图 7-3-3 【Logistic 回归：设置规则】对话框

在【Logistic 回归：设置规则】对话框中选择观测值的标准，例如选择"身高=168 cm"，则选择【等于】并在【值】框中输入 168。

【协变量】选择完成后，【分类】按钮被激活。单击【分类】按钮，弹出【Logistic 回归：定义分类变量】对话框，如图 7-3-4。

(1)【协变量】区域包含了在主对话框中已经选好的全部协变量及交互项。

(2)【分类协变量】区域列出了所选的分类变量，其后面的括号中显示的是各组间的对比方案，字符串将自动进入【分类协变量】框中。

(3)【更改对比】区域用来设置分类协变量各类水平的对比方式。【指示符】指出是否同属于参考分类，参考分类在对比矩阵中以一排 0 表示；【简单】表示每种分类的预测变量效应都与参考类别效应作比较；【差异】表示除第一类外，每类的预测变量效应都与其前所有各分

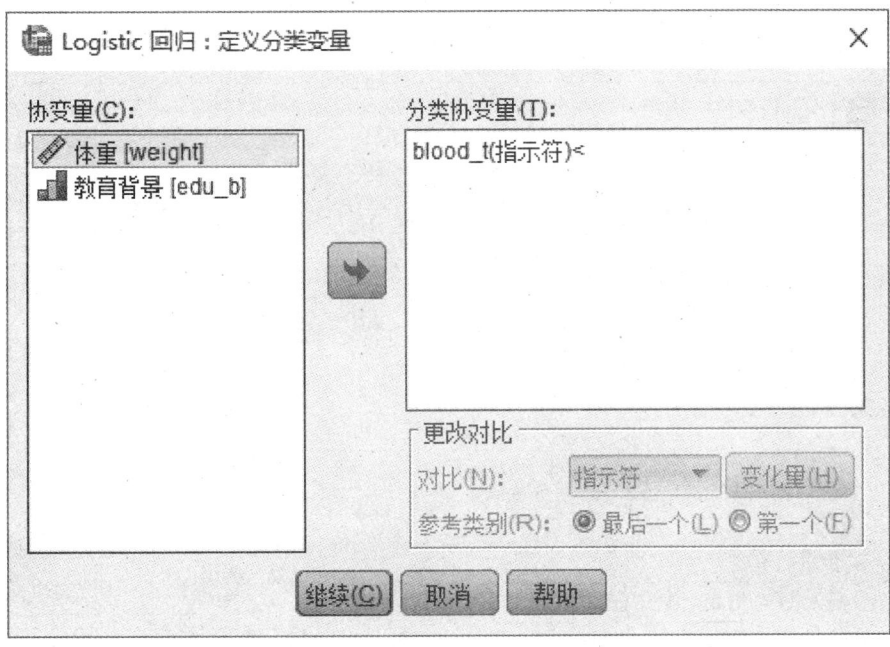

图 7-3-4 【Logistic 回归:定义分类变量】对话框

类的平均效应进行比较;【赫尔默特】表示除最后一类外,每类的预测变量效应都与其后所有各分类的平均效应进行比较;【重复】表示除第一类外,每类的预测变量效应都与其前一种分类的平均效应进行比较;【多项式】表示对多项式对比,要求每类水平相同;【偏差】表示每类的预测变量效应与总体效应进行比较。

若选择了【偏差】、【简单】、【指示符】对比方式,可选择【参考类别】中的【第一个】或【最后一个】选项,表示指定分类变量的第一类或最后一类作为参考类。

若改变了【更改对比】的设置,则单击【更改】按钮以示对选项的确定。

单击【保存】按钮,弹出【Logistic 回归:保存】对话框,如图 7-3-5。

在【预测值】区域选择【概率】表示新变量存取的是每个观测发生特定事件的预测概率;【组成员】选项表示新变量存取的是依据预测概率得到的每个观测的预测分组值。

【影响】区域表示存取每一个观测对预测值产生影响的统计量值,包括【库克距离】、【杠杆值】、【DfBeta】。

【残差】区域表示选取需要保存的残差类型,可选项有【未标准化】【分对数】【学生化】【标准化】【偏差】。

【将模型信息导出到 XLM 文件】表示指定输出模型信息到 XLM 格式的文件。

【包括协方差矩阵】表示输出中包括协方差矩阵。

单击【选项】按钮,弹出【Logistic 回归:选项】对

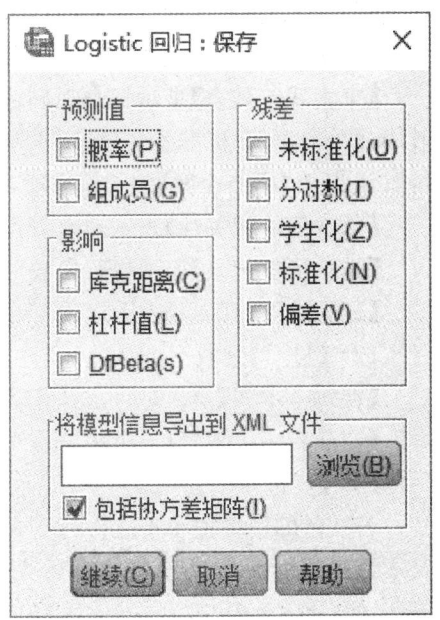

图 7-3-5 【Logistic 回归:保存】对话框

话框,如图 7-3-6。

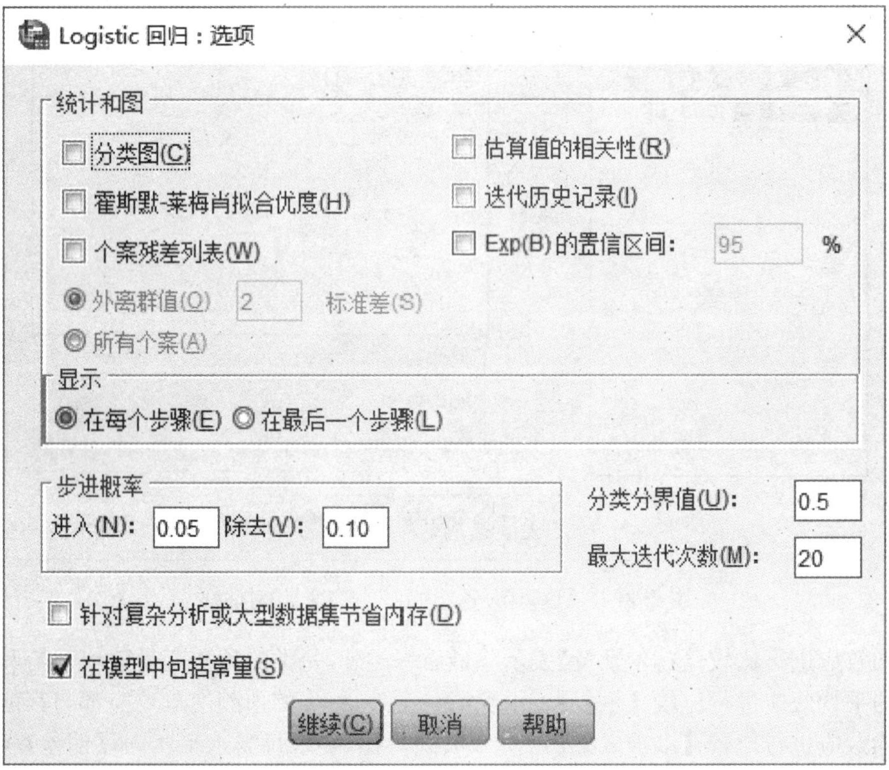

图 7-3-6 【Logistic 回归:选项】对话框

(1)【统计和图】区域

【分类图】表示输出因变量的预测值与观测值的分类直方图。

【霍莫斯-莱梅肖拟合优度】表示输出该分析统计量。

【个案残差列表】是对每个观测输出非标准化、预测概率、观测的实际与预测分组水平。其中,【外离群值-标准差】表示要求只输出那些标准化残差值大于输入值的各种统计量,系统默认为 2;【所有个案】表示输出所有观测的各种统计量。

【估计值的相关性】表示输出方程中各变量估计参数的相关系数矩阵。

【迭代历史记录】表示进行参数估计时,每一步迭代都输出相关系数和对数似然比值。

【Exp 的置信区间】表示输出 Exp 的置信区间,系统默认为 95%。

(2)【显示】区域

【在每个步骤】要求对每步计算输出表、统计量和图。

【在最后一步骤】只要求输出最终方程的表、统计量和图。

(3)【步进概率】区域

若变量的概率值小于【进入】文本框内的值,则此变量进入模型,若其概率值大于【除去】文本框内的值,变量将会被从方程式中删除。【进入】的默认值为 0.05,【除去】的默认值为 0.10,且【进入】值必须小于【除去】值。

(4)【分类分界值】表示大于设置值的观测被归于一类,反之观测被归于另一类。其值的范围为 0.01~0.99,系统默认 0.05。

(5)【最大迭代次数】是定义输出最大的迭代步数。

(6)【在模型中包括常量】用来设定模型中的常数项。

7.3.2 多分变量 Logistic 回归

当因变量为多水平分类变量时,可以使用多分变量 Logistic 回归的方法建立回归模型,如在某一药物试验中,动物服药后的状态模型等。

1. 多分变量 Logistic 回归模型

对于因变量的 $k-1$ 个水平,每个水平一个回归方程,每个水平的因变量概率值为 0~1。自变量是连续变量或计数变量的,可用 Logistic 回归方法对因变量的概率值建立回归模型。多分变量 Logistic 回归模型写为:

$$\lg \frac{p(event)}{1-p(event)} = b_0 + b_1 x_1 + b_2 x_2 + \cdots + b_p x_p \tag{7.13}$$

式(7.13)中,b_0 为常数项;$b_1 \sim b_p$ 为多分变量 Logistic 模型的回归系数,是多分变量 Logistic 回归的估计参数;$x_1 \sim x_p$ 为自变量。模型左侧称为 Logit,是事件发生几率的自然对数值。

如果因变量具有 j 类可能性,第 i 类的模型为:

$$\lg \frac{p(category_i)}{1-p(category_i)} = b_{i0} + b_{i1} x_1 + b_{i2} x_2 + \cdots + b_{ip} x_p \tag{7.14}$$

这样,对于每一个 Logit 模型都将获得一组系数。

多分变量 Logistic 回归方程的另一种形式为:

$$p = e^y/(1+e^y) \tag{7.15}$$

式(7.15)中,$y = a + \sum b_i x_i$ 或 $y = \ln[p/(1-p)]$。

通过变换可以得出 p 与变量 x_i 之间的数学表达式为:

$$p = \frac{e^{a+\sum b_i x_i}}{1+e^{a+\sum b_i x_i}} \tag{7.16}$$

因此,多分变量 Logistic 模型要求因变量应该是分类变量,自变量为因素变量或协变量(因素变量必须为分类变量,协变量必须是连续型变量)。

该模型一般通过以下三种方法进行检验。

(1) Pearson 卡方检验在多维表中检测观测频数与预测频数之间的差异。其公式为:

$$\chi^2 = \sum_{\text{所有单元格}} \frac{(\text{观测数量}-\text{预测数量})^2}{\text{预测数量}} \tag{7.17}$$

其值越大,显著性概率越低,模型拟合度越不好。

(2) Deviance 卡方是另一个检测模型拟合度的指标。其公式为:

$$\chi^2 = 2 \sum_{\text{所有单元格}} \text{观测数量} \times \ln \frac{\text{观测数量}}{\text{预测数量}} \tag{7.18}$$

若模型对数据拟合得好,对数似然比的差值就小,显著性水平值就大。

(3)伪 R^2 检验。在 Logistic 回归模型中使用 Cox & Snell、Nagelkerke 和 Mc Fadden 检验。这里介绍 Mc Fadden 检验量,其公式为:

$$R^2_{\text{Mc Fadden}} = \frac{l(0) - l(B)}{l(0)} \tag{7.19}$$

式(7.19)中,$l(B)$ 为模型中对数似然比的值;$l(0)$ 为仅包含截距的模型的对数似然比的值。

2. 多分变量 Logistic 回归 SPSS 操作

建立或打开数据文件,依次单击【分析】→【回归】→【多元 Logistic】,弹出【多元 Logistic 回归】对话框,如图 7-3-7。

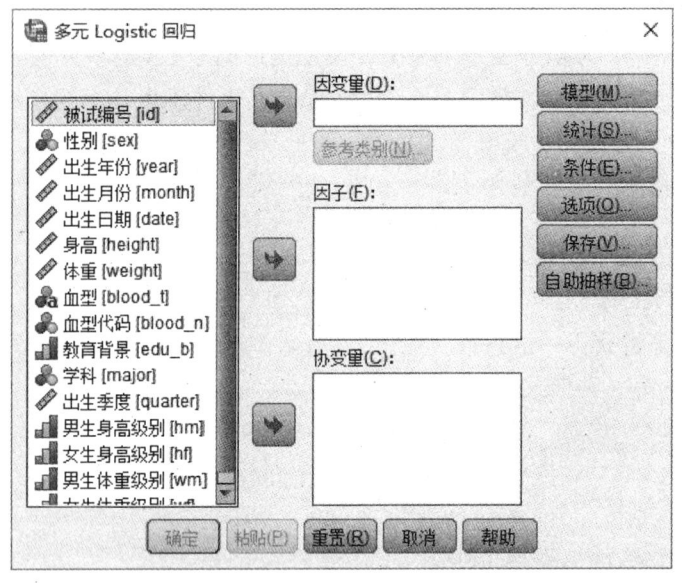

图 7-3-7 【多元 Logistic 回归】对话框

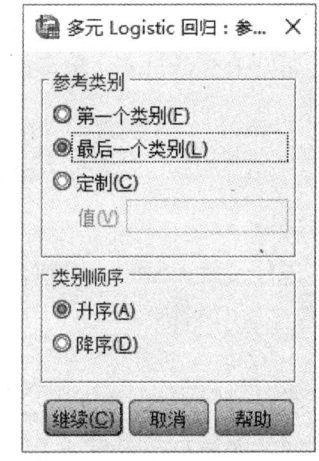

图 7-3-8 【多元 Logistic 回归:参考类别】对话框

将要分析的多分类变量拉入右侧【因变量】文本框。一般多元 Logistic 默认因变量的最后一项为参考项,若要改变,可点击【参考类别】按钮进行设置,如图 7-3-8 所示。

在【多元 Logistic 回归:参考类别】对话框中,可以选择以【第一个类别】或【最后一个类别】的升序或降序设置参考类,也可以由用户设置其他类别作为参考类。将一个或多个分组变量拉入【因子】列表框中。将一个或多个连续型变量拉入【协变量】列表框中。单击【模型】按钮,打开【多元 Logistic 回归:模型】对话框,如图 7-3-9。

(1)【指定模型】区域

选择【主效应】则在模型中只包含协变量和因子变量的主效应。

选择【全因子】则在模型中包含所有的主效应及相互之间可能的交互效应。

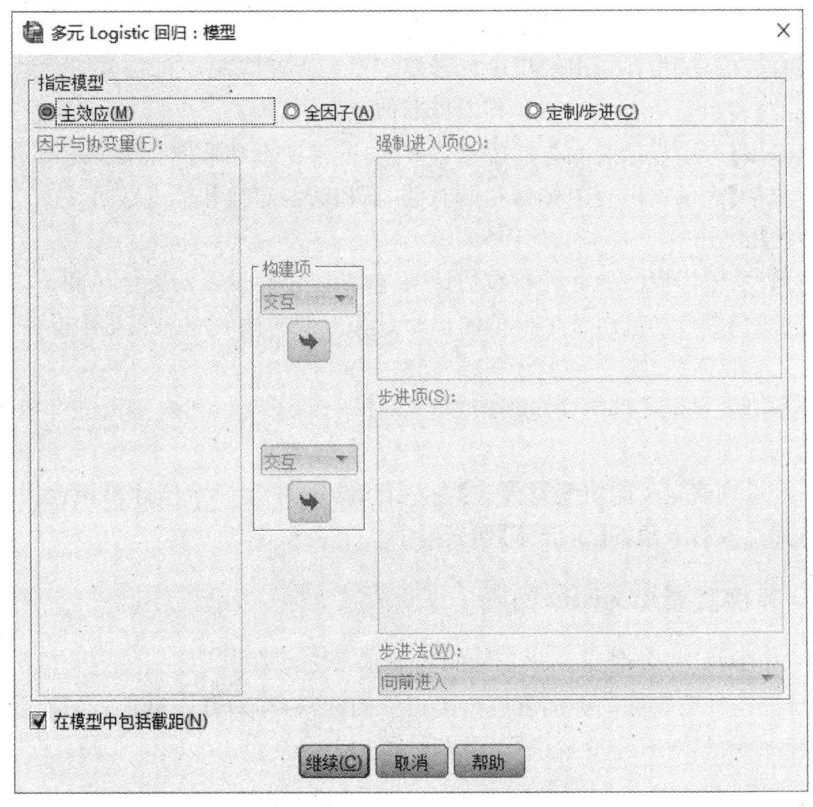

图 7-3-9 【多元 Logistic 回归：模型】对话框

选择【定制/步进】表示用户可自行设定模型中包括的主效应和交互效应。

（2）以下选项只有在选定【定制/步进】选项后生效。

在【构建项】栏的下拉列表中可选择一种效应，有【交互】【主效应】【所有二阶】【所有三阶】【所有四阶】【所有五阶】。

【强制进入项】表示选择强制出现在方程中的效应项进入此框。

在【步进法】下拉列表中可以选择各效应项逐步进入方程的方法，包括【向前进入】【向后去除】【向前步进】【向后步进】法。

（3）【在模型中包含截距】表示在模型中包含截距项。

单击【统计】按钮，弹出【多元 Logistic 回归：统计】对话框，如图 7-3-10。

在【多元 Logistic 回归：统计】对话框中，有些选项前面已做解释，不再一一阐述。

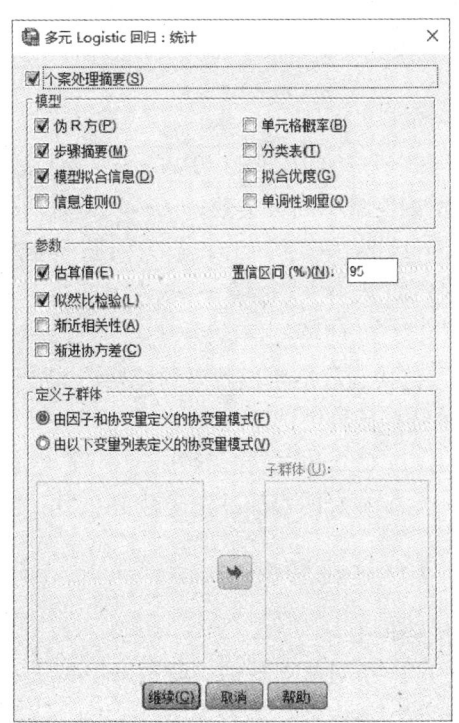

图 7-3-10 【多元 Logistic 回归：统计】对话框

(1)【模型】区域

【模型拟合度信息】指在输出结果中显示模型拟合优度信息。

【信息标准】表示显示有关模型的判定标准信息。

【单元格概率】表示显示观测与期望频数表、协变量比率和响应分类。

【单调性测量】表示输出表中包括和谐对数、不和谐的对数和节点数等。

(2)【参数】区域

【估算值】表示输出模型的各种参数估计值,包括由用户设置的置信区间。

【似然比检验】是自动输出整个模型的检验量和模型的偏效应的似然比检验量。

(3)【定义子群体】区域

【由因子和协变量定义的协变量模式】表示对所有因子变量和协变量进行拟合优度卡方检验,此为默认选项。

【由以下变量列表定义的协变量模式】在左下角的框中选择希望计算拟合优度卡方检验量的变量,将其拉入右下角的【子群体】列表框中。

7.3.3 有序变量 Logistic 回归

在实际工作中,经常会遇到多分变量的各类水平之间在其属性上还会有轻重、大小、高低或程度之分。这种按属性的不同程度分类得到的资料,称为有序资料,而描述有序资料的变量就称为有序变量,对有序变量进行预测时,可用有序变量 Logistic 回归。

1. 有序变量 Logistic 回归模型

有序变量 Logistic 回归是以 Mc Cullagh(1980,1998)提出的方法为基础,其数学模型为:

$$\eta_{ij}[\pi_{ij}(Y \leqslant j)] = \frac{\alpha_j - (\beta_1 X_{i1} + \cdots + \beta_p X_{ip})}{\sigma_i} j = 1, 2, \cdots, J-1 \quad (7.20)$$

式(7.20)中,$i(i=1,2,\cdots,m)$ 表示分组数(自变量向量的行数);$j(j=1,2,\cdots,J)$ 表示因变量 Y 的分类数;$k(k=1,2,\cdots,p)$ 表示自变量($X_1,\cdots,X_p$)的个数;α_j 为常数项($j=1,2,\cdots,J-1$);β_k 为回归系数($k=1,2,\cdots,p$);σ_i 为尺度参数(默认值为1);$\pi_{ij}(Y \leqslant j) = \pi_{i1} + \cdots + \pi_{ij}$ 为因变量 $Y \leqslant j$ 的累积概率;$\eta_{ij}[\pi_{ij}(Y \leqslant j)]$ 为关于累计概率 $\pi_{ij}(Y \leqslant j)$ 的链接函数。

链接函数是累积概率的转换形式,可用于模型估计。在 SPSS Statistics 24.0 中,主要有 5 种链接函数供选择。

(1) Cauchit 链接函数 $\tan\{\pi_i(Y=j)[\pi_i(Y \leqslant j) - 0.5]\}$。

(2) 补对数对数链接函数 $\ln\{-\ln[1-\pi_{ij}(Y \leqslant j)]\}$。

(3) Logit 链接函数 $\ln\dfrac{\pi_{ij}(Y \leqslant j)}{1-\pi_{ij}(Y \leqslant j)}$;由此形成的模型称为累加 Logit 模型,也称为比例优势模型。

(4) 负对数对数链接函数 $\ln\{-\ln[\pi_{ij}(Y \leqslant j)]\}$。

(5) 概率链接函数 $\Phi^{-1}[\pi_{ij}(Y \leqslant j)]$。$\Phi^{-1}(\cdot)$ 为标准正态分布分位数。

这些链接函数的适用条件见表 7-3-1 所示:

表 7-3-1 链接函数的适用条件

函数	形式	典型应用
Cauchit 链接函数	$\tan[\pi(\xi-0.5)]$	潜在变量有许多个极值
补对数对数链接函数	$\ln[-\ln(1-\xi)]$	类别越高可能性越大
Logit 链接函数	$\ln[\xi/(1-\xi)]$	均匀分布类别
负对数对数链接函数	$-\ln[-\ln(\xi)]$	类别越低可能性越大
概率链接函数	$\Phi^{-1}(\xi)$	潜在变量为正态分布

Logit 链接函数被 SPSS Statistics 24.0 设为默认链接函数,是因为比例优势模型是有序变量 Logistic 回归中最常用的模型。该模型为:

$$\ln\frac{\pi_{ij}(Y\leqslant j)}{1-\pi_{ij}(Y\leqslant j)} = \ln\frac{\pi_{i1}+\cdots+\pi_{ij}}{\pi_{i(j+1)}+\cdots+\pi_{iJ}} \qquad (7.21)$$
$$= \alpha_j - (\beta_1 X_{i1}+\cdots+\beta_p X_{ip}) \quad j=1,2,\cdots,J-1$$

由此可得 Logit 的 $J-1$ 个预测概率模型为:

$$\pi_{ij}(Y\leqslant j) = \frac{\exp[\alpha_i-(\beta_1 X_{i1}+\beta_p X_{ip})]}{1+\exp[\alpha_i-(\beta_1 X_{i1}+\beta_p X_{ip})]} \quad j=1,2,\cdots,J-1 \qquad (7.22)$$

累积概率具有以下两个性质:

$$\pi(Y\leqslant 1)\leqslant \pi(Y\leqslant 2)\leqslant \cdots \leqslant \pi(Y\leqslant J) \qquad (7.23)$$
$$\pi(Y\leqslant J) = 1$$

该模型要求因变量必须为有序变量,可以是数值或字符串,且只允许假定一个因变量。对于多个自变量值的各个不同模式,该自变量被假定为独立的分类变量。

2. 有序变量 Logistic 回归 SPSS 操作

(1) 建立或打开数据文件,依次单击【分析】→【回归】→【有序】,弹出【有序回归】对话框,如图 7-3-11。

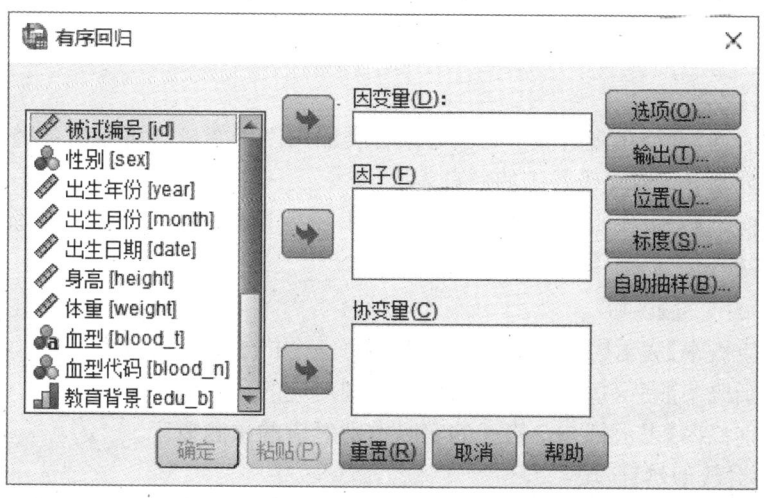

图 7-3-11 【有序回归】对话框

(2)将一个有序变量作为因变量拉入右侧【因变量】框。
(3)选择一个或多个分类变量拉入右侧【因子】列表框中。

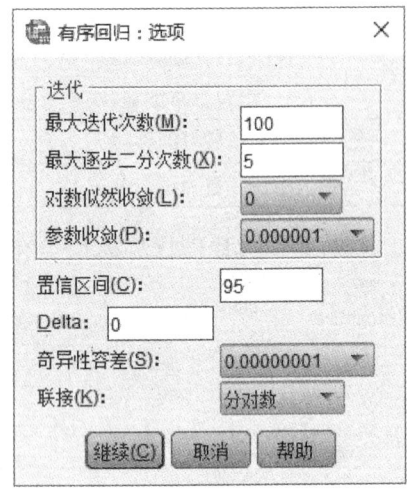

图 7-3-12　【有序回归:选项】对话框

(4)选择一个或多个连续型变量或 0、1 二分变量拉入【协变量】列表框。

(5)单击【选项】按钮,弹出【有序回归:选项】对话框,如图 7-3-12。

【对数似然收敛】表示可以给定一个正数来设置对数似然比收敛值,系统默认为 0。

【参数收敛】表示可设置收敛参数,系统默认值为 0.000 001。

【Delta】框可输入小于 1 的非负值,此值会出现在交叉表的空单元格中,这将有助于稳定算法、阻止估计偏差。

【奇异性容差】可以选择检验单一性的容忍度值,系统默认为 0.000 000 01。

(6)单击【输出】按钮,弹出【有序回归:输出】对话框,如图 7-3-13。

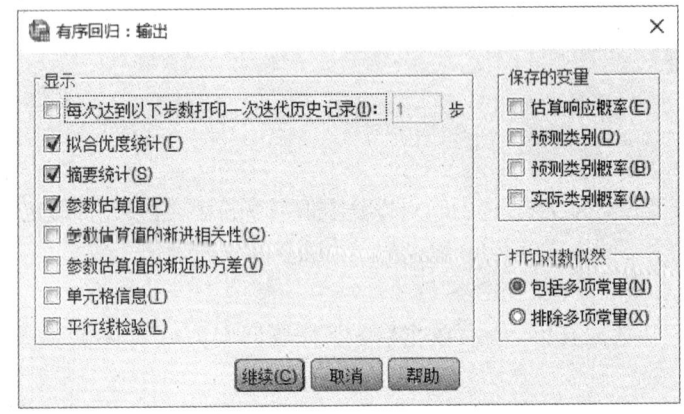

图 7-3-13　【有序回归:输出】对话框

① 【显示】区域

【单元格信息】表示在输出窗中为因变量各类输出因子变量与协变量各类组合中的观察频数、期望频数及 Pearson 残差等的信息表。

【平行线检验】表示作用在多个因变量水平上位置参数均相等的假设检验,该检验仅适用于比例优势模型。

② 【保存的变量】区域

【估算响应概率】表示因变量每一个类别的每一个格子的预测概率。

【预测类别概率】表示每一个格子的预测类别对应的预测概率。

【实际类别概率】表示每一个格子的实际类别对应的预测概率。

③ 【打印对数似然】区域

【包括/排除多项常量】表示输出包括/不包括常数项对数似然估计值。

(7) 单击主对话框中的【位置】按钮,打开【有序回归:位置】对话框,如图 7-3-14。

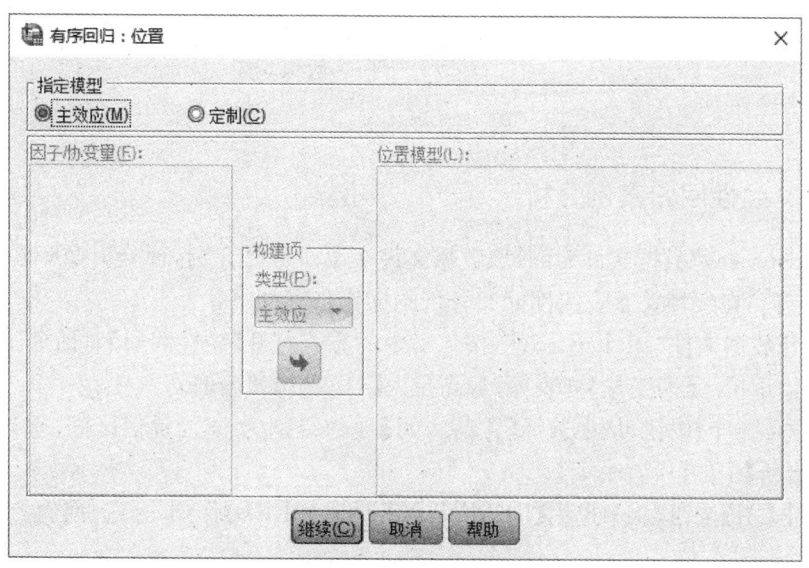

图 7-3-14　【有序回归:位置】对话框

① 【指定模型】区域

【主效应】是指在模型中只包括在主对话框的【因子/协变量】框中所选定变量的主效应,不包括因子和协变量的交互效应。

【定制】表示用户可以自行设定模型中的主效应和交互效应。

② 【因子/协变量】列出了主对话框中选定的因子与协变量。

③ 【构建项】中的下拉列表有以下选项:【主效应】表示可以为每个选定的变量创建主效应项。其余选项与多分变量 Logistic 回归中的一致,不再阐述。

(8) 单击主对话框中的【标度】按钮,弹出【有序回归:标度】对话框,如图 7-3-15。

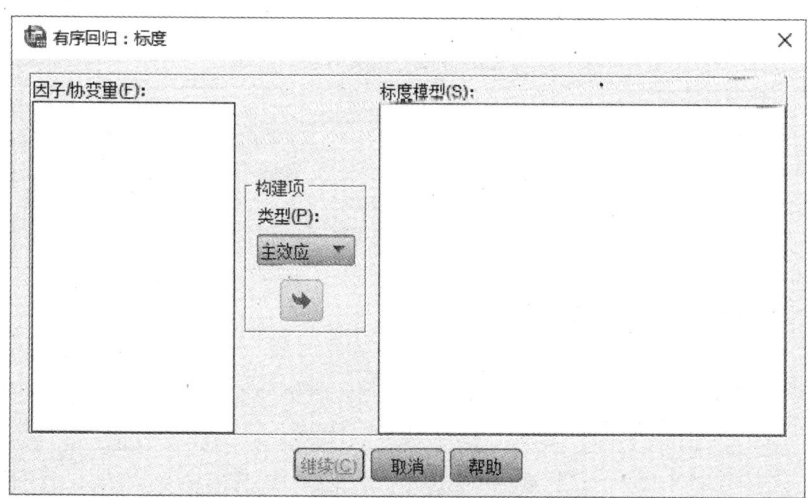

图 7-3-15　【有序回归:标度】对话框

在【有序回归:标度】对话框中,指定分析模型设定方法与前面一致。

7.4 案例分析

7.4.1 线性回归案例分析

以"student.sav"数据文件为例,该数据文件在第4章已介绍,现分析200多名学生的身高和体重是否存在线性关系。线性回归分析的操作步骤如下:

(1) 打开数据文件"student.sav",按7.1中的方式打开【线性回归】对话框。

(2) 将体重拉入【因变量】列表框,身高拉入【自变量】列表框。

(3) 单击【统计】按钮,从中选择【置信区间】项的级别为95%置信区间,选择【描述】项,选择【个案诊断】中的【所有个案】选项。

(4) 单击【图】按钮,从中选用【DEPENDNT】和【ZPRED】作图,并选择【直方图】和【正态概率图】。

(5) 单击【确定】按钮,执行操作,输出如下结果。

表7-4-1 描述性统计量

描述统计

	平均值	标准偏差	个案数
体重	56.49	9.370	213
身高	166.69	7.703	213

表7-4-1中给出了213名学生的体重平均值(56.49千克)、身高(166.69 cm),以及相对应的标准偏差。

表7-4-2 相关分析

相关性

		体重	身高
皮尔逊相关性	体重	1.000	0.771
	身高	0.771	1.000
显著性(单尾)	体重	.	0.000
	身高	0.000	.
个案数	体重	213	213
	身高	213	213

从表 7-4-2 中可以看出,这 213 名学生的身高和体重的皮尔逊相关系数为 0.771,显著系数接近 0,说明两者之间存在一定的线性相关性。

表 7-4-3 模型摘要

模型摘要[b]

模型	R	R 方	调整后 R 方	标准估算的误差
1	0.771[a]	0.594	0.592	5.983

a. 预测变量:(常量),身高
b. 因变量:体重

表 7-4-3 显示了 213 名学生的线性相关性检验系数,包括相关系数 R、判定系数 R^2、调整后的判定系数及标准估算的误差。由调整后的 R 方与 R 方可以看出建立的回归方程比较好。

表 7-4-4 方差分析

ANOVA[a]

模型		平方和	自由度	均方	F	显著性
1	回归	11 059.039	1	11 059.039	308.948	0.000[b]
	残差	7 552.919	211	35.796		
	总计	1 8611.958	212			

a. 因变量:体重
b. 预测变量:(常量),身高

表 7-4-4 给出了模型的自由度、均值的平方、F 统计量和显著性水平,身高和体重的显著性水平接近于 0,残差为 35.796。该结果表明显著性水平小于 0.001,即拒绝回归系数为 0 的原假设,认为模型拟合效果很好。

表 7-4-5 回归系数

系数[a]

模型		未标准化系数		标准化系数	t	显著性	B 的 95.0% 置信区间	
		B	标准误差	Beta			下限	上限
1	(常量)	-99.812	8.902		-11.213	0.000	-117.359	-82.264
	身高	0.938	0.053	0.771	17.577	0.000	0.833	1.043

a. 因变量:体重

在表 7-4-5 中,可以看出显著性水平都接近于 0,即表示两者之间存在一定的线性关系。且假设检验的 t 值远小于 -2,说明该模型具有较好的预测效果。

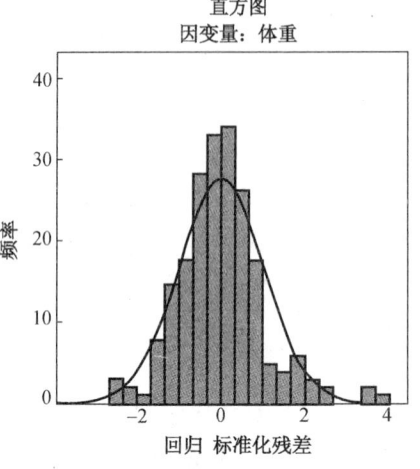

图 7-4-1 正态曲线直方图

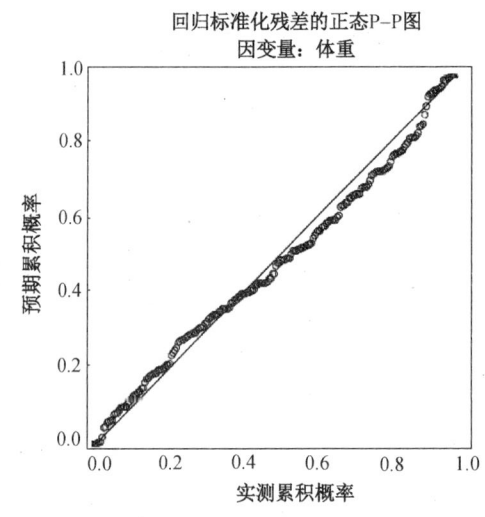

图 7-4-2 P-P图

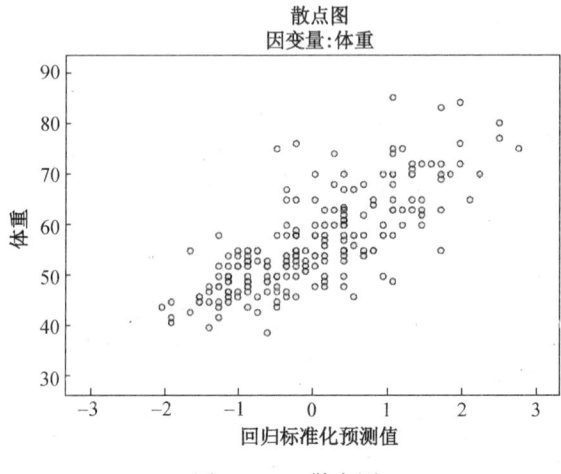

图 7-4-3 散点图

从以上3图中,可以看出标准化残差呈正态分布,散点较均匀分布在直线上下,这也再次直观地验证了变量之间呈现较强的线性关系。

7.4.2 非线性回归案例分析

以数据文件"sbsy.sav"为例,该数据文件是某实验室为了寻找并分析试验可靠性与试验次数之间关系的试验,现假设两者之间呈指数函数关系。非线性回归的操作步骤如下:

(1) 打开数据文件"sbsy.sav",按7.2中的方式打开【非线性回归】对话框。

(2) 将"可靠性y"拉入右侧【因变量】列表框。

(3) 单击【参数】按钮,在此对话框中定义模型参数起始值,由于该案例简单,因此随意定义起始值$a=1$、$b=1$和$c=1$后,单击【继续】按钮返回上一级对话框。

(4) 在【模型表达式】中输入$a+b*\exp(c*x)$。

(5) 单击【保存】按钮,选择【残差】项保存新变量,单击【继续】按钮,返回上一级对话框。

(6) 设置结束,单击【确定】按钮,执行操作,输出如下结果。

表 7-4-6 迭代程序记录

迭代历史记录[b]				
迭代编号[a]	残差平方和	参数		
		a	b	c
0.1	1 114 716.077	1.000	1.000	1.000
1.1	52 489.478	0.999	0.216	−4.408
2.1	40 118.137	12.048	0.228	−4.412
3.1	16 640.434	39.713	−0.014	−4.382
4.1	1 316.293	86.502	−1.024	−4.245
5.1	711.773	86.596	−26.049	−0.618
6.1	711.771	86.596	−26.051	−0.617
7.1	591.301	89.116	−26.720	−0.521
8.1	576.599	89.935	−26.345	−0.578
9.1	491.613	94.411	−28.141	−0.340
10.1	485.612	94.971	−27.959	−0.388
11.1	477.628	95.303	−28.297	−0.357
12.1	471.526	95.926	−28.865	−0.326
13.1	461.333	96.345	−29.560	−0.314
14.1	364.932	99.764	−37.504	−0.265
15.1	197.038	102.727	−48.943	−0.305
16.1	105.085	106.514	−68.060	−0.409
17.1	80.721	104.276	−64.572	−0.415

(续表)

迭代历史记录[b]				
迭代编号[a]	残差平方和	参数		
		a	b	c
18.1	60.905	101.428	−64.655	−0.463
19.1	46.944	98.955	−68.344	−0.537
20.1	31.713	98.923	−74.018	−0.584
21.1	19.560	98.473	−81.908	−0.665
22.1	16.081	97.715	−86.263	−0.725
23.1	14.944	97.621	−88.547	−0.755
24.1	14.674	97.350	−88.922	−0.769
25.1	14.549	97.358	−88.351	−0.768
26.1	14.504	97.395	−87.487	−0.762
27.1	14.503	97.405	−87.370	−0.760
28.1	14.503	97.407	−87.358	−0.760
29.1	14.503	97.407	−87.359	−0.760

将通过数字计算来确定导数

a. 主迭代号在小数点左侧显示，次迭代号在小数点右侧显示。
b. 运行在29次迭代后停止。已找到最优的解。

从表 7-4-6 中可以看出，在经过了 29 次迭代后，模型达到收敛标准，最佳解被找到。最终的回归方程为：

$$y = 97.407 - 87.359 * e^{-0.76x}$$

表 7-4-7　方差分析

ANOVA[a]			
源	平方和	自由度	均方
回归	53 678.407	3	17 892.802
残差	14.503	4	3.626
修正前总计	53 692.910	7	
修正后总计	1 317.160	6	

因变量：可靠性(%)

a. R 方 = 1 − (残差平方和)/(修正平方和) = 0.989。

表 7-4-7 给出了整个模型的显著性检验结果，本例中采用了方差分析进行显著性检验。决定性系数 R 方为 0.989，表明模型对数据的拟合程度非常好，可以认为随着试验次数的增大，试验可靠性增长迅速，两者呈指数关系。

7.4.3 Logistic 回归案例分析

"公共交通.sav"是关于公共交通的社会调查表,因变量 $y=1$ 表示主要乘坐公交车上下班,$y=0$ 表示主要骑自行车上下班;自变量 x_1 是年龄,作为连续变量;x_2 是月收入;x_3 是性别,$x_3=1$ 表示男性,$x_3=0$ 表示女性。调查对象为工薪族群体,试建立 y 与自变量的 Logistic 回归。对于本案例,Logistic 回归分析的操作步骤如下:

(1) 打开数据文件"公共交通.sav",依次单击【分析】→【回归】→【二元 Logistic】,进入 Logistic 回归对话框。

(2) 将 y 作为因变量拉入【因变量】文本框;将性别、年龄、月收入拉入【协变量】列表框。

(3) 设置完成后,单击【确定】按钮,执行操作,输出如下结果。

表 7-4-8　方程中的变量

		B	标准误差	瓦尔德	自由度	显著性	
步骤 1[a]	性别	-2.502	1.158	4.669	1	0.031	0.082
	年龄	0.082	0.052	2.486	1	0.115	1.086
	月收入	0.002	0.002	0.661	1	0.416	1.002
	常量	-3.655	2.091	3.055	1	0.081	0.026

a. 在步骤 1 输入的变量:性别,年龄,月收入。

瓦尔德(Wald)值是回归系数的检验值,其公式为:

$$\text{Wald} = \left(\frac{B}{\text{标准误差}}\right)^2 = \left(\frac{\beta_i}{\sqrt{D(\beta_i)}}\right)^2 \tag{7.24}$$

从表 7-4-8 可以看到,月收入不显著,决定将其剔除。用 y 对性别与年龄两个自变量做回归,输出如下结果。

表 7-4-9　修改后的方程中的变量

		B	标准误差	瓦尔德	自由度	显著性	
步骤 1[a]	性别	-2.224	1.048	4.506	1	0.034	0.108
	年龄	0.102	0.046	4.986	1	0.026	1.108
	常量	-2.629	1.554	2.862	1	0.091	0.072

a. 在步骤 1 输入的变量:性别,年龄。

从表 7-4-9 可以看到,性别和年龄两个变量都是显著的,因而最终的回归方程为:

$$\hat{p}_i = \frac{\exp(-2.629 - 2.224 * \text{性别} + 0.102 * \text{年龄})}{1 + \exp(-2.629 - 2.224 * \text{性别} + 0.102 * \text{年龄})} \tag{7.25}$$

分析表明,女性乘公交车的比例高于男性,且随着年龄的增大,乘车的比例也越高。

7.5 小　　结

本章主要介绍了回归分析的常用模型、基本理论、SPSS Statistics 24.0 操作和对应的案例分析，包括一元和多元的线性回归分析、非线性回归分析、以及二项、多分变量、有序变量 Logistic 回归分析。线性回归包括一元线性回归和多元线性回归。非线性回归能够在因变量和自变量之间构造任意的模型，这个过程是通过迭代估测运算来完成的。非线性回归问题大多数可以转化为线性回归问题来求解，也就是将非线性回归模型进行适当的变换，使其变为线性模型来求解。Logistic 回归又称 Logistic 回归分析，是一种广义的线性回归分析模型，常用于商务数据挖掘、疾病自动诊断、经济预测等领域。例如，探讨引发疾病的危险因素，并根据危险因素预测疾病发生的概率等。Logistic 回归常用的有二项 Logistic 回归、多分变量 Logistic 回归、有序变量 Logistic 回归。

思　考　题

1. 什么叫线性回归，一元与多元线性回归的区别。
2. 非线性回归的操作步骤。
3. 某研究者分别于 1985 年、1995 年、2005 年调查了已婚或未婚的 30 岁左右成年人的幸福感情况，调查结果如表 7-6-1 所示，试用 SPSS 24.0 分析不同年份、不同婚姻状况的被调查者的幸福感有何不同？

表 7-6-1　不同年份、不同婚姻状况的幸福感

年份	婚姻状况	幸福感程度		
		不太幸福	比较幸福	十分幸福
1985	已婚	214	869	237
	未婚	93	773	551
1995	已婚	80	211	65
	未婚	76	473	453
2005	已婚	98	327	130
	未婚	46	367	312

参 考 文 献

[1] 李合龙,李妍,等.SPSS统计学实验教程[M].北京:清华大学出版社,2015.
[2] 时立文.SPSS 19.0 统计分析——从入门到精通[M].北京:清华大学出版社,2014.
[3] 曹慧.统计学——基于SPSS的应用[M].北京:北京大学出版社,2015.
[4] 卢纹岱,朱红兵,等.SPSS统计分析(第五版)[M].北京:电子工业出版社,2015.
[5] 陈胜可.SPSS统计分析——从入门到精通[M].北京:清华大学出版社,2010.
[6] 何晓群.多元统计分析(第四版)[M].北京:中国人民大学出版社,2015.

第 8 章

时间序列分析

时间序列是变量依相等时间间隔的顺序而形成的一系列变量值。大量社会经济统计指标都依年、季、月或日统计其指标值,随着时间的推移,形成了统计指标的时间序列。因此,时间序列是某一统计指标长期变动的数量表现。时间序列分析就是估算和研究某一时间序列在长期变动过程中所存在的统计规律性,如长期变动趋势、季节性变动规律、周期变动规律,以此预测今后的发展和变化。本章首先对时间序列的组成和概念进行概述,然后介绍了时间序列数据的预处理。接着对时间序列分析中的三种模型分别进行讲解,最后通过实际案例使读者可以更直观地理解和掌握时间序列分析。

8.1 时间序列概述

时间序列分析是一种应用广泛的数量分析方法,主要用于描述和探索现象时间发展变化的数量规律性。时间序列分析通常分为传统的时间序列分析与现代的时间序列分析两种,前者是研究各种时间序列因素分解,以及长期趋势、季节变动、循环变动三要素的分析;后者则主要研究自回归(AR)模型、滑动平均(MA)模型和自回归滑动平均(ARIMA)模型。

任何事物都处于不断的运动和发展变化中,为探索现象发展变化的规律性,需要观察现象随时间变化的数量特征。把某种现象发展变化的指标数值按一定时间顺序排列起来形成的数列,称为时间序列。

8.1.1 时间序列的组成部分

事物的发展受多种因素的影响,时间序列的形成也是多种因素共同作用的结果,在一个时间序列中,有长期的起决定性作用的因素,也有临时的起非决定性作用的因素;有可以预知和控制的因素,也有不可预知和不可控制的因素,这些因素相互作用和影响,从而使时间序列变化趋势呈现不同的特点。影响时间序列的因素大致可分为四种:长期趋势、季节变动、循环变动及不规则变动。

1. 长期趋势(Trend)

长期趋势是指现象在相当长的一段时期内,受某种长期的、决定性的因素影响而呈现出的持续上升或持续下降的趋势,通常以 T 表示,如中国改革开放以来国内生产总值持续上升。

2. 季节变动(Seasonal Variation)

季节变动是指现象在一年内,由于受到自然条件或社会条件的影响而形成的以一定时期为周期(通常指一个月或季)的有规则的重复变动,通常以 S 表示,如时令商品的产量与销售量,旅行社的旅游收入等都会受到季节的影响。应注意的是在这里提到的"季节"并非通常意义上的"四季",季节变动中所提及的主要指广义的概念,可以理解为一年中的某个时间段,如一个月,一个季度,或任何一个周期。

3. 循环变动(Cyclical Variation)

循环变动是指现象持续若干年的周期变动,通常以 C 表示。循环变动的周期长短不一,没有规律,而且通常周期较长,不像季节变动有明显的变动周期(小于一年)。循环变动不是单一方向的持续变动,而是涨落相间的交替波动,如经济周期。

4. 不规则变动(Irregular Random Variation)

不规则变动是指现象由于偶然性因素而引起的无规律、不规则的变动,如受到自然灾害等不可抗力的影响,通常以 I 表示,对这种变动一般无法做出解释。

8.1.2 时间序列的数学模型

时间序列模型分为确定性的时间序列模型和随机性的时间序列模型。

1. 确定性的时间序列模型

时间序列各影响因素之间的关系用一定的数学关系式表示出来,就构成时间序列的分解模型,可以从时间序列的分解模型中将各因素分离出来并进行测定,了解各因素的具体作用。

通常采用加法模型和乘法模型来描述时间序列的构成。加法模型的表达式为:

$$Y = T + S + C + I \tag{8.1}$$

式(8.1)中,Y 表示时间序列的指标数值;T、S、C、I 分别表示长期趋势、季节变动、循环变动、不规则变动,使用加法模型的基本假设前提是各个影响因素对时间序列的影响是可加的,并且是相互独立的。

而乘法模型的表达式为:

$$Y = T \times S \times C \times I \tag{8.2}$$

使用乘法模型的基本假设前提是各影响因素对时间序列的影响是相互不独立的。

2. 随机性的时间序列模型

前面讨论了确定性时间序列模型的建立,事实上,许多现实经济现象都是通过随机时间序列模型来刻画的,本节主要介绍一系列常用的时间序列模型:AR 模型、MA 模型,以及 ARIMA 模型,这类模型的建立需要较多的历史数据和较深的数学知识,实际操作必须借助计算机来完成,但是该模型在短期预测中具有较高的精度,因此,在实际中得到了广泛的应用。

平稳随机序列,指如果序列 $\{y_{(t)}\}$ 二阶矩有限($Ey_{(t)}^2 < \infty$),且满足如下条件:
(1) 对任意整数 t,$Ey_{(t)} = u$,u 为常数;
(2) 对任意整数 t,s,自协方差函数 $r_{(ts)} = cov(y_{(t)}, y_{(s)})$ 仅与时间间隔 $t-s$ 有关,和起止时刻 t,s 无关,即 $r_{(ts)} = r_{(t-s)} = r_{(k)}$。

则称序列 $\{y_{(t)}\}$ 为宽平稳(或协方差平稳,二阶矩平稳)序列。

最简单的宽平稳过程是白噪声序列,它是构成经济序列许多复杂过程的基石,一般白噪声过程的定义如下：

$E\varepsilon_{(t)} = 0$；

$E\varepsilon_{(t)}^2 = \sigma^2$，对所有 t；

$E\varepsilon_{(t)}\varepsilon_{(s)} = 0, t \neq s$。

其中，常见的平稳序列模型包括以下几类：AR 模型、MA 模型、ARIMA 模型。

1) AR 模型

零均值平稳随机序列 $\{y_{(t)}\}$ 满足如下形式

$$y_{(t)} = \phi_1 y_{(t-1)} + \phi_2 y_{(t-2)} + \cdots + \phi_p y_{(t-p)} + \varepsilon_{(t)} \tag{8.3}$$

其中：$\phi_1, \phi_2, \cdots, \phi_p$ 为自回归系数，满足平稳性条件；$\varepsilon_{(t)}$ 为白噪声序列。上式称为 p 阶自回归模型，简记为 AR(p)。

2) MA 模型

一般 MA 模型的数学形式为

$$y_{(t)} = \varepsilon_{(t)} + \varphi_1 \varepsilon_{(t-1)} + \cdots + \varphi_q \varepsilon_{(t-q)} \tag{8.4}$$

其中：$\varphi_1, \varphi_2, \cdots, \varphi_q$ 为滑动平均系数；ε_t 为白噪声序列。上式称为 q 阶滑动平均模型，简记为 MA(q)。

3) ARIMA 模型

一般 ARIMA 模型的数学形式为

$$y_{(t)} = \phi_1 y_{(t-1)} + \phi_2 y_{(t-2)} + \cdots + \phi_p y_{(t-p)} + \varepsilon_{(t)} + \varphi_1 \varepsilon_{(t-1)} + \cdots + \varphi_q \varepsilon_{(t-q)} \tag{8.5}$$

其中：$\phi_1, \phi_2, \cdots, \phi_p$ 为自回归系数，满足平稳性条件；$\varphi_1, \varphi_2, \cdots, \varphi_q$ 为滑动平均系数；ε_t 为白噪声序列，上式称为 p 阶自回归－q 阶滑动平均模型，简记为 ARIMA(p, q)。

从以上定义中可以看出，AR 模型和 MA 模型即为 ARIMA 模型的特例：

(1) 当 $p=0$，ARIMA(p, q) 即为 MA(q)；

(2) 当 $q=0$，ARIMA(p, q) 即为 AR(p)。

8.1.3 时间序列的分析步骤

一个时间序列通常存在长期趋势变动、季节变动、周期变动和不规则变动因素。时间序列分析的目的就是逐一分解和测定时间序列中各项因素的变动程度和变动规律，然后将其重新综合起来，预测统计指标今后综合的变化和发展情况。

时间序列的综合分析步骤如下：

(1) 确定时间序列的变动因素和变动类型；

(2) 计算调整月(季)指数，以测定季节变动因素的影响程度；

(3) 调整时间序列的原始指标值，以消除季节变动因素的影响；

(4) 根据调整后的时间序列的指标值(简称调整值)拟合长期趋势模型；

(5) 计算趋势比率或周期余数比率，以度量周期波动幅度和周期长度。

(6) 预测统计指标今后的数值。

8.1.4 SPSS 时间序列分析功能

SPSS Statistics 24.0 时间序列分析模块主要包括四个时间序列模型，选择菜单【分析】→

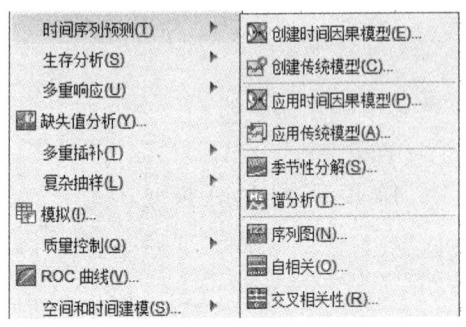

图 8-1-1 时间序列模块

【时间序列预测】,如图 8-1-1 所示。

首先是【创建传统模型】和【应用传统模型】选项,其中【创建传统模型】选项分为指数平滑模型和自回归滑动平均模型;【应用传统模型】选项执行应用模型的功能。

在 SPSS Statistics 24.0 中时间序列分析提供的模型如下:

(1) 指数平滑(Exponential Smoothing);
(2) 自回归模型(Autoregression);
(3) ARIMA:ARIMA 模型;
(4) 季节性结构分量模型(Seasonal Decomposition)。

图 8-1-1 中的【谱分析】(Sequence Analysis)选项实现的是谱分析功能,【序列图】(Sequence Charts)选项实现谱密度图分析功能;【自相关】(Autocorrelations)选项实现自相关图;【交叉相关性】(Cross-Correlations)选项实现互相关图。

1. 创建传统模型参数设置

选择菜单【分析】→【时间序列预测】→【创建传统模型】,则弹出如图 8-1-2 所示的对话框,此对话框用于指定分析变量、选择模型方法等操作。各选项框功能如下所述。

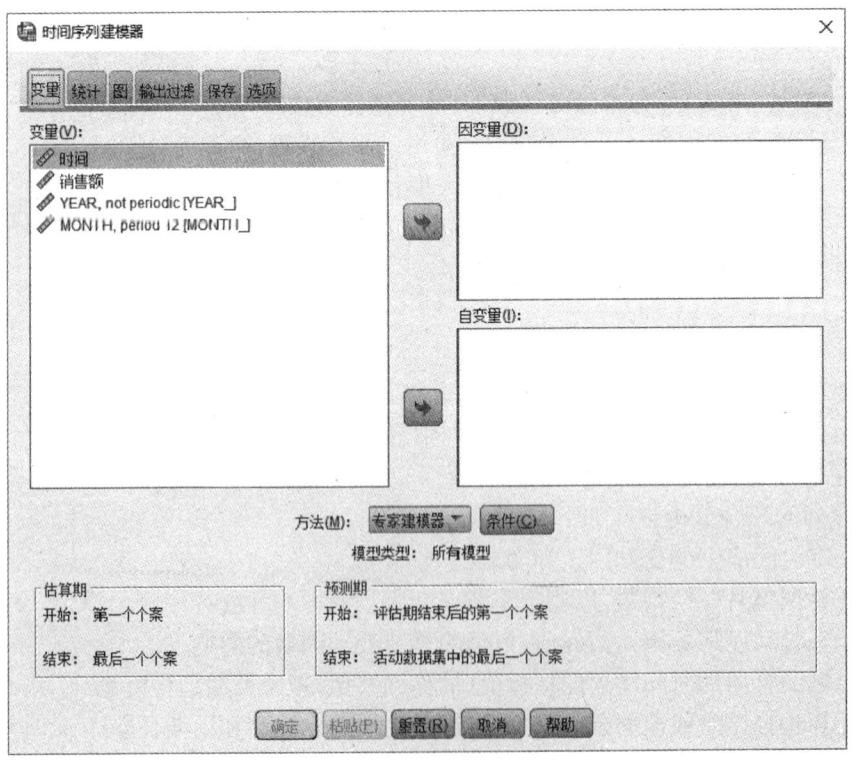

图 8-1-2 【时间序列建模器】界面

1)【变量】栏

此栏用于设置变量,分析模型,分析数据范围等信息。

(1)【变量】列表:用于显示当前可用的变量。
(2)【因变量】栏:用于选入因变量。
(3)【自变量】栏:用于选入自变量。
(4)【方法】下拉菜单:用于指定建模方法。包括3个选项。【专家建模器】表示对每个因变量分别自动寻找最优的拟合模型;【指数平滑】用于指定指数平滑模型;【ARIMA】用于指定 ARIMA 模型。
(5)【估算期】框:用于指定模型估计时的数据范围,默认为当前所有数据。
(6)【预测期】框:设置预测范围,显示要预测的数据范围。默认为当前记录的所有范围。

2)【统计】栏

此栏用于设置一些关于统计量的信息,如图 8-1-3 所示。

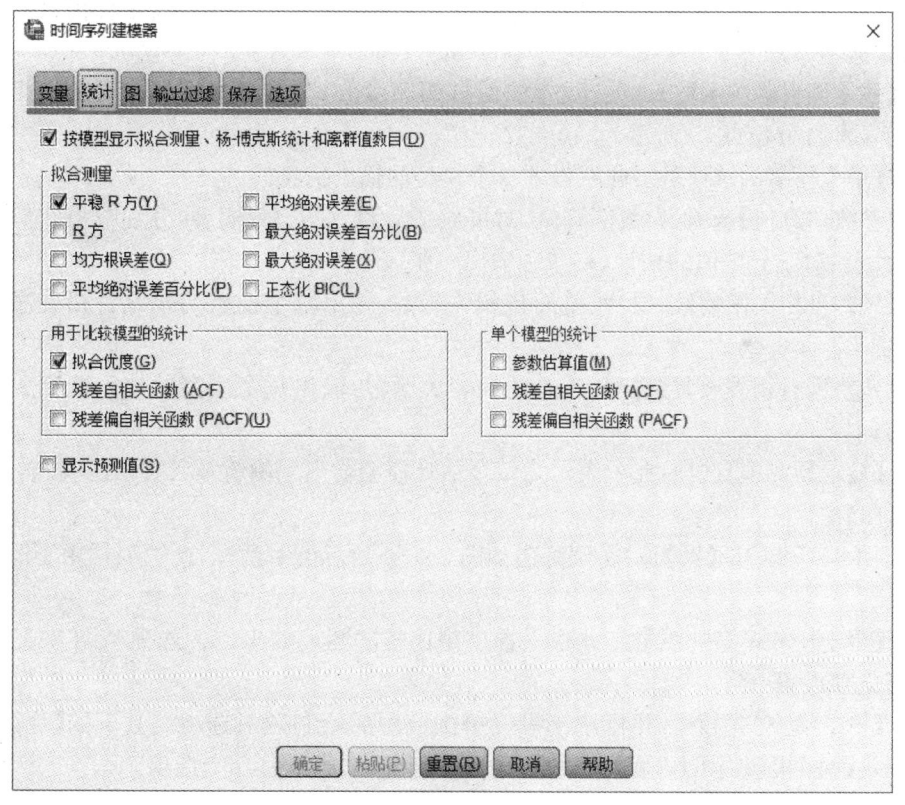

图 8-1-3 【统计】界面

(1)【按模型显示拟合测量、杨-博克斯统计和离群值数目】选项:此项设置模型拟合方法、杨-博克斯统计量、由模型定义的异常点个数等,选中后则激活其下的【拟合测量】选项栏。

(2)【拟合测量】选项:此项设置输出哪些反映模型拟合优度的统计量。各选项功能如下所述。

①【平稳 R 方】选项:平稳 R 方统计量,用来比较模型中的固定成分与一个简单均值模型的差别,当原始序列中有趋势成分或季节成分时,要优于 R 方统计量。

②【R 方】选项:R 方统计量,用来估计由模型解释的变异在总变异中的比例,当原始序

列为平稳序列时,优于平稳 R 方统计量。

③【均方根误差】选项:均方误差,用来度量原始因变量序列与它的模型预测值的差异。

④【平均绝对误差百分比】选项:绝对比例误差均值,用以度量原始因变量与预测值之间的误差。

⑤【平均绝对误差】选项:绝对误差均值,用以度量原始变量与预测值之间的差异。

⑥【最大绝对误差百分比】选项:最大绝对比例误差,以比例形式表示最大预测误差。

⑦【最大绝对误差】选项:最大绝对误差,用来度量最大的预测误差。

⑧【正态化 BIC】选项:正态 BIC 统计量,用来度量模型的拟合优度,同时考虑了模型的复杂程度。

(3)【用于比较模型的统计】栏:此栏用于设置模型比较的统计量输出。

①【拟合优度】选项:把每个模型的拟合优度统计量输出到一张表格里。

②【残差自相关函数】选项:残差的自相关函数,输出每个模型的残差自相关函数的统计特征和百分位点。

③【残差偏自相关函数】选项:残差的偏自相关函数,输出每个模型的残差偏相关函数的统计特征和百分位点。

(4)【单个模型的统计】栏:此栏设置单个模型的输出信息。

①【参数估算值】选项:参数估算值,对指数平滑和 ARIMA 模型,分别输出它们各自的参数估计表。对于异常值的估计,将单独输出一张表格。

②【残差自相关函数】选项:残差的自相关函数,输出每个模型的残差自相关序列及其置信区间。

③【残差偏自相关函数】选项:残差的偏相关函数,输出每个模型的残差偏相关序列及其置信区间。

(5)【显示预测值】选项:此项表示为每个估计模型输出预测值及其置信区间。

3)【图】栏

单击图 8-1-2 中的【图】标签,则弹出如图 8-1-4 所示的对话框,此选项栏用于设置绘图选项。

(1)【用于比较模型的图】栏:此栏设置模型比较的图形输出。各选项与图 8-1-3 中拟合度量栏选项设置一致。

(2)【单个模型的图】栏:此栏用于设置单个模型的绘制图形选项。其下的【序列】选项选中后激活【每个图显示的内容】选项栏,输出序列图形,其下有 5 个选项。

①【实测值】选项:因变量的原始观测序列。

②【预测值】选项:预测范围的观测预测值。

③【拟合值】选项:估计范围的观测预测值。

④【预测值的置信区间】选项:预测范围内的置信区间。

⑤【拟合值的置信区间】选项:此栏输出每个模型的残差自相关序列图。

(3)【残差自相关函数】栏:此栏输出每个模型的残差自相关序列图。

(4)【残差偏自相关函数】栏:此栏输出每个模型的残差偏相关序列图。

4)【输出过滤】栏

单击图 8-1-2 中的【输出过滤】标签,弹出如图 8-1-5 所示的对话框。

第8章 时间序列分析

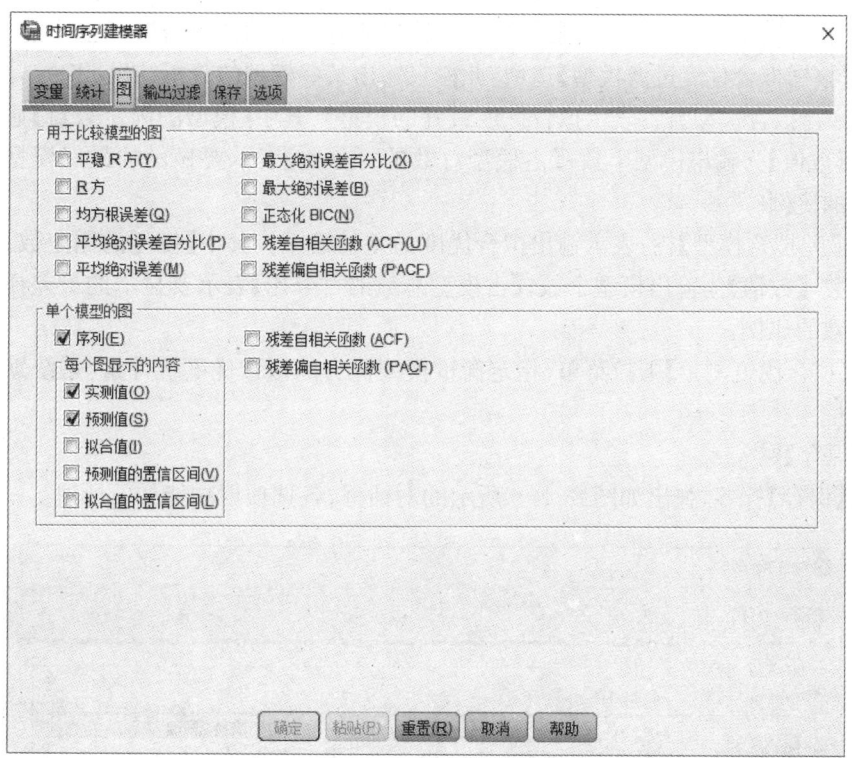

图 8-1-4 【图】选项栏

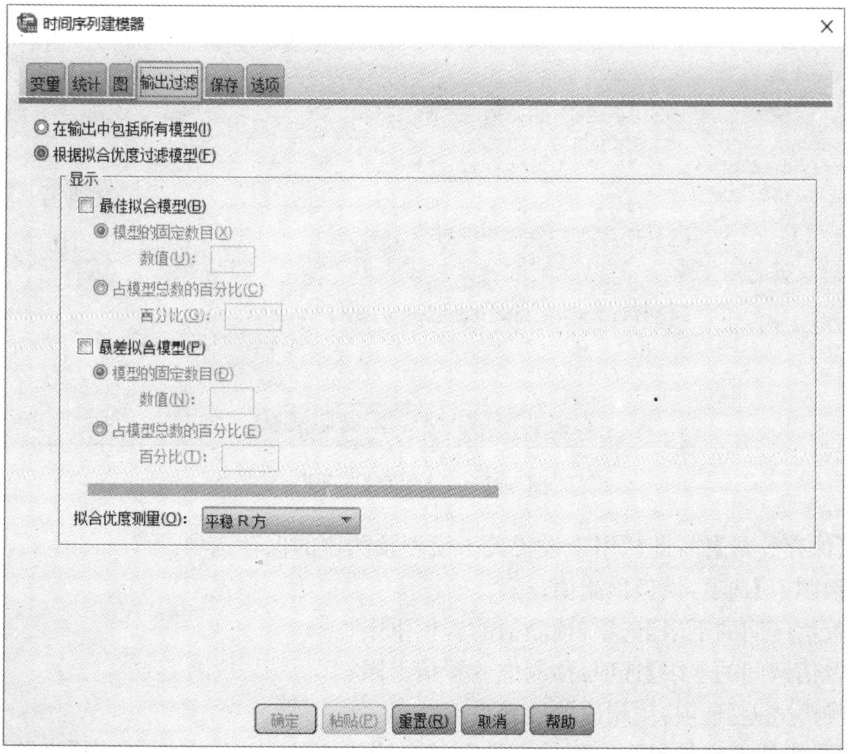

图 8-1-5 【输出过滤】对话框

(1)【在输出中包括所有模型】选项:表示输出所有模型的分析结果,是默认选项。
(2)【根据拟合优度过滤模型】选项:此栏只输出某些模型的分析结果。
①【最佳拟合模型】栏:表示拟合优度最好的模型。其中【模型的固定数目】显示最好模型个数。【数值】为输出模型个数;【占模型总数的百分比】表示要显示的最好模型个数占总模型个数的比例。
②【最差拟合模型】栏:表示输出拟合优度最差的模型。其中【模型的固定数目】显示最差模型个数,【数值】为输出模型个数;【占模型总数的百分比】表示要显示的最差模型个数占总模型个数的比例。
(3)【拟合优度测量】下拉菜单,指定衡量模型优劣的拟合优度统计量,系统默认为平稳 R 方统计量。

5)【保存】栏

单击【保存】标签,弹出如图 8-1-6 所示的对话框,各选项框功能如下所述。

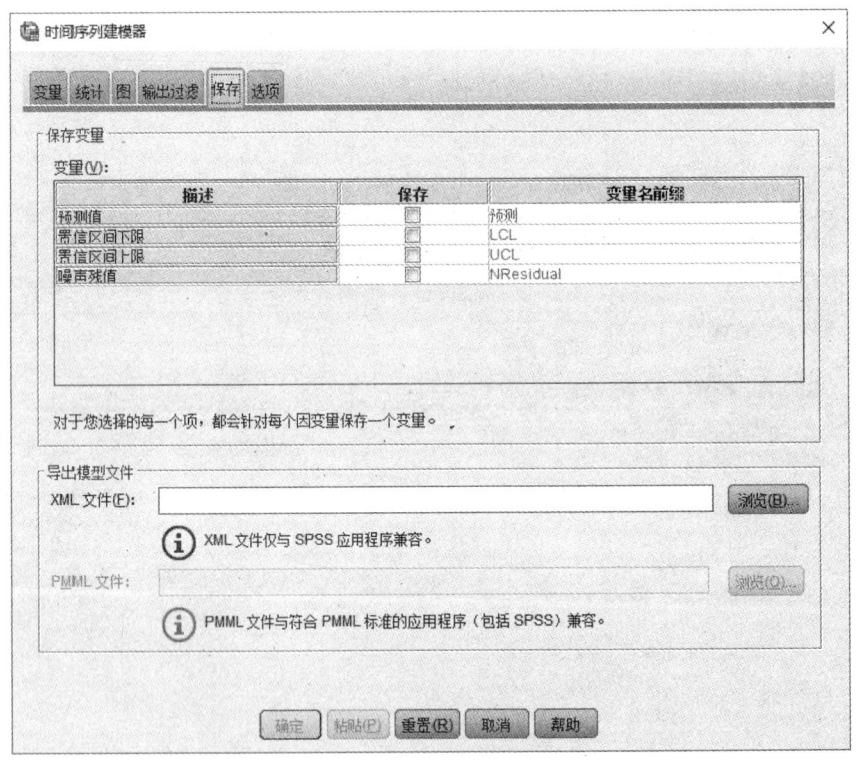

图 8-1-6　【保存】选项栏

(1)【保存变量】栏:此栏用于设置关于模型预测值的保存选项。
①【预测值】选项:模型预测值;
②【置信区间的下限】选项:预测值的置信下限;
③【置信区间的上限】选项:预测值的置信上限;
④【噪声残差】选项:预测值的残差。
(2)【导出模型文件】栏:设置输出模型信息到指定的 XML 文件,单击【浏览】按钮指定文件路径。

6)【选项】栏

单击【选项】标签,弹出如图 8-1-7 所示对话框,此选项栏用于设置关于预测范围、缺失值处理方式、置信区间等选项参数。各选项功能如下所述。

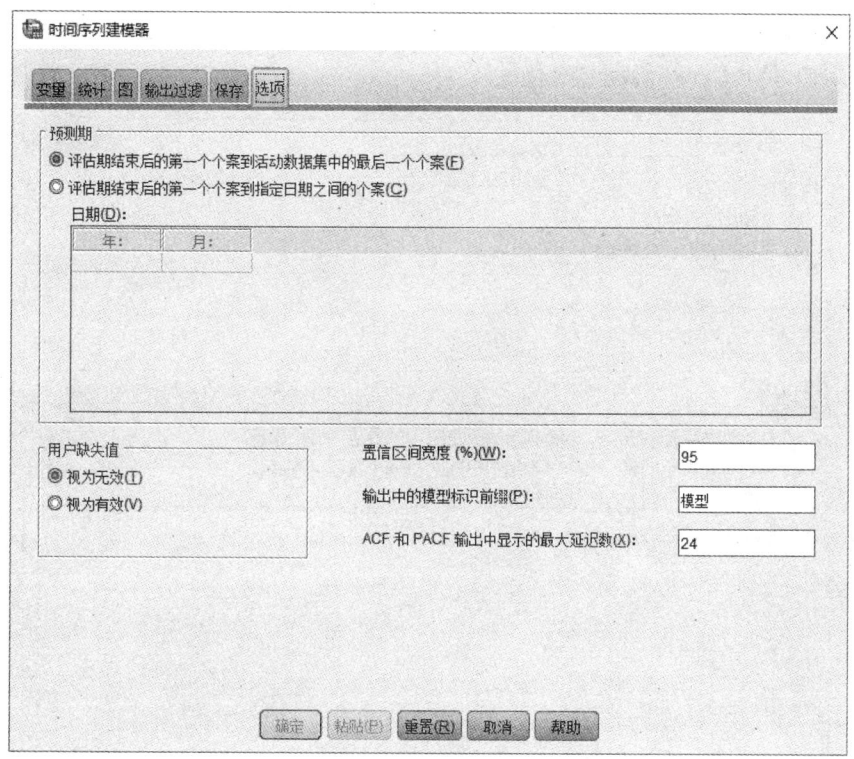

图 8-1-7 【选项】选项栏

(1)【预测期】栏:此栏设置预测范围。

①【评估期结束后的第一个个案到活动数据集中的最后一个个案】选项:表示预测范围从估计模型所用数据的最后一个记录到当前数据集的最后一个记录。

②【评估期结束后的第一个个案到指定日期之间的个案】选项:表示预测范围从估计模型所用数据的最后一个记录到用户指定的某个日期,常用来预测超过当前数据集的时间范围的记录,其下的日期栏用于指定要预测的日期。

(2)【用户缺失值】框:设置缺失值的处理方式。

①【视为无效】选项:表示把用户定义缺失值当作系统缺失值对待,作为无效数据;

②【视为有效】选项:表示把用户定义缺失值作为有效数据。

(3)【置信区间宽度】栏:置信区间,系统默认值为 95%。

(4)【输出中的模型标识前缀】栏:指定在输出结果中;用以区分不同模型的名称前缀,默认为模型。

(5)【ACF 和 PACF 输出中显示的最大延迟数】栏:指定自相关函数和偏相关函数的最大延迟阶数,默认为 24。

2. 应用传统模型参数设置

单击选择【分析】→【时间序列预测】→【应用传统模型】,则弹出如图 8-1-8 所示的对话框,此界面主要应用先前确定的模型,直接对指定数据集进行分析。各选项栏功能如下所述。

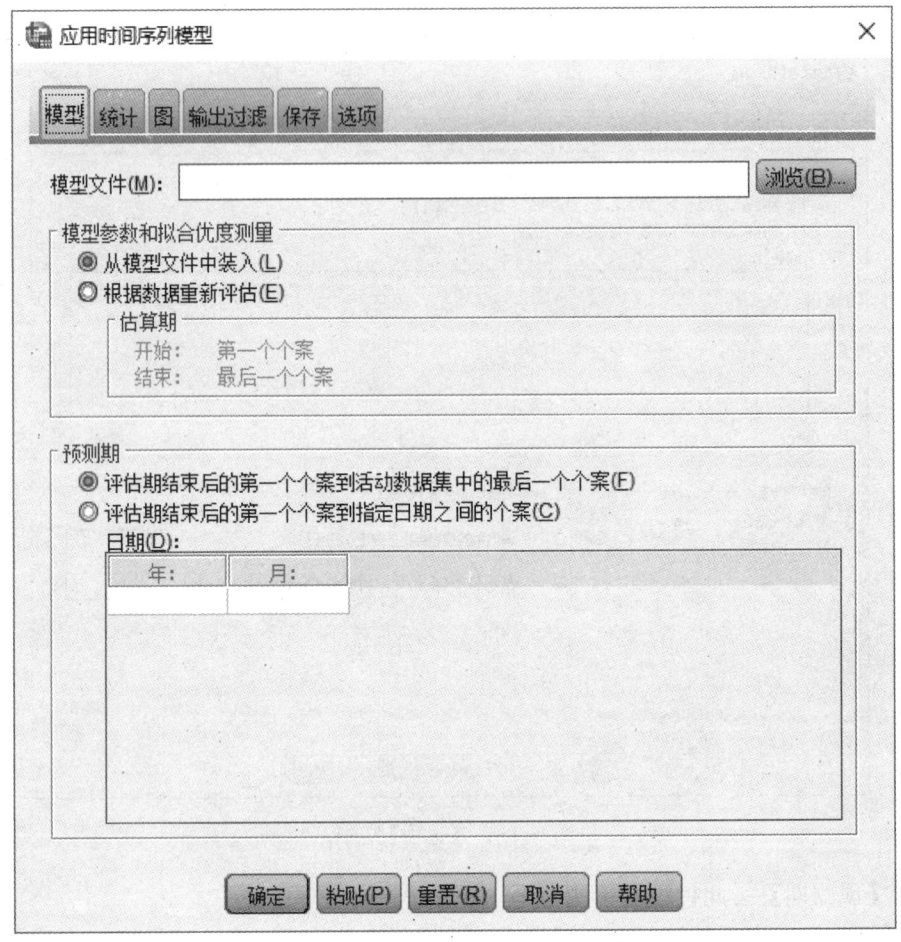

图 8-1-8 【应用模型】对话框

1)【模型】选项

【模型】选项用于指定 XML 模型文件的路径和名称,单击【浏览】按钮即可打开。

2)【模型参数和拟合优度测量】栏

【模型参数和拟合优度测量】栏用于设置模型估计的参数和模型拟合优度统计量的引入方式,包括以下两种方式。

(1)【从模型文件中装入】选项:表示从指定的模型文件中直接读取。

(2)【根据数据重新评估】选项:利用当前数据集重新估计模型。

3)【预测期】栏

【预测期】栏用于指定模型预测范围,与常见模型选项中的设置一样。

除了【模型】选项以外,还有【统计】选项、【图】选项、【输出过滤】选项、【保存】选项以及【选项】选项。这些选项中的设置与创建传统模型选项栏中的设置基本一样,在此不再赘述。

8.2 时间序列数据的预处理

在进行时间序列分析之前,一定要对原始数据集进行预处理分析,否则在随后的分析操作中可能带来不必要的麻烦和困难。本节只讲述预处理的方法,在下面几节中会进行数据预处理的实际操作设置。

8.2.1 缺失值替换

在进行时间序列分析之前,需要对原始数据进行初步分析,以确保数据完整。选择菜单【转换】→【替换缺失值】,则系统执行缺失值替换操作,如图 8-2-1 所示。

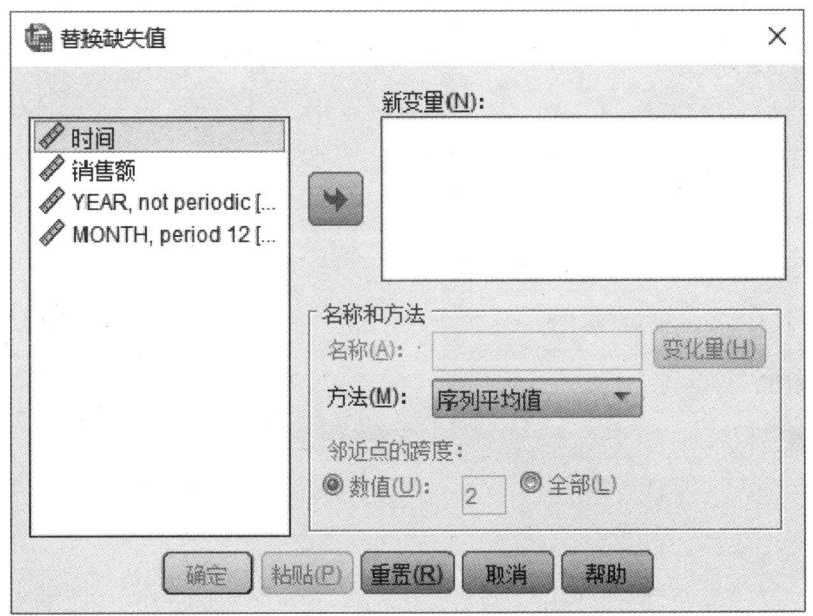

图 8-2-1 【替换缺失值】对话框

各个选项框功能具体如下。

1)【新变量】栏

【新变量】栏用于从变量列表中选入含有缺失值的变量。

2)【名称和方法】栏

【名称和方法】栏用于设置缺失值替换的参考。其下的【名称】输入框用于指定新变量的名称。【方法】下拉菜单用于选择替换缺失值的方法,如图 8-2-2 所示。

(1)【序列平均值】选项:全体序列的平均值,系统默认选项。

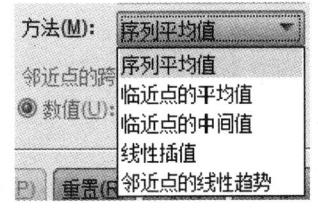

图 8-2-2 【方法】选项

(2)【临近点的平均值】选项:相邻若干点的均值。

(3)【临近点的中间值】选项:相邻若干点的中间值。

(4)【线性插值】选项:线性内插,使用当前缺失值前后两个有效数据计算均值。

(5)【临近点的线性趋势】选项:该点的线性趋势,将记录号作为自变量,序列值作为因变量进行回归,求得该点的估计值。

8.2.2 定义时间变量

时间序列数据集中必须要设置时间变量,系统才能识别。选择菜单【数据】→【定义时间和日期】,则系统执行时间变量的功能,如图8-2-3所示为弹出的对话框。

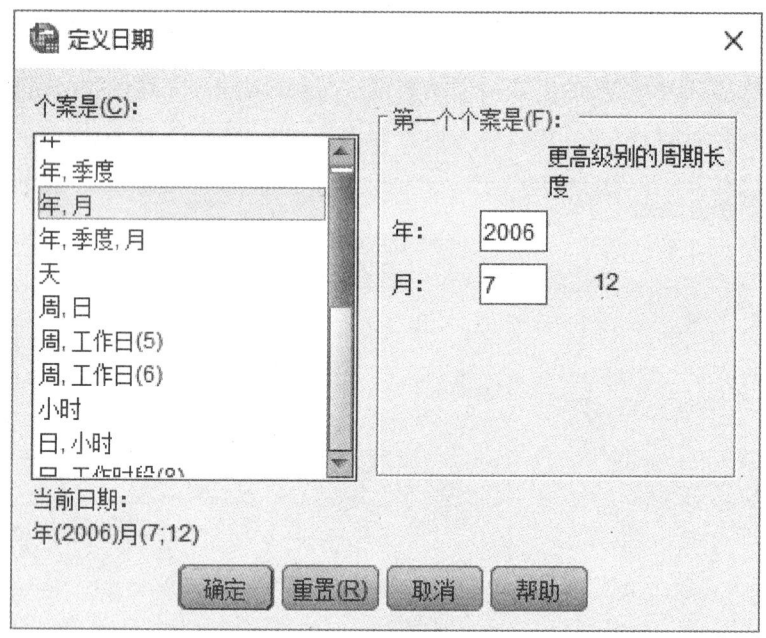

图8-2-3 【时间变量设置】对话框

(1)【个案是】栏:此栏给出了许多时间格式,用户可以进行选择。

(2)【第一个个案是】栏:此栏用于指定起止时间,此栏显示的是【对应个案为】选项框中不同时间格式的选项。

8.2.3 时间序列的平稳化

SPSS Statistics 24.0中的Create时间序列过程用来对原始数据进行预处理,包括数据差分、移动平均等操作。选择菜单【转换】→【创建时间序列】,则弹出如图8-2-4所示的对话框。

(1)【变量→新名称】栏:此栏用于从变量表中选入原始的时间序列变量。

(2)【名称和函数】栏:用于设置对变量进行转换的参数。其下的【名称】选项用于指定新变量的名称,修改后单击【变化量】按钮加以确定。【函数】下拉菜单用于选择转换原序列的方法,共有9个选项,分别为差值、季节性差异、中心移动平均值、前移动平均值、运行中位数、累积求和、延迟、提前、平滑。

(3)【当前周期长度】栏:显示当前时间变量的周期,如果没有定义时间变量,则此处为空。

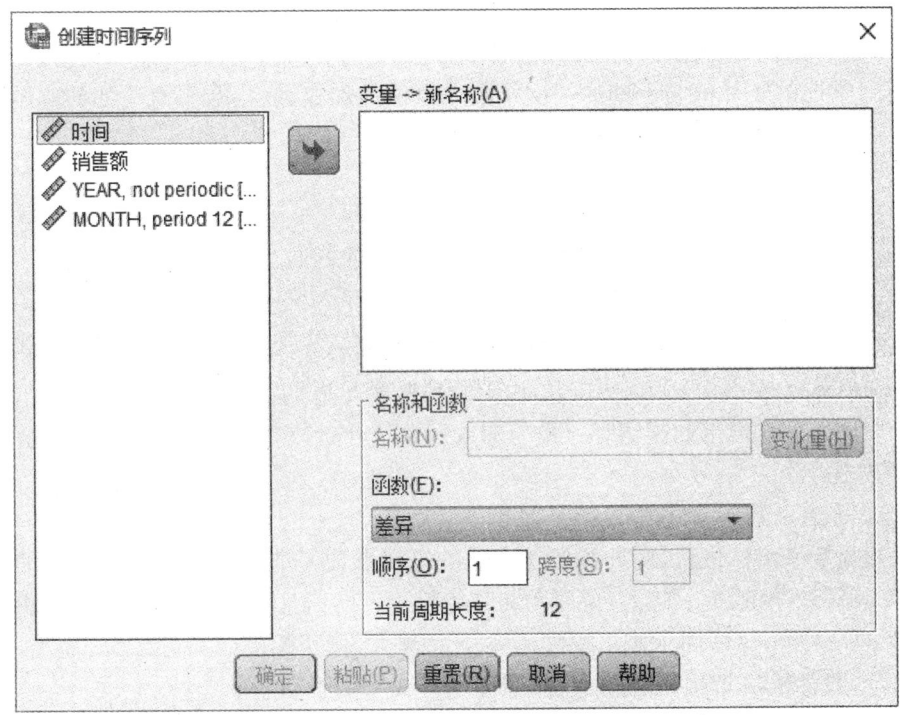

图 8-2-4 【创建时间序列】对话框

8.3 指数平滑模型过程

8.3.1 指数平滑的基本原理

指数平滑法是布朗(Robert G. Brown)提出的,布朗认为时间序列的态势具有稳定性或规则性,所以时间序列可被合理地顺势推延;他认为最近的过去态势,在某种程度上会持续到最近的未来,所以将较大的权数放在最近的资料中。

指数平滑法是生产预测中常用的一种方法,也用于中短期经济发展趋势预测,所有预测方法中,指数平滑法是用得最多的一种。简单的全期平均法是对时间序列的过去数据一个不漏地全部加以同等利用;移动平均法则不考虑较远期的数据,并在加权移动平均法中给予近期资料更大的权重;而指数平滑法则兼容了全期平均和移动平均所长,不舍弃过去的数据,仅给予逐渐减弱的影响程度,即随着数据的远离,赋予逐渐收敛为零的权重。也就是说指数平滑法是在移动平均法基础上发展起来的一种时间序列分析预测法,它是通过计算指数平滑值,配合一定的时间序列预测模型对现象的未来进行预测。其原理是任一期的指数平滑值都是本期实际观察值与前一期指数平滑值的加权平均。

根据平滑次数不同,指数平滑法分为一次指数平滑法、二次指数平滑法和三次指数平滑法等。

1. 一次指数平滑法

已知时间序列为 $y_1, y_2, \cdots, y_T$,T 为序列总记录期数,一次指数平滑值 $S_{(t)}^{(1)}$ 为

$$S_{(t)}^{(1)} = \alpha y_{(t)} + (1-\alpha) S_{(t-1)}^{(1)}, \quad t = 1, 2, \cdots, T \tag{8.6}$$

其中，$S_{(t)}^{(1)}$ 表示一次指数平滑；α 为平滑系数，取值为 $0 \sim 1$。式(8.6)表明 t 期的一次指数平滑值等于本期的实际值与上期的一次指数平滑值的加权和。指数平滑法如何克服移动平均法的不足之处，通过将 $S_{(t)}^{(1)}$ 展开即可一目了然

$$\begin{aligned} S_{(t)}^{(1)} &= \alpha y_{(t)} + (1-\alpha) S_{(t-1)}^{(1)} \\ &= \alpha y_{(t)} + \alpha(1-\alpha) y_{(t-1)} + \alpha(1-\alpha)^2 y_{(t-2)} \\ &\quad + \cdots + \alpha(1-\alpha)^{t-1} y_{(1)} + (1-\alpha)^t S_{(0)}^{(1)} \end{aligned} \tag{8.7}$$

由式(8.7)看出，$S_{(t)}^{(1)}$ 的主要部分是 $y_{(t)}, y_{(t-1)}, \cdots, y_{(2)}, y_{(1)}$ 的加权平均，权数由近及远分别为 $\alpha, \alpha(1-\alpha), \alpha(1-\alpha)^2, \cdots$ 按几何级数衰减，满足近期权数大，远期权数小的要求，而且利用了时间序列的全部数据信息。由于加权系数复合指数规律，又具有平滑数据的作用，故称为指数平滑法。

1) 选择平滑系数 α 的方法

在应用指数平滑法进行预测时，选择合适的平滑系数是非常重要的。它选择的是否得当，直接影响到预测结果。α 越大，说明预测越依赖于近期信息；α 越小，则表示预测更依赖于历史信息。α 的大小，也体现了修正幅度的大小，α 越大，修正幅度越大；反之，α 越小，修正幅度也越小。一般说来，α 取值应遵循下述原则。

(1) 如果预测目标的时间序列虽然有不规则的起伏变动，但整个长期发展趋势呈比较稳定的水平趋势，则 α 应取小一些，一般可在 $0.05 \sim 0.20$ 之间取值，这时预测模型包含了较长的时间序列信息，从而使各期预测值对预测结果有相似的影响。

(2) 当时间序列波动很大，长期趋势变化幅度较大时，α 取值应大一些，可在 $0.3 \sim 0.5$ 之间选值，这时模型能迅速地根据当前的信息对预测进行大幅度的修正。

(3) 当时间序列具有明显上升或下降趋势时，则 α 值应取较大的值，一般取值范围为 $0.6 \sim 0.9$。

(4) 在实际应用中，可取若干个 α 值进行试算比较，选择预测误差最小的 α 值。

2) 确定初始值的方法

分析以上的指数平滑公式，可以发现要计算指数平滑值，首先必须确定一个初始 $S_0^{(1)}$。由于当 $t \to +\infty$ 时，$S_0^{(1)}$ 的系数 $(1-\alpha)^t \to 0$，这说明随着 t 的增大，$S_0^{(1)}$ 对预测值的影响越来越小。为计算方便，确定初始值，一般可作如下考虑：若时间序列观察期 n 大于 15 时，以第一期观察值作为初始值；若 n 小于 15 时，可以取最初几期的观察值的平均值作初始值，通常可以取前 3 个观察数据的平均值作为初始值。

3) 建立预测模型的方法

如果时间序列的变化呈水平趋势，可用第 t 期的一次指数平滑值作为第 $t+1$ 期的预测值，一次指数平滑法只能用于下一期的预测。其预测模型为：

$$\hat{y}_{(t+1)} = S_{(t)}^{(1)} = \alpha y_{(t)} + (1-\alpha) \hat{y}_{(t)} \tag{8.8}$$

式(8.8)说明，$t+1$ 期预测值是 t 期观测值和 t 期预测值的加权平均。用 $y_{(t)}$ 代表新的数据信息，用 $\hat{y}_{(t)}$ 代表历史的数据信息，若取 α 为 0.5，则表明预测者认为新的数据信息和历史的数据信息是同等重要；若 α 大于 0.5，表明预测者更重视新的数据信息。也可改写为：

$$\hat{y}_{(t+1)} = \hat{y}_{(t)} + \alpha(y_{(t)} - \hat{y}_{(t)}) \tag{8.9}$$

式(8.9)说明，$t+1$ 期预测值是在原预测值的基础上，利用原预测误差进行修正得到的。α 既代表了预测模型对时间序列的反应速度，又决定了预测模型修匀误差的能力，α 的选取直接影响着预测结果。

2. 二次指数平滑法

对一次平滑的结果再进行一次平滑计算得到的数值，称为二次指数平滑值，其计算公式为：

$$S_{(t)}^{(2)} = \alpha S_{(t)}^{(1)} + (1-\alpha)S_{(t-1)}^{(2)}, t = 1, 2, \cdots, T \tag{8.10}$$

式(8.10)中，$S_{(t)}^{(2)}$ 为第 t 期的二次指数平滑值。

建立预测模型的方法：

当时间序列的变动呈现出直线趋势时，用一次指数平滑方法分析仍存在着明显的滞后偏差，因此也需要修正，修正的方法是在一次指数平滑的基础上再作二次指数平滑，利用滞后偏差的规律找出曲线的发展方向和发展趋势，然后建立线性趋势预测模型。具体方法步骤如下。

（1）确定平滑系数和初始值。方法与一次指数平滑法相同，一般取一次和二次平滑值的初始值相同。

（2）对时间序列计算一次和二次指数平滑数值。

（3）利用一次和二次指数平滑数值估计线性趋势模型的系数：

$$\hat{a}_{(t)} = 2S_{(t)}^{(1)} - S_{(t)}^{(2)}, \hat{b}_{(t)} = \frac{\alpha}{1-\alpha}(S_{(t)}^{(1)} - S_{(t)}^{(2)}) \tag{8.11}$$

这样就可以建立线性趋势预测模型 $\hat{y}_{(t+m)} = \hat{a}_{(t)} + \hat{b}_{(t)}m, m = 1, 2, \cdots$，并进行预测。

3. 三次指数平滑法

如果时间序列的变化呈现二次曲线趋势时，可用三次指数平滑法进行预测。三次指数平滑法，就是将二次指数平滑序列再进行一次指数平滑。其计算公式为：

$$S_{(t)}^{(3)} = \alpha S_{(t)}^{(2)} + (1-\alpha)S_{(t-1)}^{(3)} \tag{8.12}$$

α 和初始值 $S_0^{(1)}$，$S_0^{(2)}$，$S_0^{(3)}$ 确定原则和方法与一次指数平滑方法相同。

三次指数平滑的目的与二次指数平滑类似，是为了计算二次曲线预测模型的参数，三次指数平滑法建立的预测模型具有多次预测能力。如果设时间序列的二次曲线预测模型为：

$$\hat{y}_{(t+m)} = \hat{a}_{(t)} + \hat{b}_{(t)}m + \hat{c}_{(t)}m^2, m = 1, 2, \cdots \tag{8.13}$$

其中，参数计算公式分别为：

$$\hat{a}_{(t)} = 3S_{(t)}^{(1)} - 3S_{(t)}^{(2)} + S_{(t)}^{(3)}$$

$$\hat{b}_{(t)} = \frac{\alpha}{2(1-\alpha)^2}[(6-5\alpha)S_{(t)}^{(1)} - 2(5-4\alpha)S_{(t)}^{(2)} + (4-3\alpha)S_{(t)}^{(3)}]$$

$$\hat{c}_{(t)} = \frac{\alpha^2}{2(1-\alpha)^2}[S_{(t)}^{(1)} - 2S_{(t)}^{(2)} + S_{(T)}^{(3)}]$$

8.3.2 指数平滑模型的参数设置

选择菜单【分析】→【时间序列预测】→【创建传统模型】，选择【方法】下拉菜单中的【指数平滑】选项,然后再单击【条件】按钮,则弹出如图 8-3-1 所示对话框。

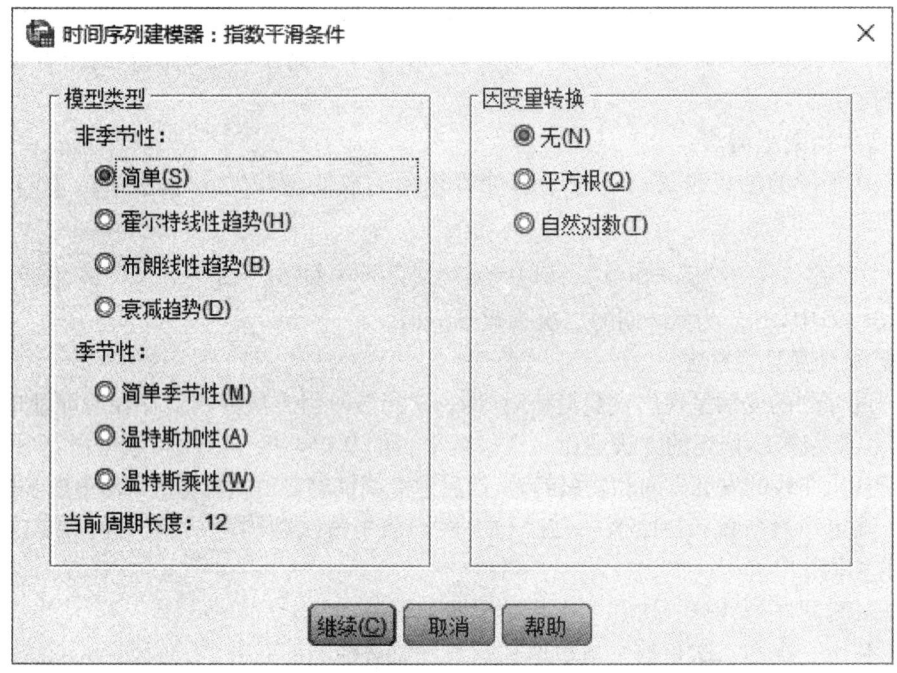

图 8-3-1 【指数平滑条件】对话框

各选项功能如下所述。

1)【模型类型】选项栏

【模型类型】选项栏用于设置模型,包括非季节性和季节性两个模型。

(1)【非季节性】栏:无季节因素模型。包括简单、霍尔特线性趋势、布朗线性趋势、衰减趋势。

(2)【季节性】栏:简单季节性、温特斯加性、温特斯乘性。

2)【当前周期长度】选项栏

当前周期长度显示当前数据集的周期,如果没有定义,则显示为【None】。

3)【因变量转换】选项栏

【因变量转换】选项栏能指定因变量的变换方法,如:平方根和自然对数。

(1)【无】:不作任何变换。

(2)【平方根】:平方根变换。

(3)【自然对数】:自然对数变换。

8.4 ARIMA 模型

8.4.1 ARIMA 模型的基本原理

由第 8.1 节的介绍,已初步了解 ARIMA 模型的概述,下面重点介绍 ARIMA 模型的识别和参数估计等内容。

1. ARIMA 模型的识别

采用 ARIMA 模型对现有的数据进行建模,首要的问题是确定模型的阶数,即相应的 p,q 值,对于 ARIMA 模型的识别主要是通过序列的自相关函数和偏自相关函数进行的。

序列 $y_{(t)}$ 的自相关函数度量了 $y_{(t)}$ 与 $y_{(t-k)}$ 之间的线性相关程度,用 ρ_k 表示,定义如下:

$$\rho_k = \frac{r_k}{r_0} \tag{8.14}$$

其中,$r_k = cov(y_{(t)}, y_{(t-k)})$;$r_0 = cov(y_{(t)}, y_{(t)})$ 表示序列的方差。

自相关函数刻画的是 $y_{(t)}$ 与 $y_{(t-k)}$ 之间的线性相关程度,而有时候 $y_{(t)}$ 与 $y_{(t-k)}$ 之间之所以存在相关关系,可能是因为 $y_{(t)}$ 和 $y_{(t-k)}$ 分别与它们的中间部分 $y_{(t-1)}, y_{(t-2)}, \cdots, y_{(t-k+1)}$ 之间存在关系,如果在给定 $y_{(t-1)}, y_{(t-2)}, \cdots, y_{(t-k+1)}$ 的前提下,对 $y_{(t)}$ 和 $y_{(t-k)}$ 之间的条件相关关系进行刻画,则要通过偏自相关函数 φ_{kk} 进行,偏自相关函数可由下面的递推公式得到:

$$\begin{aligned} \varphi_{11} &= \rho_1 \\ \varphi_{kk} &= \frac{\rho_k - \sum_{j=1}^{k-1} \varphi_{k-1,j} \rho_{k-j}}{1 - \sum_{j=1}^{k-1} \varphi_{k-1,j} \rho_j} \\ \varphi_{k,j} &= \varphi_{k-1,j} - \varphi_{kk} \varphi_{k-1,k-j}, \quad j = 1, 2, \cdots, k-1 \end{aligned} \tag{8.15}$$

对于三类模型 AR,MA 以及 ARIMA,它们各自的自相关函数,以及偏自相关函数特点参见表 8-4-1。

表 8-4-1 三类模型的相关函数

模型系数	AR(p)	MA(q)	ARIMA(p,q)
自相关函数 ρ_k	拖尾	q 步截尾 ($\rho_k = 0, k > q$)	拖尾
偏自相关函数 φ_{kk}	p 步截尾 ($\varphi_{kk} = 0, k > p$)	拖尾	拖尾

这里的拖尾是指模型自相关函数或偏自相关函数随着时滞 k 的增加呈现指数衰减并趋于零,而截尾则是指模型的自相关函数或偏自相关函数在某步之后全部为零。序列的自相关函数和偏自相关函数所呈现出的这些性质可用于模型的识别。

1) 基于自相关函数和偏自相关函数的定阶方法

从理论上讲,对于 AR(p) 序列的偏自相关函数是 p 步截尾的,但实际中所接触到的往往是来自序列的一组样本,所计算的也只能是样本的偏自相关函数,由于样本的随机性,此时计算所得的样本偏自相关函数不可能是 p 步截尾的,而是呈现在零附近波动,所以,要考虑的是样本偏自相关函数的统计性质,对于 MA(q) 序列的样本自相关函数同样应该考虑其统计性质。关于样本自相关函数 $\hat{\rho}_k$ 的估计方法很多,最常用如下的估计方法:

$$\bar{y} = \frac{1}{n}\sum_{t=1}^{n} y_{(t)}$$
$$\hat{\gamma}_k = \frac{1}{n}\sum_{t=1}^{n-k}(y_{(t)} - \bar{y})(y_{(t+k)} - \bar{y}) \quad (8.16)$$
$$\hat{\rho}_k = \frac{\hat{\gamma}_k}{\hat{\gamma}_0}, k = 0, 1, 2, \cdots, n-1$$

其中,$\bar{y}$ 为样本均值;$\hat{\gamma}_k$ 为样本自协方差函数。

2) 利用信息准则法定阶

信息准则法在模型选择中起到很重要的作用,关于定阶问题,实际上也是模型选择问题,这里给出两种准则。

(1) AIC 准则。AIC 准则(Akaike's Information Criterion,赤池信息准则),是由 Akaike 在 1973 年提出的,该准则既考虑拟合模型对数据的接近程度,也考虑模型中所含待定参数的个数。关于 ARIMA(p, q),对其定义的 AIC 函数如下:

$$\text{AIC}(p, q) = n\ln(\hat{\sigma}^2) + 2(p+q) \quad (8.17)$$

其中,$\hat{\sigma}^2$ 是拟合 ARIMA(p, q) 模型时残差的方差,它是(p, q) 的函数。如果模型中含有常数项,则 $p+q$ 被 $p+q+1$ 代替。AIC 定阶的方法就是选择 AIC(p, q) 最小的(p, q) 作为相应的模型阶数。

(2) BIC 准则。Akaike 在 1976 年改进了 AIC 准则,提出 BIC 准则。这样避免了在大样本情况下,AIC 准则在选择阶数收敛性不好的缺点。关于 ARIMA(p, q),对其定义的 BIC 函数如下:

$$\text{AIC}(p, q) = n\ln(\hat{\sigma}^2) + 2(p+q)\ln n \quad (8.18)$$

BIC 定阶的方法就是选择 AIC(p, q) 最小的(p, q) 作为相应的模型阶数。

利用 AIC 准则和 BIC 准则确定出来的 ARIMA 模型可能不一致,一般说来,用 BIC 准则选择出来的 ARIMA 模型的阶数较 AIC 准则选择的低。

2. 模型参数的估计

模型的阶数确定之后,就可以估计模型了。主要有三种估计方法:矩估计、极大似然估计和最小二乘估计。最小二乘估计和极大似然估计的精度较高,因而一般称为模型参数的精估计。最小二乘估计在一般的数理统计教材中都有全面的介绍,本书不再重述。而极大似然估计计算方法较为复杂,最后求解的方程皆为非线性方程,很难求解,所以实际中采用数值算法。思路是任意给出参数的一组数值,初步估计得到的结果,计算出一个似然函数值;然后,根据一定的法则,再给出参数的一组数值,又计算出一个似然函数值;依此类推,比较似然函数值,选择使似然函数值最大的那组参数。本节主要介绍矩估计法,以 AR 模型为例说明方法,MA 和 ARIMA 模型思路相同,只是步骤更复杂一些,MA 和 ARIMA 的矩估计法之后再详细介绍。

下面是一个零均值的 AR(p) 模型,即:

$$y_{(t)} = \phi_1 y_{(t-1)} + \phi_2 y_{(t-2)} + \cdots + \phi_p y_{(t-p)} + \varepsilon_{(t)} \quad (8.19)$$

需要估计的参数是 $\phi_1, \phi_2, \cdots, \phi_p$。

在模型两边同乘以 $y_{(t-j)}$, $j > 0$, 可得:

$$y_{(t)}y_{(t-j)} = \phi_1 y_{(t-1)}y_{(t-j)} + \phi_2 y_{(t-2)}y_{(t-j)} + \cdots + \phi_p y_{(t-p)}y_{(t-j)} + \varepsilon_{(t)}y_{(t-j)}$$

两边取期望,得

$$Ey_{(t)}y_{(t-j)} = \phi_1 Ey_{(t-1)}y_{(t-j)} + \phi_2 Ey_{(t-2)}y_{(t-j)} + \cdots + \phi_p Ey_{(t-p)}y_{(t-j)} + E\varepsilon_{(t)}y_{(t-j)}$$

由于 $\varepsilon_{(t)}$ 与 $y_{(t-j)} j > 0$ 不相关,所以 $E\varepsilon_{(t)}y_{(t-j)} = 0$,因此:

$$r_j = \phi_1 r_{j-1} + \phi_2 r_{j-2} + \cdots + \phi_p r_{j-p}, \quad j > 0$$

其中, r_j 是序列 $\{y_{(t)}\}$ 的自协方差函数,易知序列的自相关函数 ρ_j 也满足上述关系式,即

$$\rho_j = \phi_1 \rho_{j-1} + \phi_2 \rho_{j-2} + \cdots + \phi_p \rho_{j-p}, \quad j = 1, 2, 3, \cdots$$

把自相关函数展成 p 个方程为:

$$\begin{aligned}
\rho_1 &= \phi_1 \rho_0 + \phi_2 \rho_1 + \cdots + \phi_p \rho_{p-1} \\
\rho_2 &= \phi_1 \rho_1 + \phi_2 \rho_0 + \cdots + \phi_p \rho_{p-2} \\
&\vdots \\
\rho_p &= \phi_1 \rho_{p-1} + \phi_2 \rho_{p-2} + \cdots + \phi_p \rho_0
\end{aligned} \tag{8.20}$$

上述 p 个方程,表示了平稳序列的自相关函数与模型未知参数的关系,称为 Yule-Walker 方程。

自相关函数可以用样本自相关函数代替,所以此时的 Yule-Walker 方程只有 p 个未知数,解方程可以得到 $\phi_1, \phi_2, \cdots, \phi_p$ 的估计值,用矩阵表示如下:

$$\begin{bmatrix} \hat{\phi}_1 \\ \hat{\phi}_2 \\ \vdots \\ \hat{\phi}_p \end{bmatrix} = \begin{bmatrix} 1 & \hat{\rho}_1 & \cdots & \hat{\rho}_{p-1} \\ \hat{\rho}_1 & 1 & \cdots & \hat{\rho}_{p-2} \\ \vdots & \vdots & & \vdots \\ \hat{\rho}_{p-1} & \hat{\rho}_{p-2} & \cdots & 1 \end{bmatrix}^{-1} \begin{bmatrix} \hat{\rho}_1 \\ \hat{\rho}_2 \\ \vdots \\ \hat{\rho}_p \end{bmatrix} \tag{8.21}$$

对于二阶自回归模型 AR(1),根据上述结果可知:

$$\hat{\phi}_1 = \hat{\rho}_1$$

对于二阶自回归模型 AR(2),根据上述结果可知:

$$\begin{cases} \hat{\phi}_1 = \dfrac{\hat{\rho}_1(1 - \hat{\rho}_2)}{1 - \hat{\rho}_1^2} \\ \hat{\phi}_2 = \dfrac{\hat{\rho}_2 - \hat{\rho}_1^2}{1 - \hat{\rho}_1^2} \end{cases} \tag{8.22}$$

样本自相关函数和自协方差函数除了定阶外,还可以用来估计。矩估计也称为初估计,矩估计方法简单但精度不高。

8.4.2 ARIMA 模型的参数设置

选择图 8-1-2 中的【方法】下拉菜单,选择【ARIMA】,然后单击【条件】按钮,则弹出如图

8-4-1 所示的对话框,此对话框可以设置 ARIMA 模型的参数。

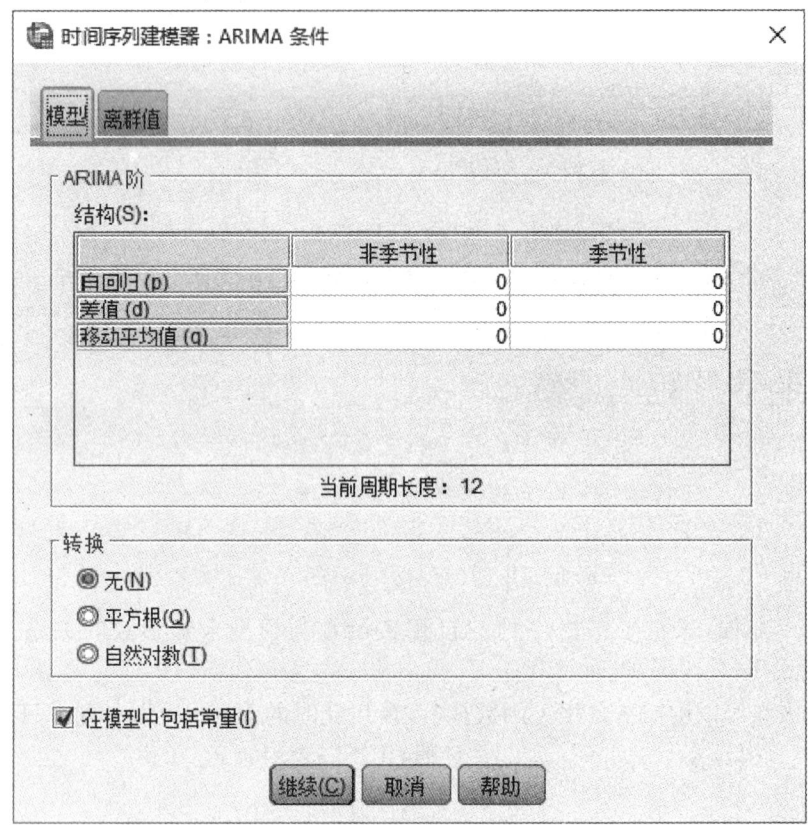

图 8-4-1 【ARIMA 模型】设置对话框

1.【模型】设置

此选项框用于设置模型参数。

(1)【ARIMA 阶】选项:用于指定不同成分的阶数,以确定模型的结构。包括非季节性、季节性及当前周期长度。

(2)【转换】栏:用于指定因变量的变换方法。包括无、平方根和自然对数。

(3)【在模型中包括常量】复选框:表示在 ARIMA 模型中包含常数项。

2.【离群值】设置

单击图 8-4-1 中的【离群值】标签,则弹出如图 8-4-2 所示的对话框,此对话框用于设置异常值检测选项。

1)【不检测离群值,也不为其建模】选项

【不检测离群值,也不为其建模】选项表示不进行异常值的检测。

2)【自动检测离群值】栏

【自动检测离群值】栏指定自动检测异常值方法,有如下几个选择项。

(1)【加性】选项:表示只影响单个观测记录的异常值。

(2)【水平变动】选项:由于数据水平移动而引起的异常值。

(3)【革新】选项:由于噪声变动形成的异常值。

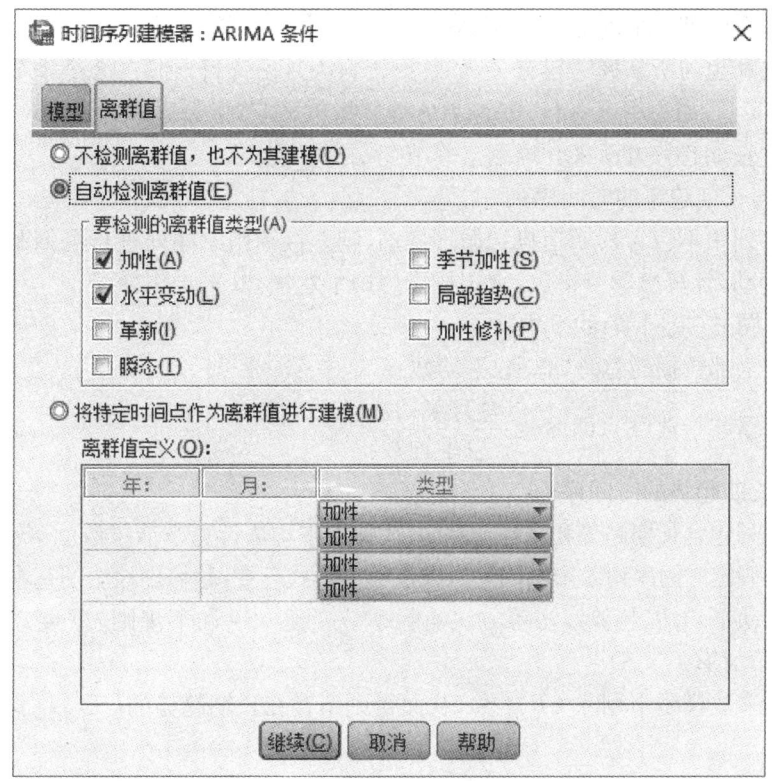

图 8-4-2 【离群值】设置对话框

（4）【瞬态】选项：对后续观测的影响程度。

（5）【季节加性】选项：周期性影响某些时刻的异常值，而且其影响程度对不同时刻的观测是相同的。

（6）【局部趋势】选项：局部的线性异常值。

（7）【加性修补】选项：表示两个或者多个连续出现的可加类型的异常值。

3）【将特定时间点作为离群值进行建模】选项

【将特定时间点作为离群值进行建模】选项用来设置特定时刻的数据位异常值,此栏选中后可以在离群值定义下的二维表格中每行指定一个特定的异常数据,第一列输入时间点,第二列类型从下拉菜单中选择异常点的类型。

8.5 季节分解模型过程

8.5.1 季节分解的基本原理

季节变动是指现象在一定时期内形成的有规律的周期性变动,这种变动各年强度大体相同且重复出现。测定季节变动的目的在于了解现象季节变动的规律,从而进行预测。

季节变动的测定主要是计算一系列季节指数,又称季节比率,其设计思想是,以总平均水平为对照物,用各季节的平均数与之比较,来反映季节变动高低程度。季节指数是各季

(月)平均数与全时期总平均数的比率,它由一系列数值组成,个数由资料的时间间隔决定,且季节指数之和也与所掌握资料有关,如掌握资料为月份资料,则有 12 个季节指数,季节指数之和为 1 200%,如为季度资料,则有 4 个季节指数,季节指数之和为 400%。下面从时间序列是否包含长期趋势方面来介绍测定季节变动的方法。

1. 不包含长期趋势的时间序列

若时间序列中不包含长期趋势和循环变动,则直接利用原序列进行同期平均和总平均,消除不规则变动,计算出季节指数,常用按季(月)平均法,基本步骤如下。

(1) 计算同月(或同季)的平均数。

(2) 计算全部数据的总月(总季)平均数。

(3) 计算季节指数(S),即 $S = \dfrac{各月平均数}{总平均数}$。

2. 包含长期趋势的时间序列

当时间序列包含长期趋势和循环变动时,用按季平均法计算季节指数就不够准确,应采用趋势剔除法。假定时间序列各影响因素以乘法模型形式存在,趋势剔除法的基本步骤如下。

(1) 应移动平均法、趋势线法等方法消除季节变动(S)和不规则(I)变动,计算出长期趋势和循环变动值($T \times S$)。

(2) 再从乘法模型中剔除($T \times S$),从而得到不存在长期趋势的($S \times I$)即

$$S \times I = \frac{Y}{T \times C}$$

(3) 再用按季(月)平均法消除 I,得到季节指数。

8.5.2 季节分解模型的参数设置

选择菜单【分析】→【时间序列预测】→【季节性分解】,则弹出如图 8-5-1 所示的对话框。

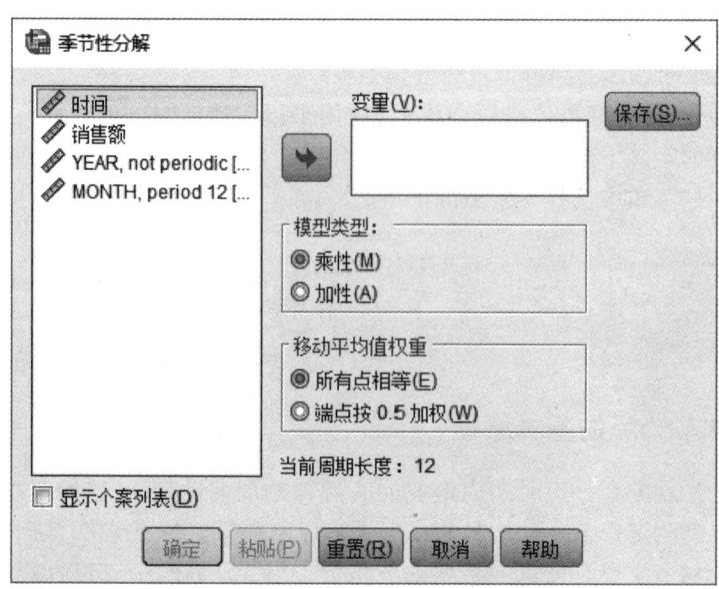

图 8-5-1 【季节性分解】对话框

1)【季节性分解】对话框

此对话框用来设置季节分解模型的各个参数

(1)【变量】栏:此栏用于选入进行季节分解模型的各个参数。

(2)【模型类型】栏:此栏用于选入进行季节分解的原始序列变量。包括【乘性】和【加性】两个选项。

(3)【移动平均值权重】栏:用于指定计算移动平均值的权重。包括【所有点相等】和【端点按 0.5 加权】两个选项。

(4)【当前周期长度】显示栏:显示当前数据的周期。

2)【保存】对话框

单击【保存】按钮,则弹出如图 8-5-2 所示的对话框。

(1)【添加到文件】选项:作为永久新增变量加入当前数据集里;

(2)【替换现有项】选项:作为临时新增变量加入当前数据集里,新的模型输出将覆盖旧模型保存的变量;

(3)【不创建】选项:不在当前数据集保存模型结果。

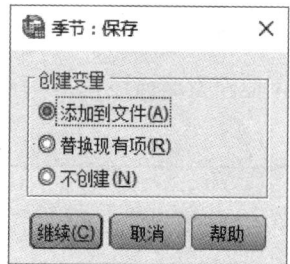

图 8-5-2 【保存】对话框

8.6 案 例 分 析

8.6.1 指数平滑模型案例分析

表 8-6-1 是某商场的电视机的销售数据,该商城希望通过一些商品近几年的销售趋势来预测未来的销售情况,以便决定下一步的促销力度和营销策略。

表 8-6-1 电视机的销售数据

年月	200607	200608	200609	200610	200611	200612
销售额	68.44	70.24	68.18	72.16	74.82	79.04
年月	200701	200702	200703	200704	200705	200706
销售额	80.02	80.35	85.74	86.24	94.86	98.42
年月	200707	200708	200709	200710	200711	200712
销售额	100.44	102.47	106.20	112.43	115.56	118.64

本案例中对电视机的销售数据进行一次指数平滑操作,以进行预测分析。

1. 操作步骤

(1) 把表 8-6-1 中的数据输入到 SPSS Statistics 24.0 数据窗口之中。

(2) 对时间变量进行设置,选择菜单【数据】→【定义日期和时间】,在对话框中选中变量【年,月】,然后在其右边的【年】和【月】变量框中填入 2006 和 7,然后单击【确认】,则设置完成。

(3) 选择菜单【分析】→【时间序列预测】→【创建传统模型】,弹出对话框,把【销售额】选入【因变量】变量框中,在【方法】下拉选项栏中选入【指数平滑】方法。

(4) 单击【指数平滑】后的【条件】按钮,选择【模型类型】框中【简单季节性】选项,【因变量转换】框中选择【无】选项。

(5) 单击【图】标签,进行图形绘制的参数设置,选择【序列】【实测值】【预测值】【残差自相关函数】和【残差偏自相关函数】。

(6) 单击【选项】标签,选择【评估期结束后的第一个个案到指定日期之间的个案】,在【年】栏中输入2008,在【月】栏中输入1。【用户缺失值】栏选择【视为无效】。

2. 结果分析

设置完成以后,单击【确定】按钮,进行系统运行,在 SPSS Statistics 24.0 中输出结果。首先是模型的描述,如表 8-6-2 所示。

表 8-6-2 模型描述

模型 ID	销售额	模型_1	模型类型 简单季节性

然后输出的是模型拟合情况,如表 8-6-3 所示,表中给出了包括 R 方在内的各种拟合优度统计量。

表 8-6-3 模拟拟合度

拟合统计	平均值	标准误差	最小值	最大值	百分位数		
					5	10	25
平稳 R 方	-1.323	0.000	-1.323	-1.323	-1.323	-1.323	-1.323
R 方	0.899	0.000	0.899	0.899	0.899	0.899	0.899
RMSE	5.526	0.000	5.526	5.526	5.526	5.526	5.526
MAPE	4.088	0.000	4.088	4.088	4.088	4.088	4.088
MaxAPE	17.128	0.000	17.128	17.128	17.128	17.128	17.128
MAE	3.692	0.000	3.692	3.692	3.692	3.692	3.692
MaxAE	13.706	0.000	13.706	13.706	13.706	13.706	13.706
正态化 BIC	3.740	0.000	3.740	3.740	3.740	3.740	3.740

表 8-6-3 模拟拟合度(续)

拟合统计	百分位数			
	50	75	90	95
平稳 R 方	-1.323	-1.323	-1.323	-1.323
R 方	0.899	0.899	0.899	0.899
RMSE	5.526	5.526	5.526	5.526
MAPE	4.088	4.088	4.088	4.088
MaxAPE	17.128	17.128	17.128	17.128
MAE	3.692	3.692	3.692	3.692

(续表)

拟合统计	百分位数			
	50	75	90	95
MaxAE	13.706	13.706	13.706	13.706
正态化 BIC	3.740	3.740	3.740	3.740

然后输出的是残差的相关函数序列图,如图 8-6-1 所示,是关于自相关(ACF)和偏相关(PACF)的序列图,可以看出并没有显著的趋势特征,所以可以使用该模型进行预测分析。

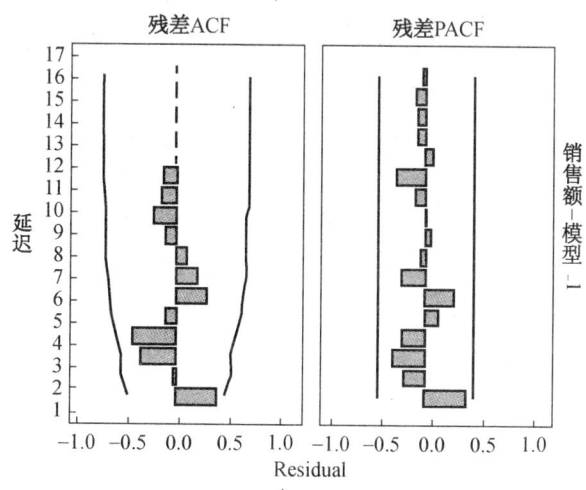

图 8-6-1 残差的相关函数序列图

最后是预测结果和拟合结果,如图 8-6-2 所示,包含置信区间的上限和下限。

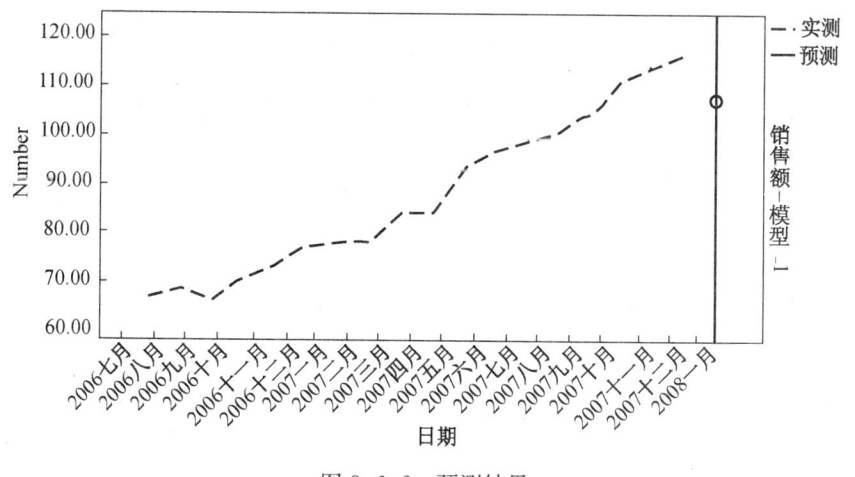

图 8-6-2 预测结果

8.6.2 季节分解模型案例分析

下面利用 SPSS Statistics 24.0 软件对数据集进行季节分解模型的分析,所用数据集为

SPSS自带的"catalog.sav",此数据集为Catalog公司的服装销售数据,数据集包含变量日期、男装、女装、珠宝、邮寄、页、电话、印刷、服务,数据集从1989年1月1日到1998年12月1日共10年的每月销售数据综合,下面要对此数据集进行趋势分析。数据集格式如图8-6-3所示。

	名称	类型	宽度	小数位数	标签	值	缺失	列	对齐	测量	角色
1	日期	日期	11	0	日期	无	无	8	右	标度	输入
2	男装	数字	11	2	男装销售	无	无	8	右	标度	输入
3	女装	数字	11	2	女装销售	无	无	8	右	标度	输入
4	珠宝	数字	13	12	珠宝销售	无	无	8	右	标度	输入
5	邮寄	数字	11	0	商品目录邮寄数	无	无	8	右	标度	输入
6	页	数字	11	0	商品目录中的页...	无	无	8	右	标度	输入
7	电话	数字	11	0	用于订购的电话...	无	无	8	右	标度	输入
8	印刷	数字	11	2	印刷广告的费用	无	无	8	右	标度	输入
9	服务	数字	11	0	客服代表数	无	无	8	右	标度	输入

图 8-6-3　数据集格式

操作步骤及结果解读。

先要判断是否具有季节周期性,以便消除季节变量的影响。应用季节分解过程,分析男性服装的数据分布情况。

(1)选择菜单【分析】→【时间序列预测】→【序列图】,选择变量【男装销售】到【变量】选项栏中,选择变量【日期】到【时间轴标签】选项栏中,然后单击【确定】按钮,则系统进行绘制图形操作,结果如图8-6-4所示。

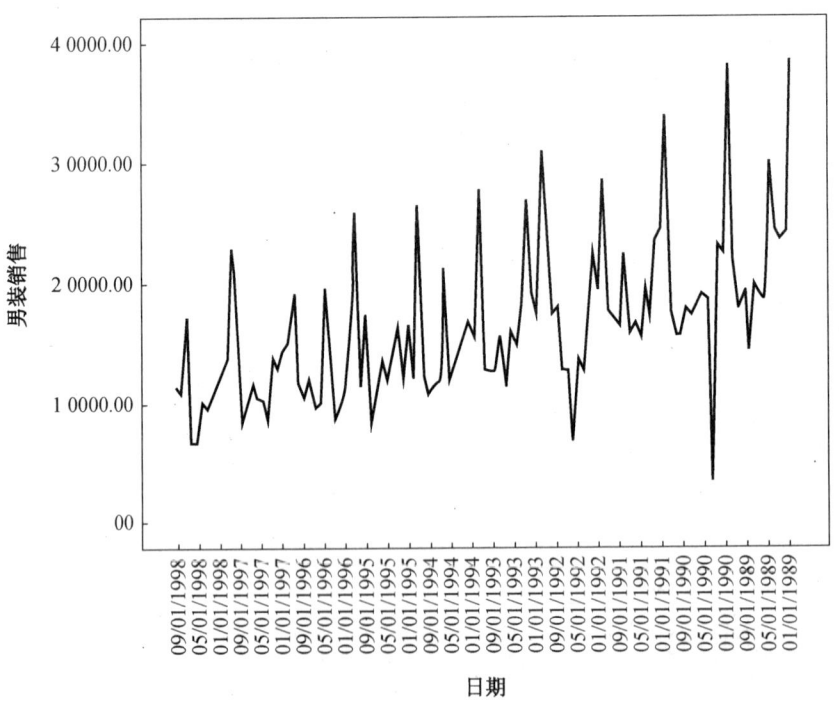

图 8-6-4　时间序列图形

从图8-6-4中可以明显看出,数据具有季节周期性,所以进行趋势分析时要消除季节性因素的影响。下面检验时间序列的自相关和偏相关系数。

(2)选择菜单【分析】→【时间序列预测】→【自相关】,打开对话框。把【男装销售】选入

【变量】选项框中,然后单击【确定】按钮,则输出分析结果,如图 8-6-5、图 8-6-6 所示。

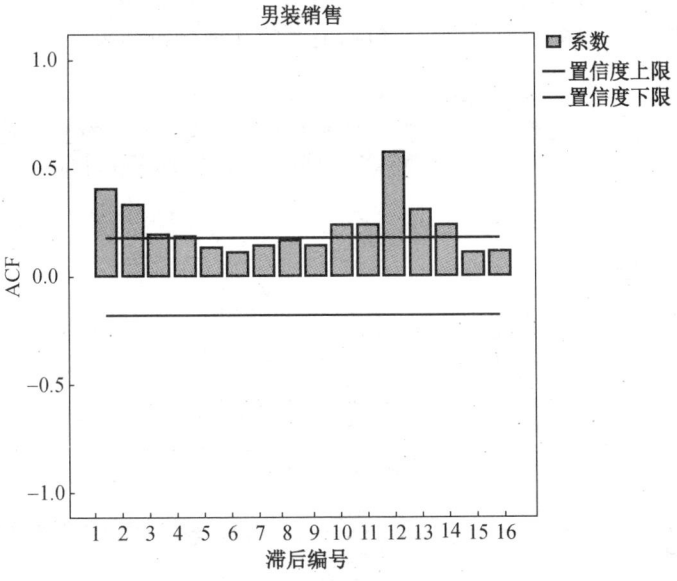

图 8-6-5　自相关系数分析结果

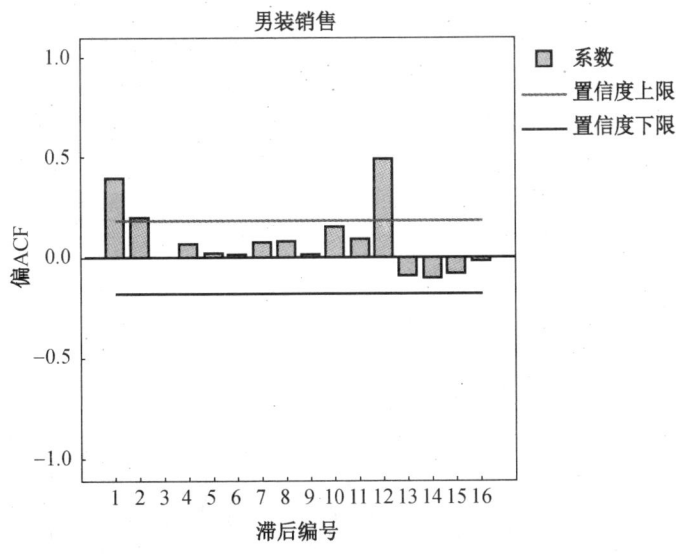

图 8-6-6　偏相关系数分析结果

图 8-6-5 是自相关系数分析结果,置信区间最大点是坐标 12 所对应的数值。图 8-6-6 是偏相关系数分析结果图形,在坐标 12 处的最大。

(3) 下面根据上述分析来确定平均周期,选择菜单【数据】→【定义日期和时间】,弹出对话框。在【个案是】选项栏中选中【年,月】变量,然后在右侧的【年】【月】选项栏中填入 1989 和 1,然后单击【确定】按钮进行分析。

(4) 进行季节分解过程分析,选择菜单【分析】→【时间序列预测】→【季节性分解】,弹出对话框,选入变量【男装销售】到【变量】选项框,并选中【乘性】选项,然后单击【确定】按钮,系统进行分析，输出大量结果。其中 SAF 为季节调整因子；SAS 为季节调整后的序列；STC 为进行趋势光滑操作后的结果，包括趋势项、周期项；ERR 为误差项。

季节性分解的结果如图 8-6-7 所示，包括上述的几项分析结果。

	ERR_1	SAS_1	SAF_1	STC_1	变量	变量	变量	变量
1	.76723	11932.95470	.95181	15553.39388				
2	.84698	12550.90257	.84503	14818.39279				
3	1.49616	19971.32110	.85115	13348.39061				
4	.67845	7727.04200	.84945	11389.26250				
5	.75375	7732.70835	.85451	10259.00632				
6	1.13411	11363.27501	.86586	10019.52919				
7	1.01056	10980.97674	.85587	10866.21741				
8	.96073	10931.52550	.95097	11378.30895				
9	1.07224	12530.71712	.93076	11686.48707				
10	.94416	11223.54133	1.14093	11887.34416				
11	1.00343	12295.12188	1.10908	12253.06026				
12	1.04457	12732.26995	1.79457	12189.00936				

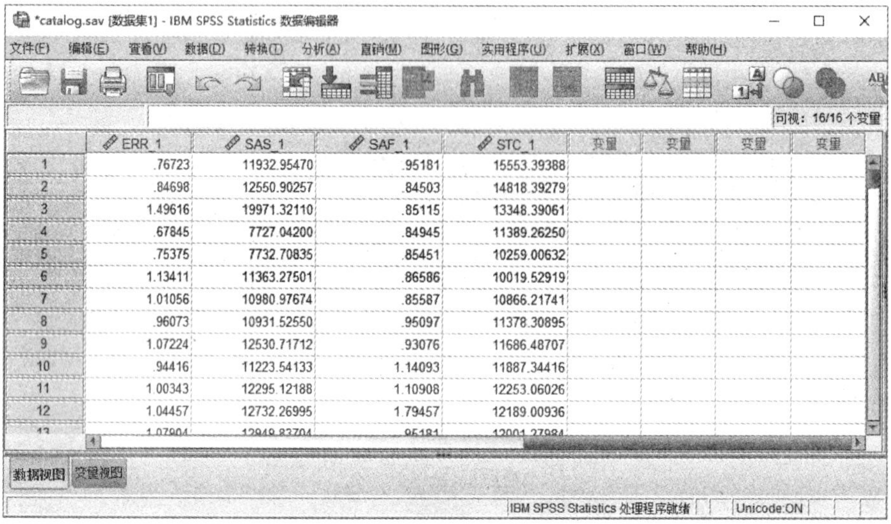

图 8-6-7　季节性分析的结果

（5）下面绘制季节调整后的时间序列图形，选择菜单【分析】→【时间序列预测】→【序列图】，弹出对话框。把变量 SAS-1 选入【变量】选项栏中，然后单击【确定】按钮进行分析。单击【确定】按钮后，则输出绘制结果，如图 8-6-8 所示。调整后的时间序列给出了一个非常清晰的向上趋势。

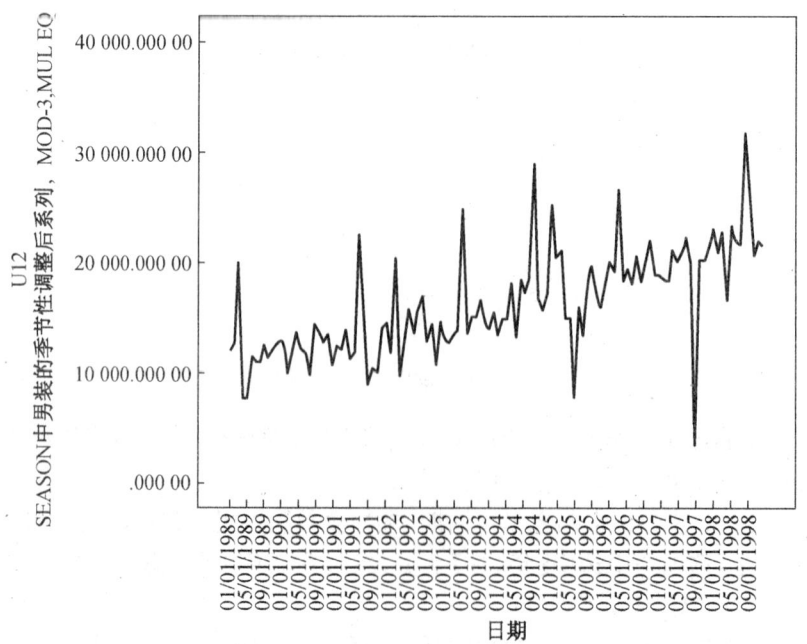

图 8-6-8　调整后的时间序列图形

8.6.3 ARIMA 模型案例分析

本案例利用 ARIMA 过程对上海证券交易所综合指数收益率序列进行模拟,以期对股市走势有深刻的认识。上证综指的数据为 2005 年 1 月 4 日到 2009 年 7 月 31 日的交易数据集"ARIMA.sav",此数据集在 SPSS 中的数据格式如图 8-6-9 所示。下面就对此数据集进行时间序列分析。

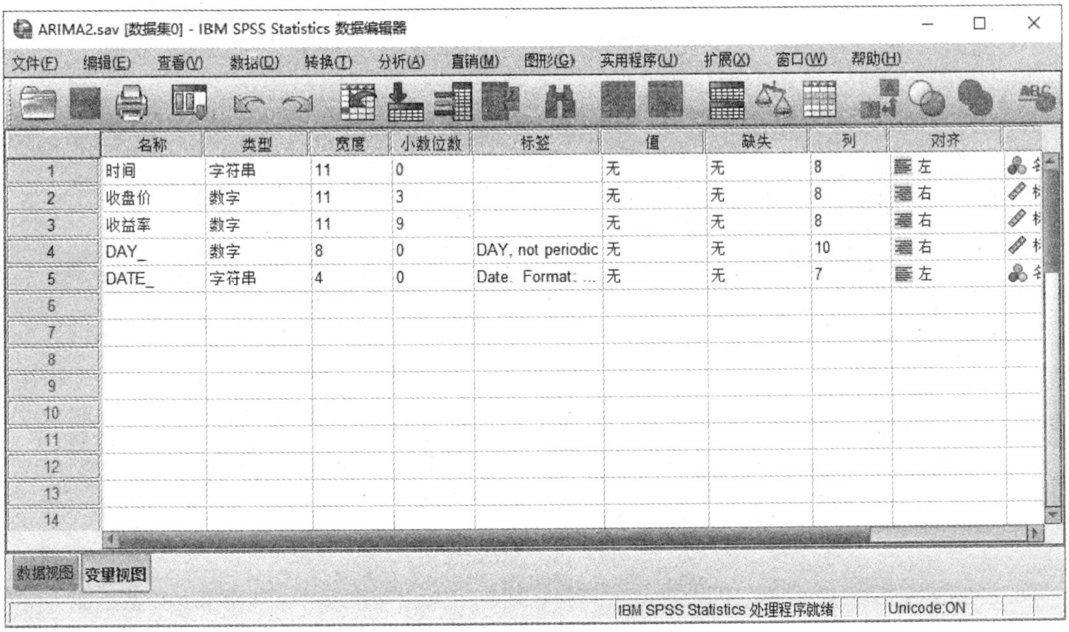

图 8-6-9 "ARIMA.sav"数据格式

1. 操作步骤

(1) 首先定义时间变量,选择菜单【数据】→【定义日期和时间】,打开对话框,选择变量【天】,在其右边对话框中填入"1",然后单击【确定】按钮返回主界面。

(2) 选择菜单【分析】→【时间序列预测】→【创建传统模型】,选入变量"收盘价"到【因变量】变量框中,然后选择【方法】下拉菜单中的【专家建模器】选项。单击【图】标签,此标签用于设置绘制图形的各种参数,设置情况如图 8-6-10 所示。

(3) 单击【条件】按钮,在【模型类型】框中选择【仅限 ARIMA 模型】,然后单击【继续】按钮返回主界面。

2. 结果分析

单击主界面时间序列建模器中的【确定】按钮,则系统进行时间序列分析,首先是模型的描述。如表 8-6-4 所示,给出了 ARIMA 模型中的最佳参数,其中 p、d、q 分别是 2、1、2。

表 8-6-4 模型描述

			模型类型
模型 ID	收盘价	模型_1	ARIMA(2,1,2)

然后是模型拟合结果,如表 8-6-5 所示,包括各种拟合优度的检验统计量。

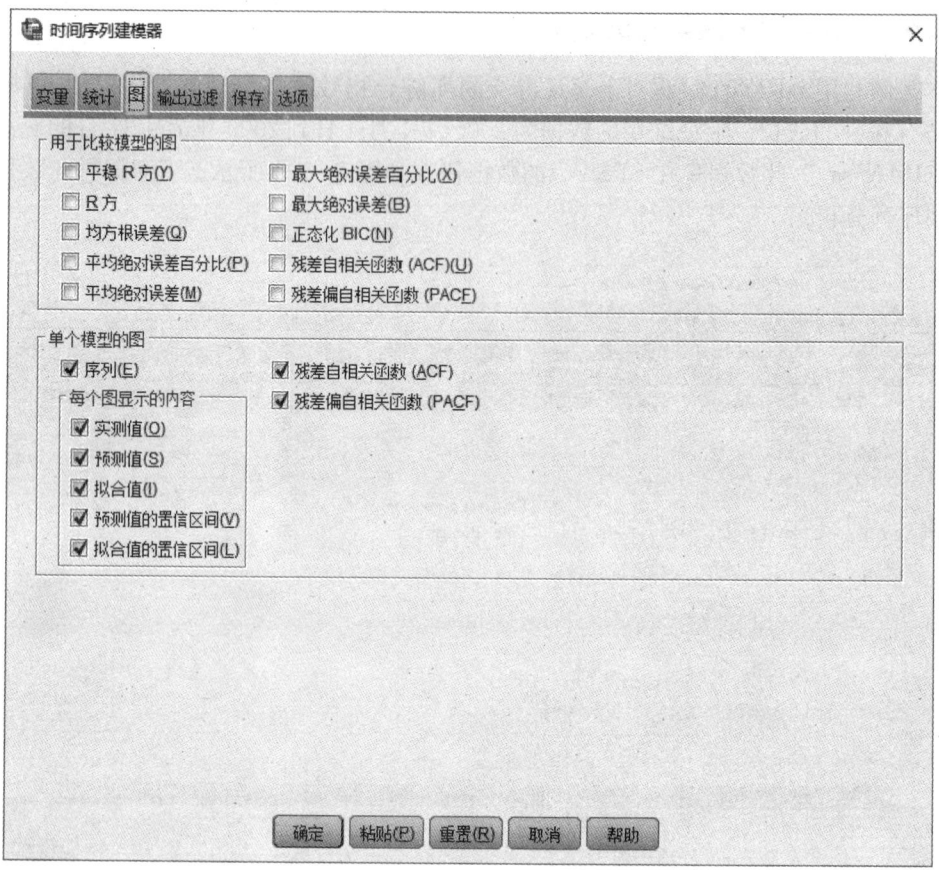

图 8-6-10 【图】设置对话框

表 8-6-5 模型拟合结果

拟合统计	平均值	标准误差	最小值	最大值	百分位数						
					5	10	25	50	75	90	95
平稳 R 方	0.003	.	0.003	0.003	0.003	0.003	0.003	0.003	0.003	0.003	0.003
R 方	0.998	.	0.998	0.998	0.998	0.998	0.998	0.998	0.998	0.998	0.998
RMSE	64.160	.	64.160	64.160	64.160	64.160	64.160	64.160	64.160	64.160	64.160
MAPE	1.474	.	1.474	1.474	1.474	1.474	1.474	1.474	1.474	1.474	1.474
MaxAPE	9.732	.	9.732	9.732	9.732	9.732	9.732	9.732	9.732	9.732	9.732
MAE	40.642	.	40.642	40.642	40.642	40.642	40.642	40.642	40.642	40.642	40.642
MaxAE	349.964	.	349.964	349.964	349.964	349.964	349.964	349.964	349.964	349.964	349.964
正态化 BIC	8.335	.	8.335	8.335	8.335	8.335	8.335	8.335	8.335	8.335	8.335

ARIMA(2,1,2)模型的参数输出:表 8-6-7 是 ARIMA 模型残差的相关函数图形。图 8-6-11 所示是关于残差序列的自相关(ACF)图形和偏相关(PACF)图形。

表 8-6-6　ARIMA 模型参数

模型	预测变量数	模型拟合度统计	杨-博克斯 Q(18)			离群值数
		平稳 R 方	统计	DF	显著性	
收盘价—模型_1	0	0.003	33.177	16	0.007	0

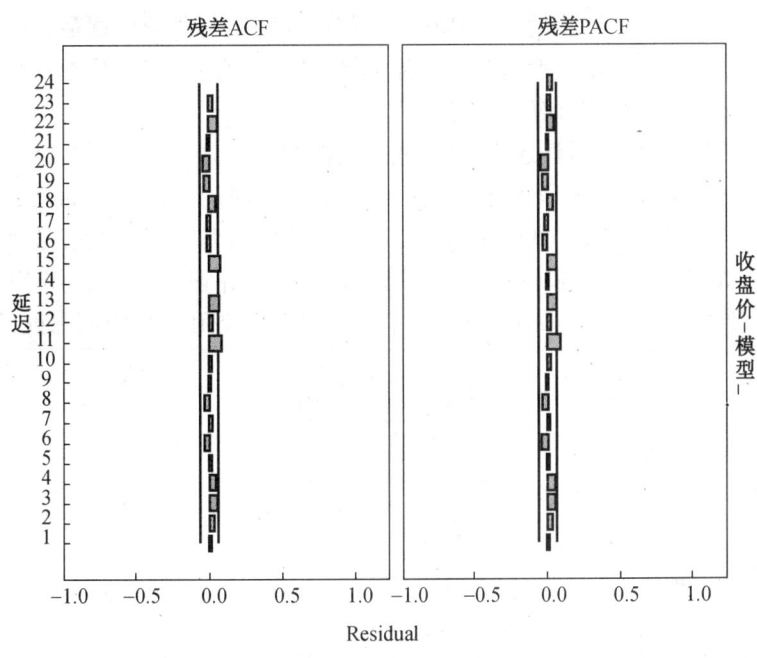

图 8-6-11　相关函数图形

最后输出的是 ARIMA 模型预测的结果和拟合结果图形,如图 8-6-12 所示,包含置信区间的上限和下限。另外,关于 ARIMA 模型的预测结果会自动保存在原始数据集中,方便用户查询,在此不再赘述。

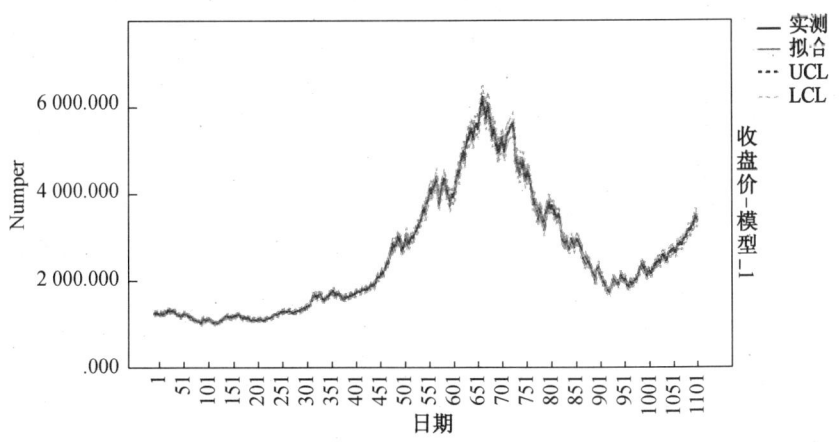

图 8-6-12　ARIMA 模型拟合结果

8.7 小　　结

时间序列分析是一种应用广泛的数量分析方法,主要用于描述和探索现象随时间发生变化的数量规律性。任何事物都处于不断的运动和发展变化中,为探索现象发展变化的规律性,需要观察现象随时间变化的数量特征。时间序列数据与普通数据最大的不同,就是它具有严格的时间顺序,需要定义变量让软件能读懂其时间顺序。特别是季节性模型,必须使用 SPSS Statistics 24.0 软件内部的时间变量。

本章首先对时间序列进行概述,包括时间序列的组成部分、数学模型、分析步骤和 SPSS Statistics 24.0 软件里的时间序列分析功能。接着介绍了时间序列数据的预处理,包括缺失值替换、定义时间变量和时间序列的平稳化三个方面。随后对时间序列模型里的三种模型:指数平滑模型、ARIMA 模型和季节分解模型分别进行讲解。最后利用 SPSS Statistics 24.0,结合实际案例进行操作与分析,便于读者更直观地理解和掌握时间序列模型。

思　考　题

1. 简述时间序列的影响因素。
2. 简述如何进行时间序列的数据预处理。
3. 简述时间序列的综合分析步骤。

参 考 文 献

[1]　陈方樱,沈思.数据分析方法及 SPSS 应用[M].北京:科学出版社.2016.
[2]　李合龙,李妍,郑雪仪.SPSS 统计学实验教程[M].北京:清华大学出版社,2015.
[3]　曹慧.统计学基于 SPSS 的应用[M].北京:北京大学出版社.2015.
[4]　何晓群.多元统计分析(第四版)[M].北京:中国人民大学出版社.2015.
[5]　王在翔,崔庆霞,吕军城,等.SPSS 软件与应用[M].北京:科学出版社.2015.
[6]　谢龙汉,尚涛.SPSS 统计分析与数据挖掘[M].北京:电子工业出版社.2012.
[7]　时立文.SPSS 19.0 统计分析从入门到精通[M].北京:清华大学出版社,2012.

第 9 章

主成分分析

在实际问题中,往往会涉及众多有关的变量。但是,变量太多会增加分析问题的复杂性。一般来说,虽然每个变量都提供了一定的信息,但其重要性有所不同,而在很多情况下,变量之间可能存在一定的相关性,从而导致多变量之间信息出现重叠现象。为了克服这种相关性、重叠性,通常采用较少的变量来代替原来较多的变量,而这种代替可以反映原来多个变量的大部分信息,主成分分析便是在这种降维的思想下产生出来的处理高维数据的方法。

本章将围绕主成分分析,介绍其基本思想和基本原理、主成分的推导及性质、主成分分析的基本步骤,并基于 SPSS Statistics 24.0 软件,利用主成分分析进行案例分析。

9.1 主成分分析概述

9.1.1 主成分分析的基本思想

主成分分析(Principal Components Analysis,PCA)也称主分量分析,最早可追溯到 K. Pearson 于 1901 年开创的非随机变量的多元转化分析。1933 年,霍特林(Hotelling)将此概念推广到随机变量。

主成分分析是利用降维的思想,在损失很少信息的前提下把多个指标转化为少数几个综合指标的多元统计方法。通常把转化生成的综合指标称为主成分,其中每个主成分都是原始变量的线性组合,且各个主成分之间互不相关,这就使主成分比原始变量具有某些更优越的性能。这样在研究复杂问题时,就可以只考虑少数几个主成分而不至于损失太多信息,以便简化问题,抓住主要矛盾,更容易揭示事物内部变量之间的规律性。

一般地说,利用主成分分析得到的主成分与原始变量之间有如下基本关系:
(1) 每一个主成分都是各原始变量的线性组合;
(2) 主成分的数目大大少于原始变量的数目;
(3) 主成分保留了原始变量绝大多数信息;
(4) 各主成分之间互不相关。

通过主成分分析,可以从事物之间错综复杂的关系中找出一些主要成分,从而能有效利用大量统计数据进行定量分析,揭示变量之间的内在关系,得到对事物特征及其发展规律的一些深层次的启发,把研究工作引向深入。

9.1.2 主成分分析的基本原理

设对某一事物的研究涉及 p 个指标,分别用 $X_1, X_2, \cdots, X_p$ 表示,这 p 个指标构成的 p 维随机变量为 $X = (X_1, X_2, \cdots, X_p)'$。设随机向量 X 的均值为 μ,协方差矩阵为 Σ。

对 X 进行线性变换,可以形成新的综合变量,用 Y 表示,也就是说,新的综合变量可以由原来的变量线性表示,即满足下式:

$$\begin{cases} Y_1 = u_{11}X_1 + u_{21}X_2 + \cdots + u_{p1}X_p \\ Y_2 = u_{12}X_1 + u_{22}X_2 + \cdots + u_{p2}X_p \\ \cdots \\ Y_p = u_{1p}X_1 + u_{2p}X_2 + \cdots + u_{pp}X_p \end{cases} \tag{9.1}$$

由于可以任意地对原始变量进行上述线性变换,由不同的线性变换得到的综合变量 Y 的统计特性也不尽相同。

因此为了取得较好的效果,总是希望 $Y_i = u_i'X$ 的方差尽可能大且各 Y_i 之间互相独立,由于 $var(Y_i) = var(u_i'X) = u_i'\Sigma u_i$ 而对任给的常数 c,有

$$var(cu_i'X) = c^2 u_i'\Sigma u_i \tag{9.2}$$

因此对 u_i 不加限制时,可使 $var(Y_i)$ 任意增大,问题将变得没有意义。这里将线性变换约束在下面的原则之下:

(1) $u_i'u_i = 1, (i = 1, 2, \cdots, p)$;
(2) Y_i 与 Y_j 相互无关 $(i \neq j; i, j = 1, 2, \cdots, p)$;
(3) Y_1 是 $X_1, X_2, \cdots, X_p$ 的一切满足原则(1)的线性组合中方差最大者;Y_2 是与 Y_1 不相关的 $X_1, X_2, \cdots, X_p$ 所有线性组合中方差最大者;Y_p 是与 $Y_1, Y_2, \cdots, Y_{p-1}$ 都不相关的 $X_1, X_2, \cdots, X_p$ 所有线性组合中方差最大者。

基于以上三条原则决定的综合变量 $Y_1, Y_2, \cdots, Y_p$ 分别称为原始变量的第一、第二、$\cdots$、第 p 个主成分。其中,各综合变量在总方差中占的比重依次递减,在实际研究工作中,通常只挑选前几个方差最大的主成分,从而达到简化系统结构,抓住问题实质的目的。

9.1.3 主成分分析的几何意义

由第一节的介绍知道,在处理涉及多个指标问题的时候,为了提高分析的效率,可以不直接对 p 个指标构成的 p 维随机向量 $X = (X_1, X_2, \cdots, X_p)'$ 进行分析,而是先对向量 X 进行线性变换,形成少数几个新的综合变量 $Y_1, Y_2, \cdots, Y_p$,使各综合变量之间相互独立且能解释原始变量尽可能多的信息,这样在以损失很少部分信息为代价的前提下,达到简化数据结构,提高分析效率的目的。这一节,着重讨论主成分分析的几何意义,为了方便,仅在二维空间中讨论主成分的几何意义,所得结论可以很容易地扩展到多维的情况。

设有 N 个样品,每个样品有两个观测变量 X_1, X_2,这样,在由变量 X_1, X_2 组成的

坐标空间中，N 个样品点散布的情况如带状，如图 9-1-1 所示。

由图 9-1-1 可以看出，这 N 个样品无论沿 X_1 轴方向还是沿 X_2 轴方向均有较大的离散性，其离散程度可以分别用观测变量 X_1 的方差和 X_2 的方差定量地表示，显然，若只考虑 X_1 和 X_2 中的任何一个，原始数据中的信息均会有较大的损失。现在考虑 X_1 和 X_2 的线性组合，使得原始样品数据可以由新的变量 Y_1 和 Y_2 来刻画。在几何上表示就是将坐标轴按逆时针方向旋转 θ 角度，得到新坐标轴 Y_1 和 Y_2，坐标旋转公式如下：

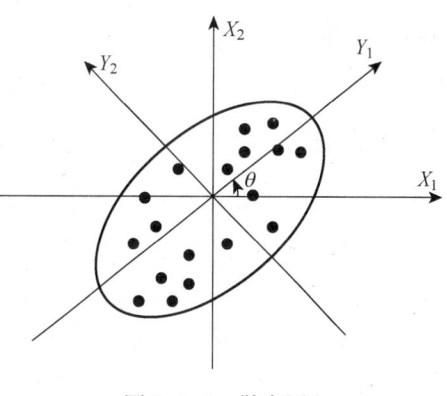

图 9-1-1 散布图

$$\begin{cases} Y_1 = X_1\cos\theta + X_2\sin\theta \\ Y_2 = -X_1\sin\theta + X_2\cos\theta \end{cases} \tag{9.3}$$

其矩阵形式为：

$$\begin{bmatrix} Y_1 \\ Y_2 \end{bmatrix} = \begin{pmatrix} \cos\theta & \sin\theta \\ -\sin\theta & \cos\theta \end{pmatrix} \begin{bmatrix} X_1 \\ X_2 \end{bmatrix} = U \cdot X \tag{9.4}$$

其中，U 为旋转变换矩阵，由上式可知它是正交阵即满足

$$U' = U^{-1}, \quad U'U = I \tag{9.5}$$

经过这样的旋转之后，N 个样品点在 Y_1 轴上的离散程度最大，变量 Y_1 代表了原始数据绝大部分信息。这样，有时在研究实际问题时，即使不考虑变量 Y_2，对整体影响也不大。因此，经过上述旋转变换就可以把原始数据的信息集中到 Y_1 轴上，对数据中包含的信息起到了浓缩的作用。主成分分析的目的就是找出变换矩阵 U，那么进行主成分分析的作用与几何意义也就很明了了。

9.2 主成分的推导及性质

9.2.1 总体主成分及其性质

1. 从协方差矩阵出发求解主成分

引理：设矩阵 $A' = A$，将 A 的特征值依 $\lambda_1, \lambda_2, \cdots, \lambda_p$ 大小顺序排列，不妨设 $\lambda_1 \geq \lambda_2 \geq \cdots \geq \lambda_p$，$\gamma_1, \gamma_2, \cdots, \gamma_p$ 为 A 矩阵各特征值对应的标准正交特征向量，则对任意向量 x，有：

$$\max_{x \neq 0} \frac{x'Ax}{x'x} = \lambda_1, \quad \min_{x \neq 0} \frac{x'Ax}{x'x} = \lambda_p \tag{9.6}$$

结论：设随机向量 $X = (X_1, X_2, \cdots, X_p)'$ 的协方差矩阵为 Σ，$\lambda_1, \lambda_2, \cdots, \lambda_p$ ($\lambda_1 \geq \lambda_2 \geq \cdots \geq \lambda_p$) 为 Σ 的特征值，$\gamma_1, \gamma_2, \cdots, \gamma_p$ 为矩阵 A 各特征根对应的标准正交特征向量，则

第 i 个主成分为：

$$Y_i = \gamma_{1i}X_1 + \gamma_{2i}X_2 + \cdots + \gamma_{pi}X_p \quad (i=1, 2, \cdots, p) \tag{9.7}$$

此时有：

$$var(Y_i) = \gamma_i'\Sigma\gamma_i = \lambda_i, \quad cov(Y_i, Y_j) = \gamma_i'\Sigma\gamma_j = 0 \quad (i \neq j) \tag{9.8}$$

由以上结论，把 $X_1, X_2, \cdots, X_p$ 的协方差矩阵 Σ 的非零特征值 $\lambda_1, \lambda_2, \cdots, \lambda_p (\lambda_1 \geqslant \lambda_2 \geqslant \cdots \geqslant \lambda_p > 0)$ 对应的标准化特征向量 $\gamma_1, \gamma_2, \cdots, \gamma_p$ 分别作为系数向量，$Y_1 = \gamma_1'X, Y_2 = \gamma_2'X, \cdots, Y_p = \gamma_p'X$，分别称为随机向量 X 的第一主成分、第二主成分、$\cdots$、第 p 主成分。令 $P = (\gamma_1, \gamma_2, \cdots, \gamma_p)$，$\Lambda = \mathrm{diag}(\lambda_1, \lambda_2, \cdots, \lambda_p)$。

Y 的分量 $Y_1, Y_2, \cdots, Y_p$ 依次是 X 的第一主成分、第二主成分、$\cdots$、第 p 主成分的充分必要条件是：

(1) $Y = P'X$，即 P 为 p 阶正交阵；

(2) Y 的分量之间互不相关；

(3) Y 的 p 个分量是按方差由大到小排列，即 $\lambda_1 \geqslant \lambda_2 \geqslant \cdots \geqslant \lambda_p$。

主成分是原始变量的线性组合，各个主成分互不相关，全部主成分反映了原始变量的全部信息，设随机向量 $X = (X_1, X_2, \cdots, X_p)'$ 的协方差矩阵为 Σ，$\lambda_1 \geqslant \lambda_2 \geqslant \lambda_3 \geqslant \cdots \geqslant \lambda_p \geqslant 0$ 为 Σ 的特征值，$\gamma_1, \gamma_2, \cdots, \gamma_p$ 为矩阵 Σ 各特征值对应的标准正交特征向量，设 $Y_1 = \gamma_1'X, Y_2 = \gamma_2'X, \cdots, Y_p = \gamma_p'X$，是主成分，则主成分有以下性质。

性质 1 主成分向量的协方差矩阵为对角阵 Λ，其中，$\Lambda = \mathrm{diag}(\lambda_1, \lambda_2, \cdots, \lambda_p)$。

性质 2 记 $\Sigma = (\sigma_{ij})_{p \times p}$，有 $\sum_{i=1}^{p} \sigma_{ii} = \sum_{i=1}^{p} Var(X_i) = \sum_{i=1}^{p} \lambda_i = \sum_{i=1}^{p} Var(Y_i)$。

上述性质说明：

$$总方差 = \sigma_{11} + \sigma_{22} + \cdots + \sigma_{pp} = \lambda_1 + \lambda_2 + \cdots + \lambda_p \tag{9.9}$$

定义总方差中第 k 个主成分所解释的比例为第 k 个主成分的贡献率，记为：

$$p_k = \frac{\lambda_k}{\sum_{i=1}^{p} \lambda_i} \quad (k=1, 2, \cdots, p) \tag{9.10}$$

将前 m 个主成分的方差和在全部方差中所占的比例 $\sum_{i=1}^{m} \lambda_i / \sum_{j=1}^{p} \lambda_j$，称为主成分 $Y_1, Y_2, \cdots, Y_m$ 的累积贡献率。进行主成分分析的目的就是希望用尽可能少的主成分代替原始的 p 个变量，一般取累积贡献率 $\geqslant 85\%$ 的前 k 个主成分，大多数情况下 2~3 个就可以。另外，还可以根据特征值的变化来选取主成分，将特征值从大到小排列，然后将坐标中的点用直线连接起来（如图所示），则在两个主成分之间特征值的差最大处形成一个拐点（也称为肘），该拐点左边第一个点即为主成分的合适个数。主成分个数提取原则为主成分对应的特征值大于 1 的前 m 个主成分。需要注意的是：特征值在某种程度上可以被看成是表示主成分影响力度大小的指标，如果特征值小于 1，说明该主成分的解释力度还不如直接引入一个原变量的平均解释力度大，因此一般可以用特征值大于 1 作为纳入标准。图 9-2-1 碎石图中的拐点在 $m = 3$ 处，选取两个主成分便有效地综合了总体方差。

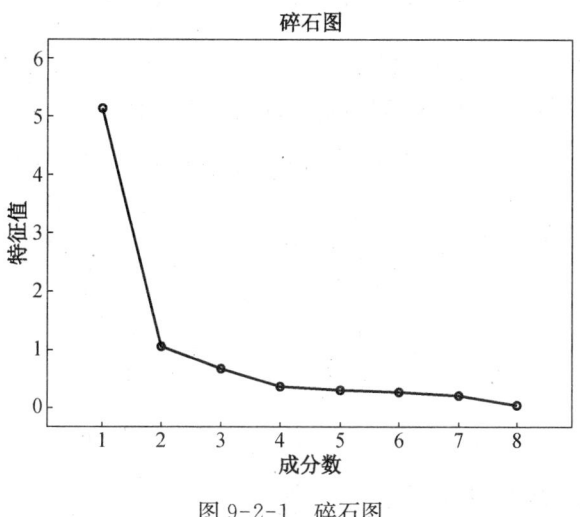

图 9-2-1 碎石图

性质3 第 i 个主成分 Y_i 与原始变量 X_k 的相关系数 $\rho(Y_i, Z_k)$ 与标准特征向量的系数 γ_{ik} 呈比例，即：

$$\rho(Y_i, X_k) = \frac{\sqrt{\lambda_i}}{\sqrt{\sigma_{kk}}} \gamma_{ik} (i, k = 1, 2, \cdots, p) \tag{9.11}$$

由式(9.11)可知，相关系数 $\rho(Y_i, Z_k)$ 与标准特征向量的系数 γ_{ik} 呈正比，与 X_k 的标准差呈反比关系，对式(9.11)转换可得：

$$\sum_{k=1}^{p} \rho^2(Y_i, X_k) \sigma_{kk} = \lambda_i$$

作为变量对主成分的重要性度量，相关系数和向量系数可能得出不同的重要性等级，但差别一般不大。在解释主成分时，要同时考虑相关系数和向量系数。

性质4

$$\sum_{k=1}^{p} \rho^2(Y_i, X_k) = \frac{1}{\sigma_{kk}} \sum_{i=1}^{p} \lambda_i \gamma_{ik}^2 = 1 \tag{9.12}$$

定义 X_k 前 m 个主成分 $Y_1, Y_2, \cdots, Y_m$ 的相关系数平方和为 $Y_1, Y_2, \cdots, Y_m$ 对原始变量 X_k 的方差贡献率，即：

$$v_k = \sum_{i=1}^{m} \rho^2(Y_i, Z_k) = \frac{1}{\sigma_{kk}} \sum_{i=1}^{m} \lambda_i \gamma_{ik}^2 (k = 1, 2, \cdots, p) \tag{9.13}$$

其中，$\lambda_i \gamma_{ik}^2$ 是 Y_i 能解释的原始变量 X_k 方差，$\lambda_i \gamma_{ik}^2 / \sigma_{kk}$ 是 Y_i 能提供的原始变量 X_k 信息的比重。如果一个主成分仅仅对某一个原始变量有贡献，则称为特殊成分，若对所有的原始变量都有贡献，则称为公共成分。

2. 从相关矩阵出发求解主成分

考虑如下的数学变换：

令:
$$Z_i = \frac{X_i - \mu_i}{\sqrt{\sigma_{ii}}}, (i = 1, 2, \cdots, p)$$

其中,μ_i 与 σ_{ii} 分别表示变量 X_i 的期望与方差。于是有:
$$E(Z_i) = 0 \quad var(Z_i) = 1$$

令:
$$\sum\nolimits^{1/2} = \begin{pmatrix} \sqrt{\sigma_{11}} & 0 & \cdots & 0 \\ 0 & \sqrt{\sigma_{22}} & \cdots & 0 \\ \vdots & \vdots & & \vdots \\ 0 & 0 & \cdots & \sqrt{\sigma_{pp}} \end{pmatrix}$$

于是,对原始变量 X 进行标准化:$Z = \left(\sum^{1/2}\right)^{-1}(X - \mu)$。

经过上述标准化后,显然有 $E(Z) = 0$,

$$cov(Z) = \left(\sum\nolimits^{1/2}\right)^{-1} \sum \left(\sum\nolimits^{1/2}\right)^{-1} = \begin{pmatrix} 1 & \rho_{12} & \cdots & \rho_{1p} \\ \rho_{12} & 1 & \cdots & \rho_{2p} \\ \vdots & \vdots & & \vdots \\ \rho_{1p} & \rho_{2p} & \cdots & 1 \end{pmatrix} = R \quad (9.14)$$

由于上面的变换过程,原始变量 $X_1, X_2, \cdots, X_p$ 的相关阵实际上就是对原始变量标准化后的协方差矩阵,因此,由相关矩阵求主成分的过程与主成分个数的确定准则实际上是与由协方差矩阵出发求主成分的过程与主成分个数的确定准则是相一致的,在此不再赘述。仍用 λ_i, γ_i 分别表示相关阵 R 的特征值与对应的标准正交特征向量,此时,求得的主成分与原始变量的关系式为:

$$Y_i = \gamma_i' Z = \gamma_i' \left(\sum\nolimits^{1/2}\right)^{-1}(X - \mu), (i = 1, 2, \cdots, p) \quad (9.15)$$

从相关矩阵出发所得主成分具有前述的各种性质,只是形式上要简单,可概括如下。

(1) Y 协方差阵为对角阵 $\Lambda = \text{diag}(\lambda_1, \lambda_2, \cdots, \lambda_p)$。

(2) $\sum_{i=1}^{p} Var(Y_i) = \sum_{i=1}^{p} \lambda_i = tr(R) = V = \sum_{i=1}^{p} Var(Z_i)$。

(3) 第 k 个主成分的贡献率为 $p_k = \frac{\lambda_k}{V}$,前 m 个主成分的累计贡献率为 $\sum_{i=1}^{m} \frac{\lambda_i}{V}$。

(4) 第 i 个主成分 Y_i 与变量 Z_k 的相关系数 $\rho(Y_i, Z_k) = \sqrt{\lambda_i} \gamma_{ik}$。

(5) 前 m 个主成分 $Y_1, Y_2, \cdots, Y_m$ 对变量 X_k 的方差贡献率为 $v_k = \sum_{i=1}^{m} \rho^2(Y_i, Z_k) = \sum_{i=1}^{m} \lambda_i \gamma_{ik}^2$。

由上面第 4 条性质可知,在解释主成分 Y_i 时,由相关矩阵求得的向量系数 γ_{ik} 和相关系数 $\rho(Y_i, Z_k)$ 所起的作用完全相同的。

9.2.2 样本主成分及其性质

在实际研究工作中,总体协方差阵 Σ 与相关阵 R 通常是未知的,于是需要通过样本数据来估计。下面我们介绍样本主成分分析。

设有 n 个样品,每个样品有 p 个指标,这样共得到 np 个数据,原始资料矩阵如下:

$$X = \begin{bmatrix} x_{11} & x_{12} & \cdots & x_{1p} \\ x_{21} & x_{22} & \cdots & x_{2p} \\ \vdots & \vdots & & \vdots \\ x_{n1} & x_{n2} & \cdots & x_{np} \end{bmatrix} \tag{9.16}$$

记,$S = \dfrac{1}{n-1}\sum_{k=1}^{n}(x_{ki}-\bar{X}_i)(x_{ki}-\bar{X}_i)'$,其中 $\bar{X}_i = \dfrac{1}{n}\sum_{k=1}^{n}x_{ki}$ $i=1,2,\cdots,p$,取:

$$R = (r_{ij})_{p\times p},\ r_{ij} = \frac{S_{ij}}{\sqrt{S_{ii}S_{jj}}} \tag{9.17}$$

其中,S 为样本协方差矩阵,作为总体协方差阵 Σ 的无偏估计。R 是样本相关矩阵,为总体相关矩阵的估计。由前面的讨论知,若原始资料阵 X 是经过标准化处理的,则由矩阵 X 求得的协方差阵就是相关矩阵,即 R 与 S 完全相同。

因为由协方差矩阵求解主成分的过程与同相关矩阵出发求解主成分的过程是一致的,所以下面仅介绍由相关阵出发求解主成分。

根据总体主成分的定义,主成分 Y 的协方差是:

$$cov(Y) = u'cov(X)u = u\Sigma u' = \Lambda,$$

其中,Λ 为对角阵:

$$\Lambda = \begin{bmatrix} \lambda_1 & 0 & 0 & \cdots & 0 \\ 0 & \lambda_2 & 0 & \cdots & 0 \\ 0 & 0 & \lambda_3 & \cdots & 0 \\ \vdots & \vdots & \vdots & & \vdots \\ 0 & 0 & 0 & \cdots & \lambda_p \end{bmatrix}. \tag{9.18}$$

假定资料矩阵 X 为已标准化后的数据矩阵,则可由相关矩阵代替协方差矩阵,于是式(9.18)可表示为:

$$P'RP = \Lambda \tag{9.19}$$

于是,所求的新的综合变量(主成分)的方差 $\lambda_i(i=1,2,\cdots,p)$ 是 $|R-\lambda_i I|=0$ 的 p 个根,λ 为相关矩阵的特征根,相应的各个 γ_{ij} 是其特征向量的分量。

因为 R 为正定矩阵,所以其特征根都是非负实数,将它们依大小顺序排列 $\lambda_1 \geqslant \lambda_2 \geqslant \cdots \geqslant \lambda_p \geqslant 0$,所以其特征根都是非负实数,其相应的特征向量记为 $\gamma_1, \gamma_2, \cdots, \gamma_p$,则相对于 Y_1 的方差为:

$$var(Y_1) = var(\gamma_1'X) = \lambda_1$$

同理,有 $var(Y_i) = var(\gamma_i'X) = \lambda_i$。

即对于 Y_1 有最大方差,Y_2 有次大方差,并且协方差为:

$$\begin{aligned}cov(Y_i, Y_j) &= cov(\gamma_i'X, \gamma_j'X) = \gamma_i'R\gamma_j \\ &= \gamma_i'\left(\sum_{a=1}^{p}\lambda_a\gamma_a\gamma_a'\right)\gamma_j \\ &= \sum_{a=1}^{p}\lambda_a(\gamma_i'\gamma_a)(\gamma_a'\gamma_j) = 0(i \neq j)\end{aligned}$$

由此可知,新的综合变量(主成分) $Y_1, Y_2, \cdots, Y_p$ 彼此不相关,并且 Y_i 的方差为 λ_i,则 $Y_1 = \gamma_1'X, Y_2 = \gamma_2'X, \cdots, Y_p = \gamma_p'X$ 分别称为第一、第二、…、第 p 个主成分。由上述求主成分的过程可知,主成分在几何图形中的方向实际上就是 R 的特征向量的方向,主成分的方差贡献就等于 R 的相应特征值。这样,在利用样本数据求解主成分的过程实际上就转化为求相关阵或协方差阵的特征值和特征向量的过程。

样本主成分与总体主成分性质类似,可概括如下。

(1) 样本总方差 $\sum_{i=1}^{p}S_{ii} = \sum_{i=1}^{p}\hat{\lambda}_i$。

(2) 第 k 个主成分的贡献率为 $p_k = \dfrac{\hat{\lambda}_i}{\sum_{i=1}^{p}\hat{\lambda}_i}$,前 m 个主成分的累计贡献率为 $\sum_{i=1}^{m}\hat{\lambda}_i \Big/ \sum_{j=1}^{p}\hat{\lambda}_i$。

(3) 第 i 个主成分 $\hat{y}_i$ 与变量 x_k 的相关系数 $\rho(\hat{y}_i, x_k) = \dfrac{\sqrt{\hat{\lambda}_i}}{\sqrt{S_{kk}}}\hat{\gamma}_{ik}$。

9.3 主成分分析的基本步骤

利用逻辑框图可以较好地呈现要表达的内容,使分析步骤更具逻辑性,具有可读性,可以条理清晰地阐明主成分分析的一般思路。主成分分析的一般框图如图 9-3-1 所示。

由上述讨论,大体上已经可以明了进行主成分分析的步骤,对此进行归纳如下:

(1) 根据研究问题选取初始分析变量;
(2) 根据初始变量特性判断由协方差阵求主成分还是由相关阵求主成分;
(3) 求协方差阵或相关阵的特征根与相应标准特征向量;
(4) 判断是否存在明显的多重共线性,若存在,则回到第一步;
(5) 得到主成分的表达式并确定主成分个数,选取主成分;
(6) 结合主成分对研究问题进行分析并深入研究。

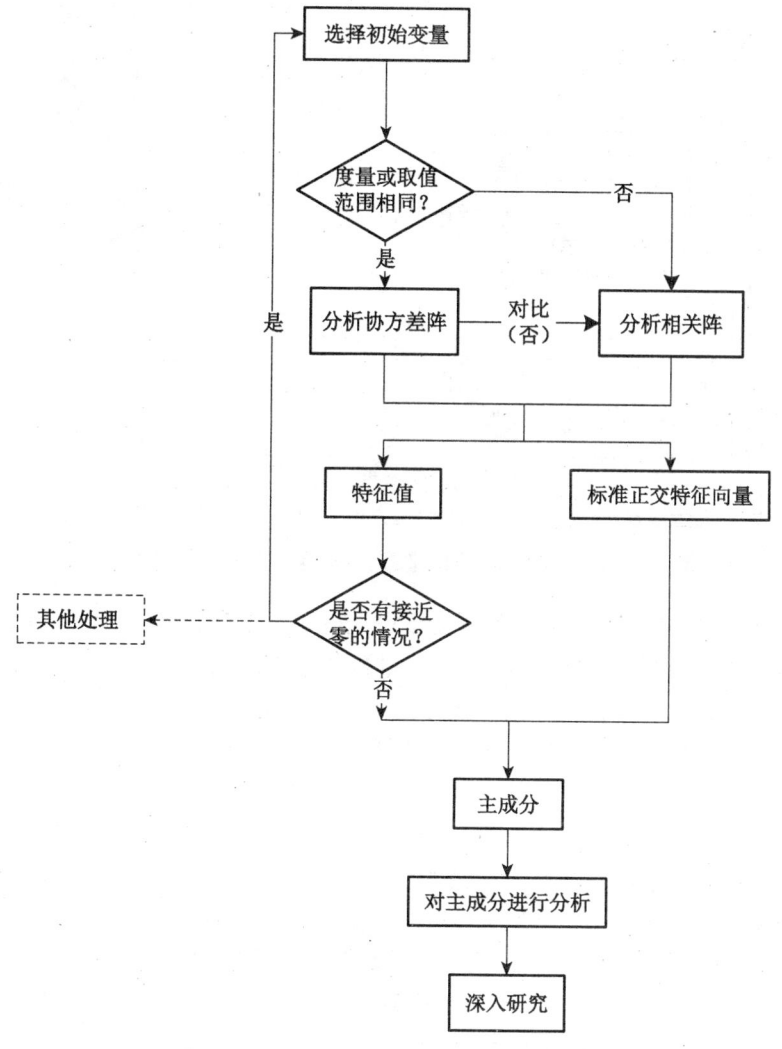

图 9-3-1 主成分分析的逻辑框图

9.4 主成分分析的 SPSS 操作

SPSS Statistics 24.0 软件并未将主成分分析作为独立的降维方法来处理,而是根据其与因子分析之间的关系,将主成分分析有机地嵌入因子分析中,因而利用 SPSS 软件进行主成分分析,需借助因子分析模块,对其中的某些操作进行设置,并对输出结果进行一定的转换处理。

其中,各子对话框含义在第 10 章(因子分析的 SPSS 操作)部分有详细说明,本节仅介绍利用 SPSS Statistics 24.0 进行主成分分析,需进行的必要设置。

(1) 在数据编辑窗口中,从菜单栏选择【分析】→【降维】→【因子】,出现如图 9-4-1 所示的【因子分析】窗口。

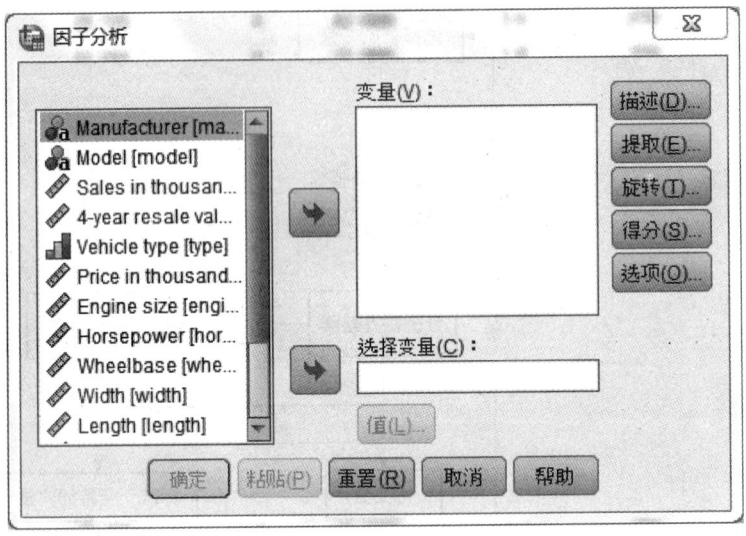

图 9-4-1 【因子分析】窗口

(2) 选择参与主成分分析的变量到【变量(V)】框中,若希望针对部分个案进行主成分分析,则把作为条件变量的变量指定为【选择变量】,并单击【值】按钮输入变量值,则所有观测值中含有此值的个案才参与主成分分析。

(3) 选择参与主成分分析的样本。把作为条件变量的变量指定到【选择变量(C)】框中,单击【值(L)】按钮输入变量值,只有满足相应条件的样本数据才参与主成分分析。例如,在参数框中输入 1,那么在进行主成分分析时,则只选择变量的值为 1 的观测样本进行主成分分析,设置结束后,单击【继续(C)】按钮确定并返回主窗口。【因子分析:设置值】窗口如图 9-4-2 所示。

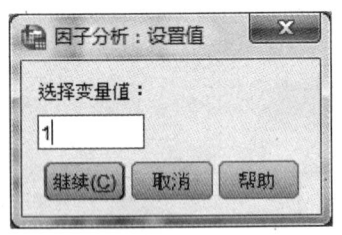

图 9-4-2 【因子分析:设置值】窗口

(4) 在图 9-4-1 所示的窗口中单击【描述(D)】按钮,打开如图 9-4-3 所示的【因子分析:描述】窗口。单击【描述】按钮进入【因子分析:描述】对话框,该对话框用于指定输出结果中显示的基本统计量和相关矩阵。

①【统计】栏指定输出哪些基本统计量。

【单变量描述(U)】框,选择此项,会输出单变量描述性统计量,包括原始变量的有效观测个案数量(N)、均值(Mean)和标准差(Std. Deviation)。

【初始解(I)】框,此项为系统默认选项,选择此项,会输出原始变量的公因子方差,协方差矩阵的对角线上的元素和能解释的方差在总方差中所占的百分比。

②【相关性矩阵】栏指定考察主成分分析条件的方法及输出结果。

图 9-4-3 【因子分析:描述】窗口

【系数(C)】框,选择此项,会输出参与主成分分析的变量的相关系数矩阵。

【显著性水平(S)】框,选择此项,会输出在相关矩阵中的相关系数检验的概率 p 值。

【决定因子(D)】框,选择此项,会输出相关系数矩阵的行列式值。

【逆(N)】框,选择此项,会输出相关系数矩阵的逆矩阵。

【再生(R)】框,选择此项,会输出主成分分析后估计的相关矩阵和残差(相关系数的估计值与观测值之间的差)。

【反映像(A)】框,选择此项,会输出反映像相关矩阵,包括偏相关系数的求负,偏方差的负值的反映像方差矩阵。

【KMO 和巴特利特球形度检验】框,选择此项,无论变量之间的偏相关是否很小,都会进行抽样充足性的 KMO 检验;无论相关矩阵是不是一个单位阵,都进行巴特利特球形度检验,该检验能指出因素模型是否合理。

(5) 在图 9-4-1 所示的窗口中单击【提取(E)】按钮,打开如图 9-4-4 所示的【因子分析:提取】窗口。

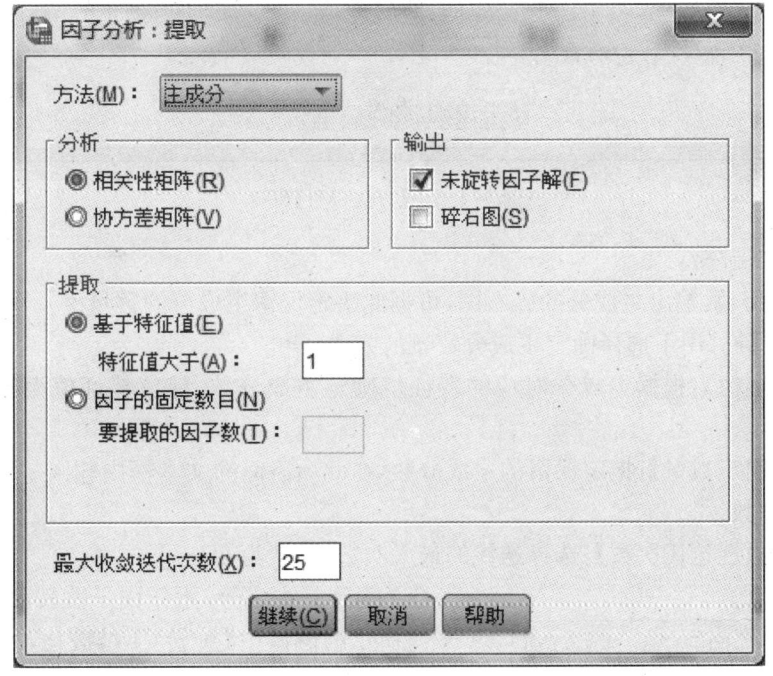

图 9-4-4 【因子分析:提取】窗口

① 【方法(M)】栏包括主成分、未加权最小平方、广义最小平方、最大似然、主轴因式分解、Alpha 因式分解和映像因式分解等方法。在主成分分析中,该对话框用于指定主成分分析过程中提取主成分和确定主成分数的方法,必须选择此方法。【方法(M)】窗口如图 9-4-5 所示。

② 【分析】栏指定提取主成分的依据。

【相关性矩阵】框,从原始变量的相关矩阵出发进行主成分分析,当原始变量的测量单位不同时,应选择此项。

【协方差矩阵】框,从原始变量的协方差矩阵出发进行主成分分析。

③ 【输出】栏,用于指定主成分分析结果的有关输出项。

【未旋转因子解(F)】框:进行主成分分析不需因子旋转,选择该项,输出解释的总方差、

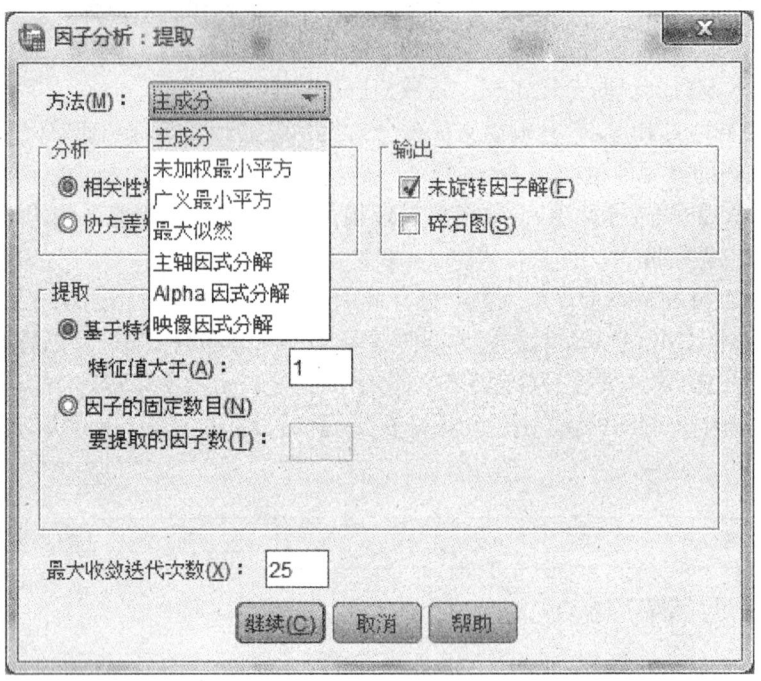

图 9-4-5 【方法(M)】窗口

特征值和成分矩阵。

【碎石图(S)】:输出主成分的碎石图,可据此决定保留主成分的数量。

④【提取】栏:用于选择确定主成分数量的方法。

【基于特征值】:根据主成分对应的特征值确定主成分数,保留特征值大于输入值的主成分。

【因子的固定数量】:指定保留的主成分数,在此项后面的文本框中输入。到原始变且数目之间的正整数。

【最大收敛性迭代次数】:选择迭代的最大次数,默认为 25。

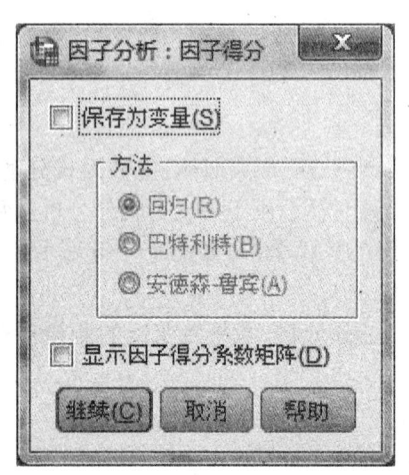

图 9-4-6 【因子分析:因子得分】窗口

(6) 由于是主成分,不作因子旋转,故无须点击图 9-4-1 所示的窗口中【旋转(T)】按钮,系统默认不作因子旋转。

(7) 在图 9-4-1 所示的窗口中单击【得分(S)】按钮,打开如图 9-4-6 所示的【因子分析:因子得分】窗口。

①【保存为变量(S)】框,选择此项,则将主成分得分保存到 SPSS 变量中,生成几个主成分便产生几个 SPSS 变量。变量名的形式为 FACn_m,其中 n 是主成分编号,以数字序号的形式表示;m 表示是第几次分析的结果。

②【方法】栏指定计算主成分得分的方法。

用于确定计算主成分得分的方法,其中包括以下三种方法。

【回归 R】:指回归分析法,主成分得分均值为 0。

【巴特利特 B】:加权最小二乘法,主成分得分均值为 0。

【安德森-鲁宾 A】:对巴特利特得分进行调整,使其均值为 0,标准差为 1,且彼此不相关,从而保证主成分的正交性。

③【显示因子得分系数矩阵(D)】框,选择此项,表示输出标准化的主成分得分系数矩阵,对原始变量进行标准化后,可以根据该矩阵计算各观测量的主成分得分,选择该选项还将显示主成分得分变量之间的相关矩阵。

(8) 在图 9-4-1 所示的窗口中单击【选项(O)】按钮,打开如图 9-4-7 所示的【因子分析:选项】窗口。该对话框用于指定缺失值的处理方法的输出方法。

①【缺失值】栏指定选择缺失值的处理方法。

【成列排除个案(L)】框,选择此项,则在进行检验时,对于有有缺省值的观测,在任何分析中都排除掉。该选项为系统默认选项。

【成对排除个案(P)】框,选择此项,在进行分析和计算的过程中,只剔除参与计算的缺失值的个案。

【替换为平均值(R)】框,选择此项,用变量的均值代替该变量的所有缺失值。

②【系数显示格式】栏指定因子载荷矩阵的输出方式。

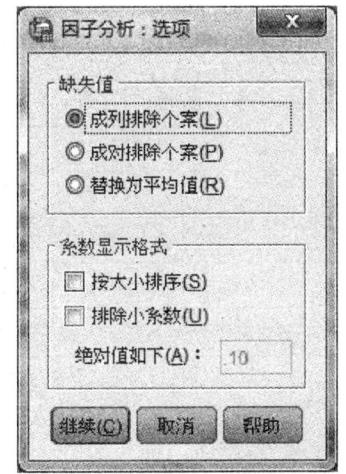

图 9-4-7 【因子分析:选项】窗口

【按大小排序(S)】框,选择此项,则将因子负荷和结构矩阵排序,以便将同一个因素的高负荷的变量排在一起,便于观察和分析。

【排除小系数(U)】框,选择此项,则只显示绝对值大于某个阈值的负荷系数。不显示绝对值小于指定值的载荷系数,选中此复选框后,输入 0~1 之间的数作为临界值,默认为 0.01。

至此,完成了主成分分析的全部操作,在图 9-4-1 所示的窗口中单击【确定】按钮,SPSS Statistics 24.0 将按照用户的指定自动进行主成分分析,并将结果显示到输出窗口。

9.5 案例分析

在 SPSS Statistics 24.0 软件中,主成分分析通过【分析】→【降维】→【因子分析】命令来实现。一般来说,在主成分分析适用的场合中,用较少的主成分就可以得到较多的信息量,以各个主成分为分量,得到一个更低维的随机变量。因此,主成分分析既可以降低数据维数,又保留了原数据的大部分信息。

下面以 SPSS Statistics 24.0 中自带的数据文件 Employee data.sav 为例,介绍如何使用 SPSS 进行主成分分析。

数据集 Employee data 为 Midwestern 银行在 1969—1971 年之间雇员情况的数据,共包括 474 条观测及如下 10 个变量:员工代码、性别、出生日期、教育水平(年)、雇佣类别、当前薪金、起始薪金、雇佣时间、经验、少数民族。下面我们用主成分分析方法处理该数据，以期用少数变量来描述该地区居民的雇佣情况。

进入 SPSS Statistics 24.0 软件，打开数据集"Employee data.sav"。依次点选【分析】→【降维】→【因子】，进入【因子分析】(Factor Analysis)对话框。在 SPSS 软件中，主成分分析与因子分析均在【因子分析】(Factor Analysis)模块中完成。此时，数据集 Employee data.sav 中的变量名均已显示在左边的窗口中，依次选中变量：教育水平、当前薪金、起始薪金、雇佣时间和经验并点向右的箭头按钮，这五个变量便进入【变量】(variables)窗口。点击右侧的【确定】按钮，即可得到输出结果如表 9-5-1 所示。

表 9-5-1　公因子方差

	初始	提取
教育水平(年)	1.000	0.754
当前薪金	1.000	0.896
雇佣时间(以月计)	1.000	0.999
经验(以月计)	1.000	0.968
起始薪金	1.000	0.916

提取方法：主成分分析法。

表 9-5-2　总方差解释

成分	初始特征值			提取载荷平方和		
	总计	方差百分比	累积 %	总计	方差百分比	累积 %
1	2.477	49.541	49.541	2.477	49.541	49.541
2	1.052	21.046	70.587	1.052	21.046	70.587
3	1.003	20.070	90.656	1.003	20.070	90.656
4	0.365	7.299	97.955			
5	0.102	2.045	100.000			

提取方法：主成分分析法。

表 9-5-3　成分矩阵(3 个主成分)

	成分		
	1	2	3
教育水平(年)	0.846	−0.194	−0.014
当前薪金	0.940	0.104	0.029
雇佣时间(以月计)	0.068	−0.052	0.996
经验(以月计)	−0.178	0.965	0.069
起始薪金	0.917	0.264	−0.077

提取方法：主成分分析法。

a. 提取了 3 个成分。

其中,公因子方差中给出了该次分析从每个原始变量中提取的信息,表格下面的注示表明,该次分析是用【因子分析】模块默认的信息提取方法即主成分分析完成的。可以看到,除受教育程度信息损失较大外,主成分几乎包含了各个原始变量至少 90% 的信息。总方差解释表则显示了各主成分解释原始变量总方差的情况,SPSS Statistics 24.0 默认保留特征根大于 1 的主成分,在本例中当保留 3 个主成分为宜,这 3 个主成分集中了原始 5 个变量信息的 90.66%,可以认为效果是比较好的。实际上,主成分解释总方差的百分比也可以由公因子方差表中计算得出,即:$(0.896+0.916+0.999+0.968+0.754)/5=90.66\%$。

成分矩阵表中给出了标准化原始变量用求得的主成分线性表示的近似表达式,接下来以表中【当前薪金】一行为例,不妨用 $prin1$、$prin2$、$prin3$ 来表示各个主成分,则由成分矩阵(初始因子载荷矩阵)可以得到

$$标准化的\ salary \approx 0.940 \times prin1 + 0.104 \times prin2 + (2.857E-2) \times prin3$$

在上面的主成分分析中,SPSS Statistics 24.0 默认是从相关阵出发求解主成分,且默认保留特征根大于 1 的主成分。实际上,主成分的个数可以由我们自己确定,方法为:进入【主成分分析】对话框并选择好变量之后,点击【提取】选项,在弹出的对话框中有一个【提取】选择框,默认是选择特征值大于 1,也就是保留特征根大于 1 的主成分,我们可以输入指定的数值来改变 SPSS 软件保留特征根的大小。在实际进行主成分分析时,可以先按照默认设置做一次主成分,然后根据输出结果确定应保留主成分的个数,用该方法进行设定后重新分析。

因为上面的结果是默认从相关阵出发得到的,而由相关阵出发求得的主成分其性质有简单的表达形式,我们可以方便地加以验证。

由成分矩阵中的结果可以得到:

$$0.940^2 + 0.917^2 + (6.806E-2)^2 + (-0.178)^2 + 0.846^2 = 2.477\ 031$$

即第一主成分的方差。又有:

$$0.940^2 + 0.104^2 + (2.857E-2)^2 = 0.896$$

这恰好与公因子方差表中三个主成分提取有关薪金变量的信息相等。重新操作一遍主成分分析,此次将 5 个主成分全部保留,得到成分矩阵(初始因子载荷矩阵)如输出结果 9-5-4 所示。

表 9-5-4　成分矩阵(5 个主成分)

	成　　分				
	1	2	3	4	5
教育水平(年)	0.846	−0.194	−0.014	0.496	0.008
当前薪金	0.940	0.104	0.029	−0.234	0.222
雇佣时间(以月计)	0.068	−0.052	0.996	−0.013	−0.026
经验(以月计)	−0.178	0.965	0.069	0.174	0.038
起始薪金	0.917	0.264	−0.077	−0.183	−0.225

提取方法:主成分分析法。

a. 提取了 5 个成分。

可以看到前 3 个主成分的相应结果与输出结果 9-5-1 中的对应部分结果是一致的。对上表中结果有如下关系式：

$$0.940^2 + 0.104^2 + (2.857E-2)^2 + (-0.234)^2 + 0.222^2 = 1$$

由表 9-5-4 还可以得到标准化原始变量用各主成分线性表示的精确的表达式，仍以当前薪金为例，则有：

$$标准化的当前薪金 = 0.940 \times prin1 + 0.104 \times prin2 + (2.857E-2) \times prin3 \\ - 0.234 \times prin4 + 0.222 \times prin5$$

由 SPSS Statistics 24.0 软件默认选项输出的结果，我们还不能得到用原始变量表示出主成分的表达式，这是因为成分矩阵中表示的是因子载荷矩阵而不是主成分的系数矩阵，因此要对 SPSS 的因子分析模块运行结果进行调整，将成分矩阵中的第 i 列的每个元素分别除以第 i 个特征根的平方根 $\sqrt{\lambda_i}$，就得到主成分分析的第 i 个主成分的系数，主成分的系数矩阵输出结果如表 9-5-5 所示。

由此表可以写出各个主成分用标准化的原始变量表示的表达式，如下：

$$prin1 = 0.53765 \times 标准化的 educ + 0.597457 \times 标准化的 salary + 0.58245 \\ \times 标准化的 salbegin - 0.043243 \times 标准化的 jobtime \\ - 0.1134 \times 标准化的 prevexp$$

$$prin2 = -0.18898 \times 标准化的 educ + 0.101834 \times 标准化的 salary \\ + 0.256952 \times 标准化的 salbegin - 0.05093 \times 标准化的 jobtime \\ + 0.940903 \times 标准化的 prevex$$

$$prin3 = -0.01396 \times 标准化的 educ + 0.028523 \times 标准化的 salary \\ - 0.07677 \times 标准化的 salbegin - 0.994159 \times 标准化的 jobtime \\ + 0.068887 \times 标准化的 prevexp$$

表 9-5-5 输出结果

	$prin1$	$prin2$	$prin3$
教育水平(年)	0.53765	-0.18898	-0.01396
当前薪金	0.597457	0.101834	0.028523
起始薪金	0.58245	0.256952	-0.07677
雇佣时间(以月计)	0.43243	-0.005093	0.994159
经验(以月计)	-0.1134	0.940903	0.068887

9.6 小　　结

主成分分析是一种通过降维方法将原来多个变量化为少数几个互不相关的综合变量的一种方法，可以达到简化数据、揭示变量之间关系，并进行相关解释的目的。在对某一事物进行实证研究与分析中,为了更全面、准确地反映出事物的特征及其发展规律,及避免遗漏重要的信息而考虑尽可能多的指标,往往需要使用到主成分分析的方法高效解决问题。

本章首先介绍了主成分分析的基本思想及基本原理。然后,给出了主成分的推导过程,分别从协方差矩阵、相关矩阵出发求解主成分,并归纳总结了主成分相关性质。接着,基于 SPSS Statistics 24.0 软件,介绍了主成分分析的基本操作步骤。在此基础上,最后应用主成分分析对选取的实例数据进行了求解与分析。

思 考 题

1. 简述主成分分析的基本思想。
2. 试述主成分在应用中的主要作用。
3. 简述由协方差阵出发求主成分的注意事项。
4. 为了研究大学生价值观,某研究人员抽样调查了 15 名大学生价值观的 9 项测试结果。包括合作性、对分配的看法、行为出发点、工作投入程度、对发展机会的看法、对社会地位的看法、权利距离、对职位升迁的态度、领导风格的偏好等,分值区间为 $[1, 20]$,具体数据如下表所示,请根据这 9 项指标应用 SPSS Statistics 24.0 软件进行上机操作分析主成分(参见数据文件:大学生价值观测试数据.sav)。

表 9-7-1 调查大学生价值观的测试结果表

编号	合作性	分配	出发点	工作投入	发展机会	社会地位	权力距离	职位升迁	领导风格
1	16	16	13	18	16	17	15	16	17
2	18	19	15	16	18	18	18	17	19
3	17	17	17	14	17	18	16	16	16
4	17	17	17	16	19	18	19	20	19
5	16	15	16	16	18	18	15	16	16
6	20	17	16	17	18	18	17	19	18
7	18	16	16	20	15	16	19	14	17
8	16	16	13	18	16	17	15	16	16
9	18	19	15	16	18	18	18	17	19
10	17	17	17	14	17	18	16	16	16
11	17	17	17	16	19	19	18	20	19
12	16	15	16	16	18	18	15	16	16
13	20	17	16	17	18	18	17	19	17
14	19	15	16	17	18	19	18	18	20
15	16	15	16	16	18	18	15	17	17

5. 设随机向量 $X = (X_1, X_2, X_3)^T$ 的协方差阵为 $\sum = \begin{bmatrix} 1 & -2 & 0 \\ -2 & 5 & 0 \\ 0 & 0 & 2 \end{bmatrix}$,试求 X 的主

成分。

参 考 文 献

[1] 薛薇.SPSS统计分析方法及应用[M].北京:电子工业出版社,2013.
[2] 李合龙,李妍,郑雪仪.SPSS统计学实验教程[M].北京:清华大学出版社,2015.
[3] 曹慧.统计学基于SPSS的应用[M].北京:北京大学出版社,2015.
[4] 杜强.SPSS统计分析从入门到精通[M].北京:人民邮电出版社,2011.
[5] 王在翔,崔庆霞,吕军城,李望晨,王胜男.SPSS软件与应用[M].北京:科学出版社,2015.
[6] 陈方樱,沈思.数据分析方法及SPSS应用[M].北京:科学出版社,2016.
[7] 谢龙汉,尚涛.SPSS统计分析与数据挖掘[M].北京:电子工业出版社,2012.
[8] 时立文.SPSS 19.0统计分析——从入门到精通[M].北京:清华大学出版社,2014.
[9] 卢纹岱,朱红兵,等.SPSS统计分析(第五版)[M].北京:电子工业出版社,2015.
[10] 陈胜可.SPSS统计分析——从入门到精通[M].北京:清华大学出版社,2010.
[11] 何晓群.多元统计分析(第四版)[M].北京:中国人民大学出版社,2015.
[12] 朱星宇,陈勇强.SPSS多元统计分析方法及应用[M].北京:清华大学出版社,2011.
[13] 党耀国,米传民,钱吴永.应用多元统计分析[M].北京:清华大学出版社,2012.
[14] 管宇.实用多元统计分析[M].杭州:浙江大学出版社,2011.

第 10 章

因 子 分 析

从商务数据分析的角度看,因子分析是主成分分析的扩展和推广,它也是利用降维的思想,由研究原始变量相关矩阵内部的依赖关系出发,把一些具有错综复杂关系的变量归结为少数几个综合因子的一种多变量统计分析方法。近年来,随着计算机技术的高速发展,因子分析在生物学、心理学、医学、气象、地质、经济学等各个领域得到广泛的应用。

通过本章的学习,了解因子分析的基本原理和方法,认识因子分析的基本步骤;掌握因子分析在 SPSS Statistics 24.0 软件中的具体操作;并通过实际案例分析理解因子分析。

10.1 因子分析概述

10.1.1 因子分析概念和原理

因子分析于 1931 年由 Thurstone 首次提出,其概念起源于 20 世纪初 Karl Pearson 和 Charles Spearman 等人关于智力测验的统计分析。因子分析就是利用降维的思想,通过研究众多变量之间的内部依赖关系,探求观测数据中的基本结构,并用少数几个抽象的变量来表示其基本的数据结构。因子分析是一种通过显示变量测评潜在变量,通过具体指标测评抽象因子的统计分析方法。

因子分析的核心是用较少的互相独立的因子反映原有变量的绝大部分信息。可以将这一思想用数学模型来表示。设原有 p 个变量 $x_1, x_2, x_3, \cdots, x_p$,且每个变量(或经标准化处理后)的均值为 0,方差均为 1,现将每个原有变量用 $k(k<p)$ 个因子 $f_1, f_2, f_3, \cdots, f_k$ 的线性组合来表示,即有:

$$\begin{cases} x_1 = a_{11}f_1 + a_{12}f_2 + a_{13}f_3 + \cdots + a_{1k}f_k + \varepsilon_1 \\ x_2 = a_{21}f_1 + a_{22}f_2 + a_{23}f_3 + \cdots + a_{2k}f_k + \varepsilon_2 \\ x_3 = a_{31}f_1 + a_{32}f_2 + a_{33}f_3 + \cdots + a_{3k}f_k + \varepsilon_3 \\ \vdots \\ x_p = a_{p1}f_1 + a_{p2}f_2 + a_{p3}f_3 + \cdots + a_{pk}f_k + \varepsilon_p \end{cases} \tag{10.1}$$

式(10.1)是因子分析的数学模型,也可用矩阵的形式表示为:

$$X = AF + \varepsilon \tag{10.2}$$

其中 F 称为因子,由于它们出现在每个原有变量的线性表达式中,因此又称为公共因子,其均值为0,方差为1。因子可理解为高维空间中互相垂直的k个坐标轴;A称为因子载荷矩阵,$a_{ij}(i=1,2,\cdots,p;j=1,2,\cdots,k)$称为因子载荷,是第$i$个原有变量在第$j$个因子上的负荷。如果把变量$x_i$看成$k$维因子空间中的一个向量,则$a_{ij}$表示$x_i$在坐标轴$f_j$上的投影,相当于多元线性回归模型中的标准化回归系数;ε称为特殊因子,表示原有变量不能被因子解释的部分,其均值为0,相当于多元线性回归模型中的残差。

由因子分析的数学模型可引入以下几个相关概念。这些概念有助于把握因子与原有变量间的关系,明确因子的重要程度以及评价因子分析的效果。

1) 因子载荷

对于因子模型:

$$x_i = a_{i1}f_1 + a_{i2}f_2 + a_{i3}f_3 + \cdots + a_{ik}f_k + \varepsilon_i \quad (i=1,2,\cdots,p) \tag{10.3}$$

其中,$a_{ij}(j=1,2,\cdots,k)$为因子载荷,是第i个原有变量在第j个因子上的负荷。对以上公式进行整理可以得到x_i与f_j的协方差为:

$$\begin{aligned} Cov(x_i, f_j) &= Cov\Big(\sum_{k=1}^{p} a_{ik}f_k + \varepsilon_i, f_j\Big) \\ &= Cov\Big(\sum_{k=1}^{p} a_{ik}f_k, f_j\Big) + Cov(\varepsilon_i, f_j) \\ &= a_{ij} \end{aligned} \tag{10.4}$$

如果对x_i做了标准化处理,则x_i的标准差为1,且f_j的标准差为1,因此有:

$$r_{x_i, f_j} = \frac{Cov(x_i, f_j)}{\sqrt{D(x_i)}\sqrt{D(f_j)}} = Cov(x_i, f_j) = a_{ij} \tag{10.5}$$

由上分析可知,对于标准化后的x_i,a_{ij}是x_i与f_j的相关系数,反映了变量x_i与因子f_j的相关程度。因子载荷越大,则说明第i个变量与第j个因子的关系越密切;反之,亦然。同时,因子载荷也反映了因子f_j对变量x_i的重要作用及其程度。

2) 变量共同度

设因子载荷矩阵为A,则称第i行元素的平方和为变量共同度,其数学定义为:

$$h_i^2 = \sum_{j=1}^{k} a_{ij}^2 \quad (i=1,2,\cdots,p) \tag{10.6}$$

在对变量x_i进行标准化时,变量x_i的方差可以表示成:

$$\begin{aligned} D(x_i) &= a_{i1}^2 D(f_1) + a_{i2}^2 D(f_2) + \cdots + a_{ik}^2 D(f_k) + D(\varepsilon_i) \\ &= a_{i1}^2 + a_{i2}^2 + \cdots + a_{ik}^2 + Var(\varepsilon_i) \\ &= h_i^2 + \sigma_i^2 \end{aligned} \tag{10.7}$$

因此可见,原有变量x_i的方差可由两个部分来解释:第一部分为共同度,它描述了全部公共因子对变量x_i方差解释说明的比例,体现了因子对变量x_i的贡献程度。变量共同度越接近于1,说明因子全体解释了变量x_i的较大部分方差,如果用因子全体刻画变量x_i,则丢失的信息较少;第二部分为特殊因子ε_i对变量方差的贡献,也就是变量x_i的方差中没有被全体因子解释的部分，σ_i^2 越小则说明变量 x_i 丢失的信息越少。

总之，变量 x_i 的共同度刻画了因子全体对变量 x_i 信息解释的程度，是评价变量 x_i 信息丢失程度的重要指标。如果大部分原有变量的变量共同度均较高（如高于 0.7），则说明所抽取的因子能够反映原有变量的大部分信息（如 70% 以上），仅有较少的信息丢失。也就是说，因子分析的效果较好。因此，变量共同度是衡量因子分析效果的重要指标。

3）因子的方差贡献

设因子载荷矩阵为 A，称第 j 列元素的平方和为因子 f_j 对变量 x 的贡献：

$$g_j^2 = \sum_{i=1}^{p} a_{ij}^2 \quad (j=1, 2, \cdots, k) \tag{10.8}$$

即 g_j^2 表示同一因子 f_j 对各变量所提供的方差贡献之总和，反映了因子 f_j 对原有变量总方差的解释能力。

因子方差贡献的值越高，说明相应因子的重要性越高。因此，因子的方差贡献是衡量每一个因子相对重要性的一个尺度。如果将因子载荷矩阵 A 的所有 $g_j^2(j=1, 2, \cdots, k)$ 都计算出来，并按其大小排序，就可依此提取出最有影响的公共因子。

10.1.2 因子分析基本步骤

1. 选取原始变量及分析变量之间的相关性

由于因子分析的主要任务之一是对原有变量进行浓缩，即将原有变量中的信息重叠部分抽取并综合成因子，进而最终实现减少变量个数的目的。对此，它要求原有变量之间应存在较强的相关关系。否则，如果原有变量相互独立，那么也就无法将其浓缩，也就不能进行因子分析了。本步骤正是希望通过各种方法分析原有变量是否存在相关关系，是否适合进行因子分析。

通常可以采用计算简单相关系数矩阵和计算逆影像相关矩阵等方法来对原有变量之间的相关性进行研究。

2. 求解初始公共因子及因子载荷矩阵

求解初始公共因子和因子载荷矩阵的目的是抽取因子。主成分法是估计因子载荷矩阵的一种方法，由于它的估计结果和初始变量的主成分仅相差一个常数倍，故称为主成分法，它是 SPSS 使用的默认方法。除此之外，常用的方法还有最大似然法、∂ 因子分析法、加权最小二乘法、映像因子分析法和最小残差法等。

用主成分法确定因子载荷是在进行因子分析之前先对数据进行一次主成分分析，然后把前面几个主成分作为未旋转的公因子。相对于其他确定因子载荷的方法而言，主成分法比较简单。

用主成分法寻找公因子的方法如下：假定从相关阵出发求解主成分，设有 p 个变量，则可以找出 p 个主成分。将所得的 p 个主成分按由大到小的顺序排列，记为 $Y_1, Y_2, \cdots, Y_p$，则主成分与原始变量之间存在如下关系式：

$$\begin{cases} Y_1 = b_{11}X_1 + b_{12}X_2 + \cdots + b_{1p}X_p \\ Y_2 = b_{21}X_1 + b_{22}X_2 + \cdots + b_{2p}X_p \\ \cdots \\ Y_p = b_{p1}X_1 + b_{p2}X_2 + \cdots + b_{pp}X_p \end{cases} \tag{10.9}$$

其中，b_{ij} 是随机向量 X 的相关矩阵的特征值所对应的特征向量的分量，因为特征向量之间彼此正交，从 X 到 Y 的转换关系是可逆的，很容易得出由 Y 到 X 的转换关系为：

$$\begin{cases} X_1 = b_{11}Y_1 + b_{21}Y_2 + \cdots + b_{p1}Y_p \\ X_2 = b_{12}Y_1 + b_{22}Y_2 + \cdots + b_{p2}Y_p \\ \cdots \\ X_p = b_{1p}Y_1 + b_{2p}Y_2 + \cdots + b_{pp}Y_p \end{cases} \quad (10.10)$$

对上面每一等式只保留前 m 个主成分而把后面的部分用 ε_i 代替，则式(10.10)变为：

$$\begin{cases} X_1 = b_{11}Y_1 + b_{21}Y_2 + \cdots + b_{m1}Y_m + \varepsilon_1 \\ X_2 = b_{12}Y_1 + b_{22}Y_2 + \cdots + b_{m2}Y_m + \varepsilon_2 \\ \cdots \\ X_p = b_{1p}Y_1 + b_{2p}Y_2 + \cdots + b_{mp}Y_m + \varepsilon_p \end{cases} \quad (10.11)$$

式(10.11)在形式上已经与因子模型式(10.1)相一致，且 $Y_i(i=1,2,\cdots,m)$ 之间相互独立，Y_i 与 ε_i 之间也相互独立，为了把 Y_i 转化成合适的公因子，现在要做的工作只是把主成分 Y_i 变为方差为1的变量。为完成此交换，必须将 Y_i 除以其标准差，由上一章主成分分析的知识知其标准差即为特征根的平方根 $\sqrt{\lambda_i}$。于是，令 $F_i = Y_i/\sqrt{\lambda_i}$，$a_{ij} = \sqrt{\lambda_i}b_{ji}$，则式(10.11)变为：

$$\begin{cases} X_1 = a_{11}F_1 + a_{12}F_2 + \cdots + a_{1m}F_m + \varepsilon_1 \\ X_2 = a_{21}F_1 + a_{22}F_2 + \cdots + a_{2m}F_m + \varepsilon_2 \\ \cdots \\ X_p = a_{p1}F_1 + a_{p2}F_2 + \cdots + a_{pm}F_m + \varepsilon_p \end{cases} \quad (10.12)$$

这与因子模型式(10.1)完全一致，这样，就得到了载荷矩阵 A 和一组初始公因子(未旋转)。

一般设 $\lambda_1 \geq \lambda_2 \geq \cdots \geq \lambda_p$ 为样本相关阵 R 的特征根，$b_1, b_2, \cdots, b_p$ 为对应的标准正交化特征向量。设 $m < p$，则因子载荷矩阵 A 的一个解为：

$$\hat{A} = (\sqrt{\lambda_1}b_1, \sqrt{\lambda_2}b_2, \cdots, \sqrt{\lambda_m}b_m) \quad (10.13)$$

共同度的估计为：

$$\hat{h}_i^2 = \hat{a}_{i1}^2 + \hat{a}_{i2}^2 + \cdots + \hat{a}_{im}^2 \quad (10.14)$$

3. 因子旋转

至此建立的因子模型还只是一个初始模型，所得的因子不一定能反映问题的实质，它们所代表的实际意义也不一定容易解释，因子旋转就是解决这个问题的一种改进方法。

因子旋转的依据是因子模型的不唯一性。因子旋转分为正交旋转与斜交旋转，正交旋转由初始载荷矩阵右乘一正交矩阵得到。经过正交旋转而得到的新的公因子仍然保持彼此独立的性质，而斜交旋转则摒弃了因子之间彼此独立这个限制，因而可能达到更为简洁的形式，其实际意义也更容易解释。

4. 因子得分

在所建立的因子模型中，已将总体中的原有变量分解为公共因子与特殊因子的线性组合：

$$x_i = a_{i1}f_1 + a_{i2}f_2 + a_{i3}f_3 + \cdots + a_{ik}f_k + \varepsilon_i \quad (i = 1, 2, \cdots, p) \quad (10.15)$$

同样地,可以把每个公共因子表示成原有变量的线性组合,即:

$$f_j = b_{j1}x_1 + b_{j2}x_2 + b_{j3}x_3 + \cdots + b_{jp}x_p \quad (j = 1, 2, \cdots, k) \quad (10.16)$$

式(10.16)称为因子得分函数,用它可以计算每个观测记录在各公共因子上的得分,从而解决公共因子不可测量的问题,获得因子得分函数的关键是求解估计参数 $\hat{b}_j = (\hat{b}_{j1}, \hat{b}_{j2}, \cdots, \hat{b}_{jp})'$,常用的估计方法有 Thompson 方法等。

5. 结果分析

提取出反映原始观测变量特征的公共因子,并对其实施适当的因子旋转后,就需要对公因子加以解释,赋予其实际意义。对因子的解释是否恰当,不仅与数据本身的性质有关,还与研究者对专业知识的把握及因子分析技巧的掌握程度有关。注意:因子分析是以相关性为基础的,因而对有些数据是不适用的,所以在做因子分析前需要对样本数据做一些必要的检验。

因子得分也是重要的输出,它实际上给出的是各个对象在公共因子上的投影值(或坐标),于是以公共因子为坐标轴作图,就可以按各对象的因子得分标出其在公因子空间的相对位置。利用此图形就能得到关于原始数据的结构方面的信息。另外,因子得分还可以看作是对原始数据的降维和约简,它可以进一步用于其他统计分析过程,如聚类分析、判别分析等。

10.2 因子分析的 SPSS 操作

(1) 在数据编辑窗口中,从菜单栏选择【分析】→【降维】→【因子】,出现如图 10-2-1 所示的【因子分析】窗口。

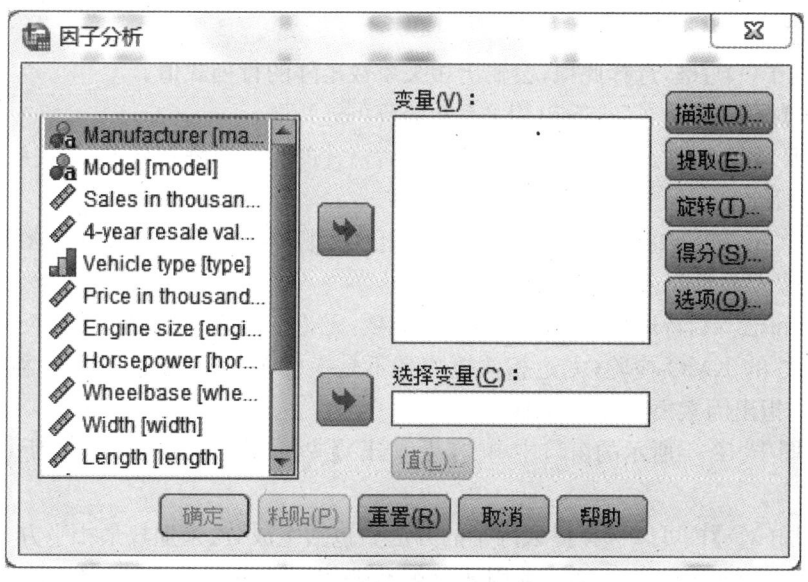

图 10-2-1 【因子分析】主窗口

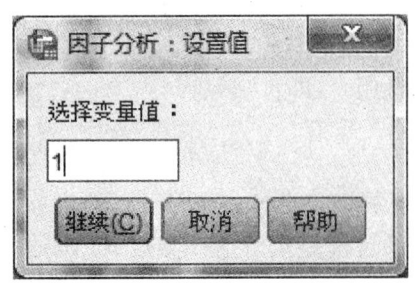

图 10-2-2 【因子分析:设置值】窗口

(2) 把参与因子分析的变量选到【变量(V)】框中。

(3) 选择参与因子分析的样本。把作为条件变量的变量指定到【选择变量(C)】框中,单击【值(L)】按钮输入变量值,只有满足相应条件的样本数据才参与因子分析。例如,在参数框中输入 1,那么在进行因子分析时,则只选择变量的值为 1 的观测样本进行因子分析,设置结束后,单击【继续(C)】按钮确定并返回主窗口。【因子分析:设置值】窗口如图 10-2-2 所示。

(4) 在图 10-2-1 所示的窗口中单击【描述(D)】按钮,打开如图 10-2-3 所示的【因子分析:描述】窗口。

① 【统计】栏指定输出哪些基本统计量。

【单变量描述(U)】框,选择此项,会输出单变量描述性统计量,包括原始变量的有效观测个案数量(N)、均值(Mean)和标准差(Std. Deviation)。

【初始解(I)】框,此项为系统默认选项,选择此项,会输出原始变量的公因子方差,协方差矩阵的对角线上的元素和能解释的方差在总方差中所占的百分比。

② 【相关性矩阵】栏指定考察因子分析条件的方法及输出结果。

【系数(C)】框,选择此项,会输出参与因子分析的变量的相关系数矩阵。

【显著性水平(S)】框,选择此项,会输出在相关矩阵中的相关系数检验的概率 p 值。

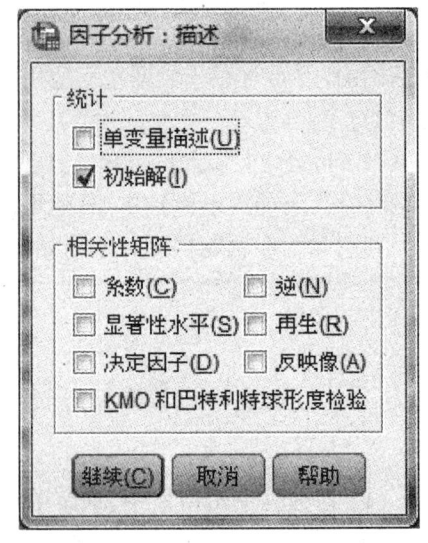

图 10-2-3 【因子分析:描述】窗口

【决定因子(D)】框,选择此项,会输出相关系数矩阵的行列式值。

【逆(N)】框,选择此项,会输出相关系数矩阵的逆矩阵。

【再生(R)】框,选择此项,会输出因子分析后估计的相关矩阵和残差(相关系数的估计值与观测值之间的差)。

【反映像(A)】框,选择此项,会输出反映像相关矩阵,包括偏相关系数的求负,偏方差的负值的反映像方差矩阵。

【KMO 和巴特利特球形度检验】框,选择此项,无论变量之间的偏相关是否很小,都会进行抽样充足性的 KMO 检验;无论相关矩阵是不是一个单位阵,都进行巴特利特球形度检验,该检验能指出因素模型是否合理。

(5) 在图 10-2-1 所示的窗口中单击【提取(E)】按钮,打开如图 10-2-4 所示的【因子分析:提取】窗口。

① 【方法(M)】栏可以选择提取因子的方法。包括主成分、未加权最小平方、广义最小平方、最大似然、主轴因式分解、Alpha 因式分解和映像因式分解等方法。【方法(M)】窗口如图 10-2-5 所示。

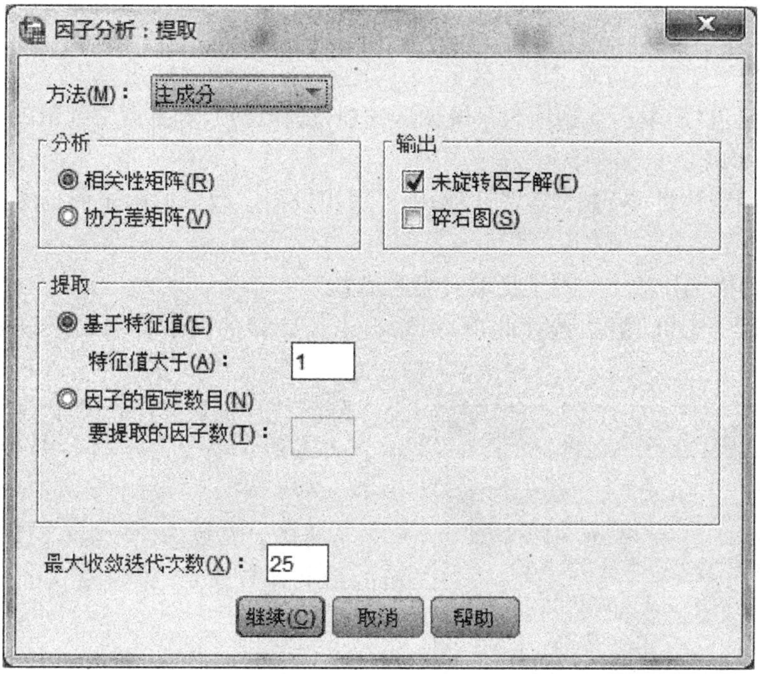

图 10-2-4 【因子分析:提取】窗口

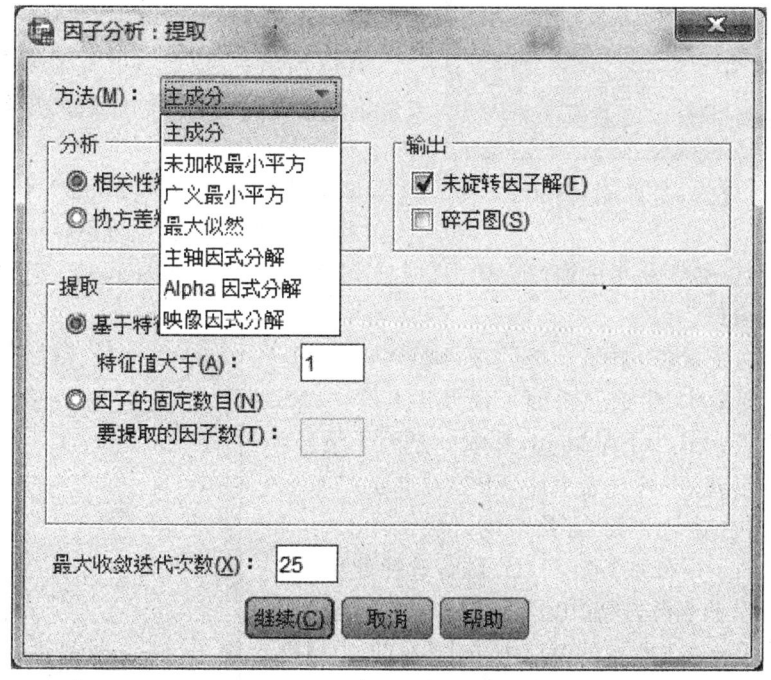

图 10-2-5 【方法(M)】窗口

②【分析】栏指定提取因子的依据。

【相关性矩阵】框,选择此项,则分析相关矩阵来作为提取因子的参考。在原有变量存在数量级的差异时,通常选择该选项。

【协方差矩阵】框,选择此项,则分析方差矩阵来作为提取因子的参考。

③【提取】栏选择如何确定因子数目。

【基于特征值(E)】框,此选项为系统默认选项,选择此项,则提取特征值大于1的因子或特征值大于平均方差的因子。

【因子的固定数目(N)】框,选择此项,则提取用户指定数量的因子而不考虑其特征值的情况。

④【输出】栏选择输出与因子提取有关的信息。

【未旋转因子解(F)】框,选择此项,则输出未经旋转的因子提取结果以及因子解的特征值。

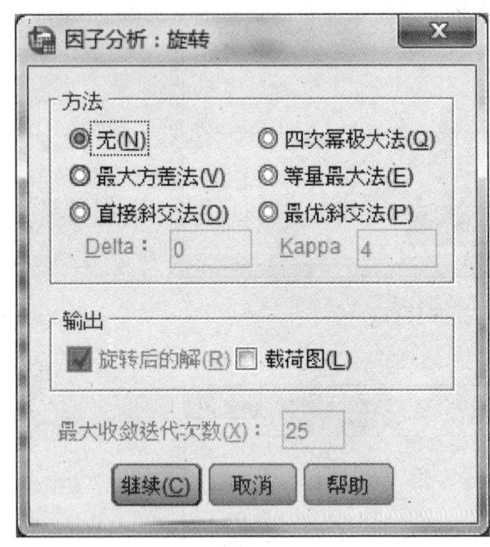

图 10-2-6 【因子分析:旋转】窗口

【碎石图(S)】,选择此项,则输出与每个因子相关的方差的散点图,用于确定应保留多少因子。

⑤【最大收敛迭代次数(X)】栏设置因子分析的最大迭代次数,系统默认的最大迭代次数为25。

(6) 在图 10-2-1 所示的窗口中单击【旋转(T)】按钮,打开如图 10-2-6 所示的【因子分析:旋转】窗口。

①【方法】栏选择因子旋转的方法。

②【输出】栏指定输出与因子旋转相关的信息,包括输出旋转后的因子载荷矩阵和旋转后的因子载荷图。

③【最大收敛性迭代次数(X)】栏设置旋转收敛的最大迭代次数,系统默认值为25。

(7) 在图 10-2-1 所示的窗口中单击【得分(S)】按钮,打开如图 10-2-7 所示的【因子分析:因子得分】窗口。

①【保存为变量(S)】框,选择此项,则将因子得分保存到 SPSS 变量中,生成几个因子便产生几个 SPSS 变量。变量名的形式为 FACn_m,其中 n 是因子编号,以数字序号的形式表示;m 表示是第几次分析的结果。

②【方法】栏指定计算因子得分的方法。

③【显示因子得分系数矩阵(D)】框,选择此项,则输出因子得分系数矩阵,还输出因子得分的方差矩阵。

(8) 在图 10-2-1 所示的窗口中单击【选项(O)】按钮,打开如图 10-2-8 所示的【因子分析:选项】窗口。

①【缺失值】栏指定选择缺失值的处理方法。

【成列排除个案(L)】框,选择此项,则在进行检验时,对于有有缺省值的观测,在任何分析中都排除掉。

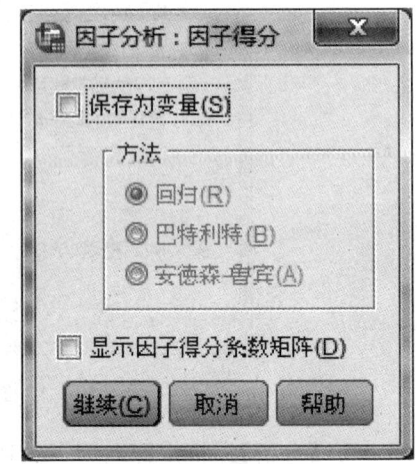

图 10-2-7 【因子分析:因子得分】窗口

该选项为系统默认选项。

【成对排除个案(P)】框,选择此项,则不考虑带有缺省值的观测量。

【替换为平均值(R)】框,选择此项,则将缺省值用变量的均值来代替。

② 【系数显示格式】栏指定因子载荷矩阵的输出方式。

【按大小排序(S)】框,选择此项,则将因子负荷和结构矩阵排序,以便将同一个因素的高负荷的变量排在一起。

【排除小系数(U)】框,选择此项,则只显示绝对值大于某个阈值的负荷系数。

至此,完成了因子分析的全部操作,在图 10-2-1 所示的窗口中单击【确定】按钮,SPSS 将按照用户的指定自动进行因子分析,并将结果显示到输出窗口或将因子得分保存到数据编辑窗口中。

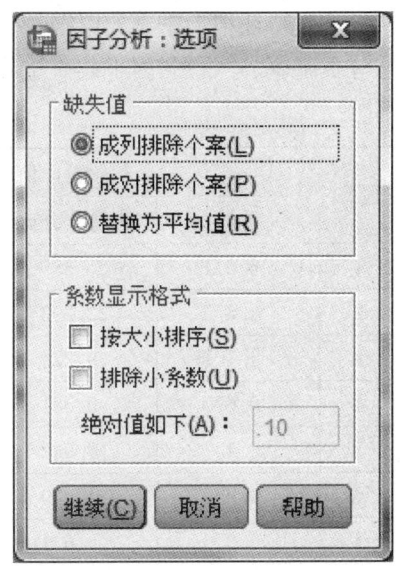

图 10-2-8 【因子分析:选项】窗口

10.3 案例分析

中心城市的综合发展是带动周边地区经济发展的重要动力。在我国经济发展进程中,各个中心城市一直是该地区经济和社会发展的"引路者"。因而,分析评价全国 35 个中心城市的综合发展水平,无论是对城市自身的发展,还是对周边地区的进步,都具有十分重要的意义。下面应用因子分析模型,选取反映城市综合发展水平的 12 个指标作为原始变量,运用 SPSS Statistics 24.0 软件,对全国 35 个中心城市的综合发展水平作分析评价。

1. 原始数据及指标解释

本案例选取了反映城市综合发展水平的 12 个指标,其中包括 8 个社会经济指标,分别为:x_1——非农业人口数(万人);x_2——工业总产值(万元);x_3——货运总量(万吨);x_4——批发零售住宿餐饮业从业人数(万人);x_5——地方政府预算内收入(万元);x_6——城乡居民年底储蓄余额(万元);x_7——在岗职工人数(万人);x_8——在岗职工工资总额(万元)。

4 个城市公共设施水平的指标:x_9——人均居住面积(平方米);x_{10}——每万人拥有公共汽车数(辆);x_{11}——人均拥有铺装道路面积(平方米);x_{12}——人均公共绿地面积(平方米)。

指标的选取参考了《中国城市统计年鉴》中指标的设置。数据来源于《中国城市统计年鉴(2004)》(数据读者可在 http://www.ruc-6sigma.com/ 网下载)。

2. 计算运行结果及分析

将标准化后的数据导入到 SPSS Statistics 24.0 软件中,依次点选【分析(A)】→【降维(D)】→【因子(F)】进入因子分析对话框。将 $x_1 \sim x_{12}$ 这 12 个指标变量选入【变量(V)】中。点击【提取(E)】按钮,在【方法(M)】选项中选择【主成分】,在【输出】栏勾选【碎石图(S)】,点击【继续(C)】按钮,回到主对话框点击【确定】。

按照特征根大于1的原则,选入3个公共因子,其累计方差贡献率为87.1%,特征根及累计贡献率、碎石图、因子载荷矩阵如下。输出结果见表10-3-1、图10-3-1、表10-3-2。

表10-3-1 总方差解释

成分	初始特征值			提取载荷平方和		
	总计	方差百分比	累积	总计	方差百分比	累积
1	6.671	55.589	55.589%	6.671	55.589	55.589%
2	2.675	22.293	77.882%	2.675	22.293	77.882%
3	1.107	9.224	87.105%	1.107	9.224	87.105%
4	0.670	5.581	92.686%			
5	0.437	3.642	96.329%			
6	0.229	1.909	98.238%			
7	0.076	0.631	98.869%			
8	0.073	0.612	99.482%			
9	0.032	0.264	99.746%			
10	0.021	0.179	99.925%			
11	0.007	0.056	99.981%			
12	0.002	0.019	100.000%			

提取方法:主成分分析法。

表10-3-1给出了因子贡献率的结果。该表中左侧部分为初始特征值,右侧为提取主因子结果。其中只有三个因子的特征值大于1,并且前三个因子的特征值之和占总特征值的87.105%,因此,提取前三个因子作为公共因子。

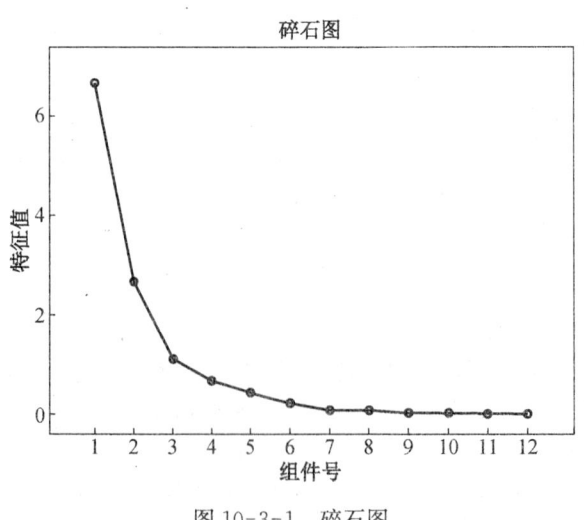

图10-3-1 碎石图

图10-3-1给出了特征值的碎石图,通常该图显示大因子的陡峭斜率和剩余因子平缓的尾部,之间有明显的中断。一般选取公共因子在非常陡峭的斜率上,而处在平缓斜率上的因

子对变异的解释非常小。从该图可以看出前三个因子都处在非常陡峭的斜率上,而从第四个因子开始斜率变平缓,因此选择前三个因子作为公共因子。

表 10-3-2　成分矩阵

	成分				成分		
	1	2	3		1	2	3
x_1	0.878	−0.325	0.143	x_5	0.956	0.062	0.130
x_2	0.854	0.254	0.265	x_6	0.984	−0.032	−0.058
x_3	0.830	−0.210	0.330	x_7	0.933	−0.207	−0.143
x_4	0.789	−0.203	−0.403	x_8	0.971	−0.039	−0.163
x_9	0.059	0.465	0.727	x_{11}	0.243	0.927	−0.052
x_{10}	0.207	0.898	−0.131	x_{12}	0.241	0.698	−0.359

提取方法:主成分分析法。

a. 提取了 3 个成分。

表 10-3-2 给出了未旋转的因子载荷。从该表可以得到利用主成分方法提取的两个公共因子的载荷值。此时得到的未旋转的公共因子的实际意义不好解释,因此,对公共因子进行方差最大化正交旋转。在因子分析对话框中,点击【旋转(T)】按钮,进入旋转对话框,选中【方法】栏的【最大方差法(V)】,进行方差最大化正交旋转。输出结果见表 10-3-3、表 10-3-4。

表 10-3-3　总方差解释(旋转后)

成分	初始特征值			提取载荷平方和			旋转载荷平方和		
	总计	方差百分比	累积 %	总计	方差百分比	累积 %	总计	方差百分比	累积 %
1	6.671	55.589	55.589	6.671	55.589	55.589	6.526	54.381	54.381
2	2.675	22.293	77.882	2.675	22.293	77.882	2.649	22.077	76.458
3	1.107	9.224	87.105	1.107	9.224	87.105	1.278	10.647	87.105
4	0.670	5.581	92.686						
5	0.437	3.642	96.329						
6	0.229	1.909	98.238						
7	0.076	0.631	98.869						
8	0.073	0.612	99.482						
9	0.032	0.264	99.746						
10	0.021	0.179	99.925						
11	0.007	0.056	99.981						
12	0.002	0.019	100.000						

提取方法:主成分分析法。

表 10-3-3 给出了旋转后的公共因子结果，表 10-3-4 给出了旋转后的因子载荷值。通过因子旋转，各个因子有了比较明确的含义。

表 10-3-4 旋转后的成分矩阵[a]

	成分				成分		
	1	2	3		1	2	3
x_1	0.929	-0.183	0.039	x_7	0.947	0.030	-0.191
x_2	0.806	0.309	0.344	x_8	0.952	0.199	-0.155
x_3	0.870	-0.147	0.253	x_9	0.010	0.205	0.840
x_4	0.791	0.091	-0.437	x_{10}	0.034	0.914	0.175
x_5	0.934	0.194	0.155	x_{11}	0.068	0.921	0.259
x_6	0.970	0.174	-0.053	x_{12}	0.092	0.809	-0.106

提取方法：主成分分析法。
旋转方法：凯撒正态化最大方差法。

a. 旋转在 4 次迭代后已收敛。

由上表结果，原变量 x_1 可由各因子表示为：

$$x_1 = 0.929 \times F_1 - 0.183 \times F_2 + 0.039 \times F_3$$

原变量 x_2 可由各因子表示为：

$$x_2 = 0.806 \times F_1 - 0.308 \times F_2 + 0.345 \times F_3$$

其余依次类推。

由表 10-3-4 可以看出，公共因子 F_1 在 x_1（非农业人口数）、x_2（工业总产值）、x_3（货运总量）、x_4（批发零售住宿餐饮业从业人数）、x_5（地方政府预算内收入）、x_6（城乡居民年底储蓄余额）、x_7（在岗职工人数）、x_8（在岗职工工资总额）上的载荷值都很大。x_1，x_7，x_8 是反映城市规模的指标；x_2，x_3 反映城市工业发展规模，x_4 反映城市第三产业的发展规模；x_8 是政府作为国家的管理者和国有资产的所有者而获得的收入，x_6 在一定程度上反映了居民的收入水平，因而，x_5，x_6 在一定程度上反映了城市的国民收入水平，因而 F_1 为反映城市规模及经济发展水平的公共因子，在这个因子上的得分越高，城市经济发展水平越高，城市规模越大；公共因子 F_2 由于在 x_{10}（每万人拥有公共汽车数）、x_{11}（人均拥有铺装道路面积）、x_{12}（人均公共绿地面积）上的载荷较大，是反映城市的基础设施水平的公共因子，在此因子上的得分则反映了一个城市的基础设施水平；公共因子 F_3 仅在 x_9（人均居住面积）上有较大的载荷，是反映城市居民住房条件的公共因子。

为了便于得出结论，在因子分析主对话框中点击【选项(O)】按钮进入选项对话框，在【系数显示格式】栏中选中【按大小排序(S)】，使输出的载荷矩阵中各列按载荷系数大小排列，使在同一个公因子上具有较高载荷的变量排在一起。然后点击【继续(C)】按钮，回到主对话框点击【确定】运行，输出结果见表 10-3-5。

表 10-3-5 旋转后的成分矩阵ª（按大小排序）

	成分				成分		
	1	2	3		1	2	3
x_6	0.970	0.174	−0.053	x_2	0.806	0.309	0.344
x_8	0.952	0.199	−0.155	x_4	0.791	0.091	−0.437
x_7	0.947	0.030	−0.191	x_{11}	0.068	0.921	0.259
x_5	0.934	0.194	0.155	x_{10}	0.034	0.914	0.175
x_1	0.929	−0.183	0.039	x_{12}	0.092	0.809	−0.106
x_3	0.870	−0.147	0.253	x_9	0.010	0.205	0.840

提取方法：主成分分析法。
旋转方法：凯撒正态化最大方差法。

a. 旋转在 4 次迭代后已收敛。

最后计算因子得分，以旋转后各因子的方差贡献率占 3 个因子总方差贡献率的比重作为权重进行加权汇总，得出各城市的综合得分 F，即

$$F = (54.381 \times F_1 + 22.077 \times F_2 + 10.647 \times F_3)/87.105$$

在因子分析主对话框中点击【得分(S)】按钮进入因子得分对话框，选中【保存为变量(S)】，在【方法】栏选中【回归(R)】，计算因子得分。然后点击【继续(C)】按钮，回到主对话框点击【确定】运行，得输出结果并计算综合得分，输出结果见表 10-3-6。

表 10-3-6 各城市的因子得分

城 市	F_1	F_2	F_3	F
北 京	3.374 37	0.489 28	−3.040 15	1.859 077 81
天 津	0.955 13	−0.653 44	0.963 65	0.548 474 96
石家庄	−0.216 24	−0.330 6	0.349 23	−0.176 106 4
太 原	−0.388 36	−0.386 52	−0.250 67	−0.371 063 6
呼和浩特	−0.792 28	−0.193 65	0.258 95	−0.512 061 9
沈 阳	0.007 81	−0.328 34	−0.679 84	−0.161 440 8
长 春	−0.231 53	−0.240 23	−0.650 31	−0.284 923 3
哈尔滨	0.151 19	−0.222 19	−1.587 07	−0.155 914 8
上 海	3.581 38	−0.456 2	2.452 75	2.420 089 86
南 京	−0.004 38	0.854 25	−0.615 98	0.138 485 15
杭 州	0.094 03	−0.305 61	0.358 68	0.025 088 79
合 肥	−0.724 84	0.350 88	−0.009 4	−0.364 746 3
福 州	−0.379 2	−0.135 31	0.326 44	−0.231 133 8

(续表)

城 市	F_1	F_2	F_3	F
南 昌	-0.617 37	-0.217 6	-0.112 94	-0.454 389 8
济 南	-0.203 55	-0.283 92	0.883 37	-0.091 063 8
郑 州	-0.295 25	-0.288 81	0.605 29	-0.183 543 1
武 汉	0.213 51	-0.728 49	0.005 27	-0.050 696
长 沙	-0.439 22	-0.130 93	0.297 92	-0.270 981 1
广 州	1.128 81	1.255 56	-0.577 46	0.952 374 7
南 宁	-0.638 35	-0.024 52	0.172 77	-0.383 628 5
海 口	-0.812 98	-0.376 04	0.969 04	-0.484 416 9
成 都	0.212 64	-0.364 64	0.254 51	0.071 444 65
贵 阳	-0.664 83	0.312 04	-0.961 59	-0.453 513 1
昆 明	-0.389 96	-0.231 11	-0.776 92	-0.396 997 8
西 安	-0.132 92	-0.495 72	-0.922 19	-0.321 346 5
兰 州	-0.611 91	-0.275 55	-0.760 09	-0.544 770 9
西 宁	-0.859 88	-0.299 11	-0.097 39	-0.624 550 8
银 川	-0.892 65	0.206 99	-0.914 78	-0.616 648 2
乌鲁木齐	-0.571 59	-0.114 2	0.736 09	-0.295 823 2
大 连	-0.040 28	-0.124 16	-0.883 3	-0.164 583 5
宁 波	-0.170 49	-0.271 04	0.345 12	-0.132 950 7
厦 门	-0.613 29	0.010 6	0.998 04	-0.258 207 6
青 岛	0.160 3	-0.037 48	-0.152 74	0.071 908 68
深 圳	-0.117 2	5.194 94	1.266 56	1.398 315 84
重 庆	0.929 38	-1.159 16	1.749 14	0.500 234 57

由表 10-3-6 可以看出,在城市经济规模因子 F_1 上得分最高的前五个城市依次是上海、北京、广州、天津和重庆,其中,上海的得分为 3.58,北京的为 3.37,远高于其他城市,说明就城市经济发展规模而言,上海、北京是我国最大的城市,且其规模远高于其他城市。城市规模越小,经济发展相对较慢的城市有西宁和银川。深圳、广州和南京在 F_2 上的得分较高,而重庆、武汉得分较低,说明深圳、广州、南京的城市基础设施在全国是较好的,而重庆等城市的基础设施相对较差,需大力改善。上海、重庆、深圳等城市在 F_3 上的得分比较高,说明居民在居住条件上较别的城市好,北京、哈尔滨等城市则需要进行改善。

将各城市在 3 个因子上的得分进行加权综合,就得到了综合得分。根据综合得分就可综合评价城市的发展水平。综合得分前五名的城市依次是上海、北京、深圳、广州和天津;综合得分较低的5个城市依次是西宁、银川、兰州、呼和浩特和海口。再结合各因子得分进行分析,北京在城市规模及经济发展水平,基础设施建设方面均位于前列,但是在居民住房面积上的得分较低,因此,需在这方面加大改善力度。上海在城市规模及经济发展水平及居民住房上得分最高,在基础设施方面得分不太理想,因此,需加大基础设施方面的改善力度。纵观,综合得分较低的城市在经济发展水平上的得分都较低,因此在发展战略上应该将经济发展放在首位。

10.4 小 结

在研究实际问题时往往希望尽可能多地收集相关变量,以期能对问题有比较全面、完整的把握和认识,但却增加了数据采集和处理的难度。而且,各变量之间可能存在着错综复杂的相关关系,使信息有重叠现象,更增加了问题分析的复杂程度。因子分析是指研究从变量群中提取共性因子的统计技术。因子分析与主成分分析的重要区别在于对综合因子的旋转,使得综合因子的意义更为明显。随着信息技术的迅猛发展和各种统计软件的出现,因子分析得到了巨大的发展。现今,因子分析已成为医学、教育、社会心理学、气象、经济学等领域研究中最常用的统计方法之一。并且随着其广泛地被应用,因子分析理论同时也在不断地丰富和完善。

本章首先阐述了因子分析理论的产生和发展;然后详细解释了因子分析的概念和原理;接着,归纳出因子分析的5个基本步骤,并详细地给出了主成分法寻找公因子的步骤;然后列出了因子分析在SPSS 24.0软件中的基本操作,并给出了相关图示;最后选取了某个具体案例进行实证分析,以此加深对因子分析方法的理解。

思 考 题

1. 简述因子分析的概念。
2. 简述因子分析的基本原理。
3. 因子载荷a_{ij}的统计定义是什么?它在实际问题分析中的作用是什么?
4. 简述因子分析的基本步骤。
5. 试运用SPSS软件对某次学生期末考试成绩进行因子分析,具体数据如表10-5-1所示。

表 10-5-1

序号	制图	计算机	高数	英语	电工	思修
1	66	82	85	76	89.5	70
2	46	80	37	62	76	87
3	65	75	83	84	74.5	80
4	50	66	98	80	74.5	80

(续表)

序号	制图	计算机	高数	英语	电工	思修
5	76	72	68	78	71.5	80
6	69	80	76	81	78.5	80
7	64	87	56	81	82.5	72
8	63	89	63	61	72.5	77
9	60	77	91	70	73	80
10	79	61	91	62	77.5	79
11	87	83	95	77	85	75
12	84	83	75	77	90.5	85
13	85	84	88	70	76	82
14	63	72	66	74	54	77
15	84	84	92	71	75	78
16	91	73	84	72	72.5	72
17	94	88	78	77	75.5	84
18	78	71	82	80	69	60
19	79	85	83	65	87	70
20	80	84	98	83	86.5	81
21	83	84	97	76	76	66
22	78	84	86	82	68.5	84
23	80	62	90	78	79	82
24	60	82	91	73	75	85
25	65	87	82	86	85	88
26	79	84	81	74	83	78
27	72	81	88	79	82	80
28	73	87	88	81	66	75
29	79	87	80	71	76	80
30	89	77	96	82	87	80

6. 简述因子分析与主成分分析的区别。

参 考 文 献

［1］ 薛薇.SPSS统计分析方法及应用[M].北京:电子工业出版社,2013.
［2］ 时立文.SPSS 19.0统计分析从入门到精通[M].北京:清华大学出版社,2015.

[3] 杜强.SPSS统计分析从入门到精通[M].北京:人民邮电出版社,2011.
[4] 何晓群.应用多元统计分析[M].北京:中国统计出版社,2015.
[5] 何晓群.多元统计分析.4版[M].北京:中国人民大学出版社,2015.
[6] 陈胜可.SPSS统计分析从入门到精通[M].北京:清华大学出版社,2015.
[7] 卢纹岱.SPSS统计分析[M].北京:电子工业出版社,2015.

第 11 章

聚 类 分 析

聚类是按照事物的某些属性,将数据对象分类,即与"物以类聚"相似。聚类分析将个体或对象分类,使同一类中对象之间的相似性比其他类的对象的相似性更强。其目的在于使类间对象的同质性最大化,而类与类间对象的异质性最大化。在商业活动中,聚类分析用来对客户群体进行分类,并刻画各群体的特征。同时,聚类分析是细分市场的有效工具,可用于研究消费者行为和寻找潜在市场。

本章将介绍常见聚类方法的基本原理,让读者了解适合用聚类分析解决的问题,区分不同的聚类方法及其相关应用,掌握系统聚类和 K-means 聚类分析方法的 SPSS Statistics 24.0 具体操作步骤,并能够对分析结果进行解释,从而能够灵活运用聚类分析方法进行实际数据分析。

11.1 聚类分析概述

11.1.1 聚类分析简介

聚类分析是根据研究对象的特征,对研究对象进行分类。其基本思想是认为所研究的个案或变量之间存在着不同程度的相似性(亲疏关系)。先找出一些能够度量个案或变量之间相似程度的统计量,以此为划分类别的依据。然后把一些彼此之间相似程度较大的聚合为一类,把另外一些彼此之间相似程度较大的聚合为另一类。关系密切的聚合到一个相对较小的分类单位,关系疏远的聚合到一个相对较大的分类单位,直到把所有的都聚合完毕,把不同类型——划分出来,形成由小到大的分类系统。最后再把整个分类系统化成一张谱系图,用它把所有个案(或变量)间的亲疏关系表示出来。值得注意的是,聚类分析既可以当作一个独立的数据分析工具,也可以与其他方法如因子分析、判别分析、主成分分析等联合起来使用往往会取得较好的效果。

在商务经济领域中存在着大量的聚类问题,如对我国所有省、直辖市、自治区独立核算工业企业经济效益进行分析,一般不是逐个省市自治区去分析,而较好的做法是选取能反映企业经济效益的代表性指标,如资金利税率、产值利税率、全员劳动生产率等。根据这些指标对各个省、直害市、自治区进行分类,然后根据分类结果对企业经济效益进行综合评价,就易得出科学的分析。又如,商城希望对客户进行特征分析,其可从客户分类入手,根据客户的年龄、职业、收入、消费金额、消费频率、喜好等方面收集数据并进行聚类分析,从而得到客户分组。此外,聚类技术还应用于医疗病患数据分析、图像分割、生物基因特征分类、地貌特征分类以及天文研究等。因此,聚类分析已越来越受到人们的重视。

在聚类分析中,根据分析对象的不同,可将聚类分析分为样品聚类和变量聚类。

(1) 在实际中,应用较多的是样品聚类分析。样品聚类又称为 Q 型聚类,它是对个案进行聚类,使具有相似特征的个案聚集在一起,使差异性大的个案分离开来。也即对样本单位的观测量进行分类,以被观测对象的各种特征的各变量值为分类依据。

(2) 变量聚类又称为 R 型聚类,它是对变量进行聚类,使具有相似性的变量聚集在一起,可在相似变量中选择少数具有代表性的变量参与其他分析,达到变量降维的目的。例如,在回归分析中由于自变量的共线性导致偏回归系数不能真正反映自变量对因变量的影响等。因此往往先要进行变量聚类,找出彼此独立且有代表性的自变量,而又不丢失大部分信息。

11.1.2 数据结构及数据标准化

1. 数据结构

1) 数据矩阵

数据矩阵的实质是对象-变量结构,它是由 n 个对象组成,每个对象用 $X_i(i=1,2,\cdots,n)$ 来表示,而每个对象有 m 个属性,第 i 个对象的第 j 个属性的观测值用 $x_{ij}(j=1,2,\cdots,m)$ 表示,数据矩阵采用 $n \times m$ 矩阵来表示:

$$\begin{bmatrix} x_{11} & x_{12} & \cdots & x_{1m} \\ x_{21} & x_{22} & \cdots & x_{2m} \\ \vdots & \vdots & \vdots & \vdots \\ x_{n1} & x_{n2} & \cdots & x_{nm} \end{bmatrix}$$

2) 相异度矩阵

相异度矩阵的实质是对象-对象结构,储存所有 n 个对象彼此之间的相似性,样本 x_i 和样本 x_j 之间的相似性用 $d(x_i,x_j)$ 表示,则 n 个对象的相似性可以用一个 $n \times n$ 矩阵表示:

$$\begin{bmatrix} 0 & & & \\ d(2,1) & 0 & & \\ \vdots & \vdots & & \\ d(n,1) & d(n,2) & \cdots & 0 \end{bmatrix}$$

其中,$d(i,j)$ 表示对象 i 和对象 j 之间的差异度,通常 $d(i,j)$ 为一个非负数;当对象 i 和对象 j 非常相似或彼此接近时,该数值接近 0;该数值越大,就表示对象 i 和对象 j 越不相似。并且 $d(i,j) = d(j,i)$,$d(i,i) = 0$。

2. 数据的标准化

由于变量表示样本的各种性质,往往使用不同的度量单位,其观察值也可能相差比较大。这样,绝对值大的变量可能会湮没绝对值小的变量,使后者应有的作用得不到反映。为了确保各变量在聚类中的地位相同,可以对数据进行标准化变换,常用的有三种变换方法:

1) 标准差标准化

记第 j 个属性的均值为：

$$\bar{x}_j = \frac{1}{n}\sum_{i=1}^{n} x_{ij} \tag{11.1}$$

记第 j 个属性的标准差为：

$$S_j = \sqrt{\frac{1}{n-1}\sum_{i=1}^{n}(x_{ij}-\bar{x})^2} \tag{11.2}$$

以下表示对第 j 个属性 n 个样本进行标准差标准化：

$$X'_{ij} = \frac{x_{ij}-\bar{x}_j}{S_j} \quad i=1,2,\cdots,n \tag{11.3}$$

经变换后每一列变量的均值为 0，标准差为 1 且与变量的量纲无关。

2) 极差标准化

对第 j 个属性 n 个样本进行极差标准化：

$$X'_{ij} = \frac{x_{ij}-\bar{x}_j}{R_j} \quad i=1,2,\cdots,n \tag{11.4}$$

$$R_j = \max_{1\leqslant i\leqslant n}(X_{ij}) - \min_{1\leqslant i\leqslant n}(X_{ij}) \tag{11.5}$$

式(11.5)中，R_j 表示第 j 个属性的极差，经变换后各变量的均值为 0，极差均为 1。

11.1.3 相似性度量

聚类分析是根据事物的相似程度进行分类，因此，先必须定义一个度量相似程度的指标。目前，主要用距离和相似系数作为相似程度的度量。

在选择相似性度量时，需要考虑的问题包括属性值的性质（离散型、连续型、二值型）、测量值的尺度（定类尺度、定序尺度、定距尺度、定比尺度），以及与研究问题相关的知识，通常会掺入相当大的主观性。在对样品进行聚类时，其相似性通常用距离度量来表示；在对变量进行聚类时，通常用相关系数或其他类似的相似性度量。

1. 距离

1) 满足条件

设 d_{ij} 表示第 i 个与第 j 个样品之间的距离，则 d_{ij} 一般满足下面 4 条公理：

(1) $\forall i,j, d_{ij} \geqslant 0$；

(2) $\forall i, d_{ii} = 0$；

(3) $\forall i,j,k, d_{ij} \leqslant d_{ik}+d_{kj}$；

(4) $\forall i,j, d_{ij} = d_{ji}$。

2) 常见距离

用 x_{ij} 表示第 i 个样品的第 j 个指标，用 d_{ij} 表示第 i 个样品与第 j 个样品之间的距离。当各指标的测量值相差悬殊时，先对数据标准化，然后，用标准化后的数据计算距离。最常见的距离有以下几种：

(1) 绝对值距离

$$d_{ij} = \sum_{k=1}^{p} |X_{ik} - X_{jk}| \tag{11.6}$$

(2) 欧式距离

$$d_{ij} = \sqrt{\sum_{k=1}^{p} (X_{ik} - X_{jk})^2} \tag{11.7}$$

(3) 明考斯基距离

$$d_{ij} = \left(\sum_{k=1}^{p} |X_{ik} - X_{jk}|^q\right)^{\frac{1}{q}} \tag{11.8}$$

(4) 马氏距离

该距离对指标的相关性作了考虑且不受指标测量单位的影响。

$$d_{ij} = (X_i - X_j)' \sum\nolimits^{-1} (X_i - X_j) \tag{11.9}$$

(5) 兰氏距离

当 $X_{ij} > 0, i = 1, 2, \cdots, n; j = 1, 2, \cdots, p$ 时,可采用兰氏距离。

$$d_{ij} = \frac{1}{p} \sum_{k=1}^{p} \frac{|X_{ik} - X_{jk}|}{X_{ik} + X_{jk}} \tag{11.10}$$

2. 相似系数

设 C_{ij} 表示第 i 个与第 j 个指标之间的相似系数,则 C_{ij} 一般应满足下面 3 条公理:

(1) $|C_{ij}| \leq 1, \forall_i, j$;
(2) $|C_{ij}| = 1, \forall_i = j$;
(3) $C_{ij} = C_{ji}, \forall_i, j$。

$|C_{ij}|$ 越接近于 1,说明第 i 个与第 j 个指标关系系数越密切。换而言之,性质越接近的指标,它们的相似系数越接近于 1。彼此无关的指标的相似系数越接近于 0。完全相反的指标相似系数为 -1,把比较相似的指标归为一类,相似程度小的指标属于不同的类,常用的相似系数(按指标)有如下几个。

1) 夹角余旋

$$C_{ij} = \frac{\sum_{k=1}^{n} X_{ki} X_{kj}}{\sqrt{\sum_{k=1}^{n} X_{ki}^2} \sqrt{\sum_{k=1}^{n} X_{kj}^2}} \tag{11.11}$$

2) 相关系数

$$C_{ij} = \frac{\sum_{k=1}^{n} (X_{ki} - \bar{X}_i)(X_{kj} - \bar{X}_j)}{\sqrt{\sum_{k=1}^{n} (X_{ki} - \bar{X}_i)^2} \sqrt{\sum_{k=1}^{n} (X_{kj} - \bar{X}_j)^2}} \tag{11.12}$$

11.2 系统聚类

11.2.1 系统聚类基本思想

系统聚类的基本思想是:设有 n 个样品,认为它们各自为一类,并对样品之间的距离和类与类之间的距离做出规定。先计算样品之间的距离,开始因每个样品自成一类,类与类之间的距离就是样品之间的距离,将距离最小的类并为一类。然后再计算并类后的新类与其他类的距离,接着将距离最小的两类合并为一新类。这样每次减少一类,直到将 n 个样品合并为一类为止。最后将上述并类过程画成一张聚类图,按一定原则决定分为几类,对变量分类用类似的方法进行。

11.2.2 系统聚类常用方法

系统聚类法在进行聚类的过程中,需要计算类与类之间的距离。根据类与类之间的距离计算方法的不同,我们可以将系统聚类法分为最短距离法、最长距离法、平均连接法、组平均连接法与离差平方和法等。

1. 最短距离法

最短距离法又称单连接法。该方法先将距离最近的样本归入一类,即合并的前两个样本是它们之间有最小距离和最大相似性。然后计算新类和单个样本间的距离作为单个样本和类中的样本间的最小距离,尚未合并的样本间的距离并未改变。在每一步中,两类之间的距离是它们两个最近点间的距离。

用 d_{ij} 表示样本 i 和样本 j 的距离,$G_1,G_2\cdots$ 表示类,最短距离法定义类 G_p 与类 G_q 之间的距离为两类最近样本间的距离,记作 D_{pq}。则有下式:

$$D_{pq} = \min_{i \in G_p, j \in G_q}\{d_{ij}\} \tag{11.13}$$

由于最短距离法每次并类后都是将该类与其他类中距离最近的两个样本之间的距离作为该类与其他类的距离,所以此聚类方法的逐次并类距离之间的差距一般来说可能会越来越小。因此,该方法具有距离收缩的性质。

但是最短距离法认为,只要单个样本之间的相异度小,就认为两个组就是紧密靠拢的,而不管组间其他样本的相异度如何,这倾向于合并由一系列本身位置(原始数据集中样本的排列)靠近的样本。这种现象称为"链条"(chaining),常常被认为是该方法的不足之处。故最短距离法产生的聚类可能破坏类的"紧凑性"。

2. 最长距离法

最长距离法又称完全连接法。该方法对距离的定义刚好与最短距离法相反,它是按两个最远样本间的距离进行类的归并,即两类之间的距离被计算作为它们的两个最远点间的距离,则有下式:

$$D_{pq} = \max_{i \in G_p, j \in G_q}\{d_{ij}\} \tag{11.14}$$

该方法与最短距离法的并类步骤完全一样,也是将各样本先看作自成一类,然后将距离最小的两类合并。设某一步将类 G_p 与 G_q 合并为 G_r,与其他任意一类 G_k 的距离为:

$$D_{rk} = \max_{i \in G_r, j \in G_k} \{d_{ij}\} = \max\{\max_{i \in G_p, j \in G_k} d_{ij}, \max_{i \in G_q, j \in G_k} d_{ij}\} = \max\{D_{pk}, D_{qk}\} \quad (11.15)$$

然后再找距离最小的两类合并,直至将所有的样本合并为一类。

最长距离法由于每次并类后都是将该类与其他类中距离最远的两个样本之间的距离作为该类与其他类的距离,所以此聚类方法的逐次并类距离之间的差距一般来说可能会越来越大。因此,该方法具有并类距离扩张的性质。

对于最长距离法,只有当两个组的并集中所有的样本都相对近似时才被认为是靠近的。这将倾向于产生具有小直径的紧凑类。然而,它可能产生违背"闭合性"(closeness)的类。也就是说,分配到某个类的样本距其他类成员的距离可能比距离本类中的某些成员的距离更短。

3. 平均连接法

平均连接法在定义类与类之间的距离时,既不采用两类之间的最近距离,也不采用最远距离,而是采用介于两者之间的中间距离,故该方法也称为中间距离法。它避免了最远距离与最短距离计算上的弊端。

设某步将 G_p 与 G_q 合并为 G_r,G_r 与任意一类 G_k 的距离可以如图 11-2-1 所示。

以 D_{kp}, D_{kq}, D_{pq} 为边做三角形,
若按最短距离法,则 $D_{rk} = \min\{D_{kp}, D_{kq}\}$。
若按最长距离法,则 $D_{rk} = \max\{D_{kp}, D_{kq}\}$。
而中间距离法则是取其中线,将此中线作为两类之间的距离 D_{kr}。由初等几何知识可知

$$D_{kr}^2 = \frac{1}{2}D_{kp}^2 + \frac{1}{2}D_{kq}^2 - \frac{1}{4}D_{pq}^2 \quad (11.16)$$

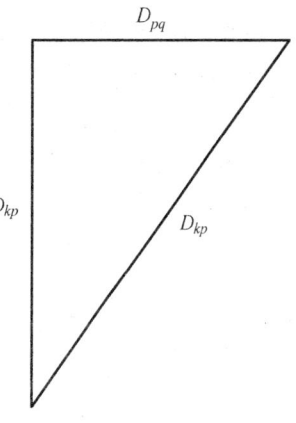

图 11-2-1 最短距离法、最长距离法与平均连接法的几何距离示意图

4. 组平均连接法

组平均连接法采用的距离定义为两类之间的平均平方距离,如以下公式所示:

$$D_{pq}^2 = \frac{1}{n_p n_q} \sum_{i \in G_p} \sum_{j \in G_q} d_{ij}^2 \quad (11.17)$$

递推公式为:

$$D_{kr}^2 = \frac{n_p}{n_r}D_{kp}^2 + \frac{n_q}{n_r}D_{kq}^2 \quad (11.18)$$

5. 离差平方和法

离差平方和的思想来自方差分析,是由 Ward 于 1936 年提出,1967 年经 Orloci 等人发展建立起来的一种系统聚类方法。该方法认为,如果分类正确,同类样本的离差平方和应当较小,类与类的离差平方和应当较大。具体做法是先将 n 个样本看成一类,然后每次缩小一类,即将其中两类合并成一类。每缩小一类,离差平方和就会增大,选择使离差平方和增加最小的两类合并,直到所有的样本归为一类。

假定已经将 n 个样本分成了 k 类 $G_1, G_2, \cdots, G_k$，用 X_{it} 表示 G_t 中的第 i 个样本的变量指标值向量，n_t 表示类 G_t 中样本的个数，$\bar{X}_t$ 表示 G_t 的重心，则 G_t 中样本的离差平方和公式为：

$$S_t = \sum_{i=1}^{n_t} (X_{it} - \bar{X}_t)'(X_{it} - \bar{X}_t) \tag{11.19}$$

全部类内离差平方和公式为：

$$S = \sum_{t=1}^{k} S_t = \sum_{t=1}^{k} \sum_{i=1}^{n} (X_{it} - \bar{X}_t)'(X_{it} - \bar{X}_t) \tag{11.20}$$

采用离差平方和法，样本间的距离必须采用欧氏距离。在实际应用中，离差平方和分类效果较好，应用也比较广泛。

11.2.3 系统聚类分析步骤

一般来讲，系统聚类分析过程可以分为几个步骤。

(1) 对数据变换处理，分析所需要研究的问题，确定聚类分析所需要的多元变量。在聚类分析过程中，需要对各个原始数据进行一些相互比较运算，而各个原始数据往往由于计量单位不同而影响这种比较和运算。因此，需要对原始数据进行必要的变换处理，以消除不同计量单位对数据值大小的影响。

(2) 计算聚类统计量。聚类统计量是根据变换以后的数据计算得到的一个新数据。它用于表明各样品或变量间的关系密切程度。而常用的统计量就是第三章介绍的距离和相似系数两大类。

(3) 选择对样品聚类还是对指标聚类，选择合适的聚类方法。根据聚类统计量，运用一定的聚类方法，将关系密切的样品或变量聚为一类，将关系不密切的样品或变量加以区分。选择聚类方法是聚类分析最重要的一步。

(4) 选择所需的输出结果。而程序可如图 11-2-2 所示。

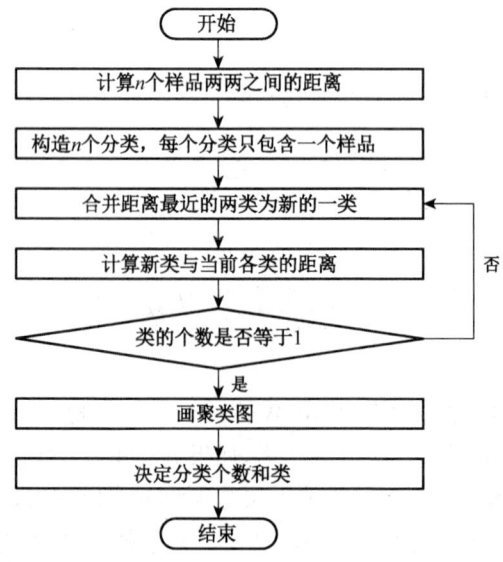

图 11-2-2 系统聚类逻辑框图

11.3 K-means 聚类

11.3.1 K-means 聚类基本思想

K-means 算法是经典的基于划分的聚类算法,在 1967 年由 MacQueen 提出并详细描述。K-means 算法已经被国内外学者研究多年,并且在商业、工业、科学、人工智能、统计学等很多领域广泛应用,如用于商业银行客户信息细分、微博热点词汇挖掘、图形分割等。K-means 算法是基于距离的聚类算法,具有算法思想简单、收敛速度快、对大规模数据集的处理效率高、对凸形或球形分布的数据集聚类效果好等特点。

经典 K-means 算法的基本思想是:首先,给定一个需要进行聚类分析统计的数据集 S,假设有 n 个数据对象,输入一个参数 k 的值;其次,从数据集 S 中随机选择 k 个样本对象作为初始聚类中心,将集合中剩余数据对象按照某种相似性度量规则(一般用欧氏距离)划分到离其最近的中心点代表的集合,形成 k 个类簇;然后,重新计算形成的每个簇的中心,根据新的中心重新划分其他数据对象;最后,不断迭代以上过程,每次迭代重新调整数据对象的划分,当邻近两次聚类的划分过程中所有样本都不再调整类别或者聚类目标函数达到了收敛的条件时,则说明所有数据对象都已经被正确划分了,此时聚类过程结束。

11.3.2 算法分析过程

假设 $X = \{x_1, x_2, \cdots, x_n\} \in R^d$ 是待聚类数据集,$X_j \in \{x_{j1}, x_{j2}, \cdots, x_{jd}\}$,$1 \leqslant j \leqslant n$,K-means 算法就是找出含有 k 个聚类中心的集合 $C = \{c_1, c_2, \cdots, c_k\}$,且最小化目标函数为:

$$J(X, C) = \sum_{i=1}^{k} \sum_{x_j \in S_i} d(x_j, c_i) \tag{11.21}$$

其中,S_i 表示第 i 个类别中样本的集合,c_i 是 S_i 内所有样本 x_j 的聚类中心点,$d(x_j, c_i)$ 表示样本数据 x_j 与聚类中心 c_i 之间的欧氏距离,计算公式为:

$$d(x_j, c_i) = ||x_j - c_i||_2 = \sqrt{(\sum_{l=1}^{d} |x_{jl} - c_{il}|^2)} \tag{11.22}$$

其中,$c_i = \frac{1}{n_i} \sum_{x_j \in c_i} x_j (i = 1, 2, \cdots, k)$,表示第 i 个类的中心位置。

算法描述如下。

(1) 选取分类数目与初始聚类中心,选取合适分类数目 k,则初始聚类中心是:$c_1^{(l)}$,$c_2^{(l)}$,$\cdots$,$c_i^{(l)}$,其中 $c_i^{(l)}$ 表示第 l 次迭代中第 i 个聚类中心。

(2) 选取合适的距离准则,计算每个样本到各聚类中心的距离,然后将各样本划分到距离最近的中心所处的类别中。

(3) 为每个类中的所有样本取均值,将得到的均值重新作为 k 个聚类的中心。

(4) 与上次计算得到 k 个聚类中心比较,若聚类中心发生变化,转到步骤(2)继续执行,否则执行下一步。

(5) 当质心不变时,停止执行并输出结果。

K-means 聚类算法的逻辑框图,如图 11-3-1 所示。

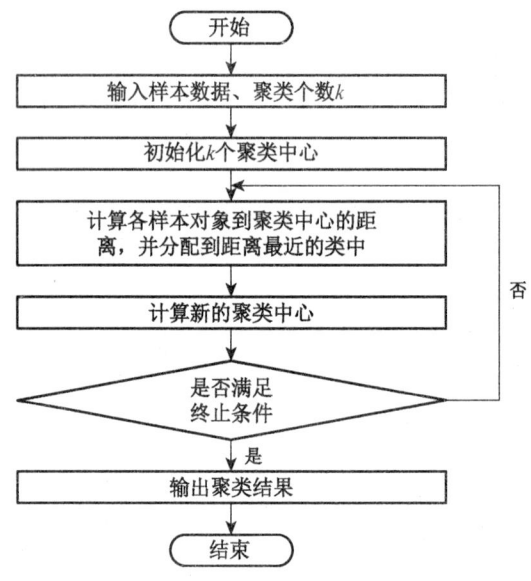

图 11-3-1　K-means 聚类逻辑框图

11.3.3　K-means 算法优缺点分析

K-means 算法应用广泛,算法的思想简单容易理解,并且 K-means 算法是较容易实现操作的一种聚类算法。K-means 算法有不少优点,但也有不少局限性。

1. K-means 聚类算法优点

(1) 算法思想简单、收敛速度快。

(2) 在对大规模数据集进行聚类分析时,算法聚类较高效且聚类效果较好。

(3) 当数据集的结构分布是球形或类球形或者其他凸形的结构时,K-means 算法能高效的发现类簇结构。

(4) 算法对数值型数据的聚类效果好,聚类结果也与数据的输入顺序无关。

2. K-means 算法的局限性

(1) K-means 算法的聚类结果对初始聚类中心的选择依赖性强。由于 K-means 是随机选取 k 个对象作为初始聚类中心,所以聚类评价指标往往容易收敛于局部最优;当选取到的 k 个对象不适合作为中心点时,不仅会增加聚类的迭代次数,增加聚类的时间复杂性,甚至有可能造成错误的聚类结果。

(2) K-means 算法中 k 是事先给定的。K-means 算法在进行聚类前,需要人为的确定聚类个数 k,k 值的大小直接影响聚类的个数,因此选择合适的聚类个数是非常重要的。

(3) 处理的数据类型有限,对于高维数据对象的聚类效果不佳。采用欧氏距离作为相似性度量的聚类算法,通常只能发现数据对象分布较均匀的球形或类球形的簇结构。

11.4 聚类分析的 SPSS 操作

11.4.1 系统聚类法操作步骤

（1）在数据编辑窗口中，从菜单栏选择【分析】→【分类】→【系统聚类】，出现如图 11-4-1 所示的【系统聚类分析】窗口。

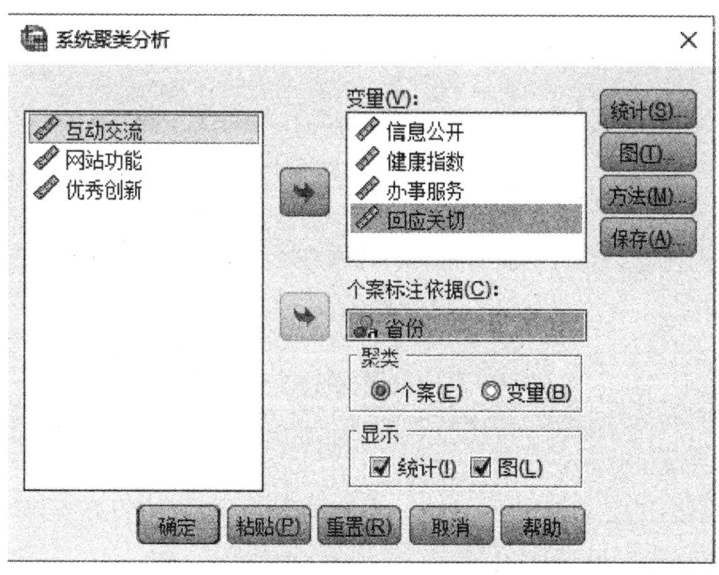

图 11-4-1 【系统聚类分析】窗口

（2）把参与系统聚类的变量选到【变量(V)】框中，把作为标签变量的变量选到【个案标注依据(C)】框中。其中【变量(V)】框用来列出参与聚类分析的变量，【个案标注依据(C)】框是用来标志各观测值的所属类的变量。

（3）点击【统计(S)】按钮，打开如图 11-4-2 所示的【系统聚类分析：统计】窗口。

① 【集中计划(A)】框表示在输出结果窗口中列出系统聚类过程中每一步被合并的类间距离，以及最终的类水平。【近似值矩阵(P)】框表示在输出结构中给出项与项之间的距离矩阵。这种矩阵依赖于所选的距离度量方法。当样品量很大时，该选项产生的输出量将会很大。

② 【聚类成员】栏表示要求在输出结果中给出成员状态。

在【聚类成员】栏中，【无】选项表示不列出聚类过程中类成员的状态表，为系统默认选项。【单个解(S)】选项表示对一定的聚类数 a 列出聚成 a 类时各聚类成员的状态，为单一解。

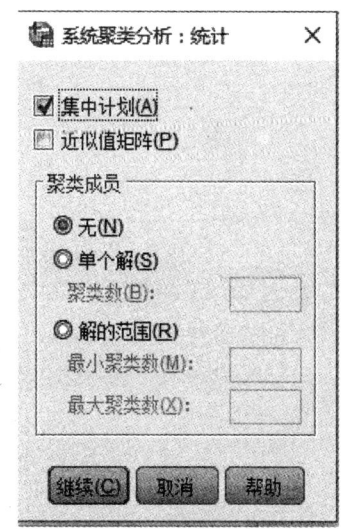

图 11-4-2 【系统聚类分析：统计】窗口

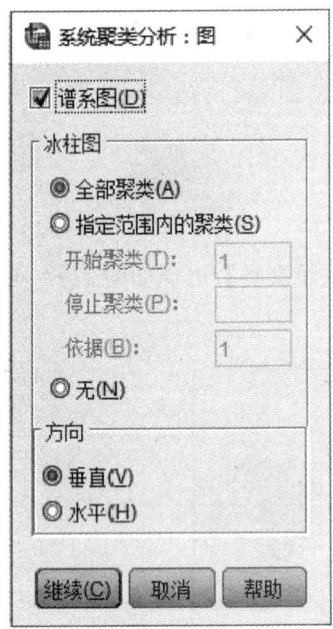

图 11-4-3 【系统聚类分析：图】窗口

可在下方的【聚类数(B)】框中输入一个大于1的数作为自定义聚类数。【解的范围(R)】选项表示根据实际要求列出所选定的一定范围内的聚类数所对应的聚类结果。下方的【最小聚类数(M)】框中输入一个大于1的整数 a，在【最大聚类数(X)】框中同样输入一个大于1的整数 b，其中 b 大于 a，这样就会输出当分成 $a-b$ 类时各样本的所属类，是多个解。

(4) 点击【图(I)】按钮,打开如图 11-4-3 所示的【系统聚类分析：图】窗口。

① 【谱系图(D)】框表示输入谱系图,该图画出聚类过程每一步是哪两类被合并以及这一步的并类距离,通过垂直线连在一起的两条直线来表示合并的类。

② 【冰柱图】栏提供了系统聚类分析的并类信息,包括整个聚类过程以及选定类数范围内的部分。其中,【全部聚类(A)】框用来列出冰柱图中聚类过程的每一步信息。【指定范围内的距离(S)】框选定后冰柱图只包含选定聚类范围内的部分。在【开始聚类(T)】框中输入开始的步数,在【停止聚类(P)】框中输入结束的步数,在【依据(B)】框中输入中间间隔的步数。【无(N)】框选定后表示不输出冰柱图。

③ 【方向】框提供了画图方向的两个选择项。其中,【垂直(V)】框表示显示纵向冰柱图,【水平(H)】框表示显示横向冰柱图。

(5) 点击【方法(M)】,打开如图 11-4-4 所示的【系统聚类分析：方法】窗口。

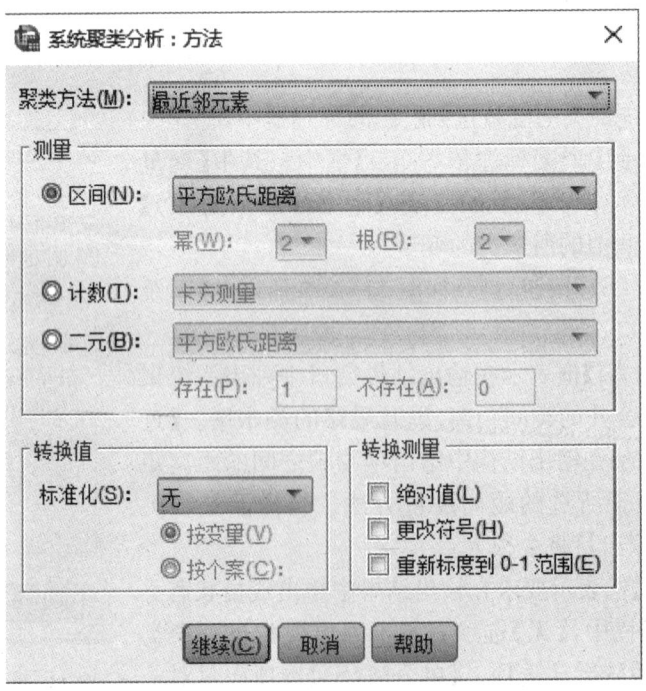

图 11-4-4 【系统聚类分析：方法】窗口

① 在【聚类方法(M)】框的下拉列表中给出了7种方法,如图11-4-5所示。

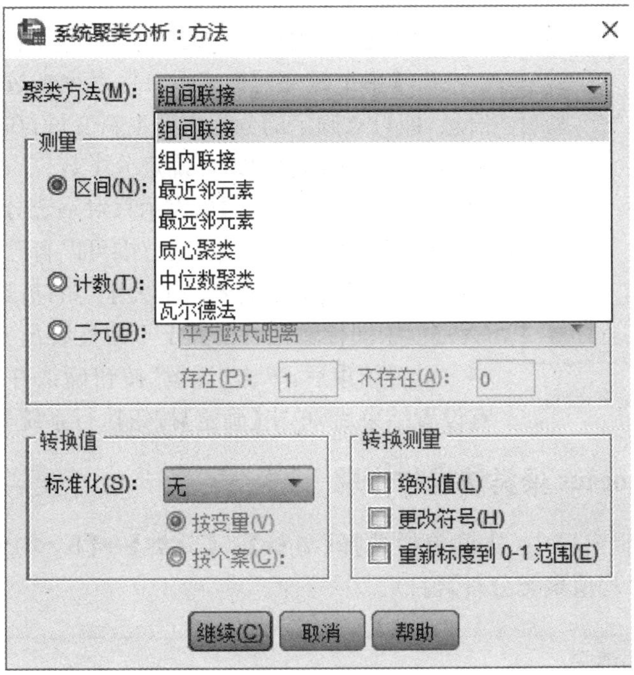

图 11-4-5 【聚类方法(M)】框

【组间联接】框能够使合并两类之后,不同类的样品两两之间的平均距离达到最小。【组内联接】框能够使合并后的类中的所有样品之间的平均距离达到最小。【最近邻元素】框以两个类中最临近的两个样品的距离作为类间距离进行聚类。【最远邻元素】框以两个类中最远的两个样品的距离作为类间距离进行聚类分析。【质心聚类】框以两个类的重心之间的距离作为类与类之间的距离进行聚类分析。【中位数聚类】框以两类变量均值之间的距离作为类与类之间的距离。【瓦尔德法】框使离差平和增加最小的两类合并,直到所有的样品归为一类为止。

② 确定距离变量的类型并设置计算方法。

【区间(N)】框据提供了8种距离选项:欧式距离、平方欧式距离、夹角余旋、皮尔逊相关性度量、切比雪夫距离、绝对距离、明考斯基距离以及自定义距离。【计数(I)】框用于确定当数据为离散数据时对不相似性进行度量的方法。【二元(B)】框可以确定当数据为二值特征的数据时距离和不相似性的度量方法。

【转换值】框中对应的【标准化(S)】选项列出了对所考察数据进行标准化的方法,并决定处理是针对样本还是针对变量。【按变量(V)】框表示针对变量,适合于 Q 型聚类分析。【按个案(C)】表示针对样本,适合于 R 型聚类分析。

【转换测量】框用于选择将所得到的距离进行转换的方法。其中,【绝对值(L)】框指取距离的绝对值。【更改符号(H)】框用于实现相似性和不相似性之间的转换,可以选择此项来交换距离大小的排序。【重新标度到0～1范围(E)】框用于将距离差按比例缩放到0～1之间的范围。

(6) 点击【保存(A)】按钮,打开如图11-4-6所示的【系统聚类分析:保存】窗口。

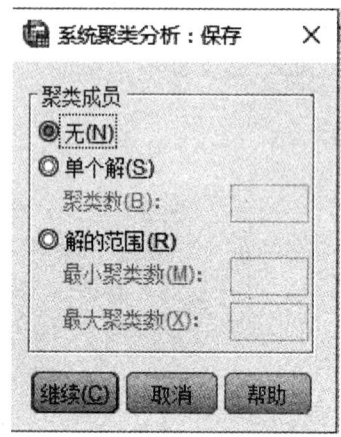

图 11-4-6 【系统聚类分析：保存】窗口

在图 11-4-6 所示的窗口中，【聚类成员】栏包含以下设置。

①【无(N)】框表示不产生新变量来保存分类结果信息。

②【单个解(S)】框表示只保存聚类过程中某一步的结果信息，即只对确定的分类数产生新变量，在下面的参数框中输入一个大于 1 的整数即可确定分类数。

③【解的范围(R)】框表示只对一定分类数范围内生成新变量保存结果信息。分类数范围可以自己选定，在下方的【最小聚类数(M)】框中输入一个大于 1 的整数 a，在【最大聚类数(X)】框中同样输入一个大于 1 的整数 b，其中 b 大于 a。

设置结束后，单击"继续"按钮确认并返回主对话框。所有设置结束后，单击【确定】按钮执行系统聚类分析。

11.4.2 K-means 聚类法操作步骤

(1) 在数据编辑窗口中，从菜单栏选择【分析】→【分类】→【K-均值聚类】，出现如图 11-4-7 所示的【K-均值聚类分析】窗口。

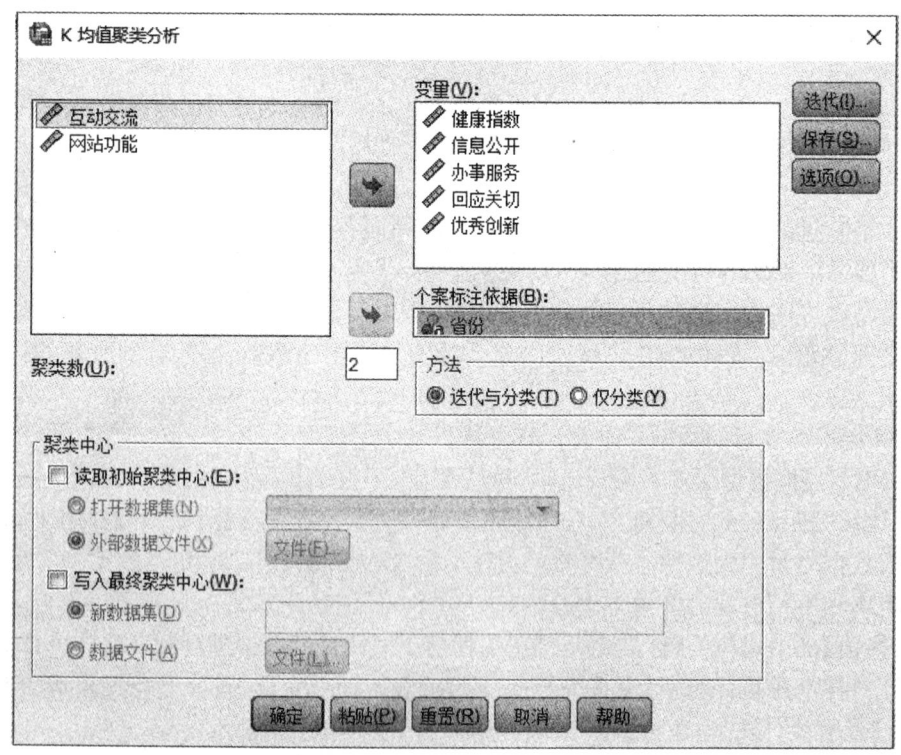

图 11-4-7 【K-均值聚类分析】主窗口

(2) 把参与 K-均值聚类的变量选到【变量(V)】框中，把作为标签变量的变量选到【个案标注依据(B)】框中。

【变量(V)】框用来列出参与聚类分析的变量，【个案标注依据(B)】框是用来标志各观测值的所属类的变量。【聚类数(U)】框用来定义聚类数目,系统默认值为2。【聚类中心】框用于选择凝聚点,包括【读取初始聚类中心(E)】和【写入最终聚类中心(W)】。【方法】框提供了两种聚类方法,【迭代与分类(I)】框为系统默认方法,是指在迭代过程中不断改变凝聚点的快速聚类法,【仅分类(Y)】框表示在聚类过程中并不改变其凝聚点,而使用初始凝聚点进行聚类。

(3) 点击【迭代(I)】按钮,打开如图11-4-8所示的【K-均值聚类分析:迭代】窗口。

① 【最大迭代次数(M)】框用于限定K-均值聚类过程的最大迭代次数,作为过程终止的依据,即迭代数达到或超过框中数字停止,框中的数字10是系统的默认值。

② 【收敛条件(C)】框为收敛因子,用于指定K-均值聚类法的收敛依据。系统的默认参数为0,若要改变该参数值,只需重新输入一个0~1之间的正数即可。

③ 【使用运行平均值(U)】框表示每分配一个观测对象到某一类中,就立刻计算新的凝聚点,从而数据文件中观测的顺序就有可能影响凝聚点。

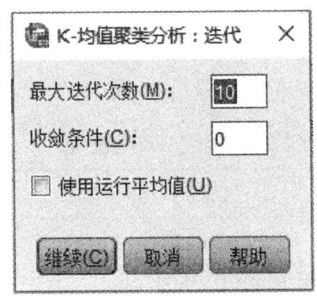

图11-4-8 【K-均值聚类分析:迭代】窗口

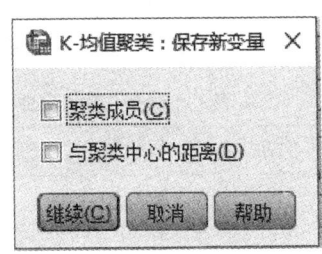

图11-4-9 【K-均值聚类分析:保存】窗口

(4) 点击【保存(S)】按钮,打开如图11-4-9所示的【K-均值聚类:保存新变量】窗口。

① 【聚类成员(C)】框用于保存聚类的某些结果,它生成的新变量表示各观测的分配结果。

② 【与聚类中心的距离(D)】框,选中此框,将产生一个新变量,用以表示各观测对象及其所属类凝聚点的欧式距离。

(5) 点击【选项(O)】按钮,打开如图11-4-10所示的【K-均值聚类分析:选项】窗口。

① 【统计】栏中列出了可供选择的统计量。

【初始聚类中心(I)】框用于输出初始凝聚点,该选项为系统默认选项。【ANOVA表】框指方差分析表,即对每个聚类变量进行单变量的F检验。【每个个案的聚类信息(C)】框要求输出每个样品的聚类信息,包括各观测对象的分类信息、各观测对象及其所属类凝聚点的欧式距离以及各类凝聚点相互之间的距离。

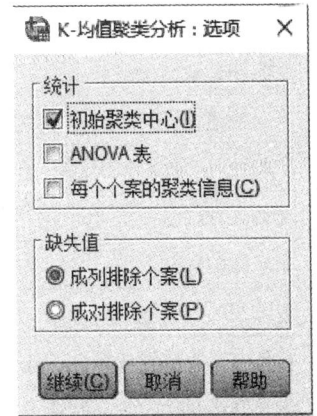

图11-4-10 【K-均值聚类分析:选项】窗口

② 【缺失值】栏用于设置缺失值的处理方式。

【成列排除个案(L)】框表示删除分析变量中带有缺失值的观测量,为系统默认选项。【成对排除个案(P)】框表示只有当观测对象的所有聚类变量均为缺失值时才将其删除,否则用其他非缺失变量根据距离把它分配到最近的类中。

设置结束后,单击【继续(C)】框,确认并返回主对话框。所有设置完毕后,单击【确定】框,即可执行快速聚类分析。

11.5 案 例 分 析

已知某次工业普查统计数据,对上海市工业企业分行业集约化经营状况进行聚类分析。

1. 聚类过程分析

根据一批样品的多个指标值,具体找出一些能够度量样品相似程度的统计量。把这些统计量作为划分类型的依据,把相似程度较大的样品聚合为一类,这样,同一类内的样品往往具有相似的经济特点。本部分选用系统聚类法中的离差平方和法(或称 Ward 法)。参照 11.4 章节中系统聚类分析的 SPSS Statistics 24.0 的操作步骤,本部分不再说明具体计算过程。表 11-5-1 给出了工业企业分行业集约化 Ward 聚类分析过程。

表 11-5-1　工业企业分行业集约化聚类分析(Ward)过程

行业名称	分15类	分13类	分11类	分9类	分7类	分5类
食品加工业	1	1	1	1	1	1
食品制造业	2	2	1	1	1	1
服装及其他纤维制品制造业	2	2	1	1	1	1
木材加工及竹藤棕草制品业	2	2	1	1	1	1
金属制品业	2	2	1	1	1	1
纺织业	5	5	1	1	1	1
皮革毛皮羽绒及其制品业	5	5	1	1	1	1
橡胶制品业	5	5	1	1	1	1
其他制造业	5	5	1	1	1	1
饮料制造业	3	3	2	2	1	1
家具制造业	3	3	2	2	1	1
印刷业,记录媒介的复制	3	3	2	2	1	1
文教体育用品制造业	3	3	2	2	1	1
非金属矿物制品业	3	3	2	2	1	1
造纸及纸制品业	6	6	4	4	3	3
有色金属冶炼及压延加工业	6	6	4	4	3	3
化学原料及化学制品制造业	8	8	6	4	3	3
医药制造业	8	8	6	4	3	3

(续表)

行业名称	分15类	分13类	分11类	分9类	分7类	分5类
塑料制品业	8	8	6	4	3	3
普通机械制造业	8	8	6	4	3	3
电气机械及器材制造业	8	8	6	4	3	3
交通运输设备制造业	11	8	6	4	3	3
专用设备制造业	10	10	8	7	6	3
仪器仪表及文化办公用机械制造业	10	10	8	7	6	3
电子及通信设备制造业	12	11	9	8	6	3
化学纤维制造业	9	9	7	6	5	4
黑色金属冶炼及压延加工业	9	9	7	6	5	4
电力蒸汽热水生产供应业	13	12	10	6	5	4
石油加工及炼焦业	7	7	5	5	4	4
煤气生产和供应业	14	13	11	9	7	5
自来水的生产和供应业	15	13	11	9	7	5
烟草加工业	4	4	3	3	2	2

根据计算结果表11-5-1,按9类分类,按15类分组。各类的聚类特征如表11-5-2所示,其中,()中的数值表示小类与表11-5-1中按15类划分结果的对应。

表11-5-2 工业企业分行业集约化聚类特征

类别		工业全员劳动生产率	高中级职务或大学本科	技术经费占销售收入	新产品收入占销售收入	高技术产品收入占收入	万元产值能源消耗量	总资产报酬率	工业成本费用利润率
总计		35 252	1.94%	1.64%	14.89%	7.21%	2.22	6.09	6.25
一类	一组(6)	19 326	1.29%	0.84%	29.96%	0.430%	0.76	2.71	1.43
	二组(8)	29 777	2.64%	2.29%	22.24%	13.730%	0.84	4.47	3.90
	交通设备	48 538	2.67%	2.81%	33.83%	2.960%	0.13	7.56	9.96
二类	一组(9)	107 324	2.34%	0.57%	5.52%	0.265%	9.87	9.61	13.90
	电力蒸汽	161 006	1.50%	0.57%	0.00%	0.000%	35.89	4.44	6.84
三类(3)		33 690	0.64%	0.63%	8.39%	0.658%	0.67	5.51	6.77
四类(10)		19 389	3.90%	5.85%	24.84%	16.860%	0.22	4.03	2.73
五类	食品加工	24 861	1.16%	0.11%	0.16%	0.000%	0.40	2.72	1.02
	二组(2)	20 890	0.45%	0.71%	7.77%	0.022%	0.42	3.53	1.97
	三组(5)	20 037	0.24%	0.57%	6.18%	0.012%	0.46	3.89	1.61

(续表)

类别		工业全员劳动生产率	高中级职务或大学本科	技术经费占销售收入	新产品收入占销售收入	高技术产品收入占收入	万元产值能源消耗量	总资产报酬率	工业成本费用利润率
六类	煤气	283	1.15%	0.42%	0.00%	0.000%	15.72	0.03	0.53
	自来水	14 764	1.24%	0.59%	0.09%	0.000%	3.74	-6.40	7.78
电子及通信设备		56 932	2.24%	2.18%	10.90%	47.110%	0.09	8.93	9.30
石油加工及炼焦		103 247	6.50%	0.60%	0.19%	0.000%	23.96	9.15	2.78
烟草加工		416 892	0.62%	0.27%	0.23%	0.000%	0.10	25.97	85.06

类别		工业增加值率	工业产品销售率	工业资金利税率	工业流动资产周转率	资本保值增值率	社会贡献率	社会积累率	资产负债率	经济效益综合指数
总计		27.10	98.67	10.99	1.53	120.31	74.91	31.49	58.45	133.02
一类	一组(6)	13.41	99.09	5.57	1.86	141.44	96.56	24.90	78.38	86.15
	二组(8)	22.96	98.64	8.09	1.42	129.54	73.36	26.68	66.26	111.52
	交通设备	26.94	99.68	19.70	1.80	141.27	105.67	17.90	60.99	182.76
二类	一组(9)	38.21	99.40	15.28	1.88	111.71	67.97	38.77	40.17	279.63
	电力蒸汽	47.66	99.47	9.67	2.07	129.57	51.62	54.07	53.34	347.40
三类(3)		32.04	98.78	11.49	1.44	121.60	69.15	25.29	59.83	133.39
四类(10)		29.38	98.89	6.39	1.05	110.15	56.98	21.55	67.69	87.28
五类	食品加工	12.55	96.41	4.32	2.77	113.64	154.62	20.26	100.41	100.41
	二组(2)	21.80	95.95	6.17	1.66	132.54	88.78	23.40	65.31	91.21
	三组(5)	21.51	97.49	7.56	1.69	110.53	88.31	26.78	67.76	92.79
六类	煤气	-10.80	101.98	0.87	0.58	127.80	26.64	14.12	53.90	25.51
	自来水	17.32	98.73	5.63	0.93	108.19	30.67	24.19	60.81	81.06
电子及通信设备		31.41	97.90	11.35	1.16	129.58	69.69	23.10	65.16	171.24
石油加工及炼焦		22.30	100.74	20.31	3.42	106.75	144.76	69.82	58.21	275.66
烟草加工		71.20	99.82	87.37	1.31	150.34	94.12	59.51	34.35	1 068.46

2. 聚类结果分析

从聚类分析数据结果来看,各类行业的相对集约化特点如下。

(1) 一类包括三个行业。这类行业的共同特征为:大多行业新产品收入比较高,尤其是造纸及纸制品业、普通机械制造业、交通运输设备制造业、电气机械及器材制造业等四个行业,产品更新快;除了化学原料及化学制品制造业外,能源消耗量都比较低。另外第一组行业表现出:资本保值增值率、资产负债率较高;工业全员劳动生产率、工业成本费用利润率、工业增加值率较低。第二组行业表现出:高技术产品收入比较高,技术含量较高,具有较好的发展前景。交通运输设备制造业表现出:总资产报酬率、工业成本费用利润率、工业资金利税率、资本保值增值率、社会贡献率等各项经济效益指标都比较高,具有很好的发展前景。但社会积累率较低。

(2) 二类包括两个行业。这类行业的共同特征为:生产自动化程度很高,因而全员劳动生产率很高,但高新技术含量比较低,高技术产品收入很低;工业增加值率较高。能源消耗量很高,尤其是电力蒸汽热水的生产和供应业的能源消耗量特别高。其中第一组行业表现出:总资产报酬率、工业成本费用利润率较高;资产负债率较低。电力蒸汽热水的生产和供应业表现出:工业流动资产周转率、社会积累率较高。

(3) 三类包括五个行业。这类行业的共同特征为:技术含量很低;工业增加值率中等偏高,其他各项经济效益指标都属于一般水平;除了非金属矿物制品业外,能源消耗量都比较低。

(4) 四类二个行业,这类行业的共同特征为:技术含量较高,但全员劳动生产率较低,经济效益较低;能源消耗量较低。

(5) 五类包括三个行业。这类行业的共同特征为:技术含量很低,高技术产品收入很低,劳动生产率不高;工业增加值率等各项经济效益指标都比较低,但社会贡献率比较高;能源消耗量比较低。

(6) 六类包括两个行业,这类行业的共同特征为:各项经济效益指标都很低,属于社会福利性行业,其经营的主要目标是为社会服务,而不是盈利。

(7) 电子及通信设备制造业、石油加工及炼焦业、烟草加工业等三个行业,表现出比较特殊的特征,它们都具有非常好的经济效益。电子及通信设备制造业,具有很好的发展前景,表现出非常好的经济效益;特高的高技术产品收入;很低的能源消耗量。石油加工及炼焦业,具有很好的发展前景,表现出特高的产品销售率,产品供不应求;非常好的经济效益,很高的流动资产周转率、社会积累率;很高的万元产值能源消耗量,是高能耗产业;生产自动化程度很高,因而全员劳动生产率很高,具有高中级职务或大学本科以上学历人员占从业人员的比例非常高;新产品收入、高技术产品收入都很低,这与该行业的特点有关;技术经费占销售收入比例比较低,今后应注意加强技术改造经费的投入。烟草加工业具有非常高的总资产报酬率、成本费用利润率和全员劳动生产率,非常低的资产负债率,反映出该行业经济效益非常显著;从高中级职务或大学本科、技术经费占销售收入、新产品收入占销售收入、高技术产品收入占收入等四项指标可以看出该行业技术含量很低。

11.6 小 结

聚类分析是通过聚类算法来发现不同意义的类,把相似的对象聚为一类,把差异较大的对象区分开来,从而使同一类中的对象相似,而与其他类中的对象不同。聚类分析是一种探索性的分析,在分类的过程中,人们不必事先给出一个分类的标准,聚类分析能够从样本数据出发,自动进行分类。聚类分析所使用方法的不同,常常会得到不同的结论。不同研究者对于同一组数据进行聚类分析,所得到的聚类数未必一致。

本章首先对聚类分析进行了总体介绍，包括初始数据标准化、相似性度量（包括：距离及相似系数）等。其次分别介绍了系统聚类和 K-means 聚类的基本思想、分析方法和算法步骤。系统聚类和 K-means 聚类是商务数据聚类分析中最为常用的方法，本章展开介绍了其在 SPSS Statistics 24.0 软件中的具体操作步骤。最后利用某次工业普查数据，通过系统聚类的方式进行了详细分析，从而使读者能够灵活运用聚类分析方法，真正解决实际商务场景中的数据问题。

思 考 题

1. 简述聚类分析的基本思想和功能。
2. 试述系统聚类法的原理和具体步骤。
3. 试述 K-means 聚类法的方法原理。
4. 试运用 SPSS 软件对某次工业普查数据进行聚类分析，具体数据如表 11-7-1 所示。

表 11-7-1 某次工业普查数据表

地区	工业企业数（个）	工业总产值（亿元）	从业人员年末人数（万人）	实收资本（自有资金）（亿元）	本年应交税金总额（亿元）
北京	33 217	1 624.91	234.42	733.56	132.53
天津	34 285	1 866.74	236.47	588.18	101.85
河北	227 531	3 646.32	651.12	1 002.18	187.1
山西	162 553	1 609.97	451.83	590.28	105.69
内蒙古	97 968	677.4	214.83	365.8	54.24
辽宁	236 437	4 435.26	801.25	1 485.18	275.95
吉林	162 226	1 242.88	330.95	568.06	102.39
黑龙江	135 083	1 914.55	494.06	705.71	204.49
上海	40 656	4 340.95	410.97	1 643.2	315.06
江苏	453 857	9 645.3	1 202.21	2 327.83	402.17
浙江	648 161	7 162.05	928.79	1 606.68	287.67
安徽	418 746	2 833.53	598.46	698.07	144.73
福建	213 914	2 611.62	411.83	878.38	123.57
江西	243 888	1 138.63	362.01	329.81	63.7
山东	406 779	7 554.17	1 159.56	1 866.38	381.46
河南	732 957	4 296.57	1 055.55	1 272.09	213.18
湖北	399 985	3 510.79	659.73	877.45	182.88
湖南	531 174	2 175.77	588.27	594.5	154.46
广东	379 410	8 672.12	1 148.13	3 210.65	365.99

(续表)

地区	工业企业数（个）	工业总产值（亿元）	从业人员年末人数（万人）	实收资本（自有资金）（亿元）	本年应交税金总额（亿元）
广西	284 083	1 490.21	308.67	472.06	114.78
海南	17 315	167.59	38.71	95.56	9.02
四川	685 556	3 748.45	1 023.86	1 136.32	221.27
贵州	161 221	492.06	169.92	244.52	57.22
云南	220 136	1 048.25	207.35	349.91	243.85
西藏	7 411	7.78	3.69	12.99	0.9
陕西	152 973	1 038.98	316.25	426.47	70.76
甘肃	84 708	724.69	177.69	296.06	56.58
青海	15 307	125.2	32.28	75.34	11.66
宁夏	24 407	168.98	42.23	89.68	14.67
新疆	47 878	547.9	106.13	273.09	43.82

参 考 文 献

[1] 何晓群.多元统计分析(第四版)[M].北京:中国人民大学出版社,2015.

[2] 王康.K-means 聚类算法的改进研究及其应用[D].大连理工大学,2014.

[3] 丹丹.K-means 聚类算法的研究与改进[D].安徽大学,2012.

[4] 宋健林.K-means 聚类算法的改进研究[D].安徽大学,2016.

[5] 丁晓琴.K-means 聚类算法研究及其应用[D].西安理工大学,2016.

[6] 袁志发.多元统计分析(第二版)[M].北京:科学出版社,2009.

[7] 胡雷芳.五种常用系统聚类分析方法及其比较[J].统计科学与实践,2007(4):11-13.

[8] 苏理云.SPSS 19 统计分析基础与案例应用教程[M].北京:北京希望电子出版社,2012.

[9] 樊重俊,王浣尘,习蓓蓓.上海工业经济集约化特征聚类分析[J].系统工程,1998(1):15-20.

[10] 王学民.应用多元分析[M].上海:上海财经大学出版社,2014.

[11] 张尧庭,方开泰.多元统计分析引论[M].武汉:武汉大学出版社,2013.

[12] 朱星宇,陈勇强.SPSS 多元统计分析方法及应用[M].北京:清华大学出版社,2011.

[13] 赵喜林,李德宜,龚谊承.应用数理统计与 SPSS 操作(第 2 版)[M].武汉:武汉大学出版社,2014.

第 12 章 判别分析

判别分析是根据描述事物特征的变量值和它的所属分类找出判别函数,以此为依据对所研究事物进行所属分类判别的方法,其目的是对已知分类的数据建立由数值指标构成的分类规则,然后把这样的分类规则应用到未知分类的样本中去。目前判别分析已经在生物学、经济学、医学等多个领域得到广泛应用。

本章将主要介绍判别分析的基本原理、常用方法,以及判别分析的 SPSS Statistics 24.0 基本操作。通过本章的学习,可以帮助读者整体理解和掌握判别分析,并学会使用 SPSS Statistics 24.0 对相关实例进行判别分析。

12.1 判别分析概述

12.1.1 判别分析基本原理

聚类分析是在不知道类别数目的情况下对样本数据进行分类,而在实际工作中,常常会遇到另一种情况,即事先已有类的知识。例如,在商务数据分析中,P2P 网贷是将传统的民间借贷与互联网技术相结合,通过建立一个线上交易的平台,使借款人和投资人借贷变得更直接、更方便的一种模式,在交易中,投资人可以选择"较有诚信""有保障""安全"的平台进行操作,而判别平台风险的一个重要因素就是该平台内 P2P 是否有"逾期""坏账""违约"等情况。类似的问题在各专业中都会大量碰到,如判断一株植物属于哪个品种(或变种等)、判断一个森林属于哪个类型、判断一个地区属于哪种气候类型等。这些问题都有一个共同的特点,那就是事先已有"类"的分划,或事先已对某种已知样本分好了类。判别分析就是解决这类问题的一种数学方法。

判别分析是在已知分类数目的情况下,根据一定的指标对未知类别的数据进行分类。判别分析的基本原理是:利用原有的分类信息,得到体现这种分类的函数关系式(称为判别函数,一般是与分类相关的若干指标的线性关系式),然后利用该函数去判断未知样品属于哪一类。例如,我们有患胃炎的病人和健康人的一些化验指标,就可以从这些化验指标发现两类人的区别,把这种区别表示为一个判别公式,然后对怀疑患胃炎的人就可以根据其化验指标用判别公式诊断。

用数学语言描述如下:设有 n 个样本 $X_i = (x_{i1}, x_{i2}, \cdots, x_{ip})(i=1,2,\cdots,n)$,$p$ 个变量 $(x_1, x_2, \cdots, x_p) = x$,已知每个样本属于 k 个类别(或总体) $G_1, G_2, \cdots, G_k$ 中的某一类,且它们的分布函数分布为 $F_1(x), F_2(x), \cdots, F_k(x)$。我们希望利用这些数据,找出一种判

别函数,使这一函数具有某种最优性质,能把属于不同类别的样本点尽可能地区别开来,并对测得同样 p 项指标(变量)数据的一个新样本,能判定这个样本归属于哪一类。判别分析的主要问题就是如何寻找最佳的判别函数和建立判别规则。

判别分析可分为以下三类,不同种类判别分析的原理也各不相同。

(1) 一般判别分析:一般判别分析是在已知分类的前提下对未知分类的观测量归入已有分类的一种统计分析方法,如距离判别法、费希尔判别法、贝叶斯判别法等。

(2) 逐步判别分析:逐步判别分析是在分析之前对自变量进行一次相应筛选的分析方法。主要过程分两步,首先根据自变量和因变量的相关性对自变量进行筛选,然后再使用选定的变量进行判别分析。

(3) 决策树分析:决策树分析将每个样本集中的每个观测都看成 n 维空间上的一个点,决策树每一个分支的形成过程,就是对 n 维空间的一次区域划分,当决策树建立后,n 维空间便划分为了若干区域,区域划分结果采用树型结构图表示。可以把决策树应用到一个全新的资料集合上,并观察其分类的正确率,来衡量这个决策树的有效程度。

12.1.2 常用判别分析方法

常用的判别分析方法有距离判别法、逐步判别方法、费希尔判别法和贝叶斯判别法等。下面分别进行介绍。

1. 距离判别法

1) 两总体情况

设有两个总体 G_1 和 G_2,x 是一个 p 维样品,若能定义样品到总体 G_1、G_2 的距离 $d(x, G_1)$ 和 $d(x, G_2)$,则可用如下的规则进行判别:若样品 x 到总体 G_1 的距离小于到总体 G_2 的距离,则认为样品 x 属于总体 G_1,反之,则认为样品 x 属于总体 G_2;若样品 x 到总体 G_1 和 G_2 的距离相等,则让它待判。这个准则的数学模型可作如下描述:

$$\begin{cases} x \in G_1, & d(x, G_1) < d(x, G_2) \\ x \in G_2, & d(x, G_1) > d(x, G_2) \\ 待判, & d(x, G_1) = d(x, G_2) \end{cases} \quad (12.1)$$

当总体 G_1 和 G_2 为正态总体且协方差相等时,选用马氏距离,即:

$$d^2(x, G_1) = (x - \mu_1)' \Sigma_1^{-1} (x - \mu_1) \quad (12.2)$$

$$d^2(x, G_2) = (x - \mu_2)' \Sigma_2^{-1} (x - \mu_2) \quad (12.3)$$

式(12.2)(12.3)中,μ_1,μ_2,Σ_1,Σ_2 分别为总体 G_1 和 G_2 的均值和协方差阵。当总体不是正态总体时,有时也可以用马氏距离来描述 x 到总体的远近。

若 $\Sigma_1 = \Sigma_2 = \Sigma$,这时:

$$d^2(x, G_2) - d^2(x, G_1) = 2\left(x - \frac{\mu_1 + \mu_2}{2}\right)' \Sigma^{-1} (\mu_1 - \mu_2)$$

令 $\bar{\mu} = \dfrac{\mu_1 + \mu_2}{2}$,$\alpha = \Sigma^{-1}(\mu_1 - \mu_2)$,则判别涵数为:

$$W(x) = (\mu_1 - \mu_2)'\Sigma^{-1}(x - \mu_1) = a'(x - \bar{\mu}) \qquad (12.4)$$

于是判别规则可表示为：

$$\begin{cases} x \in G_1, & W(x) > 0 \\ x \in G_2, & W(x) < 0 \\ 待判, & W(x) = 0 \end{cases} \qquad (12.5)$$

式(12.5)这个判别规则取决于 $W(x)$ 的值，通常称 $W(x)$ 为判别函数，由于它是线性函数，又称为线性判别函数，a 称为判别系数（类似于回归系数）。线性判别函数使用最方便，在实际应用中也最广泛。

当 μ_1，μ_2，Σ 未知时，可通过样本来估计。设 $x_1^{(1)}$，…，$x_{n_1}^{(1)}$ 是来自 G_1 的样本，$x_1^{(2)}$，…，$x_{n_2}^{(2)}$ 是来自 G_2 的样本，可以得到以下估计：

$$\hat{\mu}_1 = \frac{1}{n_1}\sum_{i=1}^{n_1} x_i^{(1)} = \bar{x}^{(1)}$$

$$\hat{\mu}_2 = \frac{1}{n_2}\sum_{i=1}^{n_2} x_i^{(2)} = \bar{x}^{(2)}$$

$$\hat{\Sigma} = \frac{1}{n_1 + n_2 - 2}(A_1 + A_2) \qquad (12.6)$$

式(12.6)中，$A_a = \sum_{j=1}^{n_a}(x_j^{(a)} - \bar{x}^{(a)})(x_j^{(a)} - \bar{x}^{(a)})'$，$a = 1, 2$。

当两个总体协差阵 Σ_1 与 Σ_2 不等时，可用：

$$W(x) = d^2(x, G_2) - d^2(x, G_1) = (x - \mu_2)'\Sigma_2^{-1}(x - \mu_2) - (x - \mu_1)'\Sigma_1^{-1}(x - \mu_1)$$

作为判别函数，这时它是 x 的二次函数。

2) 多总体情况

(1) 协差阵相同。

设有 k 个总体 $G_1, G_2, \cdots, G_k$，它们的均值分别是 $\mu_1, \mu_2, \cdots, \mu_k$，协差阵均为 Σ。类似于两总体的讨论，判别函数为：

$$W_{ij}(x) = \left(x - \frac{\mu_i + \mu_j}{2}\right)'\Sigma^{-1}(\mu_i - \mu_j), \quad i, j = 1, 2, \cdots, k$$

相应的判别规则是：

$$\begin{cases} x \in G_i, & W_{ij}(x) > 0, \quad \forall j \neq i \\ 待判, & 某个 W_{ij}(x) = 0 \end{cases}$$

当 $\mu_1, \mu_2, \cdots, \mu_k$，$\Sigma$ 未知时，设从 G_a 中抽取的样本为 $x_1^{(a)}, \cdots, x_{n_a}^{(a)}(a = 1, 2, \cdots, k)$，则它们的估计为：

$$\hat{\mu}_a = \bar{x}^{(a)} = \frac{1}{n_a}\sum_{j=1}^{n_a} x_j^{(a)}$$

$$\hat{\Sigma} = \frac{1}{n-k}\sum_{1}^{k} A_a$$

其中，$n = n_1 + n_2 + \cdots + n_k$，$A_a = \sum_{j=1}^{n_a}(x_j^{(a)} - \bar{x}^{(a)})(x_j^{(a)} - \bar{x}^{(a)})'$。

(2) 协差阵不相同。

这时判别函数为：

$$V_{ij}(x) = (x - \mu_i)'\Sigma_i^{-1}(x - \mu_i) - (x - \mu_j)'\Sigma_j^{-1}(x - \mu_j)$$

判别规则为：

$$\begin{cases} x \in G_i, & V_{ij}(x) < 0, \quad \forall j \neq i \\ 待判, & 某个 V_{ij}(x) = 0 \end{cases}$$

当 $\mu_1, \mu_2, \cdots, \mu_k, \Sigma_1, \Sigma_2, \cdots, \Sigma_k$ 未知时，$\hat{\mu}_a$ 的估计与协差阵相同时的估计一致，而：

$$\hat{\Sigma}_a = \frac{1}{n_a - 1} A_a, \quad a = 1, 2, \cdots, k$$

式中，A_a 与协差阵相同时的估计一致。

线性判别函数容易计算，二次判别函数计算比较复杂，为此需要一些计算方法。因 $\Sigma_i > 0$，存在唯一的下三角阵 V_i，其对角线元素均为正，使得：

$$\Sigma_i = V_i V_i'$$

从而：

$$\Sigma_i^{-1} = (V_i')^{-1} V_i^{-1} = L_i' L_i$$

式中 L_i 仍为下三角阵。我们可事先将 $L_1, L_2, \cdots, L_k$ 算出。令 $Z_i = L_i(x - \mu_i)$，则：

$$d^2(x, G_i) = (x - \mu_i)' L_i' L_i (x - \mu_i) = Z_i' Z_i$$

用这样的方法计算就比较方便。

2. 逐步判别法

在多元回归中，变量选择的好坏直接影响回归的效果，而在判别分析中也有类似的问题。如果在某个判别问题中，将其中最主要的指标忽略了，由此建立的判别函数效果一定不好。但是，在许多问题中，事先并不十分清楚哪些指标是主要的。理论和实践证明，指标太多，不仅带来大量的计算，同时许多对判别无作用的指标反而会干扰我们的视线。因此，适当筛选变量就成为一件很重要的事情。凡具有筛选变量能力的判别方法统称为逐步判别法。和通常的判别分析一样，逐步判别也有许多不同的原则，从而产生各种方法。在介绍逐步判别的实现步骤之前，引入威尔克斯统计量。

设 $A_1 \sim W_p(n_1, \Sigma)$，$A_2 \sim W_p(n_2, \Sigma)$，$(\Sigma > 0, n \geqslant p)$，$A_1$ 与 A_2 独立，则称广义方差之比 $\Lambda = \dfrac{|A_1|}{|A_1 + A_2|}$ 为威尔克斯统计量或 Λ 统计量，其分布称为威尔克斯分布，记为 $\Lambda \sim \Lambda(p, n_1, n_2)$。

逐步判别的实现流程如下。

(1) 在 $x_1, x_2, \cdots x_m$（即 m 个自变量）中先选出一个自变量，它使威尔克斯统计量 $\Lambda_i (i=1, 2, \cdots, m)$ 达到最小。为了叙述的方便，又不失一般性，假定挑选的变量次序是按自然的次序，即第 r 步正好选中 x_r，第一步选中 x_1，则有 $\Lambda_1 = \min\limits_{1 \leqslant i \leqslant m} \{\Lambda_i\}$，并考察 Λ_1 是否落入接受域。如果不显著，则表明一个变量也选不中，不能用判别分析；如果显著，则进入下一步。

(2) 在未选中的变量中，计算它们与已选中的变量 x_1 配合的 Λ 值。选择使 $\Lambda_{1i}(2 \leqslant i \leqslant m)$ 达到最小的作为第二个变量。仿此，如已选入了 r 个变量，不妨设为 $x_1, x_2, \cdots x_r$，则在未选中的变量中逐次选一个与它们配合。计算 $\Lambda_{1,2,\cdots,r,l}(r < l \leqslant m)$，选择使其达到极小的变量作为第 $r+l$ 个变量，并检验新选的第 $r+l$ 个变量能否提供附加信息。如果不能则转入(4)，否则转入(3)。

(3) 在已选入的 r 个变量中，要考虑较早选的变量中其重要性有没有较大的变化，应及时把不能提供附加信息的变量剔除出去。剔除的原则等同于引进的原则，如在已进入的 r 个变量中要考察 $x_l (1 \leqslant l \leqslant r)$ 是否应剔除，就是计算 $\Lambda_{1,\cdots,l-1,l+1,\cdots,r}$，选择达到极小(大)的，看是否显著。如不显著将该变量剔除，仍回到(3)，继续考察余下的变量是否需要剔除，如显著则回到(2)。

(4) 这时既不能选进新的变量，又不能剔除已选进的变量，利用已选中的变量建立判别函数。

3. 费希尔(Fisher)判别法

费歇尔判别法是 1936 年提出来的，该方法的主要思想是选择一个适当的方向，沿着这个方向将多维数据投影到某个投影轴上，使所有的样本点在投影轴上都有一个投影值。对这个投影方向的要求是：使每一类内的投影值所形成的类内离差尽可能小，而不同类间的投影值所形成的类间离差尽可能大。然后再选择合适的判别规则，将投影轴上新的样本进行分类判别，这就是费歇尔线性判别所要解决的问题。费歇尔判别法借用了一元方差分析的思想，即依据组间均方差与组内均方差之比最大的原则来进行判别。

设从 k 个总体分别取得 k 组 p 维观察值如下：

$$G_1 : x_1^{(1)}, \cdots, x_{n_1}^{(1)}$$
$$\vdots$$
$$G_k : x_1^{(k)}, \cdots, x_{n_k}^{(k)}$$
$$n = n_1 + n_2 + \cdots + n_k$$

令 a 为 R^p 中的任一向量，$u(x) = a'x$ 为 x 向以 a 为法线方向的投影，这时，上述数据的投影为：

$$G_1 : a'x_1^{(1)}, \cdots, a'x_{n_1}^{(1)}$$
$$\vdots$$
$$G_k : a'x_1^{(k)}, \cdots, a'x_{n_k}^{(k)}$$

它正好组成一元方差分析的数据,其组间平方和为:

$$SSG = \sum_{i=1}^{k} n_i (a'\bar{x}^{(i)} - a'\bar{x})^2 = a' \Big[\sum_{i=1}^{k} n_i (\bar{x}^{(i)} - \bar{x})(\bar{x}^{(i)} - \bar{x})' \Big] a = a'Ba$$

式中,$B = \sum_{i=1}^{k} n_i (\bar{x}^{(i)} - \bar{x})(\bar{x}^{(i)} - \bar{x})'$,$\bar{x}^{(i)}$ 和 $\bar{x}$ 分别为第 i 组均值和总均值向量。

组内平方和为:

$$SSE = \sum_{i=1}^{k} \sum_{j=1}^{n_i} (a'x_j^{(i)} - a'\bar{x}^{(i)})^2 = a' \Big[\sum_{i=1}^{k} \sum_{j=1}^{n_i} (x_j^{(i)} - \bar{x}^{(i)})(x_j^{(i)} - \bar{x}^{(i)})' \Big] a = a'Ea$$

式中,$E = \sum_{i=1}^{k} \sum_{j=1}^{n_i} (x_j^{(i)} - \bar{x}^{(i)})(x_j^{(i)} - \bar{x}^{(i)})'$。

如果 k 组均值有显著差异,则:

$$F = \frac{SSG/(k-1)}{SSE/(n-k)} = \frac{n-k}{k-1} \cdot \frac{a'Ba}{a'Ea}$$

应充分地大,或者:$\Delta(a) = \dfrac{a'Ba}{a'Ea}$ 应充分地大。

所以我们可以求 a,使得 $\Delta(a)$ 达到最大。显然,这个 a 并不唯一,因为如果 a 使 $\Delta(\cdot)$ 达到极大,则 ca 也使 $\Delta(\cdot)$ 达到极大,c 为任意不等于零的实数。由矩阵知识,我们知道 $\Delta(\cdot)$ 的极大值为 λ_1,它是 $|B - \lambda E| = 0$ 的最大特征根,$l_1, l_2, \cdots, l_r$ 为相应的特征向量,当 $a = l_1$ 时,可使 $\Delta(\cdot)$ 达到最大。由于 $\Delta(a)$ 的大小可衡量判别函数 $u(x) = a'x$ 的效果,故称 $\Delta(a)$ 为判别效率。综上所述,得到如下的定理。

费希尔准则下的线性判别函数 $u(x) = a'x$ 的解 a 为方程 $|B - \lambda E| = 0$ 的最大特征根 λ_1 所对应的特征向量 l_1,且相应的判别效率为 $\Delta(l_1) = \lambda_1$。

在有些问题中,仅用一个线性判别函数不能很好地区分各个总体,可取 λ_2 对应的特征向量 l_2,建立第二个判别函数 $l_2'x$。如还不够,可建立第三个线性判别函数 $l_3'x$,依次类推。

迄今为止,我们仅仅给出了费希尔准则下的判别函数,没有给出判别规则。前面曾讲过,在费希尔准则下的判别函数并不唯一,若 $u(x) = l'x$ 为判别函数,则 $au(x) + \beta$ 为与 $u(x)$ 具有相同判别效率的判别函数。不唯一性对于制定判别规则并没有妨碍,我们可从中任取一个。一旦取定了判别函数,根据它就可以确定判别规则。

4. 贝叶斯(Bayes)判别法

贝叶斯统计的思想是:假定对研究的对象已有一定的认识,常用先验概率分布来描述这种认识,然后我们取得一个样本,用样本来修正已有的认识(先验概率分布),得到后验概率分布,各种统计推断都通过后验概率分布来进行。将贝叶斯思想用于判别分析,就得到贝叶斯判别。

设有 k 个总体 $G_1, G_2, \cdots, G_k$,分别具有 p 维密度函数 $p_1(x), p_2(x), \cdots, p_k(x)$,已知出现这 k 个总体的先验分布为 $q_1, q_2, \cdots, q_k$,我们希望建立判别函数和判别规则。

用 $D_1, D_2, \cdots, D_k$ 表示 R^p 的一个划分,即 $D_1, D_2, \cdots, D_k$ 互不相交,且 $D_1 \cup \cdots \cup D_k = R^p$。如果这个划分取得适当,正好对应于 k 个总体,这时判别规则可以表示为:

$$x \in G_i, x \text{ 落入 } D_i, i = 1, 2, \cdots, k$$

问题是如何获得这个划分。用 $c(j|i)$ 表示样品来自 G_i 而误判为 G_j 的损失,这一误判的概率为:

$$p(j|i) = \int_{D_j} p_i(x) dx$$

于是由以上判别规则,所带来的平均损失 ECM(expected cost of misclassfication)为:

$$ECM(D_1, D_2\cdots, D_k) = \sum_{i=1}^{k} q_i \sum_{j=1}^{k} c(j|i) p(j|i)$$

我们总是定义 $c(i|i) = 0$,目的是求 $D_1, D_2, \cdots, D_k$,使 ECM 达到最小。

12.1.3 判别分析基本步骤

根据各组的样品数据来建立典型判别函数,然后再将各样品的自变量代入判别函数中,计算其判别分数或属于各组的概率,最后根据数值的大小判别样品所属类别,并对于样品的原始类别给出错判率,这也是判别分析的整体操作思路。对此,判别分析的具体步骤如下。

(1) 选择自变量及组变量。
(2) 计算各组单变量,及对应的描述统计量。
(3) 推导判别函数,给出标准化或非标准化的典型判别函数系数,并检验函数的显著性。
(4) 根据贝叶斯判别法或费希尔判别法进行判别分析。
(5) 进行样品回判分析,并计算错判率。
(6) 给出结果。

12.2 判别分析的 SPSS 操作

在 SPSS Statistics 24.0 软件中,判别分析的操作的选项位置和聚类分析操作选项位置基本相同,都可以在软件菜单栏中直接找到。下面分别介绍判别分析的基本操作以及其扩展按钮的详细功能。

在 SPSS Statistics 的菜单栏中,依次选择【分析】→【分类】→【判别式】命令,打开【判别分析】对话框,如图 12-2-1 所示。【判别分析】对话框包括【分组变量】、【自变量】、【选择变量】三个文本框,及【统计量】【方法】【分类】【保存】四个按钮。

1. 【分组变量】文本框

在【判别分析】对话框中,可以从左侧的变量区域选择一个分组变量转入右侧的【分组变

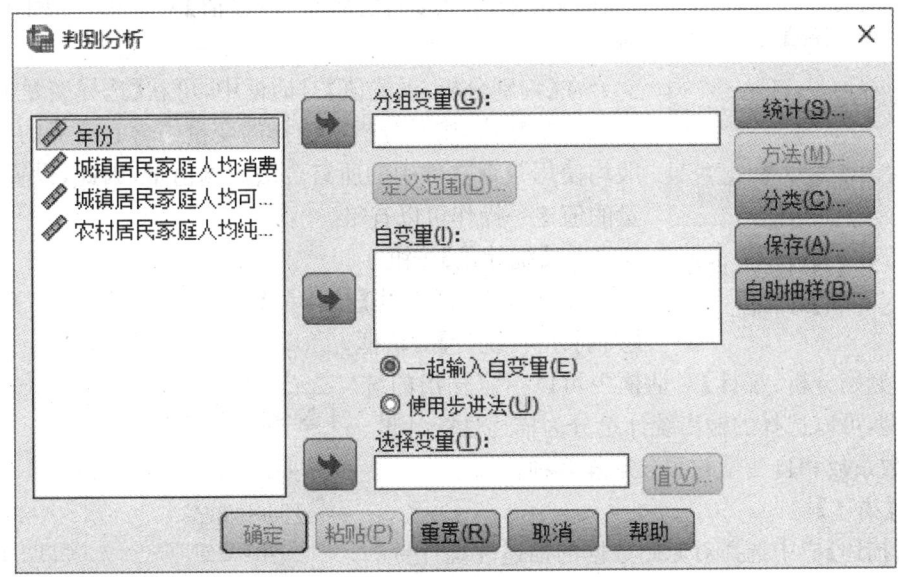

图 12-2-1 【判别分析】对话框

量】文本框,但是分组变量只能选入一个,而且必须为数字变量。在选定分组变量后,【定义范围】按钮就自动被激活。单击该按钮,打开如图 12-2-2 所示的【判别分析:定义范围】对话框。

【判别分析:定义范围】对话框用于指定所选分类变量的取值范围。在【最小值】参数框中可设定该分类变量的最小值,在【最大值】框中可设定该分类变量的最大值。设置结束后,单击【继续】按钮,确认设置并返回主对话框。

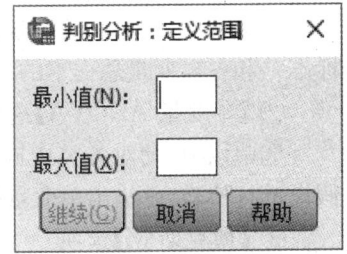

图 12-2-2 【判别分析:定义范围】对话框

2.【自变量】文本框

【自变量】列表框为用户所熟悉的变量列表框,在该列表框中可以选入多个独立变量作为参与判别分析的变量。【自变量】列表框下面有【一起输入自变量】和【使用步进法】两种分析法可供选择。

(1)【一起输入自变量】项

当数据分析者认为所有自变量都能对观测量特征提供丰富的信息时,则选择该项。选择该项,将不加选择地使用所有自变量进行判别分析,建立全模型,不需要做进一步的选择。

(2)【使用步进法】项

当数据分析者不认为所有自变量都能对观测量特征提供丰富的信息时,则选择该选项。选择该项,则采用逐步判别法进行分析,最后生成的判别函数中将只包含主要的变量。这时自变量需要根据对判别贡献的大小进行选择。同时选择该项后,【方法】按钮被激活,可以进一步选择判别分析方法。

3.【选择变量】文本框

选择变量转入【选择变量】文本框后,数据分析者可使用一部分观测量来推导判别函数,而且有一个变量的某个值可以作为这些观测量的标识。同时,右侧的【值】按钮被激活。单

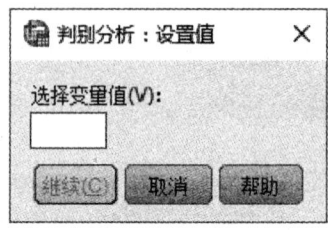

图 12-2-3 【判别分析:设置值】对话框

击【值】按钮,打开【判别分析:设置值】对话框,如图 12-2-3 所示。

在【判别分析:设置值】对话框中,可在【选择变量值】框中输入一个数值,则只分析所选择的变量中含有该值的个案,一般均使用数据文件中的所有合法观测值量,因此,设置选择变量的值这一操作可以省略。

4.【统计量】按钮

在主对话框中单击【统计量】按钮,打开图 12-2-4 所示的【判别分析:统计】对话框。

在【判别分析:统计】对话框中可以指定输出的统计量类型,可以选择的输出统计量分为描述性统计量、判别函数系数和自变量的系数矩阵 3 种。

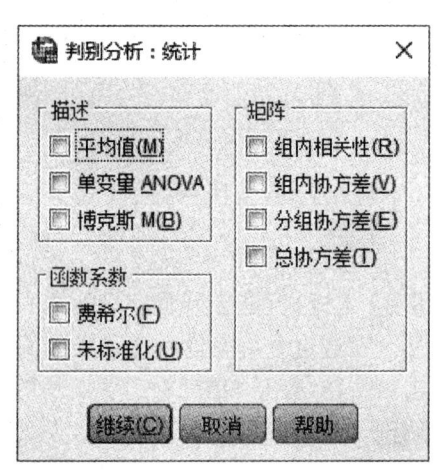

图 12-2-4 【判别分析:统计】对话框

1)【描述】栏

在【描述】栏中选择对原始数据的描述性统计量的输出,包含三个选项。

①【平均值】选项

选中该项,则可以输出各类中各自变量的平均值、标准差和各自变量总样本的均值和标准差。

②【单变量 ANOVA】选项

选中该项,则对各类中同一自变量均值都相等的假设进行检验,并输出单变量的方差分析结果。

③【博克斯 M】选项

选中该项,则对各类的协方差矩阵相等的假设进行检验。如果样本足够大,矩阵差异就不明显。

2)【函数系数】栏

【函数系数】栏用来选择输出判别函数系数,有两个选项。

①【费希尔选项】选项

选中该项,则输出对新样本进行判别分类的费希尔系数。对每一类给出一组系数,并输出该组中判别分数最大的观测量。

②【未标准化】选项

选中该项,则输出未经标准化处理的判别系数。

3)【矩阵】栏

【矩阵】栏可以选择要求给出的矩阵,包括四个选项:

①【组内相关性】选项

选中此选项,则根据在计算相关矩阵之前,将各组(类)协方差矩阵平均后计算类中的相关矩阵,并将它输出。

②【组内协方差】选项

选中此项,在计算并显示合并类中的协方差矩阵时,将各组(类)协方差矩阵平均后再计算,区别于总协方差阵。

③【分组协方差】选项

选中此选项,则按照所分类别对每一类分别显示协方差矩阵。

④【总协方差】选项

选中此项,计算并显示总样本的协方差矩阵。

5.【方法】按钮

只有在分析方法选择项中选择了【使用步进法】项,要求采用逐步判别方法时,【方法】按钮才会被激活。在【判别分析】主对话框中单击【方法】按钮,打开【判别分析:步进法】对话框,如图 12-2-5 所示。在【判别分析:步进法】对话框中可以选择判别分析的方法和停止的依据,该对话框包括【方法】栏、【条件】栏和【显示】栏。

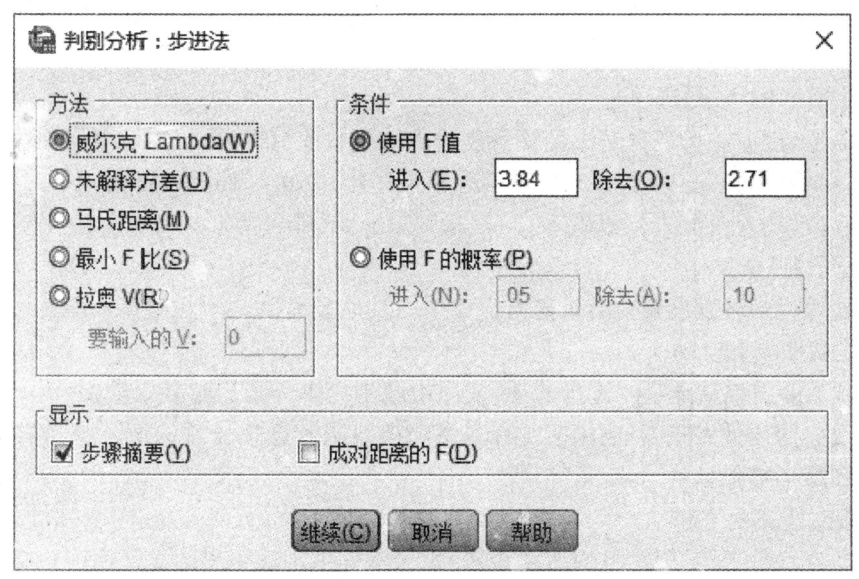

图 12-2-5 【判别分析:步进法】对话框

1)【方法】栏

在【方法】栏中选择判别方法,可供选择的判别方法有 5 个。

①【威尔克 Lambda】选项

选中该项,每步都是威尔克统计量 λ 最小的进入判别函数。

②【未解释方差】选项

选中该项,每步都使各类不可解释的方差和最小的变量进入判别函数。

③【马氏距离】选项

选中该项,每步都使靠的最近的两类间的马氏距离最大的变量进入判别函数。

④【最小 F 比】选项

选中该项,每步都使任何两类件的最小的 F 值最大的变量进入判别函数。

⑤【拉奥 V】选项

选中该项,每步都是使任何两类间距的最小的且 F 值最大的变量进入判别函数。为一个要加入模型中的变量的 V 值指定一个最小增量,选择此种方法后,应该在该项下面的【要输入的 V】后的文本框中输入这个增量的指定值。当某变量导致的 V 值增量大于指定值的变量时则进入判别函数。

2)【条件】栏

在【条件】栏中选择逐步判别停止的判据,可供选择的依据有两个。

①【使用F值】选项

选中该项,使用F值,这是系统默认的停止依据。当加入一个变量(或剔除一个变量)后,对在判别函数中的变量进行方差分析。当计算的F值大于指定的进入值时,该变量保留在函数中,其中进入的默认值是3.84。当该变量使计算的F值小于指定的删除值时,该变量从函数中被剔除,删除的默认值是2.71。也就是说,当被加入的变量F值$\geqslant$3.84时才能把该变量加入模型中,否则变量不能进入模型。或者,当要从模型中移出的变量F值$\leqslant$2.71时,该变量才被移出模型,否则模型中的变量不会被移出。设置这两个值时应该注意进入值大于删除值。

②【使用F的概率】选项

选中该项,用F检验的概率决定变量是否加入函数或被提出,而不是用F值。加入变量的F值概率的默认值是0.05,移出变量的F值概率是0.10。删除值(移出变量的F值概率)应大于进入值(加入变量的F值概率)。

3)【显示】栏

在【显示】栏中可以设置在结果输出窗口中的其他显示项。

①【步骤摘要】选项

该选项为系统默认选项。选择此项,输出由威尔克λ、输入/输出变量、分析变量和没有参与分析组成的变量生成表,也包括所有变量输出容限和选择变量的值,同时输出F值、显著性水平和最小容限。

②【成对距离的F】选项

选择此项,表示显示配对组的F比矩阵,以及组间的马氏距离的显著性检验结果。

6.【分类】按钮

在【判别分析】主对话框中单击【分类】按钮,打开【判别分析:分类】对话框,如图12-2-6所示,包括【先验概率】、【使用协方差矩阵】、【显示】、【图】四栏,以及【将缺失值替换为平均值】复选框。

1)【先验概率】栏

【先验概率】栏中提供了【所有组相等】和【使用协方差矩阵】两种先验概率选择。

①【所有组相等】项

选中该项,假设各类先验概率相等,若分为m类,则各类先验概率均为$1/m$;

②【根据组大小计算】项

选中该项,假设由各类的样本量计算决定,即各类的先验概率与其样本取量成正比。

2)【使用协方差矩阵】栏

在【使用协方差矩阵】栏中,可以选择【组内】或【分组】协方差矩阵进行分类。

①【组内】项

选中该项,指定使用合并组内协方差矩阵进行分类。

②【分组】项

选中该项,指定使用各组协方差矩阵进行分类。由于分类是根据判别函数,而不是根据

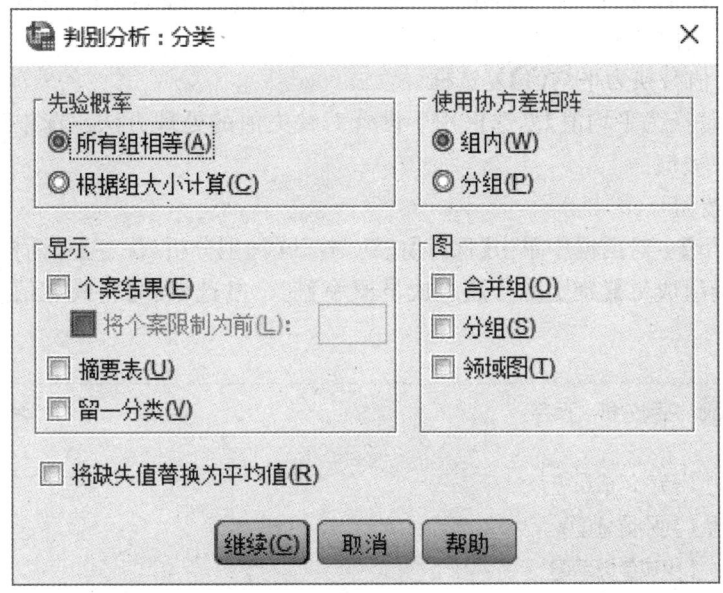

图 12-2-6 【判别分析:分类】对话框

原始变量,因此该选项不是总等价于二次判别。

3)【显示】栏

【显示】栏中有三个选项可供选择。

① 【个案结果】选项

选中该项,要求输出每个观测量,包括判别分数、实际类、预测类(根据判别函数求得的分类结果)和后验概率等。选择此项,其下的【将个案限制为前】复选框被激活,可在后面的文本框中输入观测量数 n,表示仅对前 n 个观测量输出分类结果,观测数量大时可以选择此项。

② 【摘要表】选项

选中该项,要求输出分类的小结,给出正确分类观测量数(原始类和根据判别函数计算的预测类相同)和错分观测量及错分率。

③ 【留一分类】选项

选中该项,要求输出对每个观测量进行分类的结果,所依据的判别函数是由除该观测量以外的其他观测量导出的,也称为交互校验结果。

4)【图】栏

在【图】栏中可以并列选择输出的统计图形,包括三个选项。

① 【合并组】选项

选中该项,则生成一张包括各类的散点图。该散点图是根据前两个判别函数值作的散点图,如果只有一个判别函数,就输出直方图。

② 【分组】选项

选中该项,根据前两个判别函数值对每一类生成一张散点图,共分为几类就生成几张散点图,如果只有一个判别函数,就输出直方图。

③ 【领域图】选项

选中该项,根据函数值,把观测量分到各组中去的边界图。此统计图把一张图的平面划分出与类数相同的区域。每一类占据一个区,各类的均值在各区中用星号标出,如果仅有一个判别函数,则不作此图。

5)【将缺失值替换为平均值】复选框

【将缺失值替换为平均值】复选框用于设置对缺失值的处理方法。选中该项,即用该变量的均值代替缺失值。

7.【保存】按钮

在【判别分析】主对话框中单击【保存】按钮,打开【判别分析:保存】对话框,如图12-2-7所示,包括【预测组成员】【判别得分】【组成员概率】三个复选框和【将模型信息导出到XML文件】栏。

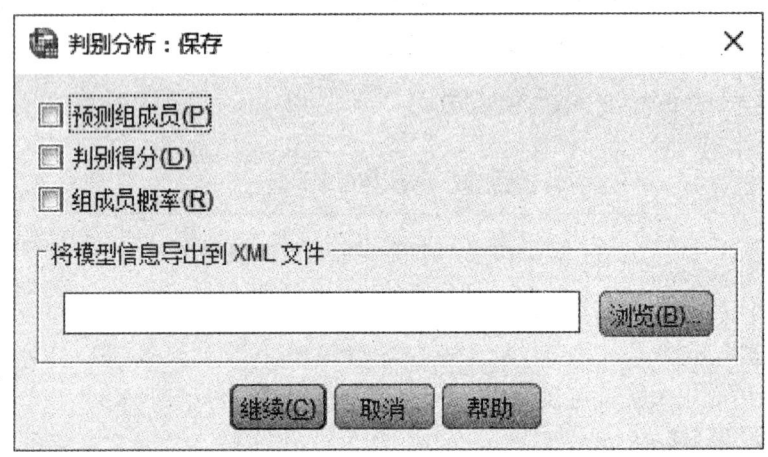

图12-2-7 【判别分析:保存】

1)【预测组成员】复选框

选中该项,可建立一个新变量,表明观测量被预测的分类,它是根据判别分数把观测量按后验概率的最大值派给所属的类。每运行一次判别分析,就建立一个表明使用判别函数预测的各观测量属于哪一类的新变量。每一次运行建立新变量的变量名为 dis_1,如果在工作数据文件中不把前一次建立的变量删除,那么第 n 次运行判别分析所建立的新变量的变量名默认为 dist_n。

2)【判别得分】复选框

选中该项,要求建立表明判别分数的新变量,该分数是由未标准化的判别系数乘以自变量的值,将这些乘积求和后加上常数得来。每次运行判别过程都给出一组表明判别分数的新变量。建立几个判别函数就有几个判别分数变量,假如参与分析的观测量共分为 m 类,则建立 $(m-l)$ 个判别函数。指定该选项,就可以生成 $(m-l)$ 个表明判别分数的新变量。

3)【组成员概率】复选框

选中该项,要求建立新变量表明观测量属于某一类的概率。若有 m 类,对一个观测量就会给出 m 个概率值,因此会建立 m 个新变量。

4)【将模型信息导出到 XML 文件】栏

该栏用于将模型信息输出到选定的文件中。单击右边的【浏览】按钮,则弹出用户所熟悉的选择文件对话框,在其中选择所要输出的文件。

12.3 案例分析

下面以一个实例来简单讲解判别分析的操作并对其结果做解读，以便读者更为直观地掌握该方法。

我国华北地区和长江中下游地区的降水量变化有不同的特点，图12-3-1给出了华北地区和长江中下游地区一些观测站(site)记录到的六月降水天数(rainday6)、八月降水天数(rainday8)以及八月与六月降水量之比(ratio)的数据资料，同时给出了两地区中间地带一些观测站记录的相应观测数据。试用SPSS判别分析功能判别这些中间地带的降水变化的类型。

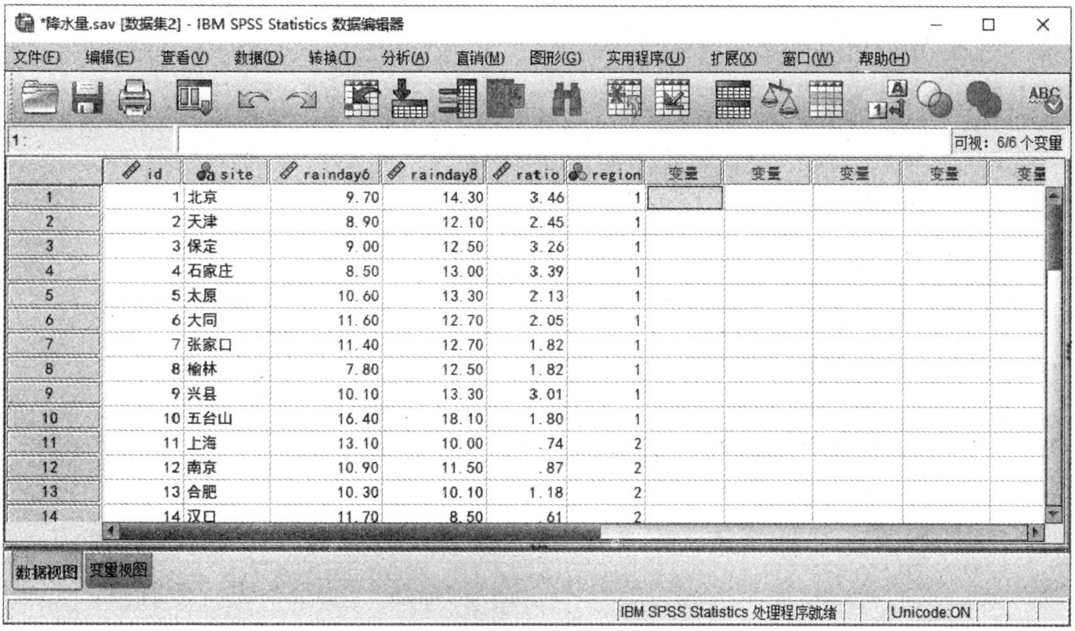

	id	site	rainday6	rainday8	ratio	region	变量	变量	变量	变量	变量
1	1	北京	9.70	14.30	3.46	1					
2	2	天津	8.90	12.10	2.45	1					
3	3	保定	9.00	12.50	3.26	1					
4	4	石家庄	8.50	13.00	3.39	1					
5	5	太原	10.60	13.30	2.13	1					
6	6	大同	11.60	12.70	2.05	1					
7	7	张家口	11.40	12.70	1.82	1					
8	8	榆林	7.80	12.50	1.82	1					
9	9	兴县	10.10	13.30	3.01	1					
10	10	五台山	16.40	18.10	1.80	1					
11	11	上海	13.10	10.00	.74	2					
12	12	南京	10.90	11.50	.87	2					
13	13	合肥	10.30	10.10	1.18	2					
14	14	汉口	11.70	8.50	.61	2					

图12-3-1 降水量部分数据

1. 相关操作及设置

(1) 打开数据文件后，在数据编辑器中，从菜单栏上选择【分析】→【分类】→【判别式】命令，打开【判别分析】主对话框，如图12-2-1所示。

(2) 在【分组变量】文本框中选入变量“region”，并在图12-2-2所示的【判别分析：定义范围】对话框中，在【最小值】参数框中输入数值1，在【最大值】参数框中输入数值2。

(3) 将其他变量选入【自变量】列表框中，作为判别分析的自变量，并在下方的选项中选择【一起输入自变量】项。

(4) 在主对话框中单击【统计】按钮，打开图12-2-4所示的【判别分析：统计】对话框，在该对话框中选择输出描述性统计量【平均值】、【单变量ANOVA】和【博克斯M】。在【函数系数】栏中选择【费希尔】和【未标准化】。在【矩阵】栏中选择【组内相关性】【组内协方差】和【总协方差】，然后单击【继续】按钮确认并返回主对话框。

（5）在主对话框中单击【分类】按钮，打开【判别分析：分类】对话框，如图 12-2-6 所示。在【先验概率】栏中选择【所有组相等】，在【显示】栏中选择【摘要表】，在【使用协方差矩阵】栏中选择【组内】，在【图】栏中选择【分组】选项。单击【继续】按钮确认并返回主对话框。

（6）在图 12-2-7 所示的【判别分析：保存】对话框中，选择保存【预测组成员】【判别得分】【组成员概率】项，即保存预测分组。

（7）单击【确定】按钮，执行判别分析操作。

2. 结果分析

执行上述操作后，在结果输出窗口中输出一系列表格，下面将做出介绍。

1）基本信息统计情况

表 12-3-1 为所有参与分析的个案处理摘要表。

表 12-3-1　个案处理摘要

未加权个案数		个案数	百分比
有效		20	80.0
排除	缺失或超出范围组代码	5	20.0
	至少一个缺失判别变量	0	0.0
	既包括缺失或超出范围组代码，也包括至少一个缺失判别变量	0	0.0
	总计	5	20.0
总计		25	100.0

表 12-3-1 给出参加判别分析的观测量总数为 25，而有效观测量数为 20，占 80%；包含缺失值或分类变量范围之外（即表 12-3-1 中待判）的观测量数为 5，占 20%。

表 12-3-2 为分类统计量表（组统计）。

表 12-3-2　组统计

region		平均值	标准差	有效个案数（成列）	
				未加权	加权
1	rainday6	10.400 0	2.441 31	10	10.000
	rainday8	13.450 0	1.743 08	10	10.000
	ratio	2.519 0	0.691 58	10	10.000
2	rainday6	12.020 0	1.292 54	10	10.000
	rainday8	10.420 0	1.157 39	10	10.000
	ratio	0.761 0	0.214 29	10	10.000
总计	rainday6	11.210 0	2.074 89	20	20.000
	rainday8	11.935 0	2.118 91	20	20.000
	ratio	1.640 0	1.030 34	20	20.000

表 12-3-2 给出了各自变量按照区划类别以及全部观测量计算的均值、标准差等。包括

各个类别以及总和的未加权(Unweighted)和加权(Weighted)的有效值。

表 12-3-3 为汇聚组内矩阵表。

表 12-3-3　汇聚组内矩阵

		rainday6	rainday8	ratio
协方差	rainday6	3.815	1.586	−0.472
	rainday8	1.586	2.189	−0.055
	ratio	−0.472	−0.055	0.262
相关性	rainday6	1.000	0.549	−0.472
	rainday8	0.549	1.000	−0.073
	ratio	−0.472	−0.073	1.000

a. 协方差矩阵的自由度为 18。

表 12-3-3 的上半部分为自变量间合并的协方差矩阵,下半部分为自变量间相关系数矩阵。协方差矩阵的自由度为 18。从相关系数值可知,各变量的线性相关关系皆不明显。

表 12-3-4 为协方差矩阵表。

表 12-3-4　协方差矩阵

region		rainday6	rainday8	ratio
总计	rainday6	4.305	0.211	−1.196
	rainday8	0.211	4.490	1.350
	ratio	−1.196	1.350	1.062

a. 总协方差矩阵的自由度为 19。

表 12-3-4 列出了按全部观测量计算的协差阵。合并的协差阵等于类 1 和类 2 的协差阵之和除以 2 的商。判别分析中,判别函数的系数就是利用合并的协差阵计算出来的。

2) 均值及协方差显著性检验

输出结果如表 12-3-5～表 12-3-7 所示,是各组的均值及协方差是否相等的检验。

表 12-3-5 为各组平均值的测度。

表 12-3-5　组均值的均等性检验

	威尔克 Lambda	F	自由度 1	自由度 2	显著性
rainday6	0.840	3.439	1	18	0.080
rainday8	0.462	20.971	1	18	0.000
ratio	0.234	58.958	1	18	0.000

从表 12-3-5 可以看到,除了变量 rainday6 的类内均值检验的显著性概率 Sig.＝0.08 略大于 0.05,其余两变量类内均值检验的显著性概率皆远小于 0.05,说明 3 个变量类内均值都存在显著差异,可以进行判别分析。

表 12-3-6 和表 12-3-7 为协差阵相等的 Box 检验表。

表 12-3-6 对数决定因子表

region	秩	对数决定因子
1	3	0.417
2	3	−2.813
汇聚组内	3	0.108

打印的决定因子的秩和自然对数是组协方差矩阵的相应信息

表 12-3-7 检验结果表

检验结果		
博克斯 M		23.509
F	近似	3.201
F	自由度1	6
F	自由度2	2 347.472
F	显著性	0.004

对等同群体协方差矩阵的原假设进行检验

表 12-3-7 列出检验协方差矩阵相等的博克斯 M 统计量值为 23.509>0.05,因而在显著性水平 0.05 下,认为各类协方差矩阵相等(类内均值存在显著差异和类协方差矩阵相等是得到满意的判别结果的重要条件)。从表 12-3-7 可以看出,F 检验的显著性概率 Sig.=0.004<0.05,从而认为判别分析是显著的,说明错判率将很小。

3) 典型判别函数的分析

输出结果如表 12-3-8～表 12-3-12 所示,为判别函数概述表。

表 12-3-8 特征值表

函数	特征值	方差百分比	累计百分比	典型相关性
1	4.835[a]	100.0	100.0	0.910

a. 在分析中使用了前 1 个典则判别函数。

从表 12-3-8 中可知,本例仅有一个判别函数用于分析,特征值为 4.835,方差百分比为 100%,方差累计百分比为 100%,正则相关系数为 0.910。

表 12-3-9 威尔克 Lambda 表

函数检验	威尔克 Lambda	卡方	自由度	显著性
1	0.171	29.104	3	0.000

表 12-3-9 是对判别函数的显著性的检验,其中,威尔克的 λ 值等于 0.171 非常小,卡方统计量为 29.104,自由度为 3,显著性 Sig.=0.000,从而认为判别函数有效。

表 12-3-10 标准化典型判别函数系数

	函数
	1
rainday6	-0.187
rainday8	0.650
ratio	0.782

由表 12-3-10 给出的标准化判别函数系数可知，判别函数为：

$$F1 = -0.187 \times rainday6 + 0.650 \times rainday8 + 0.782 \times ratio$$

根据这个判别函数代入各变量数值可以计算出判别分数。

表 12-3-11 结构矩阵表

	函数
	1
ratio	0.823
rainday8	0.491
rainday6	-0.199

判别变量与标准化典则判别函数之间的汇聚组内相关性变量按函数内相关性的绝对大小排序

表 12-3-11 的结构矩阵是判别变量与标准化判别函数之间的合并类内相关系数，变量按照相关系数的绝对值大小判别，表明判别变量与判别函数之间的相关性。从表中可以看出，变量 ratio 与判别函数的关系最密切。

表 12-3-12 典型判别函数系数

	函数
	1
rainday6	-0.096
rainday8	0.439
ratio	1.528
（常量）	-6.678

未标准化系数

表 12-3-12 给出了未标准化判别函数系数，未标准化判别函数为：

$$F2 = -0.096 \times rainday6 + 0.439 \times rainday8 + 1.528 \times ratio - 6.678$$

根据这个判别函数代入各变量数值可以计算出判别值。

4) 分类结果

表 12-3-13 给出最后的分类结果。

表 12-3-13 分类结果

原始		region	预测组成员信息		总计
			1	2	
	计数	1	10	0	10
		2	0	10	10
		未分组个案	2	3	5
	%	1	100.0	0.0	100.0
		2	0.0	100.0	100.0
		未分组个案	40.0	60.0	100.0

a. 正确地对 100.0% 个原始已分组个案进行了分类。

由表 12-3-13 可知,对于原始数据中分别属于区划类 1、区划类 2 的各 10 个观测量仍然归于原类,全部判对,说明这次判别非常成功。待判的 5 个观测量有 2 个归入区划类 1,3 个归入区划类 2。

按照保存新变量对话框设置的选项,保存的变量如图 12-3-2 所示。

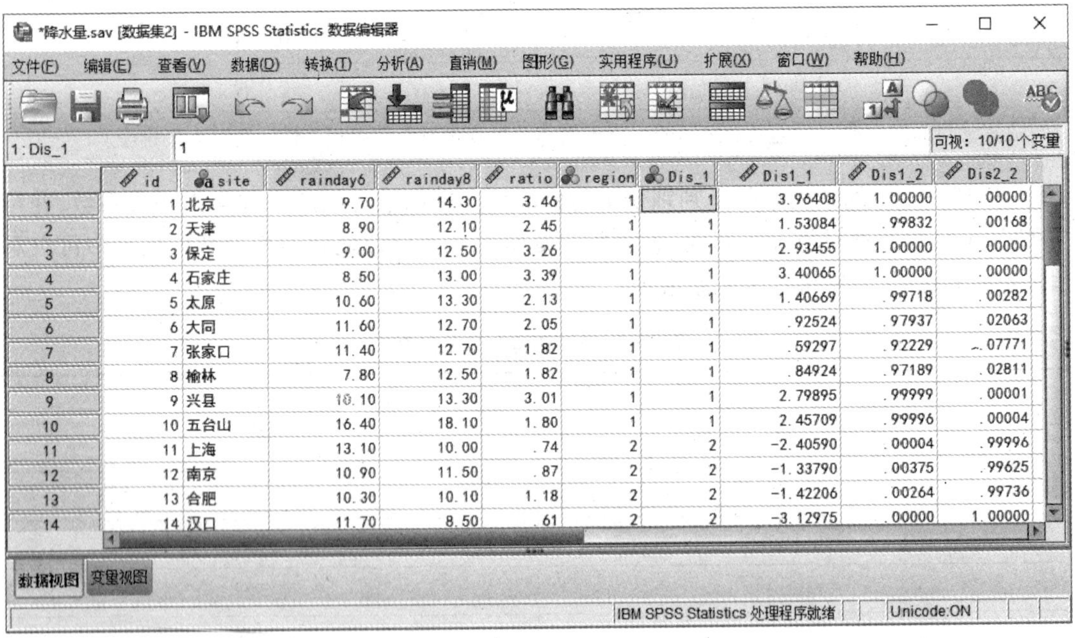

图 12-3-2 保存新变量

产生的新变量有 Dis_1、Dis1_1、Dis1_2、Dis2_2,分别对应【保存】对话框中的 3 个选项。变量 Dis_1 表示最后分类的归属结果,前 20 个观测量的归类与原始数据相同,全部判对。待判断 5 个观测量中,山东省兖州和临沂归属为华北地区,而青岛、徐州和阜阳归于长江中下游地区。变量 Dis1_1 的值是根据未标准化判别函数计算出来的判别值,本例是一个两组判别分析问题,所以将判别值大于 0 的划归一类,小于 0 的划归另一类。变量 Dis1_2、Dis2_2 表示各观测量归属第 1,2 类的后验概率,Dis1_2+Dis2_2=1,如果 Dis1_2>Dis2_2,

对应观测量归入1类,反之,对应观测量归入2类。

12.4 小 结

判别分析是在分类确定的条件下,根据某一研究对象的各种特征值判别其类型归属问题的一种多变量统计分析方法。其基本原理是按照一定的判别准则,建立一个或多个判别函数,用研究对象的大量资料确定判别函数中的待定系数,并计算判别指标。对一个未确定类别的个案只要将其代入判别函数就可以判断它属于哪一类总体。因此,判别分析是一个学习与预测的过程。

本章首先阐述了判别分析的基本原理,介绍了常用的判别方法,包括距离判别法、逐步判别法、费希尔判别法和贝叶斯判别法。接着介绍了判别分析的 SPSS Statistics 24.0 基本操作步骤,详细讲解了统计量、方法、分类和保存四个扩展按钮的作用及用法。最后,通过一个判别分析的实例,来加深读者的认识并使其更直观地理解和掌握该种方法。

思 考 题

1. 简述判别分析的分类以及各种判别分析的原理。
2. 简述费希尔判别法的基本原理。
3. 简述贝叶斯判别法的基本原理,并说明其相对于费希尔判别法而言的优越性。
4. 根据花萼长、花萼宽、花瓣长、花瓣宽4组数据,对刚毛鸢尾花、变色鸢尾花、佛吉尼亚鸢尾花3种鸢尾花进行判别分类。数据见"鸢尾花.sav"。

参 考 文 献

[1] 时立文. SPSS 19.0 统计分析从入门到精通[M]. 北京:清华大学出版社,2012.
[2] 李合龙,李妍,郑雪仪. SPSS统计学实验教程[M]. 北京:清华大学出版社,2015.
[3] 曹慧. 统计学基于 SPSS 的应用[M]. 北京:北京大学出版社.2015.
[4] 吴广,刘荣,丁维岱,等. SPSS 统计分析与应用[M]. 北京:电子工业出版社.2013.
[5] 何晓群. 多元统计分析(第四版)[M]. 北京:中国人民大学出版社.2015.
[6] 王在翔,崔庆霞,吕军城,等. SPSS 软件与应用[M]. 北京:科学出版社.2015.
[7] 陈方樱,沈思. 数据分析方法及 SPSS 应用[M]. 北京:科学出版社.2016.
[8] 谢龙汉,尚涛. SPSS 统计分析与数据挖掘[M]. 北京:电子工业出版社.2012.
[9] 李春林,陈旭红. 应用多元统计分析[M]. 北京:清华大学出版社,2013.

第 13 章

对 应 分 析

对应分析是利用降维的思想来达到简化数据结构的目的,同时对数据表中的行与列进行处理,寻求以低维图形表示数据表中行与列之间的关系。它在市场细分、产品定位、地质研究以及计算机工程等领域中应用较为广泛。

本章将主要介绍对应分析的基本思想、列联表以及列联表分析、对应分析的基本理论,并结合具体案例介绍在 SPSS Statistics 24.0 软件里如何进行对应分析。

13.1 对应分析概述

对应分析也称相应分析,是在因子分子基础上发展起来的一种多元数据分析方法。它主要通过分析定性变量构成的列联表来揭示变量之间的关系。这种分析方法,在商务数据分析中,普遍被使用。用户可以获取有关消费者对产品品牌定位方面的数据,从而帮助用户及时调整营销策略,以便使产品品牌在消费者中能树立起正确的形象。对应分析还可以用于检验广告或市场推广活动的效果,通过对比广告播出前或市场推广活动前与广告播出后或市场推广活动后消费者对产品的不同认知图,分析出广告或市场推广活动是否成功地向消费者传达了需要传达的信息。

13.1.1 对应分析基本思想

对应分析的思想首先由理查森(Richardson)和库德(Kuder)在 1933 年提出,后来法国统计学家让一保罗·贝内泽(Jean-Paul Benzecri)和日本统计学家林知己夫(Chikio Hayashi)对该方法进行了详细的论述而使其得到了发展。

对应分析是在 R 型和 Q 型因子分析的基础上发展起来的分析方法,又称为 R-Q 型因子分析,通过分析由定性变量构成的交互汇总表来揭示变量间的联系。可以揭示同一变量的各个类别之间的差异,以及不同变量各个类别之间的对应关系。主要应用在市场细分、产品定位、地质研究以及计算机工程等领域中。原因在于,它是一种视觉化的数据分析方法,它能够将几组看不出任何联系的数据,通过视觉上可以接受的定位图展现出来。

因子分析方法是用少数几个公共因子去提取研究对象的绝大部分信息,既减少了因子的数目,又把握住了研究对象的相互关系。在因子分析中根据研究对象的不同,又分为 R 型和 Q 型因子分析,如果研究变量间的相互关系时则采用 R 型因子分析;如果研究样品间的相互关系时则采用 Q 型因子分析。但无论 R 型和 Q 型因子分析都未能很好地揭示变量和样品间的双重关系。另外,当样品容量很大(如,$n > 1\,000$),进行 Q 型因子分析时,计算 n 阶矩阵的特征值与特征向量,其计算机容量和计算速度都要求较高。还有就是进行数据处理时,为了对数量级相差很大的变量进行比较,常常是先对变量作标准化处理,然而这种标准化处理对样品就不好进行了,换言之,这种标准化处理对于变量和样品具非对等的 R 型和 Q 型因子分析之间的联系带来一定的困难。

针对上述问题,在 20 世纪 70 年代初,法国统计学家 Benzecri 提出了对应分析方法,它对原始数据采用适当的变换,把 R 型和 Q 型因子分析结合起来,同时得到两方面的结果——在同一因子平面上对变量和样品同时进行分类,从而揭示所研究的样品和变量间的内在联系。

对应分析由 R 型因子分析的结果,可以很容易地得到 Q 型因子分析的结果,这不仅克服了样品量大时作 Q 型因子分析所带来计算上的困难、且把 R 型和 Q 型因子分析统一起来,把样品点和变量点同时反映到相同的因子轴上,这就便于我们对研究的对象进行解释和推断。

其中,对应分析的基本思想是:由于 R 型因子分析和 Q 型因子分析反映的都是一个整体的不同侧面,因而它们之间存在内在的联系。对应分析就是通过对应变换后的标准化矩阵 Z 将二者有机地结合起来。具体地说,首先给出变量间的协方差阵 $S_R = Z^T Z$ 和样品间的协方差阵 $S_Q = ZZ^T$ 有相同的非零特征根,记为 $\lambda_1 \geqslant \lambda_2 \geqslant \cdots \geqslant \lambda_m > 0 [0 < m < \min(p, n)]$,$p$,$n$ 分别表示 S_R 与 S_Q 的维度,如果 S_R 的特征根 λ_i 对应的标准化特征向量为 v_i,则 S_Q 的特征根对应的标准化特征向量为:

$$u_i = \frac{1}{\sqrt{\lambda_i}} v_i \tag{13.1}$$

由此可以很方便地由 R 型因子分析而得到 Q 型因子分析的结果。

由 S_R 的特征根和标准化特征向量可以写出 R 型因子分析的因子载荷矩阵(记为 A_R)和 Q 型因子分析的因子载荷矩阵(记为 A_Q),如下:

$$A_R = \begin{bmatrix} v_{11}\sqrt{\lambda_1} & v_{12}\sqrt{\lambda_2} & \cdots & v_{1m}\sqrt{\lambda_m} \\ v_{21}\sqrt{\lambda_1} & v_{22}\sqrt{\lambda_2} & \cdots & v_{2m}\sqrt{\lambda_m} \\ \vdots & \vdots & & \vdots \\ v_{p1}\sqrt{\lambda_1} & v_{p2}\sqrt{\lambda_2} & \cdots & v_{pm}\sqrt{\lambda_m} \end{bmatrix} = (\sqrt{\lambda_1}\,v_1, \sqrt{\lambda_2}\,v_2, \cdots, \sqrt{\lambda_m}\,v_m)$$

$$A_Q = \begin{bmatrix} u_{11}\sqrt{\lambda_1} & u_{12}\sqrt{\lambda_2} & \cdots & u_{1m}\sqrt{\lambda_m} \\ u_{21}\sqrt{\lambda_1} & u_{22}\sqrt{\lambda_2} & \cdots & u_{2m}\sqrt{\lambda_m} \\ \vdots & \vdots & & \vdots \\ u_{n1}\sqrt{\lambda_1} & u_{n2}\sqrt{\lambda_2} & \cdots & u_{nm}\sqrt{\lambda_m} \end{bmatrix} = (\sqrt{\lambda_1}\,u_1, \sqrt{\lambda_2}\,u_2, \cdots, \sqrt{\lambda_m}\,u_m)$$

由于 S_R 和 S_Q 具有相同的非零的特征根,而这些特征根又正是各个公因子的方差,因此可以用相同的因子轴同时表示变量点和样品点,即把变量点和样品点同时反映在具有相同坐标轴的因子平面上,以便对变量点和样品点一起进行分类。

13.1.2 列联表及列联表分析

在讨论对应分析之前,先简要回顾一下列联表及列联表分析的有关内容。在实际研究工作中,人们常常用列联表的形式来描述属性变量(定类尺度或定序尺度)的各种状态或是相关关系，这在某些调查研究项目中运用得尤为普遍。比如，公司的管理者为了了解消费者对自己产品的满意情况，需要针对不同职业的消费者进行调研，而调研数据很自然的就以列联表的形式提交出来，如表 13-1-1 所示。

表 13-1-1 列联表 1

职业＼评价	非常满意	比较满意	一般	不太满意	不满意	汇总
一般工人						
管理者						
行政官员						
汇总						

以上是两变量列联表的一般形式，横栏与纵栏交叉位置的数字是相应的频数。这样从表中数据就可以清楚地看到不同职业的人对该公司产品的评价，以及所有被调查者对该公司产品的整体评价、被调查者的职业构成情况等信息。通过这张列联表，还可以看出职业分布与各种评价之间的相关关系，如管理者与比较满意交叉单元格的数字相对较大（"相对"指应抵消不同职业在总的被调查对象中的比例的影响），则说明职业栏的管理者这一部分与评价栏的比较满意这一部分有较强的相关性。由此可以看到，借助列联表，人们可以得到很多有价值的信息。

在研究经济问题的时候，研究者也往往用列联表的形式把数据呈现出来。比如说横栏是不同规模的企业，纵栏是不同水平的获利能力，通过这样的形式，可以研究企业规模与获利能力之间的关系。更为一般的，可以对企业进行更广泛的分类，如按上市与非上市分类，按企业所属的行业分类，按不同所有制关系分类等。同时用列联表的格式来研究企业的各种指标，如企业的盈利能力、企业的偿债能力、企业的发展能力等。这些指标既可以是简单的，也可以是综合的，甚至可以是用因子分析或主成分分析提取的公因子，把这些指标按一定的取值范围进行分类，就可以很方便地用列联表来研究。

一般，假设按两个特性对事物进行研究，特性 A 有 n 类，特性 B 有 p 类，属于 A_i 和 B_j 的个体数目为 $n_{ij}(i=1,2,\cdots,n;j=1,2,\cdots,p)$，则可以得到形如表 13-1-2 的列联表。

表 13-1-2 列联表 2

		特性 B						合计
		B_1	B_2	$\cdots$	B_j	$\cdots$	B_p	
特性 A	A_1	n_{11}	n_{12}	$\cdots$	n_{1j}	$\cdots$	n_{1p}	$n_{1.}$
	A_2	n_{21}	n_{22}	$\cdots$	n_{2j}	$\cdots$	n_{2p}	$n_{2.}$
	$\cdots$	$\cdots$	$\cdots$	$\cdots$	$\cdots$	$\cdots$	$\cdots$	$\cdots$
	A_i	n_{i1}	n_{i2}	$\cdots$	n_{ij}	$\cdots$	n_{ip}	$n_{i.}$
	$\cdots$	$\cdots$	$\cdots$	$\cdots$	$\cdots$	$\cdots$	$\cdots$	$\cdots$
	A_n	n_{n1}	n_{n2}	$\cdots$	n_{nj}	$\cdots$	n_{np}	$n_{n.}$
		$n_{.1}$	$n_{.2}$		$n_{.j}$		$n_{.p}$	n

在表 13-1-2 中，$n_{i.} = n_{i1} + n_{i2} + n_{i3} + \cdots + n_{ip}$，$n_{.j} = n_{1j} + n_{2j} + \cdots + n_{nj}$，右下角元素 n 值是所有频数的和，即有 $n = n_{1.} + n_{2.} + n_{3.} + \cdots + n_{n.} = n_{.1} + n_{.2} + \cdots + n_{.p}$。为了更为方便的表示各频数之间的关系，人们往往用频率来代替频数，即将列联表中每一个元素都除以元素的总和为 n，令 $p_{ij} = \dfrac{n_{ij}}{n}$，于是得到如下频率意义上的列联表，见表 13-1-3。

表 13-1-3　列联表 3

		特性 B						合计
		B_1	B_2	$\cdots$	B_j	$\cdots$	B_p	
特性 A	A_1	p_{11}	p_{12}	$\cdots$	p_{1j}	$\cdots$	p_{1p}	$p_{1.}$
	A_2	p_{21}	p_{22}	$\cdots$	p_{2j}	$\cdots$	p_{2p}	$p_{2.}$
	$\cdots$	$\cdots$	$\cdots$	$\cdots$	$\cdots$	$\cdots$	$\cdots$	$\cdots$
	A_i	p_{i1}	p_{i2}	$\cdots$	p_{ij}	$\cdots$	p_{ip}	$p_{i.}$
	$\cdots$	$\cdots$	$\cdots$	$\cdots$	$\cdots$	$\cdots$	$\cdots$	$\cdots$
	A_n	p_{n1}	p_{n2}	$\cdots$	p_{nj}	$\cdots$	p_{np}	$p_{n.}$
		$p_{.1}$	$p_{.2}$		$p_{.j}$	$\cdots$	$p_{.p}$	1

上表中，令

$$P = \begin{pmatrix} p_{11} & \cdots & p_{1p} \\ \vdots & \ddots & \vdots \\ p_{n1} & \cdots & p_{np} \end{pmatrix}$$

$$P'_I = (p_{1.}, p_{2.}, \cdots, p_{n.}),\ P'_J = (p_{.1}, p_{.2}, \cdots, p_{.p})$$

$$I' = (1, 1, \cdots, 1)$$

则由上表的定义知，下列各式成立：

$$I'PI = P'_J I = P'_J I = I,\ PI = P_I,\ P'I = P_J$$

对于研究对象的总体，表 13-1-3 中的元素有概率的含义，p_{ij} 是特性 A 第 i 状态与特性 B 第 j 状态出现的概率，而 $p_{.j}$ 与 $p_{i.}$ 则表示边缘概率。要考察各种特性之间的相关关系，就可以通过研究各种状态出现的概率入手。如果特性 A 与特性 B 之间是相互独立的，则对任意的 i 与 j，有下式成立：

$$p_{ij} = p_{i.} \times p_{.j}$$

上式表示，如果特性 A 与特性 B 之间相互独立的话，特性 A 第 i 状态与特性 B 第 j 状态同时出现的概率应该等于总体中第 i 状态出现的概率乘以第 j 状态出现的概率。由此令 $\hat{p}_{ij} = p_{i.} \times p_{.j}$，表示由样本数据得到的特性 A 第 i 状态与特性 B 第 j 状态同时出现的期望概率的估计值。而我们就可以通过研究特性 A 第 i 状态与特性 B 第 j 状态同时出现的实际概率 p_{ij} 与特性且 A 第 i 状态与特性 B 第 j 状态同时出现的期望概率 $\hat{p}_{ij}$ 的差别大小，来判断特性 A 与特性 B 是否独立。此处 A 与 B 为属性变量，在实际研究中根据实际问题它们可以有不同的意义，它实质上指的是列联表的横栏与纵栏按某种规则的分类，我们关心的是属性变量且与 B

是否独立,由此提出一下假设:

H_0:属性变量 A 与 B 相互独立。 vs H_1:属性变量 A 与 B 不独立。

由上面的假设构建如下 χ^2 统计量:

$$\chi^2 = \sum_{i=1}^{n}\sum_{j=1}^{p}\frac{[n_{ij}-\hat{E}(n_{ij})]^2}{\hat{E}(n_{ij})} = n\sum_{i=1}^{n}\sum_{j=1}^{p}\frac{[p_{ij}-p_{i.}p_{.j}]^2}{p_{i.}p_{.j}} \tag{13.2}$$

注意到,除了常数项 n 外,统计量实际上反映了矩阵 P 中所有元素的观察值与理论值经过某种加权的总离差情况。可以证明,在 n 足够大的条件下,当原假设为 H_0 时,χ^2 遵从自由度 $(n-1)(p-1)$ 的 χ^2 分布。拒绝域为:

$$\chi^2 > \chi_a^2[(n-1)(p-1)]$$

通过上面的方法,就可以判断两个分类变量是否独立。当拒绝原假设后,即 A 与 B 不独立,可以进一步通过对应分析考察两个分类变量及分类变量各个状态(取值)之间的相关关系。

13.1.3 对应分析基本理论

当 A 与 B 的取值较少时,把所得到的数据放到一张列联表中,就可以很直观地对 A 与 B 之间及它们的各种取值之间的相关性作出判断。当 p_{ij} 比较大时,则说明属性变量的第 i 状态与 B 的第 j 状态之间有较强的依赖关系。但是,当 A 或者 B 的取值比较多时,就很难正确作出判断,此时需要利用降维的思想以简化列联表的结构。

由前面的讨论知道,由于因子分析的局限性,无法使 R 型因子分析与 Q 型因子分析同时进行,而当 n 或者 p 比较大时,单独进行因子分析就会大大加大计算量。对应分析可以弥补上述不足,同时对两个(或多个属性变量)进行分析。

如前所述,对应分析利用降维思想,通过分析原始数据结构,旨在以简洁,明了的方式揭示属性变量之间及属性变量各种状态之间的相关关系。对应分析的一大特点就是可以在一张二维图上同时表示出两类属性变量的各种状态,以直观地描述原始数据结构。

假定我们下面讨论的都是形如 13-1-3 的规格化的列联表数据。为了论述方便,先对有关概念进行说明。

1. 有关概念

1) 行剖面与列剖面

在表 13-1-3 中,p_{ij} 表示变量 A 的第 i 状态与 B 的第 j 状态同时出现的概率,相应的 $p_{i.}$ 与 $p_{.j}$ 就有边缘概率的含义。所谓行剖面是指当变量 A 的取值固定为 i 时($i=1,2,\cdots,n$),变量 B 的各个状态相对出现的概率情况,也就是把矩阵 P 中第 i 行的每一个元素均除以 $p_{i.}$,这样,就可以方便地把第 i 行表示成 p 维欧式空间中的一个点,其坐标为:

$$p_i^{'} = \begin{pmatrix} \dfrac{p_{i1}}{p_{i.}} & \dfrac{p_{i2}}{p_{i.}} & \cdots & \dfrac{p_{ip}}{p_{i.}} \end{pmatrix}(i=1,2,\cdots,n) \tag{13.3}$$

其中,$p_i^{'}$ 中的分量 $\dfrac{p_{i1}}{p_{i.}}$ 表示条件概率 $P(B=j \mid A=i)$,可知

$$p_i^{r\prime} \mathbf{I} = 1$$

形象地，第 i 个行剖面 p_i^r 就是把矩阵 P 中第 i 行剖裂开来，单独研究第 i 行的各个取值在 p 维超平面 $x_1 + x_2 + x_3 + \cdots + x_p = 1$ 的分布情况。记 n 个行剖面的集合为 $n(r)$。

由于列联表的行与列的地位是对等的，由上面定义行剖面的方法，可以很容易地定义列剖面。对矩阵 P 第 j 列的每一个元素 p_{ij} 均除以该列各元素的和 $p_{.j}$，则第 j 个列剖面：

$$p_j^c = \left(\frac{p_{1j}}{p_{.j}}, \frac{p_{2j}}{p_{.j}}, \cdots, \frac{p_{nj}}{p_{.j}} \right), (j = 1, 2, \cdots, p) \tag{13.4}$$

表示当属性变量 B 的取值为 j 时，属性变量 A 的不同取值的条件概率，它是 n 维超平面 $x_1 + x_2 + x_3 + \cdots + x_n = 1$ 上的一个点。有 $p_j^{c\prime} \mathbf{I} = 1$，记 p 个列剖面的集合为 $p(c)$。

在定义了行剖面与列剖面之后，我们看到，属性变量 A 的各个取值的情况可以用 p 维空间上的 n 个点来表示，而 B 的不同取值情况可以用 n 维空间上的 p 个点来表示。而对应分析就是利用降维的思想，既把 A 的各个状态表现在一张二维图上，又把 B 的各个状态表现在一张二维图上，且通过后面的分析可以看到，这两张二维图的坐标轴有着相同的意义，即可以把 A 的各个取值与 B 的各个取值同时在一张二维图上表示出来。

2) 距离与总惯量

通过上面行剖面与列剖面的定义，A 的不同取值就可以用 p 维空间中的不同点来表示，各个点的坐标分别为 $p_i^r (i = 1, 2, \cdots, n)$。$B$ 的不同取值可以用 n 维空间中的不同点来表示，各个点的坐标分别为 $p_j^c (j = 1, 2, \cdots, p)$。对此，就可以引入距离概念来分别描述 A 的各个状态之间与 B 的各个状态之间的接近程度。因为对列联表行与列的研究是对等的，我们此处只对行作详细论述。

变量 A 的第 k 状态与第 l 状态的普通欧式距离为：

$$d^2(k, l) = (p_k^r - p_l^r)'(p_k^r - p_l^r) = \sum_{j=1}^{p} \left(\frac{p_{kj}}{p_{k.}} - \frac{p_{lj}}{p_{l.}} \right)^2 \tag{13.5}$$

如此定义的距离有一个缺点，即受到变量 B 的各个状态边缘概率的影响，当变量 B 的第 j 个状态出现的概率特别大时，式(13.5)所定义距离的 $\left(\frac{p_{kj}}{p_{k.}} - \frac{p_{lj}}{p_{l.}} \right)^2$ 部分的作用就被高估了，因此，用 $\frac{1}{p_{.j}}$ 作权重，得到如下加权的距离公式：

$$\begin{aligned} D^2(k, l) &= \sum_{j=1}^{p} \left(\frac{p_{kj}}{p_{k.}} - \frac{p_{lj}}{p_{l.}} \right)^2 / p_{.j} \\ &= \sum_{j=1}^{p} \left(\frac{p_{kj}}{\sqrt{p_{.j}} p_{k.}} - \frac{p_{lj}}{\sqrt{p_{.j}} p_{l.}} \right)^2 \end{aligned} \tag{13.6}$$

因此，式(13.6)定义的距离也可以看作坐标为：

$$\left(\frac{p_{i1}}{\sqrt{p_{.1}} p_{i.}} \quad \frac{p_{i2}}{\sqrt{p_{.2}} p_{i.}} \quad \cdots \quad \frac{p_{ip}}{\sqrt{p_{.p}} p_{i.}} \right) (i = 1, 2, \cdots, n) \tag{13.7}$$

的任意两点之间的普通欧氏距离。

类似地,定义属性变量 B 的两个状态 s, t 之间的加权距离为:

$$D^2(s, t) = \sum_{i=1}^{n} \left(\frac{p_{is}}{\sqrt{p_{i.} \, p_{.s}}} - \frac{p_{ip}}{\sqrt{p_{i.} \, p_{.t}}} \right)^2 \tag{13.8}$$

式(13.7)是行剖面消除了变量 B 的各个状态概率影响的相对坐标,下面我们给出(13.7)式定义的各点的平均坐标,即重心的表达式。由行剖面的定义,p_i^r 的各分量是当 A 取值 i 时变量 B 各个状态出现的条件概率,也就是说,式(13.7)的坐标也同时消除了变量 B 的各个状态出现的概率的影响。然而,当我们研究由(13.7)式定义的 n 个点的平均坐标时,这 n 个点的地位不是完全平等的,出现概率较大的状态应当占有较高的权重。

定义如下按 $p_{i.}$ 加权的 n 个点的平均坐标,其第 j 个分量为:

$$\sum_{i=1}^{n} \frac{p_{ij}}{\sqrt{p_{.j} p_{i.}}} p_{i.} = \frac{1}{\sqrt{p_{.j}}} \sum_{i=1}^{n} p_{ij} = \sqrt{p_{.j}}, j = 1, 2, \cdots, p \tag{13.9}$$

因此,由(13.7)式定义的 n 个点的重心为:

$$P_J^{\frac{1}{2}}{}' = (\sqrt{p_{.1}}, \sqrt{p_{.2}}, \cdots, \sqrt{p_{.p}}) \tag{13.10}$$

其中,每一分量恰恰是矩阵 P 每一列边缘概率的平方根。根据上面的准备,可以给出如下行剖面集合 $n(r)$ 的总惯量的定义:由式(13.7)定义的 n 个点与其重心的加权欧氏距离之和称为行剖面集合 $n(r)$ 的总惯量,记为 I_I。有:

$$I_I = \sum_{i=1}^{n} D^2(P_i^r, P_J^{\frac{1}{2}}) \tag{13.11}$$

令 $D_p^{\frac{1}{2}} = diag(P_J^r)$ 表示由向量 $p_J^{\frac{1}{2}}$ 的各个分量为对角线元素构成的对角阵,则总惯量(13.7)式可以写为:

$$\begin{aligned} I_I &= \sum_{i=1}^{n} d^2 [p_i^{r'} (D_p^{\frac{1}{2}})^{-1}, P_J^{\frac{1}{2}}{}'] \\ &= \sum_{i=1}^{n} \sum_{j=1}^{p} p_{i.} \left(\frac{p_{ij}}{p_{i.} \sqrt{p_{.j}}} - \sqrt{p_{.j}} \right)^2 \\ &= \sum_{i=1}^{n} \sum_{j=1}^{p} \frac{(p_{ij} - p_{i.} p_{.j})^2}{p_{i.} p_{.j}} = \frac{1}{n} \chi^2 \end{aligned} \tag{13.12}$$

由式(13.12)可以看到,总惯量不仅反映了行剖面集在式(13.7)意义上定义的各点与其重心加权距离的总和,同时与 χ^2 统计量仅相差一个常数,而由前面列联表的分析我们知道,χ^2 统计量反映了列联表横栏与纵栏的相关关系。因此,此处总惯量也反映了两个属性变量各状态之间的相关关系。对应分析就是在对总惯量信息损失最小的前提下,简化数据结构以及反映两属性变量之间的相关关系。实际上,总惯量的概念类似于主成分分析或因子分析中方差总和的概念,在 SPSS 软件中进行对应分析时,系统会给出对总惯量信息的提取情况。

完全对应地,可以得到对列联表的列进行分析的相应结论,列剖面 p 个点经 $p_{.j}$ 加权后

的平均坐标,即重心为:

$$P^{\frac{1}{2}}{}'_I=(\sqrt{p_{1.}}, \sqrt{p_{2.}}, \cdots, \sqrt{p_{n.}}) \tag{13.13}$$

列剖面集合 $p(c)$ 的总惯量为:

$$I_J = I_I = \frac{1}{n}\chi^2 \tag{13.14}$$

2. R 型与 Q 型因子分析的对等关系

经过以上数据变换,在引入加权距离函数之后,或是对行剖面集的各点进行式(13.7)的变换,对列剖面的各点进行类似变换之后,就可以直接计算属性变量各状态之间的距离,通过距离的大小来反映各状态之间的接近程度,同类型的状态之间距离应当较短,而不同类型的状态之间的距离应当较长,据此可以对各种状态进行分类以简化数据结构。但是,这样做不能对两个属性变量同时进行分析,因此不计算距离,代之求协方差矩阵,进行因子分析,提取主因子,用主因子所定义的坐标轴作为参照系,对两个变量的各状态进行分析。

先对行剖面进行分析,即 Q 型因子分析。假定各个行剖面的坐标均经过了形如式(13.7)的变换,以消除变量 B 的各个状态发生的边缘概率的影响。即变换后的行剖面为:

$$p_i^{r'}(D_p^{\frac{1}{2}})^{-1}, i=1, 2, \cdots, n$$

则变换后的 n 个行剖面所构成的矩阵为:

$$P_r = \begin{pmatrix} p_1^{r'}(D_p^{\frac{1}{2}})^{-1} \\ p_2^{r'}(D_p^{\frac{1}{2}})^{-1} \\ \vdots & \vdots \\ p_n^{r'}(D_p^{\frac{1}{2}})^{-1} \end{pmatrix}$$

进行 Q 型因子分析就是从矩阵 P_r 出发,分析其协方差矩阵,提取公共因子(主成分)的分析。设 P_r 的加权协方差矩阵为 Σ_r,则有:

$$\Sigma_r = \sum_{i=1}^n p_i.[(D_p^{\frac{1}{2}})^{-1}p_i^r - p_J^{\frac{1}{2}}][p_i^{r'}(D_p^{\frac{1}{2}})^{-1} - p_J^{\frac{1}{2}'}]$$

因为对任意的 $i(i=1, 2, \cdots, n)$,有:

$$[p_i^{r'}(D_p^{\frac{1}{2}})^{-1} - p_J^{\frac{1}{2}'}]p_J^{\frac{1}{2}} = \left(\frac{p_{i1}-p_{i.}p_{.1}}{\sqrt{p_{.1}}p_{1.}} \quad \frac{p_{i2}-p_{i.}p_{.2}}{\sqrt{p_{.2}}p_{1.}} \quad \cdots \quad \frac{p_{ip}-p_{i.}p_{.p}}{\sqrt{p_{.p}}p_{1.}}\right)\begin{bmatrix}\sqrt{p_{.1}}\\\sqrt{p_{.2}}\\\cdots\\\sqrt{p_{.p}}\end{bmatrix} = 0$$

(13.15)

所以,$\Sigma_r p_J^{\frac{1}{2}} = 0$。也就是说,变换后行剖面点集的重心 $p_J^{\frac{1}{2}}$ 是 Σ_r 的一个特征向量,且其所对应的特征根为零。因此,该因子轴对公共因子的解释而言是无用的,在对应分析中,总是不考虑该轴。实际上，在对列剖面进行分析时也存在类似的情况，$p_I^{\frac{1}{2}}$ 是变换后剖面集所构成矩阵的协方差矩阵的一个特征向量，且对其对应的特征根也为零。因此，因子轴 $p_I^{\frac{1}{2}}$ 也是无用的。

为了更清楚地了解对应分析的具体计算过程，我们看一下 Σ_r 中的元素。设 $\Sigma_r = (a_{ij})_{n \times n}$，则有：

$$
\begin{aligned}
a_{ij} &= \sum_{a=1}^{n} \left(\frac{p_{ai}}{\sqrt{p_{.i} p_{a.}}} - \sqrt{p_{.j}} \right) \left(\frac{p_{aj}}{\sqrt{p_{.j} p_{a.}}} - \sqrt{p_{.j}} \right) p_{a.} \\
&= \sum_{a=1}^{n} \left(\frac{p_{ai}}{\sqrt{p_{.i} p_{a.}}} - \sqrt{p_{.j}} \sqrt{p_{a.}} \right) \left(\frac{p_{aj}}{\sqrt{p_{.j} p_{a.}}} - \sqrt{p_{.j}} \sqrt{p_{a.}} \right) \\
&= \sum_{a=1}^{n} \left(\frac{p_{ai} - p_{.i} p_{a.}}{\sqrt{p_{.i} p_{a.}}} \right) \left(\frac{p_{aj} - p_{.j} p_{a.}}{\sqrt{p_{.j} p_{a.}}} \right) \\
&= \sum_{a=1}^{n} z_{ai} z_{aj}
\end{aligned}
\tag{13.16}
$$

其中，$z_{ij} = \dfrac{p_{ij} - p_{i.} p_{.j}}{\sqrt{p_{i.} p_{.j}}}$ $(i=1,2,\cdots,n; j=1,2,\cdots,p)$。

若令 $Z = (z_{ij})$，则有：

$$\Sigma_r = ZZ' \tag{13.17}$$

依照上述方法，可以对列剖面进行分析，设变换后的列剖面集所构成矩阵的协方差矩阵为 Σ_c，则可以得到：

$$\Sigma_c = Z'Z \tag{13.18}$$

其中，矩阵 Z 的定义与上面完全一致。

这样，对应分析的过程就转化为基于矩阵 Z 的分析过程，由式(13.17)和式(13.18)可以看出，矩阵 Σ_r 与 Σ_c 存在简单的对等关系，如果把原始列联表中的数据 n_{ij} 变换成 z_{ij}，则 z_{ij} 对两个属性变量有对等性。

由矩阵的知识可知，$\Sigma_r = ZZ'$ 与 $\Sigma_c = Z'Z$ 有完全相同的非零特征根，记作 $\lambda_1, \lambda_2, \cdots, \lambda_r (\lambda_1 \geqslant \lambda_2 \geqslant \cdots \geqslant \lambda_r)$，而经过上面的分析可知，$\Sigma_r$ 与 Σ_c 均有一个特征根为零，且其所对应的特征向量分别为 $P_I^{1/2}$，$P_J^{1/2}$，由这两个特征向量构成的因子轴为无用轴。因此，在对应分析中，公共因子轴的最大维数为 $\min(n,p)-1$。所以有 $0 < r < \min(n,p)-1$。设 $u_1, u_2, \cdots u_r$ 为相对于特征根 $\lambda_1, \lambda_2, \cdots, \lambda_r$，$\Sigma_r$ 的特征向量，则有：

$$\Sigma_r u_j = ZZ' u_j = \lambda_j u_j \tag{13.19}$$

对式(13.19)两边左乘矩阵 Z'，有：

$$Z'Z(Z'u_j) = \lambda_j (Z'u_j) \tag{13.20}$$

即 $\Sigma_c (Z'u_j) = \lambda_j (Z'u_j)$。

这表明 $Z'u_j$ 即为相对于特征根 λ_j 的 Σ_c 的特征向量，这就建立了对应分析中 R 型因子分析与 Q 型因子分析的关系，这样，就可以由 R 型因子分析的结果很方便地得到 Q 型因子分析的结果,从而大大减少了计算量,特别是克服了当某一属性变量的状态特别多时计算上的困难。又由于 Σ_r 与 Σ_c 具有相同的非零特征根,而这些特征根正是各个公共因子所解释的方差,或提取的总惯量的份额,即有 $\sum_{i=1}^{r}\lambda_i = I_I = I_J$。

那么,在变量 B 的 p 维空间 R^p 中的第一主因子、第二主因子…直到第 r 个主因子与变量 A 的 n 维空间 R^n 中相对应的各个主因子在总方差中所占的百分比完全相同。这样就可用相同的因子轴同时表示两个属性变量的各个状态,把两个变量的各个状态同时反映在具有相同坐标轴的因子平面上,以直观地反映两个属性变量及各个状态之间的相关关系。一般情况下,我们取两个公共因子,这样,就可以在一张二维图上同时画出两个变量的各个状态。

3. 对应分析应用于定量变量的情况

上面对对应分析方法的描述都是以属性变量数据为例展开的,这是因为在实际中对应分析广泛地应用于对属性变量列联表数据的研究。实际上,对应分析方法也适用于定距尺度与定比尺度的数据。假设要分析的数据为 $n\times p$ 的表格形式(n 个观测,p 个变量),延用上面的思想,同样可以对数据进行规格化处理,再进行 R 型因子分析与 Q 型因子分析,进而把观测与变量在同一张低维图形上表示出来,分析各观测与各变量之间的接近程度。

其实,对于定距尺度与定比尺度的情况,完全可以把每一个观测都分别看成是一类,这也是对原始数据进行的最细的分类;同时把每一个变量都看成是一类。这样,对定距尺度数据与定比尺度数据的处理问题就变成与上面分析属性变量相同的问题了,自然可以运用对应分析来研究行与列之间的相关关系。但是应当注意对应分析要求数据阵中每一个数据都是大于或等于零的,当用对应分析研究普通的 $n\times p$ 的表格形式的数据时,若有小于零的数据,则应当先对数据进行加工,比如说将该变量的各个取值都加上一个常数。有的研究人员将对应分析方法用于对经济问题截面数据的研究,得到了比较深刻的结论。

需要注意的是,用对应分析生成的二维图上的各状态点,实际上是两个多维空间上的点的二维投影,在某些特殊的情况下,在多维空间中相隔较远的点,在二维平面上的投影却很接近。此时,我们需要对二维图上的各点做更深的了解,即哪些状态对公因子的贡献较大,这与在因子分析中判断原始变量对公因子贡献的方法类似。

13.1.4 对应分析的步骤

由前面的分析可知,对一个来源于实际问题的列联表数据,运用对应分析方法进行研究的过程可以最终转化为进行 R 型因子分析与 Q 型因子分析的过程。一般地,对应分析应包括如下几个步骤。

(1) 由原始列联表数据计算规格化的概率意义上的列联表。

(2) 计算 Z 矩阵。

(3) 由 Σ_r 或 Σ_c 出发进行 R 型因子分析或 Q 型因子分析,并由 R(或 Q)型因子分析的结果推导出 Q(或 R)型因子分析的结果。

(4) 在二维图上画出原始变量各个状态,并对原始变量相关性进行分析。

13.2 对应分析的 SPSS 操作

13.2.1 简单对应分析的 SPSS 操作

使用 SPSS Statistics 24.0 进行简单对应分析的操作步骤如下。

（1）对数据文件进行处理。如果数据文件中含有频数变量，应该首先对其进行加权处理。选择【数据】→【个案加权】，进入【个案加权】对话框，选择【个案加权系数】按钮，把作为权数的变量移至右侧的【频率变量】列表框，单击【确定】按钮，执行加权操作。如图 13-2-1 所示的【个案加权】窗口。

（2）在主菜单中，选择【分析】→【降维】→【对应分析】命令，进入【对应分析】主对话框。【对应分析】主对话框如图 13-2-2 所示。

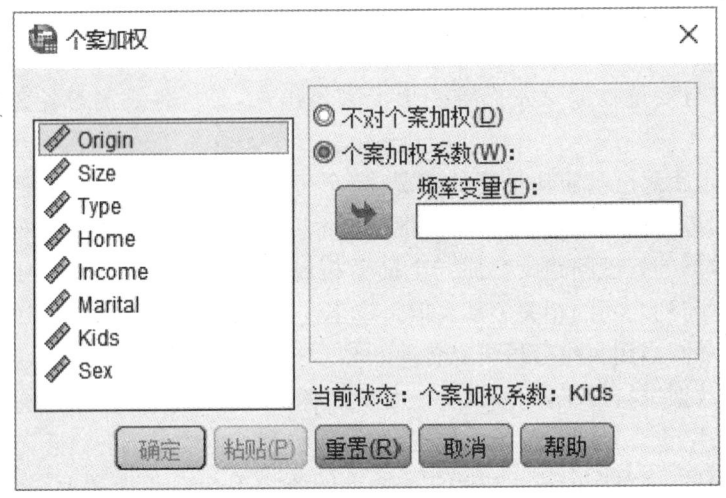

图 13-2-1 【个案加权】窗口

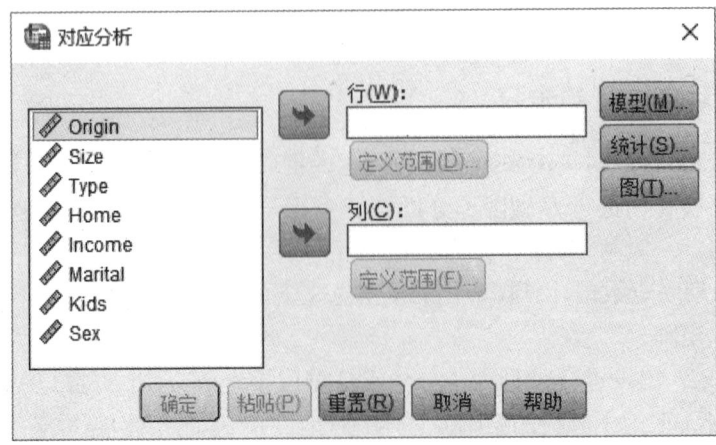

图 13-2-2 【对应分析】主窗口

（3）指定行（列）变量及其范围。在主对话框中，从左侧的变量列表框中选择变量，单击上方的右向箭头按钮，将其移至【行(W)】文本框中，该变量作为对应分析的行变量。然后单击【行(W)】文本框下方的【定义范围(D)】按钮，进入【定义行范围(D)】子对话框，如图 13-2-3 所示。在该对话框中指定选取行变量的范围，分别在【最小值(M)】文本框和【最大值(A)】文本框中输入该行变量中参与对应分析的最小变量值和最大变量值，单击【继续】按钮，确认操作。

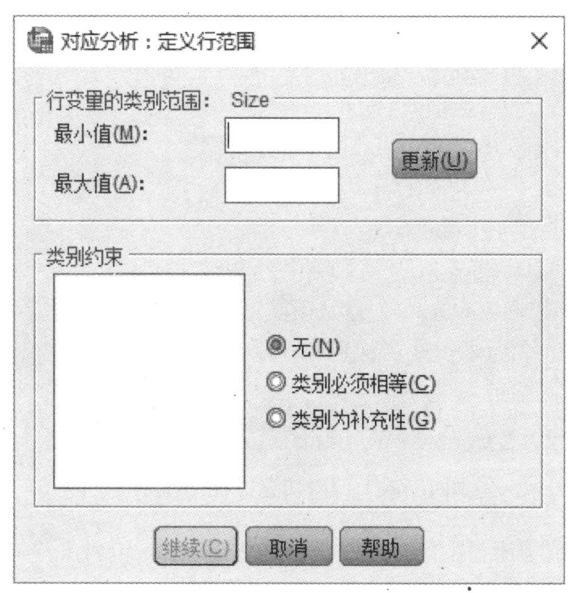

图 13-2-3 【对应分析:定义行范围】窗口

该对话框中还给出分类约束的单选项，在【类别约束】选项组的列表框中选择分类约束，共有 3 个选项。

【无(N)】：表示无约束，是系统默认选项。

【类别必须相等(C)】：每一个分类有相同的变量值，行分类的最大值可以限定为有效行分类数减 1。如果需要在分类集合中将不同的分类变量值指定为属于同一分类时，可以利用 Syntax 命令行语句。

【类别为补充型(G)】：补充型的类别不影响分析结果，对维数的定义也不起作用。最大补充行分类等于行分类总数减 2。

对于列变量的选择和指定范围的方法与行变量的基本相同，在此不再赘述。

（4）在主对话框中单击【模型】按钮，进入【对应分析:模型】子对话对话框，如图 13-2-4 所示。该对话框用于选择对应分析的方法和模型。

① 在【解的维数(D)】文本框中输入解的维度，即行列变量分类的最终提取因子的个数。系统默认值为 2，可以将各分类点表示在二维平面上。通常选择尽可能小的维度可以解释多数的变量，最大维度取决于用于分析有效分类及相等的条件，可选的最大维度为各变量中最小的分类数减 1。

② 【距离测量】选项组。用于确定分类点之间距离的定义方式，包含两个单选项，即卡方距离和欧式距离。

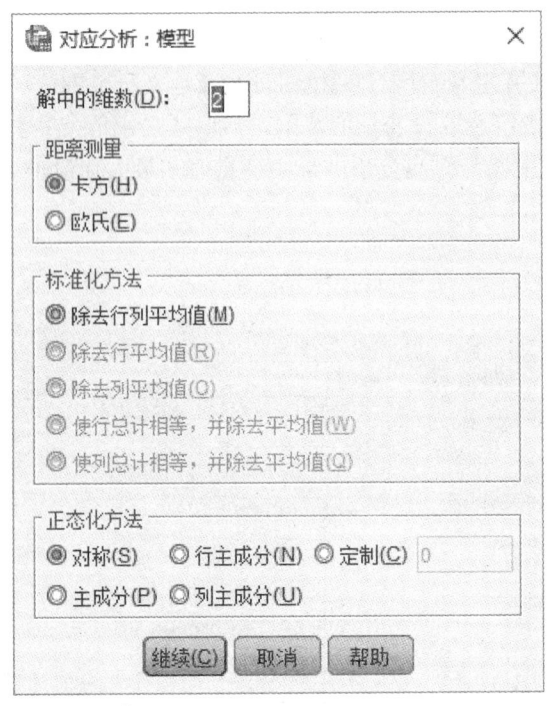

图 13-2-4 【对应分析:模型】窗口

③【标准化方法】选项组,用于指定数据标准化的方式,包含 5 个单选项。

【除去行列平均值(M)】:系统默认选项,行和列都是中心,该方法需要标准对应分析。

【除去行平均值(R)】:只有行是中心。

【除去列平均值(O)】:只有列是中心。

【使行总计相等,并除去平均值(W)】:在行的中心前,使行边缘相等。

【使列总计相等,并除去平均值(Q)】:在列的中心前,使列边缘相等。

④【正态化方法】选项组,用于指定数据正态化方法,包含 5 个单选项。

【对称(S)】:对称法,如果希望分析行列变量各类别之间的差异,而不是每个变量之间的差异时,可以选择该项。

【行主成分(N)】:行主成分法,该方法适用于分析行变量类别间的差异或相似性。

【定制(C)】:自定义法,选择该项,需要在后面的文本框中输入数值,数值范围在 $-1 \sim 1$ 之间,-1 对应列主成分法,0 对应对称法,1 对应行主成分法。利用不同的输入值可以定制行列点图。

【主成分(P)】:主成分法,如果希望分析两变量中类别的差异,而不是两变量之间的差异时,可以选择该选项。

【列主成分(U)】:列主成分法,该方法适用于分析列变量类别间的差异或相似性。

(5) 在主对话框中单击【统计】按钮,进入【对应分析:统计】子对话框,如图 13-2-5 所示。该对话框用于指定输出统计量。

①【对应表(C)】:系统默认选项,表示输出含有输入变量的行列变量的交叉列联表。

②【行点概述(R)】:系统默认选项,表示输出行变量分类的因子荷载以及方差贡值。

③【列点概述(L)】：系统默认选项，表示输出列变量分类的因子荷载以及方差贡值。

④【对应表的排列(P)】：重组对应表，使行与列根据第一维度的分布按递增方式进行排序，需要设定【最大排列维数(M)】，系统默认值为1。

⑤【行概要(O)】：选择该项，表示输出频数的行百分比。

⑥【列概要(U)】：选择该项，表示输出频数的列百分比。

⑦【以下对象的置信度统计】：此选项组用于选择输出行或列的置信统计量，包括两个复选框。

【行点(W)】：输出统计量中包括所有的行点的标准差和所有维度的相关系数。

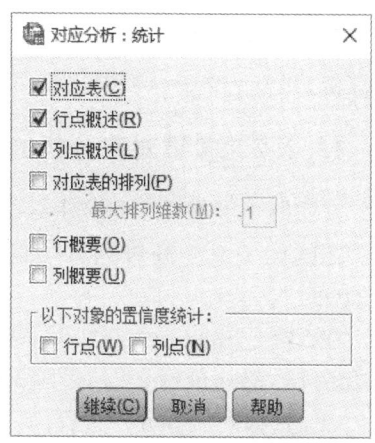

图 13-2-5 【对应分析:统计】窗口

【列点(N)】：输出统计量中包括所有的列点的标准差和所有维度的相关系数。

(6) 在主对话框中单击【图】按钮，进入【对应分析：图】子对话框，如图 13-2-6 所示。该对话框用于指定输出图形的选择和设置。

①【散点图】选项组，给出产生散点图的形状和类型。

【双标图】：行列变量对应分布图。为系统默认选项。

【行点】：行变量各类别在第一因子和第二因子上的荷载图。

【列点】：列变量各类别在第一因子和第二因子上的荷载图。

【散点图的 ID 标签宽度】：在该文本框中指定散点图中数据点标签的长度，系统默认值为 20。

②【折线图】选项组，给出各种线图选项。

【转换后行类别(I)】：行变量各分类的因子荷载线图。

【转换后列类别(A)】：列变量各分类的因子荷载线图。

【折线图的 ID 标签宽度】：在该文本框中指定线图中数据点标签的长度，系统默认值为 20。

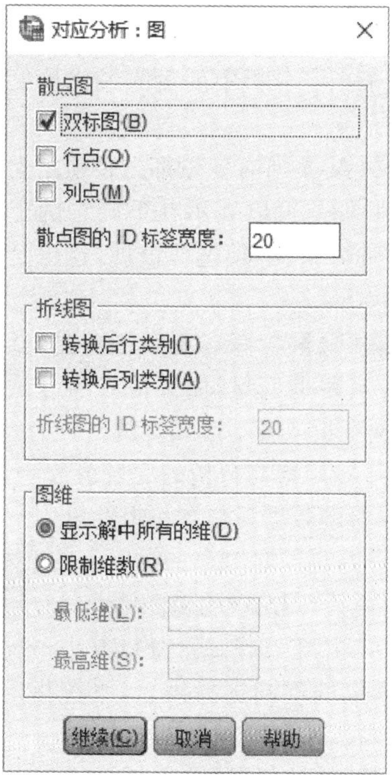

图 13-2-6 【对应分析:图】窗口

③【图维】选项组，控制输出窗口中显示结果的维数，包含两个单选项。

【显示解中所有的维(D)】：在散点图中显示解得所有维数。

【限制维数(R)】：限制输出窗口的显示维数，需要在后面的【最低维数(L)】和【最高维数(R)】文本框中输入最小值和最大值。

(7) 单击【确定】按钮,执行对应分析操作。

经过上述步骤,已完成简单对应分析的基本操作过程。SPSS 将根据用户的定义自动进行分析,并将结果显示到输出窗口中。

13.2.2 多重对应分析的 SPSS 步骤

在实际中经常需要研究由 3 个或 3 个以上的变量形成的交叉列联表,并需要研究分类变量之间的关系。高维列联表的对应分析称为多重对应分析(Multiple Correspondence Analysis MCA)。

在 SPSS Statistics 24.0 中,多重对应分析过程是交替最小二乘法的最优标度(Optimal Scaling by Alternating Least Squares)模块中的一个过程。其基本操作如下。

(1) 选择同质性分析过程。

与其他模块不同,交替最小二乘法的最优标度模块中包含 3 个关系密切但又相对独立的过程,即多重对应分析、分类主成分分析和非线性典型相关分析。

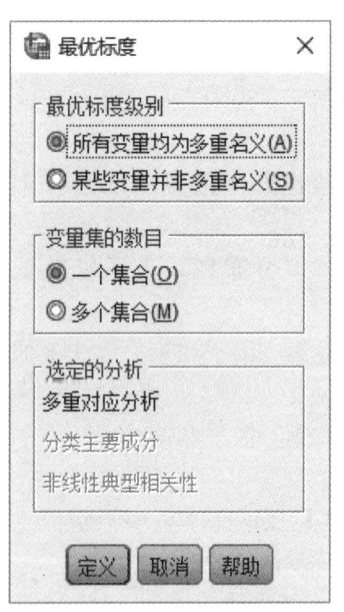

图 13-2-7 【对应分析:最优标度】窗口

在进行同质性分析之前必须选择分析过程。选择【分析】→【降维】→【最优标度】命令,进入【最优标度】命令对话框,如图 13-2-7 所示。

① 【最优标度级别】:用于指定分析中变量的最优尺度水平,包含两个单选项。

【所有变量均为多重名义(A)】:所有变量都为多项定类型变量,即所有参与分析的变量都是可以表示在不同维的定类型分类变量。如果选择同质性分析,必须选择该项,这也是对应分析中对数据的基本要求。

【某些变量并非多重含义(S)】:含有非定类型变盆,参与分析的变量中至少含有一个定距型变量,而其他参与分析的变量都为定类型变量、定序型变量或者不连续变量。

② 【变量级的数目】:用于指定参与分析的变量组数。

【一个集合(O)】:参与分析的数据只包含一组变量。

【多个集合(M)】:参与分析的数据包含一组以上的变量,如果选择该项,【非线性典型相关性】选项将被激活。

③ 【选定的分析】选项组,. 用于选择显示分析方法。根据上面对最优尺度水平和变量集的不同选择组合,系统指定 3 种不同类型的分析方法之一。

【多重对应分析】:该方法采用同质性分析方法进行分析,当选择【所有变量均为多重名义(A)】和【一个集合(O)】选项时,该选项被激活。

【分类主要成分】:即分类主成分分析,当选择【某些变量并非多重名义(S)】和【一个集合(O)】选项时,该选项被激活。

【非线性典型相关性】:即非线性典型相关分析,当选择【多个集合(M)】选项时,该选项被激活。

(2) 打开【多重对应分析】主对话框。

在【最优标度】对话框中选定多重对应分析过程后,单击【定义】按钮,进入【多重对应分析】主对话框,如图 13-2-8 所示。

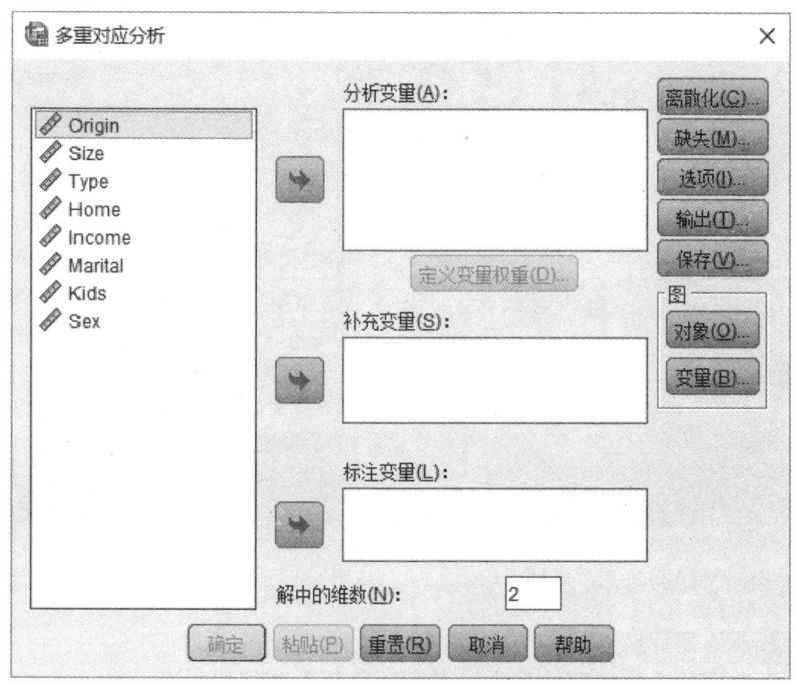

图 13-2-8 【多重对应分析】窗口

在左侧的变量列表框中选择变量,单击右向箭头按钮,将其移到右边的【分析变量】列表框中,在该列表框下单击【定义变量权重(D)】按钮,在【MCA:定义变量权重】对话框中定义变量的权数,系统默认值为 1,如图 13-2-9 所示。如果需要的话,还可以在【补充变量】列表框和【标记变量】列表框中指定补充变量和标记变量。

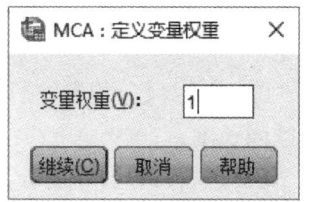

图 13-2-9 【MCA:定义变量权重】窗口

在【解的维数】文本框中输入多重对应分析的维数,系统默认值为 2,一般利用尽可能小的维度来解释大多数的变量。如果分析中包含两个以上的维度,则在输出结果中可以显示前 3 个维度的三维图形,也可以通过编辑图形显示其他的维度。

(3)【离散化】设置:在主对话框中单击【离散化】按钮,进入【MCA:离散化】子对话框,如图 13-2-10 所示。该对话框用于选择对变量进行重新编码的方法。如果没有特别指定的话,由小数构成的变量值会根据近似正态分布而被分成 7 个类别,如果变量值少于 7 个,则会根据实际的变量值数量分成相应的类别;字符串变量则根据变量值字母的递增顺序依次转换成正整数;默认情况下,其他类型的变量不进行转换。在分析中将利用转换以后的变量值和分类。

①【方法(I)】下拉列表框中给出分组、秩次或乘数的选择。在【变量(V)】列表框中选定一个变量后,打开【方法(I)】下拉列表框,弹出如图 13-2-11 所示的 4 个选项。

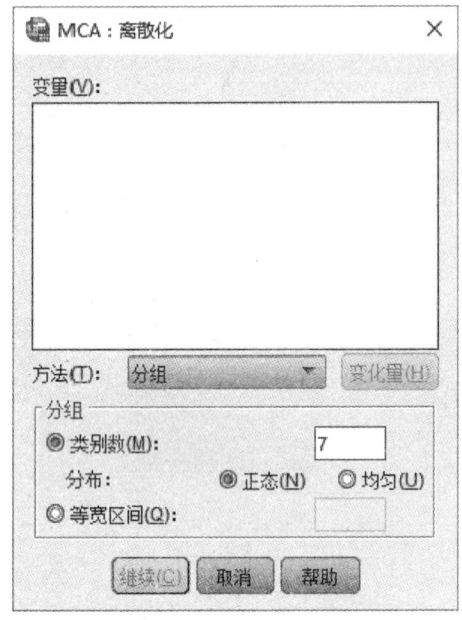 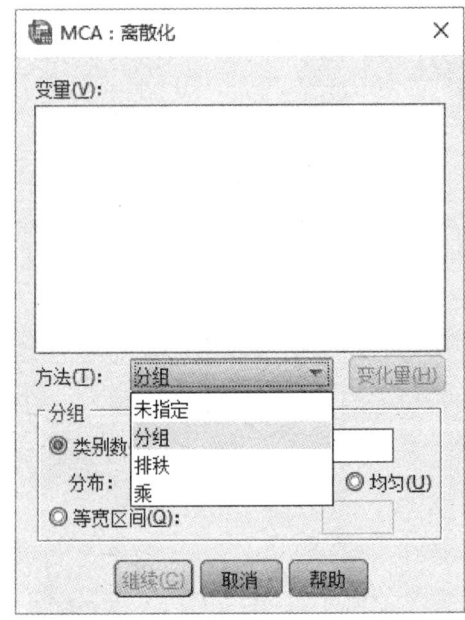

图 13-2-10 【MCA:离散化】窗口　　图 13-2-11 【MCA:离散化】方法设置窗口

【未指定】:不指定转换方式。

【分组】:将数据转换为指定的分类或者利用区间重新编码。

【排秩】:根据个案的秩次对变量进行离散化。

【乘】:将变量值进行标准化,变量值乘 10 后取整,再加一常数,目的是将最小的值转换为 1。

② 当选择【分组】选项后,对话框下方的【分组】选项组被激活,可以在此选择分类数量和区间长度。

【类别数(M)】:给出分类的数量以及指定变量值是根据近似正态分布还是根据近似均匀分布确定变量值的所属类别。需要在【类别数】文本框中输入分类数最.系统默认值为 7,在【分布】中选择【正态(N)】或者【均匀(U)】,系统默认选项为【正态(N)】。

【等宽区间(Q)】:变量根据指定的等距区间进行重新编码和分类,在后面的文本框中输入区间长度。

(4)【缺失】设置:在主对话框中单击【缺失】按钮,进入【MCA:缺失值】子对话框,如图 13-2-12 所示。该对话框用于选择在分析变量和补充变量中对缺失值的处理方式。

在【策略】选项组中包含以下选项。

①【排除缺失值;以便在量化后进行相关性插补(E)】:对变量的相关性量化后,选择排除缺失值。对于最优标度变量的相关性,必须选择估算方法。选择【众数(D)】选项,表示由最优标度变量的模式替换缺失值,选择【附加类别(X)】选项,则表示利用另外的类别替换缺失值。

②【插补缺失值(I)】:即估算缺失值,需指定估算方法,选择【众数】选项,表示利用该变量的频数最大的类别替换缺失值,选择【附加类别(X)】选项,则表示利用另外的类别替换缺失值。

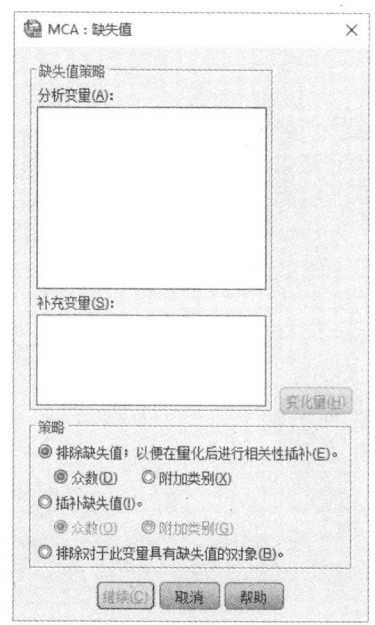
图13-2-12 【MCA:缺失值】窗口

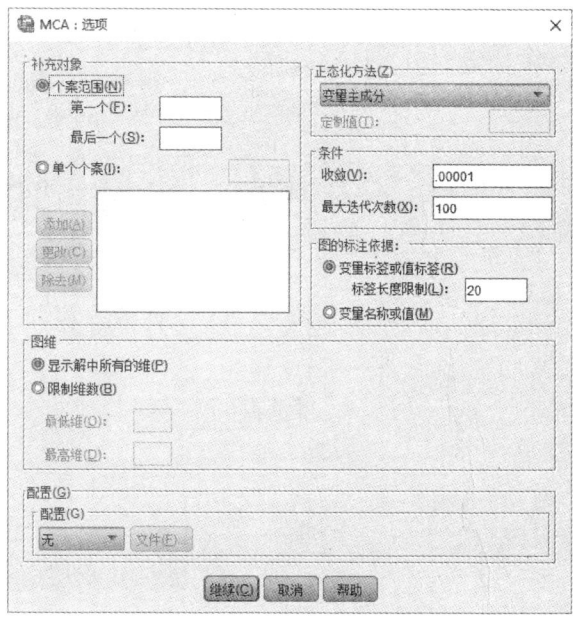
图13-2-13 【MCA:选项】窗口

③【排除对于此变量具有缺失值对象的对象(B)】:即将所有包含缺失值的对象排除在分析之外。需要注意的是,这种缺失值的处理方式不能用于增补变量。

选择完毕后,单击【继续】按钮,确认对设置的修改。

(5)【选项】设置:在主对话框中单击【选项】按钮,进入【MCA:选项】子对话框,如图13-2-13 所示。该对话框中给出了关于初始设置、迭代次数和收敛准则、标准化方法、标识图形和补充对象等选项。

①【补充对象】选项组,用于指定作为补充对象个案数,可以指定范围,也可以指定具体个案。

②【正态化方法】选项组,用于选择标准化变量和对象的得分方法,下拉列表框中包含5个选项,即变量主成分法、对象主成分法、对称、独立、定制。

③【条件】选项组,用于指定最大收敛准则和最大迭代次数。

④【图的标注依据】选项组,用于指定输出结果的图形中变量名的显示,包括变量标签或值标签、变量名称或值。

⑤【图维】选项组,用于控制输出窗口中显示结果的维数。

⑥【配置】选项组,用于从外部读入数据文件,指定外部数据文件中的数据构成多维数据,数据文件中的每个变量构成坐标中的一个维度。

(6)【输出】设置:在主对话框中单击【输出】按钮,进入【MCA:输出】子对话框,如图13-2-14 所示。该对话框用于设置输出结果选项。

(7)【保存】设置:在主对话框中单击【保存】按钮,进入【MCA:保存】子对话框,如图13-2-15 所示。在该对话框中可以选择保存离散化数据,转换数据保存为 SPSS 数据文件或者数据集,还可以将转换数据和对象的得分值保存在活动数据集中。如果希望将对象得分值或者转换值保存在活动数据集中,应该指定多项分类变量的维数。

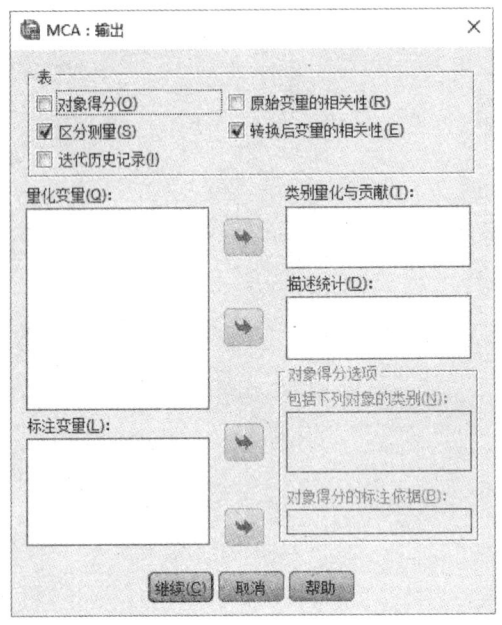

图 13-2-14 【MCA:输出】窗口

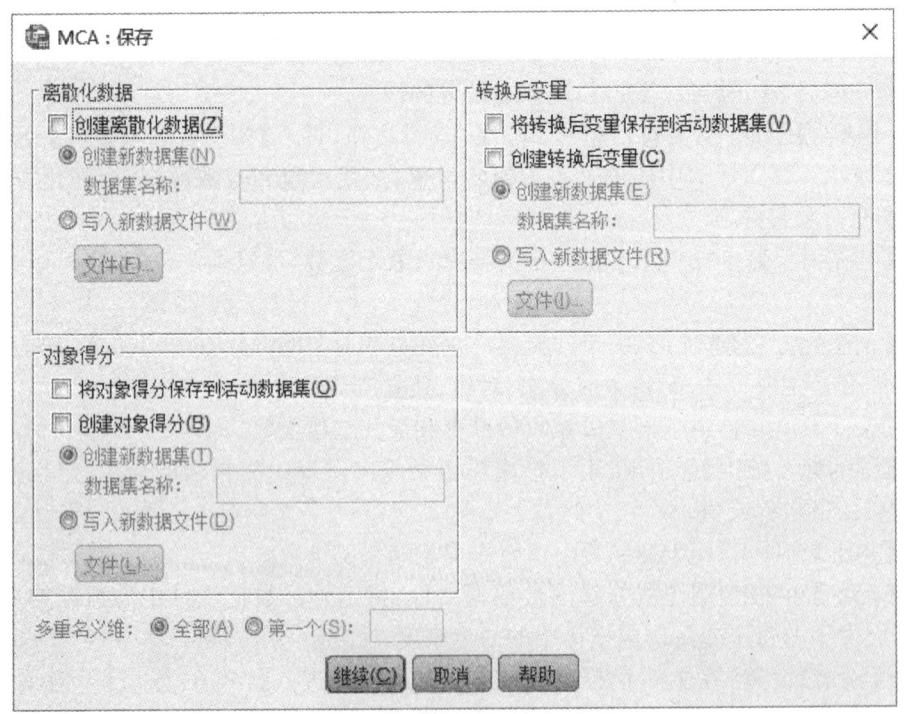

图 13-2-15 【MCA:保存】窗口

(8)【图】对象设置:在主对话框中单击【对象】按钮,进入【MCA:对象图】子对话框,如图 13-2-16 所示。在对话框中设置对象作图的相关选项。

①【图】选项组,用于设置作图的类别,包含两个复选框。

【对象点】：表示只对对象点作图，为系统默认选项。

【对象和质心（双标图）】：表示对对象点及其中心点作图。当选择该项时，【双标图变量】选项组被激活，如图 13-2-16 所示。

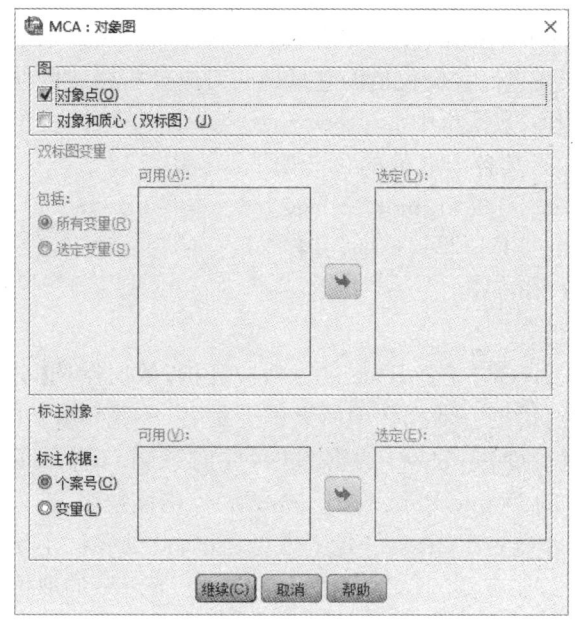

图 13-2-16 【MCA：对象图】窗口　　　图 13-2-17 【MCA：变量图】窗口

② 【双标图变量】选项组，用于设置作行、列联合分数图的变量，包含两个单选项。分别是【所有变量】和【选定变量】。

③ 【标签对象】选项组，用于设置标识对象的标签变量，包含两个单选项。

【个案号】：表示以行号作为标签，为系统默认选项。

【变量】：选择该项时，需要把标签变量从【可用】列表框移至【选定】列表框中，可以同时选入多个。

(9) 【图】变量设置：在主对话框中单击【变量】按钮，进入【MCA：变量图】子对话框，如图 13-2 17 所示。在对话框中设置变量作图的相关选项。

在设置变量作图的相关选项时，包含以下方面：

① 【类别图】，对选入的每个变量作一个图形，显示其各类别的中心值。

② 【联合类别图】，在一个图形中显示所有选入变量类别的中心值。

③ 【转换图】，对选入变量作最优化值对类别指示变量的图形。

④ 在【区分测量】选项组中，选中【显示图】复选框激活后面的选项，为指定变量输出区分度量（即量化后变量在各维度上的方差）的图形，指定变量的方式包括【使用所有变量】和【使用选定变量】两种。

(10) 单击【确定】按钮，执行多重对应分析操作。

经过上述步骤，已完成多重对应分析的基本操作过程。SPSS 将根据用户的定义自动进行分析，并将结果显示到输出窗口中。

13.3 案例分析

例:选用 SPSS 软件自带的 GSS93 subset.sav 数据,该数据在 SPSS 软件的安装目录下可以找到,该数据共包括 1 500 个观测,67 个变量。我们仅借助它来说明对应分析模块的使用方法,不对其具体意义作过多的分析。选用该数据集中 Degree(学历)与 Race(人种)变量为例来说明。其中 Degree 变量是定类尺度的,其各个取值的含义如下:0—中学以下(Less than high school);1—中学(High school);2—专科(Junior college);3—本科(Bachelor),4—研究生(Graduate);7,8,9—缺失。Race 变量是定类尺度的,其各个取值的含义如下:1—白种人(white);2—黑种人(black);3—其他(other)。

1. 相关操作及设置

打开 GSS93 subset.sav 数据,对变量 Degree 与变量 Race 进行对应分析,依次点选【分析】→【降维】→【对应分析】进入【对应分析】对话框。数据集中所有的变量名(标签)均已出现左边的窗口中,将 Degree 变量选入右侧行变量(Row)的窗口中,此时该窗口显示的 Degree 变量形如:Degree(? ?),同时,其下方的 Define Range 按钮被击活,点击该按钮,进入 Define Row Range 对话框,在该对话框中需要确定 Degree 变量的取值范围,此处我们不研究缺失值,最小值与最大值处分别输入 0 和 4,按右侧的【更新】钮,可以看到 Degree 的取值 0~4 已出现在【类别约束】框架左侧的窗口中,该框架的作用是对 Degree 的各状态加以限定条件的,保持默认值不变,即对 Degree 的取值不加以限定条件。

点击【继续】按钮,返回【对应分析】对话框,可以看到,此时行变量 Degree 的显示变为 Degree(0 4),按同样的方法把 Race 选为变量且设定其取值范围为 1~3,点击【确定】按钮运行则可以得到如下输出结果。

2. 输出结果及分析

1) 对应表

如表 13-3-1 所示的对应表,是由原始数据按 Degree 与 Race 分类的列联表。其中,行变量表示人种,列变量表示学历,活动边际为相应行或列的汇总数据。从中可以看到观测总数 $n=1\,496$ 而不是原始数据观测个数 1 500,这是因为原始数据中有 4 条记录有缺失。

表 13-3-1 对应表

RS Highest Degree	Racew of Respondent			
	white	black	other	活动边际
Less than HS	214	48	17	279
High school	658	92	30	780
Junior college	74	13	3	90
Bachelor	209	7	18	234
Graduate	99	7	7	113
活动边际	1 254	167	75	1 496

第13章 对应分析

2) 行轮廓与列轮廓

如表13-3-2、表13-3-3所示分别为实例的行剖面表、列剖面表。其中，行剖面表显示了各学历中不同人种的百分比，列剖面表显示了不同人种中各学历人群的百分比。

表13-3-2 行剖面表

RS Highest Degree	Racew of Respondent			活动边际
	white	black	other	
Less than HS	0.767	0.172	0.061	1.000
High school	0.844	0.118	0.038	1.000
Junior college	0.822	0.144	0.033	1.000
Bachelor	0.893	0.030	0.077	1.000
Graduate	0.876	0.062	0.062	1.000
数量	0.838	0.112	0.050	

表13-3-3 列剖面表

RS Highest Degree	Racew of Respondent			数量
	white	black	other	
Less than HS	0.171	0.287	0.227	0.186
High school	0.525	0.551	0.400	0.521
Junior college	0.059	0.078	0.040	0.060
Bachelor	0.167	0.042	0.240	0.156
Graduate	0.079	0.042	0.093	0.076
活动边际	1.000	1.000	1.000	

2) 结果汇总表

表13-3-4反映了对应分析的主要分析过程和关键结果，其给出了总惯量、卡方值及每一维度（公因子）所解释的总惯量的百分比的信息。

表13-3-4 结果汇总表

维	奇异值	惯量	卡方	显著性	惯量比例		置信度奇异值	
					占	累积	标准差	相关性
								2
1	0.144	0.021			0.852	0.852	0.021	0.065
2	0.060	0.004			0.148	1.000	0.026	
总计		0.024	36.482	0.000[a]	1.000	1.000		

a. 8自由度

在表 13-3-4 中包含的信息及对应的解释如下：

(1) 总惯量为 0.024，卡方值为 36.482，且有关系式：36.482＝0.024×1 496，由此可以清楚地看到总惯量与卡方值的关系，同时说明了总惯量描述了列联表行与列之间总的相关关系。

(2) 奇异值反映的是行与列各状态在二维图中分值的相关程度，实际上是对行与列进行因子分析产生的新的综合变量的典型相关系数，其在取值上等于特征值的平方根。

(3) 显著性(Sig.)是利用检验观测值计算得到的概率 p 值，表注表明了自由度为 $(5-1)\times(3-1)=8$，Sig. 值很小说明列联表的行与列之间有较强的相关性。

(4) 惯量比例部分是各维度(公共因子)分别解释总惯量的比例及累计百分比，类似于因子分析中公因子解释能力的说明。

3) 行变量、列变量分类降维情况

表 13-3-5、13-3-6 分别反映了行变量、列变量分类降维的情况。

表 13-3-5　行点总览[a]

RS Highest Degree	数量	维得分		惯量	贡献			
					点对维的惯量		维对点的惯量	
		1	2		1	2	1	2
Less than HS	0.186	-0.462	-0.414	0.008	0.276	0.531	0.750	0.250
High school	0.521	-0.078	0.192	0.002	0.022	0.322	0.285	0.715
Junior college	0.060	-0.304	0.193	0.001	0.039	0.037	0.857	0.143
Bachelor	0.156	0.723	-0.203	0.012	0.566	0.107	0.968	0.032
Graduate	0.076	0.429	-0.041	0.002	0.096	0.002	0.996	0.004
活动总计	1.000			0.024	1.000	1.000		

a. 对称正态化

表 13-3-6　列点总览[a]

Racew of Respondent	数量	维得分		惯量	贡献	
					点对维的惯量	
		1	2		1	2
White	0.838	0.113	0.079	0.002	0.074	0.088
Black	0.112	−1.051	−0.134	0.018	0.855	0.033
Other	0.050	0.452	−1.026	0.005	0.071	0.879
活动总计	1.000			0.024	1.000	1.000

列点总览

RS Highest Degree	贡献		
	维对点的惯量		
	1	2	总计
White	0.830	0.170	1.000
Black	0.993	0.007	1.000
Other	0.318	0.682	1.000
活动总计			

a. 对称正态化

表 13-3-5、表 13-3-6 中,包含的信息及相应的解释如下。

(1) 数量,分别指列联表中行与列的边缘概率,也就是 P_I 与 P_J。

(2) 维得分,是各个维度的分值,也就是行与列各状态在二维图中的坐标值。

(3) 惯量,是每一行(列)与其重心的加权距离的平方,可以看到 $I_I = I_J = 0.024$,即行剖面的总惯量等于剖面的总惯量。

(4) 贡献,是指行(列)的每一状态对每一维度(公共因子)特征值的贡献及每一维度对行(列)各个状态的特征值的贡献。由此可以更好的理解维度的来源及意义,如第一维度对行(列)中,Bachelor 对应的数值最大为 0.566,说明 Bachelor 这一状态对第一维度的贡献最大。

(5) 在表的最后部分维度对各状态特征值的贡献部分。从表 13-3-5 中该部分可以看到,除 High school 外,其余各最高学历的特征值的分布大部分集中在第一维度上,说明了第一维度反映了最高学历各状态大部分的差异,这实际上相当于因子分析中对共同度的分解。

4) 对应分析散点图

图 13-3-1 为实例对应分析的散点图,Degree(学历)各状态与 Race(人种)的各状态同时在一张二维图上的投影。在图上既可以看到每一变量内部各状态之间的相关关系,又可以同时考查两变量之间的相关关系。

为了更清楚地显示各状态之间的距离,我们可以给图 13-3-1 画上 X 轴与 Y 轴的参考线。方法如下:在 SPSS 的结果输出窗口中,双击该图形,进入图形编辑窗口,可以看到顶部的菜单相应发生了变化,依次选取【选项】→【X 轴参考线】,进入【属性】对话框,在【参考线】的【位置】文本框中输入 0,表明画出参考线 $X = 0$,输入别的值可以画出其他的参考线,而按

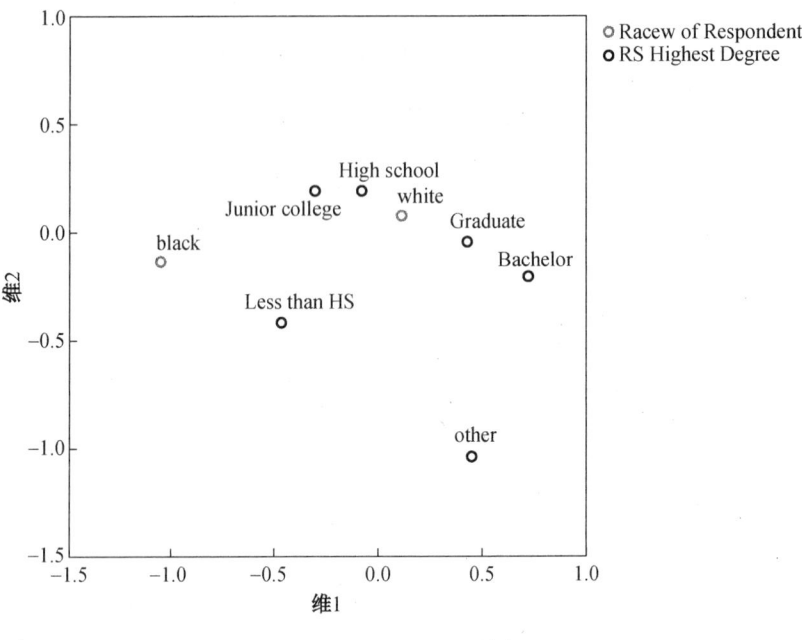

图 13-3-1　对应分析散点图

【删除】按钮可以移去相应的参考线。此处只画出 $X=0$ 的参考线，单击【应用】继续，可以看到 $X=0$ 的参考线已经出现在图形中。用同样的方法，画出 $Y=0$ 的参考线，然后关闭图形编辑窗口，则输出窗口的图形也发生了变化，上面的二维图变为如下输出结果 13-3-2 形式。

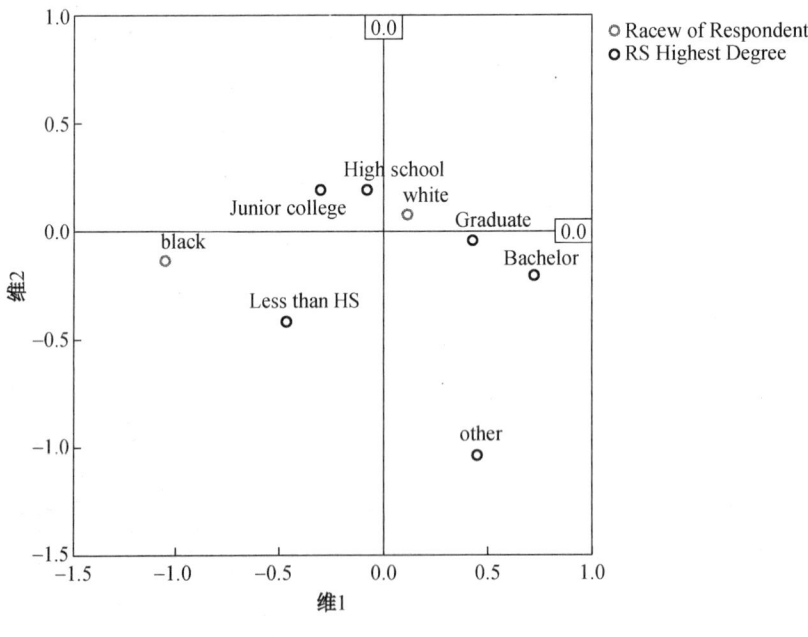

图 13-3-2　二维图输出结果

在同一变量内部，最高学历为 High school 及以上的各状态之间距离相近，而 less than high school 可以单独归为一类；对于人种，Black、white、other 之间的距离均很大，很明显形成三大类。同时考查两变量各状态,可以看到白种人(white)受教育程度一般较高,其与学历较高的点比较接近,而黑种人明显学历较低,与 less than high school 比较靠近。Other 的学历没有显著特点。

以上是 SPSS 默认设置得到的结果,在实际研究时,可以根据不同的研究目的对有关设置进行修改。

13.4 小 结

对应分析研究属性变量之间的关系,是用于寻求列联表的行与列之间的一种低维图形表示法,可以揭示同一变量的各个类别之间的差异,以及不同变量各个类别之间的对应关系。

本章首先介绍了对应分析的基本概念及基本思想,在列联表及列联表分析的基础上,接着论述了对应分析的基本理论,并详细地介绍了 SPSS Statistics 24.0 软件执行对应分析的操作,包括简单对应分析和多重对应分析的相关操作,最后结合实际案例进行了分析。

思 考 题

1. 试述对应分析的思想及特点。
2. 试述对应分析中总惯量的意义。
3. 试着找一个生活中的实际问题运用 SPSS 软件进行对应分析。
4. 对某公司不同职业类型的人员吸烟行为进行调查,共调查有效数据 193 例,如表 13-5-1 所示。被调查者职业分为 5 个层次,分别为高级管理者、初级管理者、高级职员、初级职员和文秘,表中用数字 1~5 来白表示;吸烟行为分为 4 种类型,分别为不吸烟、轻微、中等和严重,利用数字 1~4 表示。利用对应分析研究职员类型和吸烟行为之间的关系(数据见 SPSS Statistics 24.0 软件自带的 smoking,sav)。

表 13-5-1 吸烟行为和职业调查数据

职业类型	吸烟行为	人数	职业类型	吸烟行为	人数
1	1	4	3	3	12
1	2	2	3	4	4
1	3	3	4	1	18
1	4	2	4	2	24
2	1	4	4	3	33
2	2	3	4	4	13
2	3	7	5	1	10
2	4	4	5	2	6
3	1	25	5	3	7
3	2	10	5	4	2

参 考 文 献

[1] 何晓群.多元统计分析(第四版)[M].北京:中国人民大学出版社,2015.
[2] 韩明.应用多元统计分析[M].上海:同济大学出版社,2013.
[3] 党耀国,米传民,钱吴永.应用多元统计分析[M].北京:清华大学出版社,2012.
[4] 任雪松,于秀林.多元统计分析(第2版)[J].北京:中国统计出版社,2011.
[5] 管宇.实用多元统计分析[M].杭州:浙江大学出版社,2011.
[6] 朱星宇,陈勇强.SPSS多元统计分析方法及应用[M].北京:清华大学出版社,2011.
[7] 王在翔,崔庆霞,吕军城,等.SPSS软件与应用[M].北京:科学出版社,2015.
[8] 陈方樱,沈思.数据分析方法及SPSS应用[M].北京:科学出版社,2016.
[9] 谢龙汉,尚涛.SPSS统计分析与数据挖掘[M].北京:电子工业出版社,2012.
[10] 时立文.SPSS 19.0统计分析——从入门到精通[M].北京:清华大学出版社,2014.
[11] 卢纹岱,朱红兵,等.SPSS统计分析(第五版)[M].北京:电子工业出版社,2015.

第 14 章

典型相关分析

典型相关分析能够有效地揭示两组变量之间的内在联系。典型相关分析的用途很广,在实际分析问题时,当面临两组多变量数据,并希望研究两组变量之间的关系时,就要用到典型相关分析。例如,为了研究扩张性财政政策实施以后对宏观经济发展的影响,就需要考察有关财政政策的一系列指标,如财政支出总额的增长率、税率降低率等,与经济发展有关的一系列指标如国内生产总值增长率、就业增长率、物价上涨率等两组变量之间的相关程度。

本章主要介绍典型相关分析的基本思想、基本理论及分析方法,并结合具体案例介绍在 SPSS Statistics 24.0 软件里如何进行典型相关分析。

14.1 典型相关分析基本理论

14.1.1 典型相关分析的概念

典型相关分析(canonical correlation analysis)是利用综合变量对之间的相关关系来反映两组指标之间的整体相关性的多元统计分析方法。

在一元统计分析中,用相关系数来衡量两个随机变量之间的线性关系。用复相关系数研究一个随机变量和多个随机变量的线性相关关系。对于两组随机变量之间的相关关系的分析,上述方法就显得无能为力了。比如,在工厂里常常要研究产品的 p 个质量指标(x_1, x_2, $\cdots x_p$),q 个原材料的性能指标(y_1, y_2, $\cdots$, y_q)之间的相关关系。在经济学中,研究几种主要产品(如猪肉、牛肉、鸡蛋等)的价格与相应产品的销售量之间的相关关系,投资性变量(如劳动者人数、资金、电力、设备等)与国民收入变量(如工业国民收入、农业国民收入、建筑业国民收入等)之间的相关关系等等。

通常情况下,为了研究两组变量 (x_1, x_2, $\cdots$, x_p),(y_1, y_2, $\cdots$, y_q) 的相关关系,可以用最原始的方法,分别计算两组变量之间的全部相关系数,一共有 pq 个简单相关系数,这样既烦琐又不能抓住问题的本质。如果能够采用类似于主成分分析的思想,分别找出两组变量各自的某个线性组合,讨论线性组合之间的相关关系,这样既可以使变量个数简化,又可以达到分析相关性的目的。

典型相关分析的基本思想是,首先分别在每组变量中找出第一对变量的线性组合,使得两组的线性组合之间具有最大的相关系数。然后再在每组变量中找出第二对线性组合,使其分别与本组内的第一线性组合不相关,第二对本身具有次大的相关性。如此下去,直至两组变量的相关性被提取完为止。这时讨论两组变量之间的相关性问题就转化为只研究这些线性组合的最大相关性问题，从而减少了所研究变量的个数。

被选出的线性组合配对称为典型变量，它们的相关系数称为典型相关系数。典型相关系数度量了两组变量之间联系的强度。

一般地，设 $x = (X_1, X_2, \cdots, X_p)'$，$y = (Y_1, Y_2, \cdots, Y_q)'$ 是两个相互关联的随机向量，利用主成分分析的思想，分别在两组变量中选取若干有代表性综合变量 U_i，V_i，使每一综合变量都是原变量的一个线性组合，即：

$$U_i = a_{i1}X_1 + a_{i2}X_2 + \cdots + a_{ip}X_p \equiv a'x \quad (14.1)$$

$$V_i = b_{i1}Y_1 + b_{i2}Y_2 + \cdots + b_{iq}Y_q \equiv b'y \quad (14.2)$$

其中，可以只考虑方差为 1 的 x, y 的线性函数 $a'x$ 与 $b'y$，求使它们相关系数达到最大的这一组。若存在常向量 a_1, b_1，使得：

$$\rho(a_1'x, b_1'y) = \max \rho(a'x, b'y) \quad (14.3)$$

$$var(a'x) = var(b'y) = 1 \quad (14.4)$$

则称 $a_1'x, b_1'y$ 是 x, y 的第一对典型相关变量，求出第一对典型相关变量之后，可以类似地去求第二对，第三对，……，使得各对之间互不相关。这些典型相关变量就反映了 x, y 之间的线性相关的情况。也可以按照相关系数绝对值的大小来排列各对典型相关变量之间的先后次序，使得第一对典型相关变量相关系数的绝对值最大。

更重要的是，可以检验各对典型相关变量相关系数的绝对值是否显著地大于 0，如果是，这一对综合变量就真的具有代表性，如果不是，这一对变量就不具有代表性，不具有代表性的变量就可以忽略。这样就可通过对少数典型相关变量的研究，代替原来两组变量之间的相关关系的研究，从而容易抓住问题的本质。在研究实际问题时，可以通过典型相关分析找出几对主要的典型相关变量，根据典型相关变量的相关程度，各对典型相关变量线性组合中原变量系数的大小，结合对所研究实际问题的定性分析，尽可能给出较为深刻的分析结果。

14.1.2 总体典型相关分析

设随机向量 $x = (X_1, X_2, \cdots, X_p)'$，$y = (Y_1, Y_2, \cdots, Y_q)'$，$x, y$ 的协方差矩阵为：

$$cov\begin{bmatrix} x \\ y \end{bmatrix} = \Sigma = \begin{bmatrix} \Sigma_{11} & \Sigma_{12} \\ \Sigma_{21} & \Sigma_{22} \end{bmatrix} \quad (14.5)$$

不失一般性，设 $p < q$，Σ_{11} 是 $p \times p$ 阶矩阵，它是第一组变量的协方差，Σ_{22} 是 $q \times q$ 阶矩阵，它是第二组变量的协方差。而 $\Sigma_{12} = \Sigma_{21}'$ 是两组变量之间的协方差。且当 Σ 是正定阵时，Σ_{12} 与 Σ_{21} 也是正定的。

为了研究两组变量 x, y 之间的相关关系，考虑它们的线性组合：

$$\begin{cases} U_1 = a'x = a_{11}X_1 + a_{12}X_2 + \cdots + a_{1p}X_p \\ V_1 = b'y = b_{11}Y_1 + b_{12}Y_2 + \cdots + b_{1p}Y_p \end{cases} \quad (14.6)$$

其中，$a = (a_{11}, a_{12}, \cdots, a_{1p})'$，$b = (b_{11}, b_{12}, \cdots, b_{1p})'$ 是任意非零常数向量，在 x, y 及 Σ 给定的条件下，选取 a, b 使 U_1 与 V_1 之间的相关系数：

$$\rho = \frac{cov(U_1, V_1)}{\sqrt{var(U_1)var(V_1)}} = \frac{cov(a'x, b'y)}{\sqrt{var(a'x)var(b'y)}} \tag{14.7}$$

达到最大。

由于随机变量 U_1，V_1 乘以任意常数并不改变它们之间的相关关系，即不妨限定取标准化的随机变量 U_1 与 V_1，即规定 U_1 及 V_1 的方差为1，即：

$$\begin{cases} var(U_1) = var(a'x) = a'\sum_{11}a = 1 \\ var(V_1) = var(b'y) = b'\sum_{22}b = 1 \end{cases} \tag{14.8}$$

所以：

$$\rho = cov(a'x, b'y) = a'cov(x, y)b = a'\sum_{12}b \tag{14.9}$$

于是，此时的问题是，在式(14.8)的约束下，求 $a \in R^p$，$b \in R^q$ 使得(14.9)达到最大。由拉格朗日乘数法，这一问题等价于求 a，b 使：

$$G = a'\sum_{12}b - \frac{\lambda}{2}(a'\sum_{11}a - 1) - \frac{\mu}{2}(b'\sum_{22}b - 1) \tag{14.10}$$

达到最大。其中 λ，μ 为拉格朗日乘数因子。将 G 分别对 a 及 b 求偏导并令其为0，得方程组：

$$\begin{cases} \dfrac{\partial G}{\partial a} = \sum_{12}b - \lambda\sum_{11}a = 0 \\ \dfrac{\partial G}{\partial b} = \sum_{21}a - \mu\sum_{22}b = 0 \end{cases} \tag{14.11}$$

用 a'，b' 分别左乘(14.11)的两式，有：

$$\begin{cases} a'\sum_{12}b = \lambda a'\sum_{11}a = \lambda \\ b'\sum_{21}a = \mu b'\sum_{22}b = \mu \end{cases} \tag{14.12}$$

又 $(a'\sum_{12}b)' = b'\sum_{21}a$，

所以有：

$$\mu = b'\sum_{21}a = (a'\sum_{12}b)' = \lambda \tag{14.13}$$

也就是说，λ 恰好等于线性组合 U 与 V 之间的相关系数，于是(14.11)可写为：

$$\begin{cases} \sum_{12}b - \lambda\sum_{11}a = 0 \\ \sum_{21}a - \lambda\sum_{22}b = 0 \end{cases} \tag{14.14}$$

或者写成：

$$\begin{bmatrix} -\lambda \sum_{11} & \sum_{12} \\ \sum_{21} & -\lambda \sum_{22} \end{bmatrix} \begin{bmatrix} a \\ b \end{bmatrix} = 0 \qquad (14.15)$$

而(14.15)式有非零解的充要条件是：

$$\begin{vmatrix} -\lambda \sum_{11} & \sum_{12} \\ \sum_{21} & -\lambda \sum_{22} \end{vmatrix} = 0 \qquad (14.16)$$

式(14.16)左端为 λ 的 $p+q$ 次多项式，因此有 $p+q$ 个根，设为：

$$\lambda_1, \lambda_2, \cdots, \lambda_{p+q} (\lambda_1 \geqslant \lambda_2 \geqslant \cdots \geqslant \lambda_{p+q})$$

再以 $\sum_{12} \sum_{22}^{-1}$ 左乘式(14.14)中的第二式，则有：

$$\sum_{12} \sum_{22}^{-1} \sum_{21} a - \lambda \sum_{12} \sum_{22}^{-1} \sum_{22} b = 0 \qquad (14.17)$$

即：

$$\sum_{12} \sum_{22}^{-1} \sum_{21} a = \lambda \sum_{12} b \qquad (14.18)$$

又由式(14.14)中的第一式，得：

$$\sum_{12} b = \lambda \sum_{11} a \qquad (14.19)$$

将上式代入(14.17)式，得：

$$\sum_{12} \sum_{22}^{-1} \sum_{21} a - \lambda^2 \sum_{11} a = 0 \qquad (14.20)$$

即

$$(\sum_{12} \sum_{22}^{-1} \sum_{21} - \lambda^2 \sum_{11}) a = 0 \qquad (14.21)$$

再以 $\sum_{11}^{-1}$ 左乘式(14.21)，得：

$$(\sum_{11}^{-1} \sum_{12} \sum_{22}^{-1} \sum_{21} - \lambda^2 \sum_{11}^{-1} \sum_{11}) a = 0 \qquad (14.22)$$

即

$$(\sum_{11}^{-1} \sum_{12} \sum_{22}^{-1} \sum_{21} - \lambda^2 I_p) a = 0 \qquad (14.23)$$

因此，对 λ^2 有 p 个解，设为 $\lambda_1^2, \lambda_2^2, \cdots, \lambda_p^2 (\lambda_1^2 \geqslant \lambda_2^2 \geqslant \cdots \geqslant \lambda_p^2)$，对 a 也有 p 个解。

类似地，用 $\sum_{21} \sum_{11}^{-1}$ 左乘式(14.14)中的第一式，则有：

$$\sum_{21} \sum_{11}^{-1} \sum_{12} b - \lambda \sum_{21} \sum_{11}^{-1} \sum_{11} a = 0 \qquad (14.24)$$

又由式(14.14)中的第二式，得：

$$\sum_{21} a = \lambda \sum_{22} b \qquad (14.25)$$

代入式(14.24)，得：

$$(\sum_{21} \sum_{11}^{-1} \sum_{12} - \lambda^2 \sum_{22}) b = 0 \qquad (14.26)$$

再以 $\sum_{22}^{-1}$ 左乘式(14.26)，得：

$$(\Sigma_{22}^{-1}\Sigma_{21}\Sigma_{11}^{-1}\Sigma_{12} - \lambda^2 I_q)b = 0 \tag{14.27}$$

因此对 λ^2 有 q 个解，对 b 也有 q 个解。可以看出，λ^2 为 $\Sigma_{11}^{-1}\Sigma_{12}\Sigma_{22}^{-1}\Sigma_{21}$ 的特征根，a 是对应于 λ^2 的特征向量。同时 λ^2 也是 $\Sigma_{22}^{-1}\Sigma_{21}\Sigma_{11}^{-1}\Sigma_{12}$ 的特征根，b 为相应的特征向量。而式(14.23)，式(14.27)有非零解的充分必要条件为：

$$\left|\Sigma_{11}^{-1}\Sigma_{12}\Sigma_{22}^{-1}\Sigma_{21} - \lambda^2 I_p\right| = 0 \tag{14.28}$$
$$\left|\Sigma_{22}^{-1}\Sigma_{21}\Sigma_{11}^{-1}\Sigma_{12} - \lambda^2 I_q\right| = 0$$

对式(14.28)的第一式，由于 $\Sigma_{11} > 0$, $\Sigma_{22} > 0$，故 $\Sigma_{11}^{-1} > 0$, $\Sigma_{22}^{-1} > 0$，所以

$$\Sigma_{11}^{-1}\Sigma_{12}\Sigma_{22}^{-1}\Sigma_{21} = \Sigma_{11}^{-1/2}\Sigma_{11}^{-1/2}\Sigma_{12}\Sigma_{22}^{-1/2}\Sigma_{22}^{-1/2}\Sigma_{21}$$

而 $\Sigma_{11}^{-1/2}\Sigma_{11}^{-1/2}\Sigma_{12}\Sigma_{22}^{-1/2}\Sigma_{22}^{-1/2}\Sigma_{21}$ 与 $\Sigma_{11}^{-1/2}\Sigma_{12}\Sigma_{22}^{-1/2}\Sigma_{22}^{-1/2}\Sigma_{21}\Sigma_{11}^{-1/2}$ 有相同的特征根。如果记：

$$T = \Sigma_{11}^{-1/2}\Sigma_{12}\Sigma_{22}^{-1/2} \tag{14.29}$$

则 $\Sigma_{11}^{-1/2}\Sigma_{12}\Sigma_{22}^{-1/2}\Sigma_{22}^{-1/2}\Sigma_{21}\Sigma_{11}^{-1/2} = TT'$

类似地，对式(14.28)的第二式，可得：

$$\Sigma_{22}^{-1/2}\Sigma_{21}\Sigma_{11}^{-1/2}\Sigma_{11}^{-1/2}\Sigma_{12}\Sigma_{22}^{-1/2} = T'T \tag{14.30}$$

而 TT' 与 $T'T$ 有相同的非零特征根，从而推知(14.23)，(14.27)式的非零特征根是相同的。设已求得 TT' 的 p 个特征根依次为：

$$\lambda_1^2 \geqslant \lambda_2^2 \geqslant \cdots \geqslant \lambda_p^2 > 0$$

则 $T'T$ 的 q 个特征根中，除了上面的 p 个之外，其余的 $q-p$ 个都是零，故 p 个特征根排列是 $\lambda_1^2 \geqslant \lambda_2^2 \geqslant \cdots \geqslant \lambda_p^2 > 0$。因此，只要取最大的 λ_1，则 U_1 与 V_1 即具有最大的相关系数。令 a_1, b_1 为(14.15)的解，且按(14.10)进行了正规化，这时 $U_1 = a_1'x$ 与 $V_1 = b_1'y$ 即分别为 x 与 y 的正规化的线性组合，且具有最大的相关系数 λ_1。

综上所述，有如下定义：

在一切使方差为1的线性组合 $a'x$ 与 $b'y$ 中，其中两者相关系数最大的 $U_1 = a_1'x$ 与 $V_1 = b_1'y$ 称为第一对典型相关变量，它们的相关系数 λ_1 为第一典型相关系数。更一般地，在定义了 $i-1$ 对典型相关变量后，在一切使方差为1且与前 $i-1$ 对典型相关变量都不相关的线性组合 $U_1 = a_1'x$ 与 $V_1 = b_1'y$ 中，其两者相关系数最大者称为第 i 对典型相关变量，其相关系数称为第 i 对典型相关系数。

由上述推导，进一步有：求 x 与 y 的第 i 个典型相关系数即是求方程(14.16)的第 i 个最大根 λ_i，而第 i 对典型变量即为 $U_1 = a_1'x$ 与 $V_1 = b_1'y$，其中 a_i 与 b_i 即为方程(14.15)当 $\lambda = \lambda_i$ 时所求得的解。

下面给出典型变量以下的两个性质，这里不再证明。

(1) 由 $X_1, X_2, \cdots, X_p$ 所组成的典型变量 $U_1, U_2, \cdots, U_p$ 互不相关，同样由 Y_1,

$Y_2, \cdots, Y_p$ 所组成的典型变量 $V_1, V_2, \cdots, V_p$ 也互不相关,且它们的方差均等于1。即:

$$cov(U_i, U_j) = \begin{cases} 1, \text{当 } i = j \\ 0, \text{当 } i \neq j \end{cases} \tag{14.31}$$

$$cov(V_i, V_j) = \begin{cases} 1, \text{当 } i = j \\ 0, \text{当 } i \neq j \end{cases} \tag{14.32}$$

(2) 同一对典型变量 U_i 与 V_i 之间的相关系数为 λ_i,不同对的典型变量 U_i 与 $V_j (i \neq j)$ 间不相关。即:

$$\begin{aligned} cov(U_i, V_i) &= \lambda_i \neq 0, \, i = 1, 2, \cdots, p \\ cov(U_i, V_j) &= 0, \, i \neq j \end{aligned} \tag{14.33}$$

14.1.3 样本典型相关分析

在实际应用中,总体的协方差阵通常是未知的,类似于其他的分析方法,需要从总体中抽出一个样本,根据样本对总体的协方差或相关系数矩阵进行估计,然后利用估计得到的协方差或相关系数矩阵进行分析。由于估计中抽样误差的存在,所以估计以后还需要进行有关的假设检验。

设 $\begin{bmatrix} x_i \\ y_i \end{bmatrix} (i = 1, 2, \cdots, n)$ 是来自正态总体 $N_{p+q}(\mu, \Sigma)$ 的容量为 n 的样本,则总体协方差阵 $\Sigma = \begin{bmatrix} \Sigma_{11} & \Sigma_{12} \\ \Sigma_{21} & \Sigma_{22} \end{bmatrix}$, $\Sigma_{(p+q) \times (p+q)} (\Sigma > 0)$ 的极大似然估计为:

$$\hat{\Sigma} = A = \frac{1}{n} \begin{bmatrix} A_{11} & A_{12} \\ A_{21} & A_{22} \end{bmatrix} \tag{14.34}$$

其中,

$$\begin{aligned} A_{11} &= \sum_{i=1}^{n}(x_i - \bar{x})(x_i - \bar{x})' \\ A_{22} &= \sum_{i=1}^{n}(y_i - \bar{y})(y_i - \bar{y})' \\ A_{12} &= \sum_{i=1}^{n}(x_i - \bar{x})(y_i - \bar{y})' = A_{21}' \end{aligned} \tag{14.35}$$

当 $n > p + q$ 时,在正态情况下,$P(\hat{\Sigma} > 0) = 1$,且由 Σ 所定义的 $\Sigma_{11}^{-1} \Sigma_{12} \Sigma_{22}^{-1} \Sigma_{21}$ 和 $\Sigma_{22}^{-1} \Sigma_{21} \Sigma_{11}^{-1} \Sigma_{12}$ 的非零特征根以概率1互不相同,故由极大似然估计的性质得,$\hat{\Sigma}$ 所产生的:

$$\hat{\Sigma}_{11}^{-1} \hat{\Sigma}_{12} \hat{\Sigma}_{22}^{-1} \hat{\Sigma}_{21} = A_{11}^{-1} A_{12} A_{22}^{-1} A_{21} \tag{14.36}$$

是 $\Sigma_{11}^{-1} \Sigma_{12} \Sigma_{22}^{-1} \Sigma_{21}$ 的极大似然估计,$A_{22}^{-1} A_{21} A_{11}^{-1} A_{12}$ 是 $\Sigma_{22}^{-1} \Sigma_{21} \Sigma_{11}^{-1} \Sigma_{12}$ 的极大似然

估计。$A_{11}^{-1}A_{12}A_{22}^{-1}A_{21}$ 和 $A_{22}^{-1}A_{21}A_{11}^{-1}A_{12}$ 的非零特征根 $\hat{\lambda}_1^2, \hat{\lambda}_2^2, \cdots, \hat{\lambda}_k^2 (k = rank(A))$ 是 $\lambda_1^2, \lambda_2^2, \cdots, \lambda_k^2$ 的极大似然估计，相应的特征向量 $\hat{a}_1, \hat{a}_2, \cdots, \hat{a}_k$ 为 $a_1, a_2, \cdots, a_k$ 的极大似然估计，$\hat{b}_1, \hat{b}_2, \cdots, \hat{b}_k$ 为 $b_1, b_2, \cdots, b_k$ 的极大似然估计。通过总体典型相关分析的讨论，$\lambda_1^2, \lambda_2^2, \cdots, \lambda_k^2$ 称为样本的典型相关系数，$(\hat{a}_1'x, \hat{b}_1'y), \cdots, (\hat{a}_k'x, \hat{b}_k'y)$ 称为典型相关变量。

如果将样本 $(x_i, y_i)(i = 1, 2, \cdots, n)$ 代入典型变量 $\hat{U}_i$ 及 $\hat{V}_i$ 中，求得的值称为第 i 对典型变量的得分。利用典型变量的得分可以绘出样本的典型变量的散点图，类似因子分析可以对样品进行分类研究。

14.1.4 典型相关系数的显著性检验

典型相关分析是否恰当，应该取决于两组原变量之间是否相关，如果两组变量之间毫无相关性而言，这时讨论两组变量的典型相关分析就毫无意义。

典型相关的显著性检验可以用 Bartlett 提出的大样本的 χ^2 检验来完成。

如果随机向量 x 与 y 之间互不相关，则协方差矩阵 $\sum_{12}$ 仅包含零，因而典型相关系数都变为零。这样检验典型相关系数的显著性问题即变为进行如下检验：

$$H_0: \lambda_1 = 0 \quad H_1: \lambda_1 \neq 0$$

求出 $\sum_{11}^{-1} \sum_{12} \sum_{22}^{-1} \sum_{21}$ 的 p 个特征根，并按大小顺序排列：

$$\lambda_1^2 \geqslant \lambda_2^2 \geqslant \cdots \geqslant \lambda_p^2$$

做乘积：

$$\Lambda_1 = (1-\lambda_1^2)(1-\lambda_2^2)\cdots(1-\lambda_p^2) = \prod_{j=1}^{p}(1-\lambda_i^2) \tag{14.37}$$

则对于大的 n（这里要求 $n > \dfrac{p+q+1}{2} + k$，k 为非零特征根个数），计算统计量：

$$Q_1 = -\left[n - 1 - \frac{1}{2}(p+q+1)\right]\ln \Lambda_1 \tag{14.38}$$

其中 Q_1 近似服从 $\chi^2(pq)$。因此在检验水平 α 下，若 $Q_1 > \chi_\alpha^2(pq)$，则拒绝原假设 H_0，说明至少有第一对典型变量为显著相关，或说相关性系数 λ_1 在显著性水平 α 下是显著的。

在去掉第一典型相关系数后，继续检验余下的 $p-1$ 个典型相关系数的显著性，一般地，若前 $j-1$ 个典型相关系数在水平为 α 下是显著的，则当检验第 j 典型相关系数的显著性时，计算 $\Lambda_j = (1-\lambda_j^2)(1-\lambda_{j+1}^2)\cdots(1-\lambda_p^2) = \prod_{i=j}^{p}(1-\lambda_i^2)$，并计算统计量：

$$Q_j = -\left[n - j - \frac{1}{2}(p+q+1)\right]\ln \Lambda_j \tag{14.39}$$

则 Q_j 服从自由度为 $(p-j+1)(q-j+1)$ 的 χ^2 分布。在检验水平 α 下，若 $Q_j > \chi_\alpha^2[(p-j+1)(q-j+1)]$，则拒绝 H_0，接受 H_1，即认为第 j 典型相关系数在显著性水平 α 下是显著的。

14.2 典型相关分析的 SPSS 操作

典型相关分析的 SPSS Statistics 24.0 操作步骤如下：

(1) 在数据编辑窗口中,从菜单栏选择【分析】→【相关】→【典型相关性】,出现如图 14-2-1 所示的【典型相关性】窗口。

(2) 把参与典型相关性分析的两组变量分别选到【集合 1(S)】框和【集合 2(E)】中。

(3) 选择参与典型相关分析的变量。把作为第一组变量的变量指定到【集合 1(S)】框中,选中变量,单击箭头按钮拖入右侧【集合 1(S)】。同样操作,选择第二组变量。如有变量需要调整,可以点击【重置 R】进行修改,【典型相关性】窗口如图 14-2-1 所示。

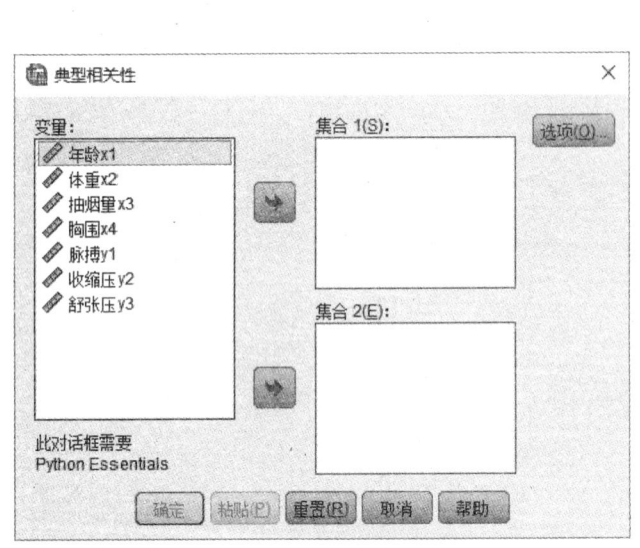
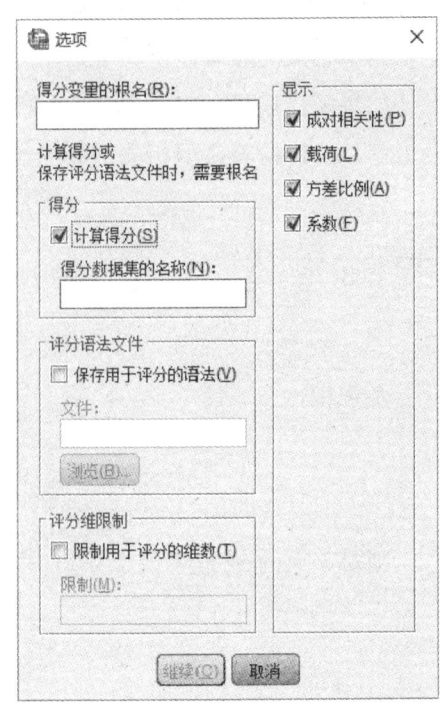

图 14-2-1 【典型相关性】主窗口　　　图 14-2-2 【典型相关分析:选项】窗口

(4) 变量设置完成后,在图 14-2-1 所示的窗口中单击【选项(O)】按钮,打开如图 14-2-2 所示的【选项】窗口。

单击【选项(O)】按钮,弹出【选项】对话框:在该对话框中的【显示】区域,可勾选【成对相关性(P)】选项。在 SPSS Statistics 24.0 中,右侧的【显示】栏默认选项有【载荷(L)】、【方差比例(A)】【系数(F)】三个选项。

【得分变量的根名(R)】:对计算得分结果所在的列进行命名。在【得分】选项框下若勾选【计算得分(S)】则【得分数据集的名称(N)】选项被激活,选择使用此功能则需要填写得分数据集名称,如图 14-2-2 所示。

【评分语法文件】栏下的【保存用于评分的语法(V)】:表示将编程语句保存到指定文件下,根据读者需求进行选用。若勾选此项,则【保存用于评分的语法(V)】栏被激活,下方弹出【文件】框，需要浏览文件夹或者新建文件保存，如图 14-2-3 所示。

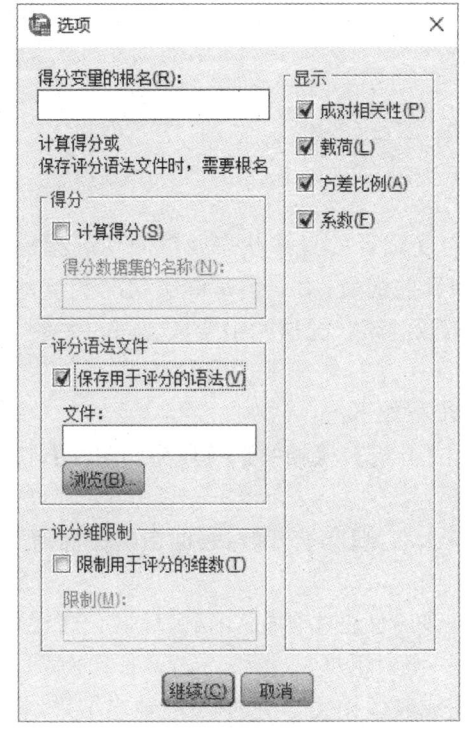

图 14-2-3 【典型相关分析:选项】窗口

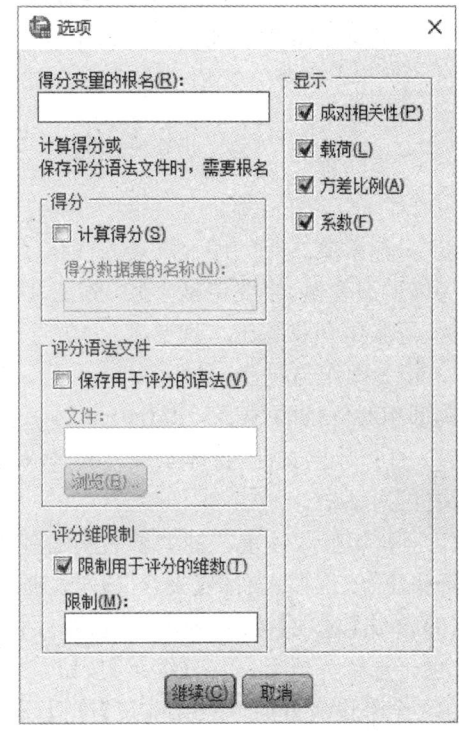

图 14-2-4 【典型相关分析:选项】窗口

【评分维限制】栏下的【限制用于评分的维数(T)】：用于设置评分时的维数，勾选此选项后，可以在激活的【限制(M)】框填写需要选择的维数。

选择完成后，单击【继续】按钮，返回上一级对话框。

（5）设置完成以上典型相关分析的操作后，在图 14-2-5 所示的窗口中单击【确定】按钮，即可得到典型相关分析的分析结果。

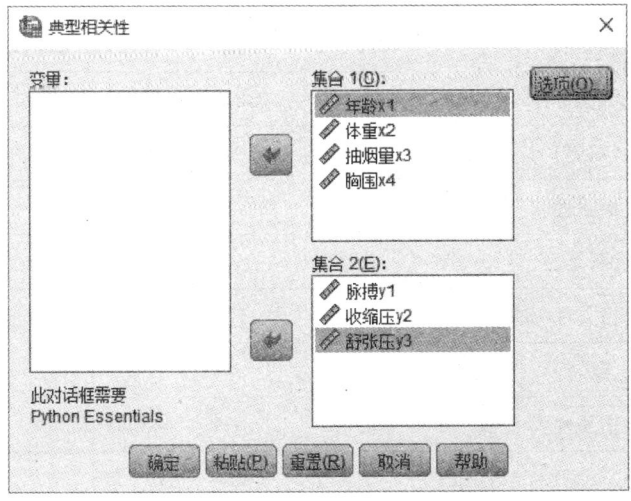

图 14-2-5 【典型相关性】窗口

至此,完成了典型相关分析的全部操作,在图 14-2-2 所示的【选项】窗口中设置好需要的数据分析选项后,单击【确定】按钮,SPSS Statistics 24.0 将按照用户的指定自动进行典型相关分析,并将结果显示到输出窗口中。

14.3 案例分析

以"身体素质.sav"为例,该案例测试了 15 名受试者的身体状态及健康情况指标,第一组是身体形态变量,主要包括年龄、体重、胸围和日抽烟量;第二组是健康状况变量,主要包括脉搏、舒张压和收缩压。现要求:分析身体状态及健康状况这两组变量之间的关系。

1. 相关操作与设置

典型相关分析的 SPSS Statistics 24.0 操作步骤如下。

(1) 打开数据文件"身体素质.sav",依次单击【分析】→【相关】→【典型相关性】,打开【典型相关性】对话框。

(2) 将"年龄""体重""抽烟量""胸围"依次拉入右侧【集合 1】列表框中,将"脉搏""收缩压""舒张压"依次拉入右侧【集合 2】列表框中。

(3) 单击【选项】按钮,弹出【选项】对话框:在该对话框中的【显示】区域,勾选【成对相关性】选项。选择完成后,单击【继续】按钮,返回上一级对话框。

(4) 全部设置好后,单击【确定】按钮,即可完成典型相关分析的操作,输出结果。

2. 输出结果及分析

1) 相关系数及其检验

表 14-3-1 反映了原始变量间的相关关系。

表 14-3-1 变量之间的相关性

		年龄 x_1	体重 x_2	抽烟量 x_3	胸围 x_4	脉搏 y_1	收缩压 y_2	舒张压 y_3
年龄 x_1	皮尔逊相关性	1	0.770	0.581	0.102	0.758	0.804	0.540
	显著性(双尾)		0.001	0.023	0.717	0.001	0.000	0.038
体重 x_2	皮尔逊相关性	0.770	1	0.817	−0.123	0.857	0.783	0.717
	显著性(双尾)	0.001		0.000	0.662	0.000	0.001	0.003
抽烟量 x_3	皮尔逊相关性	0.581	0.817	1	−0.176	0.886	0.764	0.868
	显著性(双尾)	0.023	0.000		0.531	0.000	0.001	0.000
胸围 x_4	皮尔逊相关性	0.102	−0.123	−0.176	1	0.069	0.117	0.015
	显著性(双尾)	0.717	0.662	0.531		0.808	0.678	0.958
脉搏 y_1	皮尔逊相关性	0.758	0.857	0.886	0.069	1	0.887	0.861
	显著性(双尾)	0.001	0.000	0.000	0.808		0.000	0.000

(续表)

		年龄 x_1	体重 x_2	抽烟量 x_3	胸围 x_4	脉搏 y_1	收缩压 y_2	舒张压 y_3
收缩压 y_2	皮尔逊相关性	0.804	0.783	0.764	0.117	0.887	1	0.746
	显著性(双尾)	0.000	0.001	0.001	0.678	0.000		0.001
舒张压 y_3	皮尔逊相关性	0.540	0.717	0.868	0.015	0.861	0.746	1
	显著性(双尾)	0.038	0.003	0.000	0.958	0.000	0.001	

a. 成列 $N=15$

表 14-3-2 反映了典型相关系数的检验。

表 14-3-2 典型相关性分析

	相关性	特征值	威尔克统计	F	分子自由度	分母自由度	显著性
1	0.957	10.854	0.054	3.600	12.000	21.458	0.005
2	0.582	0.511	0.640	0.749	6.000	18.000	0.618
3	0.180	0.034	0.967	.	.	.	.

H_0 for Wilks 检验是指当前行和后续行中的相关性均为零

从表 14-3-2 可以看出,第一典型相关系数达到 0.957,第二典型相关系数为 0.582,第三典型相关系数为 0.180。且在显著性水平为 0.05 的情况下,三对典型变量中只有第一对典型变量是显著的(显著性为 0.005)。因此,身体状态与健康状况之间关系的研究可转化为研究第一对典型变量之间的关系。

2) 典型相关模型

由于该案例中的数据单位并不统一,故需要分析其标准化之后的无量纲数据。身体形态指标、健康状况指标标准化后,典型相关系数分别如表 14-3-3、表 14-3-4 所示。

表 14-3-3 集合 1 的标准化典型相关系数

变量	1	2	3
年龄 x_1	-0.256	-1.130	1.060
体重 x_2	-0.151	-0.113	-2.215
抽烟量 x_3	-0.694	1.067	1.212
胸围 x_4	-0.189	0.051	0.027

表 14-3-4 集合 2 的标准化典型相关系数

变量	1	2	3
脉搏 y_1	-0.721	-0.191	-2.739
收缩压 y_2	-0.171	-1.265	1.751
舒张压 y_3	-0.142	1.514	1.259

从表 14-3-3、表 14-3-4 中可以看出,第一对典型变量(即来自身体形态指标的第一典型变量、来自健康状况指标的第一典型变量)为:

$$U_1 = -0.256X_1 - 0.151X_2 - 0.694X_3 - 0.189X_4$$
$$V_1 = -0.721Y_1 - 0.171Y_2 - 0.142Y_3$$

它们之间的相关系数为 0.957。

其他变量类似。

对于第一对典型变量,U_1 中抽烟量和胸围的系数分别为 -0.694、-0.256,其绝对值相对较大,说明身体形态受抽烟量较大,其次是胸围;而 V_1 中脉搏的系数为 -0.721,其绝对值比较大,说明健康状况的典型变量主要由脉搏决定。

3) 典型相关变量的解释能力

表 14-3-5 反映了各组典型变量被本组典型变量、对方组典型变量解释的程度。

表 14-3-5 解释的方差比例

	已解释的方差比例			
典型变量	身体形态变量		健康状况变量	
	集合 1 * 自身	集合 1 * 集合 2	集合 2 * 自身	集合 2 * 集合 1
1	0.576	0.527	0.874	0.800
2	0.129	0.044	0.086	0.029
3	0.053	0.002	0.041	0.001

在表 14-3-5 中,身体形态变量是被自身的典型变量解释的方差比例和被健康状况的典型变量解释的方差比例;同样地,健康状况变量是被自身的典型变量解释的方差比例和被身体形态的典型变量解释的方差比例。

由上表可知,身体形态变量被自身的第一典型变量解释了 57.6%;身体形态变量被健康状况的第一典型变量解释了 52.7%;健康状况变量被自身的第一典型变量解释了 87.4%;健康状况变量被身体形态的第一典型变量解释了 80%。

14.4 小 结

典型相关分析能有效揭示两组变量之间的内在联系。其目的是识别并量化两组变量之间的联系,将两组变量相关关系的分析,转化为一组变量的线性组合与另一组变量线性组合之间的相关关系分析。

本章首先介绍了典型相关分析的概念及基本思想,分别阐述了总体典型相关分析、样本典型相关分析的基本原理,以及典型相关系数的显著性检验。然后,基于 SPSS Staticics 24.0,介绍了典型相关分析的一般操作步骤和功能按钮。最后结合"身体素质"案例,运用 SPSS 进行典型相关分析,并简要解释了分析结果,旨在加深读者对典型相关分析的理解与应用。

思 考 题

1. 简述典型相关分析的基本思想。
2. 简要说明典型相关分析的一般步骤。
3. 说一说典型变量的解释有什么具体方法？实际意义是什么？
4. 试搜集数据，利用典型相关分析研究某年大中城市消费品供应和居民消费实力之间的关系。

参 考 文 献

［1］ 薛薇.SPSS 统计分析方法及应用[M].北京:电子工业出版社,2013.
［2］ 孙艳玲,何源,李阳旭.例说 SPSS 统计分析[M].北京:人民邮电出版社,2010.
［3］ 曹慧.统计学基于 SPSS 的应用[M].北京:北京大学出版社,2015.
［4］ 杜强.SPSS 统计分析从入门到精通[M].北京:人民邮电出版社,2011.
［5］ 王在翔,崔庆霞,吕军城,等.SPSS 软件与应用[M].北京:科学出版社,2015.
［6］ 陈方樱,沈思编.数据分析方法及 SPSS 应用[M].北京:科学出版社,2016.
［7］ 谢龙汉,尚涛.SPSS 统计分析与数据挖掘[M].北京:电子工业出版社,2012.
［8］ 时立文.SPSS 19.0 统计分析——从入门到精通[M].北京:清华大学出版社,2014.
［9］ 卢纹岱,朱红兵,等.SPSS 统计分析(第五版)[M].北京:电子工业出版社,2015.
［10］ 陈胜可.SPSS 统计分析——从入门到精通[M].北京清华大学出版社,2010.
［11］ 何晓群.多元统计分析(第四版)[M].北京:中国人民大学出版社,2015.
［12］ 张尧庭,方开泰.多元统计分析引论[M].北京:科学出版社,1982.

第 15 章

对数线性模型

对数线性模型,是一种适用于离散型数据或整理成列联表格式的计数资料的一种分析方法。它可以把方差分析和线性模型的一些方法应用到对称交叉列联表的分析中,从而对定性变量间的关系做进一步的描述和分析。列联表分析无法系统地评价变量间的关系,也无法估计变量间交互作用的大小,而对数线性模型是处理这些问题的最佳方法。通过本章的学习,了解对数线性模型的基本概念,掌握其基本理论与方法,熟悉对数线性模型的 SPSS Statistics 24.0 操作步骤,并进行相关案例分析。

15.1 对数线性模型概述

15.1.1 对数线性模型的基本概念

对数线性模型以多维交叉列联表中的对数频数为研究对象,将卡方检验与多因素分析、多元线性回归分析等方法结合,以简便和有效为基本策略,通过建立简约模型,达到解释对数频数变化成因、拟合对数频数变化规律的目的。

对数线性模型以多变量的多维列联表为出发点,认为列联表中的频数分布是各变量不同类别独立作用以及各变量各类别搭配作用的结果,它将多个分类型变量称为因素,将多个因素不同类别分布造成的独立影响称为主效应,将多个因素不同类别组合所造成的影响称为交互效应。

为了方便阐述对数线性模型的基本思路,这里以两组因素的对数线性模型为例进行讨论。

设有两组因素 A 和 B,其中因素 A 包含 r 个类别,即 $A_1, A_2, \cdots, A_r$;因素 B 包含 c 个类别,即 $B_1, B_2, \cdots, B_c$。现有关于这两组因素的观测数据,得到一个 $r \times c$ 的二维列联表,如表 15-1-1 所示。

表 15-1-1 二维交叉列联表

		因素 B						合计
		B_1	B_2	$\cdots$	B_j	$\cdots$	B_c	
因素 A	A_1	n_{11}	n_{12}	$\cdots$	n_{1j}	$\cdots$	n_{1r}	$n_{1.}$
	A_2	n_{21}	n_{22}	$\cdots$	n_{2j}	$\cdots$	n_{2r}	$n_{2.}$
	$\vdots$	$\vdots$	$\vdots$	$\cdots$	$\vdots$	$\cdots$	$\vdots$	$\vdots$

(续表)

		因素B						合计
		B_1	B_2	⋯	B_j	⋯	B_c	
因素A	A_i	n_{i1}	n_{i2}	⋯	n_{ij}	⋯	n_{ic}	$n_{i.}$
	⋮	⋮	⋮	⋯	⋮	⋯	⋮	⋮
	A_r	n_{r1}	n_{r2}	⋯	n_{rj}	⋯	n_{rc}	$n_{r.}$
合计		$n_{.1}$	$n_{.2}$	⋯	$n_{.j}$	⋯	$n_{.c}$	n

其中，$n_{i.} = \sum_{j=1}^{c} n_{ij}$，$n_{.j} = \sum_{i=1}^{r} n_{ij}$，$n = \sum_{i=1}^{r} \sum_{j=1}^{c} n_{ij}$。

对数线性模型认为表 15-1-1 中 n_{ij} 是因素 A 的 r 个类别，和因素 B 的 c 个类别独立作用（主效应）及因素 A 与因素 B 的 r×c 种不同类别组合共同作用的（交互效应）的结果。为清楚地反映频数分析与各效应之间的关系，考察各因素的主效应以及交互效应是如何影响频数分布的，对数线性模型希望建立关于频数单元且包含诸多因素的线性模型。

15.1.2 对数线性模型理论与方法

表 15-1-1 是频数列联表，为了更清楚地表示各频数的关系，往往用频率代替频数，即将频数列联表中的每个元素除以样品的总数 n，得到频率意义上的列联表，也称为二维概率列联表，如表 15-1-2 所示。

表 15-1-2　二维概率列联表

		因素B						合计
		B_1	B_2	⋯	B_j	⋯	B_c	
因素A	A_1	p_{11}	p_{12}	⋯	p_{1j}	⋯	p_{1r}	$p_{1.}$
	A_2	p_{21}	p_{22}	⋯	p_{2j}	⋯	p_{2r}	$p_{2.}$
	⋮	⋮	⋮	⋯	⋮	⋯	⋮	⋮
	A_i	p_{i1}	p_{i2}	⋯	p_{ij}	⋯	p_{ic}	$p_{i.}$
	⋮	⋮	⋮	⋯	⋮	⋯	⋮	⋮
	A_r	p_{r1}	p_{r2}	⋯	p_{rj}	⋯	p_{rc}	$p_{r.}$
合计		$p_{.1}$	$p_{.2}$	⋯	$p_{.j}$	⋯	$p_{.c}$	1

其中，$p_{i.} = \sum_{j=1}^{c} p_{ij}$，$p_{.j} = \sum_{i=1}^{r} p_{ij}$。

在对数线性模型中，需要先对表中各概率取对数，对任意的 $i = 1, 2, \cdots, r$；$j = 1, 2, \cdots, c$，用公式表示如下：

$$\eta_{ij} = \ln p_{ij} = \ln\left(p_{i.} p_{.j} \frac{p_{ij}}{p_{i.} p_{.j}}\right) = \ln p_{i.} + \ln p_{.j} + \ln \frac{p_{ij}}{p_{i.} p_{.j}} \tag{15.1}$$

若把式(15.1)中的 $\ln p_{i.}$，$\ln p_{.j}$，$\ln \dfrac{p_{ij}}{p_{i.}p_{.j}}$ 分别记为 A_i，B_j 和 $(AB)_{ij}$，则式(15.1)可写成：

$$\eta_{ij} = A_i + B_j + (AB)_{ij} \tag{15.2}$$

可以看出，式(15.2)的结构与具有交互效应的双因素方差分析模型的结构相似。因此，模仿方差分析模型，可以有如下关系式：

$$\eta_{i.} = \sum_{j=1}^{c} \eta_{ij}, \quad \eta_{.j} = \sum_{i=1}^{r} \eta_{ij}, \quad \eta_{..} = \sum_{i=1}^{r}\sum_{j=1}^{c} \eta_{ij} \tag{15.3}$$

然后对上述三式分别取平均数为：

$$\bar{\eta}_{i.} = \frac{1}{c}\eta_{i.}, \quad \bar{\eta}_{.j} = \frac{1}{r}\eta_{.j}, \quad \bar{\eta}_{..} = \frac{1}{rc}\eta_{..} \tag{15.4}$$

若记：

$$\begin{cases} \alpha_i = \bar{\eta}_{i.} - \bar{\eta}_{..} \\ \beta_j = \bar{\eta}_{.j} - \bar{\eta}_{..} \\ \gamma_{ij} = \eta_{ij} - \bar{\eta}_{i.} - \bar{\eta}_{.j} + \bar{\eta}_{..} \end{cases} \tag{15.5}$$

则：

$$\begin{aligned} \gamma_{ij} &= \eta_{ij} - \bar{\eta}_{i.} - \bar{\eta}_{.j} + \bar{\eta}_{..} \\ &= \eta_{ij} - (\bar{\eta}_{i.} - \bar{\eta}_{..}) - (\bar{\eta}_{.j} - \bar{\eta}_{..}) - \bar{\eta}_{..} \\ &= \eta_{ij} - \alpha_i - \beta_j - \bar{\eta}_{..} \end{aligned} \tag{15.6}$$

将式(15.6)移项，可化为与有交互效应的双效应因素分析数学模型类似的关系式：

$$\begin{cases} \eta_{ij} = \bar{\eta}_{..} + \alpha_i + \beta_j + \gamma_{ij} \\ \sum_{i=1}^{r}\alpha_i = \sum_{j=1}^{c}\beta_j = \sum_{i=1}^{r}\gamma_{ij} = \sum_{j=1}^{c}\gamma_{ij} = 0 \end{cases}, i = 1,2,\cdots,r; j = 1,2,\cdots,c \tag{15.7}$$

为与方差分析保持一致，α_i，β_j 分别表示 A，B 因素的主效应，γ_{ij} 表示因素 A 的第 i 个水平和因素 B 的第 j 个水平的交互效应。

以上，阐述的是定性数据的数据变化和变换后的模型关系，下面是对模型的参数估计及检验。这里主要是估计 γ_{ij} 的值，根据 γ_{ij} 值的正负和相关大小，可以判断 A 因素的第 i 个水平与 B 因素的第 j 个水平间的交互效应。

当 $\gamma_{ij} > 0$，表明二者存在正效应；当 $\gamma_{ij} < 0$，表明二者存在负效应；当 γ_{ij} 均为 0 时，认为交互效应不存在，即 A，B 之间相互独立，并称此时的对数线性模型为非饱和模型。否则，称因素间有交互效应的模型为饱和模型。

在实际分析中，概率表中各项值以交叉列联表计算得到的概率表的对应项为无偏估计值。公式如下：

$$\hat{p}_{ij} = \frac{n_{ij}}{n}, \quad \hat{p}_{i.} = \frac{n_{i.}}{n}, \quad \hat{p}_{.j} = \frac{n_{.j}}{n} \tag{15.8}$$

将其代入 $\eta_{ij} = \ln p_{ij}$ 等式,有:

$$\begin{aligned}
\hat{\eta}_{ij} &= \ln \hat{p}_{ij} = \ln n_{ij} - \ln n, \\
\hat{\eta}_{i.} &= \frac{1}{c}\sum_{j=1}^{c}\eta_{ij} = \frac{1}{c}\sum_{j=1}^{c}\left(\ln \frac{n_{ij}}{n}\right) = \frac{1}{c}\sum_{j=1}^{c}(\ln n_{ij}) - \ln n, \\
\hat{\eta}_{.j} &= \frac{1}{r}\sum_{i=1}^{r}\eta_{ij} = \frac{1}{r}\sum_{i=1}^{r}\left(\ln \frac{n_{ij}}{n}\right) = \frac{1}{r}\sum_{i=1}^{r}(\ln n_{ij}) - \ln n, \\
\hat{\eta}_{..} &= \frac{1}{rc}\sum_{i=1}^{r}\sum_{j=1}^{c}\eta_{ij} = \frac{1}{rc}\sum_{i=1}^{r}\sum_{j=1}^{c}\left(\ln \frac{n_{ij}}{n}\right) = \frac{1}{rc}\sum_{i=1}^{r}\sum_{j=1}^{c}(\ln n_{ij}) - \ln n
\end{aligned} \quad (15.9)$$

则此时 γ_{ij} 的估计值为:

$$\begin{aligned}
\hat{\gamma}_{ij} &= \hat{\eta}_{ij} - \hat{\eta}_{i.} - \hat{\eta}_{.j} + \hat{\eta}_{..} \\
&= \ln n_{ij} - \frac{1}{c}\sum_{j=1}^{c}(\ln n_{ij}) - \frac{1}{r}\sum_{i=1}^{r}(\ln n_{ij}) + \frac{1}{rc}\sum_{i=1}^{r}\sum_{j=1}^{c}(\ln n_{ij})
\end{aligned} \quad (15.10)$$

15.2 对数线性模型的 SPSS 操作步骤

15.2.1 模型选择对数线性分析

SPSS Statistics 24.0 中的模型选择对数线性分析,使用迭代比例拟合方法对多维列联表进行分析,此过程可以帮助用户发现具有关联的分类变量。

在利用 SPSS 进行对数线性模型分析之前,应首先组织好数据。如果有原始的数据,则应将其按原始数据方式组织。如果已有汇总数据,则应将其按频数方式组织。模型选择对数线性分析的基本操作步骤如下。

(1) 选择菜单,点击【分析】→【对数线性】→【选择模型】,弹出【模型选择对数线性分析】对话框,如图 15-2-1 所示。

(2) 将待分析的变量作为因素选择到【因子(F)】框中,单击【定义范围】按钮逐一定义各因素的类别取值范围。

(3) 如果数据是按频数方式组织的,应在【单元格权重(W)】框中指定权重变量。否则,该步可省略。

(4) 在【模型构建】框中选择建模策略和相应参数。该框中有两种策略供选择:使用向后去除法和一步输入。

①【使用向后去除法(U)】表示在饱和模型的基础上按照向后剔除策略,阶数从高到低逐个剔除不显著的效应,并给出非饱和层次模型的建议。其中,可在【最大步骤数(A)】框后输入最多的剔除次数(默认为 10)以强行终止剔除工作,这样得到的模型不一定是最简洁的模型。在【除去概率(P)】框后输入自动剔除标准,即显著性水平 α 的值(默认为 0.05),只有大于该值的效应会被剔除。

②【一步输入(N)】表示只建立饱和模型,不给出非饱和层次模型的建议。

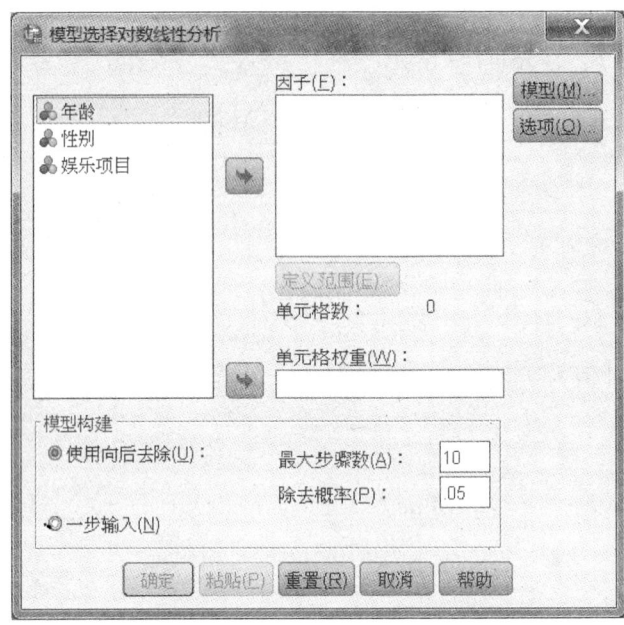

图 15-2-1 【模型选择对数线性分析】窗口

(5) 在图 15-2-1 所示窗口中,单击【模型(M)】按钮,弹出【对数线性分析:模型】对话框,指定初始模型是一个饱和模型还是不完全饱和模型,如图 15-2-2 所示。这样,不显著效应的剔除将开始于不同的初始模型,以提高建模效率。如果用户不清楚变量间的关系,初始模型最好指定为饱和模型。

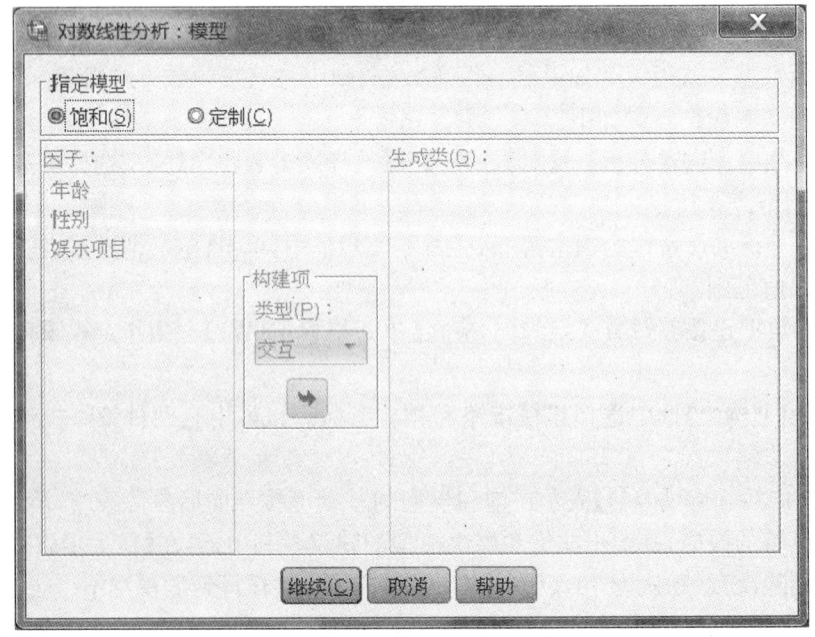

图 15-2-2 【对数线性分析:模型】窗口

（6）在图 15-2-1 所示窗口中，单击【选项(O)】按钮，弹出【对数线性分析：选项】对话框，指定输出项和参数估计时所需要的参数，如图 15-2-3 所示。

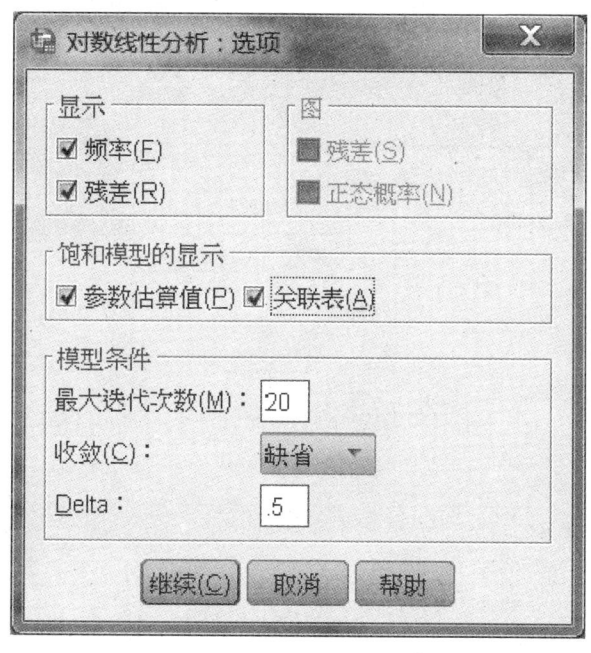

图 15-2-3 【对数线性分析：选项】窗口

在【显示】框中可指定输出高维列联表以及实际观测值与模型预测值的残差；在【饱和模型的显示】框中指定输出饱和模型各效应的估计值和偏关联卡方检验结果。偏关联卡方检验是从模型中剔除一个效应后对数似然率卡方变化的检验；在【模型条件】框中输入极大似然估计法的最大迭代次数和收敛标准。满足其中一个条件，迭代结束。在【Delta】框后输入 Delta 值（默认 0.5），该值将被自动加到实际观测频数上，其目的是防止观测频数为 0 时所带来的计算问题。如果观测频数均大于 0，则 Delta 值可改设置为 0。

（7）点击【继续】返回模型分析对数选择对话框，最后点击【确定】按钮，即可完成操作步骤。SPSS 将根据用户的定义自动进行分析，并将结果显示到输出窗口中。

需要说明的是，通过上面的设置，虽然 SPSS 能给出简约模型的建议，但却并没有给出简约对数线性模型下效应的估计值，这不利于简约模型下各效应值的分析对比。因此，如果需要进一步分析，则应进行常规对数线性分析。

15.2.2 常规对数线性分析

常规对数线性分析，又称为一般对数线性分析，主要用于研究列联表中观测值的频数分布情况，该过程分析落入交叉制表或列联表中每个交叉分类类别的观察值频率计数。表中的每个交叉分类构成一个单元格，每个分类变量称为一个因子。因变量为交叉制表单元格中的个案数（频率），解释变量为因子和协变量。在常规对数线性分析过程中，使用 Newton-Raphson 方法估计分层和非分层对数线性模型的最大似然参数。

使用 SPSS Statistics 24.0 进行常规对数线性分析的操作步骤如下：

(1) 选择菜单,点击【分析】→【对数线性】→【常规(G)】,弹出【常规对数线性分析】窗口,如图 15-2-4 所示。

(2) 将待分析的变量作为因素选择到【因子(F)】框中,如图 15-2-5 所示。

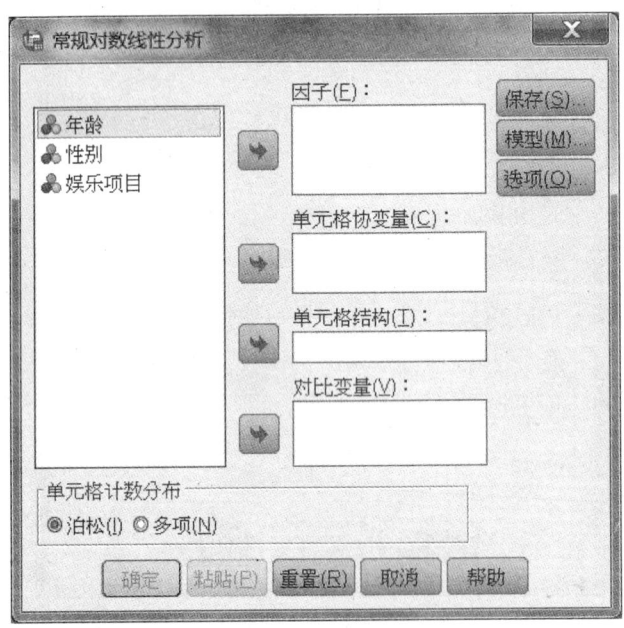

图 15-2-4 【常规对数线性分析】窗口

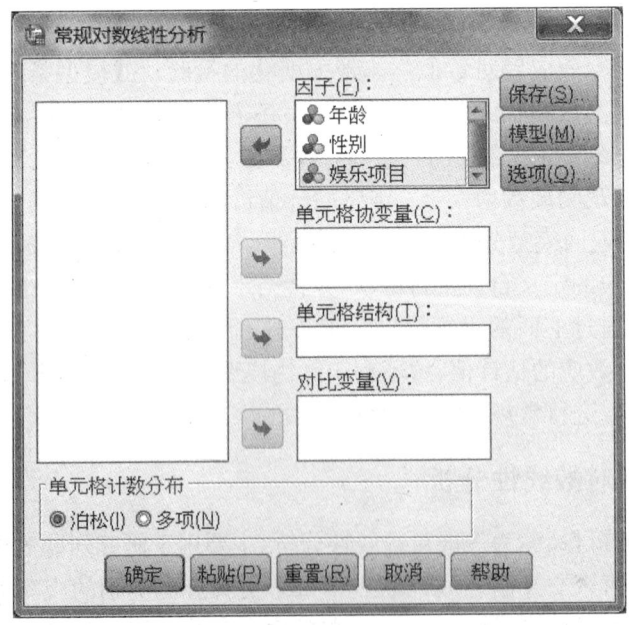

图 15-2-5 因子变量选择结果显示

(3) 选择单元格协变量。选择一定矩型变量作为协变量放在【单元格协变量(C)】列表框中,则在常规对数线性分析中将考虑所添加的协变量的影响因素,并在提出协变量影响下分析各因素的效应,这与协方差分析类似。如果不考虑协变量的影响,该步可省略。

(4) 指定权重变量。如果数据是按照频数方式组织的,应在【单元结构(T)】框中指定权重变量。否则,该步可省略。

(5) 在【单元格计数分布】栏中指定列联表频数分布的类型。【泊松(I)】选项,为默认选项,当分析样本不固定,且列联表单元频数相互独立,服从泊松分布时进行选择。【多项式分布(N)】选项,当分析样本固定,且列联表单元格频数之间不独立时进行选择。

(6) 在图 15-2-5 所示的窗口中,单击【模型(M)】按钮,弹出【常规对数线性分析:模型】对话框,指定模型中包含哪些效应,如图 15-2-6 所示。

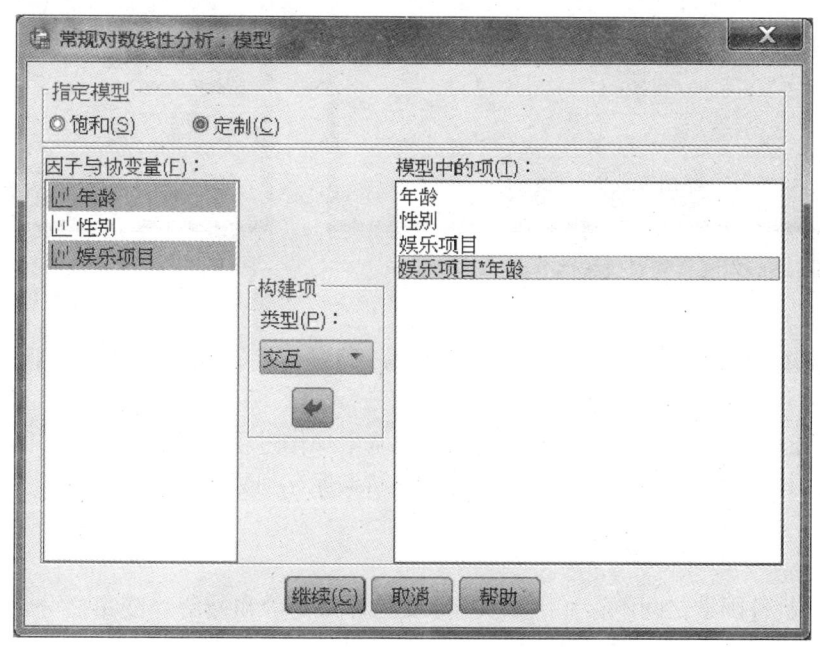

图 15-2-6 【常规对数线性分析:模型】窗口

在图 15-2-6 中,【指定模型】框中的【饱和(S)】表示建立饱和模型,包含涉及因子变量的所有主效应和交互效应。【定制(C)】表示用户自定义模型,可以指定主效应和若干阶交互效应。

(7) 在图 15-2-5 中,单击【选项(O)】按钮,弹出【常规对数线性分析:选项】对话框,指定相关参数,如图 15-2-7 所示。

在【显示】框中可选择输出的分析结果,包括观察到的单元格频率和期望单元格的频率,对数频数实际值与模型预测的残差,模型设计矩阵,以及模型的参数估计值,迭代历史记录。在【图】框中可指定绘制关于残差的图形,以观察残差是否服从正态分布。在【置信区间(I)】框中可以调整效应值置信区间的置信度。【条件】框中可指定极大似然估计效应值的最大迭代次数(默认 20 次)和收敛标准(默认 0.001),【Delta】框中可设置交叉列联表的调整值(默认 0.5)。

(8) 单击【保存(S)】按钮,弹出【常规对数线性分析:保持】对话框,可选择以变量的形式保存到数据编辑窗口中的分析结果,其中包括残差、标准化参数、模型的预测值等,如图 15-2-8 所示。

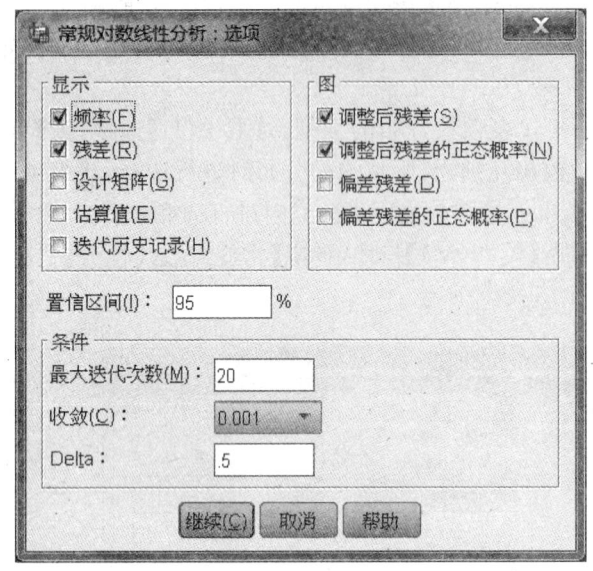

图 15-2-7 【常规对数线性分析:选项】窗口

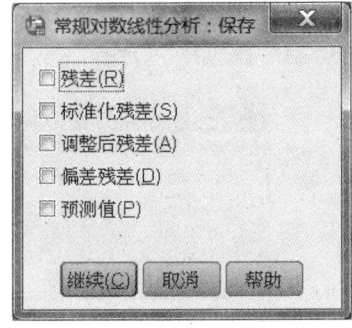

图 15-2-8 【常规对数线性分析:保存】窗口

(9) 单击【继续】按钮,返回【常规对数线性分析】对话框,最后点击【确定】按钮,即可完成操作步骤。

经过上述步骤,已完成常规对数线性分析的基本操作过程。SPSS 将根据用户的定义自动进行分析,并将结果显示到输出窗口或将部分结果保存到数据编辑窗口中。

15.2.3 Logit 对数线性分析

一般来说,各因素之间不存在因果关系,没有解释变量和被解释变量之分,但在实际应用中,人们往往需要研究事物某个特征是否会受到其他特征的影响,以及这些因素之间是否存在显著的因果关系。此时,可通过 Logit 对数线性对因变量(或被解释变量)与自变量(或解释变量)之间的关系进行分析。

SPSS Statistics 24.0 中 Logit 对数线性分析的操作步骤与常规对数线性分析基本类似,只需选择菜单,单击【分析】→【对数线性】→【分对数(L)】即可,其他操作本节中不再赘述。

Logit 对数线性分析过程中,可以明确地分辨出自变量和因变量。其中,因变量始终为分类变量,自变量也可以为分类变量(因子)。用户可以选择 1~10 个因变量和因子变量,单元结构变量允许定义不完整表结构中的无效单元,在模型中包含偏移项、拟合对数比率模型或实际边际表的调整方法。但如果用户希望分析观察到的计数和一组解释变量之间的关系时,需要进行常规对数线性分析过程。

15.3 案 例 分 析

下面用 SPSS 软件实现对数线性模型分析。

第15章 对数线性模型

例:已知一份某度假村对52名游客做有关娱乐项目的随机调查,该调查主要根据游客的年龄段、性别分析他们对所喜爱的娱乐项目之间的关系。

1. 数据准备

将收集的数据输入到SPSS之前,首先需要作适当的处理,如表15-3-1所示。其中变量"年龄"有4个取值,1~4分别对应表示为"20岁以下""20~29岁""30~39岁""40~49岁";变量"性别"两种取值情况,1表示"男",2表示"女";娱乐项目有7个取值,1~7分别对应表示为"网球""游泳""射箭""高尔夫""垂钓""攀岩""体能健身"。

表 15-3-1 被调查游客相关信息表

序号	年龄	性别	娱乐项目	序号	年龄	性别	娱乐项目
1	3	1	3	27	4	2	4
2	3	1	4	28	4	2	4
3	4	2	2	29	3	2	4
4	2	1	1	30	4	2	4
5	2	2	3	31	3	2	5
6	3	1	2	32	4	1	5
7	2	1	1	33	3	2	5
8	3	1	3	34	4	1	5
9	2	1	4	35	1	1	6
10	2	2	3	36	3	1	3
11	3	1	3	37	1	1	6
12	2	2	3	38	2	1	6
13	2	1	1	39	2	2	6
14	2	2	3	40	2	1	6
15	3	1	2	41	3	1	7
16	4	1	3	42	2	1	6
17	2	2	1	43	3	1	6
18	3	1	2	44	3	1	6
19	2	2	5	45	3	2	4
20	3	1	1	46	3	1	7
21	4	1	5	47	3	1	7
22	2	2	1	48	3	1	7
23	3	2	4	49	3	2	7
24	4	1	4	50	3	1	7
25	4	1	4	51	3	1	7
26	3	1	2	52	3	2	7

2. 相关操作与设置

数据准备完成后,进行下一步的分析。按如下操作:单击【分析】→【对数线性】→【选择模型】弹出对话框,并依次将左侧栏里"年龄""性别""娱乐项目"移动到【因子(F)】窗口中,定义该变量的范围。由于本案例中"年龄"共有四个年龄段,分别为1,2,3,4,所以设置其最小值为1,最大值为4。同理,设置变量"性别"的最小值、最大值分别为1,2,设置变量"娱乐项目"最小值、最大值分别为1、7,显示的结果如图15-3-1所示。

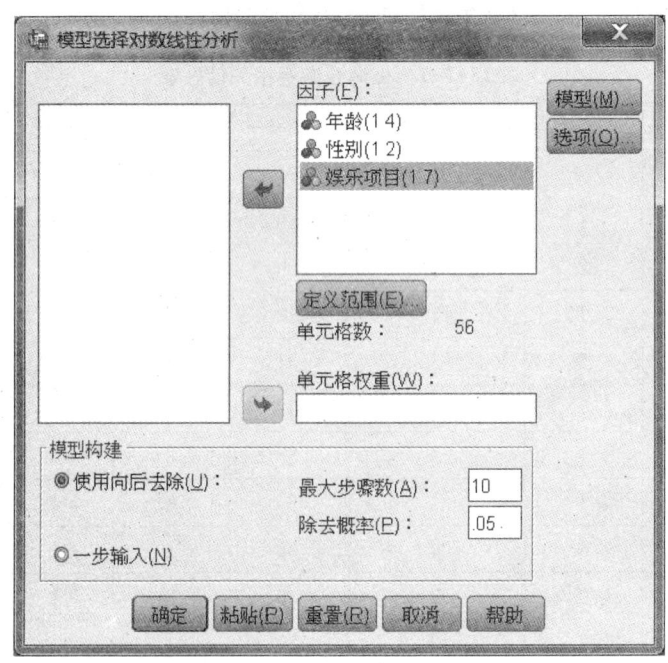

图15-3-1 【模型选择对数线性分析】设置结果显示对话框

然后,单击【选项】按钮,打开【对数线性分析:选项】对话框,在【饱和模型的显示】栏下中选择【参数估计值项】后,单击【继续】按钮,返回主对话框,其他选项保持默认值,最后点击【确定】按钮,即可完成操作步骤。

3. 结果分析

经过上述操作后,摘录主要的输出结果并根据相关结果进行解释如下。

1) 数据信息与收敛信息

表15-3-2列出了模型的相关数据信息,显示系统对52例样本资料进行了分析,模型中共有三个类别变量:其中"年龄"变量为4水平,"性别"变量为2水平,"娱乐项目"为7水平。除了对三类别变量的效应分析外,还有三者的交互作用(年龄 * 性别 * 娱乐项目),如表15-3-3所示。经过一次迭代后,相邻两次估计之差不大于规定的0.001。

表15-3-2 数据信息

		个案数
个案	有效	52
	超出范围[a]	0

(续表)

个案		个案数
个案	缺失	0
	加权有效	52
类别	年龄	4
	性别	2
	娱乐项目	7

a. 由于因子值超出范围,因此个案被拒绝。

表 15-3-3 收敛信息

生成类	年龄 * 性别 * 娱乐项目
迭代次数	1
实测边际与拟合边际之间的最大差值	0.000
收敛条件	0.250

2) 拟合优度检验

表 15-3-4 显示了模型的拟合优度检验相关信息,由于是饱和模型,所以模型的拟合效果似然比卡方值为 0,即模型完全拟合数据。

表 15-3-4 拟合优度检验

	卡方	自由度	显著性
似然比	0.000	0	.
皮尔逊	0.000	0	.

3) 饱和模型的分层检验

输出结果如表 15-3-5 所示,是对模型是否有高阶效应进行检验,原假设是高阶效应为 0,即没有高阶效应。表中检验分为两部分。

表 15-3-5 K 阶效应和高阶效应

	K	自由度	似然比		皮尔逊		迭代次数
			卡方	显著性	卡方	显著性	
K 向效应和更高阶效应[a]	1	55	112.073	0.000	120.308	0.000	0
	2	45	81.317	0.001	86.805	0.000	2
	3	18	22.736	0.201	32.620	0.019	8
K 向效应[b]	1	10	30.757	0.001	33.502	0.000	0
	2	27	58.580	0.000	54.185	0.001	0
	3	18	22.736	0.201	32.620	0.019	0

对于结构零或抽样零,尚未调整用于这些检验的自由度。使用这些自由度的检验可能是保守检验。

a. 检验 K 向效应和更高阶效应是否为零。
b. 检验 K 向效应是否为零。

(1) K 向效应和更高阶效应,检验模型中 K 阶交互作用,及 K 阶以上交互作用是否显著。最高阶效应(即 3 阶效应)似然比检验对应的卡方值为 22.736,概率 p 值为 0.201,表明在显著性水平 $\alpha = 0.05$ 时,最高阶效应(即 3 阶效应)不显著,可以剔除;同理,2 阶和 1 阶效应(即主效应)总体上均很显著,不可剔除。

(2) K 向效应,检验模型中 K 维交互作用自身是否显著。结论与(1)类似,同时注意到,这里是检验 K 维交互作用自身是否显著,因此在检验一阶主效应时不再包含二阶及以上交互作用,对应的卡方值有所减小。

4) 步骤摘要

表 15-3-6 给出的是饱和模型的效应筛选步骤摘要,可以看出,从 3 阶效应开始剔除模型中不显著的效应,共经过了 5 步。第 1 步剔除了年龄*性别*娱乐项目,表明总体上娱乐项目、年龄、性别的交互作用不显著;第 2 步和第 3 步中,分别剔除了性别*娱乐项目、年龄*性别,这表明游客选择娱乐项目和性别不存在显著的相关关系,性别与年龄的交互作用不显著。利用上述步骤,直到所有的交互效应项的检验概率 p 值全部小于 0.05 时,则得到了模型的最终保留的交互效应以及相应的不饱和模型。

最后一步中,没有删除任何效应,保留年龄*娱乐项目的 2 阶交互效应及相应的整体检验结果,得到了最终的非饱和模型。

表 15-3-6 步骤摘要

步骤[a]			效应	卡方[c]	自由度	显著性	迭代次数
0	生成类[b]		年龄*性别*娱乐项目	0.000	0	.	
	删除后效应	1	年龄*性别*娱乐项目	22.736	18	0.201	8
1	生成类[b]		年龄*性别,年龄*娱乐项目,性别*娱乐项目	22.736	18	0.201	
	删除后效应	1	年龄*性别	7.620	3	0.055	2
		2	年龄*娱乐项目	47.685	18	0.000	2
		3	性别*娱乐项目	9.644	6	0.140	2
2	生成类[b]		年龄*性别,年龄*娱乐项目	32.381	24	0.118	
	删除后效应	1	年龄*性别	4.436	3	0.218	2
		2	年龄*娱乐项目	44.500	18	0.000	2
3	生成类[b]		年龄*娱乐项目,性别	36.816	27	0.099	
	删除后效应	1	年龄*娱乐项目	44.500	18	0.000	2
		2	性别	3.816	1	0.051	2
4	生成类[b]		年龄*娱乐项目	40.632	28	0.058	
	删除后效应	1	年龄*娱乐项目	44.500	18	0.000	2
5	生成类[b]		年龄*娱乐项目	40.632	28	0.058	

a. 在每个步骤中,将删除"似然比变更"的显著性水平最高的效应,前提是该显著性水平大于 .050。
b. 将显示第 0 步之后的每个步骤中最佳模型的统计。
c. 对于"删除后效应",这是将效应从模型中删除后卡方的变更。

5) 拟合优度检验最终结果

表 15-3-7 为模型最终的非饱和模型的拟合优度检验结果。从表中可以看出，两种检验对应的概率 p 值均大于 0.05，即在显著性水平 $\alpha=0.05$ 时，模型拟合优度与含有所有交互效应的饱和模型相比无显著性差异，表明该模型拟合效果较为理想。

表 15-3-7 拟合优度检验

	卡方	自由度	显著性
似然比	40.632	28	0.058
皮尔逊	30.400	28	0.344

通过上述分析可知，游客选择的娱乐项目与他们的年龄有较大的关系，而性别对此则没有显著影响。因此，娱乐场所在进行娱乐项目设置的决策时，应重点考虑游客的年龄因素。

15.4 小 结

对数线性模型是处理非线性相关离散数据常用的一种分析方法，而分类离散数据通常以二维、三维或更高维列联表的形式呈现，其表达的是多个分类变量交叉计数的资料，这在社会调查数据中尤为常见，对数线性模型正是处理这类数据的有效工具。

本章首先从对数线性模型基本概念出发，然后阐述了对数线性模型的基本理论与方法，并介绍了对数线性模型的 SPSS Statistics 24.0 基本操作步骤。最后，选取了某度假村游客有关娱乐项目的随机调查数据，基于 SPSS Statistics 24.0 利用对数线性模型的输出结果进行了合理的解释与分析。

思 考 题

1. 简述对数线性模型的基本原理。
2. 与卡方检验相比，对数线性模型的优势有哪些？
3. 某企业想了解顾客对某产品是否满意，同时还想了解不同收入的人群对其产品的满意度是否相同，在随机发放的 1 000 份问卷中收回有效问卷 792 份，根据收入高低和满意回答的交叉分组数据如下表所示。试建立对数线性模型对该问题进行分析。

表 15-5-1 顾客收入高低与满意回答交叉分组数据

	满意	不满意	合计
高	53	38	91
中	434	108	542
低	111	48	159
合计	598	194	792

参 考 文 献

［1］ 薛薇. SPSS统计分析方法及应用(第3版)[M]. 北京:电子工业出版社,2013.
［2］ 杜强. SPSS统计分析从入门到精通[M]. 北京:人民邮电出版社,2011.
［3］ 倪雪梅. 精通SPSS统计分析[M]. 北京:清华大学出版社,2010.
［4］ 陈胜可. SPSS统计分析从入门到精通[M]. 北京:清华大学出版社,2015.
［5］ 汪冬华. 多元统计分析与SPSS应用[M]. 上海:华东理工大学出版社,2015.
［6］ 何晓群. 多元统计分析(第四版)[M]. 北京:中国人民大学出版社,2015.
［7］ 夏丽华,谢金玲. SPSS数据统计与分析标准教程[M]. 北京:清华大学出版社,2015.

第 16 章

神 经 网 络

近年全球再次兴起一股人工智能的热潮,人工神经网络作为人工智能的重要组成部分得到研究者和商业人士的关注。人工神经网络从信息处理角度对人脑神经元网络进行抽象,建立某种简单模型,按不同的连接方式组成不同的网络。在工程与学术界也常直接简称为神经网络或类神经网络。其在模式识别、智能机器人、自动控制、预测估计、生物、医学、经济等领域已成功地解决了许多现代计算机难以解决的实际问题,表现出了良好的智能特性。本章在介绍人工神经网络中各种典型网络,以及训练过程的基础上,利用 SPSS Statistics 24.0 进行神经网络的设计与应用。

16.1 神经网络概述

16.1.1 神经网络历史及现状

1. 神经网络的历史

心理学家 W·Mccuiioch 和数理逻辑学家 W. Pitt 是神经网络研究的开创者,他们在分析、总结神经元基本特性的基础上,于 1943 年首先提出神经元的数学模型。此模型现今仍对神经网络等领域有着重要的影响。另外,冯·诺依曼也是人工神经网络研究的先驱之一,他于 1948 年通过研究工作,了解了人脑结构与存储程序式计算机的根本区别,并提出了以简单神经元构成的再生自动机网络结构。

F·Rosenblatt 于 20 世纪 50 年代末设计制作了"感知机",它是一种多层的神经网络。这项工作首次把人工神经网络的研究从理论探讨付诸工程实践。接着,Widrow 在 60 年代初期提出了自适应线性元件网络,这是一种连续取值的线性加权求和阀值网络,实际上就是一种人工神经网络模型。同时,他也是后来非线性多层自适应网络发展的基础。由于当时数字计算机的发展处于全盛时期,加上研究者对神经网络性能的质疑,在 60 年代末期,人工神经网络的研究进入了低潮。

80 年代初期,模拟与数字混合的超大规模集成电路制作技术提高到新的水平,完全付诸实用化。此外,数字计算机的发展在若干应用领域遇到困难。这一社会背景使人们逐渐将焦点转向人工神经网络。美国的物理学家 Hopfield 分别于 1982 年和 1984 年在美国科学院院刊上发表了两篇关于人工神经网络研究的论文,引起巨大的反响。人们重新认识到神经网络的威力,以及将其付诸应用的现实性。随即,一大批学者和研究人员围绕着 Hopfield 提出的方法展开了进一步的工作,形成了 80 年代中期以来人工神经网络的研究热潮。

2. 当前神经网络的研究点

神经网络的研究内容相当广泛,反映了多学科交叉技术领域的特点。目前主要的研究工作集中在以下几个方面。

(1) 生物原型研究。从生理学、心理学、解剖学、脑科学、病理学等生物科学方面研究神经细胞、神经网络、神经系统的生物原型结构及其功能机理。

(2) 建立理论模型。根据生物原型的研究,建立神经元、神经网络的理论模型。其中包括概念模型、知识模型、物理化学模型、数学模型等。

(3) 网络模型与算法研究。在理论模型研究的基础上构建具体的神经网络模型,以实现计算机模拟或准备制作硬件,包括网络学习算法的研究。这方面的工作也称为技术模型研究。

(4) 人工神经网络应用系统。在网络模型与算法研究的基础上,利用人工神经网络组成实际的应用系统。例如,完成某种信号处理或模式识别的功能、构建专家系统、制成机器人等。

16.1.2 神经网络特征与功能

1. 思维的分类

思维学普遍认为,人类大脑的思维分为逻辑(抽象)思维、直观(形象)思维和灵感(顿悟)思维三种基本方式。

(1) 逻辑思维。逻辑性的思维是指根据逻辑规则进行推理的过程,它先将信息化成概念,并用符号表示。然后,根据符号运算按串行模式进行逻辑推理。这一过程可以写成串行的指令,让计算机执行。

(2) 直观思维。直观性的思维是将分布式存储的信息综合起来,结果是忽然间产生想法或解决问题的办法。直观思维方式区别于其他思维方式的根本点:一是信息是通过神经元上的兴奋模式分布存储在网络上,二是信息处理是通过神经元之间同时相互作用的动态过程完成的。

(3) 灵感思维。灵感思维是指人们在科学研究、科学创造、产品开发或问题解决过程中突然涌现、瞬息即逝,使问题得到解决的思维过程。灵感思维是三维的,它产生于大脑对接收到的信息的再加工,储存在大脑中沉睡的潜意识被激发,即凭直觉领悟事物的本质。因此,灵感思维有偶然性、突发性、创造性等特点。

人工神经网络就是模拟人思维的第二种方式,即直观思维。这种思维过程是一个非线性动力学系统,其特色在于信息的分布式存储和并行协同处理。虽然单个神经元的结构极其简单,功能有限,但大量神经元构成的网络系统所能实现的行为却是丰富多彩的。

2. 神经网络的特点

神经网络是对人脑生物神经网络、信息处理系统的简化与模拟,它可呈现出人脑的许多抽象特征。所以,神经网络是一种模仿人脑神经结构并具有人脑的一些基本功能的人工网络。下面分别从结构和能力两方面介绍人工神经网络的基本特点。

1) 结构特点

人工神经网络在结构上具有并行处理、分布式处理和容错性的特点。

(1) 并行处理。神经网络是由大量简单处理元件相互连接构成的高度并行的非线性系统,具有大规模并行性处理特征。

(2) 分布式存储。神经网络结构上的并行性使神经网络的信息存储必然采用分布式方式,信息分布在网络所有的连接权中。

(3) 容错性。神经网络的容错性表现为两个方面:一是网络部分神经元损坏时不会对系统的整体性能造成影响;二是神经网络能通过联想恢复完整的记忆,实现对不完整输入信息的正确识别。

2) 能力特点

神经网络具有自学习、自组织和自适应的能力。

(1) 自学习能力。神经网络的自学习能力是指当外界环境发生变化时,经过一段时间的自学习、训练或感知,神经网络能通过自动调整网络结构参数,使得对于给定输入能产生期望的输出。

(2) 自组织能力。神经网络的自组织能力是指神经系统能在外部刺激下按一定规则调整神经网络元之间的突触连接,逐渐构建起神经网络。

(3) 自适应能力。神经系统的自适应能力是指神经系统通过改变自身的性能以适应环境变化的能力。实际上自适应能力包含了自学习和自组织两层含义,它是通过自组织和自学习实现的。

2. 神经网络的功能

人工神经网络具有人脑生物神经系统的某些智能特点。

(1) 联想记忆。神经网络具有对外界刺激信息和输入模式进行进行联想记忆的能力。联想记忆又分为自联想和异联想记忆两种。

(2) 非线性映射。神经网络通过对系统输入、输出样本对照进行自动学习,能够以任意精度逼近任意复杂的非线性映射。

(3) 分类与识别。由于神经网络可以很好地解决对非线性曲面的逼近。因此,对于在样本空间里曲面分割十分复杂的事物,神经网络具有很强的识别和分类能力。

(4) 优化计算。优化计算指在已知的约束条件下,寻找一组参数组合,使由该组合确定的目标函数达到最小值。神经网络将目标函数设计为网络的能量函数,无需对目标函数求导即可求解。

(5) 知识处理。与人脑类似,神经网络可以从对象的输入、输出信息中抽取规律而获得关于对象的知识分布,并将这种知识分布在网络的连接中予以存储。

16.1.3 神经网络模型

1. 神经网络的学习规则

神经网络的学习规则可以粗略分成三类。

(1) 相关学习规则。该学习规则常用于自联想网络,如 Hopfield 网络。

(2) 纠错学习规则。这种规则根据输出节点的外部反馈改变权系数。在方法上它和梯度下降法等效,按局部改善最大的方向一步步对输出进行优化,从而最终找到全局优值。感知器学习就采用这种纠错学习规则,如 BP 神经网络就采用这种学习规则。

(3) 无教师学习规则。它是一种对输入检测并进行自适应学习的规则。ART 网络的自组织学习算法就属于这一类。

2. SPSS 神经网络模型

1) SPSS 神经网络的应用

使用 SPSS 神经网络,可以帮助数据分析者探索数据中微妙或者隐藏的模式。在许多领域,都能够将 SPSS 神经网络和其他的统计分析过程结合起来,获得更深入、清晰的洞察力。例如,在市场研究领域,通过建立客户档案挖掘客户的偏好。在数据库营销领域,通过细分客户,达到优化市场信息响应的目的。在金融分析方面,采用 SPSS 神经网络分析申请人的信用状况,探测其欺诈的可能性。在运营分析方面,也能够采用神经网络这一工具来管理现金流、优化供应链。此外,神经网络在科学和医疗方面也有广泛的应用,包括预测医疗费用、医疗结果分析、预测住院时间等。

2) SPSS 神经网络的种类

SPSS 神经网络包括多层感知器(MLP)或者径向基函数(RBF)两种方法。这两种方法都是有监督的学习技术,也就是说,它们根据输入的数据映射出关系。同时这两种方法都采用前馈结构,意思是数据从一个方向进入,通过输入节点、隐藏层,最后进入输出节点。通常情况下,MLP 可以发现更复杂的关系,而 RBF 运行的速度更快。在实际的数据分析中,常常依据输入数据类型和网络复杂程度,选择合适的神经网络。

3) SPSS 神经网络的训练思路

采用 SPSS 神经网络两种方法的任何一种,都需要将数据拆分成训练集、测试集、验证集三种。训练集用来估计网络参数。测试集用来防止过度训练。验证集用来单独评估最终的网络。对于 SPSS 神经网络,设置的因变量可以是连续型、分类型或者两者的组合。如果因变量是连续型,神经网络预测的连续值是近似于输入数据的某个连续函数的"真实"值。如果因变量是分类型,神经网络会根据输入数据,将记录划分为最适合的类别。

SPSS 神经网络是对 SPSS Statistics Base 和传统数据分析方法的一个补充。数据分析者可以使用 SPSS 神经网络发现数据中新的关系,并用传统的统计技术检验其显著性。在采用 SPSS 神经网络分析数据时,首先通过拆分数据集、调整网络结构、选择计算方法等调整神经网络模型。然后,以图形或者表格的形式,在当前活动的数据集中保存可选的临时变量。最后,将训练好的模型导出成 XML 格式,从而分析并解释新的数据集。

3. RBF 神经网络

神经网络是一个线性的数据建模工具集合,它包括输入层、输出层,以及一个或者多个隐藏层。神经元之间的连接赋予相关的权重,训练算法在迭代过程中不断调整这些权重,从而使得预测误差最小化并给出预测精度。数据分析者可以设置网络的训练条件,从而控制训练的停止条件,以及选择合适的网络结构。由于 SPSS Statistics 24.0 中只给出了径向基函数(Radial Basis Function,RBF)神经网络,所以下面详细介绍这种神经网络模型。

RBF 神经网络是以函数逼近理论为基础而构造的一类前馈网络,这类网络的学习等价于在多维空间中寻找训练数据的最佳拟合平面。同时,RBF 网络的每个隐层神经元传递函数都构成了拟合平面的一个基函数。一个典型的 RBF 神经网络由输入层、径向基层(也称隐含层)和输出层三层组成。RBF 神经网的隐单元作为"基"并构成隐含层空间,其对输入矢量进行变换将低维模式的输入数据变换到高维空间内,使得在低维空间内的线性不可分问题在高维空间内线性可分。通常采用高斯函数作为径向基神经元的传递函数。

一个具有 r 维输入的径向基函数神经元模型,如图 16-1-1 所示。图 16-1-1 中的 $\|dist\|$ 模块表示求输入矢量 P 和权值矢量 w 间的距离。

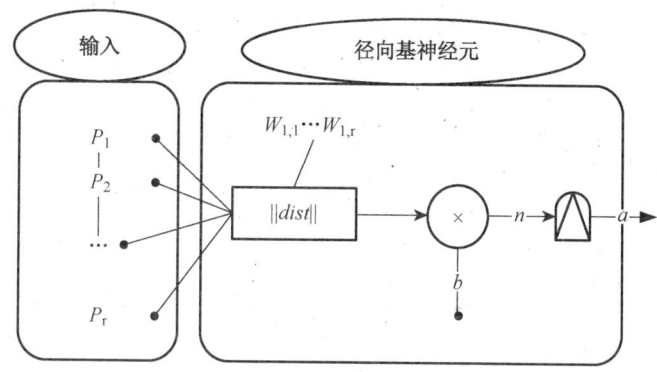

图 16-1-1　具有 r 维输入的径向基神经元

径向基层输入为:

$$n = \sqrt{\sum (w_{1i} - p_i)^2} \cdot b = \|w - p\| \cdot b \tag{16.1}$$

径向基层输出为:

$$a = f(n) = \mathrm{e}^{-n^2} = radbas(n) \tag{16.2}$$

输出层的输出为隐含层节点输出的线性组合,即:

$$y = purelin(W' \cdot a + b') \tag{16.3}$$

其中,W' 为隐含层到输出层的权重,b' 为输出层的阈值。

16.2　SPSS 神经网络模型的设置

16.2.1　多层感知器(MLP)的设置

多层感知器是一个前馈式有监督的结构。SPSS Statistics 24.0 多层感知器的设置如下。

选择菜单【分析】→【神经网络】→【多层感知器】,则弹出【多层感知器】对话框,如图 16-2-1 所示。此对话框用于设置多层感知器的各种参数。界面中共有 8 个标签,即【变量(Variables)】【分区(partitions)】【体系结构(Architecture)】【训练(Training)】【输出(Output)】【保存(Save)】【导出(Export)】和【选项(Options)】。

1.【变量】(Variables)选项卡

【多层感知器】对话框的左边是待分析的列表框,右边则是待选入的变量框,包括:【因变量】【因子】【协变量】和【协变量重标度】,其中【协变量重标度】用于设置协变量的标度,其下

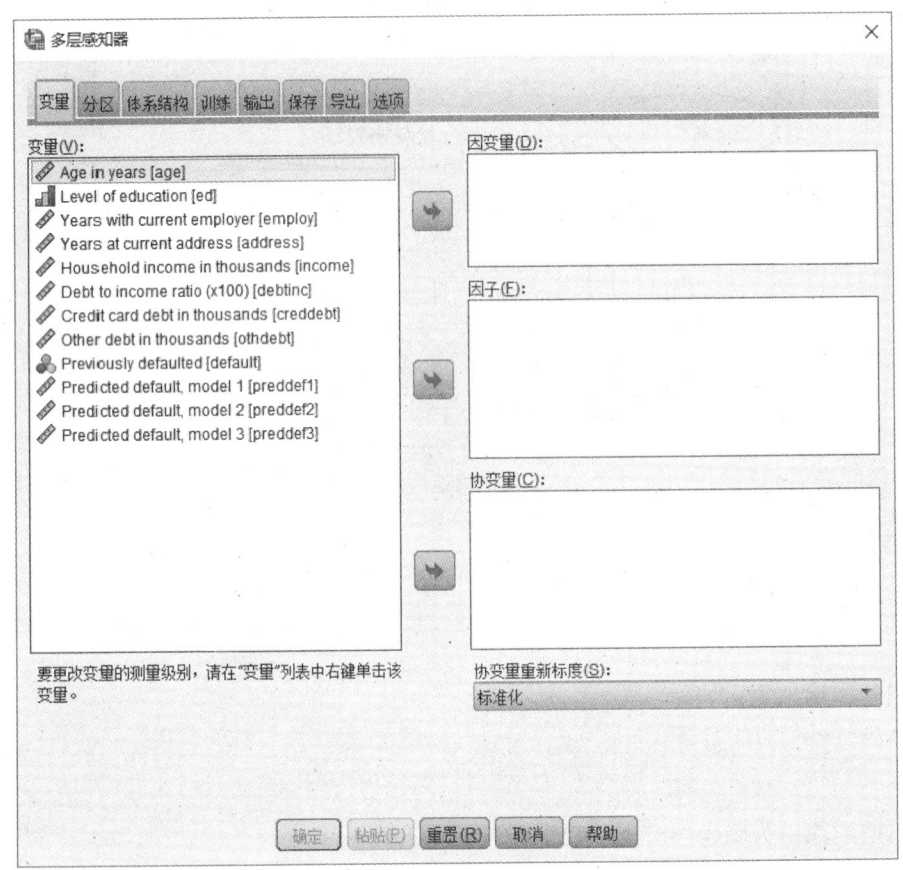

图 16-2-1 【多层感知器】对话框

拉菜单中有四个选择项，分别是【标准化】【正态化】【调整后正态化】，以及【无】。

2.【分区】(Partitions)选项卡

点击【多层感知器】对话框中的【分区】标签，则弹出【分区】对话框，如图 16-2-2 所示。用户既可以根据个案的相对数目随机分配训练集、测试集和样本集，也可以使用分区变量对样本进行分配。【训练集】用来训练神经网络。【测试集】是一个独立的数据集，用来跟踪预测以防止过度训练；【验证集】是独立于上面二个的数据集，用来评估训练后的神经网络。

3.【体系结构】(Architecture)选项卡

点击【多层感知器】对话框中的【体系结构】标签，则弹出【体系结构】对话框，如图 16-2-3 所示，该对话框用来设置神经网络的结构，包括【体系结构自动选择】和【定制体系结构】复选框。选择前者，根据用户设定的隐含层神经元数量的取值范围，SPSS 将自动选择神经网络结构。选择后者，用户根据分析需要定制神经网络结构，如改变隐含层的层数、隐藏层单元之间的激活函数，以及输出层单元之间的激活函数等。

4.【训练】(Training)选项卡

点击【多层感知器】对话框中的【训练】标签，则弹出【训练】对话框，如图 16-2-4 所示。该对话框有【训练类型】【优化算法】和【训练选项】3 个复选框。

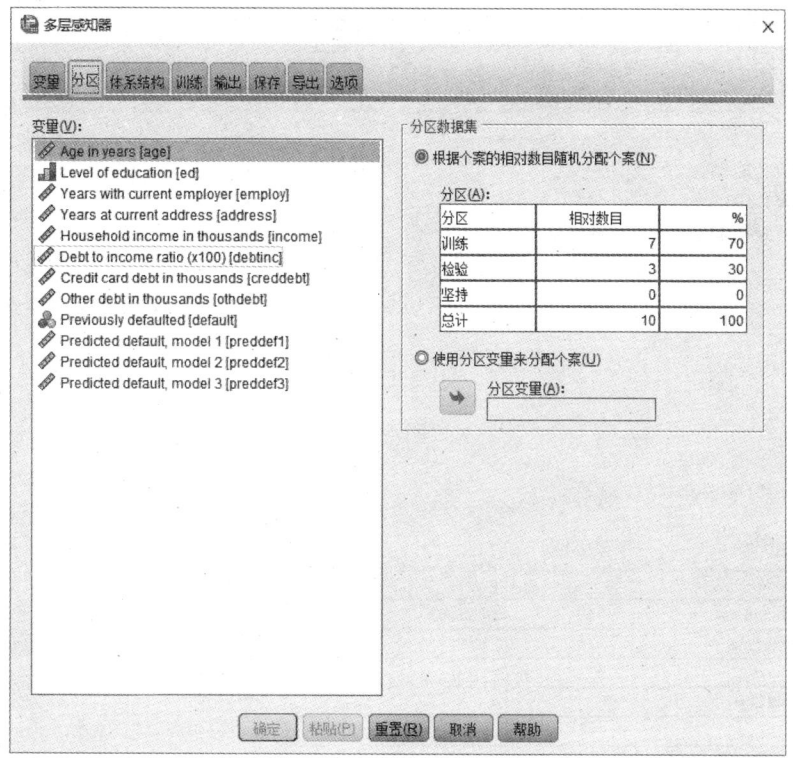

图 16-2-2 【分区】对话框

图 16-2-3 【体系结构】对话框

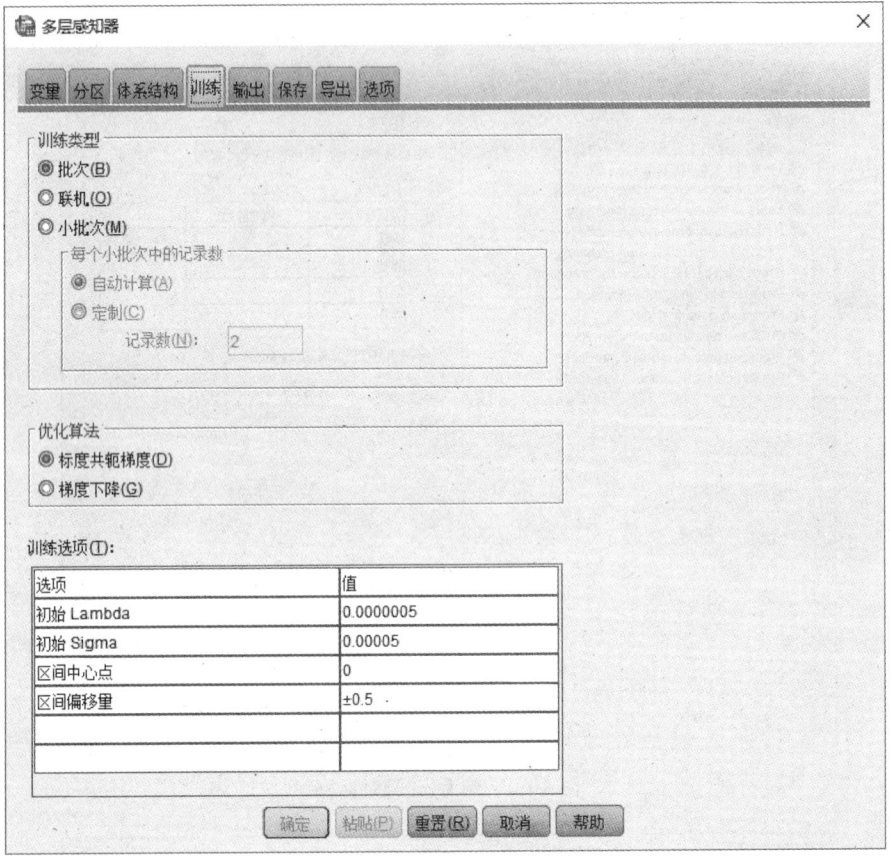

图 16-2-4 【训练】对话框

1)【训练类型】

该复选框提供用户选择的神经网络训练有三种,分别为【批次】训练、【联机】训练和【小批次】训练。若选择【小批次】训练,其下的选项栏将被激活,用户则能够通过【自动计算】和【定制】进一步定制神经网络的训练方式。

2)【优化算法】

该复选框下可供选择的神经网络优化算法有两种:一种是标度共扼梯度法,另外一种是梯度下降法。

3)【训练选项】

该复选框可设定的神经网络训练的内容有:初始 Lambda 值、初始的 Sigma 值、区间中心点和区间偏移量。

5.【输出】(Output)选项卡

点击【多层感知器】对话框中的的【输出】标签,则弹出【输出】对话框,如图16-2-5所示。该对话框用于指定神经网络输出内容。在该对话框中,用户也可以请求分析一个自变量的重要性。在【网络结构】复选框中,可以输出并描述神经网络的结构图。在【网络性能】复选框中,可选择输出神经网络的各种性能,包括模型摘要、分类结果、ROC 曲线、累积增益图、效益图、预测-实测图和残差-预测图。

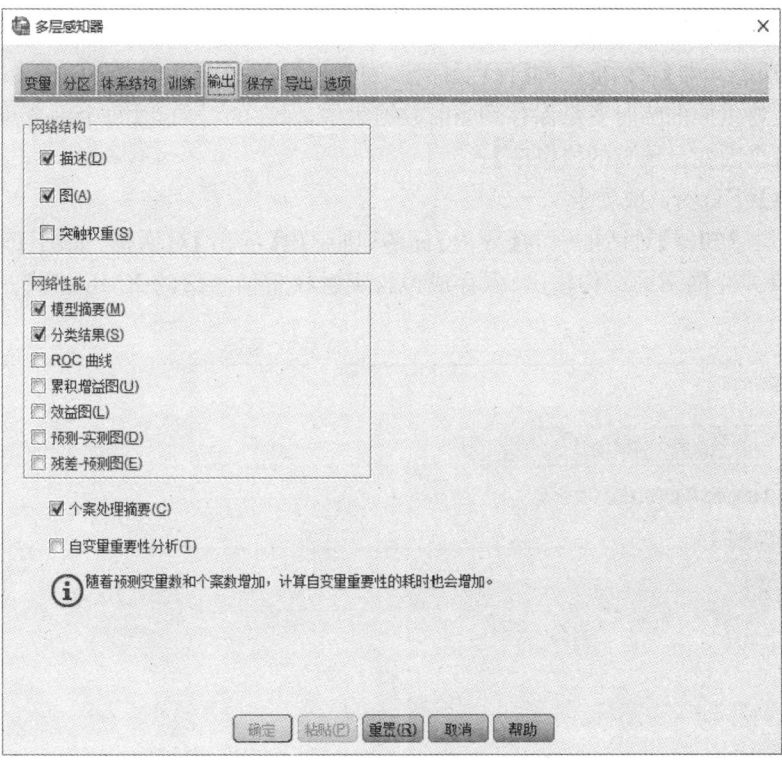

图 16-2-5 【输出】对话框

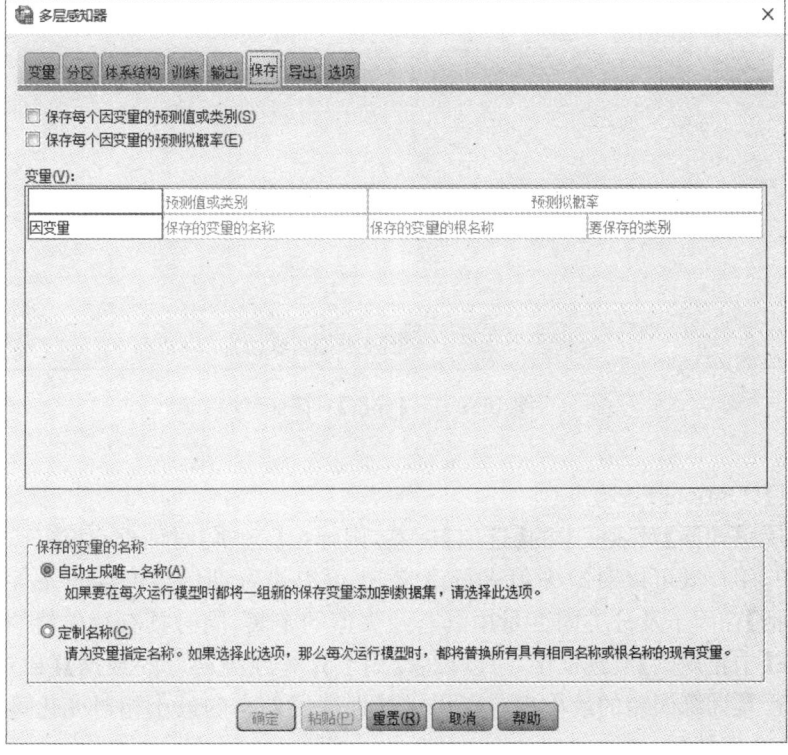

图 16-2-6 【保存】对话框

6.【保存】(Save)选项卡

　　点击【多层感知器】对话框中的【保存】标签,则弹出【保存】对话框,如16-2-6所示。该对话框用于设置将生成的临时变量保存到当前数据集中,保存的对象有【每个因变量的预测值或者类别】和【每个因变量预测的拟概率】。

7.【导出】(Export)选项卡

　　点击【多层感知器】对话框中的【导出】标签,则弹出【导出】对话框,如图16-2-7所示。该对话框可将神经网络的结构输出、保存成包含突触权重估算值的 XML 格式。

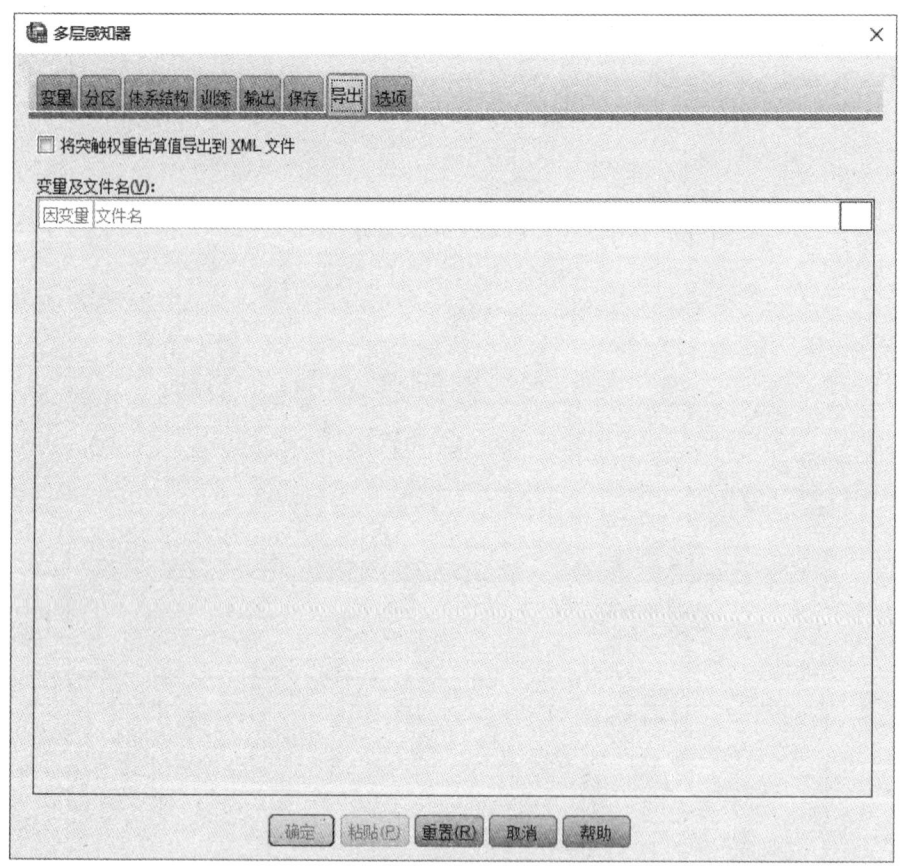

图 16-2-7　【导出】对话框

8.【选项】(Options)选项卡

　　点击【多层感知器】对话框中的【选项】标签,则弹出【选项】对话框,如图16-2-8所示。在该对话框中,用户既可以对缺失值进行设定,也可以设置训练集的终止条件。用户能够【排除】或【包括】在因子及分类因变量中具有缺失值的个案,同时具有缺失值的个案始终被视为无效。在【中止规则】复选框中,可以设置【用于计算预测误差的数据】【最长训练时间】【最长训练时程】【训练误差的最小相对变化量】【训练误差率的最小相对变化量】和【存储在内存中的最大个案数】。

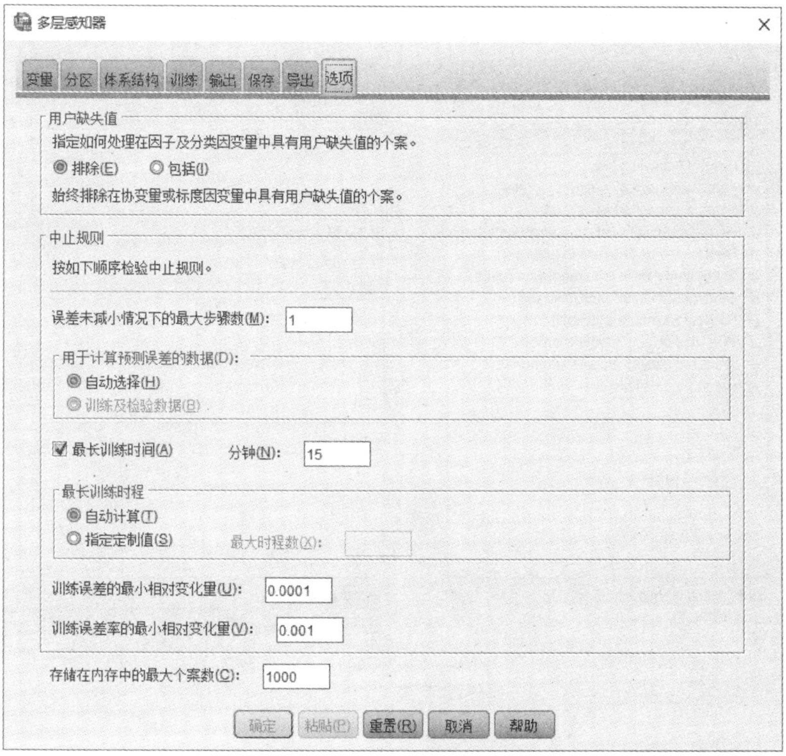

图 16-2-8 【选项】对话框

16.2.2 径向基函数(RBF)的设置

SPSS 的 RBF 函数用于拟和一个前馈型、有监督学习的 RBF 神经网络,此时神经网络的隐藏层也称为径向基函数层。与 MLP 类似,RBF 也可以进行预测和分类。RBF 函数训练神经网络可分为两个阶段:第一个阶段通过聚类方法确定 RBF,以及每个 RBF 的中心和宽度,第二个阶段以激活函数作为均方误差函数,使用普通最小二乘方法求均方误差的最小值,进而估计 RBF 的连接权重。由于 RBF 训练过程分两个阶段,因此一般情况下,RBF 网络的训练速度优于 MLP。

在 SPSS 的 RBF 设置中,用户不需要设置培训数据集,而且在第一阶段的【体系结构】选项中,用户可以指定正态化 RBF 或者普通 RBF,隐藏层单元的重叠方式。除此之外,MLP 和 RBF 的设置基本相同。选择菜单【分析】→【神经网络】→【径向基函数】,则弹出【径向基函数】(RBF)对话框,如图 16-2-9 所示。此对话框用于设置 RBF 网络的各种参数,与【多层感知器】一样,也包括 7 个选项:【变量】【分区】【体系结构】【输出】【保存】【导出】【选项】。对此,下面只介绍 RBF 网络设置的不同之处。

1.【变量设置】

【径向基函数】对话框中的变量选项栏与多层感知器的设置基本相同,只是在【因变量】选项栏的下方需要设置【标度因变量重新标度】,该下拉菜单有四个选项,分别是【标准化】【正态化】【调整后正态化】以及【无】。

2. 体系结构(Architecture)设置

点击【径向基函数】对话框中的【体系结构】标签,则弹出【体系结构】对话框,如图 16-2-10 所示。

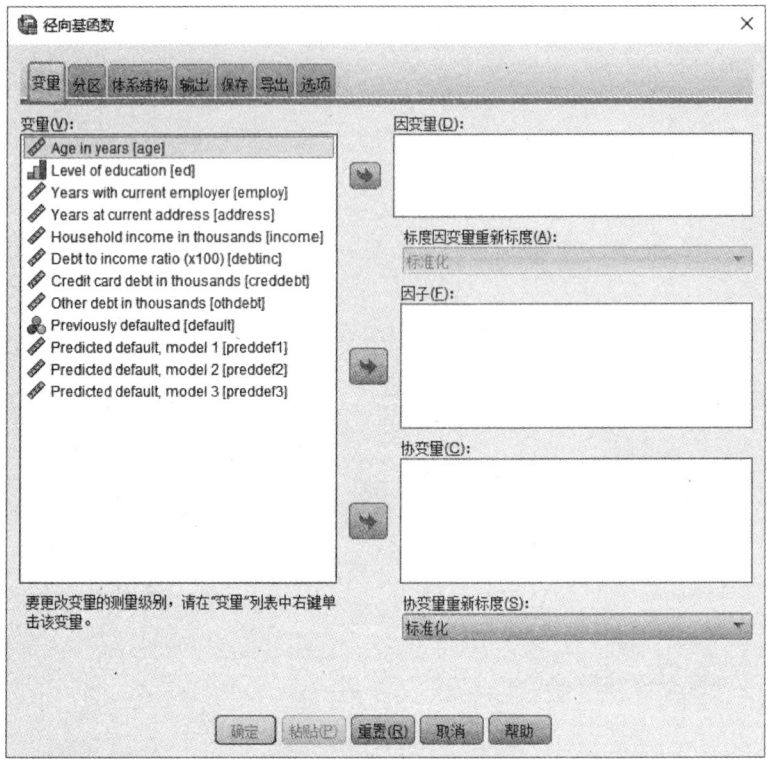

图 16-2-9 【径向基函数】对话框

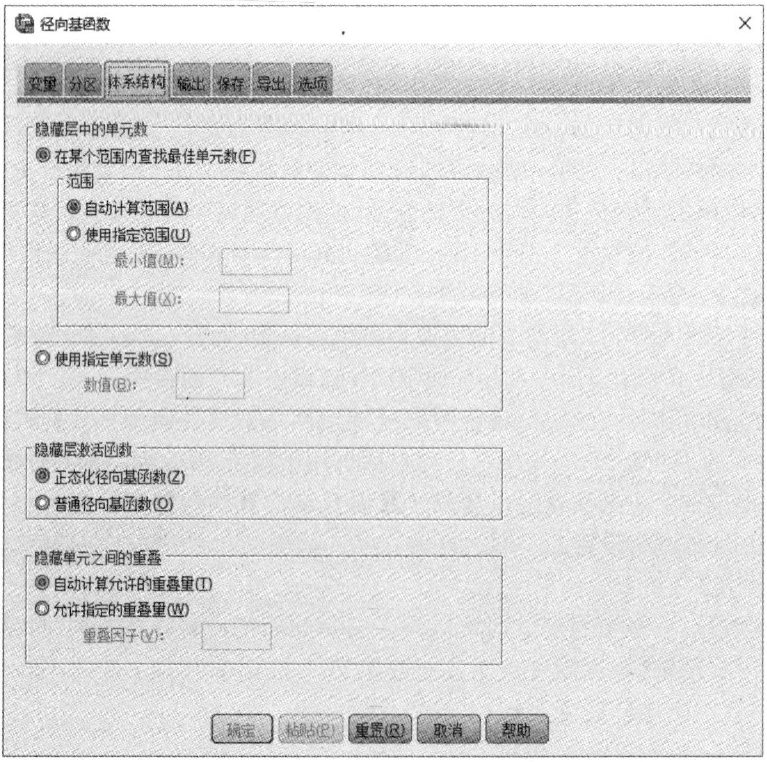

图 16-2-10 【体系结构】对话框

【体系结构】对话框用于设置 RBF 网络的结构,其中【隐藏层中的单元数】【隐藏层激活函数】和【隐藏单位中的重叠】的设置与多层感知器不同。

1)【隐藏层中的单元数】

对于 RBF 神经网络隐含层中的神经元数的设置,该复选框提供了【自动计算范围】和【使用指定范围】两种设定方式,对于后者可以设定单元数的上下限,并在这个设定范围内查找最佳单位数。

2)【隐藏层激活函数】

该复选框提供两种隐含层激活函数,即【正态化径向基函数】或【普通径向基函数】。

3)【隐藏单位中的重叠】

该复选框可供选择的重叠方式有【自动计算允许的重叠数量】和【允许指定数量的重叠】,后者下的【重叠因子】选项栏中可填入重叠因子。

3.【选项设置】(Option)选项卡

点击【径向基函数】对话框中的【选项】标签,则弹出【选项】对话框,如图 16-2-11 所示。与多层感知器的缺失值设置的不同之处在于没有【中止规则】的设定。

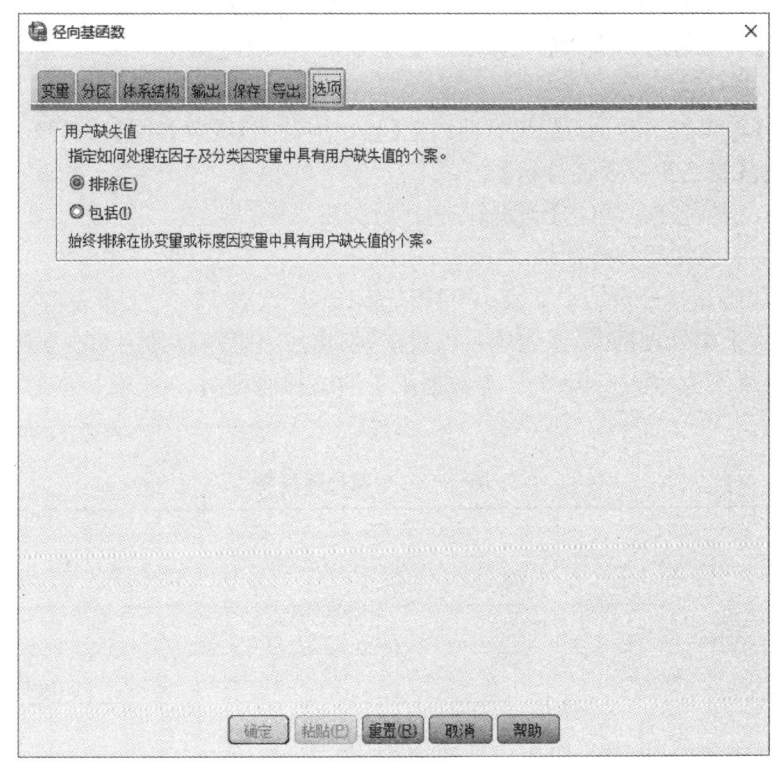

图 16-2-11 【选项】对话框

16.3 案例分析

1. 案例描述及 SPSS 操作步骤

本案例采用的数据集为 SPSS 自带的数据集"bankloan.sav",此数据集为银行贷款的用户信用记录数据。该数据集包括 12 个变量,有 age(年龄)、ed(学历水平)、address(当前地址)、income(收入)等,且数据集有 850 个调查样本。其中 ed 变量共分为 4 个范围,即 Did not complete high school、High school degree、Some college、College degree 和 Post-undergradute degree。变量 default 表示违约,有两个选项,即 No 和 Yes。

下面将 700 个样本数据作为训练数据集来创建一个多层感知器的神经网络模型,并运用训练好的模型分析余下的 150 个调查用户的信用记录,以观察这 150 个用户的信用程度。对应的 SPSS Statistics 24.0 的操作步骤如下。

(1) 依次点击【转换】→【随机数生成器】→【设置起点】,并在【固定值】框中填入 9191972,然后单击【确定】按钮。

(2) 依次选择【转换】→【计算变量】,并在【目标变量】中填入变量名 partition,然后在【数学表达式】中填入公式 $2 * RV.BERNOULLI(0.7) - 1$,此公式用于产生参数为 0.7 的 bernoulli (伯努利)分布数据,数据的名称为 partition。设置完成后,单击【确定】按钮进行计算。

(3) 依次单击【分析】→【神经网络】→【多层感知器】,将"Previously defaulted [default]"拉入【因变量】框中,将"Level of education [ed]"拉入【因子】框中,将 age、employ、address、income、debtinc、creddebt、othdebt 拉入【协变量】框中。

(4) 单击【分区】按钮,选中【使用分区变量分配个案】,然后将"partition"拉入【分区变量】框中。

(5) 单击【输出】按钮,选择【ROC 曲线】、【累积增益图】、【效益图】、【预测-实测图】,去除【图】选项;选择【自变量重要性分析】。

(6) 全部设置完成后,单击【确定】按钮进行分析。

2. 新建多层感知器分析结果

SPSS 多层感知器分析结果如表 16-3-1、表 16-3-2、表 16-3-3 和表 16-3-4 所示。表 16-3-1 是样本个案处理摘要,从表中可以看出,创建多层感知器共用 700 个样本数据,这些样本数据没有确实值,其中 499 个样本数据用于训练神经网络,201 个样本数据用于测试构建的神经网络。

表 16-3-1 个案处理摘要

样本		个案数	百分比
	训练	499	71.3%
	坚持	201	28.7%
有效		700	100.0%
排除		150	
总计		850	

表 16-3-2 是所构建神经网络的基本信息,从表中可以看出,所构建的多层感知器包括输入层、隐藏层和输出层。在神经网络的输入层有 12 个神经单元,7 个卡尔变量。所构建神经网络的隐藏层是由 4 个神经元组成的单层,且这些神经元的激活函数是双曲正切函数。输出层由两个神经元构成,他们的激活函数为 softmax,以交叉熵作为误差函数。

表 16-3-3 是多层感知模型摘要表,从表中可以看出,通过 0.88 分钟的多层感知器的训

练,形成训练好的多层感知器。训练集的交叉熵误差为156.06,不正确的比例为16.6%,而在测试时,测试集的不正确预测比例高达25.4%。

表 16-3-2　网络信息

输入层	因子	1	Level of education
	协变量	1	Age in years
		2	Years with current employer
		3	Years at current address
		4	Household income in thousands
		5	Debt to income ratio(x100)
		6	Credit card debt in thousands
		7	Other debt in thousands
	单元数[a]		12
	协变量的重新标度方法		标准化
隐藏层	隐藏层数		1
	隐藏层1中的单元数[a]		7
	激活函数		双曲正切
输出层	因变量	1	Previously defaulted
	单元数		2
	激活函数		Softmax
	误差函数		交叉熵

a.排除偏差单元

表 16-3-3　模型摘要

训练	交叉熵误差	156.606
	不正确预测百分比	16.6%
	使用的中止规则	超出最大时程数(100)
	训练时间	0:00:00.88
坚持	不正确预测百分比	25.4%

因变量:Previously defaulted

表16-3-4是多层感知器判别分析表,从表中可以看出,训练集中No所对应的样本数为347个,其中28个经模型被判为Yes,所以回判正确率为92.5%,同样训练集为Yes的回判正确率为59.7%,平均回判率为84.4%。而对于测试数据集,Yes的样本回判正确率仅为45.8%,平均正确回判率为74.6%。由此看来所构建多层感知器模型的预测效果并不是很好,一般要求平均正确回判率至少大于85%。因此,接下来将对所构建的多层感知器进行修正。

表 16-3-4　判别分析表

样本	实测	分类		
		预测		正确百分比
		No	Yes	
训练	No	347	28	92.5%
	Yes	50	74	59.7%
	总体百分比	79.6%	20.4%	84.4%
坚持	No	123	19	86.6%
	Yes	32	27	45.8%
	总体百分比	77.1%	22.9%	74.6%

因变量：Previously defaulted

3. 模型修正

多层感知器模型的 SPSS Statistics 24.0 的修正步骤如下。

(1) 依次单击【转换】→【计算变量】，弹出【计算变量】对话框，如图 16-3-1 所示。

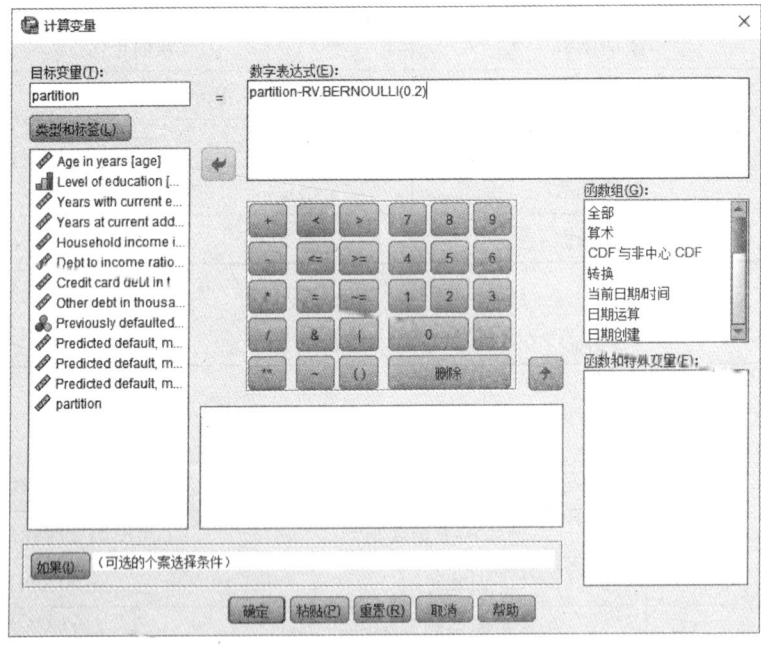

图 16-3-1　【计算变量】对话框

(2) 在【数学表达式】中输入 *partition-RV.BERNOULLI*(0.2)。

(3) 单击【计算变量】对话框中的【如果】按钮，弹出【计算变量：if 个案】对话框，如图 16-3-2。

在该对话框中，选择【在个案满足条件时包括】，并输入 *partition* > 0，单击【继续】按钮。

(4) 设置好上述选项后，单击【确定】按钮，继续依次单击相应按钮，打开【多层感知器】

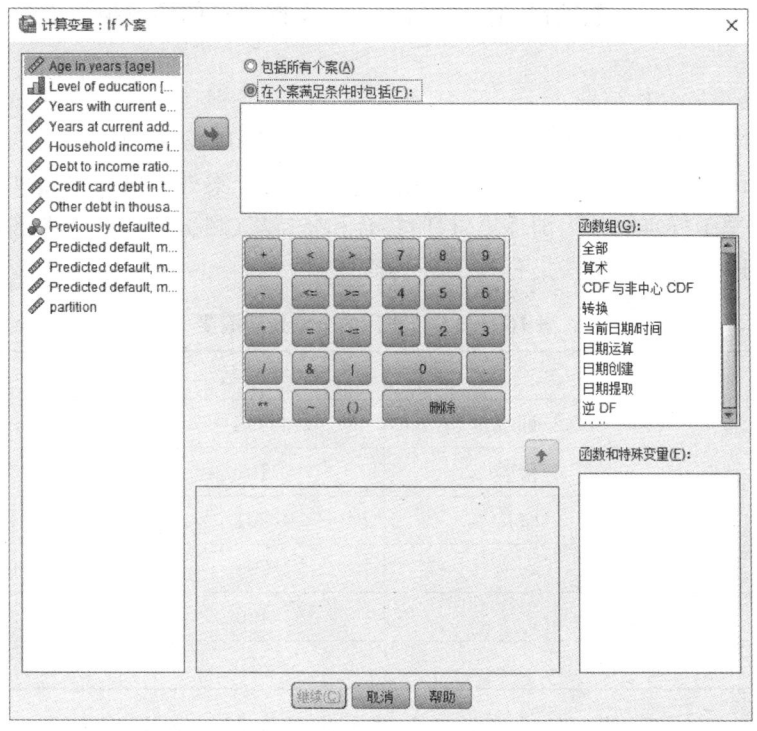

图 16-3-2 【计算变量:if 个案】对话框

主对话框,单击【保存】按钮,弹出【多层感知器:保存】对话框,如图 16-3-3 所示。

图 16-3-3 【多层感知器:保存】对话框

在【多层感知器:保存】对话框中,选择【保存每个因变量的预测拟概率】,单击【确定】按钮进行分析。

4. 模型修正后分析结果

多层感知器模型修正后的结果,分别如表 16-3-5、表 16-3-6、表 16-3-7、表 16-3-8、图 16-3-4 和图 16-3-5 所示。表 16-3-5 是模型修正后的个案处理摘要,从表中可以看出,修正后的模型将整个样本集分为训练集、检验集合和坚持集(测试集),其中训练集有 398 个个案,检验集有 101 个个案,坚持集有 201 个个案。

表 16-3-5　修正后的个案处理摘要

		个案数	百分比
样本	训练	398	56.9%
	检验	101	14.4%
	坚持	201	28.7%
有效		700	100.0%
排除		150	
总计		850	

表 16-3-6 是多层感知器修正后的网络信息,与修正前的唯一不同在于,多层感知器修正后隐藏层的神经元个数增加到 7 个。

表 16-3-6　修正后的网络信息

输入层	因子	1	Level of education
	协变量	1	Age in years
		2	Years with current employer
		3	Years at current address
		4	Household income in thousands
		5	Debt to income ratio(x100)
		6	Credit card debt in thousands
		7	Other debt in thousands
	单元数[a]		12
	协变量的重新标度方法		标准化
隐藏层	隐藏层数		1
	隐藏层1中的单元数[a]		7
	激活函数		双曲正切
输出层	因变量	1	Previously defaulted
	单元数		2
	激活函数		Softmax
	误差函数		交叉熵

a. 排除偏差单元

表16-3-7是模型修改后的细节摘要,从表中可以看出,修正后的模型经过0.90分训练后,交叉熵误差为159.870,而且训练集、检验集合坚持集的不正确预测百分比均维持在20%左右,分别为20.1%、17.8%和20.4%。

表16-3-7 修正后的模型摘要

训练	交叉熵误差	159.870
	不正确预测百分比	20.1%
	使用的中止规则	误差在1个连续步骤中没有减小ᵃ
	训练时间	0:00:00.90
检验	交叉熵误差	40.068
	不正确预测百分比	17.8%
坚持	不正确预测百分比	20.4%

因变量:Previously defaulted

a. 误差计算基于检验样本。

表16-3-8为模型修正后的数据判别情况,从表中可以看出,训练集的平均回判正确率有所降低,为79.9%,坚持集的的平均回判正确率略有增加,为79.6%。同时检验集的平均回判正确率最高,为82.2%。与未改进的回判正确率相比,坚持集的正确率有明显提升,但仍低于85%,这也说明多层感知器模型仍有待进一步改进。

表16-3-8 修正后的判别分类

样本	实测	预测		
		No	Yes	正确百分比
训练	No	263	34	88.6%
	Yes	46	55	54.5%
	总体百分比	77.6%	22.4%	79.9%
检验	No	73	5	93.6%
	Yes	13	10	43.5%
	总体百分比	85.1%	14.9%	82.2%
坚持	No	124	18	87.3%
	Yes	23	36	61.0%
	总体百分比	73.1%	26.9%	79.6%

因变量:Previously defaulted

针对多层感知器分析的结果,画成ROC曲线和增益图,分别如图16-3-4和16-3-5所示。ROC曲线是二元判别中用来比较判别方法优劣的一种曲线。横坐标尽可能的小、纵坐标尽可能的大的ROC曲线代表的方法较优,而且较优模型ROC曲线始终在较差模型ROC曲线的上方。在图16-3-4中,红色的曲线是修正后的模型对NO属性个案分类的敏感度,黄色的曲线则是修正后的模型对YES属性个案分类的敏感度。从整体来看,黄、红曲线交替出现在彼此上方。当特异性小于2时,修正后的模型对对NO属性个案分类的性能较好;当特异性大于

2时,修正后的模型对对 TES 属性个案分类的性能较好,此时黄色曲线在红色曲线上方。

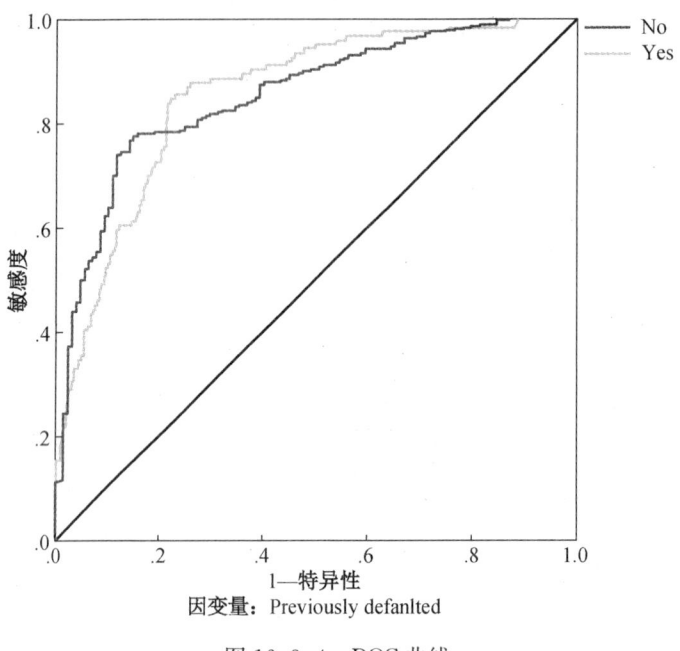

图 16-3-4　ROC 曲线

在评估模型的预测能力上,增益图(gain chart)是一种非常有用的图形表达方式。在图 16-3-5 中,黄色折线表示修正后模型对 YES 属性个案分类的准确率,红色折线表示修正后模型对 NO 属性个案分类的准确率。从图中可以看出,红色折线的整体斜率略大于 1。当测

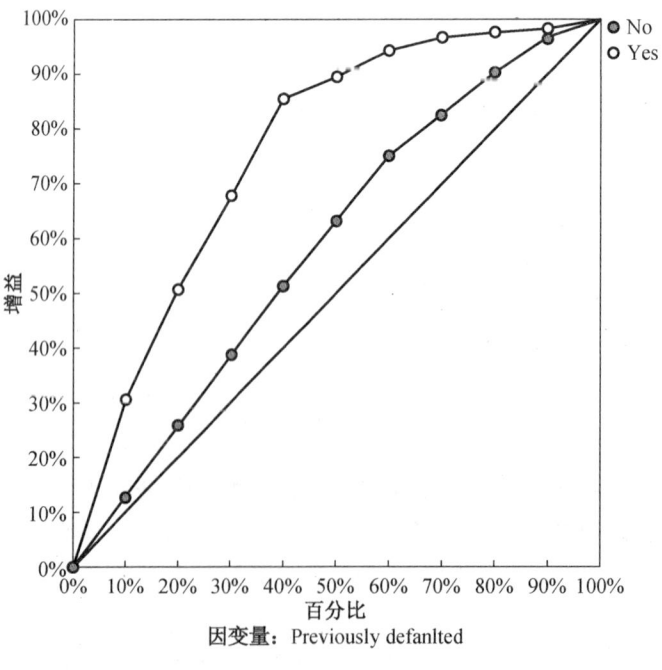

图 16-3-5　增益图形

试样本中 YES 属性的个案比例小于 40% 时，黄色折线的斜率远大于 1；当测试样本中 YES 属性的个案比例大于 40% 时，黄色折线的斜率显著小于 1。这也说明修正后的模型对 YES 属性的个案分类效果较好。

16.4 小　　结

神经网络是一种模仿人脑神经结构并具有人脑的一些基本功能的人工网络。SPSS Statistics 24.0 为数据分析者提供了神经网络功能，包括多层感知器和径向基函数。它们是神经网络研究领域中最基本，也是最成熟的神经网络模型。在许多领域，数据分析者都能够将 SPSS 神经网络和其他的统计分析过程结合起来，获得更深入、清晰的洞察力。

本章从神经网络发展的历史和当前的应用热点入手，从宏观上介绍了神经网络的基本特征和功能。针对 SPSS Statistics 24.0 自带的径向基函数，详细说明了 RBF 神经网络的理论模型。接着，重点讲解了多层感知器的 SPSS 设置操作，包括不同功能模块。对比多层感知器的设置方式，介绍了 SPSS 操作 RBF 神经网络的不同之处。最后，通过分析银行向客户放贷的风险预测案例，展示了创建与修正 SPSS 多层感知器的操作步骤，以及对分析结果的解释。商务数据分析的一个热点就是运用神经网络为代表的机器学习算法或模型分析商务数据，进而挖掘隐藏在数据中的价值。感兴趣的读者，可以参阅相关资料进一步地学习。

思　考　题

1. 简述神经网络的基本特点及主要功能。
2. 试述神经网络的学习规则。
3. 什么是 RBF，RBF 的构成是什么？
4. 结合 SPSS 自带数据包，构建多层感知器和 RBF 神经网络，并解释分析结果。

参 考 文 献

［1］　李合龙,李妍,等.SPSS 统计学实验教程[M].北京:清华大学出版社,2016.
［2］　何晓群.多元统计分析(第四版)[M].北京:中国人民大学出版社,2016.
［3］　曹慧.统计学——基于 SPSS 的应用[M].北京:北京大学出版社,2016.
［4］　卢纹岱,朱红兵,等.SPSS 统计分析(第五版)[M].北京:电子工业出版社,2016.
［5］　时立文.SPSS 19.0 统计分析—从入门到精通[M].北京:清华大学出版社,2014.
［6］　陈胜可.SPSS 统计分析—从入门到精通[M].北京:北京清华大学出版社,2010.

第 17 章

数据可视化

数据可视化旨在借助图形化手段,清晰有效地传达与沟通信息。随着先进的可视化手段和人机交互技术的出现和完善,人们可以通过感知的任何形式与计算机进行交互,从而能够实现对数据集的直观感知和洞察。"数字经济"这一概念的出现,使各行各业认识到数据价值的重要性,尤其是商业,需要充分地把握、感知数据。

SPSS Statistics 24.0 作为一款实用型的数据分析软件,能够对数据进行可视化展示。本章在概述数据可视化的基础上,详细介绍了 SPSS Statistics 24.0 常见可视化图形的功能、特点和对应的界面,并基于 SPSS 24.0 自带的数据包,通过不同的方式展示数据。

17.1 数据可视化概述

1. 数据可视化的定义

数据可视化,是关于数据视觉表现形式的科学技术研究,这种数据的视觉表现形式是以某种概要形式提取出来的信息,包括相应单位信息的各种属性和变量。"数据可视化"这条术语实现了成熟的科学可视化领域与较年轻的信息可视化领域的统一。数据可视化方法有很多,这些方法根据其可视化的原理不同可以划分为:基于几何的技术、面向像素技术、基于图标的技术、基于层次的技术、基于图像的技术和分布式技术等。同时,这些技术方法允许利用图形、图像处理、计算机视觉以及用户界面,通过表达、建模以及对立体、表面、属性以及动画的显示,从而对数据加以可视化解释。

2. 数据可视化的思想

数据可视化的成功的第一个前提是其背后完备的基本思想,即依据数据及其内在模式和关系,利用计算机生成的图像来获得深入认识和知识。其第二个前提就是利用人类感觉系统的广阔带宽来操纵和解释错综复杂的过程,这个过程涉及不同学科领域的数据集,以及来源多样、大型、抽象的数据集合的模拟数据集。

数据可视化技术的基本思想,是将数据库中每一个数据项作为单个图元元素表示,大量的数据集构成数据图像,同时将数据的各个属性值以多维数据的形式表示,可以从不同的维度观察数据,从而对数据进行更深入的观察和分析。

17.2 SPSS 24.0 可视化工具

数据可视化通过直观地传达数据的关键信息与特征,实现对于稀疏而又复杂的数据集的深入洞察。图、表是数据可视化基本的表现方式。随着可视化技术的飞速发展,以及人们对数据展示的形象化的追求,图、表的类型更加多样化和丰富化。除了传统的统计图如饼图、柱状图和折线图等以外,还有新颖的图形,如气泡图、面积图、省份地图、词云、瀑布图、漏斗图,以及 GIS 地图。这些种类繁多的图、表能满足不同的展示和分析需求。

另外,统计图是一种用集合图形描述统计资料的数据展示形式,与表相比,在数据表达上,图形具有更加直观、生动等优势。因此,当前各类数据处理软件越来越重视可视化输出功能的开发与拓展。SPSS Statistics 24.0 作为一款实用性的数据分析软件,不仅能提供专业的数据分析服务,而且还具有强大的可视化功能。

1. SPSS 24.0 统计图类型

SPSS 24.0 能够生成 20 种多种统计图形,并且用户可以对输出的图形进行多种形式的编辑和修改。【图形(Graph)】菜单是 SPSS 24.0 专门用于统计绘图的功能模块。常用的统计图中,除了生存曲线、P-P 概率图和 Q-Q 概率图外,其他统计图均可由【图形】菜单的各自子菜单来完成,其中生存曲线和 Q-Q 概率图被分别整合到 survival 与 Descriptive Statistics 模块中。

SPSS 24.0【图形】菜单下包括【图表构建器】【图形画板选择器】【威布尔图】【比较子图】【回归变量图】,以及【旧对话框】子菜单,如图 17-2-1 所示。其中【旧对话框】里可以绘制的统计图形有:条形图、三维条形图、折线图、面积图、饼图、盘高-盘低图、箱图、误差条形图、人口金字塔、散点图/点图和直方图。还有一些统计图不在【图形】菜单中。例如,控制图(Control)、帕累托图(Pareto)、时间序列图(Time Series)等。

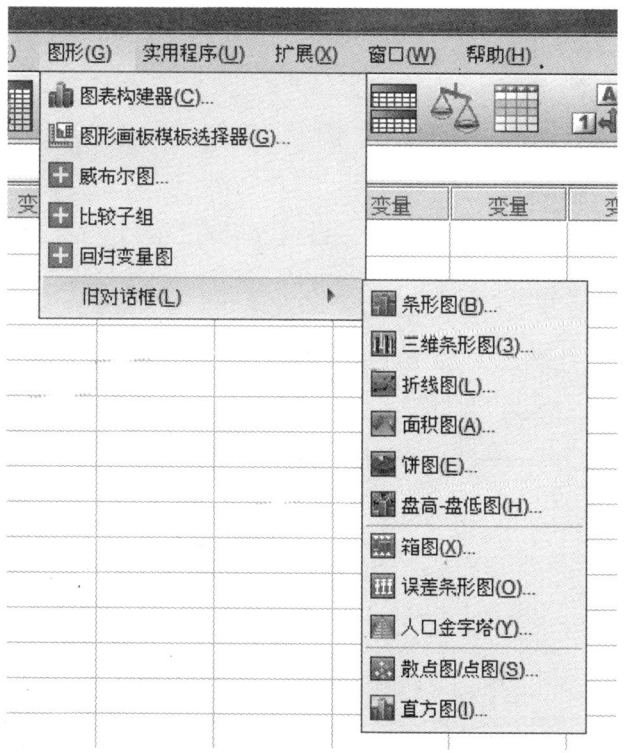

图 17-2-1　SPSS 24.0【图形】菜单

2. SPSS 24.0 统计图生成

SPSS 24.0 具有友好的交互功能和可视化功能,用户可以在短时间内绘制出高质量的统计图形,并且可以对生成的图形进行编辑和修改,以保证图形的质量和适用性。SPSS 24.0 输出图形的方式有很多种,分为通过图表构建器自定义产生图形、按照图形模板产生图形、从旧对话框里选择特定按钮直接输出图形,以及编程实现。

1) 图表构建器(Chart Builder)

SPSS 24.0 的图表构建器(Chart Builder)最早版本是由图形菜单下的 Gallery 过程发展形成的,并在 SPSS 14.0 及其以后版本中形成绘制图表界面。Chart Builder 是一种简易的绘制图形工具。SPSS 24.0 图表构建器的界面,如图 17-2-2 所示。该界面的左上方区域是导入的数据所有变量名称;对话框下方包括图库、基本元素、组/点 ID 和标题/脚注,其中图库里提供常用的统计图样式,在基本元素栏下,可以设置图形的坐标轴;右上角是生成图表的预览区域,其特点是可以产生所见即所得的图表。同时,通过【选项】和【元素属性】,用户能够对输入数据进行缺损值设置,变量的属性以及差值类型的设定。

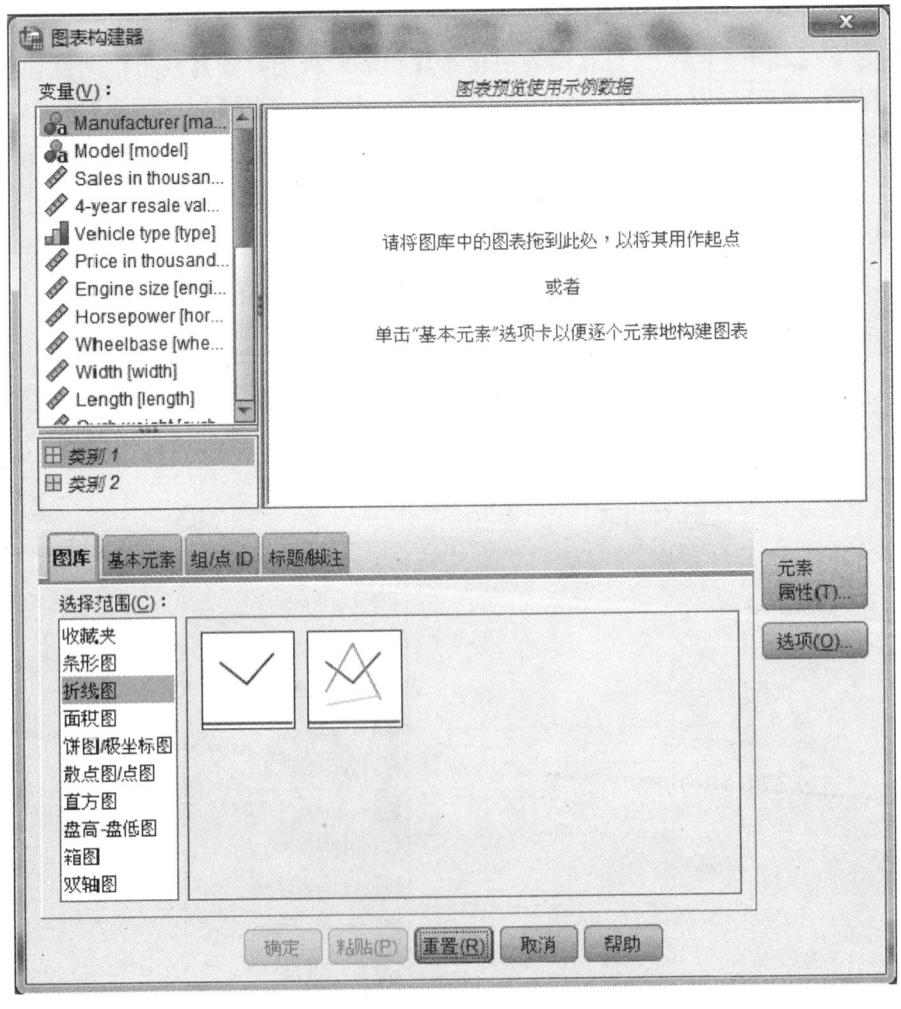

图 17-2-2　SPSS 24.0 图表构建器的界面

图表构建器的制图功能可以通过【库】选项卡和【基本元素】选项卡两个途径来实现。用户可以通过将【库】中预定义的图表或【基本元素】中的图表构件直接拖放到画布上生成图表。因此，采用 Chart Builder 方式创建图形是初级用户的一个较好的选择，可以提高创建图形的效率，减少一些不可预见的错误。

2）图形画板模型选择器（Graph drawing board）

该模块最大的优势在于它能够根据变量的个数和类型自动提供一些适合的图形模板供制图者选择。SPSS 24.0 图形画板模型选择器的界面，如图 17-2-3 所示。从该界面可以看出，导入的变量可以按照自然、名称和类型三种方式在左侧区域排列。在【详细】菜单栏下，用户可以根据需求调整图表的色彩、形状、透明度和数据标签等元素；在【标题】栏下，能为图表设置主标题和副标题；在【选项】栏下，能够对输入数据进行缺省操作。

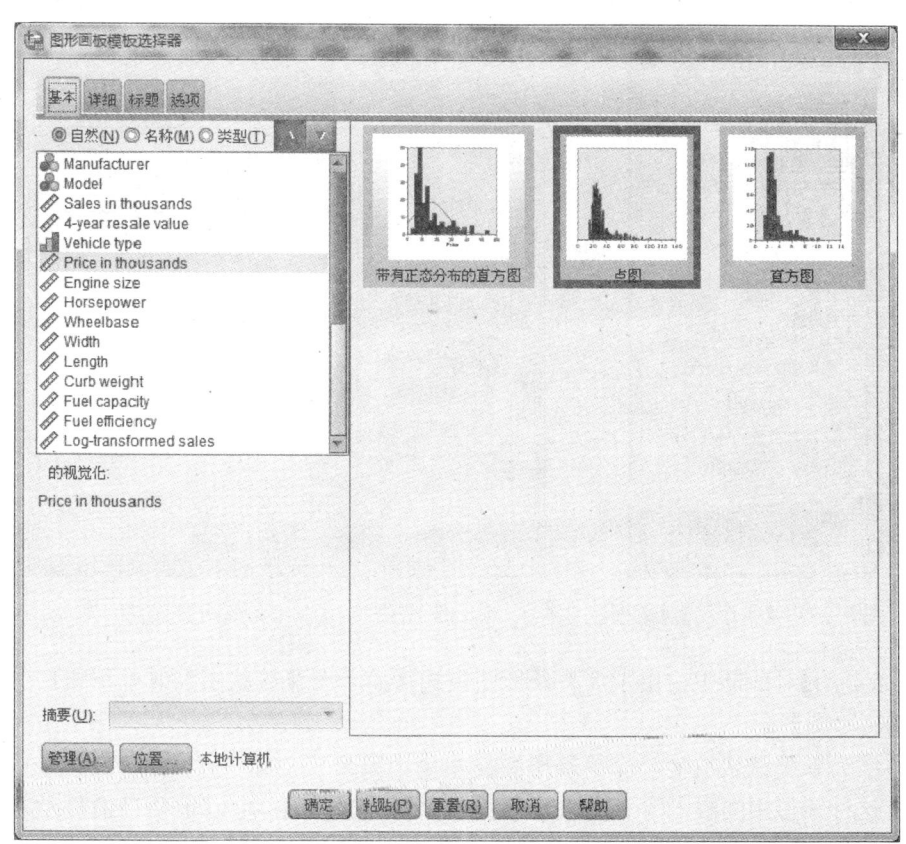

图 17-2-3　SPSS 24.0 图形画板模型选择器的界面

3）旧对话框图形按钮操作

采用传统模式创建图形（Legacy chart）是直接生成图形的主要方式。与交互模式不同，传统模式以对话框设置的方式创建可视化图形，操作时需要在各级对话框中选择图形的变量，设置变量产生的图形类型、参数，以及其他选项，如对缺失值的处理等。但是，传统图形模式缺少灵活性和直观性。针对这些缺陷，用户可以通过对生成图形的进一步编辑，实现改进图形性能。统计图是用点的位置、线段的升降、柱状的长短或面积的大小等方法表达统计资料的一种形式，其特点是形象生动和通俗易懂。接下来分别介绍 SPSS 24.0 常见统计图形的操作流程。

1) 条形图(Bar Charts)

条形图是利用相同宽度条形的长短或高低表现统计数据大小和变动的统计图,条形图还有其他别名,横排称为带形图,纵排又称柱形图,具有简洁明快的特点,主要用于性质相似的间断性资料的比较。SPSS 24.0 输出的条形图可分为 3 种类型,包括表示单个指标大小的简单条形图,如:简单箱图、条形图和地图;表示两个或两个以上指标大小的复式条形图,即条形图和地图;以及表示每个指标某个因素各水平的构成情况,即简单箱图。【条形图】对话框,如图 17-2-4 所示。还有将观测值在空间中展示的 3D 条形图,绘制三维条形图时,需要以 3 组变量为基础,其特点是能从空间上直观地看出变量的变化趋势。【三维条形图】对话框,如图 17-2-5 所示,其中包括对 X 和 Y 变量描述的三种类型。

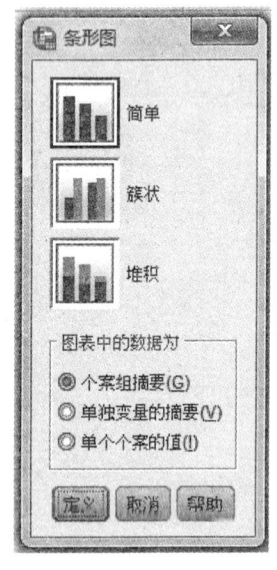
图 7-2-4 【条形图】对话框

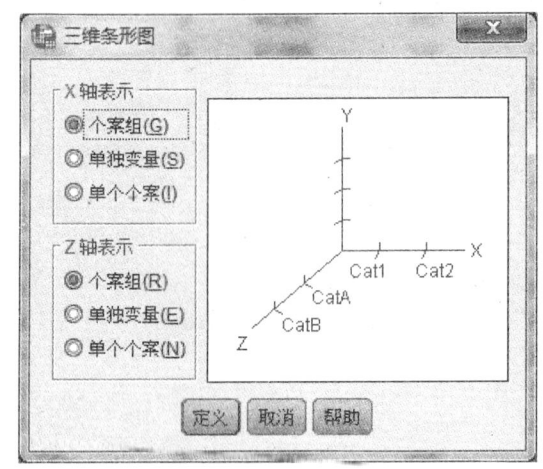
图 17-2-5 【三维条形图】对话框

在【条形图】对话框中给出了 3 种条形图模式:【简单图】【簇状图】和【堆积图】。

① 【简单图】

简单图为系统默认选项。简单条形图使用单个条形来对每一个类别、观测量或变量做出对比。这种图形用间隔的等宽条表示各类统计数据的大小,可以很明显地显示基于某种分类的各类数据间的对比情况,该图形的形成由两个统计量决定。

② 【簇状图】

簇状图适用于对两个变量交叉分类的描述。该条形图使用一组条带来做出对比,每一类的条形图都能表现出一群观测、分类的变量或单个观测量。每个组的位置是其中一个变量的取值,在该位置上紧密排列的若干条带是以不同颜色标记的另一个变量的取值,条带的长度是要描述的统计量的值。这种图形相当于根据其他变量对简单条形图中的每个条带对应的数据作进一步的分类,图形由 3 个变量决定。

③ 【堆积图】

堆积图实际上也是对简单条形图的一种复合。该图适用于描述两个变量的交叉分类,每个条带的位置是其中一个变量的一个取值,条带的长度是所描述统计量的值。但是按另一个变量各类别所占的比例,原条带划分为多个段,并以不同的颜色或阴影的填充方式来表示这种分段。这样形成的图形在形式上就如同堆垒条形积木一样,因此成为堆积条形图。另外,由于该图有明显的分段特征,因此又称为分段条形图。

从【条形图】对话框下方的【图表中的数据为】栏中,可以选择条形图中变量的不同描述方式。

①【个案组摘要】

个案组摘要为系统默认选项,表示个案分组模式。基于这种描述方式,将根据分组变量对所有个案进行分组,随后根据分组后的个案数据创建条形图。

②【单独变量的摘要】

各个变量的摘要表示变量分组模式,能描述多个变量。简单类型的条形图能描述文件中的每个变量,包括所有观测量。而复杂类型的条形图能使用另一种分类变量来描述观测值。

③【单个个案的值】

个案值表示个案模式,其将分组变量中每个观测值生成一个条形图,条带的长度表示观测值的大小。当数据文件中包含大量个案时,显然不适合用个案模式简单条形图来描述,但可以对原始数据进行一定的整理后形成概括性的数据文件,例如利用数据的分类汇总功能等整理数据文件。

2)折线图(Liner Chart)

线图又称曲线图,是用线段的升降来说明现象变动情况的一种统计图,它主要用于表示现象在时间上的变化趋势、现象的分配情况和两个现象之间的依存关系等。这里所指的线图均为纵横轴是算术刻度的普通线图。线图可以是直线图,也可以是折线图,适用于连续性资料。【线图】主对话框,如图 17-2-6 所示,其中变量描述方式同【条形图】里的功能。SPSS 24.0 中的线图有 3 种类型:

①【简单线图】,用一条折线表示某个现象的变化趋势;
②【多线性图】,用多条折线表示各种现象的变化趋势;
③【垂直线图或下降线图】,反映某些现象在同一时期内的差距。

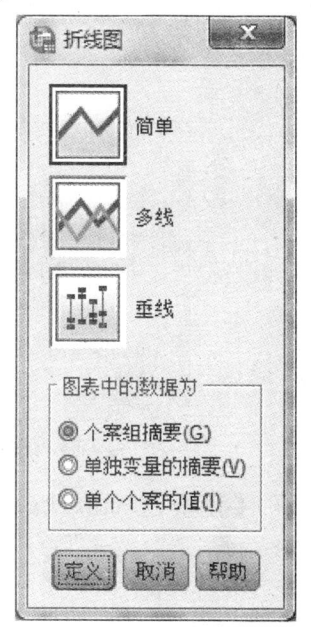

图 17-2-6 【线图】主对话框

3)【面积图(Area Chart)】

面积图又称为区域图,是指用线段下的阴影面积来强调现象变化的一种统计图形,在 SPSS 中提供了简单箱图和堆积面积图两种形式。其中面积图用区域的变化表示某一现象变动的趋势;堆积面积图用不同的面积表示多种现象变化的趋势。面积图更厚实,能够给人留下印象深刻,所以在很

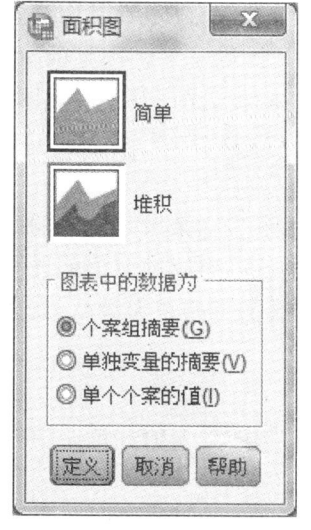

图 17-2-7 【面积图】对话框

多领域被广泛应用。【面积图】对话框,如图 17-2-7 所示,其中选择统计量的描述方式同【条形图】。

4)【饼图(Pie Chart)】

饼图(Pie Charts)又称圆图,常用来表现构成比。以整个圆代表被研究现象的总体,按各构成部分占总体比重的大小把圆面积分割成若干扇形,表示部分对总体的比例关系。【饼图】对话框,如图 17-2-8 所示,其中选择统计量的描述方式同【条形图】。

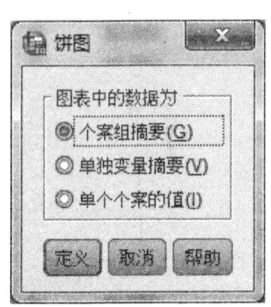
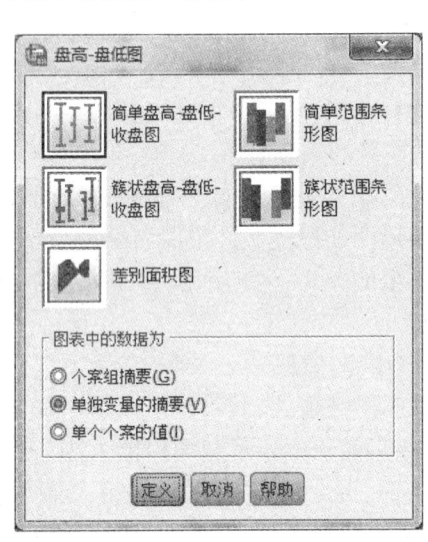

图 17-2-8　【饼图】对话框　　　图 17-2-9　【盘高-盘低图】对话框

5)【盘高-盘低图(Hight-Low Chart)】

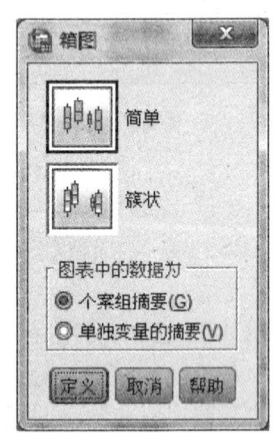

盘高-盘低图是一种说明某些现象在单位时间内变化情况的统计图。它适合描述每小时、每天、每周等时间内不断波动的市场信息资料,如股票、商品价格、货币牌价等,盘高-盘低图既说明某些现象在短时间内的变化,也可说明它们长期的变化趋势。【盘高-盘低图】对话框,如图 17-2-9 所示,其中选择统计量的描述方式同【条形图】。SPSS 提供了 5 种类型的盘高-盘低图,即简单高低收盘图、分组高低收盘图、差异区域图、简单极差图和复合极差图。

①【简单盘高-盘低收盘图】

简单盘高-盘低收盘图运用大小框表示某段时间内的最终数值,用小方框上下的触须分别表示该段时间内取值的最大值和最小值。这种方法频繁用于股票或期货的每天最高价、最低价和收盘价的图形绘制。

图 17-2-10　【箱图】对话框

②【简单范围条形图】

简单范围条形图采用简单条形图来表示简单盘高-盘低极差图中最大值和最小值之间的长度。

③【簇状盘高-盘低收盘图】

簇状盘高-盘低收盘图采用不同的简单盘高-盘低收盘图表示分类变量的不同取值时对应的情况。

④【簇状范围条形图】

簇状范围条形图用不同的简单盘高-盘低极差图表示分类变量的不同取值时对应的情况。

⑤【差别面积图】

差别面积图绘制一个反映两个现象在同一个时间内相互变化,以及对比关系的统计图。这种图形运用不同的曲线表示同一段时间内的两种不同情况,并且用阴影填充图形之间的区域。

6)【箱图(Box Plot)】

箱图(Boxplots)又称箱线图,是一种描述数据分布的统计图形,利用它可以从视觉的角度观察变量值的分布情况。箱图主要表示变量值的中位数、第 25 百分位数、第 75 百分位数等统计量。箱图包括简单箱形图和复式条箱形图两种,其中简单箱形图用于描述某个变量的数据分布,而复式条箱图或称簇状箱图,用于描述某个变量关于另一个变量的数据分布。【箱图】对话框,如图 17-2-10 所示,其中选择统计量的描述方式有两种:【个案组摘要】和【单独变量的摘要】。

7)【误差条形图(Error Bar Charts)】

误差条形图是一种描述数据总体离散的统计图形,利用它可以从视觉的角度观察样本的离散程度,误差条形图表达平均数的置信区间、标准差或标准误。在误差条形图中,小方块表示平均数,图形的两端为置信区间、标准差或标准误。误差条形图包括简单误差条形图和簇状误差条形图。【误差条形图】

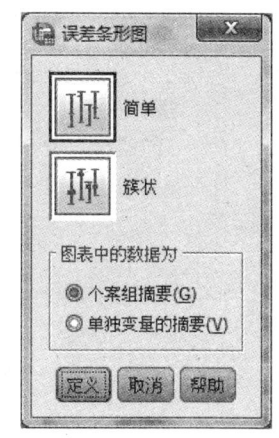

图 17-2-11 【误差条形图】对话框

对话框,如图 17-2-11 所示,其中选择统计量的描述方式有两种:【个案组摘要】和【单独变量的摘要】。

8)【人口金字塔(Population pyramid)】

人口金字塔是按人口年龄和性别表示人口分布的特种塔状条形图,是形象地表示某一人口的年龄和性别构成的图形。【定义人口金字塔】对话框,如图 17-2-12 所示,在 SPSS 24.0 中,操作者既可以根据数值计算计数,也可以从变量中获取计数。在生成人口金字塔图前,需要设定显示分布的变量和拆分依据的变量。

9)【散点图/点图(Scatter Diagram)】

散点图又称散布图或相关图,是以点的分布反映变量间相关情况的图形,根据图中的各点分布走向和密集程度,大致可以判断观测值的高低、大小、变动趋势或变化范围,以及变量之间协变关系的类型。SPSS 24.0 提供了 5 种类型的散点图,分别为简单散点图、矩阵散点图、简单散点图、重叠散点图和三维散点图。【散点图/点图】对话框,如图 17-2-13 所示。

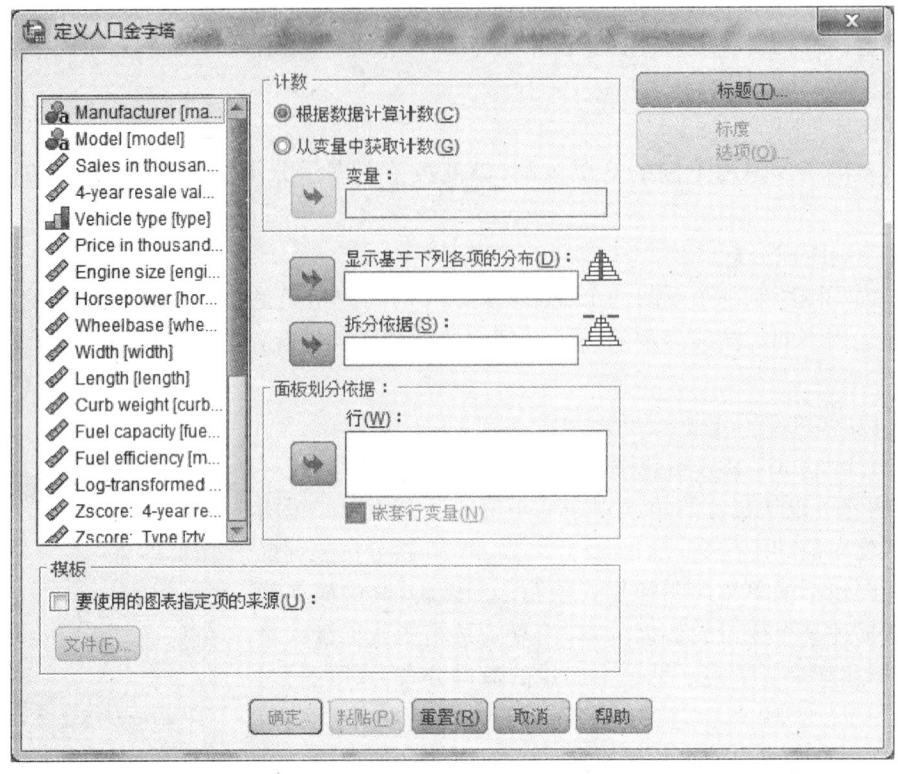

图 17-2-12 【定义人口金字塔】对话框

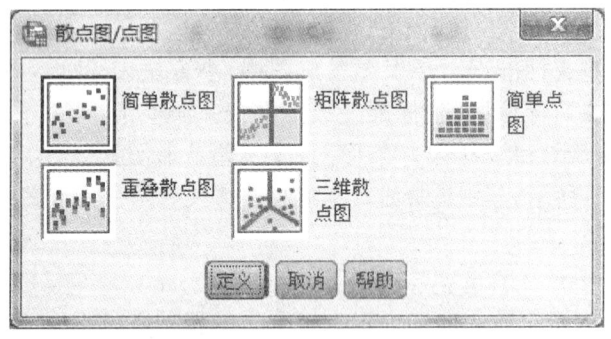

图 17-2-13 【散点图/点图】对话框

10)【直方图(Histogram)】

直方图是以一组无间隔的直条,表现定量变量频数分布特征的统计图。直方图的每个条的高度代表相应组别的频数,各矩形面积的总和为总频数,可以直观地观察变量值的分布情况。适用于表示连续性资料的频数分布。正态曲线的直方图与条形图十分相似,它们的区别在于,直方图的条带的长度与宽度都有具体含义,而条形图则没有。【直方图】对话框,如图 17-2-14 所示。【变量】文本框用于从左边的源变量列表框中选入分析变量,下方的【显示正态曲线】复选框由于选择在输出的图形上绘制正态曲线。该对话框的其他选项及功能都与前面图形设置类似。

第 17 章 数据可视化

图 17-2-14 【直方图】对话框

需要特别说明,在对选定的统计图设置结束后,单击【定义】按钮,进入具体面积图对话框,根据可视化需要和效果,对相关图形做进一步的设置。

11)【帕累托图(Pareto Charts)】

帕累托图又称排列图或主次因素图,是作为改善质量管理活动中选择关键问题的一种工具。由于关键的多数和次要的多数现象具有普遍性,所以帕累托图也广泛应用于其他研究领域。

按【分析→质量控制】顺序点击菜单项,打开【帕累托图】对话框,如图 17-2-15 所示。

帕累托图图式分为【简单帕累托图】和【堆积帕累托图】两种。

①【简单帕累托图】。简单帕累托图对分类轴上每一种类型的变量产生一个条形图,并按各种因素发生次数的多少从左到右顺序排列,帕累托曲线对分类轴上的每个变量值进行累加。

②【堆积帕累托图】。堆积帕累托图是由分段条形图和帕累托图曲线构成的统计图。

帕累托图的统计量描述模式分为三类。

①【个案组的统计或总和】。统计分类轴上的不同观测值数目,或对分类轴上观测值累加。

②【单独变量的总和】。累加分类轴上每个变量的值。

③【单个个案值】。对分类轴变量中的每种观测值累加。

图 17-2-15 【帕累托图】对话框

12)【控制图(Control Charts)】

控制图又称管理图,它是用于分析和判断生产工序是否处于稳定状态所使用的一种带有控制界限的统计图。虽然它始于产品质量的控制,但以后推广到生产领域以外的许多方面,如医学、金融等领域。控制图大致分为两类:一类是计量值控制图,另一类是计数值控制图。在实际应用中,这两类控制图常常是组合使用的。按【分析→质量控制】顺序单击菜单项,打开【控制图】对话框,如图17-2-16所示。

控制图图式包括四种:

①【X条形图、R图和s图】。该图式包括两种组合控制图,X-Bar、R平均值-极差组合控制图和 X-Bar、s 平均-标准差组合控制图。

②【个体,移动范围】。单值-移动极差组合控制图。

③【p图,np图】。该图式包括p不合格品率和np不合格品类两种控制图。

④【c图,u图】。该图式包括c缺陷数控制图和u单位缺陷数控制图。

此外,数据组织选择分为个案是单元和个案是子组两种类型。

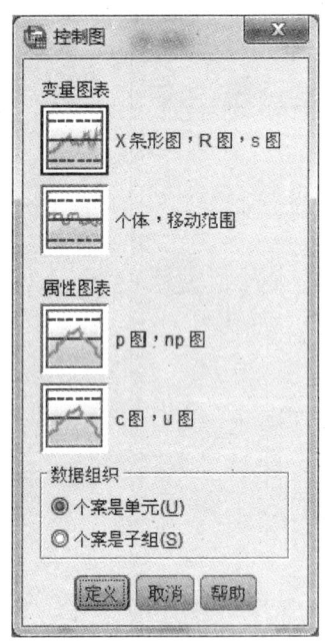

图 17-2-16 【控制图】对话框

17.3 可视化案例分析

1.【面积图】可视分析

将 SPSS 24.0 自带的数据包【Employee.sav】导入到数据编辑器中,作为【面积图】可视化展示的案例数据。该数据包是某企业所雇佣员工的基本信息集合,包括员工代码、性别、出生日期、教育水平、雇佣类别、当前薪金、起始薪金、雇佣时间和经验属性。基于【Employee.sav】数据包,【面积图】可视分析的步骤如下。

首先,打开【面积图】对话框,如图17-2-7所示。其次,在【定义堆积面积图:个案分组模式】对话框中,将变量【教育水平】作为选入【类别轴】文本框,作为分类变量;将【性别】选入【区域定义依据】文本框,作为复合分类变量;从【区域表示】栏中选择【其他统计量】选项,并选入变量【当前薪金】,接着,单击【更改统计量】按钮,选择【值的均值】选项,计算当前薪资的平均值。最后,单击确定按钮,绘制个案分组模式堆积面积图,如图17-3-1所示。

由图 17-3-1 可以看出,随着受教育水平的提高,当前平均的薪金大体上也随之增大。该企业男女员工在受教育水平上有明显的差别,男员工受教育年限为 8~21 年,女员工的受教育水平主要分布在 8~13 年和 15~17 年两个区间上。同时,在同等教育水平下,女员工平均当前薪金明显高于男员工。这说明中高等教育水平的女员工在该企业的收入比较客观。

2.【盘高-盘低图】可视分析

对于【盘高-盘低图】可视分析,以数据文件【stocks.sav】为例,该数据文件中的数据为某股票 251 天的行情,变量包括时间(Date)、收盘价(Close)、最高价(High)、最低价(Low)和

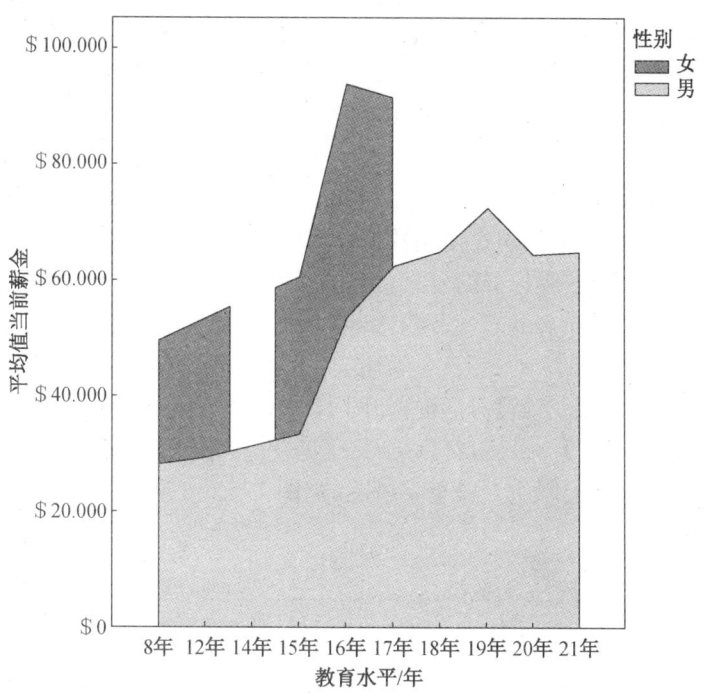

图 17-3-1　个案分组模式堆积面积图

交易量(Volume)。基于【stocks.sav】数据包,【盘高-盘低图】可视分析的步骤如下。

首先,打开【盘高-盘低图】对话框,如图 17-2-10 所示,分别把【最高价】【最低价】选入【高】【低】文本框。然后,将【收盘价】选入【闭合】文本框。接着,在【类别轴】文本框中选入【时间】作为分类变量。最后,单击【确定】按钮,绘制简单盘高-盘低,如图 17-3-2 所示。

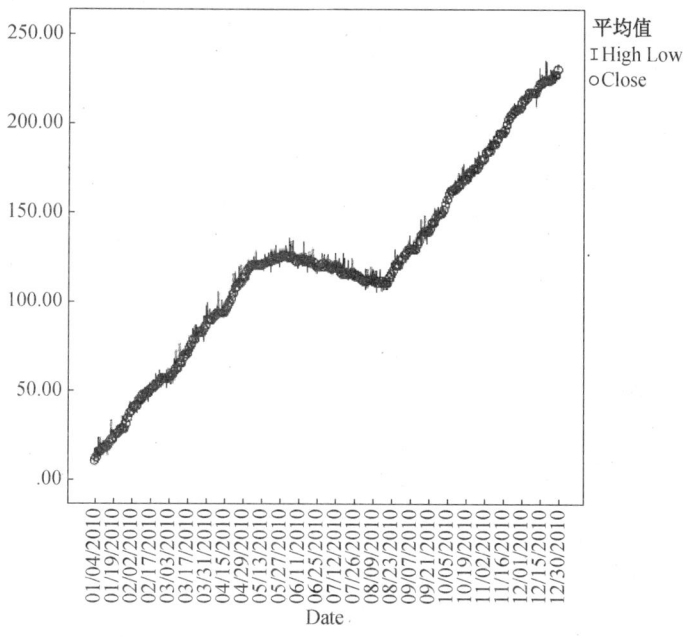

图 17-3-2　变量分组模式简单盘高-盘低图

从图17-3-2中可以看出,在2010年1月4日到12月30日期间,该支股票的收盘价大体上呈现上升的趋势。在2010年4月29日到8月23日期间,该支股票收盘价有小幅度回落,与此同时,收盘价与当天最高、最低价相差较大。

3.【人口金字塔图】可视分析

将SPSS 24.0自带的数据包【customer_subset.sav】导入数据编辑器,作为【人口金字塔图】可视分析的案例数据。某公司在使用数据仓库中的信息来为最有可能回应的客户,提供特惠商品。该数据包是企业客户群的子集,描述企业客户的各个属性,例如:客户名、所在区域、性别、年龄等。基于【customer_subset.sav】数据包,【人口金字塔图】可视分析的步骤如下。

首先,打开【定义人口金字塔】对话框,如图17-2-13所示。然后,将【Age in years】作为【显示基于下列各项的分布】。最后,将【Gender】变量选入【拆分依据】,并点击【确定】按钮。在结果输出窗口中输出所绘制的人口金字塔图,如图17-3-3所示。

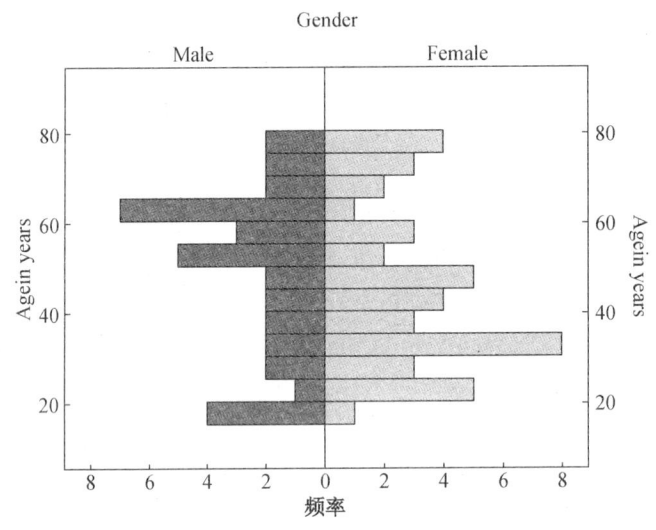

图17-3-3 【人口金字塔图】可视分析

由图17-3-3可以看出,某企业男女客户的年龄分布在18～80岁之间。大体上,女性客户的频率高于男性客户。同时,62岁左右男性客户的频率最高,35岁左右的女性客户的频率最高。

4.【直方图】可视分析

对于【直方图】可视化,使用SPSS 24.0系统自带的数据文件【car_sales.sav】。该数据包是销售汽车记录的集合,包括生产厂商、型号、销量、价格、引擎马力等变量观测值。基于数据文件【car_sales.sav】,可视化展示步骤如下。

首先,从数据编辑窗口的菜单栏选择【图形】→【旧对话框】→【直方图】命令,打开直方图对话框,如图17-2-15所示。然后,从左边的源变量列表框中将变量【马力】选入文本框中。接着,选择【显示正态曲线】选项,要求在结果中显示正态曲线。最后,单击【确定】按钮,绘制所定义的直方图,如图17-3-4所示。从图中可以看出,已销售汽车的引擎马力大体上符合正态分布。

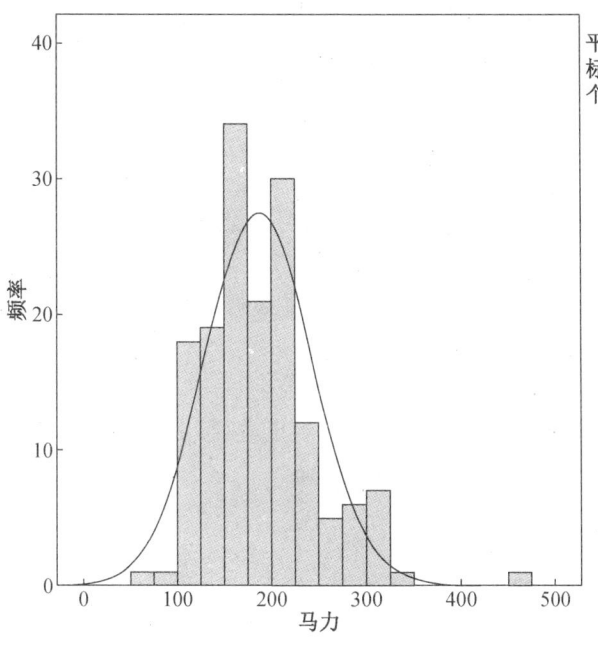

图 17-3-4 【直方图】可视分析

17.4 小　　结

可视化分析是一种通过交互式可视化界面辅助用户对大规模复杂数据进行分析推理的科学与技术。在经历数据可视时代、科学可视化时代、信息可视化时代后，数据的形象、直观地可视化展现越来越受到人们的重视，也是数据时代各个领域发展的新需求。尤其是对商业数据的分析和展示。SPSS 24.0 是一款实用的图形菜单驱动的数据分析软件，能够输出 20 多种统计图，具有可操作的数据可视化功能。基于 SPSS 24.0 可以揭示商业数据的深层次内涵，提高分析结果的可行性和可认知性。

本章首先从数据可视化的定义和思想角度出发，对数据可视化进行了简要概述。然后重点围绕 SPSS 24.0 的可视化功能，介绍了统计图形生成的三种方法，即图表构建器、图形画板模型选择器和旧对话框图形按钮操作；以及常见统计图形的特点、功能和对应 SPSS 24.0 操作，包括条形图、折线图、面积图、饼图、盘高-盘低图、箱图、人口金字塔图、直方图、帕累托图以及控制图。同时，最后，基于 SPSS 24.0 自带的数据包，依次通过堆积面积图、盘高-盘低图、人口金字塔图和个案组摘要直方图可视化分析数据，包括操作步骤和结果的简要描述。

思　考　题

1. 简述可视化的定义及思想。
2. 总结 SPSS 24.0 可视化工具和图形种类。

3. 试结合现实例子,说说可视化分析的作用及趋势。
4. 以 SPSS 24.0 自带数据包为基础,从不同维度可视化分析数据。

参 考 文 献

［1］ 陈军,谢卫红,陈扬森,等.国内外大数据可视化学术论文比较研究——基于文献计量与 SNA 方法[J].科技管理研究.2017,37(08):44-53.

［2］ 申雪锋,柯永振,姚楠.多视图合作的联盟数据可视化分析[J].数据分析与知识发现.2017,1(03):21-28.

［3］ 卢纹岱,朱红兵.SPSS 统计分析[M].北京:电子工业出版社,2015.

［4］ 时立文.SPSS 19.0 统计分析—从入门到精通[M].北京:清华大学出版社,2012.

第 18 章

SPSS Modeler 简介

随着企业的业务量和数据量的不断增大，许多企业的数据存储都不局限于同一个数据库上。如果要对这些存储在不同数据库上的数据进行处理和建模，就需要将它们进行有效的整合。而 SPSS Modeler 是一个强大的预测性分析平台，旨在为个人、团队、系统和贵企业的决策过程提供预测智能。SPSS Modeler 规模可从桌面部署扩展至操作系统集成，为用户提供一系列高级算法和技术。并且将这些技术应用于决策过程，可以实现快速 ROI，并使组织在提高生产力的同时不断主动降低成本。本章主要对 SPSS Modeler 软件的特点、功能以及其所拥有的特性做了简单的介绍。

18.1 SPSS Modeler 介绍

IBM SPSS Modeler 是 IBM 在分析与预测领域解决方案的重要组成部分，它是一组数据挖掘工具，通过这些工具可以采用商业技术快速建立预测性模型，并将其应用于商业活动，从而改进决策过程。Modeler 的界面如图 18-1-1 所示。

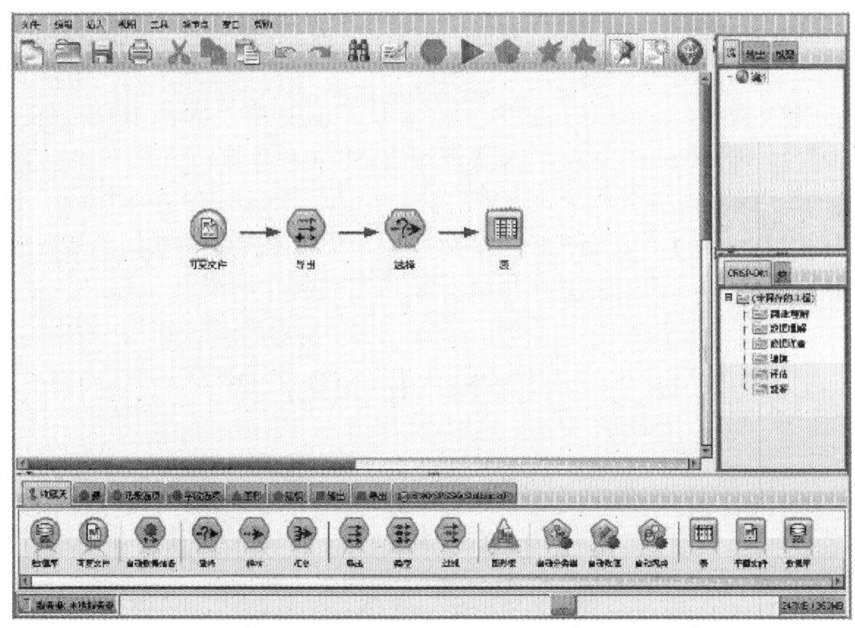

图 18-1-1 IBM SPSS Modeler 界面

SPSS Modeler 是一个预测性分析平台,能够为个人、团队、系统和企业做决策提供预测性智能。它可提供各种高级算法和技术(包括文本分析、实体分析、决策管理与优化),以帮助用户选择可实现更佳成果的操作。SPSS Modeler 提供多个版本,其中,基于云的版本可从桌面部署扩展至在运作系统内集成。

SPSS Modeler 旨在:

1) 改善决策和操作。
(1) 利用各种高级算法构建预测模型。
(2) 结合使用预测模型、业务规则和优化技术,在给定参数内通过云执行决策。
(3) 在影响点向人员和系统提供建议,改善决策和操作。
(4) 将分析结果集成到现有业务流程和运营应用中。
(5) 将 SPSS Modeler 与 IBM Cognos® Business Intelligence 集成时,在 BI 报表或仪表盘中显示分析。
(6) 集成 IBM Cognos TM1®,以在 Cognos TM1 多维数据集中使用或显示数据。

2) 帮助用户从数据中提取价值。
(1) 无论数据存储在何处(例如,数据仓库、数据库、平面文件等),均可执行分析。
(2) 将 SPSS Modeler 与 IBM SPSS Analytic Server 结合使用时,可在 Hadoop 版本中分析数据。
(3) 不仅可分析结构化数据(例如,年龄、价格、产品、位置等),也可以分析非结构化数据(例如,文本、电子邮件、社交媒体数据等)。
(4) 使用统计算法和文本分析揭示数据中隐藏的洞察和模式。
(5) 使用实体分析进行实体解析和社交网络分析,显示个人和群体的社交行为。
(6) 通过自动化的数据准备、建模和基于 Web 的订阅降低复杂性。

3) 更轻松地集成到现有系统中。
(1) 与 IBM 数据库或其他供应商的数据库配合使用,更快速、更高效地部署模型并评分。
(2) 通过将 SPSS Modeler 与 SPSS Statistics、Cognos Business Intelligence、Cognos TM1 和 InfoSphere® Streams 集成,实现更流畅的分析工作流程。
(3) 通过使用那些支持 IBM Pure Data™ Systems、InfoSphere Warehouse、IBM DB2® 和 Linux on IBM System z® 功能的服务器版本,最小化数据移动,并提高性能。
(4) 通过"冠军/挑战者"方法评估预测模型,并自动执行评估。

18.2 SPSS Modeler 特点

SPSS Modeler 产品是以面向构建分析/预测模型为主的工具,强调的不仅仅是包括数据预处理、数据探索、模型设计、模型展示及模型评估等在内的建模能力,同时也兼顾使用人员对操作友好性及流程标准性的要求,具有开放、面向业务的特征。

1. 简单易用的可视化界面

用户不需要编程,只需要通过拖、拉、拽的方式,就可以完成整个数据挖掘过程。通过与数据流的交互,分析人员和业务人员可以合作,将业务知识融入数据挖掘过程中,可视化界面如图 18-2-1 所示。

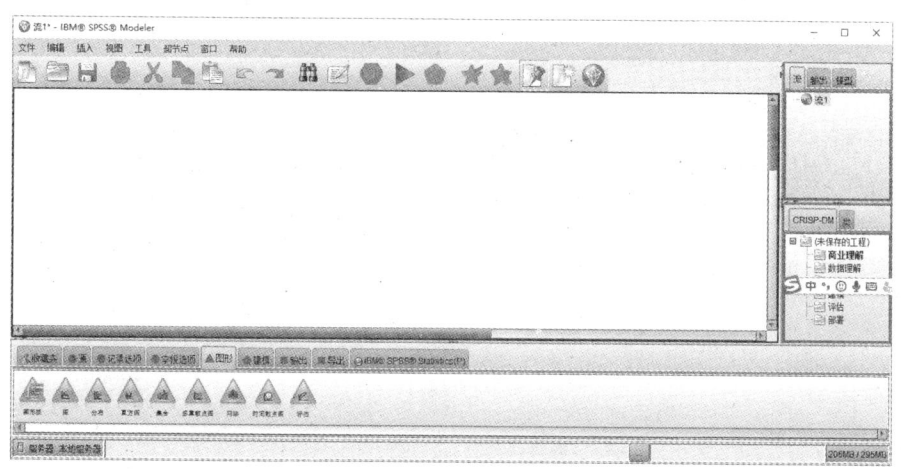

图 18-2-1　可视化界面

2. 支持不同层次的用户使用

SPSS Modeler 的每种模型和算法中都有自动选择模型和专家调整模型两种方式,对于一般应用,只需要按自动选择模型方式运行就可以生成满意结果,对于专业分析员,则可以通过专家调整模型方式调整模型中的相应参数,衍生出很多种不同的模型,从而生成更加理想的模型,不同用户使用界面如图 18-2-2 所示。

3. 挖掘流程易于管理

SPSS Modeler 建立的所有数据流、模型、图形和表格结果都可以保存在数据挖掘项目中(如 SPSS Modeler 中提供支持 CRISP-DM 的数据挖掘项目管理功能),从而保证了数据挖掘项目的可重用性和充分共享。

4. 节省时间特性

SPSS Modeler 提供了许多功能,为分析投资提供了更快、更多的回报率。比如,自动建模,可以帮助快速识别效果最好的模式,并结合多种预测得到最准确的结果,时间特性界面如图 18-2-3 所示。

5. 强人的帮助功能

SPSS Modeler 可以随时随地为不同层次的用户提供帮助,除详尽的操作使用手册外,还为分析人员提供丰富的应用示例,例如帮助用户轻松学会如何预测客户流失或寻找最有价值客户,帮助功能界面如图 18-2-4 所示。

6. 兼容已有的 IT 系统

SPSS Modeler 开放兼容的架构可以充分利用已经存在的 IT 资源。这样可以在已有的数据库进行数据挖掘,短时间内对几百万条记录进行评分,而不需要额外的硬件设备。

7. 国际同步的挖掘技术更新机制

SPSS 一直致力于将学术研究的最前沿转化为商业智能的研究,根据数据挖掘技术的发展以及市场需求不断的提升 SPSS Modeler 的适用性,保证 SPSS Modeler 无论从整体架构还是从算法细节上一直保持国际领先。

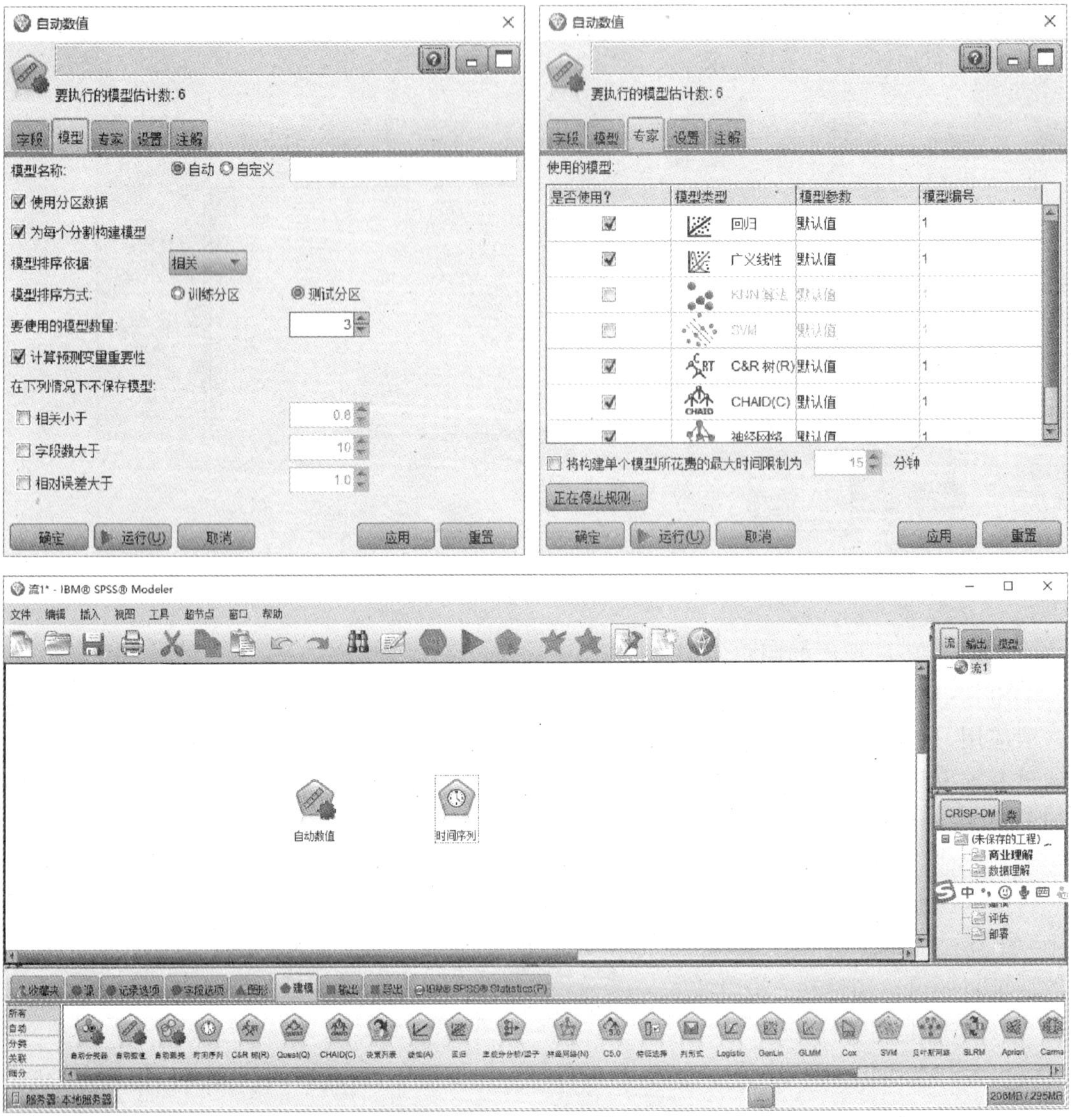

图 18-2-2 不同用户使用界面

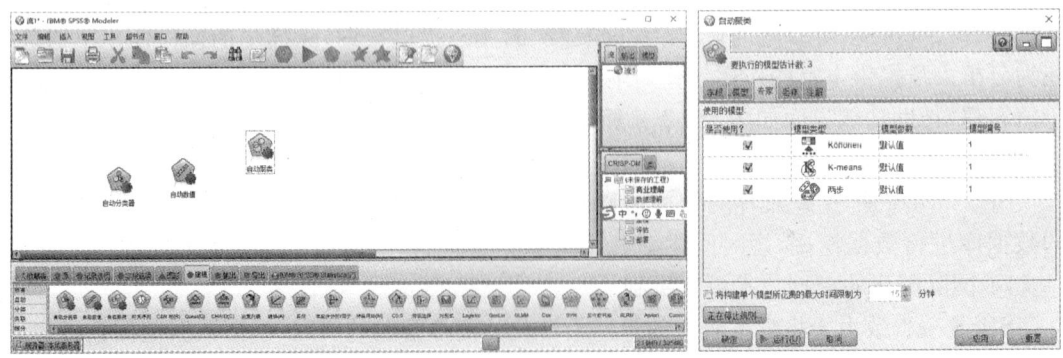

图 18-2-3 时间特性界面

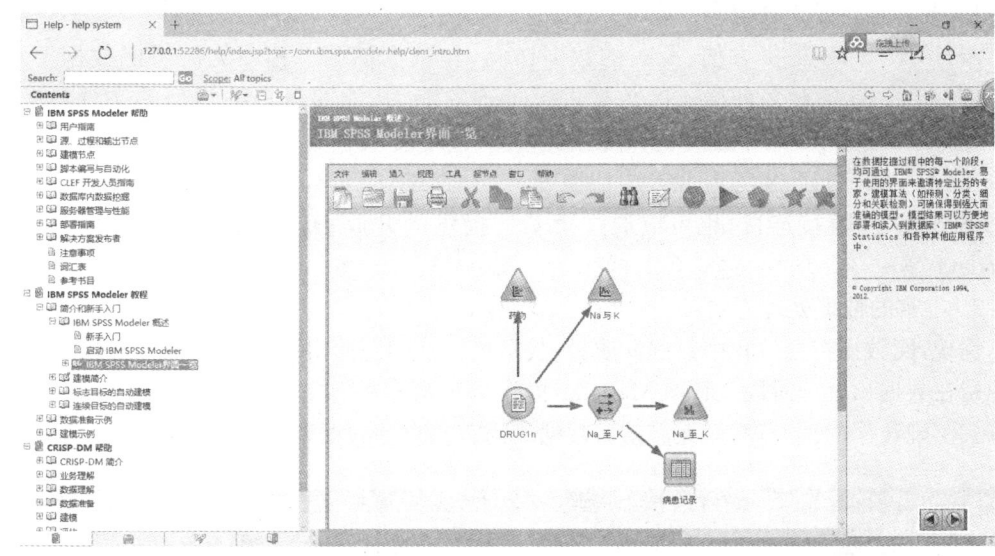

图 18-2-4　帮助功能

18.3　SPSS Modeler 功能

SPSS Modeler 支持数据挖掘 CRISP-DM 的标准流程，SPSS Modeler 可提供数据挖掘相关的数据提取、转换分析、建模、评估、部署等功能。如图 18-3-1 所示。

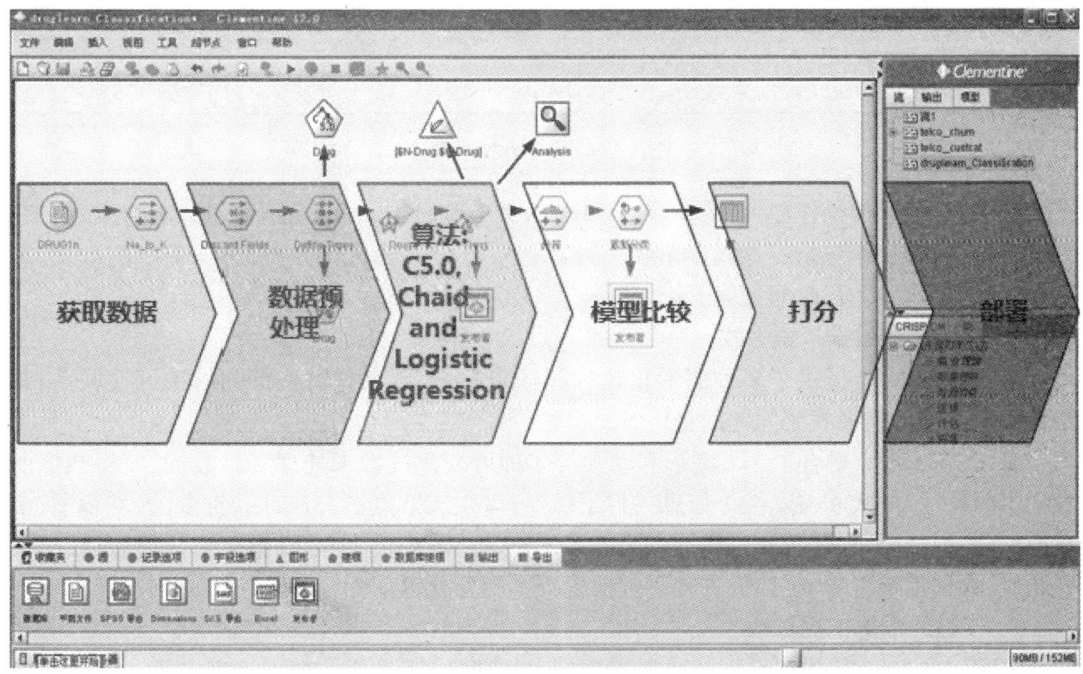

图 18-3-1　SPSS Modeler 与 CRISP-DM

1. 强大的数据读取功能

SPSS Modeler 提供方便、及时的数据访问，在数据挖掘过程中无需考虑数据源及数据所在平台。具备对多种格式的数据进行处理的能力，能够从多种类型的文件(如可变长度记录、二进制文件、自由格式数据、Excel 等)读取任何格式的数据；同时可通过 SPSS Data Access Pack 与大多数主流数据库，(如 IBM DB2，Oracle，Informix，Sybase，SQL Server 等)直接连接，也可以通过第三方提供的开放 ODBC 与其他数据库连接(如 Teradata 等)。

2. 丰富的数据处理方法

据统计，数据挖掘过程中数据的质量、数量等各种问题使得该过程平均有 75%以上的时间花费在数据预处理阶段，SPSS Modeler 提供多种数据处理节点，分析人员可以通过拖拉的方式实现数据的预处理，而无需精通数据库语言。自动数据审核界面如图 18-3-2 所示。

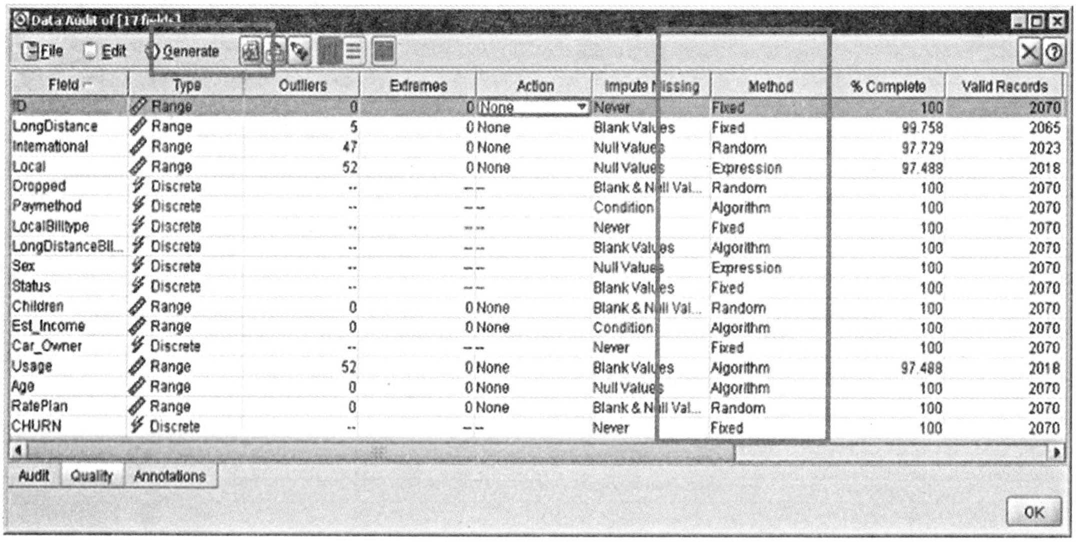

Field	Type	Outliers	Extremes	Action	Impute Missing	Method	% Complete	Valid Records
ID	Range	0	0	None	Never	Fixed	100	2070
LongDistance	Range	5	0	None	Blank Values	Fixed	99.758	2065
International	Range	47	0	None	Null Values	Random	97.729	2023
Local	Range	52	0	None	Null Values	Expression	97.488	2018
Dropped	Discrete	--	--	--	Blank & Null Val...	Random	100	2070
Paymethod	Discrete	--	--	--	Condition	Algorithm	100	2070
LocalBilltype	Discrete	--	--	--	Never	Fixed	100	2070
LongDistanceBil...	Discrete	--	--	--	Blank Values	Algorithm	100	2070
Sex	Discrete	--	--	--	Null Values	Expression	100	2070
Status	Discrete	--	--	--	Blank Values	Fixed	100	2070
Children	Range	0	0	None	Blank & Null Val...	Random	100	2070
Est_Income	Range	0	0	None	Condition	Algorithm	100	2070
Car_Owner	Discrete	--	--	--	Never	Fixed	100	2070
Usage	Range	52	0	None	Blank Values	Algorithm	97.488	2018
Age	Range	0	0	None	Null Values	Algorithm	100	2070
RatePlan	Range	0	0	None	Blank & Null Val...	Random	100	2070
CHURN	Discrete	--	--	--	Never	Fixed	100	2070

图 18-3-2　自动数据审核

其中，对记录的操作包括：选择、抽样(随机、聚类和分层)、平衡、汇总、排序、合并、追加、区分；对字段的操作包括：过滤、导出新字段、填充、集合字段重新分类、连续字段离散化、分区、重新结构化、转置、时间区间等。

3. 图形化的数据探索方式

SPSS Modeler 提供了多种图形化技术和输出报告，帮助理解数据间的关键性联系，并指导以最便捷的途径找到问题的最终解决办法。

SPSS Modeler 融合了 3D、图形和动画等多种可视化技术来处理多维数据，使得数据所表现出的特征、模式和关联性等信息一目了然，可以生成散点图、分布图、直方图、堆积图、多重散点图、网络图、评估图和时间散点图等等。SPSS Modeler 中的输出包括数据表格、交叉列联表、数据审核报告、统计报告和质量报告等。图形化界面如图 18-3-3 所示。

4. 核心的数据挖掘算法

SPSS Modeler 提供一系列的数据挖掘技术，它可以满足任何数据挖掘应用。用户可以从多种算法中选择来进行预测、聚类、关联、分类等。

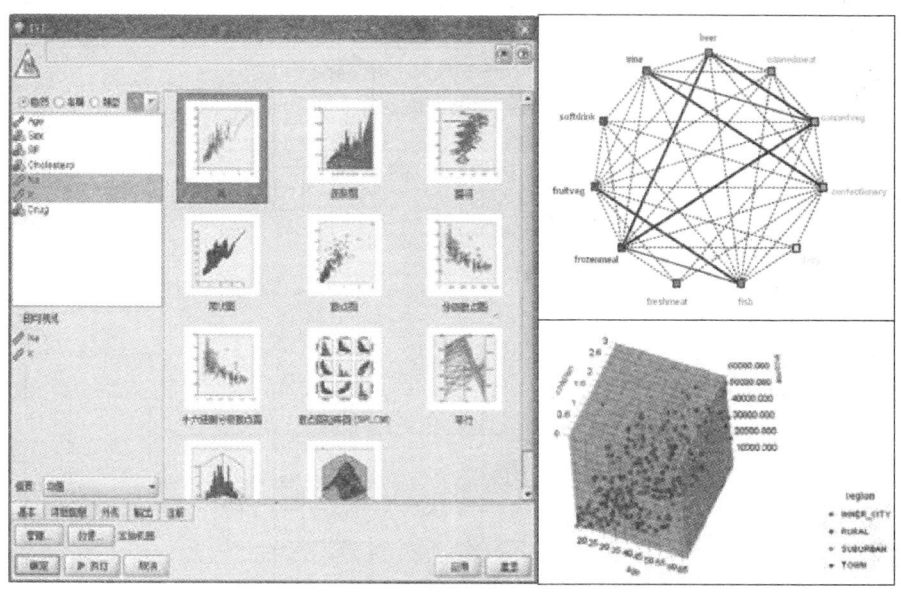

图 18-3-3 功能强大的图形版

1）数据探索类模型

数据挖掘过程中通常包括上百个或者上千个变量。结果，在模型建模过程中大量的时间和精力都被花在检验模型中包括哪些变量。"特征选择"节点能够帮助减少对决策影响不大的不必要变量，创建一组更容易管理的、对决策直接相关的模型属性集合；"主成分/因子分析"算法也提供了强有力的数据简化技术，来简化数据的复杂度。

"异常侦测算法（Anomaly Detection）"能从群体的行为规则的差异中侦测出不寻常的事例。这种算法用来在数据分析探索阶段快速侦测不寻常的事例，从而满足数据审核的要求。

2）决策树模型

决策树模型允许用户开发分类系统，此分类系统可以基于一组决策规则来预测或分类未来的观测值。如果将数据分成用户关注的类别（例如，高风险和低风险贷款、用户和非用户、投票人和非投票人或细菌类型），则用户可以使用自己的数据来构建规则，借此对新案例或旧案例进行准确性最大的分类。例如，用户可以基于年龄和其他因素构建对信用风险或购买意向进行分类的树。SPSS Modeler 提供多种算法支持决策树分类，如图 18-3-4 所示。

3）决策列表

决策列表模型的目的在于找到一组有独特行为模式的人，例如：高概率购买某种商品的人。一个决策列模型包含了一组决策规则。一条决策规则就是一条"如果-结果"的条件，里面包含了两部分：前提条件和结果。可以通过归纳的规则进行相应的决策，如重点营销高概率购买人群。

4）神经网络模型

神经网络是功能强大的一般函数预测器，可用于分类建模。

5）最近相邻元素模型

"最近相邻元素分析"是根据观测值与其他观测值的类似程度分类观测值的方法，既可以用于类别目标也可用于连续变量的分类。

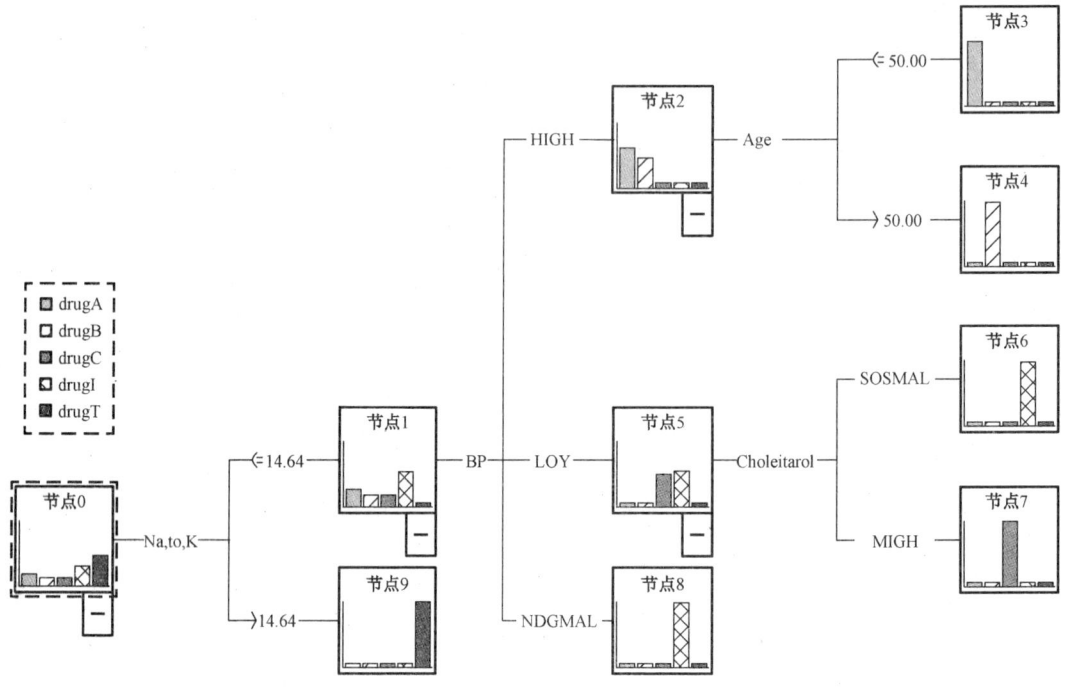

图 18-3-4 决策树

6）聚类模型

聚类模型主要用来确定相似记录的组并根据它们所属的组来为记录添加标签。用户不需事先了解组信息及组特征即可完成该操作。事实上，用户甚至无法确切知道要查找多少个组。如图 18-3-5 所示。

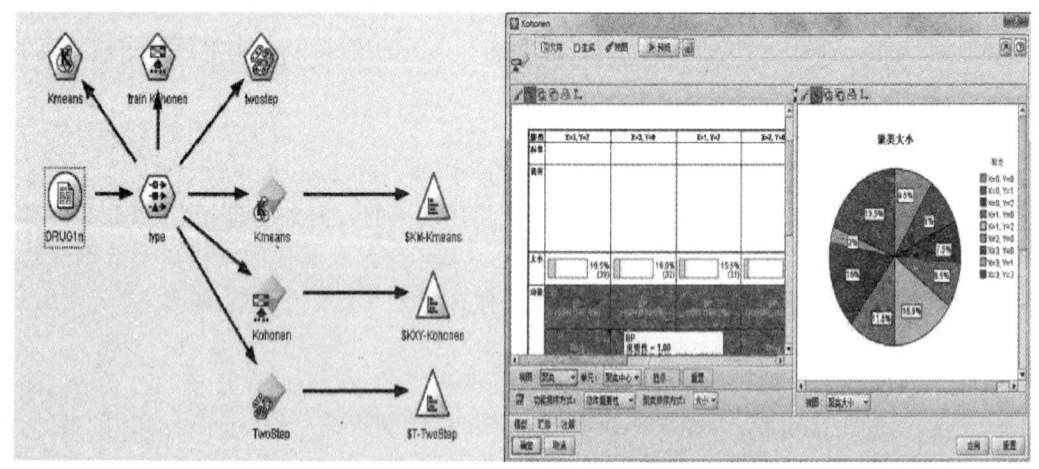

图 18-3-5 聚类流及结果展示

7）关联性分析模型

SPSS Modeler 可以通过 Apriori、GRI 及 CARMA 三种算法发现关联规则，若数据呈现序列性，用户则可采用"序列"节点发现连续数据或面向时间的数据中的模式。如图 18-3-6 所示。

8）时间序列分析模型

时间序列算法集成了指数平滑、单变量 ARIMA 和多变量 ARIMA 算法来预测基于时

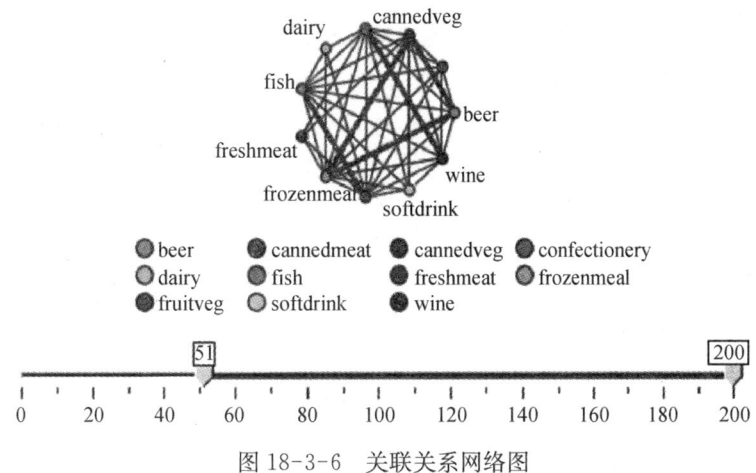

图 18-3-6 关联关系网络图

间序列的数据。SPSS Modeler 提供"专家模式",自动侦测和评估出使用哪种算法能够得到最精确的预测结果。这种方式能够减少用户在模型训练中的误差和调试的时间。在所有情况下,专家模式都能给出一个匹配程度最好的模型。

9) 其他统计模型

SPSS Modeler 还提供线性回归、逻辑回归、广义线性模型、判别分析、Cox 回归 SVM (Support Vector Machines)、贝叶斯网络等多种算法。

5. 简洁直观的模型评估

SPSS Modeler 提供的评估图包括:收益图表、提升图表、投资回报图表、利润图表、响应图表。评估图表还可以被累积,累积图表通常可以使模型的整体运行状态变得更佳。此外,用户还可以利用 SPSS Modeler 输出面板中的分析、矩阵、统计等节点输出表格、统计量等对模型进行评估。评估结果如图 18-3-7 所示。

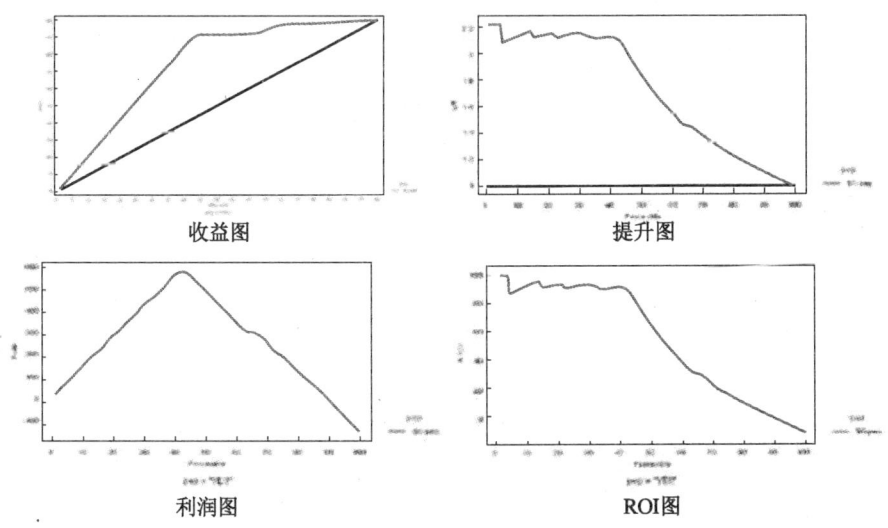

图 18-3-7 评估图

6. 多格式的数据导出

SPSS Modeler 可以导出的格式有与 ODBC 兼容的相关数据源、定长、分隔符、SPSS 文件、SAS 文件、Excel 文件等，方便对结果数据的使用。

7. 灵活的产品部署

SPSS Modeler 支持方便灵活的部署方式，可以将模型直接发布到数据库中进行高效的数据库打分，也可制定定期定时的模型运行计划，还可以将模型保存为 PMML 的通用格式，支持对其进行二次开发。

18.4　SPSS Modeler 数据挖掘流程

1. 自动数据准备

用户可以快速、方便地准备数据以供分析，无需具备相关统计概念的预备知识，还可以执行基本的清理操作，如插补缺失值或筛选掉不包含有用信息的列，以及包括数字字段优化分级、智能抽样以改善性能等在内的众多增强。该应用程序推荐了众多转换，允许选择所需的转换加以应用。

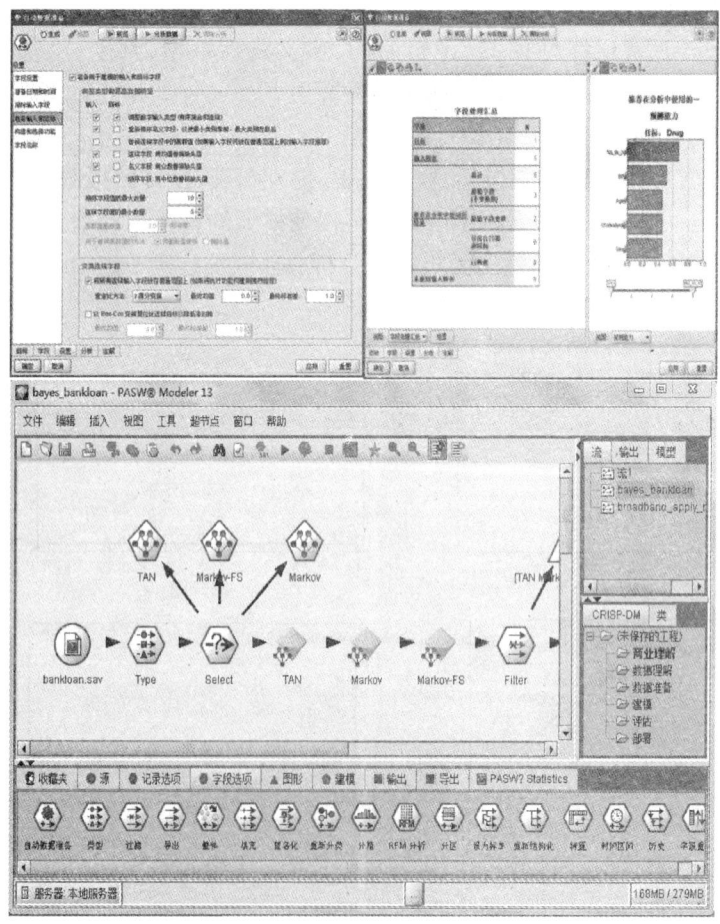

图 18-4-1　自动数据准备

2. 自动建模

SPSS Modeler 添加新的自动聚类节点,它与自动分类器和范围预测变量节点工作方式相同,但支持聚类模型,包括 TwoStep、K-Means 和 Kohonen。此外,还增强了其他自动节点,以支持对建模结果的更简便比较,更好地使用杂乱或不完整的数据,添加额外的度量,以及自动生成综合结果模型优点的整体节点。自动建模界面如图 18-4-2 所示。

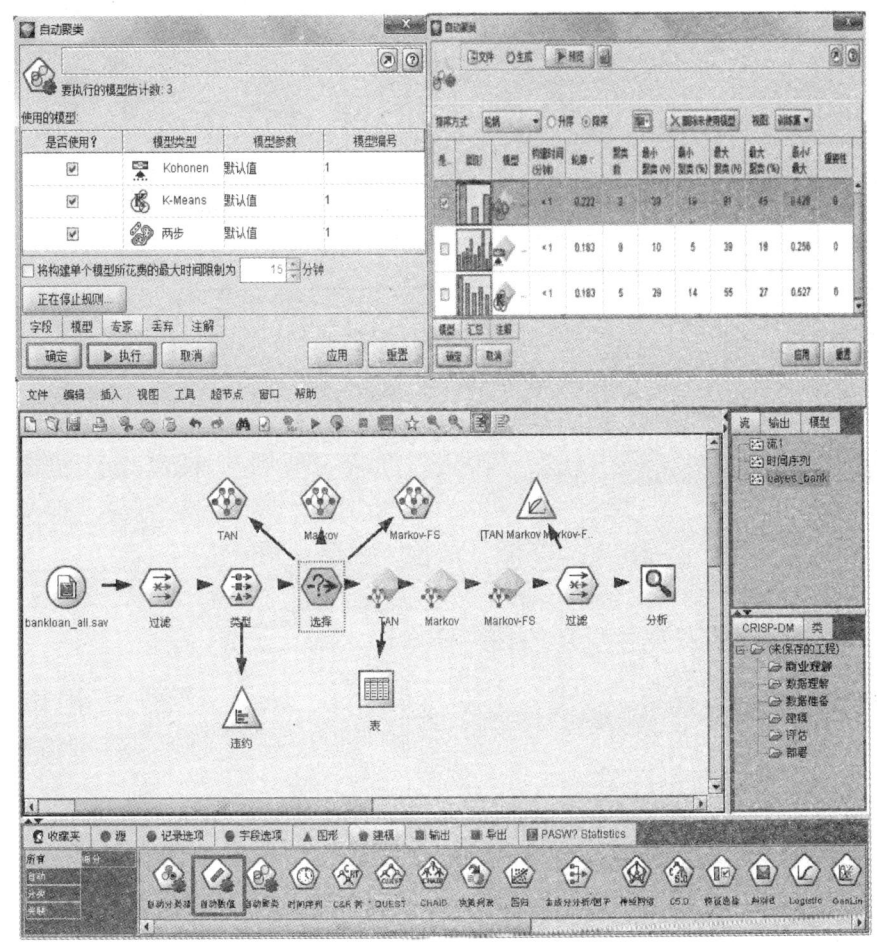

图 18-4-2　自动建模

3. 最近相邻元素分析

新建模节点 k-最近相邻元素(KNN)提供一种分类或值预测方法,是根据观测值与其他观测值的类似程度分类观测值的方法。KNN 节点将新的个案关联到特征空间中与其最邻近的 k 个对象的类别或值(其中 k 为整数)。相似个案相互邻近,非相似个案则相互远离。如图 18-4-3 所示。

4. 分割建模

用户可以根据某个字段进行划分,为其每个可能值构建单独的模型。这样,用户只需单次执行建模节点,即可获得每个值的最佳拟合模型。分割的新字段方向,允许指定一个或更多输入字段供此类用途。尽管构建的模型数量与分割字段值的可能组合数量相同,且所有这些模型均包含在单个模型块中,但可浏览单独的模型。如图 18-4-4 所示。

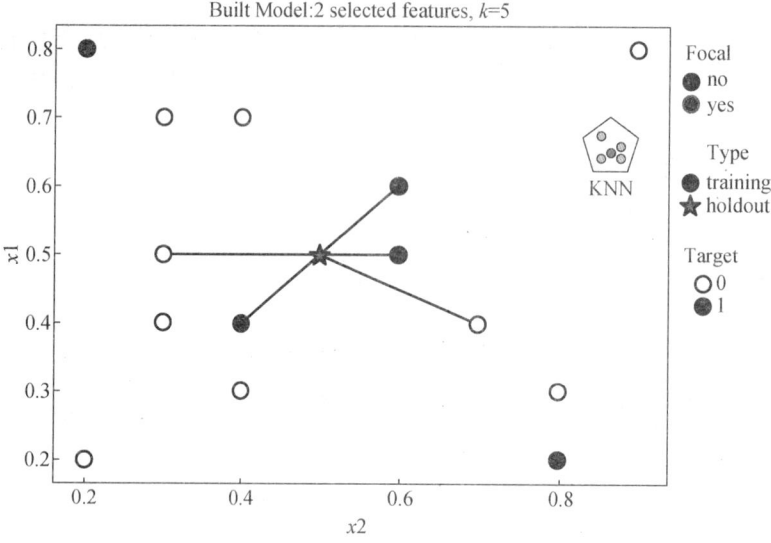

图 18-4-3　最近相邻元素分析

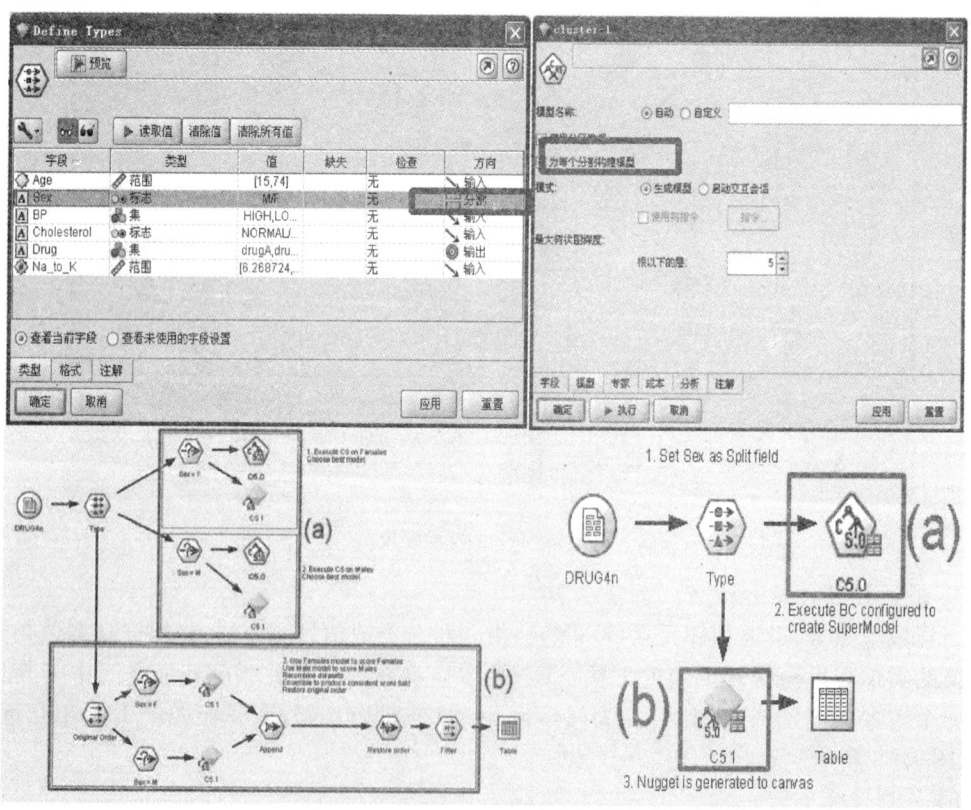

图 18-4-4　分割建模

5. 文本分析

捕获关键概念、主题、观点和趋势,并最终提高预测模型的准确度。

6. 实体分析

实体分析通过解析实体(即使这些实体之间没有任何共同的关键值),提高数据的连贯性和一致性。

7. 社交网络分析

社交网络分析研究社交实体之间的关系,以及这些关系对个人行为的影响。对于担心客户流失的电信等行业特别有用,如图 18-4-5 所示。

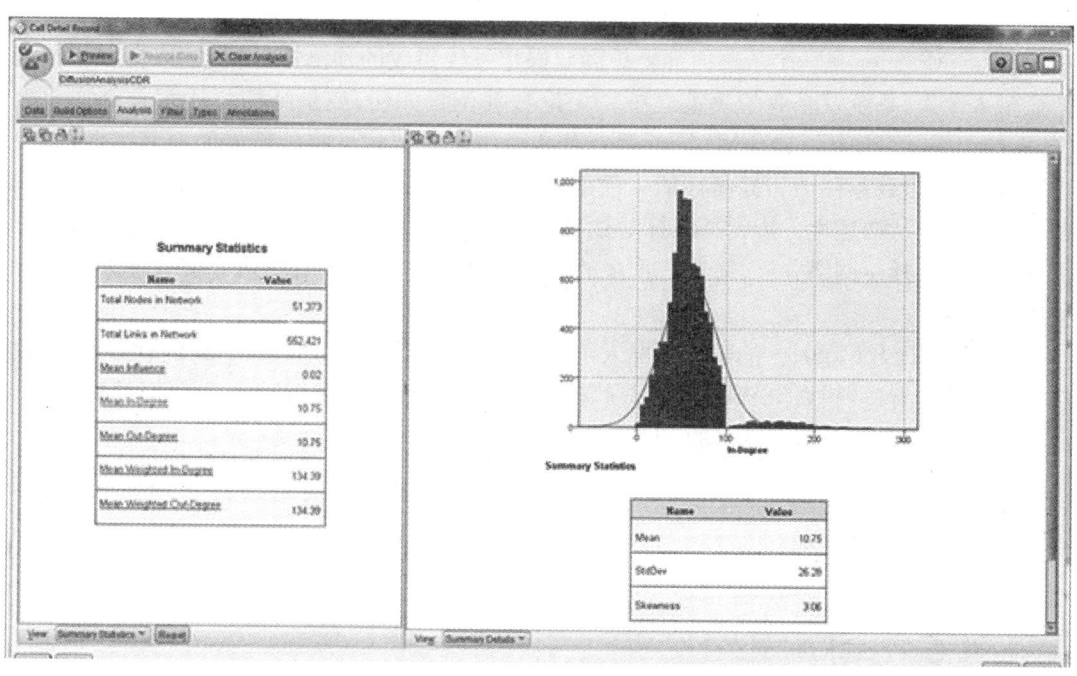

图 18-4-5　社交网络分析

8. 部署

部署活动通过定时或实时向人员和流程提供结果,缩小分析和采取行动之间的差距,并使组织能够实现其预测性分析的全部收益。其操作如图 18-4-6 所示。

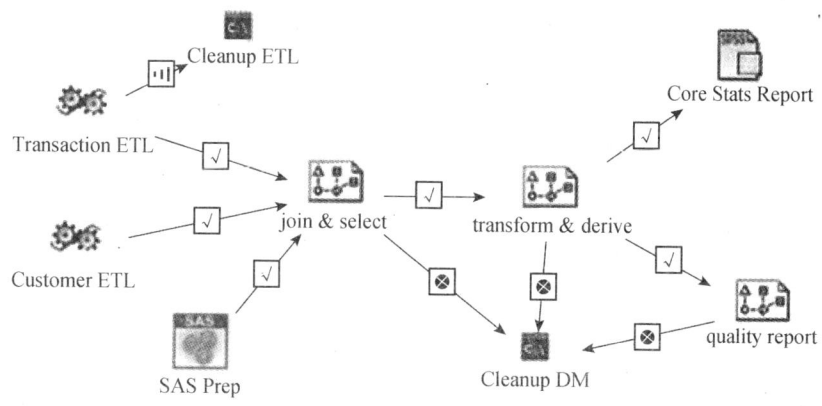

图 18-4-6　部署

针对不太熟悉实际语法的用户,提供了大量新的菜单选项,从而允许快速准备数据、构建功能强大的查询,以及执行统计检验。此外,还更新了输出查看器,以显示更全面的结果列表,并实现与显示信息的更多交互。

18.5 小　　结

SPSS Modeler 是一个从桌面部署扩展至操作系统集成的预测性分析平台,旨在将预测智能融入个人、系统及企业的决策之中。无论数据位置如何,或是结构化还是非结构化数据,您的组织都可使用 SPSS Modeler 进行分析。主从式架构可将分析推回至其来源,以便进行执行、减少数据移动和提高性能。借助 SPSS Modeler,各种用户均可解决各种业务问题。它提供了从描述性分析到高级算法的各种分析技术,包括自动建模、分割建模、文本分析、实体分析、社交网络分析、部署。直观的界面为从非技术业务用户到分析专业人士等各种用户而设计。

本章从 SPSS Modeler 的整体概况入手,通过图文介绍了 SPSS Modeler 的软件功能、软件特点及其具有的特性。SPSS Modeler 还有非常强大的数据获取功能和数据处理功能。最后,展示了从数据准备到部署的 SPSS Modeler 数据挖掘流程。

思　考　题

1. 简述 SPSS Modeler 的含义。
2. 简述 SPSS Modeler 的特性。
3. 简述 SPSS Modeler 的软件特点。

参 考 文 献

[1] 王国平,郭伟宸,汪若君. IBM SPSS Modeler 数据与文本挖掘实战[M]. 北京:清华大学出版社,2014.

[2] 薛薇,陈欢歌. SPSS Modeler 数据挖掘方法及应用(第 2 版)[M]. 北京:电子工业出版社.

[3] SPSS Modeler 软件介绍[EB/OL][2018-10-28]. https://wenku.baidu.com/view/ed3ca4670b1c59eef8c7b413.html.

[4] IBM. SPSS Modeler [EB/OL] [2018-10-28]. https://www.ibm.com/cn-zh/marketplace/spss-modeler/details#product-header-top.

第 19 章

SPSS 其他产品系列简介

SPSS 是 IBM 提供"统计产品与服务解决方案"的一套软件,其产品种类繁多,如为 SPSS 产品提供协作和布署服务的 SPSS Collaboration and Deployment Services、为企业提供市场调研和商业数据分析服务的 SPSS Data Collection,以及为决策者提供预测和优化服务的 SPSS Decision Management 等。本章重点介绍 SPSS 家族中其他系列产品的基本概况、功能、特点,以及相应的应用,旨在使研究者对 SPSS 家族有一个宏观上的把握。对相应产品或服务感兴趣的读者,可以有针对性地进行深入了解。

19.1 SPSS Collaboration and Deployment Services 简介

1. C&DS 概述

IBM SPSS Collaboration and Deployment Services(C&DS)是 SPSS 产品家族成员之一,能够帮助用户管理与分析资产、实现过程自动化,并高效、广泛、安全地共享结果。同时,C&DS 为开发人员和分析人员提供了良好的合作环境,他们能共享关键业务信息,从而显著提升分析效率。C&DS 的版本包括:IBM SPSS Analytical Decision Management for Linux on System z、IBM SPSS Collaboration and Deployment Services for Linux on System z。此外,C&DS 下的产品种类繁多,例如 i2 Chart Reader、i2 COPLINK 和 i2 iBase 等。

C&DS 产品可用来扩展和增强 IBM SPSS 其他应用程序所提供的基础功能。各种 IBM SPSS 产品与 C&DS 之间的集成可通过安装一个 C&DS"适配器"来启用,该适配器打包在各种 IBM SPSS 基础产品中。这种集成关系,如图 19-1-1 所示。

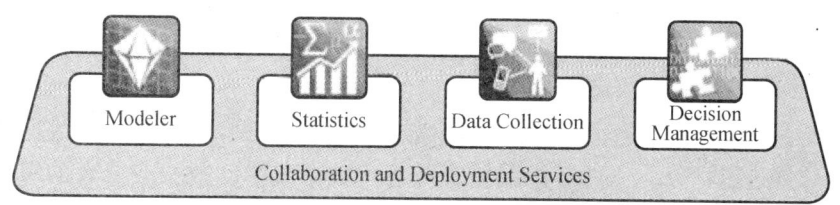

图 19-1-1 C&DS 与其他产品的集成关系

2. C&DS 功能

1) 分析存储库

C&DS 产品为用户提供了一个分析存储库,用户可使用它管理各种分析资产,如图

19-1-2 所示。这些资产通常是其他 IBM SPSS 产品生成的文件，存储在一个企业关系数据库中，如 IBM DB2。基于 C&DS，用户还可以存储和管理其他类型的文件，如 PDF 和 XML 等。C&DS 存储库包含版本/标签功能，可帮助用户管理各种资产的生命周期。因此，C&DS 也具备一些数据库功能，如安全、备份和还原等。除了方便共享存储的资产、版本控制和添加标签之外，C&DS 存储库还支持使用用户、角色和权限的概念来管理对存储的资产的访问。还有一些内在的锁定功能可避免处理相同资产的用户之间发生冲突，从而可保证所有用户都在受控的环境下处理合适的工件。

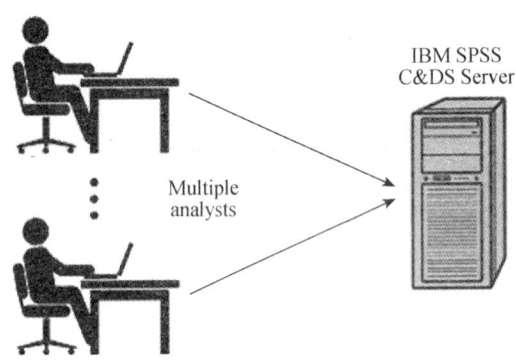

图 19-1-2　C&DS 的分析存储功能库功能

2) 自动化/流程管理

自动化是 C&DS 产品提供的另一个主要功能。通过 C&DS 自动化功能，用户可以为反复发生的任务定义一个工作流，计划何时启动工作，并能随时接收有关发生的重要事件的通知，如有意义事件的发生、作业的完成和报告的创建等。这种功能具有多种优势。

(1) 在更强大的服务器级硬件上运行预测流。

(2) 通过在离输入数据更近的地方运行预测流(而不是向每个客户端拉入数据)来改善数据访问。

(3) 提高了服务器的效率和可用性。多个客户端可在共享服务器上运行预测流，如果一个服务器失败，另一个服务器可以继续工作。

3) 计分

计分是指使用具有真实输入数据的预测模型来生成预测结果。这些预测结果从潜在客户的信誉到保险索赔的欺诈检测的各种信息无所不包。通常称使用一个 C&DS 作业来自动化 Modeler 流的计分为批量计分，而将使用 C&DS 计分服务来发起和返回分数称为实时计分。使用 C&DS 计分，用户可以将模型预测结果集成到业务流程中，以便生成真实的客户值。一般而言，预测模型的计分可分为两个较大的数据类别：一是对静止数据进行计分；二是对活动数据进行计分。C&DS 产品包含对静止数据或活动数据或二者的组合的计分。分析静止数据的常见技术包括 C&DS 自动化服务作业、SPSS Modeler Batch 和 Modeler Scoring UDF。对于活动数据，可采用 IBM SPSS Solution Publisher、IBM SPSS Analytics Toolkit for InfoSphere Streams 和 C&DS Scoring Service。此外，动态输入数据可在计分请求中传递，所有必要的静态客户数据都可以通过服务器从关联的数据来源进行检索。

常见的预测分析部署主要涉及的活动包括：开发一个新预测模型；测试该模型；部署该

模型用于生产用途。

4) 资产生命周期管理/对象升级

对于包含多个 C&DS 服务器的较大拓扑结构，C&DS 提供了对象升级功能，允许用户将资产从一个 C&DS 服务器上的分析存储库升级到另一个 C&DS 服务器的分析存储库。这支持为每个部署区域提供一个单独的 C&DS 服务器，而且提供一种受控方式来管理分析资产在 C&DS 服务器之间的移动。C&DS 支持对象升级包含多个可用于管理流程的特性：

① 使用可重用的升级策略来定义升级的业务逻辑；
② 使用版本标签通知来发起升级流程；
③ 限制范围，以便仅升级一个文件版本和关联的依赖项版本；
④ 通过升级对象安全操作特权来控制升级活动；
⑤ 支持立即升级和延迟升级；
⑥ C&DS 对象升级支持用户跨整个分析部署区域来适当地管理和控制资产流。

5) 模型管理

C&DS 模型管理涉及到使用、评估和刷新模型，可用于控制所部署的模型的生命周期。

使用 C&DS 模型管理，可以执行许多任务，如培训模型、模型排名，以及查找对操作数据计分的最佳模型。通过模型不断自动比较，选择出最佳模型。并实现有效的结果。模型评估和比较可侧重于准确性、获益和信赖度。

（1）准确性。模型的准确性反映了正确预测到的目标响应的百分比。拥有较高的正确预测百分比的模型优于拥有较低百分比的模型。

（2）获益。模型的结果改进称为获益。获益统计数据是评估模型性能的一个指标。此指标度量来自一个模型的结果与未使用模型的结果的差别。比较两种模型时，首先比较在指定的百分位上的获益值。

（3）信赖度。模型信赖度反映模型的可信性。此方法检查新数据与模型所基于的培训数据之间的相似性。信赖度值的范围为 0~1，较高的值表示两个数据集中的预测指标之间更相似。比较两个模型时，拥有较高信赖度值的模型具有更高的可信度。

3. C&DS 特点

1) 合作支持

从中央存储库共享分析资产，并允许用户控制、看到和使用资产的方式，收集关于决策结果的信息，以改进预测模型。

2) 更快的部署

在 SPSS Modeler 中创建的流，并通过服务器集群和虚拟化，与 IBM System z 集成，以增加用户分析投资的影响。

3) 自动化流程

受益于评估使用冠军挑战者方法的预测模型的自动化过程。按需运行作业，或按计划进行运行，或者在其他事件触发时运行作业。

4) 访问和版本控制

控制对分析资产的访问，并使用版本控制来确保在生产过程中正确使用对应副本。

19.2　SPSS Data Collection 简介

1. SPSS Data Collection 概述

1) SPSS Data Collection 简介

随着当今商业快速发展,企业越来越注重深入洞察客户的思想和意见,这时更具有代表性和成本效益的调研就显得尤为重要。SPSS Data Collection 是一套协助企业数据分析者完成市场调查与数据分析的产品。该产品基于一组扩展的方法库,让用户能够从广泛的数据源中快速、高效地获取"干净"数据。因此,企业采用 SPSS Data Collection 能够满足自身数据驱动转变的需求。

SPSS Data Collection 是一个完整的技术平台,它提供对整个调研生命周期的全程支持。在市场调查业务的各个阶段,SPSS Data Collection 都提供了相应的产品来帮助用户显著提高生产效率。常用的版本是 SPSS Data Collection Professional,它支持数据输入以及论文、调查报告和数据模型的收集。当前,SPSS Data Collection 的最新版本为 6.0 版,该版本对许多功能进行了增强和改进,旨在使研究人员有更多的权力进行更深入和更广泛的调查,以便能够为企业内部和外部客户提供更全面、科学的分析结果。

2) SPSS Data Collection 组成

SPSS Data Collection 的组成模块包括:创建、报告、交互和管理。

(1) 创建(Authoring)。通过合并复杂的线路和逻辑,创建模块采用熟悉、直观的接口,达到简化调研的创建流程的目的。同时,在保证数据质量和"干净"的前提下,创建模块能够协助用户提高数据分析和报告的完成效率。

(2) 报告(Reporting)。为了在正确的时间将正确的信息传递给正确的人,用户通过报告模块能在线上或桌面环境中开发专业的交互式报告,并将洞察力转化为行动。

(3) 交互(Interviewing)。交互模块融合了关于部署与管理调研的先进、易用技术,例如电话、网络和面对面等。用户基于交互模块能紧跟新趋势,如:SMS 消息和 IVR 等。

(4) 管理(Management)。管理模块能将调查和数据的管理集中在研究生命周期的所有阶段。通过管理模块的自动化流程,能提高调研效率和人员利用率,以便使任务在后台完成,从而实现即需即取的内部运营状态。

3) SPSS Data Collection 服务

Data Collection 可以作为企业的"洞察伙伴",能提供客户调研和数据分析服务,在为研究者提供一个宏观视角的同时协助企业洞察和分析客户的亲密度、产品计划和运营效率。

(1) 市场调研服务。网上有很多专业的、自主操作的市场调研工具,研究者们正面临一个巨大的挑战,即采用何种工具才可以高效地进行调研。SPSS Data Collection 产品通过拓展和增强研究者传递高质量与附加值调研结果的能力,解决研究者所面临的调整。市场调研服务的特点如下:

① 将研究者的调研范围扩大到传统渠道很难触及的人群;

② 协助用户有效地进行全球调查,并记录在遥远国家人们的偏好和观点;

③ 基于众多国家的全天候业务运营,获得全球调研视角;

④ 用 IBM SPSS 文本分析方法分析自由文本,从而响应分类数据;

⑤ 在社交网站、博客和其他与 IBM SPSS Modeler Premium 有关的网站上收集丰富的评论和意见;

⑥ 通过寻找额外的视角,使用高级分析方法提升调研价值,从而增强组织竞争力;

(2) 商业数据分析服务。SPSS Data Collection 能够授权企业跨越多个触摸点捕获客户的输入,并在整个组织中传递"客户的声音"。分析人员基于 Data Collection 可以在网站上开展调研活动,或者在售后服务、客服与客户的日常交互中收集数据。对于企业来说,收集这些有价值的反馈是发展客户关系的关键步骤之一。除了收集事务性数据和其他形式的信息外,Data Collection 还能帮助企业做出专注于客户个性化需求的决策。商业数据分析服务的特点如下:

① 基于 Data Collection,企业通过定期收集反馈和及时让客户参与决策过程,能与客户建立有价值的关系;

② 协助企业管理客户反馈和体验项目,提供有效的增强客户粘性解决方案;

③ 测量并跟踪客户忠诚度,从而有效地锁定目标;

④ 通过对目标客户的持续调查来开发和交付市场驱动的产品;

⑤ 企业在商业部署前,可以通过测试、图像和消息来优化市场营销;

⑥ 通过最大化提高销售或交叉销售机会的价值,达到提高客户互动盈利能力的目的;

⑦ 通过不断跟踪客户的态度,及时应对新出现的问题和机会,从而提高客户满意度和产品价值;

⑧ 满足并留住有价值和盈利点的客户,并能更容易、更有效地吸引他其他客户;

⑨ 识别并主动管理企业业务风险。

2. SPSS Data Collection 6.0 版本说明

1) 6.0 版特点

SPSS Data Collection 6.0 的特点:

(1) 用户采用增强的控制,以深入了解企业内外部环境;

(2) 该版本避免常规工具的限制,提出企业真正需要解决的问题,并产生更好的环境洞察视图;

(3) 该版本授权企业使用,研究人员能够分析整个调查生命周期中的所有类型的用户;

(4) 该版本扩大覆盖范围,提高电话采访环境的生产力;

(5) 6.0 版提高了企业数据收集、市场调研等的运行效率,减少了运营成本并增强了企业的可扩展性。

2) 6.0 版新增功能

6.0 版新增功能涉及众多方面,如对分层数据的控制、项目的设置、电话采访等细节的改进。

(1) 分层数据的控制。对于分层数据的控制,6.0 版对除了可以创建单个响应、多个响应,还能创建循环响应。

(2) 项目的设置。6.0 版将复杂的项目设置保存到模板中,以便更轻松地创建和配置项目。另外,每个项目模板都包含启动新项目所需的所有元素(如设置、资源、图像等)。

(3) 电话采访。对于电话采访的改进,6.0 版本支持电话参与者调研活动,用户界面也得到改进,并以更好地组织可用功能来提高可访问性。

(4)单点登录。6.0版支持使用集成Windows身份验证(SSPI)的LDAP单点登录。单点登录可用于在多用户,多存储库环境中验证和管理用户。

(5)基于角色的访问。自定义和管理用户根据角色执行任务。基于角色的限制,限制用户在没有分配权限的情况下查看、编辑和添加组件。

19.3 SPSS Decision Management 简介

IBM SPSS Decision Management 的核心领域是预测分析。预测分析可以看作是信息技术自然演化的结果。随着高性能计算机和功能强大的数据库系统的广泛使用,使得对快速增长的海量数据的收集、存放和处理成为可能。然而,人们往往不只希望将这些海量数据进行归档存放,而是更希望将其转换为有用的信息或知识。预测分析的出现和广泛使用,也是响应强烈的应用需求。当决策者在做出各种决定时,往往需要得到丰富详细的信息。

1. IBM Analytical Decision Management 概述

IBM Analytical Decision Management 是 IBM SPSS 开发的一个新产品,其提供了一个平台,能够整合 IBM SPSS 在预测分析领域的能力,并能针对不同行业、不同领域配置开发相应的预测分析及决策优化解决方案。可以帮助企业用户进行效益的预测分析以解决其现实的业务问题,允许管理者基于其客户群体或行业背景构建自定义应用程序。

最新的 V8.0 版本中,IBM SPSS Decision Management 已重命名为 IBM SPSS Analytical Decision Management。SPSS 主要产品家族的架构图,如图 19-3-1 所示。IBM SPSS Decision Management 整合的能力从图 19-3-1 中可以看出,其中 Decision Management 处在顶端,能够整合 SPSS C&DS 和 SPSS Modeler 提供的各种服务,可作为一个最终的预测解决方案向用户发布。

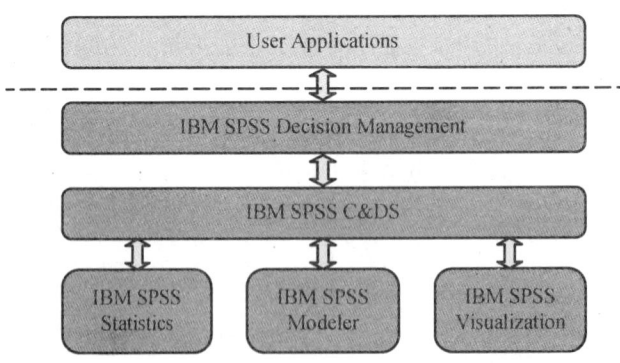

图 19-3-1　IBM SPSS 主要产品架构

用户的实际需要导致了 IBM SPSS Decision Management 的产生。从历史数据中往往能运用 IBM SPSS Modeler 等工具挖掘出一些知识或模式,这些知识和模式对回答"历史数据是这样,将来可能会发生什么"有很大帮助。但是在实际的决策过程中,影响决策的主要因素不仅仅是知道"将来可能会发生什么",还有很多其他因素,比如已有的市场经验、公司既定的政策等等。所以，IBM SPSS Decision Management 不仅能得出预测分析结果，而且向前更进了一步，能够帮助决策者将影响决策的各种主要因素引入进来，最终得出更加明智的决策。

2. Decision Management 的关键功能

通过 IBM SPSS Decision Management 关键功能的说明，可以了解它是如何将影响决策的各种主要因素引入进来以做出最终决策的。相对于 IBM SPSS 既有的产品，IBM SPSS Decision Management 主要有以下几个关键功能。

1) 方便地定义业务规则，并能非常容易地与预测模型的结果集成

业务规则能体现很多影响决策的因素，比如市场经验、公司的既定政策等等。针对电信行业，在向用户推荐产品时，可以根据用户的职业、年龄等属性推荐合适的产品。

2) 引入优化技术，优化决策结果

当用户定义了多个决策时，并且针对特定用户这些决策都能触发，那么哪种决策才是最优的决策？或者，影响决策可能还有其他的因素，比如公司的既定政策规定："一个用户一次只能得到一个产品的推荐"或"所有的推荐市场营销的费用不能超过 10 000 人民币"，怎样才能满足这样的限制条件？这时，需要引入优化技术来解决"在给定的目标和限制条件下寻找最优的解"。IBM SPSS Decision Management 的完整的决策定义过程，如图 19-3-2 所示。相应地，IBM SPSS Decision Management 有成熟的配置和界面来将优化引入并设置合适的输入以得到最优解。

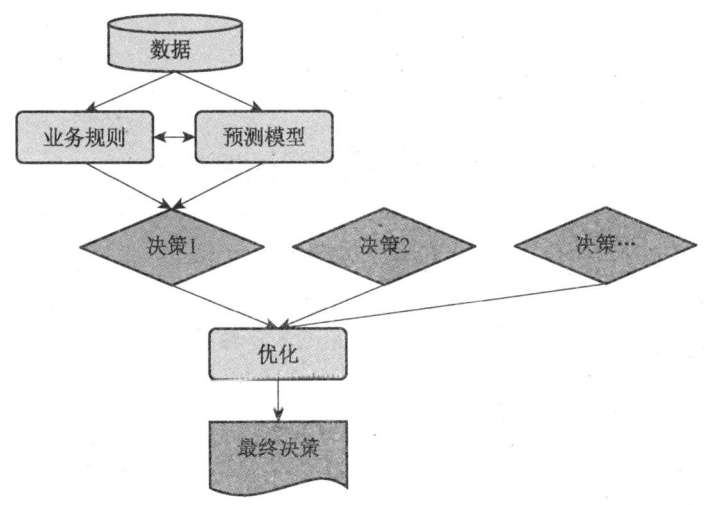

图 19-3-2　IBM SPSS Decision Management 的决策定义过程

3) 强大的可配置性

针对不同用户、不同场景，快速进行场景构建，提供解决方案是 Web 应用的一个发展方向。IBM SPSS Decision Management 正是基于这一点，实现了丰富客户端 Web 应用，并提供强大的可配置性，主要目的是针对不同的行业、不用用户进行快速定制预测分析及决策优化解决方案。可配置性的功能大致分两个部分——界面可配置性和功能可配置性。

几乎所有的可见的界面元素都可以进行配置，如文字、CSS、布局、图片等。功能的可配置性主要是灵活地组装和搭配既有的独立功能模块和算法，以适应不同的应用需求。比如，

针对电信行业,我们可以配置出反流失的解决方案,而针对银行则可以配置出反信用卡欺诈的解决方案。

3. SPSS Decision Management 应用场景及操作步骤

IBM SPSS Decision Management 最主要的功能是改进决策定义。当客户的应用场景比较复杂,在作出决策时往往需要考虑多种因素,比如市场经验、预测建议、限制条件等时,就需要一个平台能把所有的因素引入并利用历史数据进行训练和评估决策的定义,这样的决策才是真正意义上的"最终决策",而不是片面的仅仅是业务规则的定义。

如前所述,IBM SPSS Decision Management 可以被配置用在不同的行业。针对电信行业,可以采用如下的步骤来应用 Decision Management 以得到针对不同的用户,推荐什么样的产品或提供什么样的商业活动,达到保留用户或提高利润的目的。

(1) 采用 IBM SPSS Modeler 等工具针对给定的数据得到"用户可以被划分为哪些分类(不同消费额,不同消费习惯等)"、"哪些用户可能流失"、"什么样的用户不值得挽留"、"哪些用户有可能对你提供的新服务作出响应"等典型的数据挖掘信息。

(2) 得到数据挖掘的信息最主要的目的是应用这些信息来帮助决策。在 IBM SPSS Decision Management,就可以定义如挽留客户、交叉销售等商业活动,并依据数据挖掘和业务规则的信息,给合适的客户提供合适的产品和服务。

(3) 在优化步骤,定义优化参数、优化目标等,比如,有多个可能的服务时,选择提供哪个服务能得到最大利润。

19.4 SPSS Analytic Server 简介

SPSS Analytic Server 产品将分析技术应用于大数据,可以对 SPSS 分析资产案例高效地进行处理。为了方便连接到不同的大数据来源,它们还可以在不同的部署模式(批处理或实时模式)下运行。基于 SPSS Analytic Server,SPSS Statistics 可与 IBM Netezza、InfoSphere BigInsights、InfoSphere Streams 结合使用,以支持分析师对大数据使用强大的分析工具。

SPSS Analytic Server 支持 InfoSphere BigInsights 2.0 和 2.1 和 InfoSphere BigInsights with Platform Symphony,以及其他多个 Hadoop 发行版。SPSS Analytic Server 隐藏了访问 Hadoop 数据源的复杂性,支持分析师对 Hadoop 中存储,并设计一个 Modeler 流在 Hadoop 中的运行,而 Modeler 操作以 MapReduce 作业的形式在 Hadoop 中弹性运行。同时,SPSS Analytic Server 提供了与数据库数据源的连接,此特性支持用户将数据库和 Hadoop 数据合并到单个 SPSS Modeler 流中。

1. SPSS Analytic Server 概述

SPSS Analytic Server 是大数据分析的解决方案,它提供了一个易于实现的框架,从而能够在分布式文件系统上来执行大数据分析。它将 SPSS 现有的商业分析技术与大数据技术相结合,使得用户能够使用复杂的分析算法以高可伸缩的方式来解决基于大数据的分析问题。Analytic Server 的界面,如图 19-4-1 所示。

SPSS Analytic Server 使 SPSS Modeler 能够使用大数据作为预测建模的来源。他们一起可以使用来自 Hadoop 发行版和 Spark 应用程序的数据,从 Hadoop 访问数据,并将其与

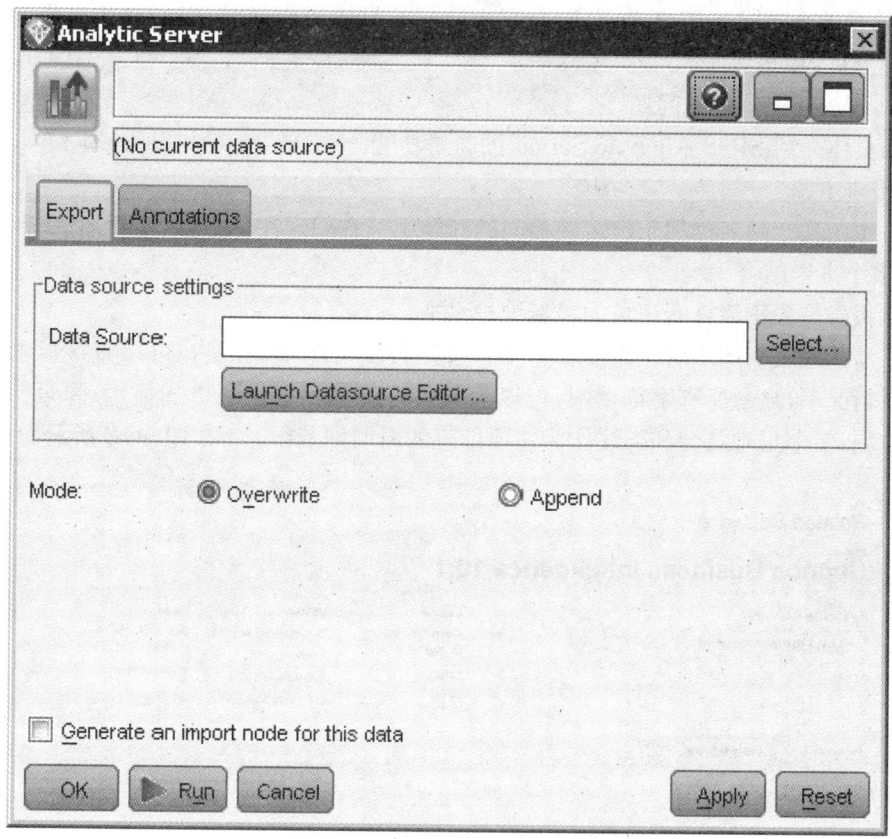

图 19-4-1　SPSS Analytic Server 界面

RDBMS 相结合，以扩展数据访问。使用实时处理和机器学习进行更深入的分析，加快结果，减少编码，简化算法开发。该组合还提供了定义的界面，可简化分析人员和业务用户的大数据分析。SPSS Analytic Server 可以提供：

（1）使用大数据系统的以数据为中心的开放式集成架构；

（2）支持各种流行的 Hadoop 版本，例如，IBM InfoSphere® BigInsights™、Cloudera、Hortonworks 和 Apache Hadoop；

（3）已定义的接口，旨在用于数据新的统计算法；

（4）熟悉的 IBM SPSS 用户界面，隐藏大数据环境的详细信息，以便分析人员可以专注于数据分析。

（5）可通过扩展方案来解决几乎任何规模的问题。

2. SPSS Analytic Server 的新增功能

Analytic Server 是一个理想的大数据分析的解决方案，最新版本 3.0.1 中在提供以下具体分析方案后，又增加了新的一些功能和升级了之前的一些功能，使其可以更加完善地为用户服务。

① 利用大型数据系统的以数据为中心的体系结构，如 Hadoop Map、减少 HDFS 中的数据移动。

② 已定义界面，以期将设计和数据分析方法合并在一起。

③ 熟悉的 Modeler 用户界面,隐藏了大数据的具体操作细节,以便分析人员能够将注意力放在分析数据上。

④ 可解决任何规模的问题

下面具体介绍 SPSS Analytic Server 的新增功能。

1) 报告主题

报告主题和产品名称用于包装在相同的标题中。它们现在分开,以便更加清晰使用。

2) 多个报告结合

默认报告是关于清算所记录的最新维护水平。

用户清楚地表明脚注对他们非常重要。脚注数据可能很长,现在可以直接显示并可搜索。默认情况下,显示所有字符,并且可以隐藏并再次显示一个简单的显示/隐藏控件。对于报告主题、多个报告结合和脚注作为主要信息的新增细节图,如图 19-4-2 所示。

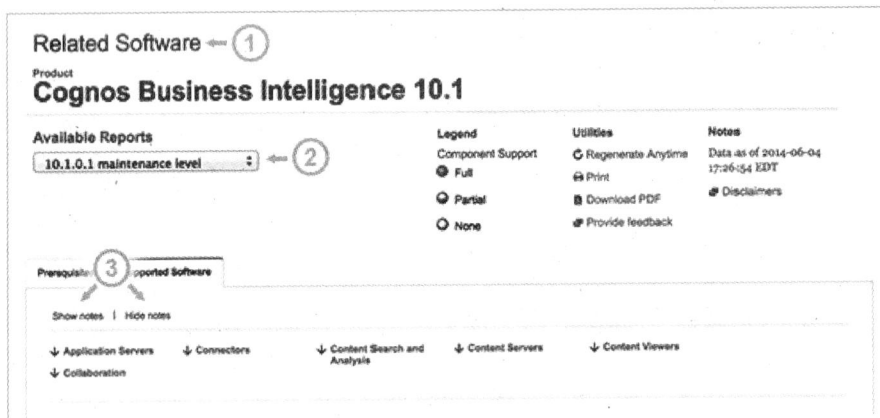

图 19-4-2 对于报告主题、多个报告结合和脚注作为主要信息的新增细节

3) 组件支持一览

通过指向组件支持列中的图标,可以快速获取组件支持的详细信息。该方法最终将在所有报告中提供。

4) 更新

清晰度表中的列的顺序已经根据用户输入进行了重新组织,构成了相关的软件区域和产品区域,这些区域由淡黄色的背景进行了视觉差异。

5) 突出显示

脚注可以应用于列表中的许多相关软件,但在摘要表格下方的脚注部分仅显示一次。点击上下文中的显示链接突出显示表中脚注的所有出现。对于组件支持一览、更新和突出显示的新增细节,如图 19-4-3 所示。

6) 简单的脚注

通常,脚注适用于产品的所有组件以及相关软件的所有维护级别:简单的情况。当这种情况发生时,脚注可以通过简单地指向它。当脚注应用于组件和相关软件级别的子集时,请用户打开详细信息以查看该注释的适用性上下文(参见第 8 点)。

7) 查看相关支持项目的完整详细信息

与"详细系统要求报告类似",可以在辅助窗口中提供每个相关软件的支持详细信息和

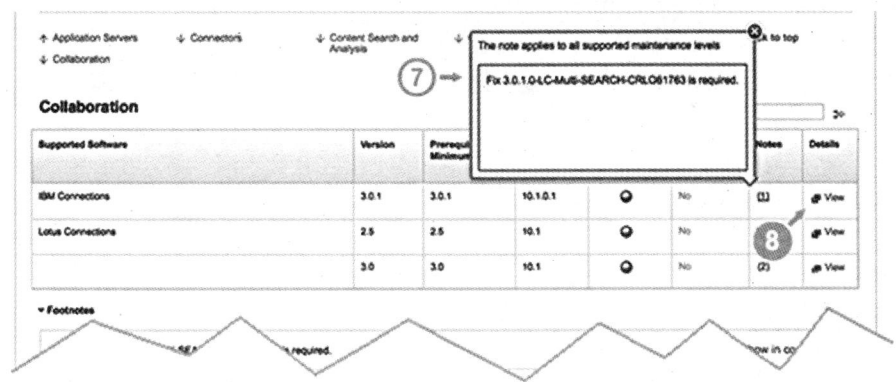

图 19-4-3　对于简单的脚注和查看相关支持项目的完整详细信息的新增细节

脚注。对于简单的脚注和查看相关支持项目的完整详细信息的新增细节。

更深入的 SPSS Statistics 集成对于在计算机上安装并许可使用 PASW Statistics 的用户，现在可以使用更多的 SPSS Statistics 语法。针对不太熟悉实际语法的用户，提供了大量新的菜单选项，从而允许用户快速准备数据、构建功能强大的查询，以及执行统计检验。此外，还更新了输出查看器，以显示更全面的结果列表，并实现与显示信息的更多交互。

3. SPSS Analytic Server 应用案例

SPSS AnalyticServerr 产品将分析技术应用于大数据，可以对 SPSS 分析资产案例高效地进行处理。为了方便连接到不同的大数据来源，它们还可以在不同的部署模式（批处理或实时模式）下运行。SPSS 平台的组件现在可与 IBM Netezza、InfoSphere BigInsights 和 InfoSphere Streams 结合使用，以支持分析师的大数据分析。

IBM SPSS 为统计人员和数据科学家提供了强大的工具。多年来，SPSS 平台已发生了演变，支持数据挖掘流程的所有阶段，包括模型开发、模型部署和模型刷新。在过去两年，SPSS 中增加了处理大数据的新功能。本节将介绍 SPSS Analytic Server 如何与 IBM 大数据产品组合的 3 个组件相集成：Netezza、InfoSphere BigInsights 和 InfoSphere Streams 进而完成一系列分析工作。

SPSS Modeler 是一个数据挖掘工作台，用于分析数据和部署分析资产。通用术语分析资产用于描述解决某个业务问题的一个操作集合。数据科学家在描述使用数据挖掘工具开发的资产时，通常会使用术语模型或预测模型。除了模型之外，SPSS 分析资产还可包含数据准备步骤和业务规则。SPSS Modeler 中开发的一个示例分析资产，如图 19-4-4 所示。在此示例中，用户使用一个决策树模型来执行贷款违约预测。分析资产执行以下操作：

① 合并来自 3 个历史数据源的数据；
② 使用一个 Type 节点识别用于模型预测的目标变量（Mortgage Default）；
③ 构建一个基于 C5.0 决策树算法的模型；
④ 选择具有积极的贷款违约预测的记录；
⑤ 将结果显示在一个表中。

SPSS Modeler 是一个可视编程环境。分析资产可通过连接画布上的可视编程节点来创建。在运行时，节点按照连接箭头的方向执行。节点可按照相关功能进行组织：Sources、

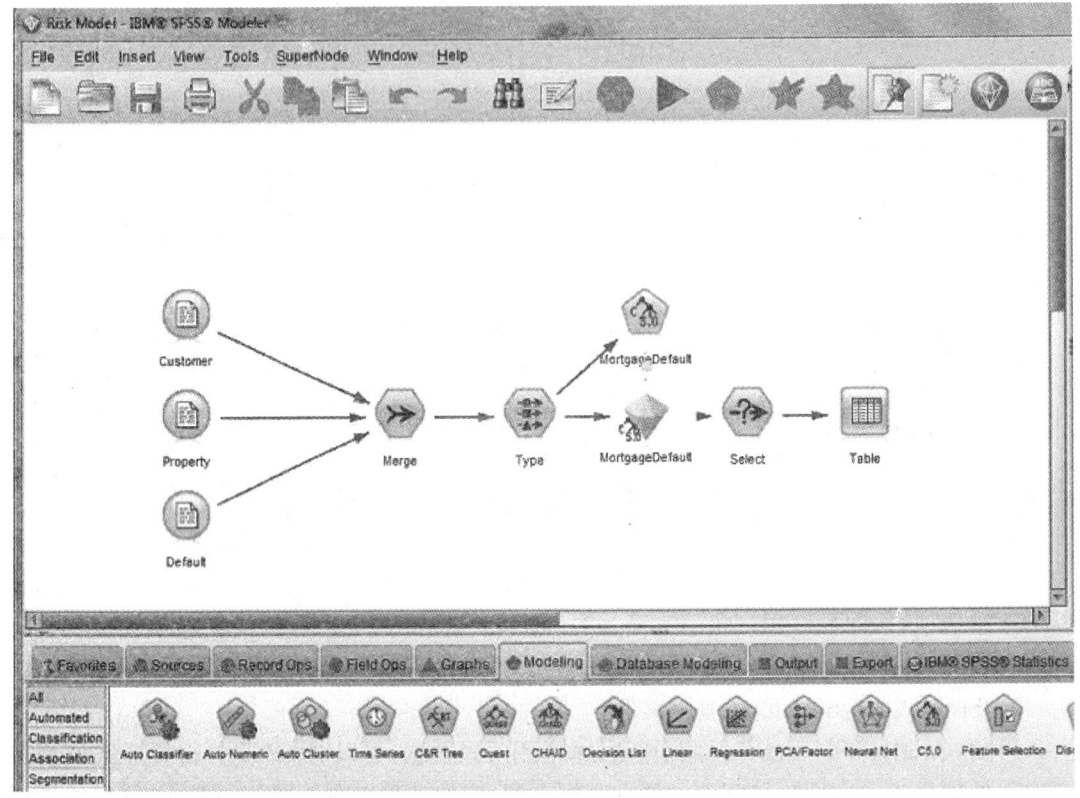

图 19-4-4　SPSS Modeler 中开发的分析资产图

Record Operations、Field Operations、Modeling 等。Modeling 选项卡显示用于生成模型的算法。SPSS 发布了 27 个建模算法和整套的节点，对一个数据集运行多种算法并选择最佳的节点。除了所描述的可视节点之外，如果分析师希望扩展 SPSS Modeler 的基本功能，那么他们可以使用 SQL 函数、R 模型和自定义开发的节点。生成模型的算法的 Modeling 选项卡，如图 19-4-5 所示。

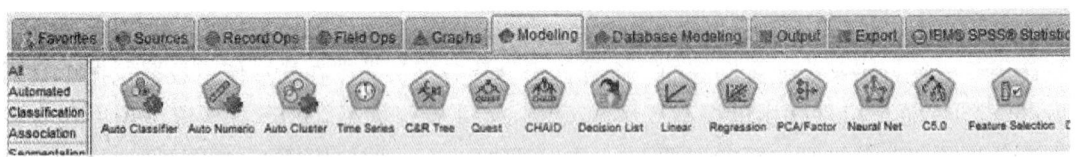

图 19-4-5　Modeling 选项卡显示的每种算法的符号

分析师使用历史数据来构建模型。创建模型后，分析师会修改分析资产，以便对操作数据进行评分。用户不再需要 Mortgage Default 数据源，因为它包含历史数据。用户删除了 Type 和 Decision Tree 算法节点。C5 决策树算法节点用于构建模型。创建的模型用金块图标表示（Mortgage Default）。分析师将 Table 节点替换为一个 Export 节点，这会将数据写入一个数据库表中。现在可以将这个分析资产用于对新贷款申请进行批量或实时评分。Type、Decision Tree 并删除了 Mortgage Default 数据源的已修改模型，如图 19-4-6 所示。

用于大数据的第二个 SPSS 组件是 SPSS Analytic Server。它管理对 Hadoop 数据源的

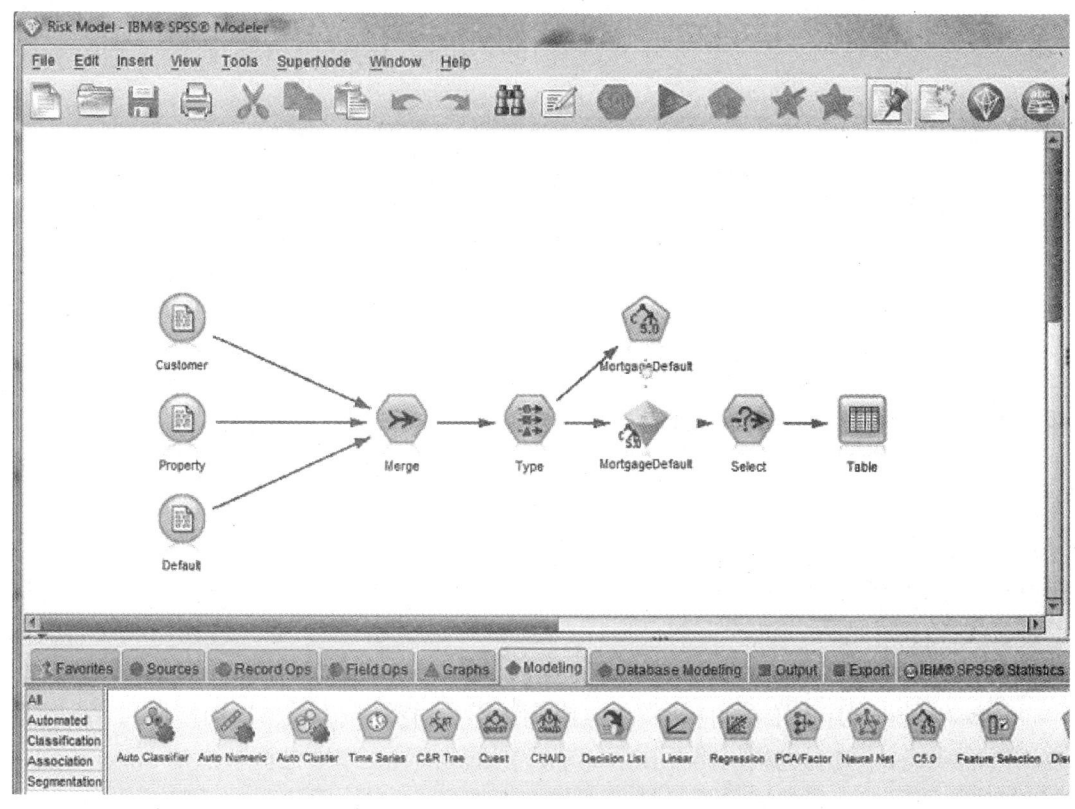

图 19-4-6　更新的图表仅显示剩下的算法

访问，并设计一个 Modeler 流在 Hadoop 中的运行。Modeler 操作以 MapReduce 作业的形式在 Hadoop 中运行，得到一个提供了高性能和高可伸缩性的解决方案。

用于大数据的下一个 SPSS 组件是 SPSS Collaboration and Deployment Services（C&DS）。C&DS 执行两种主要功能：用作分析资产的存储库。在将某项资产存储在存储库中后，就可以使用它来设计批处理作业。该存储库还提供了与 InfoSphere Streams 的连接，以便实时更新 SPSS 模型。提供一个接口来计划批处理作业，建模使用数据库和 Hadoop 数据源的刷新作业。

SPSS Analytic Catalyst 通过一种易于使用的 Web 接口来执行统计分析。它是为可能没有深入理解数据挖掘的业务用户设计的。SPSS Analytic Catalyst 向选定的数据源应用多种算法和统计分析技术。结果可以通过可视元素和纯语言解释来呈现。一个 SPSS Analytic Catalyst 项目的示例输出，如图 19-4-7 所示。

SPSS Analytic Catalyst 分析在 Hadoop 中运行，与 Hadoop 中现有数据的数据源连接。SPSS 与 InfoSphere BigInsights 的集成一节中描述的所有数据源都可以用在 SPSS Analytic Catalyst 中。较小的数据集可通过 Web 界面加载到 SPSS Analytic Catalyst 中。一个 Hadoop 发行版是安装 SPSS Analytic Catalyst 的一个必要软件。安装之后，无需额外的集成即可对大数据执行分析。

4. SPSS 与 Netezza 的集成

Netezza 是一个高性能数据仓库。SPSS 和 Netezza 的集成是 SPSS 的一种典型的大数

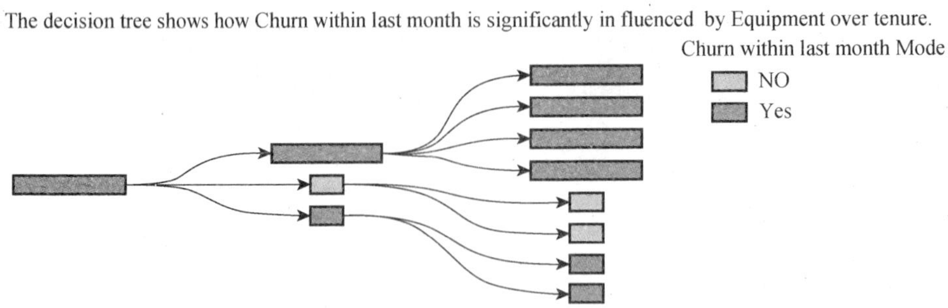

The decision tree shows how Churn within last month is significantly in fluenced by Equipment over tenure.

Churn within last month Mode
　NO
　Yes

图 19-4-7　决策树显示基于设备年龄的结构图

据集成场景。存储在 Netezza 中的数据可用于模型构建、评分和模型刷新。

SPSS Modeler 通过 Netezza 所提供的一个开放式数据库连接 ODBC 驱动程序连接到 Netezza。Netezza 中存储的数据可用作一个 SPSS Modeler 流的输入或输出数据源。SPSS Modeler 支持对 Netezza 执行 SQL。运行时，Modeler 流被转换为 SQL 并在 Netezza 中执行。SQL 退回操作不需要手动将 SPSS 代码导入 Netezza 中，而由 SPSS 平台自动处理。除了 SQL 退回操作之外，SPSS 为 Netezza 提供了一个评分适配器，它允许使用无法转换为 SQL 的 SPSS 节点作为 Netezza 中的用户定义的函数（UDF）。

SPSS Modeler 还支持在 Netezza 数据库中进行挖掘。对于 SQL 退回操作和评分适配器，SPSS Modeler 将会生成代码并在 Netezza 中运行。数据库中挖掘节点由 Netezza 提供并由 SPSS 调用。所有描述的最终结果都让性能得到了提升，因为数据无需在 Netezza 和 SPSS 服务器之间移动。用于 Netezza 数据库中挖掘的建模节点，如图 19-4-8 所示。一些模型可同时用于 SPSS 和 Netezza 中，而其他模型是 Netezza 所独有的。Netezza 中的数据库中挖掘节点通过安装 INZA 包来启用，该包包含在 Netezza 中。默认情况下，在 SPSS Modeler 中会提供 Netezza 数据库中数据挖掘的用户界面，这一界面可通过选择 Tools>Options>Helper Applications 显示在模型面板中。

图 19-4-8　用于 Netezza 数据库中数据挖掘的建模节点

5. SPSS 与 InfoSphere BigInsights 的集成

InfoSpherc BigInsights 是一个企业级的 Hadoop 发行版。类似于 Netezza，与 InfoSphere BigInsights 的集成可用在数据挖掘流程的所有阶段。SPSS 与 InfoSphere BigInsights 的集成由 SPSS Analytic Serve 启用。

6. InfoSphere BigInsights Quick Start Edition

InfoSphere BigInsights Quick Start Edition 是 IBM 基于 Hadoop 的 InfoSphere BigInsights 产品的一个可下载的免费版本。使用 Quick Start Edition，用户可运用 IBM 构建的功能来提高开源 Hadoop 的价值，比如 Big SQL、文本分析和 BigSheets。引导式学习可让用户的学习体验非常顺利，包括循序渐进、自订进度的教程和视频，可帮助用户让 Hadoop

为用户工作。没有时间和数据限制，用户可以在自己的时间里试验大量数据并观看视频，学习教程(PDF)和立即下载 BigInsights Quick Start Edition。在 SPSS Modeler 来源节点中访问 Hadoop 数据源，如图 19-4-9 所示。

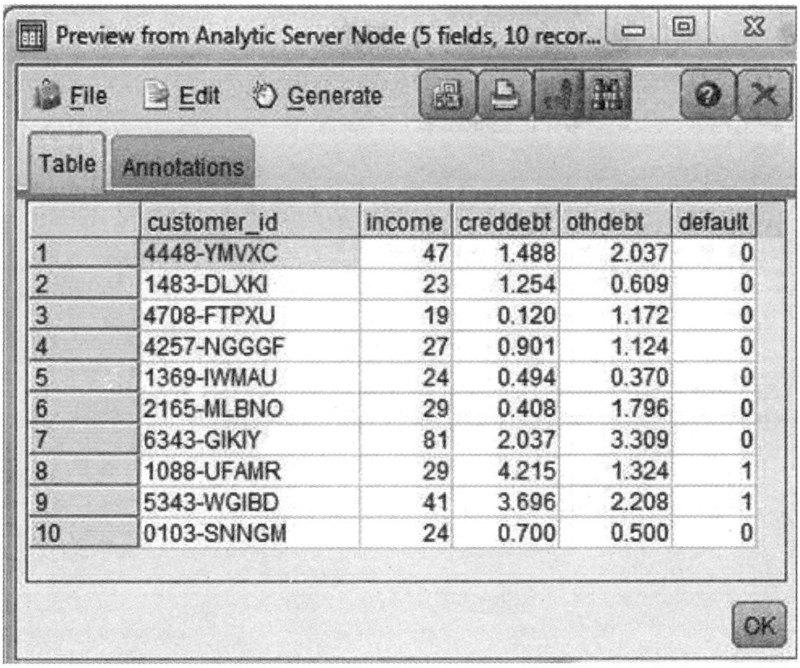

	customer_id	income	creddebt	othdebt	default
1	4448-YMVXC	47	1.488	2.037	0
2	1483-DLXKI	23	1.254	0.609	0
3	4708-FTPXU	19	0.120	1.172	0
4	4257-NGGGF	27	0.901	1.124	0
5	1369-IWMAU	24	0.494	0.370	0
6	2165-MLBNO	29	0.408	1.796	0
7	6343-GIKIY	81	2.037	3.309	0
8	1088-UFAMR	29	4.215	1.324	1
9	5343-WGIBD	41	3.696	2.208	1
10	0103-SNNGM	24	0.700	0.500	0

图 19-4-9　预览模式中的 Table 选项卡显示了客户 ID 图

SPSS 为多个 SPSS Modeler 节点提供了 Hadoop 中执行功能，这些是支持以 MapReduce 作业形式在 Hadoop 内执行操作的节点。以下 SPSS Modeler 节点支持 Hadoop 内的执行操作。

(1) 大多数数据准备操作。

(2) 模型评分：C&RT、Quest、CHAID、Linear、Regression、Neural Net、C5. 0、Logistic、Genlin、GLMM Cox、SVM、Bayes Net、TwoStep、KNN、Decision List、Discriminant、Self Learning、Anomaly Detection、Apriori、Carma、K-Means、Kohonen 和 Text Mining。

(3) 模型构建：Linear、Neural Net、C&RT、Chaid 和 Quest。

7. SPSS 与 InfoSphere Streams 的集成

InfoSphere Streams 是一个处理流数据的 IBM 平台。在实时进行高级分析时会使用 SPSS 的一种集成。实时应用预测分析的用例的示例包括网络安全、银行和信用卡欺诈检测、预测性维护，以及实时营销产品。

8. InfoSphere Streams Quick Start Edition

InfoSphere Streams Quick Start Edition 是 InfoSphere Streams 的一个免费、可下载的非生产版本，后者是 IBM 的高性能计算平台，用户开发的应用程序在接收来自数千个实时来源的信息时可以快速地执行获取、分析和关联，没有数据或时间限制。InfoSphere Streams Quick Start Edition 支持用户在自己的独特环境中试验流计算，构建一个强大的分析平台,进而能够处理难以置信的高数据吞吐量,高达每秒数百万个事件或消息。

在安装该工具包后,InfoSphere Streams 开发人员可使用操作符将 SPSS 分析资产与 InfoSphere Streams 应用程序相集成。Publish 操作符在应用程序开发阶段用来获取适合 InfoSphere Streams 部署的 SPSS 模型。Scoring 操作符在运行时用于调用 SPSS 模型。Repository 操作符可用于自动从 SPSS 模型存储库拉取模型的最新版本。SPSS 与 InfoSphere Streams 运行时的集成的图表,如图 19-4-10 所示。

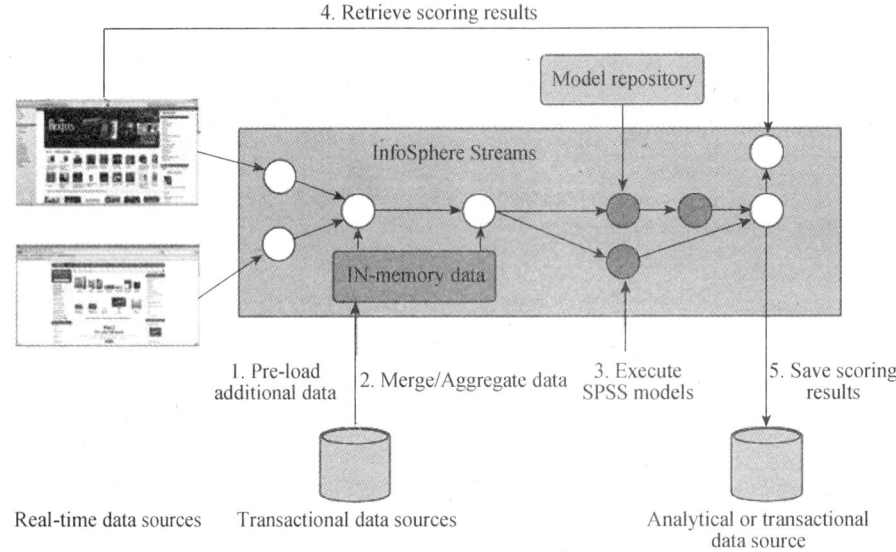

图 19-4-10　数据源、存储库、SPSS 模型的工作流图

SPSS 平台与 Netezza、InfoSphere BigInsights 和 InfoSphere Streams 的内置集成能够让分析师使用强大的分析工具处理大数据。SPSS 组件(提供了全面的分析功能)和大数据平台(支持可伸缩性和性能)的组合,为大数据开发人员提供了访问 SPSS 技术的功能。可以轻松地对 SPSS 分析资产进行修改,以便连接到不同的大数据来源,这些分析资产可以在不同的部署模式(批处理或实时模式)下运行。

19.5　小　　结

一场以互联网为代表的新兴科技和产业革命正在席卷全球,包括商业在内的各个行业纷纷采用新技术、新思想和新理念打破原有的发展模式,转变原有的驱动方式,以期寻得产业可持续发展的新增长点。在政策和技术的支持下,我国商业也进入了"新时代",在这样的时代和背景下,商业、企业的信息化程度达到新高度,他们创造的数据也是海量复杂的,如何充分、有效、科学地释放商业数据蕴含的价值,是商业进一步发展所要解决的问题。而 SPSS 是一套提供商业数据分析产品和服务的实用软件包,在 SPSS 家族中有很多为商业、企业提供服务的产品。

本章从宏观上介绍除 SPSS Statistics 和 Modeler 产品外的 SPSS 其他常见产品系列。首先,对 SPSS Collaboration and Deployment Services 的基本概况、功能和特点进行简要说明；接着，介绍了为企业提供市场调研与商业数据分析服务的 Data Collection 的特点和组成模块，并展示了 6.0 版本的新增功能；然后，阐述了 SPSS Decision Management 的相关内容，包括基本概况、关键功能、应用场景和操作步骤；最后，针对商业数据爆炸式增长问题，SPSS Analytic Server 能为商业大数据分析提供解决方案，所以在介绍 SPSS Analytic Server 基本情况和新增功能的基础上，重点说明了 SPSS Analytic Server 与 Netezza、InfoSphere BigInsights 的集成原理。

思 考 题

1. 简述 C&DS 的功能和特点。
2. 阐述 SPSS Data Collection 提供的服务。
3. 论述 SPSS Decision Management 的应用场景和关键功能。
4. 结合实际，说明 SPSS 产品和服务对商业发展的作用。

参 考 文 献

[1] KevinKepros，Keith Swanson. IBM Developerworkers. SPSS Collaboration and Deployment Services 五大用途[EB/OL](2015-08-05)[2017-10-28]. https://www.ibm.com/developerworks/cn/analytics/library/ba-pp-spss-page693/

[2] IBM. SPSS Data Collection. [EB/OL](2015)[2017-10-28]. http://www.spss.com.hk/software/data-collection/ 2014.

[3] 彭鸿涛，刘振铎，张维. IBM SPSS Decision Management 介绍[EB/OL](2012-01-05)[2017-10-28]. https://www.ibm.com/developerworks/cn/data/library/techarticle/dm-1201penght/dm-1201penght-pdf.pdf

[4] UML 软件工程组织——火龙果软件工程. 将 SPSS 分析技术应用于大数据[EB/OL][2017-10-28]. http://www.uml.org.cn/sjjmwj/201410293.asp

[5] IBM. 面向大数据处理的 IBM SPSS Modeler 与 IBM SPSS Analytic Server 集成简介[EB/OL][2017-10-28]. https://www.ibm.com/developerworks/cn/data/library/bd-1409-modelerintegrationanalytic/

第 20 章

SPSS 25.0 简介

IBM SPSS 25.0 是 IBM 公司于 2017 年 8 月发布的最新一版 SPSS 软件,是一个组合式软件包,它集数据录入、整理、分析功能于一身。用户可以根据实际需要和计算机的功能选择模块,以降低对系统硬盘容量的要求。SPSS 的基本功能包括数据管理、统计分析、图表分析、输出管理等等。SPSS 25.0 在各项操作界面上和 24.0 版本几乎完全相同,由于之前章节已对设置界面、常用功能及操作进行了详细介绍,本章对 25.0 版本的界面和设置不再赘述。本章主要介绍 SPSS 25.0 的各种版本及新增功能,使读者对 SPSS 25.0 的版本和新增功能更为了解。

20.1 SPSS 25.0 的版本与功能

SPSS 25.0 有多种版本包括标准版、专业版和高级版,用户可根据自己的需要进行下载。下面分别对各版本的功能进行介绍。

1. 标准版

SPSS 25.0 标准版包括的功能有高级统计、回归和自定义表等。

(1) 高级统计:提高用户分析的准确性、所得结论的合理性以及复杂关系设计的统计数据的可靠性。高级统计提供了一套复杂的单变量和多变量分析技术和模型:广义线性混合模型(GLMM)、通用线性模型(GLM)、混合模型程序、广义线性模型(GENLIN)和广义估计方程(GEE)程序。SPSS 帮助用户从数据中获得更深入的见解,以解决诸如医学研究、制造、制药和市场研究等学科的现实问题。此外,贝叶斯统计数据现已可用。

(2) 回归:IBM SPSS 回归使用户能够预测分类结果并应用各种非线性回归程序。用户可以将程序应用于普通回归技术有限制或不适当的业务和分析项目,例如研究消费者的购买习惯、对治疗的反应或分析信用风险等。且允许用户在分析过程中扩展 SPSS Statistics 的数据分析阶段的功能。

(3) 自定义表:IBM SPSS 自定义表使用户能够总结 SPSS Statistics 数据,并将分析结果以呈现质量的生产就绪表显示。它提供分析功能并帮助用户从数据中学习,可以构建出人们轻松阅读和解读的表格。用户可以使用嵌套、堆叠和多个相应类别处理输出和显示调查结果,同时处理数据的缺失值并更改标签和格式。

2. 专业版

SPSS 25.0 专业版在标准版的基础上增加了数据准备、预测、决策树、缺失值和分类五个功能。

(1)数据准备：IBM SPSS 数据准备是 IBM SPSS Statistics 的完全集成模块。它执行先进的技术来简化数据准备阶段，提供更快、更准确的数据分析结果。分析师可以从完全自动化的数据准备程序中选择最快的结果，以帮助准备更具挑战性的数据集。使用此软件，用户可以轻松识别可疑或无效的变量、数据值等情况，还可以设置并查看缺少数据的模式，总结变量分布等。

(2)预测：IBM SPSS Forecasting 提供高级功能，使新手和有经验的用户能够使用时间序列数据快速获取可靠的预测。专业知识较为欠缺的人员可以创建整合多个变量的复杂预测，而有经验的预测者可以使用该软件来验证其模型。时间序列预测的示例包括预测呼叫中心每天需要的人员数量、预测对特定产品或服务的需求等。

(3)决策树：IBM SPSS 决策树可帮助用户更好地识别组，发现它们之间的关系并预测未来可能会发生的事件。它具有高度可视化的分类和决策树，可帮助用户提供分类结果，并更清楚地向非技术受众解释分析。该模块能够创建分类模型，创建的方式有分割、分层、预测、数据简化、变量筛选、交互识别、类别合并和离散化连续变量等。

(4)缺失值：使用 IBM SPSS Missing Values 来估算丢失的数据并得出更为有效的结论。作为 IBM SPSS Statistics 的一个模块，对于有关数据有效性的用户来说，这是一个关键的工具。检查数据以发现丢失的数据模式然后通过统计算法估计摘要统计信息和估算缺失值，构建模型，考虑丢失的数据并删除隐藏的偏差。市场研究人员、社会科学家、数据挖掘者和其他专业人员都可以依靠 IBM SPSS 缺失值来验证其研究数据的有效性。

(5)分类：IBM SPSS 分类能够使数据可视化并探索数据中的关系，根据用户的发现预测结果。它使用分类回归程序从数字和有序或无序的分类预测变量的组合中预测名义、序数和数值结果变量的值。该软件具有先进的应用价值，如预测分析、统计学习、感知映射和偏好缩放等。

3. 高级版

SPSS 25.0 高级版在专业版的基础上增加了直销、神经网络、精确测试、联合分析、复杂样品和引导六个功能。

(1)直销：IBM SPSS Direct Marketing 支持用户对联系人进行高级分析，分析方法包括新近度、频率、货币价值(RFM)分析、聚类分析、前景分析、邮政编码分析、倾向评分和控制包测试等。该软件可帮助用户更深入地了解客户，改善营销活动，并最大限度地提高营销预算的投资回报率。

(2)神经网络：IBM SPSS Neural Networks 使用非线性数据建模来发现复杂关系，并从用户的数据中获得更大的价值。使用熟悉的 IBM SPSS Statistics 界面来利用多层感知器(MLP)或径向基函数(RBF)程序，可以设置条件控制培训停止规则和网络架构。并且可以实现影响变量的权重、指定网络架构的详细信息、选择模型训练的类型、与他人分享结果与图表等。

(3)精确测试：IBM SPSS Exact Tests 是 IBM SPSS Statistics 的完全集成模块。该软件能够分析大型数据库中的罕见事件或使用小样本更准确地工作。例如，通过超 30 次的精确测试，可以在传统测试失败的情况下分析数据。如果在一个类别中具有少量响应百分比的病例变量，或者将数据分类为精细故障，则传统测试可能不正确。SPSS 精确测试消除了这种风险，它在 Windows、Mac 和 Linux 平台上运行，可作为客户端软件或客户端服务器安装使用。

（4）联合分析：IBM SPSS Conjoint 是提供联合分析的软件，可以更好地了解消费者的偏好、权衡和价格敏感性。它可以发现客户如何比较市场中产品的更多信息，并衡量单个产品属性如何影响消费者行为。有了这些信息，用户可以根据客户的需求更好地设计、定价、销售产品和服务。

（5）复杂样品：IBM SPSS Complex Samples 可以将样本设计纳入调查分析中，从复杂样本设计中计算统计数据并检查错误。IBM SPSS Statistics 的此模块提供了分层、集群或多级抽样等规划工具，它也可以产生更准确的数据图像。用户可以获取正确的点估计值，从非简单随机样本中预测数值和分类结果。

（6）引导：引导过程是一种非常有用的方法，可用于测试模型稳定性。IBM SPSS Bootstrapping 是测试模型稳定性的有用技术，它有助于使模型变得简单并且有效。IBM SPSS Statistics 的此模块通过从原始样本替换重新采样来估计估计器的抽样分布。用户可以估计群体参数的标准误差和置信区间，如平均值、中值、比例、优势比、相关系数、回归系数等。该功能可以控制引导样本的数量，设置一个随机数种子，并指示选择一个简单或分层的方法。

20.2 SPSS 25.0 的新增功能

SPSS 25.0 在绘制、统计测试和对现有统计信息的功能方面进行了一些完善，可以满足更多用户的不同需求。SPSS 25.0 的新增功能如下。

1．【欢迎】对话框进行更新

SPSS 25.0【欢迎】对话框已做如下更新。

（1）【样本文件】选项卡提供了一种方便的方法，用于立即打开现有 SPSS® Statistics 样本文件（*.sav）。

（2）【新增功能】部分提供了每个新功能的简短描述和说明。

2．贝叶斯统计功能更新

SPSS Statistics 现支持贝叶斯统计。贝叶斯推论是一种统计推论方法，其中随着更多信息变为可用，使用贝叶斯定理更新假设概率变的更为普遍。以下功能支持贝叶斯统计：单样本和双样本 T 检验、二项比例检验、泊松分布分析、相关样本、独立样本 T 检验、成对相关性（Pearson）、线性回归、单向 ANOVA、对数线性回归。

3．GLM 概要图功能增强

在比较模型中的边际平均值时，轮廓图（交互图）十分有用。概要图是一个线图，其中每个点表示因子在一个水平上的估计因变量边际平均值（已针对任何协变量进行调整）。现在提供了以下轮廓图的增强功能。

（1）误差条形图：可以包含误差条形图来表示置信区间或多个标准误差。置信区间基于【选项】对话框上指定的显著性水平。

（2）图表类型：图表可以是折线图或条形图。

（3）Y 轴从 0 开始：对于仅包含整数值或仅包含负数值的折线图，强制 Y 轴从 0 开始。

条形图始终从(或包含)0开始。

(4) 包含总平均值参考线：包含一个参考线来表示总体平均值。

4. GLM 重复测量支持嵌套模型

【GLM 重复测量】现在支持对话框中的嵌套模型。重复测量的嵌套限制于主体间因子，无法选择指定主体内因子，因为在指定重复测量时，拟合的多变量一般线性模型始终包含所有可能的主体内的因子交互。

5. GLM 选项更新

【参数估计与稳健标准误差】选项可显示一个参数估计表，其中还包含稳健或异方差一致(HC)的标准误差；以及使用稳健标准误差的 t 统计、显著性值和置信区间。

6. UNIANOVA 过程功能增强

SPSS 25.0 提供以下增强功能。

(1) 打印子命令：White 异方差性检验用于检验误差方差不依赖于自变量值的原假设。

(2) EMMEANS 子命令：EMMEANS 已从【选项】对话框中移到一个单独的【EMMEANS】对话框，便于用户查找信息。

7. GENLINMIXED 过程功能增强

SPSS 25.0 提供以下增强功能：

(1) 在 GENLINMIXED 过程的输出中，用显示随机效应参数，即经验最佳线性无偏预测，来预测值的新功能。

(2) RANDOM 子命令上的新 SOLUTION 关键字。该新关键字用于为当前 RANDOM 子命令上指定的一组随机效应生成新的"经验最佳线性无偏预测"表。

(3) 用于在 GENLINMIXED 过程中指定协方差类型的新选项。在先前发行版中，用于处理基于时间的协方差的选项假设数据具有相同的时间间隔。现在提供的新选项将离散时间测量视为空间排序，允许超出时间间隔相等的情况。

(4) 针对广义线性混合模型和非参数检验新增了【透视表和图表】系统缺省输出类型。

8. EMMEANS 子命令功能增强

SPSS 25.0 提供以下增强功能。

(1) GLM、UNIANOVA 和 MIXED 过程：现在当用户在 EMMEANS 子命令的 WITH 关键字上指定一个值并达到该值即修正协变量时，会精确地重现所输入的指定数字值而不是用于确定小数位数的变量格式。

(2) UNIANOVA 过程：EMMEANS 已从【选项】对话框中移到一个单独的 EMMEANS 对话框，便于用户查找信息。

9. 图表构建器功能更新

(1) 新缺省模板为用户提供了使用现代图形创建图表的选项。如果选择保留先前模板样式，可以通过使用图表模板文件设置访问旧模板。设置路径为【编辑】→【选项】→【图表】→【图表模板】，同时可以从图表构建器界面中的图表外观处进行设置。

(2) SPSS 25.0 可以从活动数据集中选择分类变量值来过滤图表数据。在先前版本中，用于过滤分类变量值的唯一机制是将变量包含为图表的一个方面，例如面板或聚类，然后排除所选类别。现在用户只需将非数字变量拖放到图表画布上的新过滤器放置区，然后排除所选类别即可。

（3）对于初次使用 SPSS Statistics 中的绘图工具的用户来说，能够快速构建图表。

（4）SPSS 25.0 可以快速编辑图表属性并可以立即看到结果，包括图表预览和元素属性等。

（5）SPSS 25.0 软件中图表在用户构建时实时更新。通过鼠标单击，用户能够使用回归生成散点图。

（6）SPSS 25.0 可自动生成图表标题。

（7）统计客户用户能够将 GRAPH 图表复制为图片或 Microsoft 对象图形。

（8）通过使用预定义的模板或定制颜色方案，SPSS 25.0 现在通过单击即可更改图表颜色。

（9）SPSS 25.0 为用户提供了新的"不同色度的灰色"模板（PublicationGray.sgt）。

10. 合并功能增强

【添加来自数据集/文件名的变量】对话框已进行了改进，现在包含对可用合并方法更具有描述性的文本，以及更智能的缺省变量列表分配（尤其是键值合并方法）。这些增强功能使用户能够更轻松地合并大型数据集，由合并几个个案增强为可以合并上百万个个案。

11. 语法编辑器功能增强

（1）可以复制一个或多个语法行。要使用复制行功能，可以访问编辑菜单，也可以使用 Ctrl+U 键盘快捷键。

（2）可以连接所选语法行中的行。要使用连接行功能，可以访问编辑菜单，也可以使用 Ctrl+J 键盘快捷键。

（3）可以移除所选语法行中包含的空行。要使用除去空行功能，可以访问编辑菜单，也可以使用 Ctrl+M 快捷键。

（4）可以上移或下移所选语法行。要使用上移行和下移行功能，可以访问编辑菜单，也可以使用 Alt+↑方向键和 Alt+↓方向键。

（5）可以激活和取消激活列编辑方式。列编辑方式允许用户在多个语法行中应用相似更改。要使用切换列编辑方式和退出列编辑方式功能，可以访问编辑菜单，也可以使用 Ctrl+G 和 ESC 键盘快捷键。

（6）可以删除所选语法行中的前导和结尾空格。要使用删除前导空格、删除结尾空格和删除前导和结尾空格功能，可以访问编辑菜单，也可以使用 Ctrl+L、Ctrl+T 和 Ctrl+B 键盘快捷键。

（7）【查找和替换】对话框现在将/n 识别为换行符。

12. 改进了 Microsoft Office 支持

（1）可以将图表复制为 Microsoft 图形对象，这样用户就可以在 Microsoft Office 中操作图表。

（2）包含变量名称的 Microsoft Excel 数据现在可以直接粘贴到 Statistics 数据编辑器中。变量名称会自动转换，完整变量名称将存储为变量标签。该选项显示为带变量名称粘贴右键单击菜单选项。

（3）SPSS 25.0 现在可以使用【无变量】、【变量名称】或【变量标签】选项从 Statistics 数据编辑器复制数据。复制选项显示为右键单击菜单选项：带变量名称复制、带变量标签复制。

13. 图形导出更为方便

可以将图形导出为高分辨率 PDF 文件，将这些文件裁剪为图形大小。

14. 视力障碍用户的辅助功能选项增强功能

SPSS 25.0 现在提供以下增强功能。

(1) 不太常用的按钮现在会自动从工具栏中移除。

(2) 直销功能现在位于【分析】菜单下。

(3) 现在提供了新的【转至互动语法窗口】和【转至活动输出查看器】工具栏按钮。

(4) 通过单击鼠标,用户现在可以显示【定制工具栏】对话框。

15. 联机帮助打开方式改变

在先前的发行版中,联机帮助系统随着 SPSS Statistics 一起安装。现在,联机帮助系统包含在 IBM Knowledge Center 中。SPSS Statistics 应用程序中的 F1 帮助调用功能现在会在单独的 Web 浏览器中打开关联的帮助。该浏览器窗口会链接到 IBM Knowledge Center。

16. RFE 社区中联系更为方便

IBM Knowledge Center 现在位于改进请求(RFE)社区中,其中 IBM 产品用户可以对改进 IBM KC 应用程序及其内容做出建议。除打开和跟踪新请求以外,用户还可以搜索现有请求,并对其进行注释。RFE 社区为用户更直接地与 IBM KC 和产品开发团队进行交互提供了绝佳机会。

20.3 小　　结

相比 SPSS 24.0,SPSS 25.0 的操作界面变化很小,其重要更新按照使用频率和实用性主要体现在以下三个方面:第一,所有的 R 插件在菜单中出现,默认不再需要安装,并且提供了对 R 扩展和各类插件更为便捷的安装方式。第二,SPSS 25.0 对 Office 套件有更好的兼容性,其中突出表现在 Excel 列名直接可以和 SPSS 25.0 粘贴交互,SPSS 图形可直接粘贴为 Office 图形。第三,统计方法进行了改进,主要体现在方差分析模型族结果展示的改进和贝叶斯统计方法的扩展。

SPSS 25.0 分为标准版、专业版和高级版,本章首先介绍了 SPSS 25.0 的三种版本并分别介绍了它们的功能,用户可根据自己的需要选择不同的版本进行使用。接着介绍了 SPSS 25.0 相对于 24.0 版本的新增功能,这些功能在绘制、新的统计测试和对现有统计信息等方面带来了一些重要的增强,可以满足用户的更多需求。

思　考　题

1. 简述 SPSS 25.0 有哪些版本,并说明高级版中的神经网络功能。
2. 简述 SPSS 25.0 中你认为较实用和使用频率较高的三个新增功能。

参 考 文 献

[1] IBM. SPSS Statistics [EB/OL] [2017-10-28]. https://www.ibm.com/products/spss-statistics.

［2］ IBM. IBM大数据与分析［EB/OL］［2017-10-28］. https://www.ibm.com/analytics/cn/zh/technology/spss/study-material.html.

［3］ IBM. IBM Knowledge Center［EB/OL］［2017-10-28］. https://www.ibm.com/support/knowledgecenter/zh/SSLVMB_25.0.0/statistics_mainhelp_ddita/spss/base/whatsnew_25.html.